ACUARELA
TÉCNICAS ARTÍSTICAS

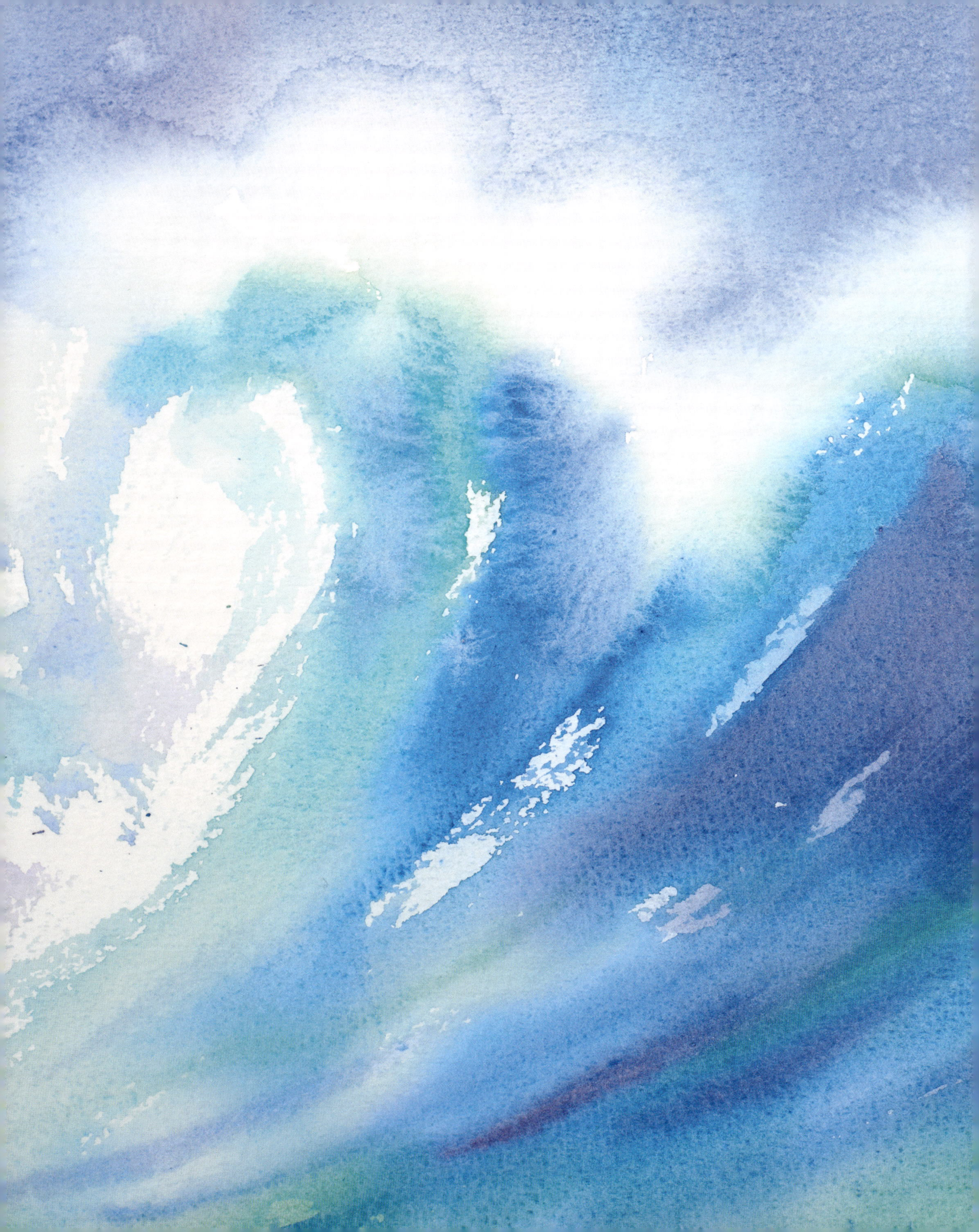

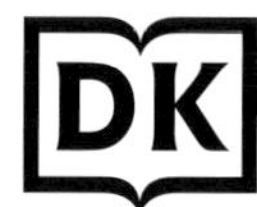

ACUARELA
TÉCNICAS ARTÍSTICAS

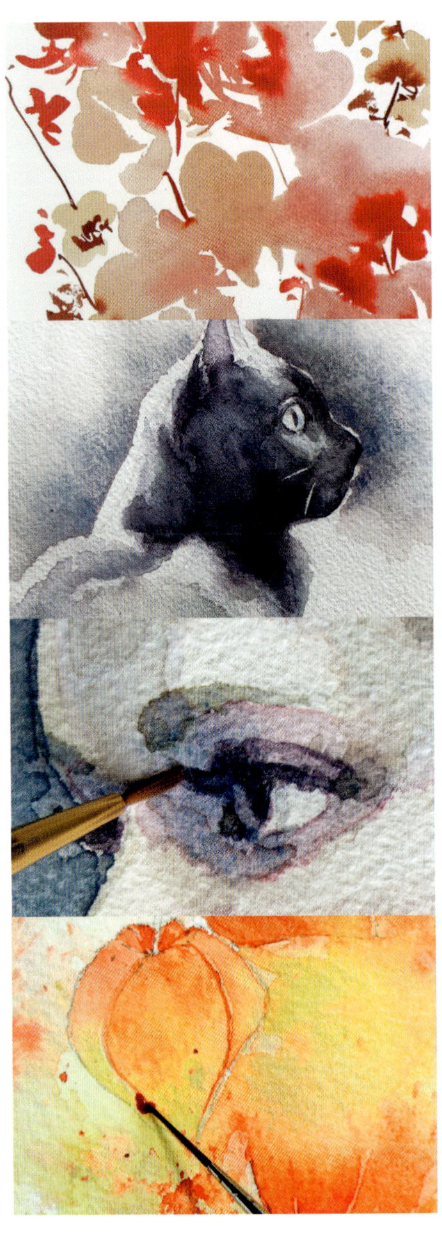

Contenido

Lo básico

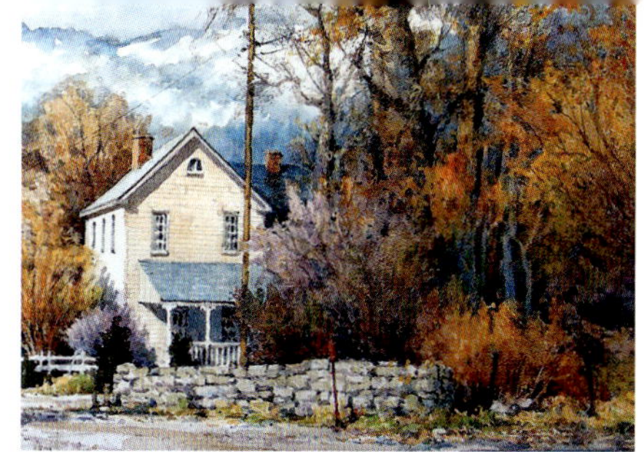

Técnicas

1 Técnicas de iniciación

2 Técnicas intermedias

3 Técnicas avanzadas

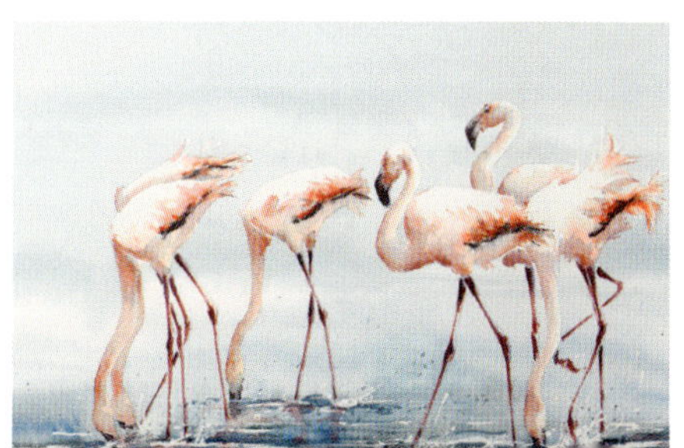

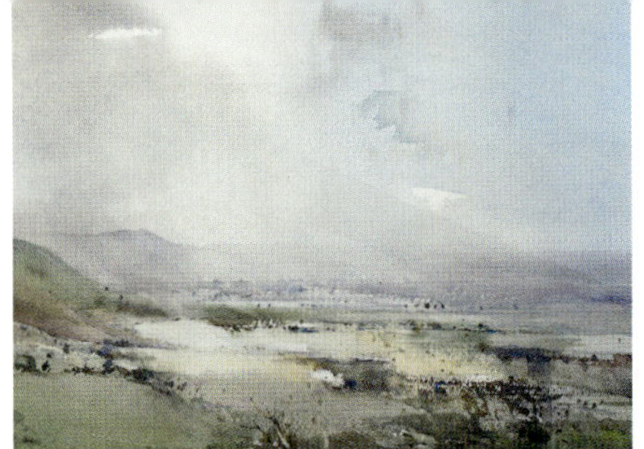

Temas

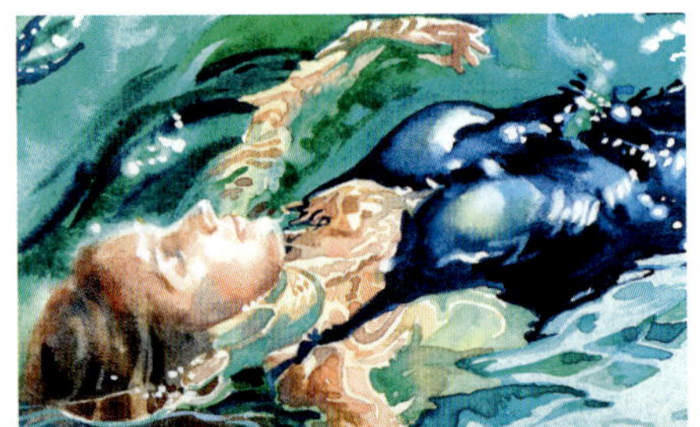

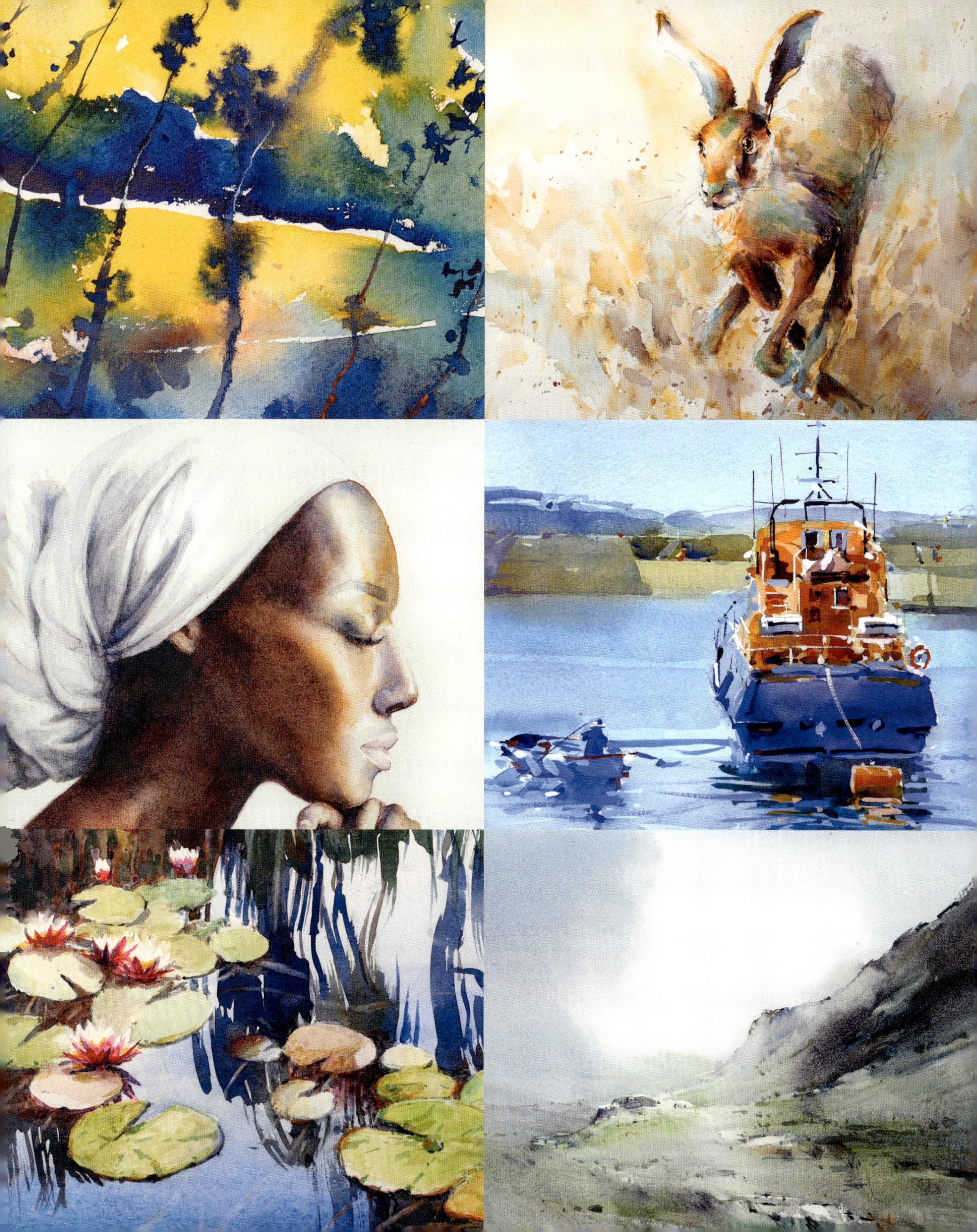

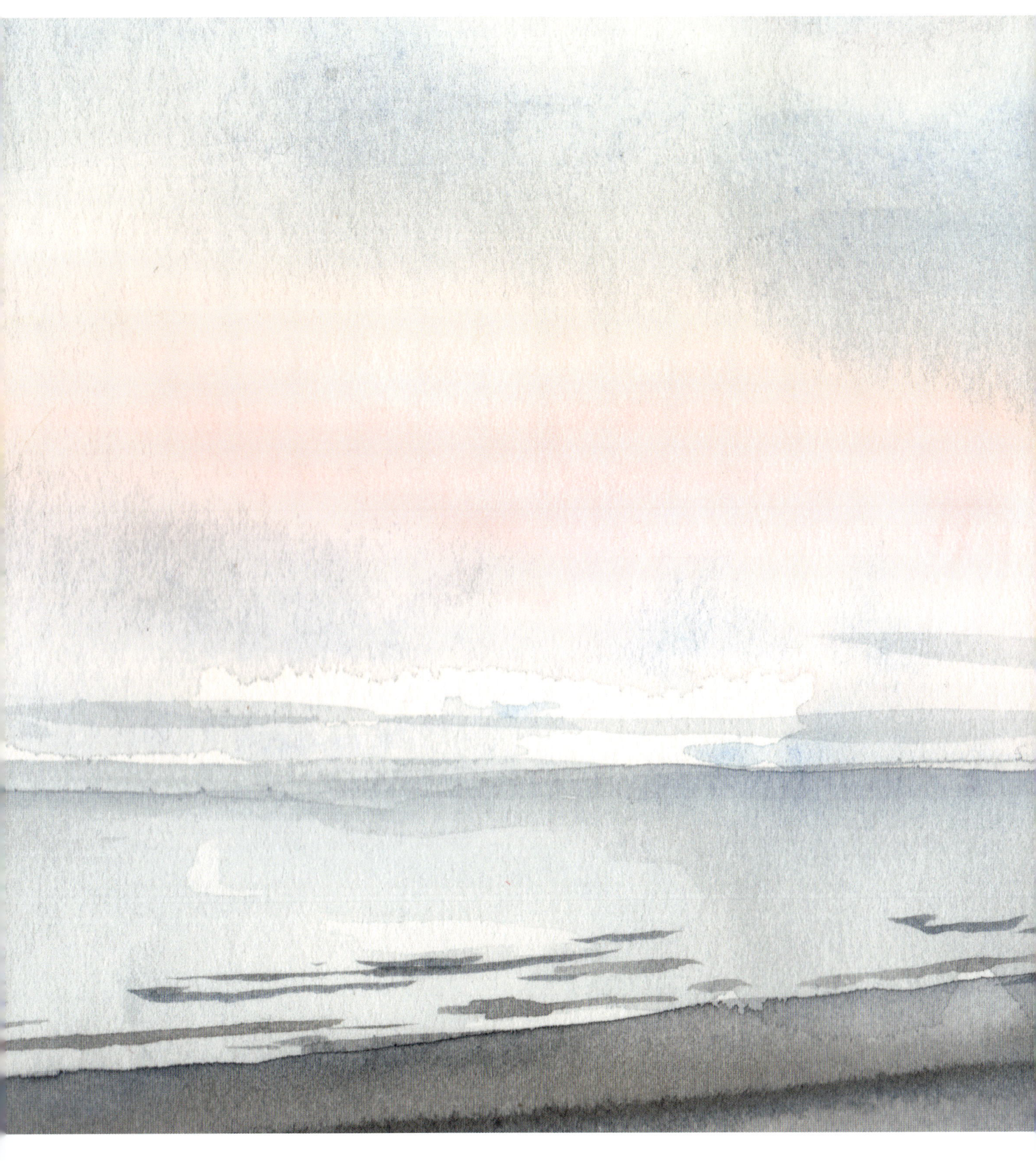

Lo básico

¿Por qué la acuarela?

DESCUBRE TODO UN MUNDO DE COLOR ACUOSO

A pesar de que la acuarela existe desde hace miles de años, los artistas siguen experimentando con esta técnica y disfrutando con maneras nuevas de usar este medio o material. Descubre todo el placer y el deleite que algo tan sencillo como un pigmento diluido en agua puede proporcionar a todo el que blanda el pincel. Aprende de otros artistas y desarrolla tu estilo personal.

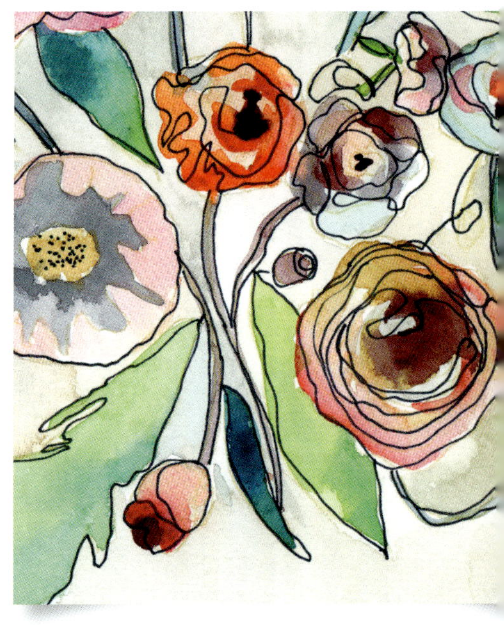

La acuarela genera capas de color semitransparente que plasman una frescura, una claridad y un brillo únicos. Además, la acuarela ofrece al artista inmediatez y cierta impredictibilidad. A menudo, las mejores acuarelas son aquellas en las que el color se desplaza con libertad y produce mezclas tan bellas como inesperadas.

El atractivo de la acuarela

La acuarela es muy accesible, dado que es el medio más simple en cuanto a materiales se refiere: algunos colores, un par de pinceles, un cuaderno de bocetos…, y listos. En comparación con las pinturas al óleo o las acrílicas, las acuarelas son baratas, fáciles de utilizar y portátiles, además de que se secan en cuestión de minutos. Los pigmentos son exactamente los mismos que los del óleo y del pastel, lo cual les confiere un color intenso y bonito, pero con una luminosidad única.

Hay quien considera la acuarela un medio exclusivamente para bocetar, pero esta percepción no podría estar más alejada de la realidad. Muchos de los pintores más importantes de la historia han usado paletas de acuarela para pintar cuadros tan vibrantes y perdurables como los que han pintado con cualquier otro medio o material. Y, como verás en los distintos ejemplos que encontrarás a lo largo del libro, los artistas e ilustradores contemporáneos siguen experimentando, explorando y usando la acuarela en obras de arte que reflejan una inspiradora variedad de estilos y de efectos artísticos.

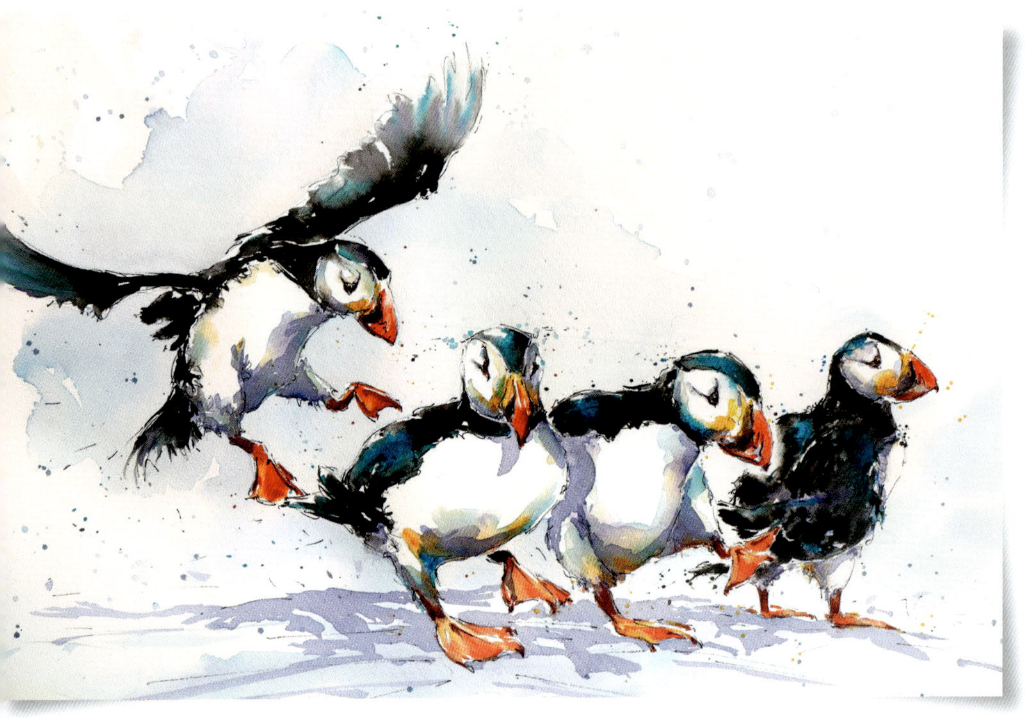

Captar animales en libertad

Hay temas en que los sujetos están moviéndose de manera constante, y la fluidez de la acuarela es perfecta para transmitir esa energía y ese movimiento. Este cuadro capta el momento en que unos frailecillos toman tierra y se posan.

Ilustración multicolor

La expresividad y el dinamismo de las líneas y la intensidad de los colores hacen que parezca que este bodegón contemporáneo a base de líneas y aguadas salte de la página.

Escena arquitectónica

La acuarela facilita un estilo impresionista y fluido ideal para temas complejos, como la basílica de San Marcos, en Venecia (Italia).

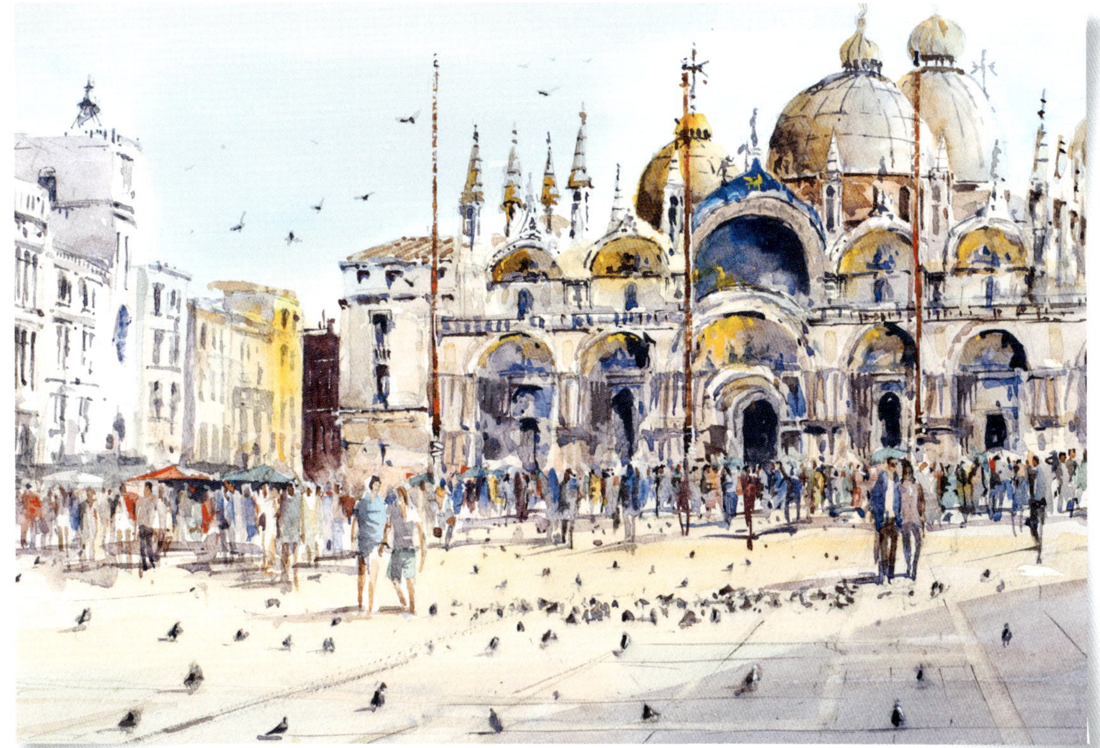

Adquirir confianza

Este libro explora técnicas que te mostrarán todo lo que se puede hacer con la acuarela: desde captar olas que rompen en la orilla hasta representar tonos de piel realistas, plasmar figuras que encajen en una escena y experimentar con la abstracción. Sin embargo, la única forma de adquirir la confianza necesaria para aprovechar al máximo esta técnica es practicar con ella. No se trata de la confianza de que lo que pintes quedará perfecto, sino de la confianza de que, si no lo es, no importa.

El placer de pintar con acuarelas va desde manipular brillantes aguadas de color hasta aplicar pinceladas precisas y enérgicas. Además, no hay tema que no puedan abordar: los paisajes terrestres y marinos y los edificios siguen siendo muy populares, pero los bodegones, retratos y animales no se quedan a la zaga.

Comenzar

Este primer capítulo te explica cómo equiparte con el material básico (sin comprar demasiado), te presenta algunas «normas» elementales que dotarán de autenticidad a tus cuadros y te acompaña en los primeros pasos de lo que, probablemente, será un viaje de placer y de descubrimiento que durará toda una vida. ¡A disfrutar!

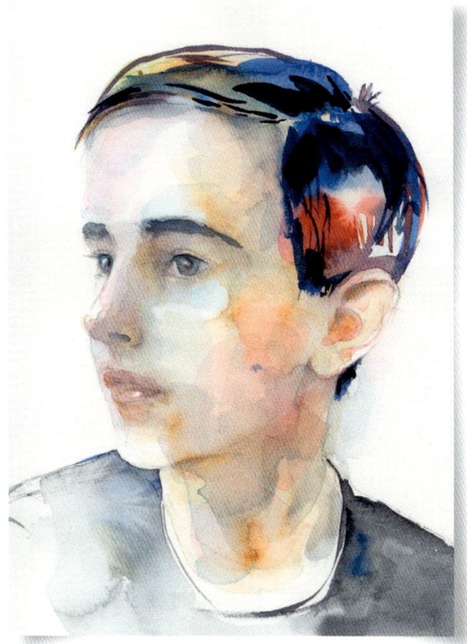

Retrato contemporáneo

Las distintas capas de color producen un retrato efectista pero convincente. El uso de los colores es abstracto, pero el resultado final es armonioso.

> «Pintar con acuarelas es una aventura, **un viaje emocionante** hacia lo **desconocido**.»

Acuarela

LOS PIGMENTOS

Es posible que la acuarela sea el medio o material de pintura más antiguo. La mezcla de agua y pigmentos naturales a base de tierra producía imágenes rudimentarias pero efectivas que, en algunos casos, han perdurado durante miles de años. Los pigmentos de tierra aún se usan hoy, pero la química moderna ha dado lugar a una amplia variedad de pigmentos sintéticos fiables y que ofrecen resultados estables a los artistas contemporáneos que los añaden a sus paletas.

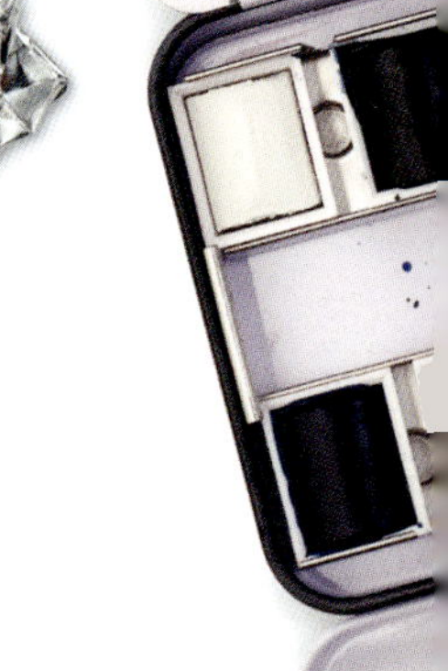

¿Qué es la acuarela?

La fabricación de pinturas para acuarela es un proceso complejo que consiste en mezclar pigmentos de color, agua y otros ingredientes, como goma arábiga, glicerina, siropes azucarados e incluso miel. La goma arábiga es un aglutinante, mantiene todos los elementos en suspensión y garantiza que las partículas de pigmento se extiendan como un color uniforme y no se aglomeren. La glicerina evita que la pintura seca se agriete, y facilita mezclar colores y aplicar agua. El sirope (de arce, maíz u otros) o la miel conservan la humedad e impiden que la pintura concentrada se seque demasiado.

Hay quien piensa que estos aditivos se añaden para economizar, pero en realidad ayudan a crear la textura mantecosa de la pintura para acuarela y garantizan una aplicación regular de esta.

En pastilla o en tubo

La acuarela tradicional está disponible en tubos o en pastillas semiduras. Los pigmentos son idénticos, se utilizan de un modo similar y se pueden mezclar, aunque la mayoría de los artistas prefieren el formato de tubo.

La pintura del tubo es húmeda, por lo que mezclarla es más sencillo y rápido, sobre todo cuando se buscan aguadas oscuras o intensas. Para usarla, basta con apretar el tubo y depositar una pequeña cantidad de pintura en los pocillos de la paleta o caja y, entonces, añadir agua hasta lograr la intensidad de color deseada. La pintura de tubo que quede en la paleta se secará y se endurecerá, pero se puede volver a humedecer. Puedes usar los tubos para rellenar pocillos, o *godets*, agotados.

Sistema de numeración de pigmentos

La pintura para acuarela se etiqueta con el número de los pigmentos. Es un sistema estandarizado que se utiliza en todo el mundo y que permite comprobar qué pigmentos y en qué cantidad contiene

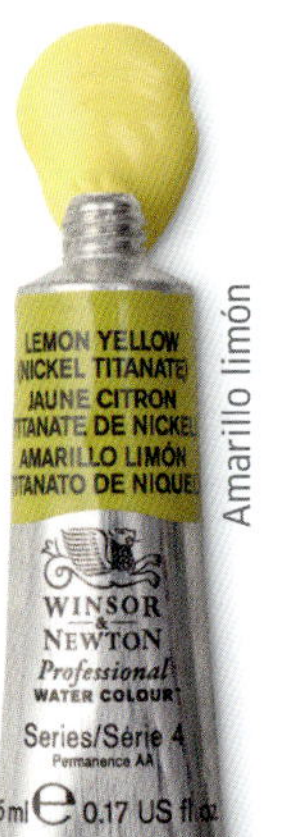

Amarillo limón

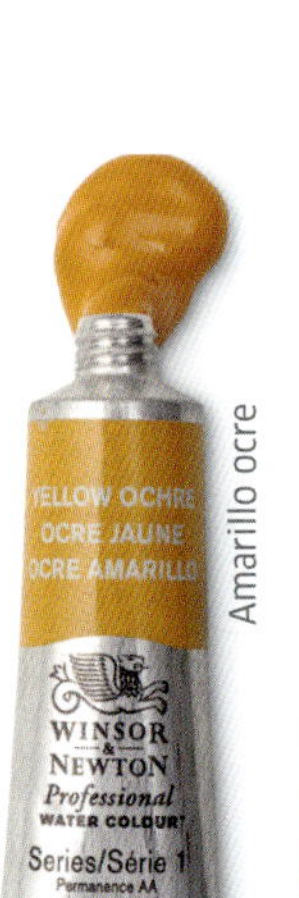

Amarillo ocre

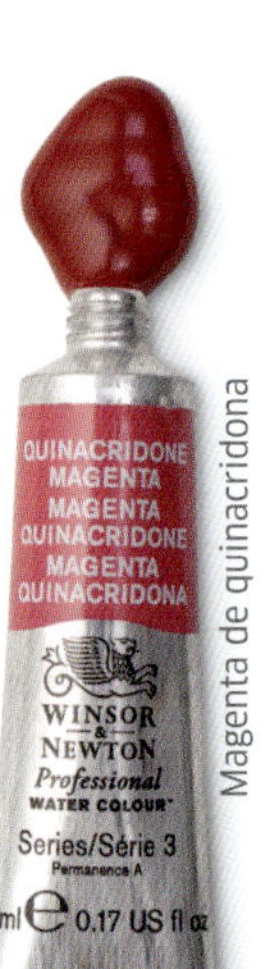

Magenta de quinacridona

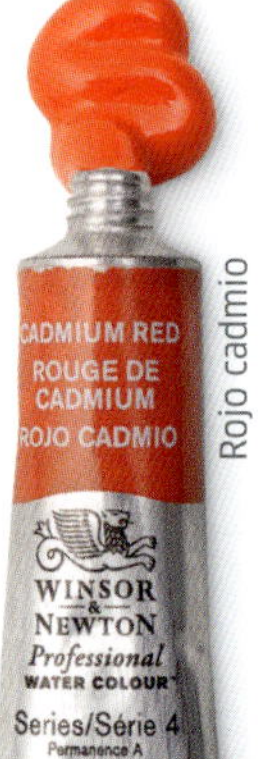

Rojo cadmio

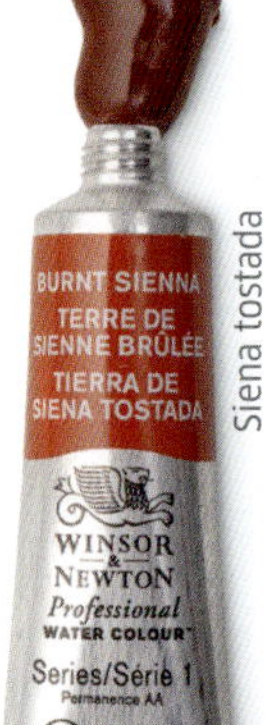

Siena tostada

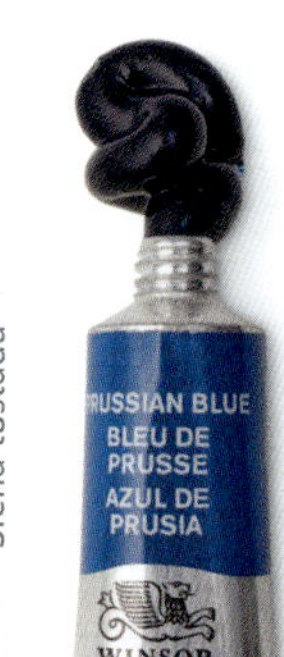

Azul de Prusia

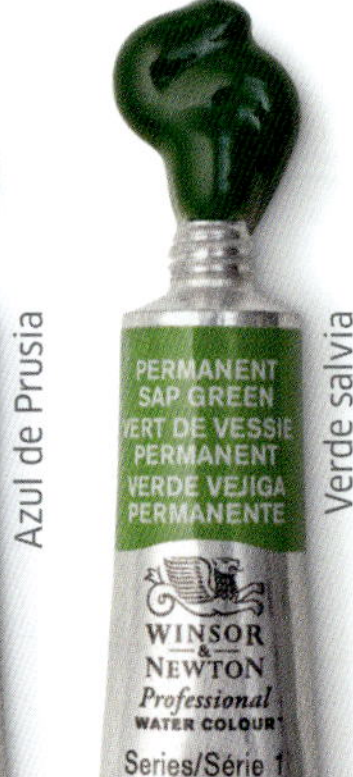

Verde salvia

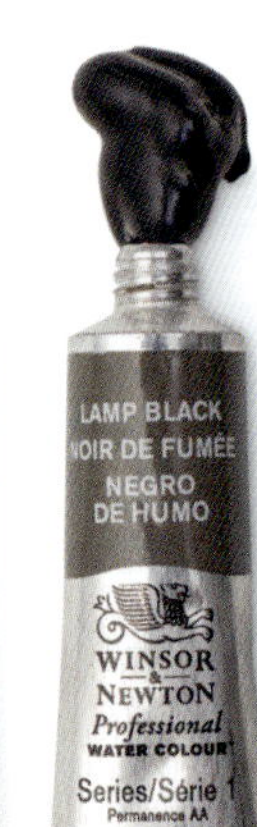

Negro de humo

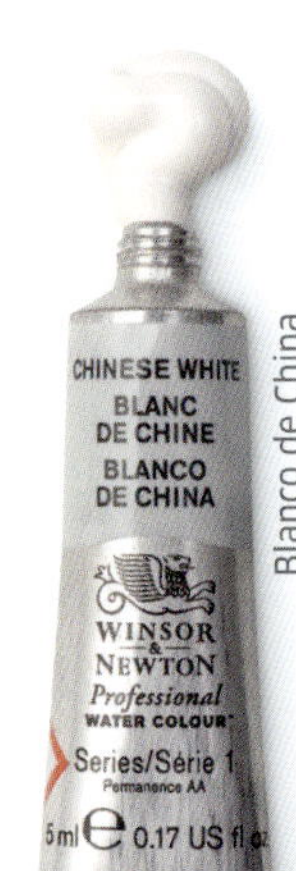

Blanco de China

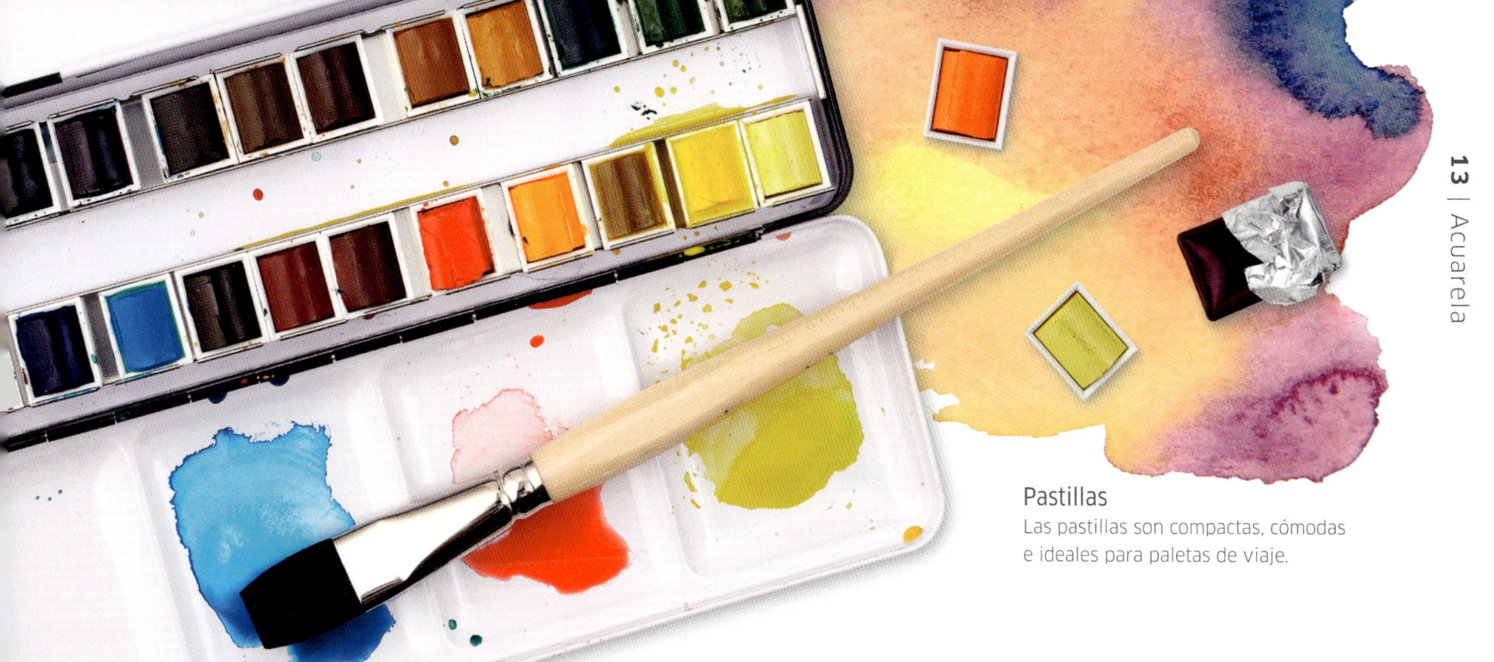

Pastillas
Las pastillas son compactas, cómodas
e ideales para paletas de viaje.

una pintura concreta. Eso sí,
resulta confuso que distintos fabricantes
usen distintos pigmentos para una
pintura con el mismo nombre, o bien
pigmentos similares para pinturas con
nombres diferentes. Así, por ejemplo, el
color PB15:3 se conoce como azul verde
Winsor (GS), azul ftalo, azul primario,
azul ftalocianina, azul intenso o azul
manganeso, dependiendo del fabricante.

se usa para calificar el nombre de
un color, significa que la acuarela se
ha formulado para emular el color de
la pintura de ese nombre, que suele ser
un pigmento reconocido históricamente.
Por ejemplo, se habla de «matiz azul
cobalto», que es distinto al «azul cobalto»,
más caro. Los motivos para no emplear
el pigmento original son diversos, como
cuestiones sanitarias, que el pigmento
original no resista la luz o que sea
demasiado caro.

Pigmento de
una gama para
estudiantes

Gamas para estudiantes y para profesionales
La muestra de la derecha es un
color amarillo cadmio de pintura
para estudiantes. El de la izquierda
es un amarillo cadmio de pintura
para profesionales. La diferencia
es mínima, aunque el color puro
para profesionales quizá sea algo
más vibrante.

Colores puros y matices

El término *matiz* (a veces mal llamado
tono) es sinónimo de color, pero, cuando

Tubos
La variedad de
colores suele ser
más amplia en tubo
que en pastilla. La
pintura húmeda hace
que mezclar aguadas
de color sea tan fácil
como rápido.

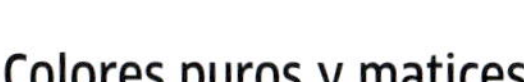

Número del
pigmento

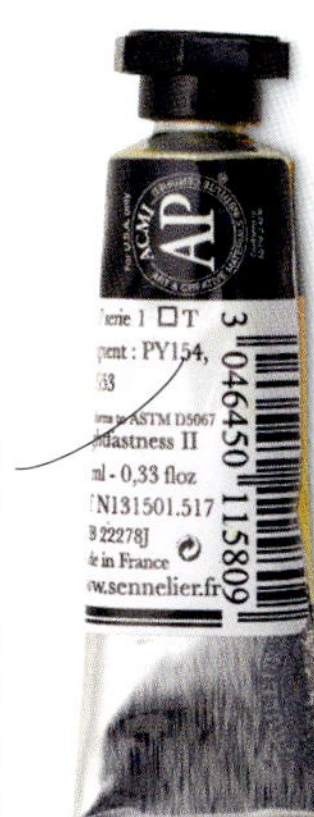

Identificar el pigmento
El nombre de la pintura apenas
informa de los pigmentos
utilizados. El número de los
pigmentos es estándar.

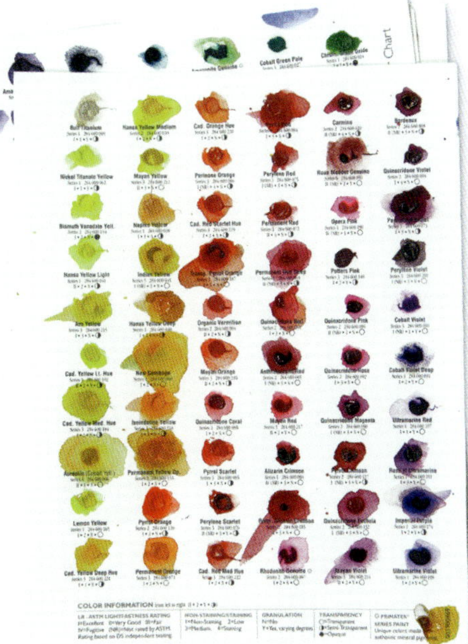

Cartas de colores
Algunos fabricantes producen estas
cartas con pequeñas muestras de
las pinturas que fabrican; así, el
artista puede comparar muchas
pinturas distintas y evitar gastar
demasiado.

Otros medios con base de agua

DISTINTAS MANERAS DE APLICAR COLOR

Las pinturas para acuarela tradicionales no son el único medio con base de agua. Desde acuarelas líquidas y tintas acrílicas hasta bolígrafos, rotuladores, ceras y lápices acuarelables, la variedad de posibilidades y efectos basados en agua es muy amplia. El *gouache* es una acuarela opaca que se puede mezclar con acuarelas semitransparentes tradicionales.

Tintas y acuarelas líquidas

Estos líquidos de color intenso ofrecen destellos de color puro al instante. Las tintas y las acuarelas líquidas se diluyen en agua y se pueden mezclar entre ellas con total libertad. Son muy populares entre los ilustradores, que aprovechan la intensidad cromática que ofrecen, y permiten elegir entre tinta pigmentada resistente a la luz y tinta a base de colorantes, que se desvanecerá. Del mismo modo, las tintas de dibujo solubles en agua se pueden usar para crear aguadas o para añadir marcas caligráficas con plumillas de inmersión. La tinta china se mezcla con un aglutinante de goma laca y no se puede usar con plumas. Una vez diluida, deja una marca resistente al agua y a la luz. La tinta acrílica es otra opción, pero, a diferencia de las acuarelas, cuando se seca es resistente al agua y no se puede retirar del papel (ni de la paleta).

Lápices y ceras acuarelables

A diferencia de los lápices y ceras estándar, que dejan líneas duras, los lápices y ceras acuarelables reaccionan con el agua y dejan un efecto más suave cuando se mojan. Si no te gusta ver líneas de lápiz en los cuadros acabados, puedes usar lápices acuarelables o lápices de grafito solubles en agua: ambos se mezclarán con la acuarela cuando pintes. Puedes usar los lápices acuarelables en seco y mojar su trazo después, o bien usarlos sobre papel ya húmedo, donde dejarán un trazo difuso.

Utiliza un sacapuntas o una lima para convertir la mina de un lápiz en polvo de colores y vuélcalo sobre papel húmedo: obtendrás un efecto moteado y suave muy especial. Aunque los lápices acuarelables no son ideales para las aguadas grandes, los puedes utilizar junto con acuarelas convencionales. Como son fáciles de llevar encima, muchos dibujantes urbanos emplean lápices acuarelables y pinceles con

Lápices acuarelables

Los lápices acuarelables permiten esbozar, dibujar y colorear con normalidad.

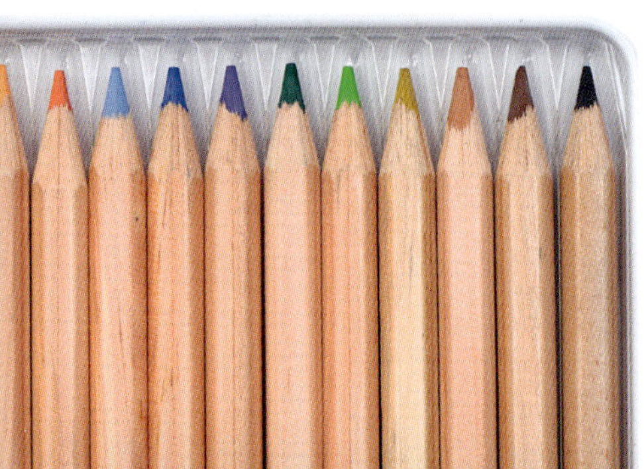

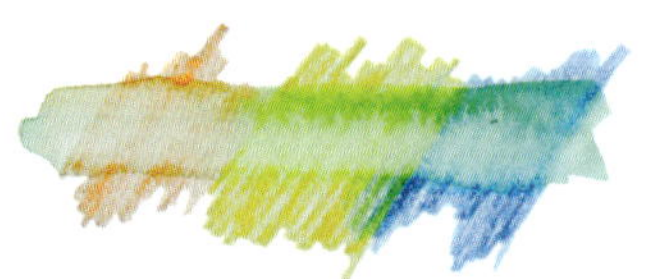

Agua sobre lápiz acuarelable

Pasar un pincel con agua sobre las líneas de lápiz acuarelable crea una aguada. Nunca será tan pura como la de una pintura con acuarela, y siempre quedarán trazas visibles de las líneas hechas con lápiz.

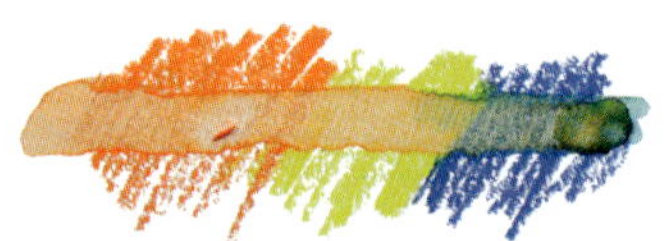

Agua sobre cera

Pasar el pincel con agua sobre las ceras acuarelables libera el color de estas. Al igual que sucede con los lápices (izda.), pueden quedar trazas de las líneas de cera.

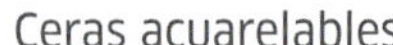

Ceras acuarelables

Las ceras son blandas y permiten colorear áreas extensas con trazos amplios.

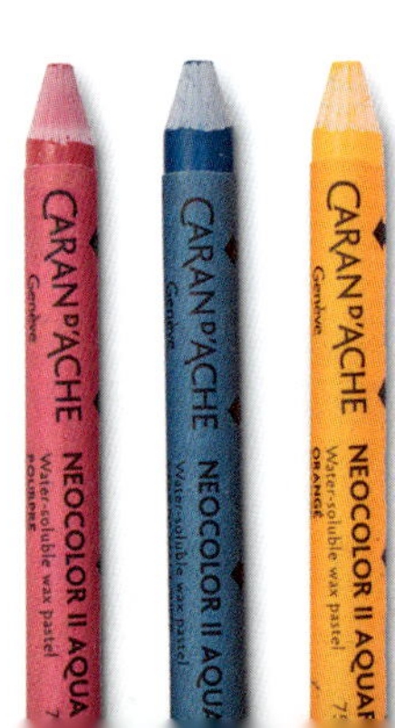

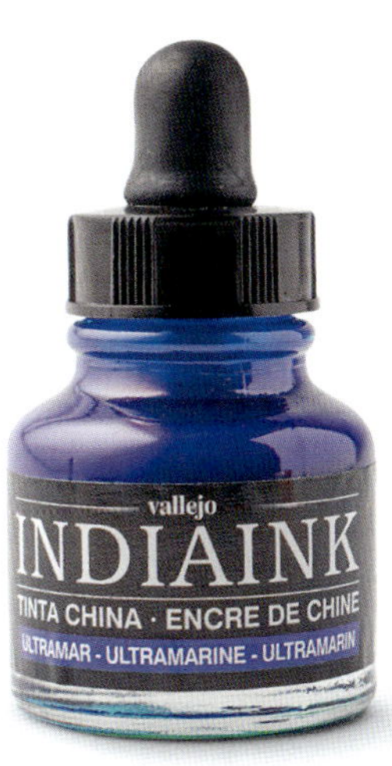
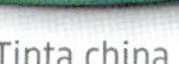

Tinta china

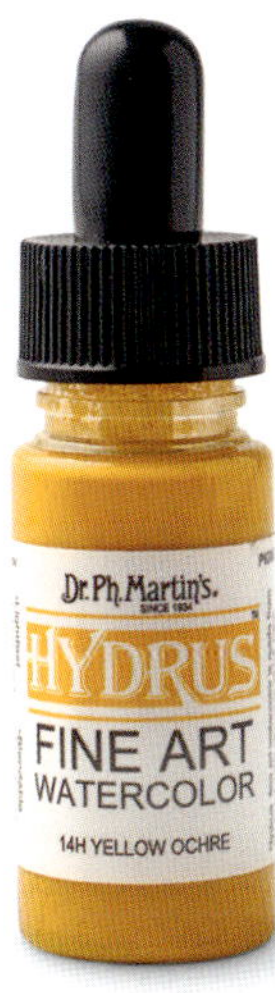

Acuarela líquida

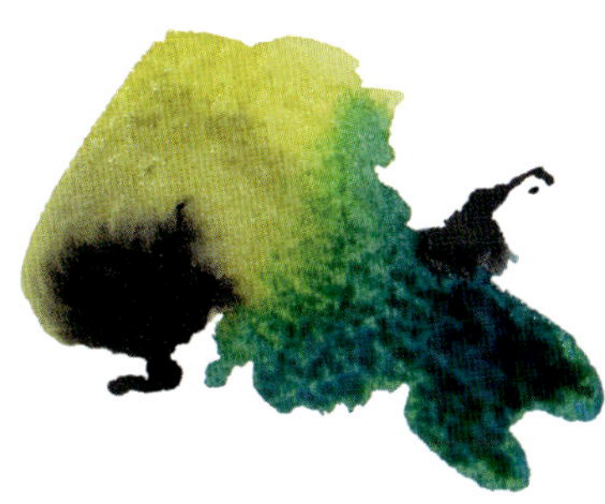

Mezclar tinta y acuarela

Las acuarelas líquidas y las tintas acrílicas se mezclan con la acuarela, aunque de maneras distintas. La tinta china repele la acuarela, la expulsa hacia el exterior y crea un borde interesante, como se ve en la imagen.

depósito de agua (p. 19) para dibujar en el cuaderno de bocetos. La acuarela en barras y los rotuladores acuarelables son innovaciones relativamente recientes, y ambos tienen una carga de pigmento muy elevada, ideal para producir franjas de colores intensos.

El *gouache*

El *gouache*, a diferencia de la acuarela semitransparente convencional, es una acuarela que debe su opacidad a que contiene partículas de pigmento más grandes y prietas. Al ser opaca, permite pintar colores claros sobre oscuros, algo imposible con la acuarela.

El *gouache* blanco aplicado directamente del tubo es perfecto para añadir puntos de luz intensos en las últimas etapas del cuadro. Además, se puede mezclar con acuarelas y agua convencionales para producir aguadas semiopacas interesantes.

Los tradicionalistas de la acuarela reniegan del *gouache*, pero quizá se sorprenderían al saber que algunos colores de acuarela, como el lila, el rosa, el amarillo Nápoles y el lavanda, contienen en su formulación pintura blanca. El *gouache* también tenía cabida en la paleta de grandes acuarelistas, como J. M. W. Turner.

Usos del *gouache*

El *gouache* también se conoce como «témpera», y, cuando se mezcla *gouache* blanco con agua y acuarela convencional, produce un efecto opaco. La aguada resultante es ideal en zonas donde la pintura necesita más cuerpo y es perfecta para pintar cielos nubosos o captar los colores cálidos e intensos del amanecer y del atardecer.

Tubo de *gouache*

El aspecto del *gouache* es muy similar al de la acuarela, pero el pigmento de *gouache* se modifica para que quede opaco cuando se usa solo.

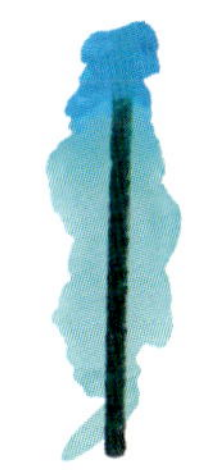
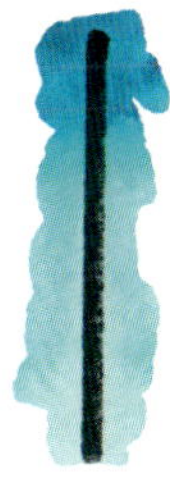
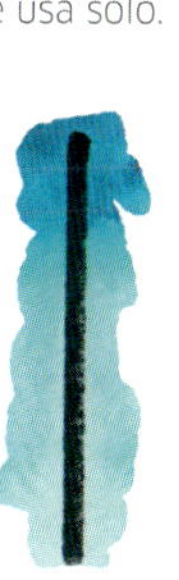

Gouache   Acuarela

Diluir el *gouache*

Añadir agua reduce de manera drástica la opacidad del *gouache*. El *gouache* diluido (arriba, izda.) es casi tan transparente como la acuarela de la derecha.

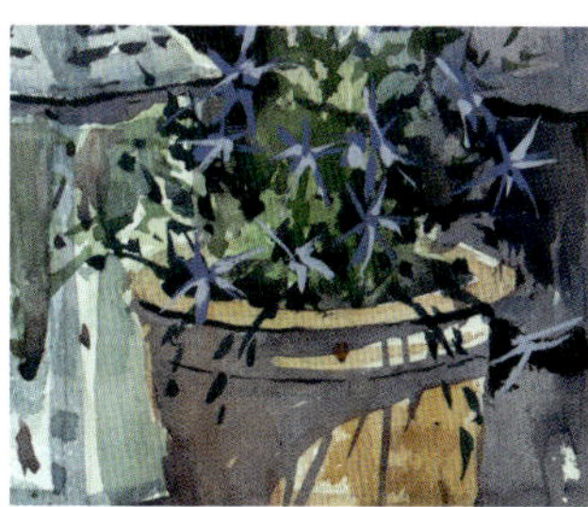

Usar *gouache* blanco

Las flores se han pintado con acuarela mezclada con distintas cantidades de *gouache* blanco opaco, lo que ha permitido plasmar los pétalos con frescor y libertad.

Rotuladores acuarelables

Los rotuladores acuarelables permiten crear una amplia variedad de líneas según la punta que se use, que va desde fina hasta pincel.

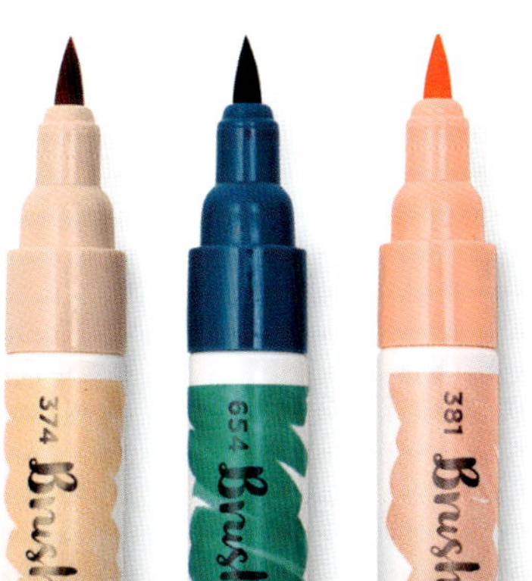

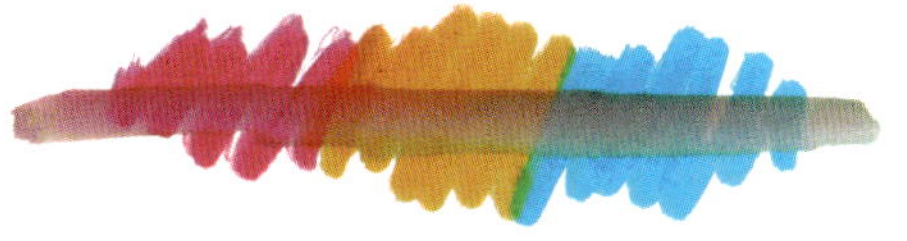

Aguada sobre rotulador

Las marcas de los rotuladores acuarelables contienen tinta muy pigmentada que conserva su intensidad al aguarse. Úsalos con temas que necesiten colores intensos.

Papel y otros soportes

ELEGIR LA SUPERFICIE

El papel es el soporte primario de casi todas las acuarelas. El papel para acuarela recibe un tratamiento especial que permite controlar la absorción de la pintura, por lo que la elección del papel será uno de los factores que más determine el aspecto que tendrá el cuadro una vez acabado. Ahora se están empezando a usar también otro tipo de soportes menos comunes.

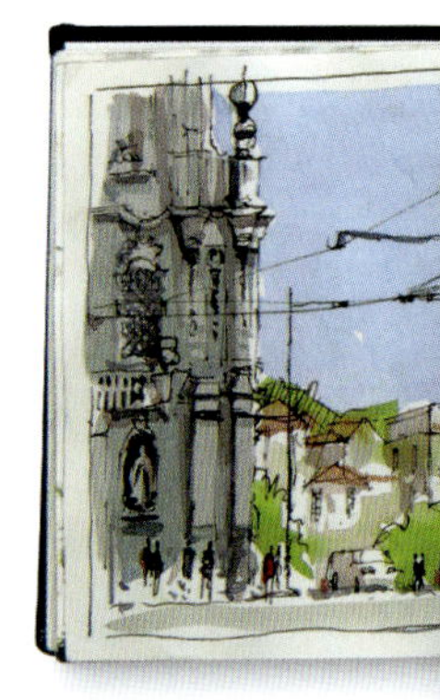

¿Qué es el papel para acuarela?

El papel es, básicamente, una pasta de fibras vegetales prensada y seca. El papel para acuarela más caro se elabora con fibras cien por cien de algodón o con una mezcla de algodón y lino. Aunque aún lo hay de fabricación artesanal, el papel más usado, como el de la marca Saunders, ahora se hace a máquina.

El papel menos caro se fabrica con pulpa de celulosa obtenida de madera sin lignina, para evitar que el papel amarillee. El papel para acuarela pasa también por un proceso llamado «apresto», que controla cuánta agua de acuarela absorbe, además de hacer más fuerte la superficie.

Todo el papel que se produce en fábricas de papel de alta calidad se ha diseñado para que resista cientos de años sin decolorarse ni descomponerse.

La textura de la superficie

El papel para acuarela está disponible en tres texturas básicas: lisa, áspera e intermedia. La superficie del papel prensado en caliente es maravillosamente lisa, y se consigue al hacer pasar el papel entre rodillos de acero calientes. Es un papel muy popular entre los ilustradores, porque la superficie acepta muy bien las líneas a lápiz, si bien aplicar aguadas de color es algo más difícil.

La superficie de los papeles ásperos es desigual y se obtiene prensando el papel entre fieltros de lana, en vez de entre rodillos de acero calientes. Los pintores impresionistas acostumbran a elegir esta superficie porque sus trazos, más sueltos, no requieren tanto detalle.

Pasar el papel áspero entre rodillos de acero frío elimina parte de la textura de la superficie, pero no toda, y produce papel prensado en frío, o NO (en inglés, NOT, apócope de «no prensado en caliente»). La textura del papel NO está entre la del papel prensado en caliente y el papel áspero, y seguramente es el papel más elegido por los artistas de la acuarela.

El efecto de la textura

La superficie del papel puede ser desde perfectamente lisa a extremadamente áspera. Las distintas texturas afectan de maneras también distintas a las marcas y las aguadas.

Papel áspero

Papel prensado en frío (o NO)

Papel prensado en caliente

Papel Yupo

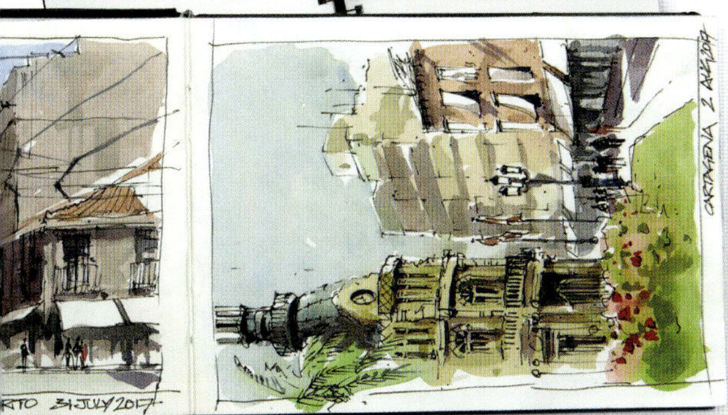

Cuadernos de bocetos

Puedes pintar acuarelas en cuadernos de bocetos de papel cartucho. Eso sí, economiza la pintura, porque, si se moja demasiado, el papel se deteriorará.

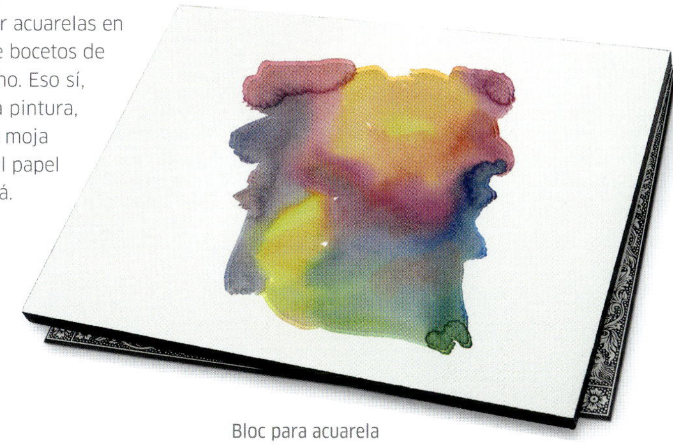

Bloc para acuarela

El gramaje del papel

El gramaje del papel alude a su peso; se expresa en gramos por metro cuadrado (g/m^2) y va desde los 190 g/m^2 a los 640 g/m^2. Por lo general, a mayor gramaje, mayor grosor. Cuando se trata de papeles «ligeros» (por debajo de los 300 g/m^2), primero hay que estirarlos (abajo), para evitar que se arruguen una vez mojados.

Blocs de papel para acuarela

Además de hojas de papel sueltas, también puedes comprar papel para acuarela en rollos, libretas o blocs, más caros. Los blocs tienen goma adhesiva en todo el perímetro, de modo que el papel, aunque se arrugará cuando se moje, quedará perfectamente plano una vez seco, siempre que no arranques la hoja del bloc hasta que esté bien seca.

Cuadernos de bocetos

Puedes encontrar una amplia variedad de papeles, desde papel para acuarela hasta papel cartucho (cartridge) o incluso papel de estraza marrón (kraft), en forma de cuaderno para bocetos. Todos ellos son adecuados para la pintura en húmedo, pero si el papel no es específico para acuarela se dañará con más facilidad y es más probable que «traspase», por lo que es mejor usarlo solo para trabajos rápidos.

Papel Yupo

Este papel sintético se fabrica con polipropileno, un plástico. Produce un efecto similar al del papel prensado en caliente y es ideal para técnicas experimentales, gracias a su cualidad única de no absorber la pintura. Esto da tiempo para manipularla y, si el efecto no es del agrado del artista, este puede retirar el color por completo, incluso si está seco; basta con pasar un paño por encima, y vuelta a empezar.

Estirar el papel

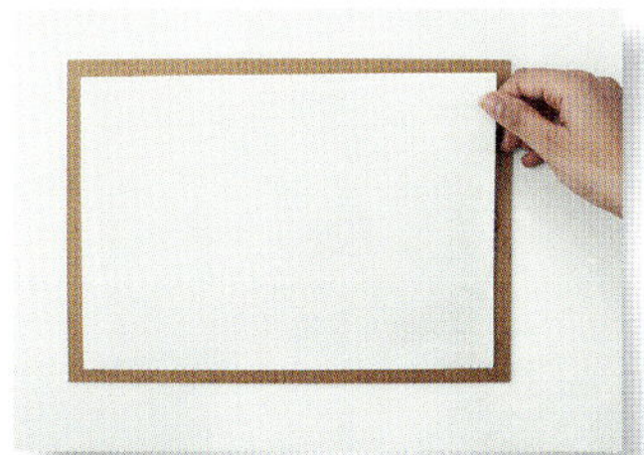

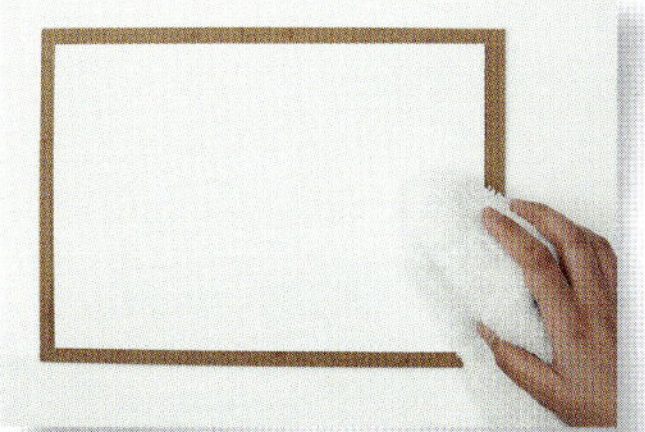

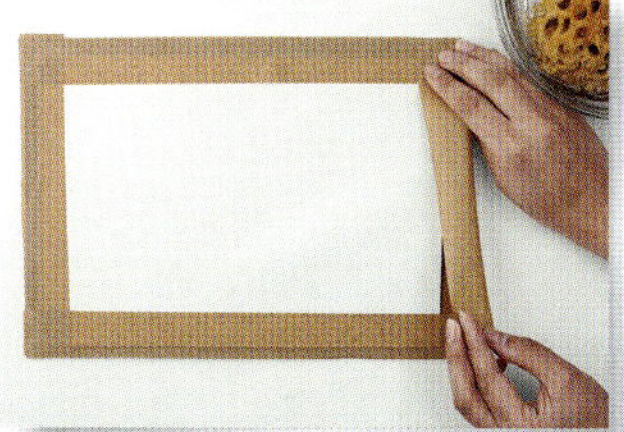

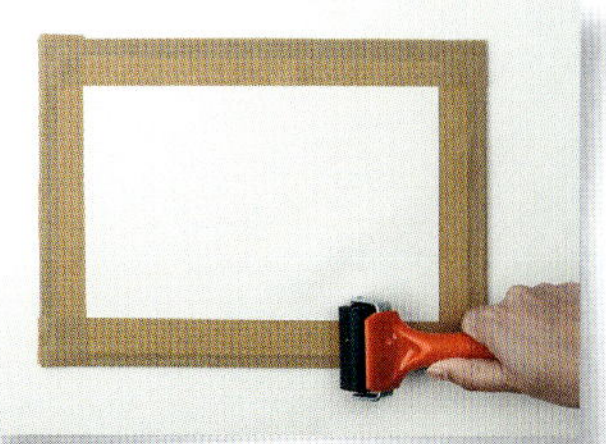

Paso 1

Sumerge una hoja en agua. Si es papel de 300 g/m^2, déjala en remojo durante 15 min. Si es más ligero, acorta el remojo. Sácalo y déjalo escurrir.

Paso 2

Pon el papel sobre una tabla plana de madera. Seca los bordes a toques con un paño. Si están muy mojados, la cinta de carrocero no se adherirá.

Paso 3

Humedece cinta de carrocero engomada y pégala inmediatamente a lo largo del borde del papel, dejando al menos 10 mm de superposición.

Paso 4

Pasa un rodillo de goma sobre los bordes, para asegurarte de que la cinta está bien plana. Deja el papel en horizontal hasta que se seque.

Pinceles

ELEGIR LA HERRAMIENTA

Los pinceles son, con diferencia, la herramienta más habitual a la hora de aplicar pintura sobre papel. Los hay de muchísimos tamaños y tipos de pelo. Aunque los más frecuentes son los redondos o planos de pelo blando, también los hay de formas diseñadas para tareas específicas. No hace falta gastar mucho en pinceles. Los artistas más expertos usan solo unos pocos.

La forma de los pinceles

La forma del pincel determina la forma de la marca sobre el papel (en las pp. 20-21 verás ejemplos de marcas hechas con pinceles de distintas formas). Los artistas suelen usar pinceles redondos, planos o una combinación de ambos en casi todos los cuadros.

Los pinceles planos son más adecuados para marcas angulares y precisas, mientras que los redondos dejan marcas menos características y, tal vez, más adecuadas para trabajos generales. El borde cincelado del pincel plano es ideal para trazar líneas rectas, mientras que la punta de un pincel redondo es perfecta para crear líneas finas y onduladas (abajo, en esta página y en la siguiente, encontrarás pinceles específicos para líneas finas y otros efectos pictóricos).

El pelo de los pinceles

Tradicionalmente, los pinceles de mejor calidad y más caros son los de pelo de marta, que ofrecen un buen equilibrio entre suavidad y elasticidad. Además, retienen mucha pintura, y la liberan de un modo homogéneo y constante.

El pelo de ardilla también es muy fino, y muchos artistas prefieren estos pinceles por su alta capacidad de retención, que permite cubrir áreas extensas, además de por sus puntas afiladas. El pelo de ardilla es mucho más suave que el de marta, y apenas tiene elasticidad.

Los pinceles sintéticos modernos están adquiriendo mucha popularidad, en parte por motivos medioambientales y éticos y en parte porque su calidad y resultados mejoran constantemente: los de mejor calidad son equiparables a los de pelo natural. Los pinceles sintéticos antiguos

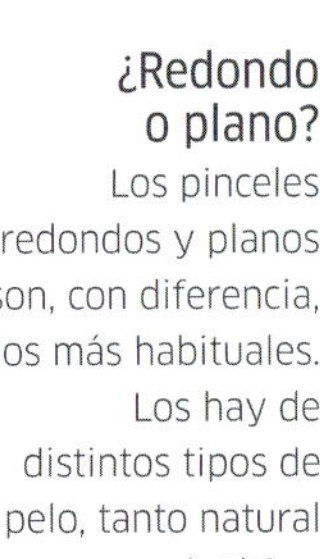

¿Redondo o plano?

Los pinceles redondos y planos son, con diferencia, los más habituales. Los hay de distintos tipos de pelo, tanto natural como sintético.

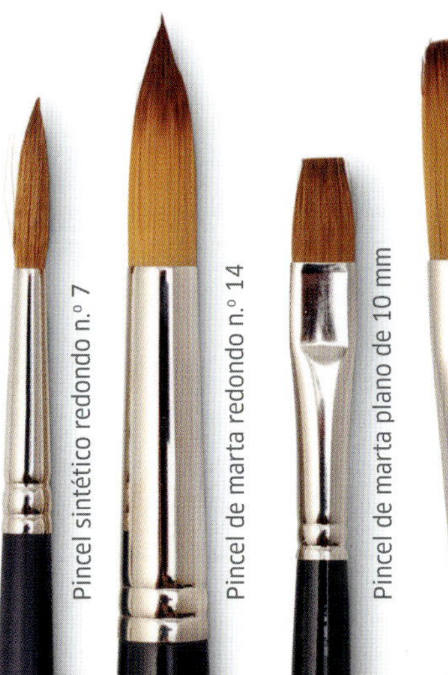

Pincel sintético redondo n.º 7

Pincel de marta redondo n.º 14

Pincel de marta plano de 10 mm

Pincel de marta plano de 20 mm

Pinceles para líneas finas

Hay pinceles que producen líneas muy finas. Los delineadores son pinceles redondos estándar pequeños, con pelos extralargos. Los pinceles con depósito son finos delineadores de marta rodeados de un depósito de pelo de ardilla. La larga punta del pincel espada se afina progresivamente.

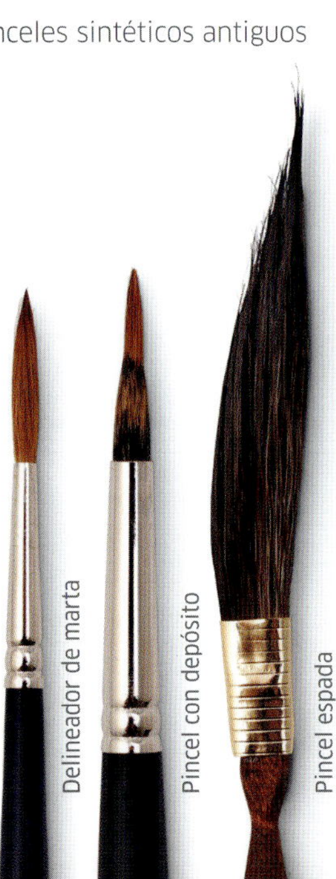

Delineador de marta

Pincel con depósito

Pincel espada

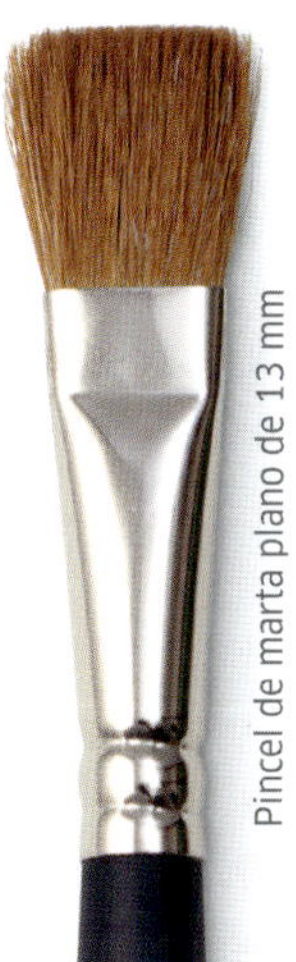

Pincel de marta plano de 13 mm

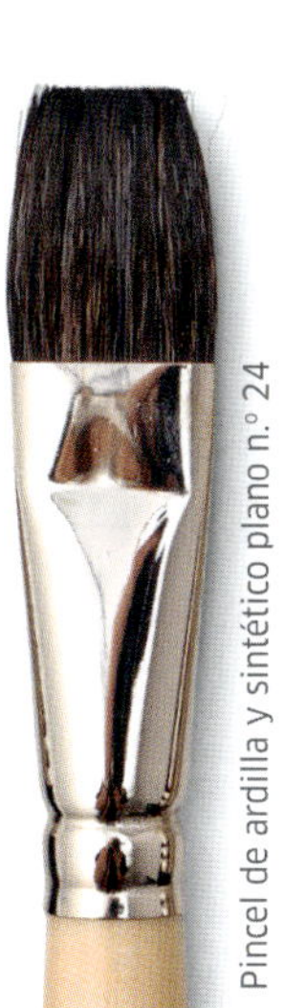

Pincel de ardilla y sintético plano n.º 24

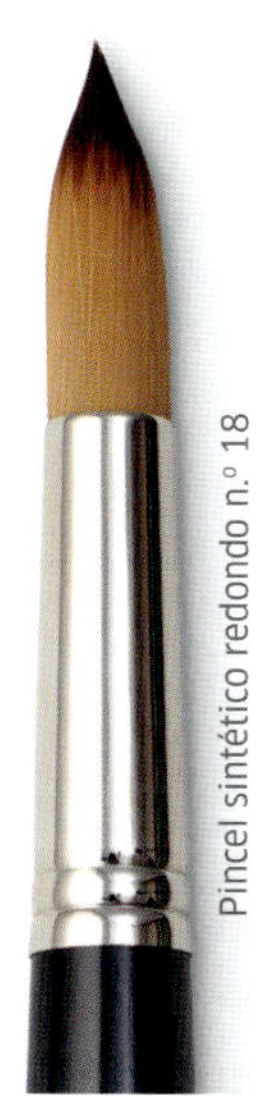

Pincel sintético redondo n.º 18

Tipos de pelo

Los tres tipos de pelo más habituales en la fabricación de pinceles son el de marta, el de ardilla y los sintéticos.

«Independientemente del **tamaño o de la forma**, el pincel ha de **depositar la acuarela** sobre el papel de un modo **suave y homogéneo**.»

eran muy elásticos y no resultaban «naturales», pero parece que el diseño de los más recientes ha controlado esta característica.

Por desgracia, todos los pinceles (también los de marta) se desgastan, sobre todo en lo que a las puntas finas de los pinceles redondos se refiere. Cuidarlos alarga su vida útil, por lo que los deberías lavar bien después de usarlos y guardarlos con el pelo hacia arriba, para que no se doblen. Si los pelos de los pinceles naturales se doblan, se suelen estirar de nuevo cuando se los sumerge en agua muy caliente durante un par de segundos y se dejan secar al aire.

Cuestión de tamaño

Por lo general, el tamaño de los pinceles y las brochas planos se denota por el diámetro, pero los redondos carecen de sistema de medida estándar, a excepción de que los más grandes tienen números más grandes, y viceversa. Un pincel redondo de tamaño 10-14 se adaptará a la mayor parte de los cuadros, mientras que los más pequeños (4-7), permiten terminar las partes más detalladas.

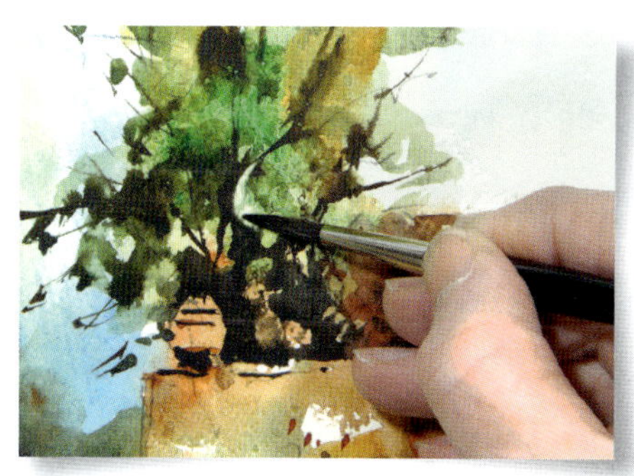

Retirar color

Frotar suavemente la acuarela con un pincel levanta el color y deja toques de luz. Los pinceles de marta y sintéticos son los mejores, por su elasticidad. Los de cerdas suelen recomendarse, pero pueden dañar el papel fino.

Abanico de pinceles

Las brochas retienen el agua y cubren el papel con facilidad; los pinceles de abanico producen hierba y pelaje convincentes, y los biselados son fantásticos para el follaje. Los pinceles de agua tienen un depósito flexible y son prácticos. Los pinceles chinos conservan muy bien la punta, y los *hake* japoneses son muy versátiles.

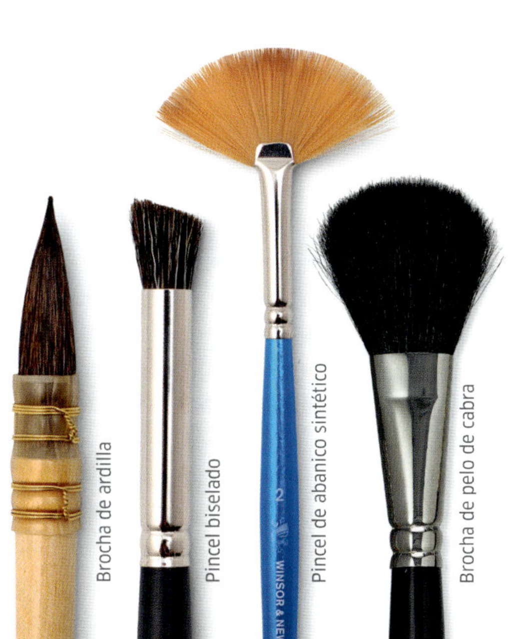

Brocha de ardilla

Pincel biselado

Pincel de abanico sintético

Brocha de pelo de cabra

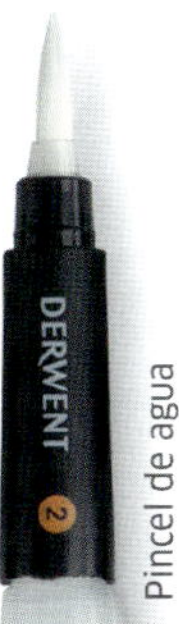

Pincel de agua

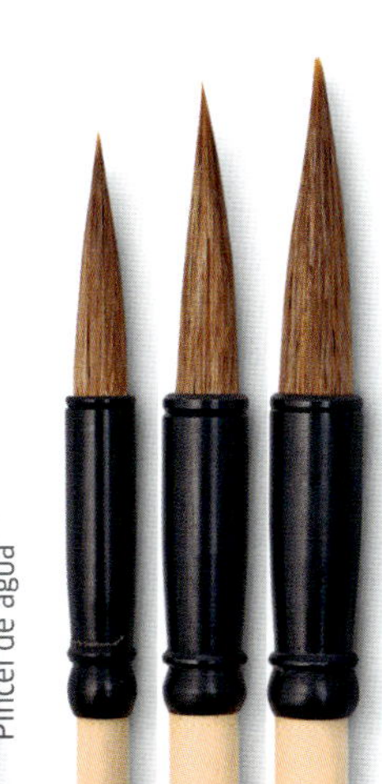

Juego de pinceles chinos

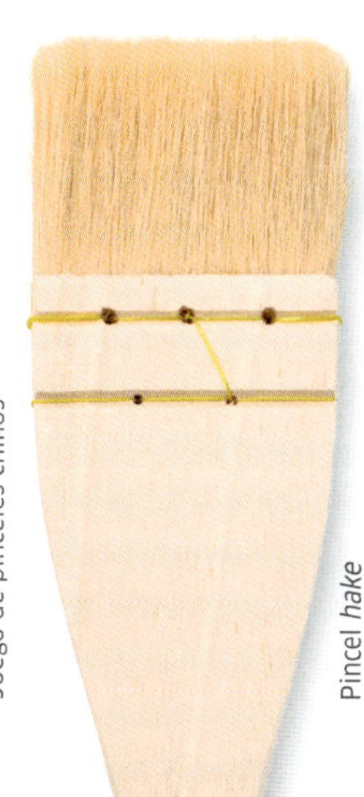

Pincel *hake*

Aplicar la pintura

EXPLORAR EFECTOS PICTÓRICOS

Por lo general, aplicar pintura sobre el papel significa usar pinceles. Sin embargo, eres libre de experimentar y buscar alternativas a las pinceladas para plasmar mejor una textura concreta o añadir cierto caos o dinamismo. Casi todo vale. Si algo te funciona (y encaja en el cuadro), no te preocupes por si es o no la forma habitual de hacer las cosas.

Pinceladas

Cada pincel produce marcas distintas, de las delicadas marcas rotas del pincel de abanico a las pinceladas planas y sólidas de anchos distintos. Si usas el pincel más grande entre los adecuados para el efecto deseado, necesitarás menos pinceladas. Practica cómo dejar distintas marcas sujetando el pincel en distintos ángulos.

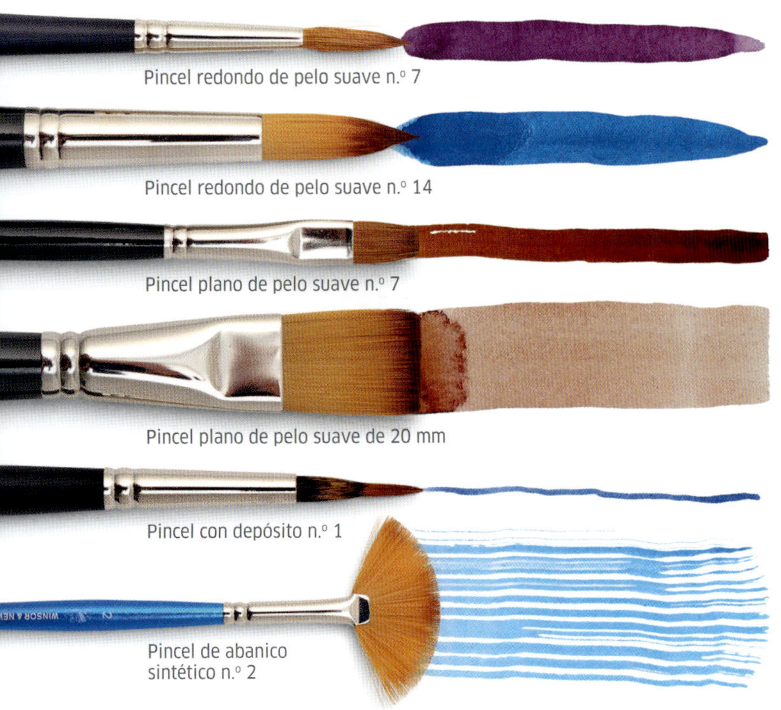

Pincel redondo de pelo suave n.º 7

Pincel redondo de pelo suave n.º 14

Pincel plano de pelo suave n.º 7

Pincel plano de pelo suave de 20 mm

Pincel con depósito n.º 1

Pincel de abanico sintético n.º 2

SELLOS Y ESPONJAS

Ir más allá de los pinceles (pp. 18-19) abre las puertas a un mundo de texturas y de formas difíciles de conseguir de otro modo. Utiliza herramientas de estampación y aplica la pintura directamente sobre el papel. ¡No necesitas pinceles! Disfruta experimentando con una tarjeta de crédito caducada, un peine de plástico o una cartulina.

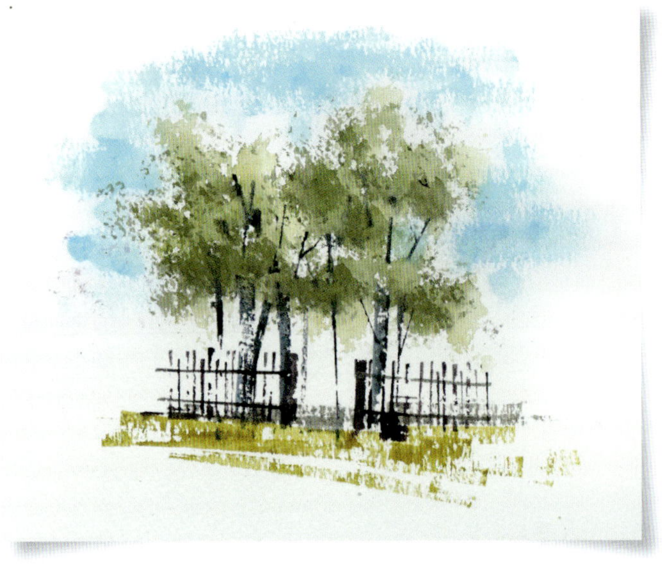

Una acuarela «sin pinceles»

Explora el mundo de las marcas pintando sin coger ni un pincel. Aquí se ha utilizado cartulina de enmarcar para representar los troncos de árbol, la valla y el primer plano, mientras que pasar una esponja natural por encima produce el efecto ideal para las copas de los árboles. El cielo se ha pintado con algodón.

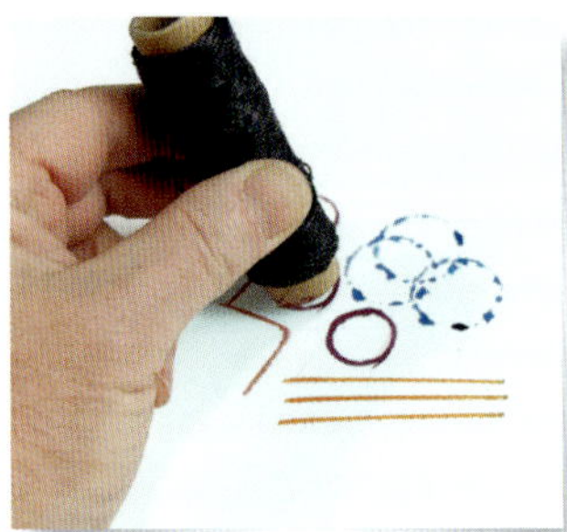

Estampación con acuarela

Estás rodeado de útiles de estampación caseros: culos de botella, corchos de botellas de vino… Los objetos de estampación poco o nada absorbentes precisan de pintura con menos agua.

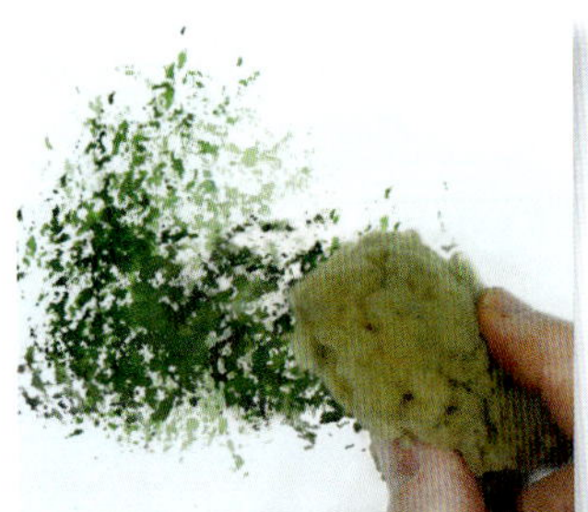

Esponjas naturales

Consigue texturas fantásticas con esponja natural, algodón y papel arrugado. Usa dos o tres colores y aplica con delicadeza, para evitar marcas demasiado «esponjadas».

LÍNEAS REGULARES

Los tiralíneas de tinta son imprescindibles cuando hay que trazar líneas de grosor constante. Son muy ajustables, y se pueden usar con pintura para acuarela en lugar de tinta.

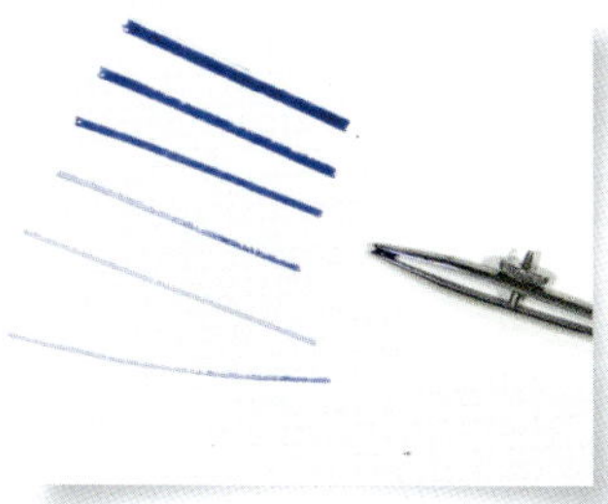

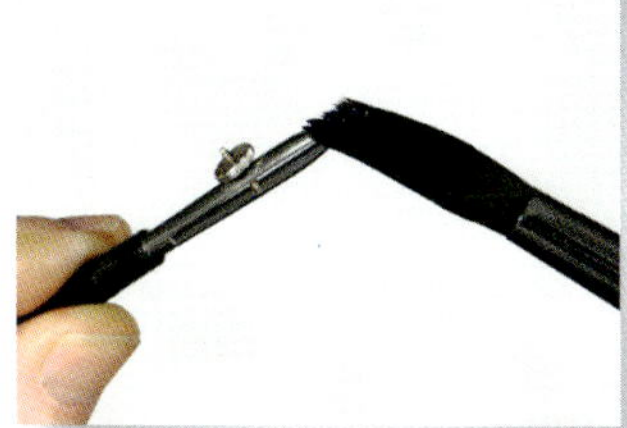

Líneas de todos los grosores

Los tiralíneas son excelentes cuando hay que trazar líneas con un ancho constante. El grosor de la línea se ajusta girando el tornillo lateral.

Fácil de cargar

El tiralíneas nos mantiene en el mundo de la acuarela, al contrario que el lápiz o el bolígrafo. Para recargarlo, pasa un pincel cargado sobre el borde de la hoja.

Tiralíneas

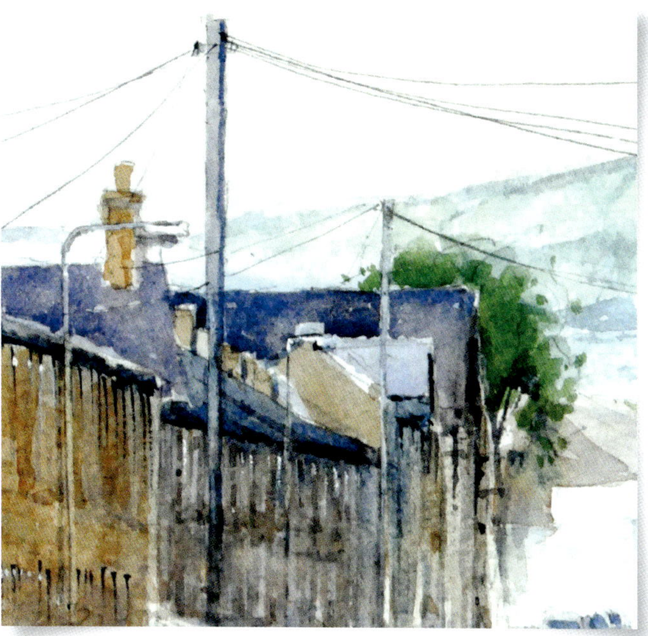

Escena callejera

Los postes verticales rodean la manzana de casas adosadas en este escena cotidiana de una calle. Aquí, se usó un tiralíneas para dibujar cables telefónicos bien perfilados.

MANCHAS Y SALPICADURAS

Diseminar la pintura sobre el papel sin tocarla dota al cuadro de una energía lúdica. Las manchas (más grandes) y las salpicaduras (motitas diminutas) aportan aleatoriedad y textura al cuadro.

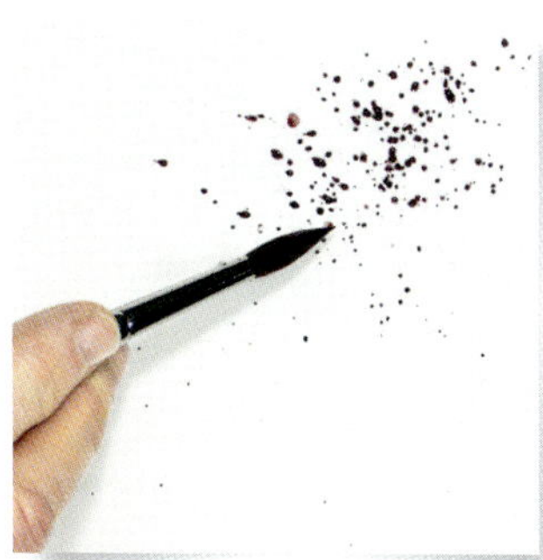

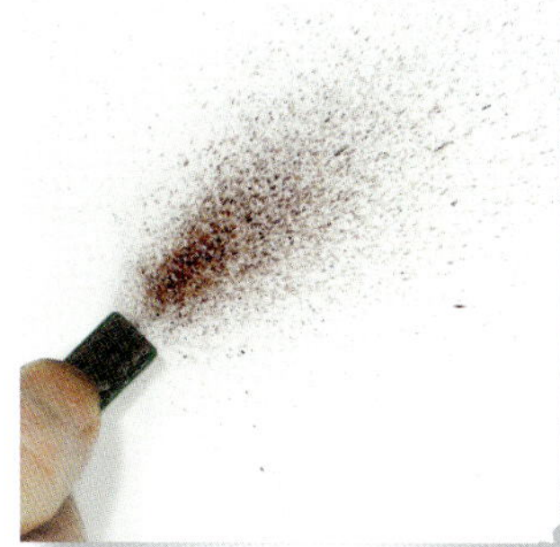

Manchas con pincel

Crea manchas de pintura aleatorias con un pincel estándar; el tamaño de este determinará el tamaño de las manchas. Experimenta en otro papel para valorar el efecto antes de aplicarlo a tu obra.

Salpicaduras con cepillo de dientes

Frotar un cepillo de dientes con el dedo produce una lluvia de motas de pintura mucho más finas que las que lograrías con un pincel. Usa estas motitas para describir texturas intrincadas, como la arena de playa.

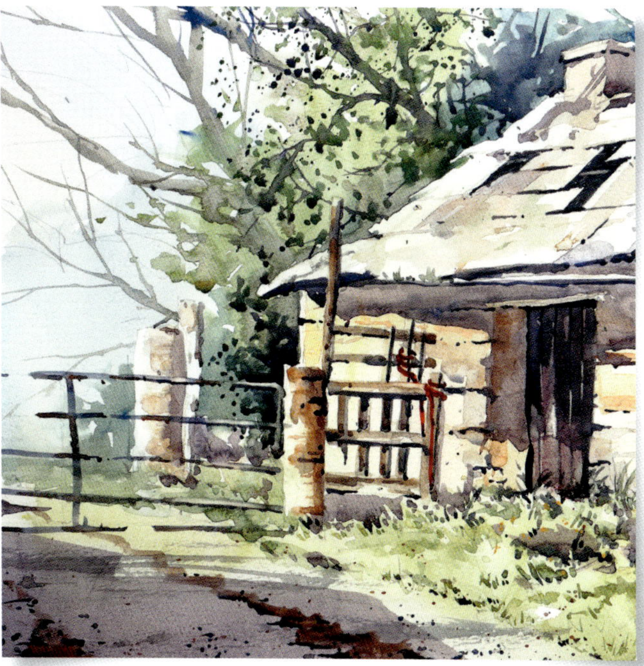

Crear efectos con salpicaduras

Las manchas y las salpicaduras son útiles para sugerir disposiciones aleatorias de objetos. Aquí, las hojas, las piedras en el sendero y la vegetación se han pintado en parte con manchas, que dan un aspecto más natural, además de ser más rápidas de aplicar que las marcas individuales.

Lápices, plumas y medios

MARCAS Y EFECTOS

Las plumas y los lápices se usan sobre todo antes de empezar a pintar, en el esbozo preparatorio, aunque hay artistas que los usan como elementos integrales de la obra acabada. El uso de la tinta y la aguada es una técnica tradicional: la pluma sienta la estructura principal del cuadro, y las aguadas añaden color y decoración al dibujo.

Lápices

Los dibujos a lápiz son la manera más habitual de empezar una acuarela. El esbozo sirve para planificar dónde aplicar las aguadas, por lo que suele ser bastante sencillo. El lápiz debe resultar cómodo en la mano y producir las marcas deseadas.

El tradicional lápiz de madera está disponible en varios niveles de dureza de mina, pero requiere afilarlo a menudo con sacapuntas o cuchillo (este último permite variar la longitud de la punta). Muchos artistas prefieren los lápices de carpintero, porque su mina plana produce una mayor variedad de líneas; y también hay quien prefiere los crayones de grafito sólido.

Los portaminas son muy cómodos, porque basta con pulsar el botón para tener disponible la mina; y también hay disponibles distintos niveles de dureza y de diámetros de mina, lo cual es igualmente importante. Cada portaminas sirve para minas de un diámetro concreto. No hay un diámetro «ideal», y cada artista tiene sus preferencias. Los diámetros van de los 0,2 mm a los 5,6 mm. El de 0,9 mm es una buena opción. Los de diámetro más pequeño se rompen con facilidad, y los más grandes se han de afilar, ya sea con el afilador integrado con el que cuentan muchos portaminas o con un sacapuntas independiente.

Plumas

Los dibujos con pluma encajan bien en las acuarelas. Las plumas, los rotuladores con punta de pincel desechables y los estilógrafos son cómodos, y, dada la gran variedad de plumines, es imposible no hallar el que satisfaga tus necesidades. Son útiles en los dibujos precisos, aunque el plumín puede resultar poco sensible.

Las plumas tradicionales con plumín metálico producen una gran variedad de líneas. La más sencilla es la plumilla de inmersión, con plumines intercambiables que permiten variar el grosor de la línea. La única desventaja es la necesidad de mojar continuamente el plumín en la

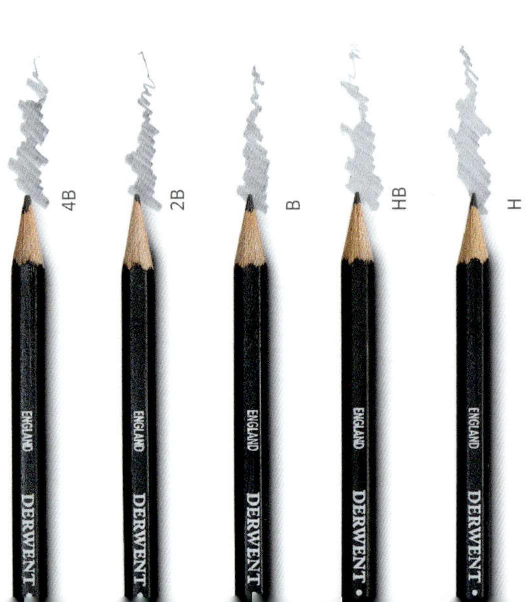

Grados de grafito

El grafito tiene distintos niveles de dureza, representados por H = duro y B = negro. HB es el nivel promedio de dureza y de negro, aunque la mayoría de los artistas prefieren lápices 2B o 3B, que son lo bastante blandos para no rasgar el papel, pero no tanto como para que el grafito se emborrone.

Herramientas para dibujar con grafito

El grafito se suele usar en los esbozos anteriores a realizar el cuadro. Elige entre la amplia variedad de durezas y diámetros disponibles, con opciones que van de los gruesos crayones de grafito, que producen trazos amplios, a los portaminas, que generan líneas finas y constantes.

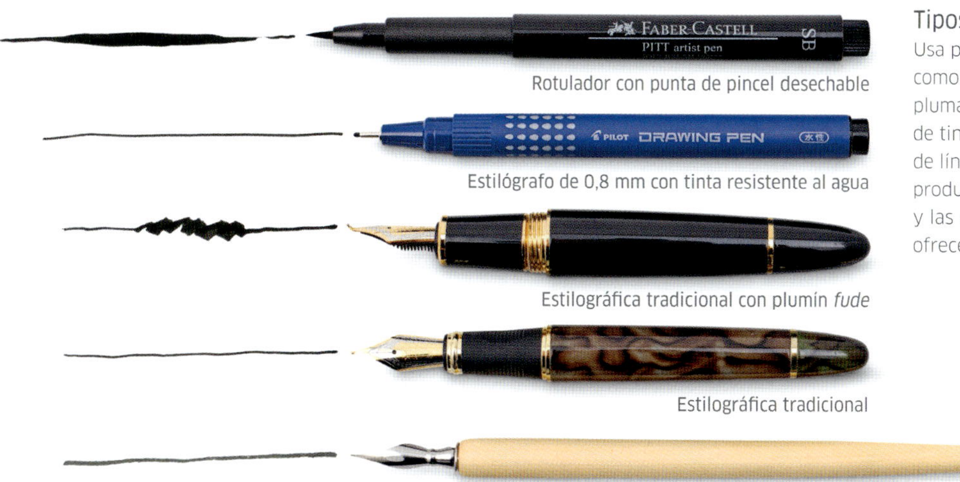

Rotulador con punta de pincel desechable

Estilógrafo de 0,8 mm con tinta resistente al agua

Estilográfica tradicional con plumín *fude*

Estilográfica tradicional

Plumilla de inmersión tradicional

Tipos de plumas

Usa plumas tanto para esbozar como para la aguada de tinta. La pluma elegida dependerá del tipo de tinta que uses y de la variedad de líneas deseada. Los estilógrafos producen líneas finas y constantes, y las estilográficas y plumillas ofrecen opciones caligráficas.

tinta. Esta es la única pluma que se puede usar con tinta china o con cualquier tinta con base de goma laca. Son tintas que dan resultados bellísimos, pero destrozan rápidamente las estilográficas.

Para dibujar con pluma estilográfica, la mejor opción es la tinta soluble en agua, o bien tintas especiales que son solubles en agua en la pluma, pero que resisten el agua una vez secas. El plumín *fude* tiene una inclinación ascendente que aporta una gran variedad de trazos.

Medios para acuarela

Es fantástico experimentar con los medios concebidos específicamente para la acuarela. La imprimación permite pintar acuarelas sobre casi cualquier superficie (como el lienzo) y también se puede emplear para añadir blancos opacos que aporten textura. Los aglutinantes, como la goma arábiga (recuadro, abajo), se unen a la pintura y aportan un aspecto reluciente, añaden brillo e intensifican la luminosidad. Los medios granulados hacen que la pintura se separe y se aglomere, lo que da lugar a un efecto moteado. Algunos artistas usan la granulación para recrear texturas delicadas y lograr aguadas diversas.

Grafito soluble en agua

Estos lápices crean dibujos con aguadas sencillas. Como las líneas desaparecen en la acuarela final, estos lápices son populares entre quienes no quieren conservar el trazo del lápiz.

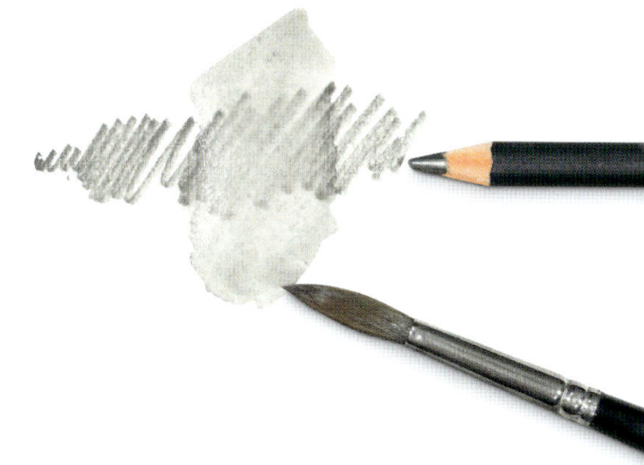

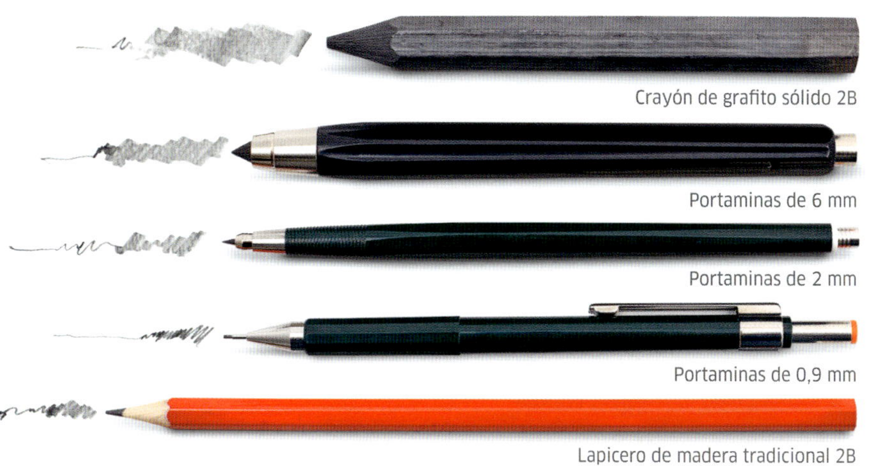

Crayón de grafito sólido 2B

Portaminas de 6 mm

Portaminas de 2 mm

Portaminas de 0,9 mm

Lapicero de madera tradicional 2B

Usar goma arábiga

La goma arábiga es un popular aglutinante que limita el flujo y el corrido de los colores, mantiene el cuadro húmedo durante más tiempo (alargando el tiempo útil de trabajo) y mejora la transparencia y la intensidad de los colores. Según el efecto deseado, pinta directamente un papel húmedo con ella, dilúyela en agua en una proporción 1:1 y aplícala como aguada o mézclala con la pintura.

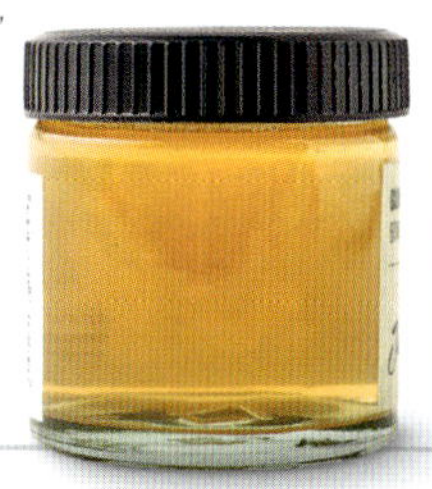

Capacidad de observación

EL ARTE DE VER QUÉ FUNCIONA EN UN CUADRO

Desarrollar una visión pictórica no es lo mismo que limitarse a abrir los ojos y mirar alrededor. Observar con mirada de pintor significa aprender a discernir los elementos que componen un buen cuadro, una habilidad que se adquiere con la práctica. En tanto que artista, eres libre de interpretar lo que ves y de expresarlo a tu manera.

Encontrar el interés
La llamativa forma de estos molinos de Miconos (Grecia) atrae la mirada al instante. Sin embargo, la imagen tiene muchos detalles que distraen y apartan la mirada de ellos.

Elegir el punto de vista
Acercarse mucho más a los molinos ofrece una interacción más interesante entre ellos, y mejora la composición en general (pp. 26-27).

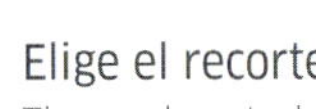

Elige el recorte
Tienes el control absoluto sobre qué pintas y qué no. Tú decides qué mover, omitir o realzar para obtener el mejor cuadro.

La línea discontinua define el recorte elegido para el cuadro de la imagen inferior

Identificar los elementos clave

Cuando aprendas a mirar de verdad un posible tema (sopesar los tonos y las formas, determinar el esquema cromático y pensar en qué partes incluir y qué partes eliminar), empezarás a ver los detalles en todo lo que te rodea. Ya estés capturando los reflejos de un coche clásico al sol, las decoraciones arquitectónicas en edificios, la miríada de colores en un bodegón o las nubes de un cielo tormentoso, los detalles te ayudarán a decidir si el tema merece o no que le dediques una hoja de papel para acuarela.

Evita el error de principiante de buscar temas «bonitos». El tema puede ser bonito, pero este factor debería ser solo uno de los muchos otros que has de considerar. Un tema

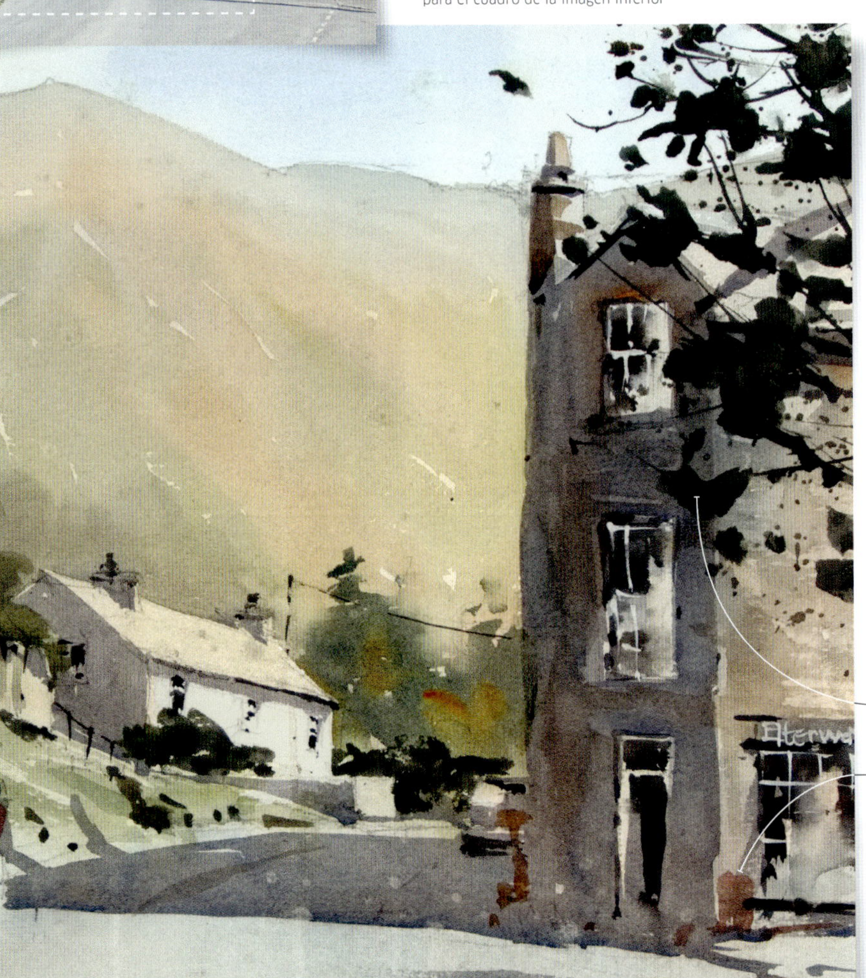

Aquí, el árbol se extiende y entra en la escena pintada

Se ha omitido el automóvil de la escena original

Licencia artística
Además de recortar los detalles que distraen (como las señales de tráfico) para crear una composición interesante, puedes jugar con cualquier detalle que mejore y evoque el ambiente adecuado para el cuadro.

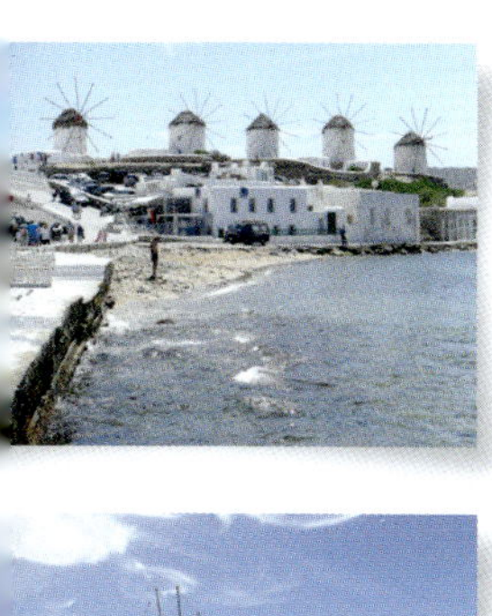

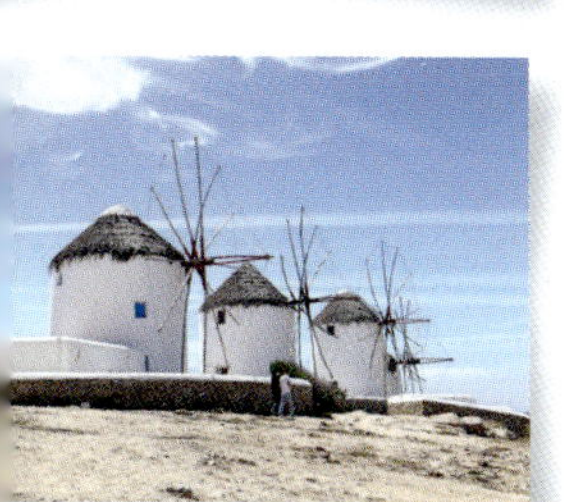

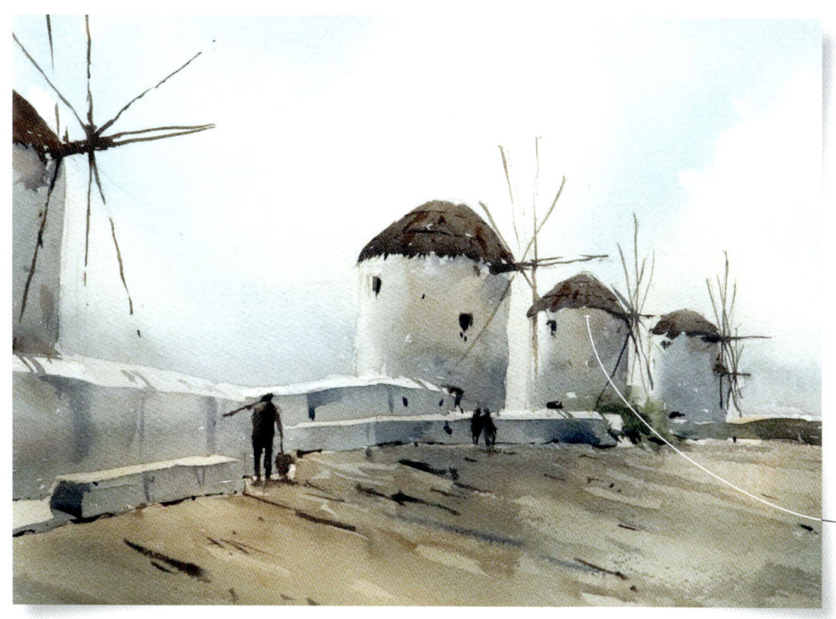

Buscar formas

La belleza de la composición de este cuadro reside en las formas marcadas y definidas de los molinos. Entrecerrar los ojos es una forma sencilla de encontrar las formas, porque difumina los detalles y revela las formas principales.

La forma redondeada de los molinos destaca sobre el cielo claro

bonito no siempre da lugar a un buen cuadro. Has de aprender a buscar otros atributos que te emocionen a medida que pintas y añades potencia visual a la obra acabada.

Formas y punto de vista

Las formas inusuales o dramáticas se convierten en cuadros interesantes y potentes, así que búscalas en tus temas. Es posible que el tema no sea evidente a primera vista; investigar los distintos ángulos y puntos de vista desde alturas diferentes puede cambiar por completo cómo ves un tema y hacer que se revelen las formas más agradables.

Observa el posible tema desde todos los ángulos posibles antes de decidirte por el que consideres más interesante e impactante. Los bodegones te ofrecen un control absoluto: puedes disponer todos los elementos desde distintos puntos de vista y ajustar la iluminación hasta lograr la composición de formas tonales más atractiva.

Rango tonal y color

Con pocas excepciones, es el contraste entre los tonos (entre la luz y la oscuridad) lo que aporta al cuadro estructura, impacto y emoción. Busca un tema con una configuración sencilla de unas pocas formas tonales, desde muy oscuras hasta muy claras. Ajusta la luz de la sala, o la orientación del tema si estás al aire libre, hasta que consigas el mejor contraste tonal.

El color ayuda a crear atmósfera, pero no intentes copiar los colores de la vida real. Usa la imaginación y adapta los colores al estado de ánimo que quieras transmitir.

Un estudio tonal

Este cuadro capta un amplio abanico de formas tonales interesantes. La luz unidireccional revela un contraste tonal fantástico.

La intensidad de la iluminación produce un contraste magnífico entre los claros y los oscuros

Mirar de otra manera

Lo que crea un cuadro son la formas, no las cosas. Aquí, la mano se conecta al rostro y produce una forma global grande con bordes interesantes. La luz realza las diferencias tonales.

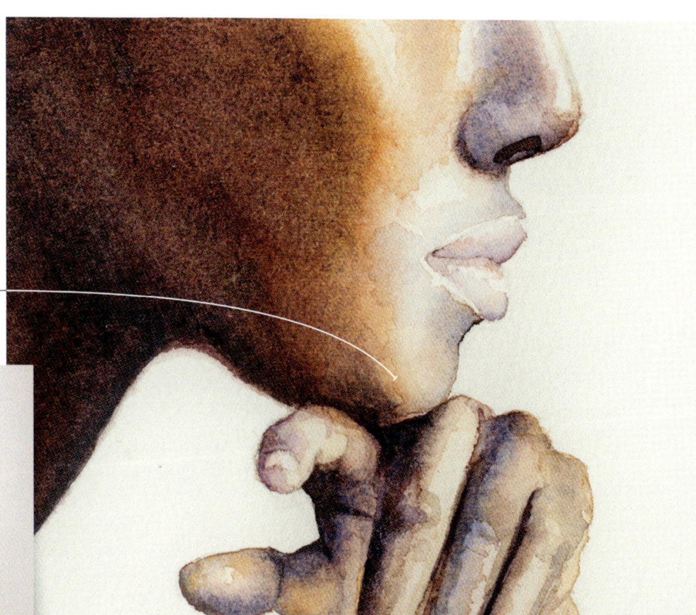

Perspectiva y composición

REPRESENTAR EL ESPACIO TRIDIMENSIONAL

Si conoces las bases de la composición y la perspectiva, tus cuadros serán más equilibrados y realistas. La perspectiva lineal (cómo las líneas paralelas convergen aparentemente en el horizonte) es clave para crear profundidad y distancia en un cuadro. La composición, o la disposición atractiva de objetos y formas, también tiene «normas» fáciles de seguir y que puedes emplear.

PERSPECTIVA

Las normas de la perspectiva lineal se observan en muchos temas y, además de las de la perspectiva aérea, son muy útiles en los paisajes. Si bien puede resultar algo complicada, hacer dibujos precisos te será más fácil si sigues sus normas. La clave reside en prolongar las líneas horizontales de modo que converjan en un punto del horizonte, o punto de fuga.

«Emular la perspectiva aérea ayuda a añadir la dimensión de profundidad al cuadro.»

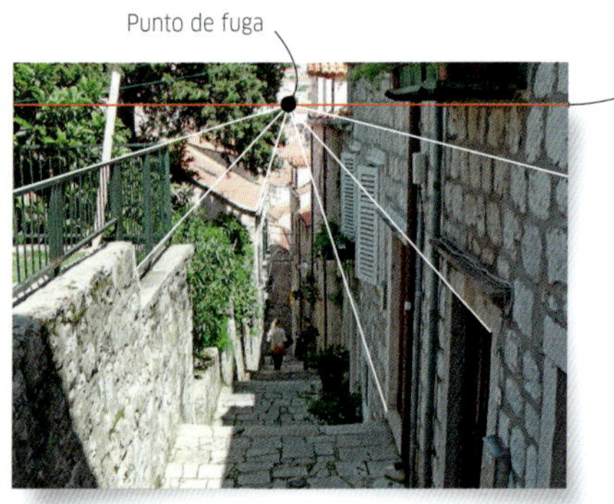

Perspectiva de un punto
En esta vista de unos escalones, todas las líneas horizontales de las paredes, rejas y casas convergen en un mismo punto de fuga.

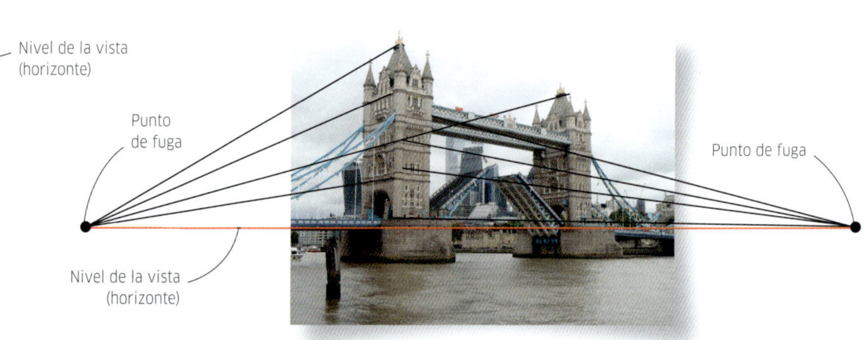

Perspectiva de dos puntos
El puente está en ángulo respecto al observador y ambos lados se ven afectados por la perspectiva, por lo que hay dos puntos de fuga en el horizonte. Para ubicarlos, recuerda que la línea del horizonte siempre está en relación con el nivel de la vista del observador.

Perspectiva aérea
Imitar el efecto de la atmósfera sobre los objetos distantes es otra manera de indicar la perspectiva en un paisaje. La bruma hace que los objetos parezcan menos detallados, más pálidos y con menos tonos cuanto más lejos están del observador.

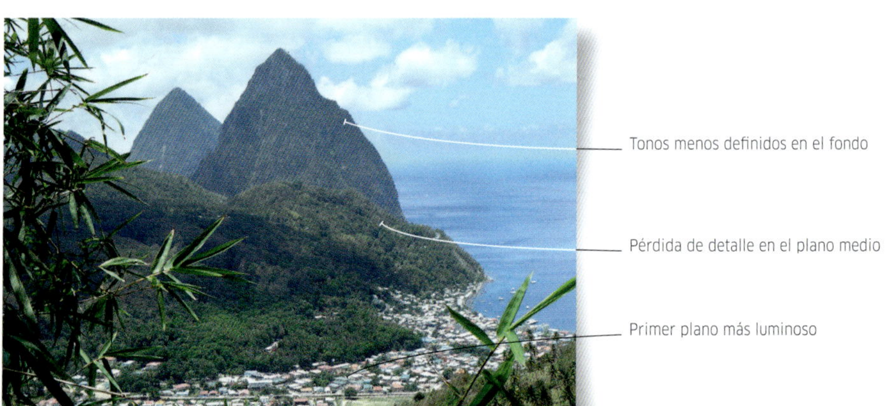

COMPOSICIÓN

Cómo compongas una escena o un bodegón puede suponer el éxito o el fracaso de la obra acabada. Hay algunos consejos, o «normas», que, sumados a la profundidad que aporta la perspectiva, te ayudarán a lograr una buena composición. Aunque habrá ocasiones en que te podrás saltar las normas, si las entiendes estarás en mejor posición para decidir si te conviene o no hacerlo.

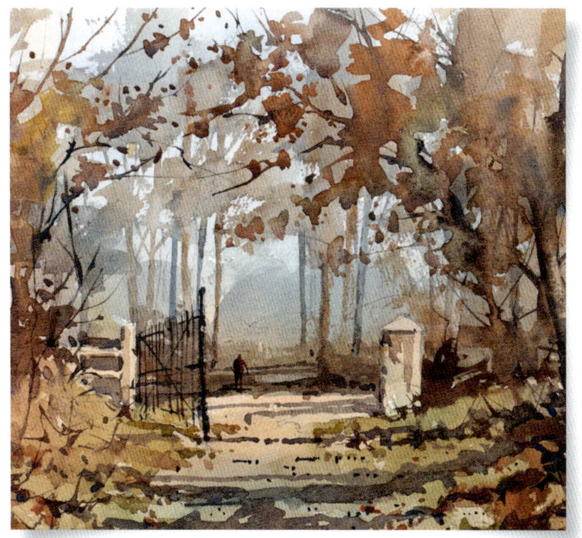

Punto focal

Muchos cuadros se organizan alrededor de un solo punto focal, en este caso una figura en la distancia. El punto focal se puede realzar dotándolo del oscuro más intenso y del claro más luminoso o de un contraste cromático intenso. También puede haber varios puntos focales a lo largo de un sendero (abajo).

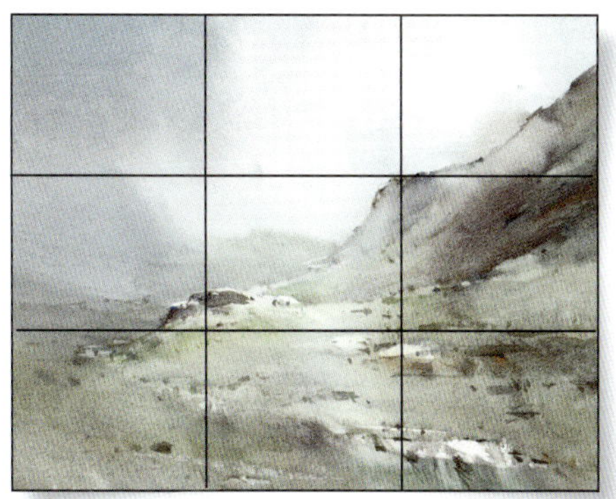

La regla de los tercios

Esta útil guía de composición divide horizontal y verticalmente un tema en tercios, de modo que se obtienen cuatro líneas y cuatro intersecciones. Las partes principales de la composición deberían estar cerca de las líneas, mientras que las intersecciones son los puntos focales más potentes.

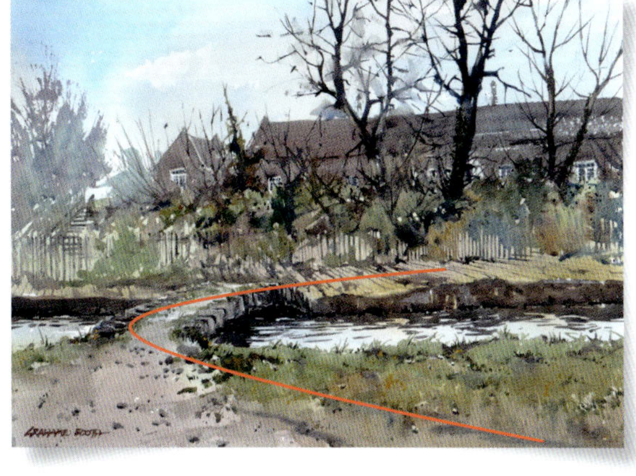
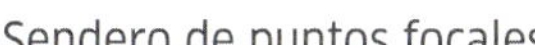

Sendero de puntos focales con forma de «C»

Aquí, la forma de «C» lleva a que la mirada recorra el primer plano, cruce el puente y prosiga junto al árbol principal. El árbol está en la intersección de los tercios (izda.), como el frontón del edificio situado a la izquierda del árbol y el propio puente.

Sendero de puntos focales

Idealmente, los puntos focales de un cuadro deberían seguir una trayectoria y no salpicar la imagen aleatoriamente. Los senderos en forma de «C», «L», «U», «S» y «Z» (y sus imágenes simétricas) se consideran composiciones adecuadas. Estas formas permiten a la mirada explorar el cuadro con naturalidad. Los elementos del cuadro también pueden orientar la mirada hacia un punto focal, como la rama de un árbol, ondas en el agua o una carretera.

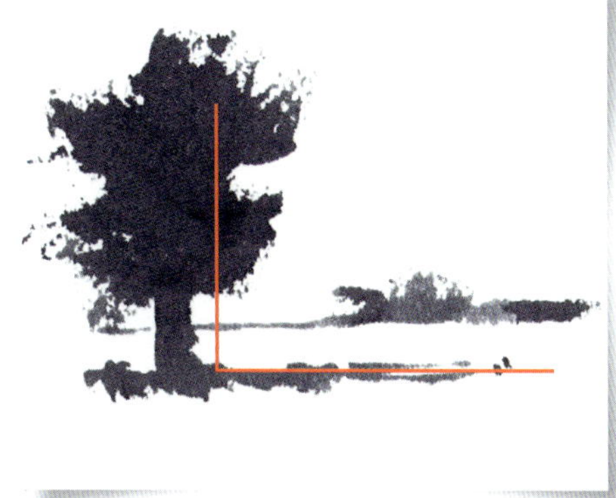

Forma de «L»

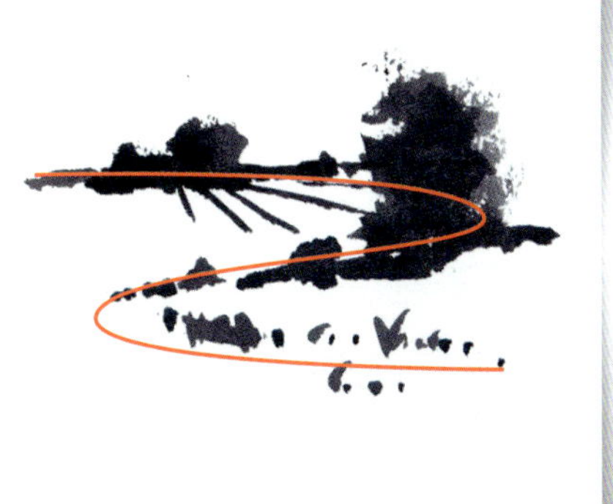

Forma de «S»

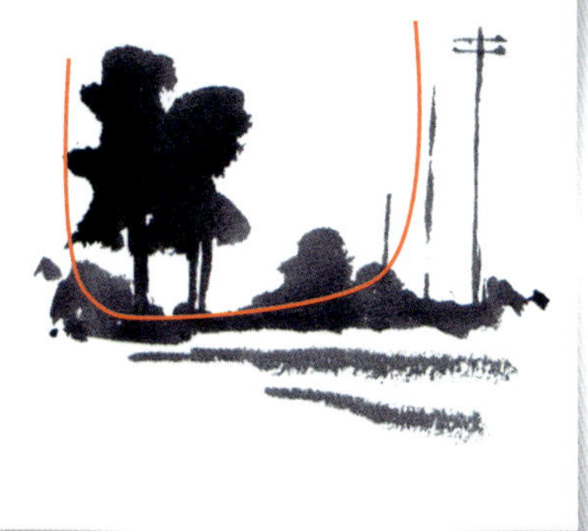

Forma de «U»

Fundamentos de dibujo

PLASMAR ESCALAS Y PROPORCIONES

Si sabes escribir tu nombre o reseguir una imagen, sabes dibujar. Puedes aprender a producir un dibujo perfectamente adecuado como referencia y como la base de un cuadro. Por supuesto, la precisión solo es parte del proceso, y un buen dibujo siempre transmitirá parte de la escurridiza «emoción» del tema.

■ Medir objetos en la vida real

Medir con lápiz es clave para dibujar con precisión. Sostén el lápiz frente a ti con el brazo extendido y al nivel de la vista (si doblas el brazo, medirás mal). Cierra un ojo, mira a lo largo del brazo y alinea el extremo superior del lápiz con el extremo superior del objeto. Desliza el pulgar a lo largo del lápiz para marcar la longitud y trasládala al papel.

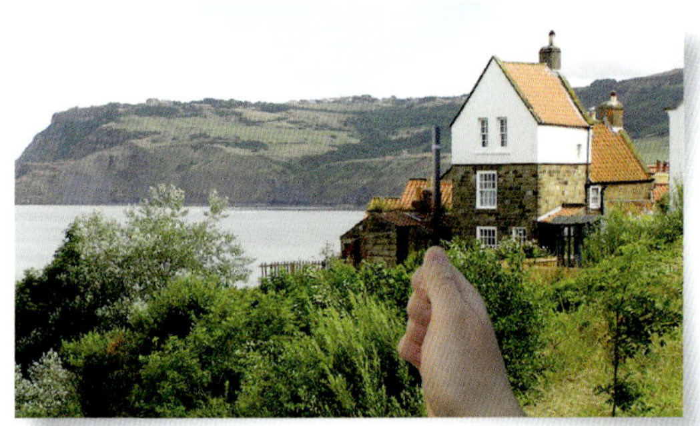

Buscar las líneas y los ángulos clave

Has de recoger la información suficiente para saber dónde depositar la pintura. Céntrate en las partes principales del tema. Evita un exceso de detalles.

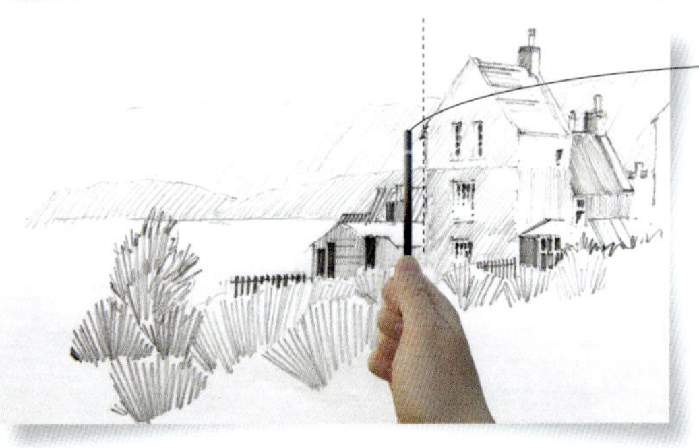

Transfiere esta misma longitud a la página una vez hayas medido

Medir líneas

Elige una de las líneas como unidad y construye el resto del esbozo con las proporciones adecuadas según se relacionen el resto de las líneas con la primera.

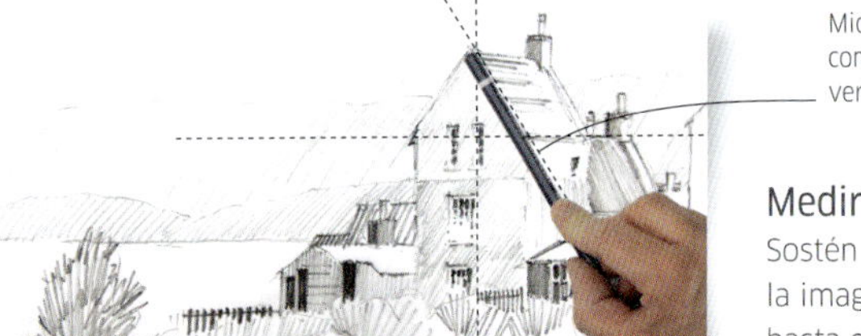

Mide los ángulos comparando las líneas verticales y horizontales

Medir ángulos

Sostén el lápiz como en la imagen y gira la mano hasta que coincida con la línea inclinada de la escena para que la puedas plasmar en el esbozo.

■ Medir figuras

Usa un lápiz como instrumento de medida siguiendo las instrucciones (izda.). Mide la cabeza y úsala como unidad para calcular la estatura de una persona y dónde comienzan y acaban las extremidades. Si te habitúas a medir a las personas así, también podrás calcular cómo situarlas en las escenas: por ejemplo, una persona no puede ser más alta que una puerta.

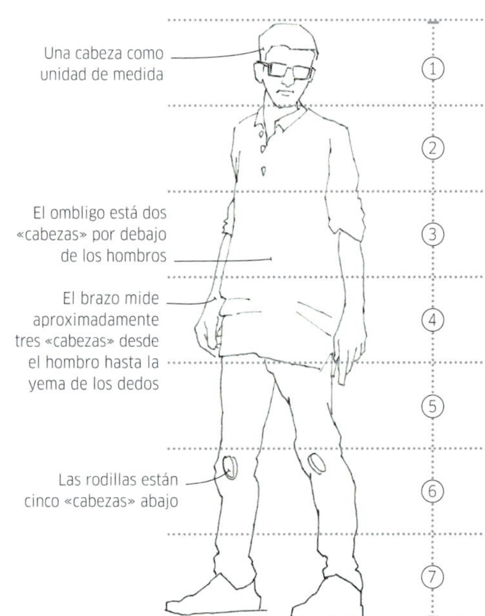

La cabeza como unidad de medida

La cabeza es una unidad de medida muy útil a la hora de dibujar el cuerpo humano en las proporciones correctas. Saber que un adulto en pie mide 7-8 cabezas y otras medidas clave (arriba) puede garantizar que el torso y las extremidades de la figura estén proporcionados.

▇ Buscar relaciones

Cuando se observa un tema, es muy importante buscar relaciones dentro de un mismo objeto y entre objetos distintos. Búscalas antes de poner el lápiz sobre el papel.

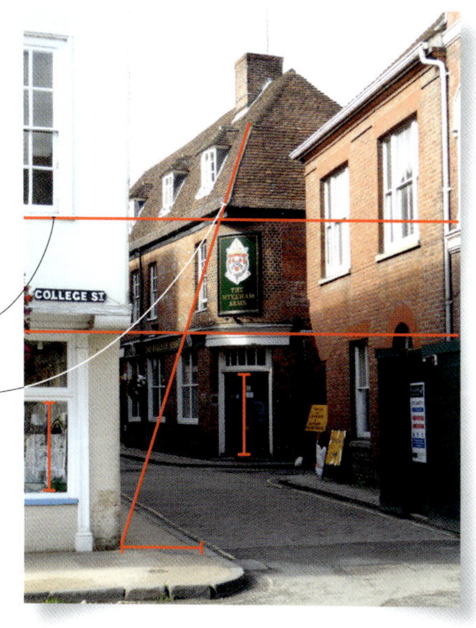

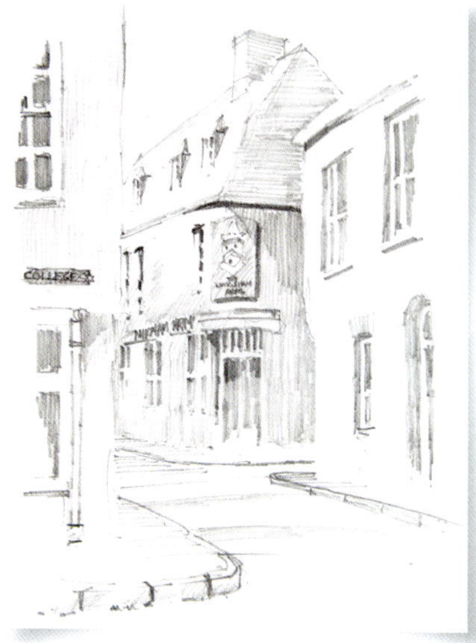

La parte inferior de la ventana está casi alineada con la parte inferior del tejado del pub

Las relaciones diagonales también son útiles. Fíjate en cómo el ángulo del tejado se relaciona con la esquina de la calle

Alturas y ángulos útiles

Mira esta escena. ¿Ves que la puerta del pub y el escaparate de la tienda tienen la misma altura? Con práctica, detectarás todo tipo de relaciones útiles.

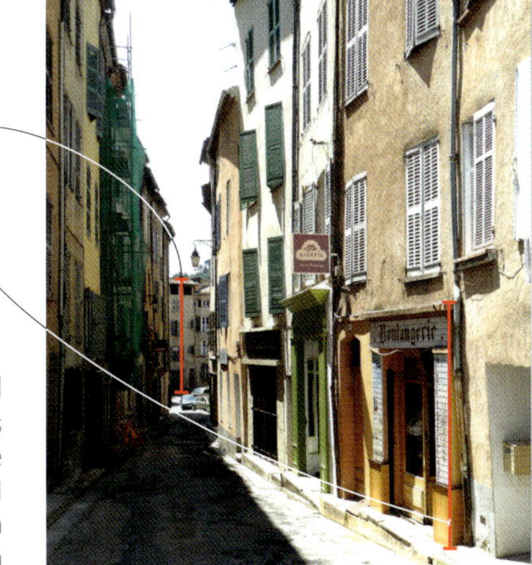

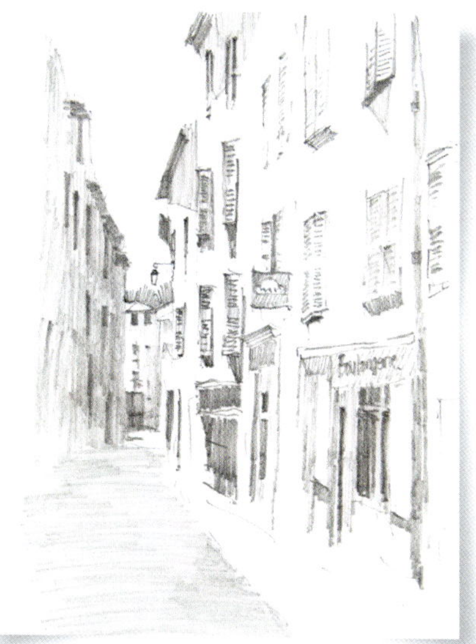

Compara las medidas con las del primer plano

Al medir, vemos que la fachada de la tienda duplica en altura al edificio del final de la calle

Tratar la profundidad

Mide siempre para comprobar las proporciones. A simple vista, parece que la fachada de la tienda y el edificio del fondo de esta imagen tienen la misma altura. Sin embargo, una vez se miden (líneas rojas), es evidente que no es así.

Dibujar contornos

Identificar las formas principales de una escena mejorará tus dibujos. Dibujar contornos consiste en mantener el lápiz sobre el papel y seguir los bordes en lugar de los objetos. Cuando un objeto toque el siguiente, sigue a lo largo del borde de la forma combinada en lugar de terminar el objeto.

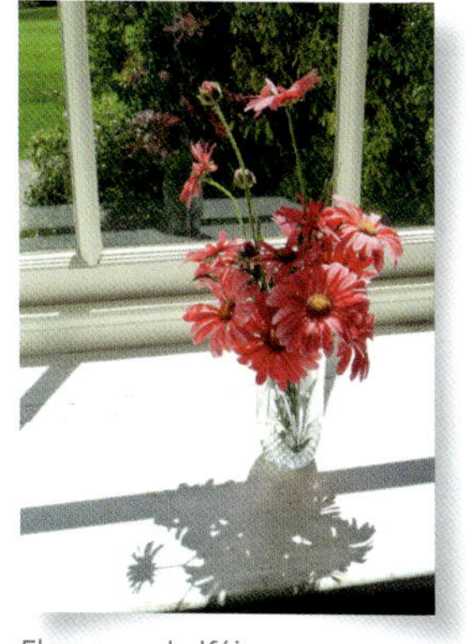

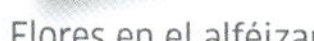

Flores en el alféizar

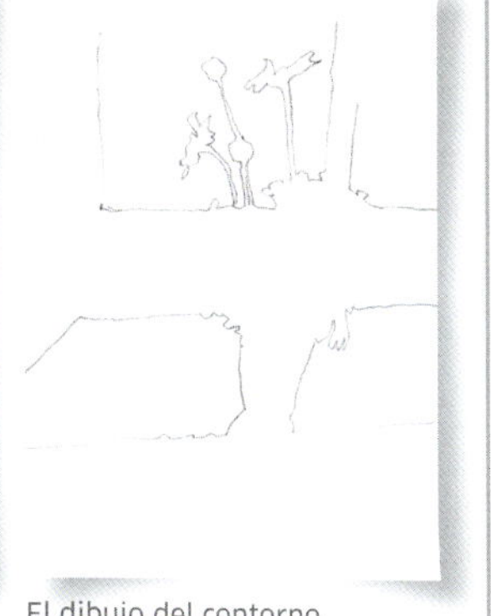

El dibujo del contorno

«Con la práctica, el **dibujo de contornos** acostumbra a ser más preciso y ayuda a **ver el tema como formas.**»

Esbozar y planificar

CÓMO SACAR EL MÁXIMO PARTIDO AL MATERIAL DE REFERENCIA

Muchos artistas visuales llevan siempre encima un cuaderno de bocetos, porque nunca saben cuándo se toparán con un tema perfecto. Una vez hayas trazado un esbozo rápido, apuntado sugerencias de color y tomado fotografías de apoyo, es momento de esbozar, planificar y ejecutar el cuadro.

◼ Esbozar sobre la marcha

La capacidad de esbozar con rapidez es muy útil y mejora con la práctica. Te sorprenderás de lo mucho que puedes obviar, aunque, aun así, captes la esencia del tema. Ponte límites de tiempo para obligarte a dibujar con rapidez, o bien intenta esbozar lo que ves por la ventana del autobús o del tren.

Plasmar objetos con rapidez

El artista tardó diez minutos en esbozar esta buganvilla, y no incluyó todos los detalles. No hacía falta. Una salpicadura magenta plasma el color principal y sustituye a múltiples marcas a lápiz. El resultado es rápido y, además, más descriptivo.

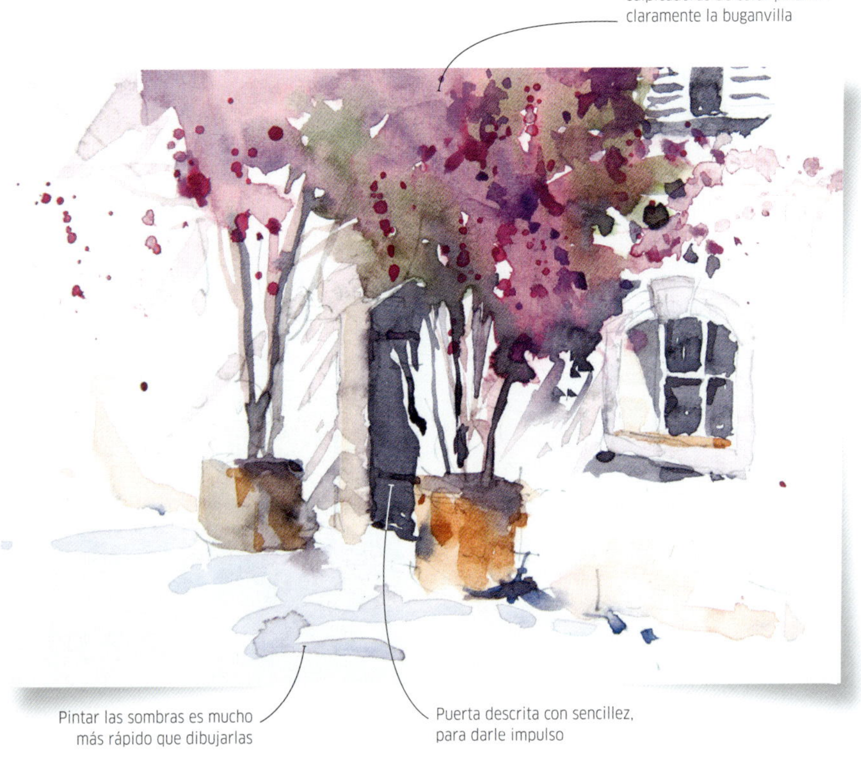

Pintar las sombras es mucho más rápido que dibujarlas

Puerta descrita con sencillez, para darle impulso

◼ De la vida real a la pintura

La acuarela es un medio espontáneo, y el proceso es más fácil si sabemos dónde colocar la pintura. Los estudios tonales ayudan a planificar una sesión de pintura eficaz. Llegado el momento de pintar, el esbozo preparatorio solo debería indicar los elementos principales del tema o, aún mejor, las principales formas tonales. Evita sombrear, y usa un lápiz blando (2B o más blando) para no dejar marcas en la superficie del papel.

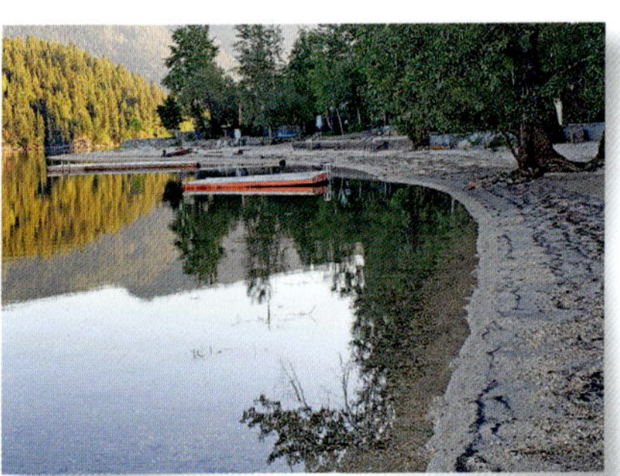

1 Observar el tema

Los efectos de la luz son clave en la pintura. Busca un abanico de variedad tonal amplio y elementos compositivos potentes. Una foto aportará información adicional al cuadro.

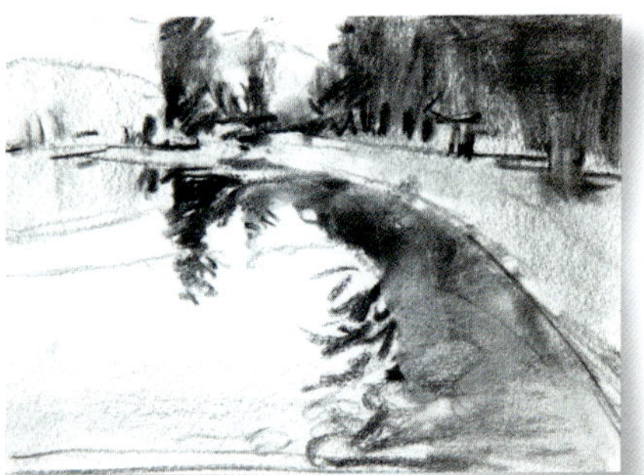

2 Un estudio (de valor) tonal

Estos esbozos planifican las áreas de luz y sombra que pintarás. Dibuja o pinta con rapidez y sin muchos detalles. Plasma unas pocas grandes formas tonales interesantes.

■ Fotografías: la imagen completa

Aunque fotografiar el tema (con un *smartphone* o una cámara compacta) es útil, una sola fotografía casi nunca da lugar a un cuadro eficaz. Los artistas necesitan más información, por lo que toma fotografías desde distintos puntos de vista y usa el *zoom* y el gran angular. De todas maneras, una fotografía nunca sustituirá a toda la información que puedes conseguir esbozando.

Hacer y usar fotografías

PROS
- Es rápido y sencillo
- Ofrece precisión y detalle
- Puede ser la única opción si el punto de vista es incómodo o peligroso

CONTRAS
- No permite filtrar los elementos de la escena que te hayan atraído más
- No indica bien la profundidad
- No sustituye la observación cuidadosa

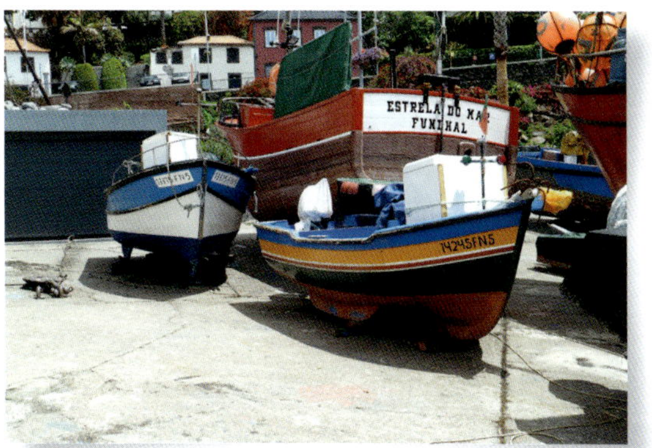

1 Toma algunas fotografías

El patrón que forman estas barcas y sus formas definidas al sol resultará atractivo para muchos. Los colores de los edificios del fondo son igualmente llamativos en la fotografía, pero las barcas atraen la mirada de forma natural.

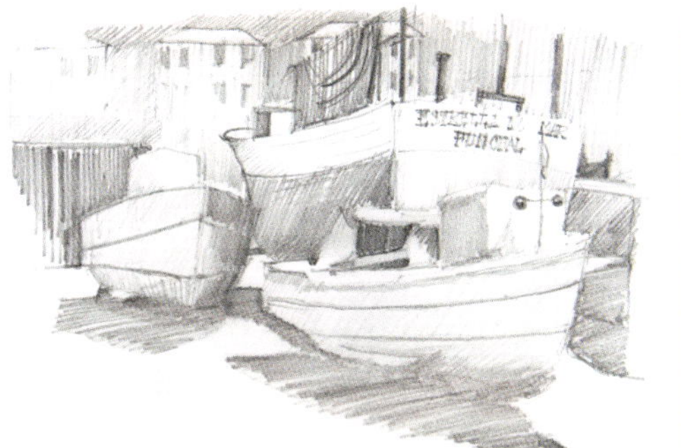

2 Esboza áreas tonales

La cámara lo recoge todo, pero tú te puedes centrar en lo que más te llame la atención. Decide qué será el foco principal y qué omitirás, y haz los ajustes necesarios. Plasma rápidamente los tonos que darán forma al cuadro.

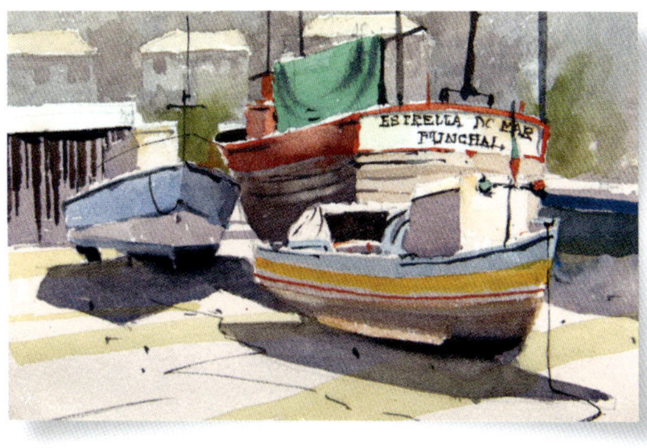

3 Consulta todas las fuentes

Trabajar a partir del esbozo ayuda a mantener la sencillez del cuadro, pero resulta útil contar con la referencia de una fotografía para consultar el color o las relaciones entre los objetos y comprobar que has plasmado correctamente las formas.

3 Esbozo preliminar

Traza los límites entre las distintas áreas antes de aplicar la pintura. Es mejor dejar algún garabato que arriesgarte a borrar y quizá incluso dañar el papel para acuarela.

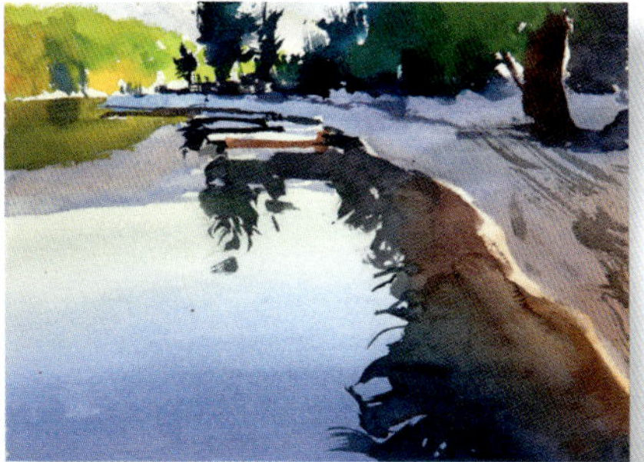

4 El cuadro final

El cuadro acabado refleja con fidelidad los tonos del estudio tonal. El tono es tu arma más potente a la hora de construir un cuadro. Los detalles van muy por detrás.

> «Aprenderás más de un solo esbozo que de cien fotografías.»

Teoría del color

ENTENDER LAS RELACIONES CROMÁTICAS Y EL TONO

Si hablamos de pintura, los tres colores primarios son el rojo, el amarillo y el azul. En teoría, mezclando estos tres colores se obtendrían el resto, aunque, en la práctica, se usan más para ampliar el abanico de posibilidades.

■ El círculo cromático

El círculo cromático tradicional se basa en un diseño de Isaac Newton y tiene como objetivo mostrar las relaciones que establecen entre sí los distintos colores del espectro cromático. El círculo cromático representa la relación que hay entre un color dado y el resto. Aunque solo contiene 12 colores, en realidad, y por supuesto, las variaciones sutiles son casi infinitas. Cuantos más colores se añaden, más apagada resulta la mezcla.

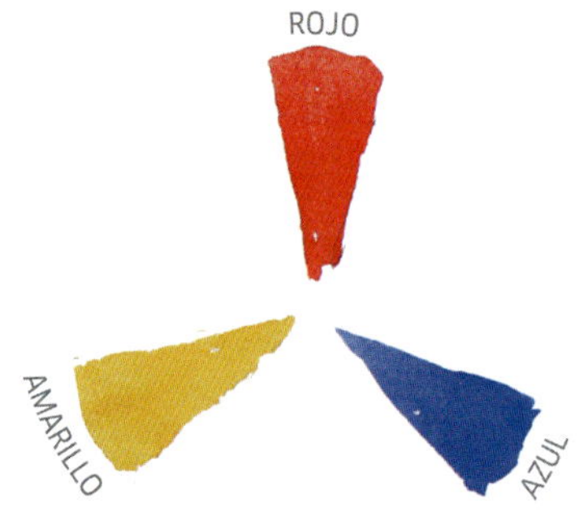

Colores primarios
El rojo, el amarillo y el azul son colores primarios. No se pueden crear con ningún otro color.

Colores secundarios
Si se mezclan dos colores primarios, como rojo y azul, se obtiene uno secundario, violeta (púrpura o morado). Los colores secundarios están entre los primarios en el círculo.

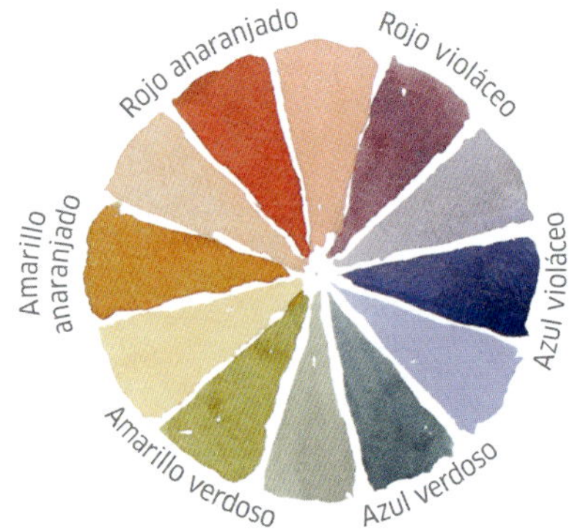

Colores terciarios
Mezclar un color secundario (como el violeta) con un color primario adyacente (como el azul) produce un color terciario (azul violáceo).

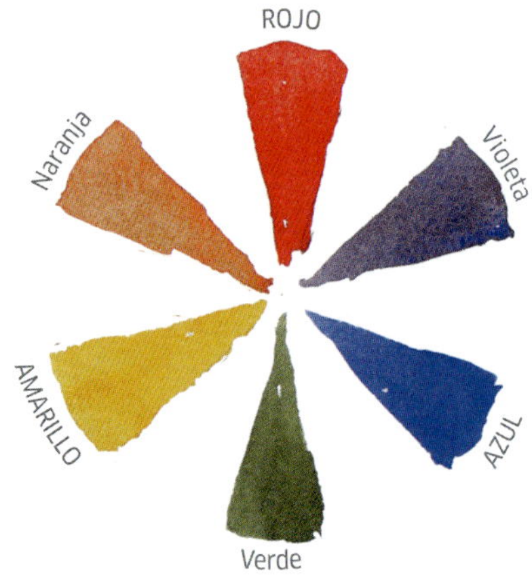

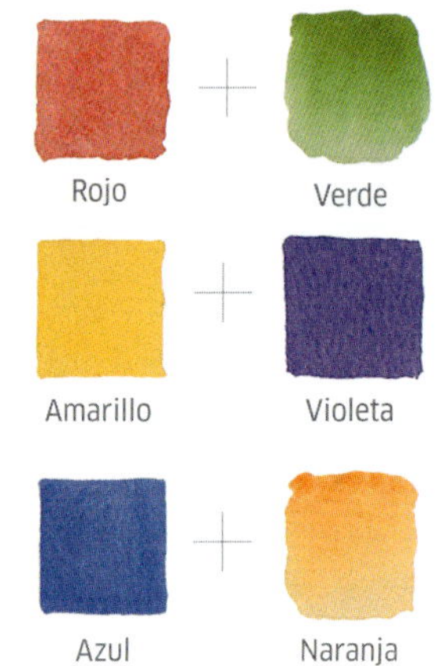

Colores complementarios
Los colores opuestos en el círculo cromático, como el rojo y el verde, se conocen como complementarios. Se iluminan mutuamente si están uno al lado del otro, pero se apagan si se mezclan.

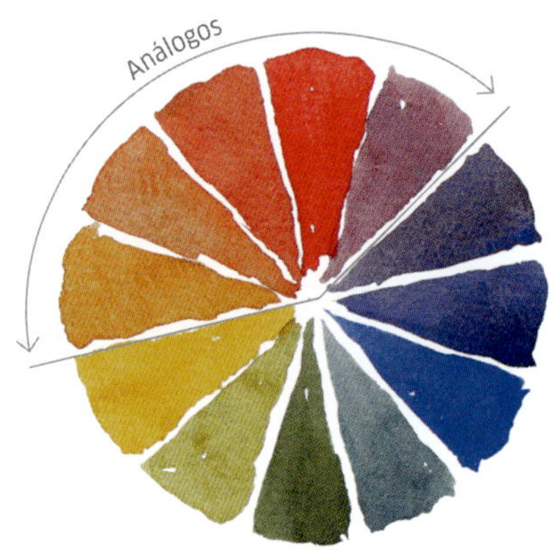

Colores análogos
Los grupos de tres a cinco colores contiguos en el círculo se denominan colores análogos. Dan lugar a combinaciones de color armoniosas.

■ El tono de un color

El tono (o valor) describe la luminosidad o la oscuridad de un color. Una extensa variedad de tonos permite plasmar con realismo la luz y las formas en 3D. El abanico de tonos que se pueden mezclar con acuarelas es mucho menor que el que se ve en la naturaleza. El tono más oscuro de cualquier color es oscuridad pura (negro), y el tono más claro es luminosidad pura (blanco).

Variedad de tonos

Todos estos objetos son blancos, pero la iluminación controlada revela un rico abanico tonal. Los ojos ven las formas tridimensionales como tonos distintos que, en esta escena monocromática, van del blanco al gris oscuro.

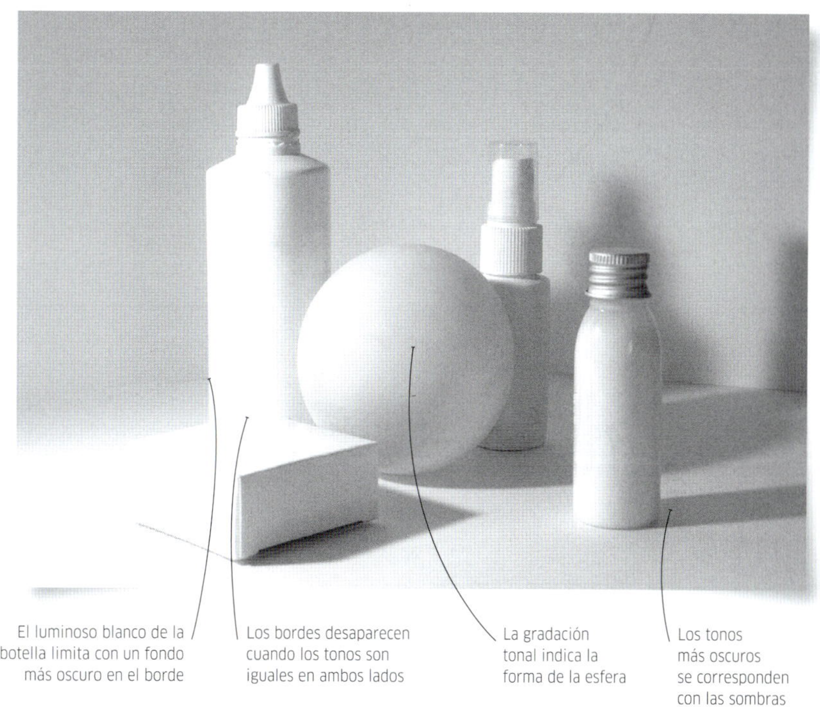

El luminoso blanco de la botella limita con un fondo más oscuro en el borde

Los bordes desaparecen cuando los tonos son iguales en ambos lados

La gradación tonal indica la forma de la esfera

Los tonos más oscuros se corresponden con las sombras

Tono 1 – claro   Tono 2 – medio   Tono 3 – oscuro   Tono 4 – negro

Mapa tonal para recrear la escena

Comienza por dibujar las formas tonales conectadas (claros, medios y oscuros) y obvia los bordes de los objetos. Píntalo todo con una aguada clara (1); ahora, pinta las áreas 2 con una aguada media, y después aplica una aguada oscura a las áreas 3. Termina con negro en los oscuros más oscuros (4).

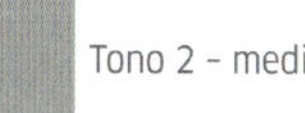

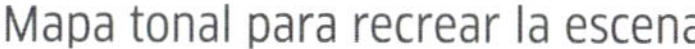

Aplica una aguada media a las áreas 2

Aplica una aguada clara a las áreas 1

■ Ajustar el valor tonal

Ajustar la luminosidad y la oscuridad de un color, ya sea alterando la saturación o añadiendo un color más oscuro, hace cambiar su tono, o valor tonal. El ejercicio anterior emplea una variedad mínima de valores, pero bastan cuatro versiones de un solo color para describir las formas a la perfección.

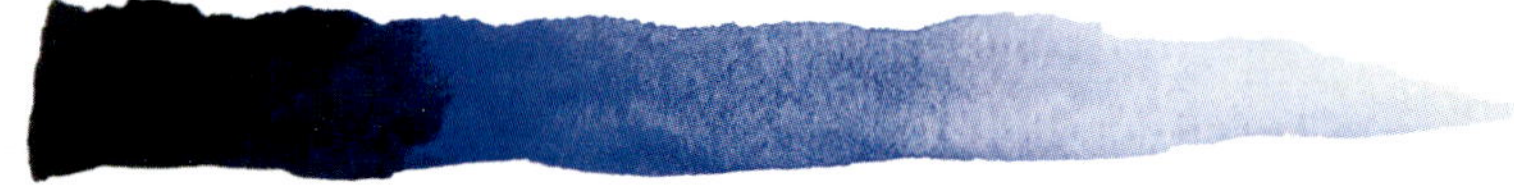

Oscurecer un color

Podemos ampliar el abanico de colores disponibles añadiendo un tono oscuro al color puro. Oscurecer el color reduce el valor tonal del mismo.

Aclarar o iluminar un color

En la acuarela, en lugar de aclarar un color añadiendo blanco (como se hace con otras pinturas), se utiliza agua para graduar la fuerza del color (saturación).

Propiedades del color

APRENDER MÁS ACERCA DEL FUNCIONAMIENTO DEL COLOR

Jugar con los colores se parece a la alquimia. Cada pigmento tiene características propias que influyen en cómo se mezcla con el agua y en cómo fluye sobre el papel. Cuando se mezclan pigmentos distintos, el resultado puede ser espectacular, con colores nuevos y efectos maravillosos, como la granulación.

◾ Temperatura de color y tendencia cromática

Los colores tienen «temperatura»: los rojos, amarillos y naranjas se consideran cálidos, mientras que los violetas, azules y verdes se consideran fríos (pp. 120–121).

Cada color tiene también su variación fría y cálida; por ejemplo, el amarillo limón es frío, mientras que el amarillo cadmio es cálido. En este sentido, hablamos de frío o cálido como de «tendencia cromática». El azul con tendencia al violeta (o púrpura) se considera cálido, mientras que el azul con tendencia al verde parece frío.

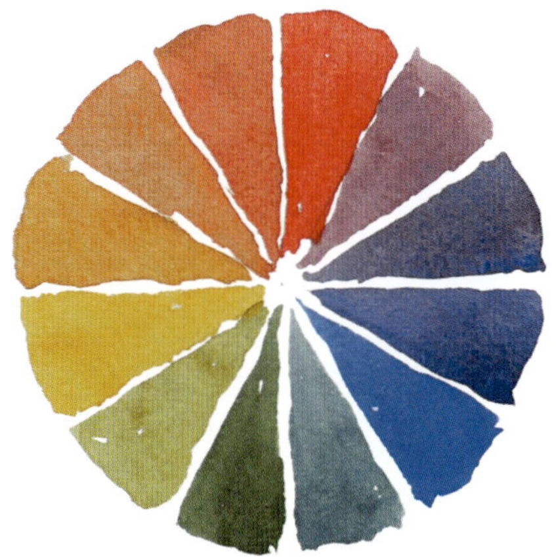

Círculo cromático cálido
El círculo cromático tradicional se compone de rojos, amarillos y azules cálidos, y crea colores profundos y cálidos que da la impresión de que se aproximen al observador del cuadro.

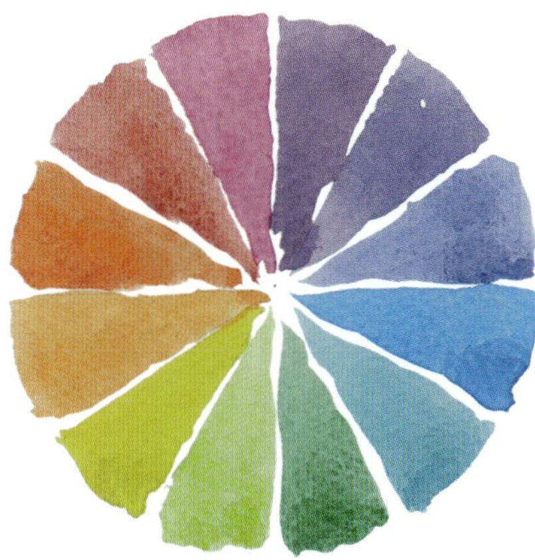

Círculo cromático frío
El círculo cromático moderno se compone de rojos, amarillos y azules fríos, y produce combinaciones brillantes y frías. En un cuadro, da la impresión de que los colores fríos se alejan del observador.

◾ Armonía cromática

Los colores que uses te permitirán realzar el cuadro de infinitas formas. Si reflexionas, podrás crear fantásticas relaciones cromáticas en tu obra. Piensa en el esquema cromático antes de empezar a pintar y prueba varias combinaciones con antelación; una vez te hayas decidido por una paleta, cíñete a ella y no añadas más colores a medida que pintes. Distintas estrategias, como las que se muestran a la derecha, ayudan a los artistas a producir cuadros más armónicos.

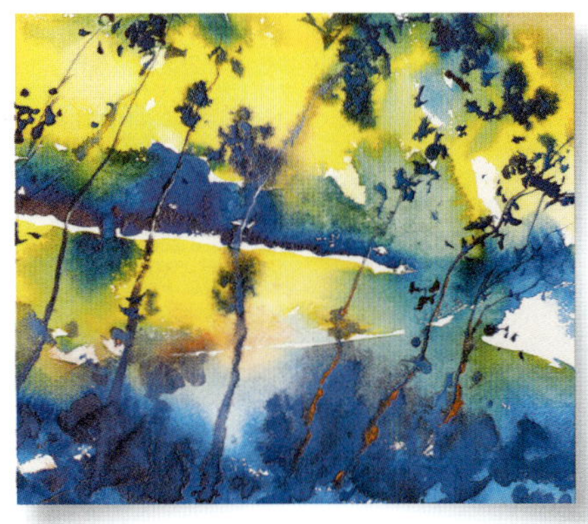

Limitar la paleta
Pintar con una paleta limitada a pocos colores da lugar a combinaciones con una base cromática común, lo que produce obras muy armónicas.

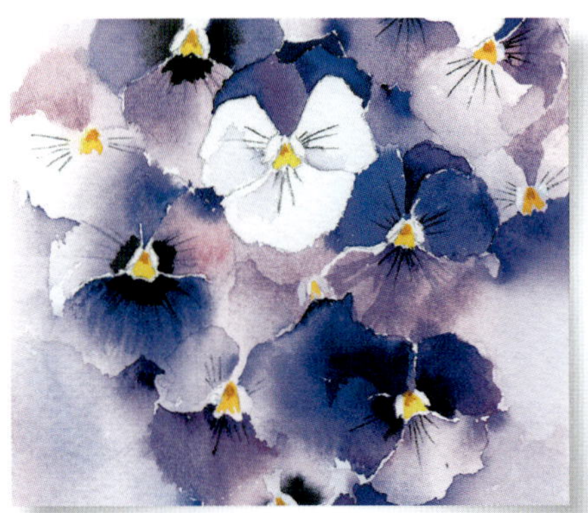

Esquema cromático análogo
Evoca suavidad eligiendo colores (violetas, arriba) adyacentes en el círculo cromático; las motas amarillas ofrecen un contraste muy potente.

▣ Propiedades de los pigmentos

Al elegir los colores, ten en cuenta las cualidades de los pigmentos que afectan a cómo se adhieren al papel y a la fuerza con que lo hacen. Manchan o no, y parecen transparentes, semitransparentes, semiopacos u opacos. Algunos tienden a granularse, y eso lo puedes aprovechar para dar textura a, por ejemplo, un cielo.

También debes tener en cuenta la permanencia del pigmento. Algunos, como el carmesí alizarina, se desvanecen si se exponen a la luz. Otros, como la aureolina, se oscurecen. Los colores primarios y secundarios son más permanentes.

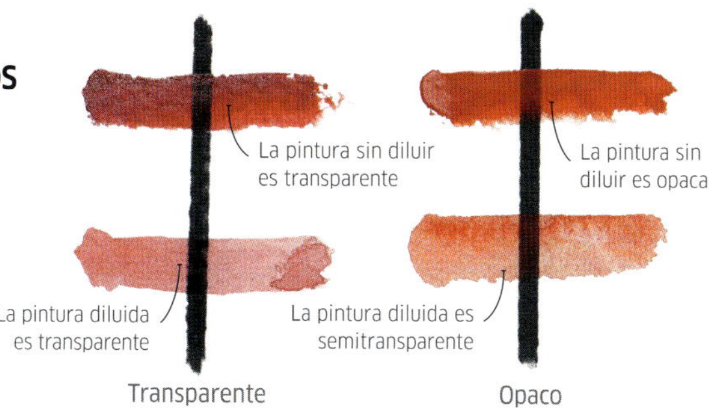

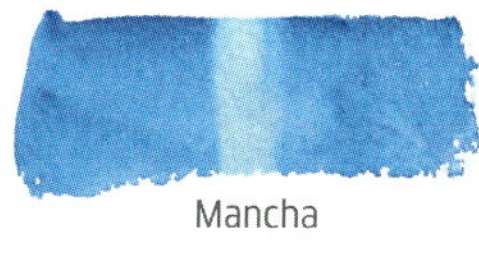
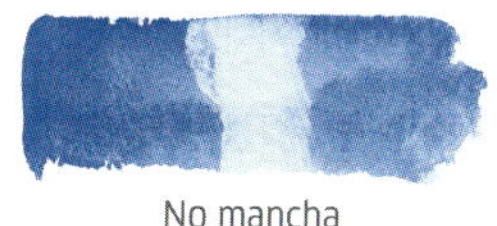

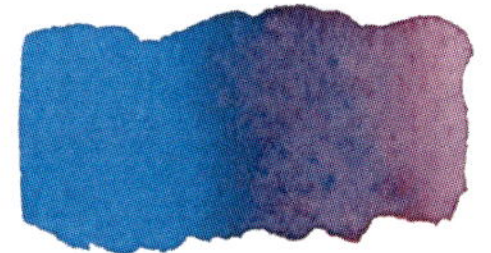

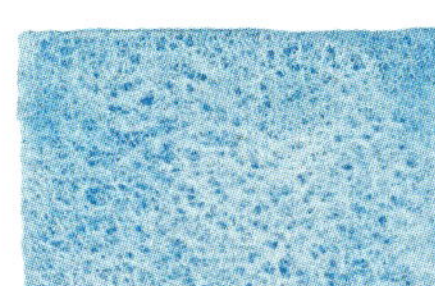

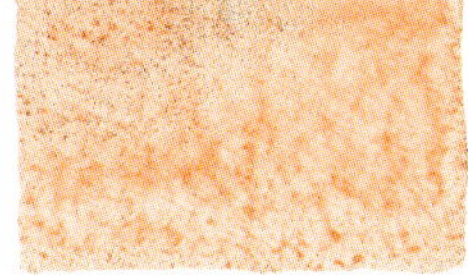
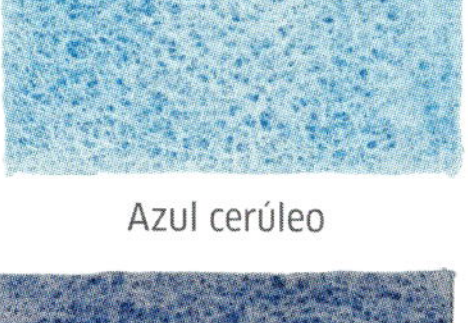
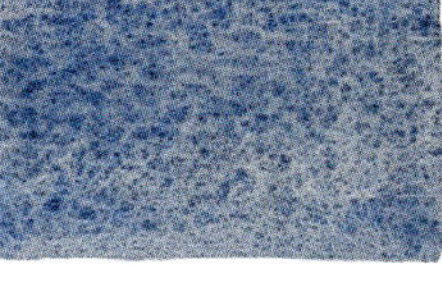

Transparencia y opacidad

Algunos pigmentos, como el carmesí alizarina (primero a la izda.), son transparentes incluso sin diluir, y otros son opacos, como el rojo cadmio (izda.), que es lo bastante opaco como para cubrir el negro si se aplica puro, pero no una vez diluido.

Manchas

Al elegir un esquema cromático, valora cuánto mancha cada pigmento por si necesitas retirarlo para crear puntos de luz. El azul ftalo (primero a la izda.), por ejemplo, mancha, mientras que el azul de ultramar francés (izda.) no mancha.

Facilidad para mezclarlos

Los pigmentos se mezclan mejor o peor según la potencia relativa de la mezcla. Si tienen el mismo contenido en agua, se mezclan bien (primero a la izda.), mientras que si uno tiene más agua, forma borrones en la mezcla con menos agua (izda.).

Potencial de granulación

La acuarela es una mezcla de un pigmento y un aglutinante, como goma arábiga. Algunos pigmentos se separan del aglutinante y del agua y, cuando se secan, producen una textura granulosa. Algunos (izda.) se granulan con facilidad.

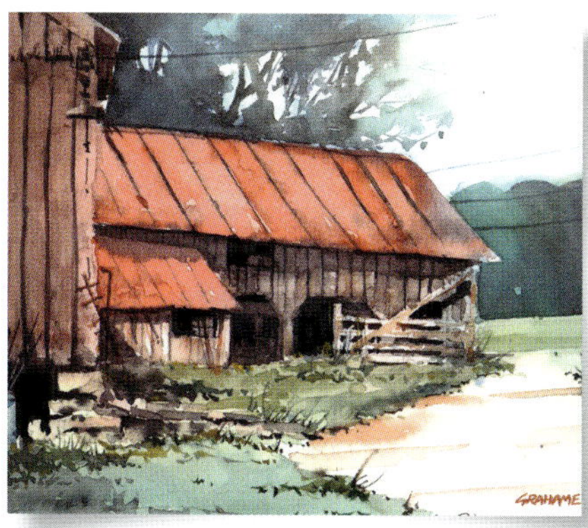

Esquema cromático complementario

Los complementarios ocupan posiciones opuestas en el círculo cromático (el rojo y el verde en el cuadro) y vibran cuando se yuxtaponen.

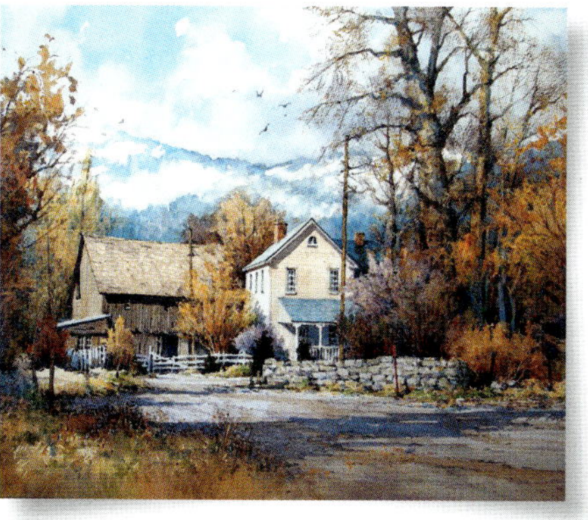

Una atmósfera cálida

Pintar con colores predominantemente cálidos evoca calidez. Si pintas un tema frío, usa colores cálidos para evitar un exceso de frialdad.

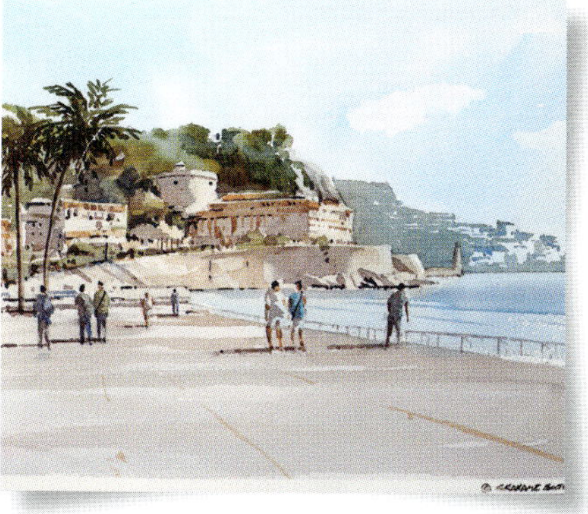

Colores repetidos

Repetir colores en distintas partes del cuadro crea armonía. Por el contrario, aplicar un color aislado llama la atención.

Mezclar colores

APROVECHAR LA TEORÍA DEL COLOR PARA MEZCLAR ACUARELAS

Unos pocos colores básicos bastan para mezclar una variedad casi infinita de matices, y limitar la paleta y mezclar tus propios colores aportará coherencia y armonía al cuadro. La acuarela queda más clara cuando se seca que cuando se aplica húmeda sobre el papel, así que mezcla colores más intensos para compensarlo.

Mezcla en húmedo

Estos dos métodos dan lugar a colores uniformes o granulados respectivamente. No aclares el pincel entre colores para evitar que la mezcla quede demasiado diluida.

Mezcla en la paleta
Este es el método general y produce un color homogéneo.

Mezcla en el papel
Este método produce resultados interesantes, pero difíciles de controlar.

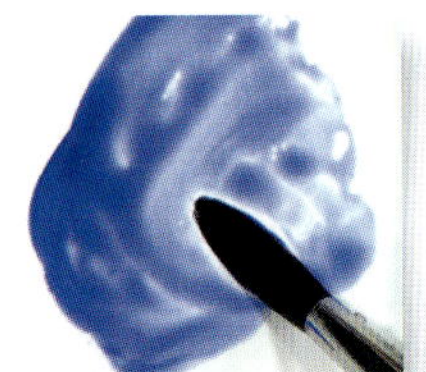

1 – Mezcla pintura y agua

1 – Aplica un color

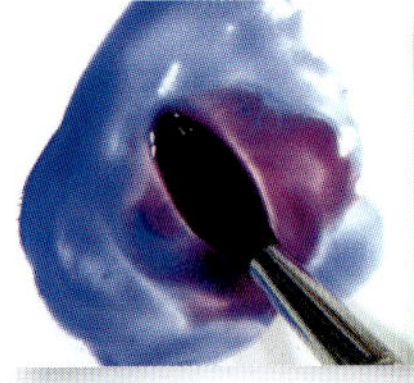

2 – Añade otro color

2 – Añade otro color

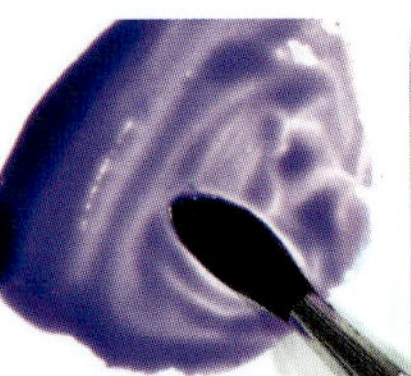

3 – Mezcla los colores

3 – Mézclalos en húmedo

Color uniforme

Color granulado

▦ Tener en cuenta la tendencia cromática

La tendencia cromática alude a las variaciones en el subtono de los colores, que se describen como «cálidos» o «fríos» en función de si tienden hacia la mitad cálida o fría del círculo cromático (pp. 120–121). Así, un azul cálido tiende al violeta (o púrpura) y un azul frío, al verde. La tendencia afecta a las mezclas con otros colores, por lo que hay que incluir una versión cálida y fría de cada color primario en la paleta, para tener mayor versatilidad.

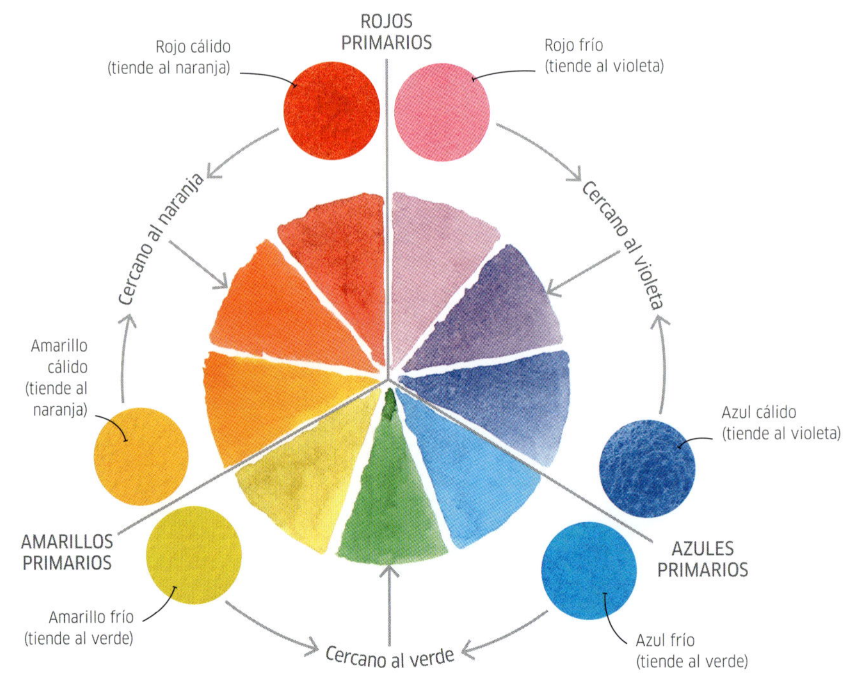

Sistema primario gemelo
Este círculo cromático presenta «gemelos» cálidos y fríos de los colores primarios. Cada uno de ellos se ubica cerca del color secundario al que tiende. Usar seis colores primarios permite mezclar secundarios vivos y apagados.

▤ Mezclar colores secundarios vivos

Mezclar dos colores primarios que tienden al mismo secundario produce colores secundarios vivos. Por ejemplo, un azul con tendencia al verde y un amarillo con tendencia al verde producen un verde claro vivo, que a menudo es útil en flores, bodegones o paisajes soleados.

Rojo cadmio
(tiende al naranja)
+
Amarillo indio
(tiende al naranja)
Naranja vivo

Azul ftalo
(tiende al verde)
+
Amarillo azo
(tiende al verde)
Verde vivo

Magenta de quinacridona
(tiende al violeta)
+
Azul de ultramar
(tiende al violeta)
Violeta vivo

▤ Mezclar colores secundarios apagados

Mezclar dos colores primarios que tienden a secundarios distintos produce colores secundarios apagados, que suelen ser útiles en paisajes realistas. Por ejemplo, un azul con tendencia al violeta y un amarillo con tendencia al naranja producirán un verde apagado y suave.

Magenta de quinacridona
(tiende al violeta)
+
Amarillo azo
(tiende al verde)
Naranja apagado

Azul de ultramar
(tiende al violeta)
+
Amarillo indio
(tiende al naranja)
Verde apagado

Rojo cadmio
(tiende al naranja)
+
Azul ftalo
(tiende al verde)
Violeta apagado

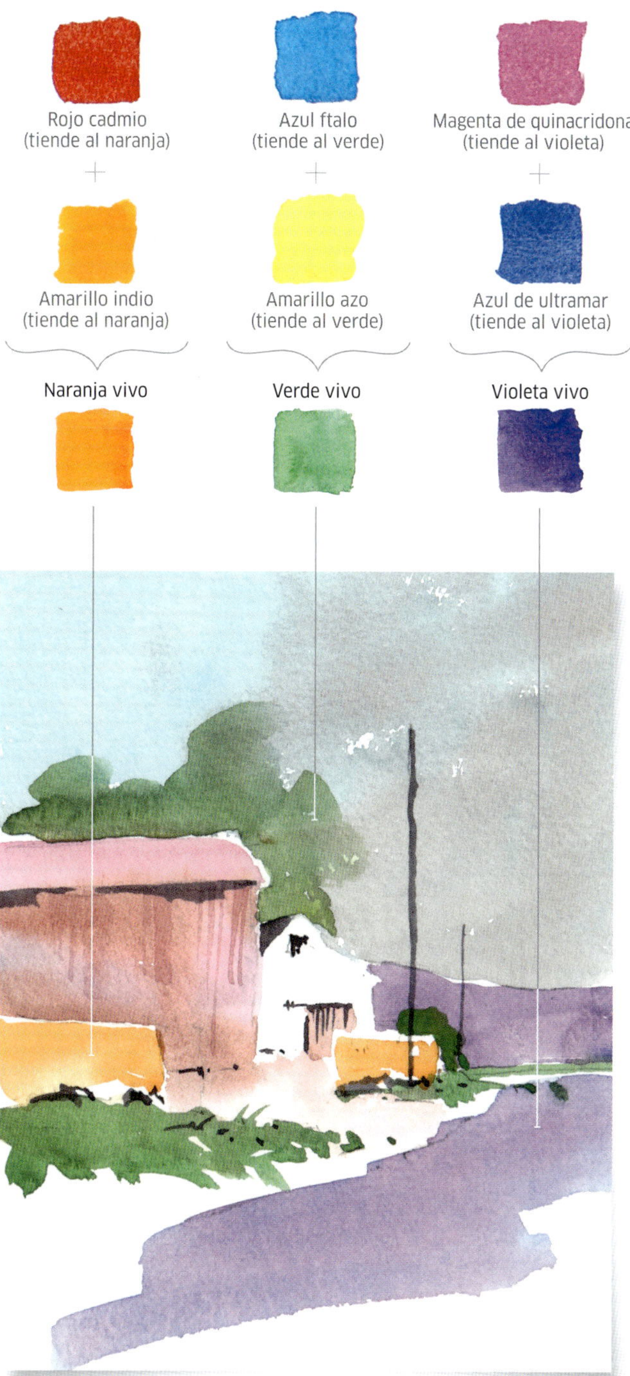

Paisaje de colores vivos

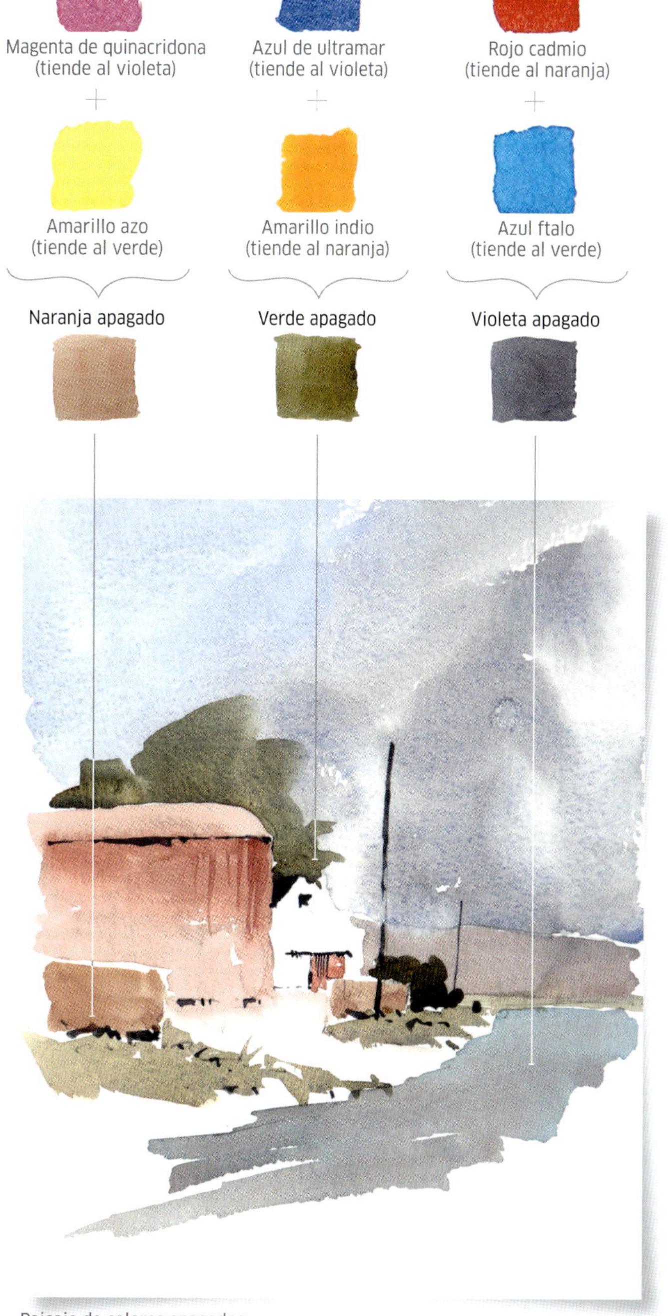

Paisaje de colores apagados

■ Mezclar colores neutros y oscuros

Usar colores neutros y oscuros es fundamental para lograr un cuadro equilibrado, el cual, sin ellos, carecería de impacto. Además, en la vida real, muchos de los colores de los temas son bastante apagados y neutros.

Los grises y los blancos que se pueden comprar ya mezclados a veces resultan planos y aburridos, mientras que los neutros y oscuros que se mezclan en casa tendrán subtonos de otros colores. Un gris con alguna tendencia cromática siempre quedará mucho más natural.

Hay dos formas de crear neutros y oscuros: mezclando colores complementarios (p. 32) o tres colores primarios. Basta con mezclar cualquier color con su complementario para neutralizarlo. Por ejemplo, añadir una pizca de rojo apagará un verde brillante, y, cuanto más rojo se añada, más gris se volverá el verde. La mezcla de tres primarios puede producir una gran variedad de matices neutros, y se puede usar cualquier color primario. Añadir más pintura a la mezcla la vuelve más oscura e intensa, pero también hay mezclas más rápidas que logran oscuros potentes.

> ## «Mezclar colores es lo más cerca que el artista está de hacer magia.»

Neutros vivaces

Mezclar tres colores primarios produce tonos grises diversos. Según los primarios que elijas y la cantidad de cada uno que añadas a la mezcla, los grises tendrán tonos rojos y marrones cálidos o violeta (o púrpuras) y verdes fríos, entre otros, como se ve en los ejemplos siguientes.

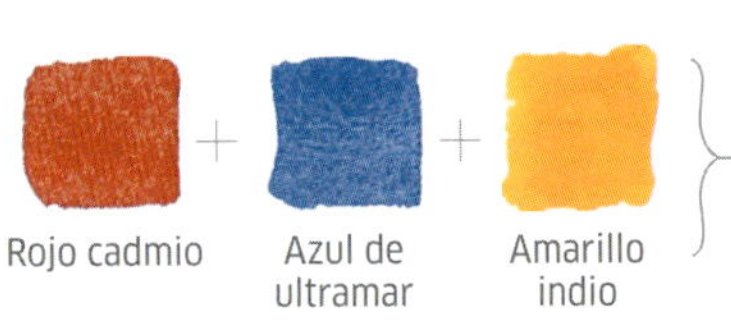

Rojo cadmio + Azul de ultramar + Amarillo indio

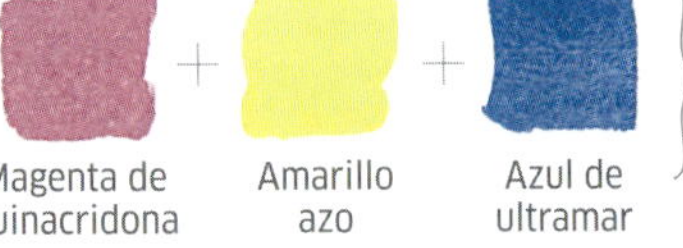

Magenta de quinacridona + Amarillo azo + Azul de ultramar

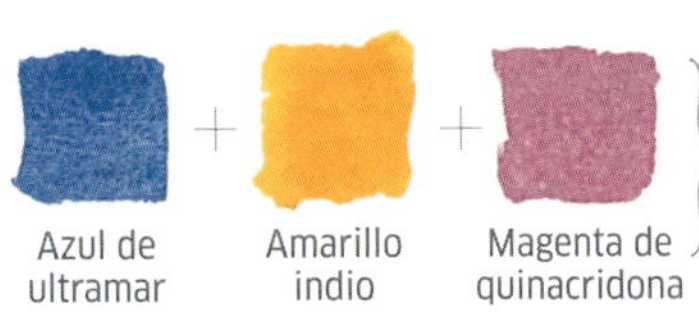

Azul de ultramar + Amarillo indio + Magenta de quinacridona

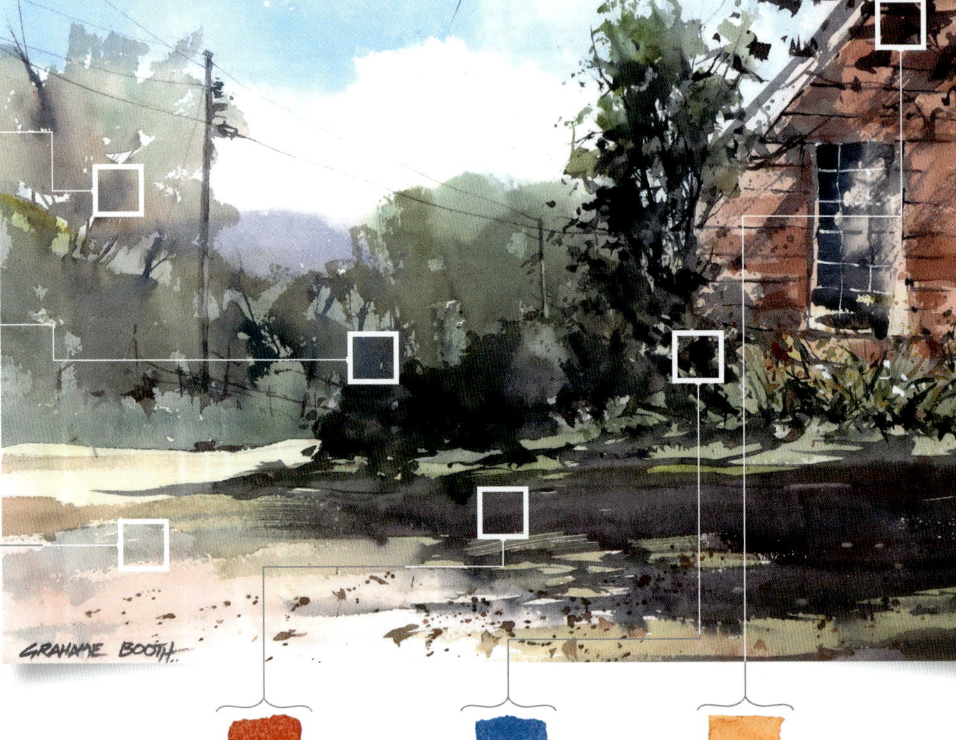

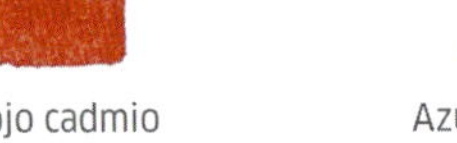

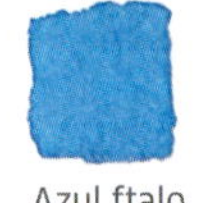

Rojo cadmio + Azul ftalo (tono verdoso)

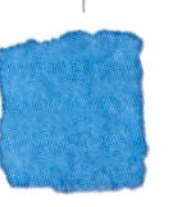

Azul de ultramar + Siena tostada

Siena tostada + Azul ftalo (tono verdoso)

Oscuros vibrantes

Muchas combinaciones de dos colores producen rápidamente colores oscuros potentes y útiles. Aquí, la gran tendencia al verde del azul ftalo neutraliza el rojo cadmio y produce un verde muy oscuro con el siena tostada. El azul de ultramar y el siena tostada (un naranja) producen el tono más neutro.

◾ Cartas de color

Las cartas de color permiten practicar la mezcla de colores concretos. Se trata de pintar las distintas combinaciones en una cuadrícula y registrar los resultados, para usarlos como referencia más adelante. Te sorprenderás cuando constates que añadir cantidades mínimas de otro color cambia por completo el color previo.

Emparejar primarios

Explorar la amplia gama de matices o colores secundarios vivos y apagados posibles a partir de seis colores primarios gemelos (p. 37) es una manera muy útil de plantear una carta de color. No tienes por qué usar estos mismos colores, cada artista tiene sus colores preferidos.

1 Crea la cuadrícula

Dibuja sobre papel de acuarela una cuadrícula con seis filas y 10 columnas.

2 Pinta el primer color

Pinta en la primera columna una mezcla pura e intensa del primer color. Añade una cantidad progresivamente mayor del segundo para pintar los cuatro recuadros siguientes.

3 Pinta el segundo color

Ahora, y comenzando por la última columna, repite el proceso con el segundo color, al que añadirás de manera progresiva más cantidad del primero. Así conseguirás 10 colores a partir de solo dos.

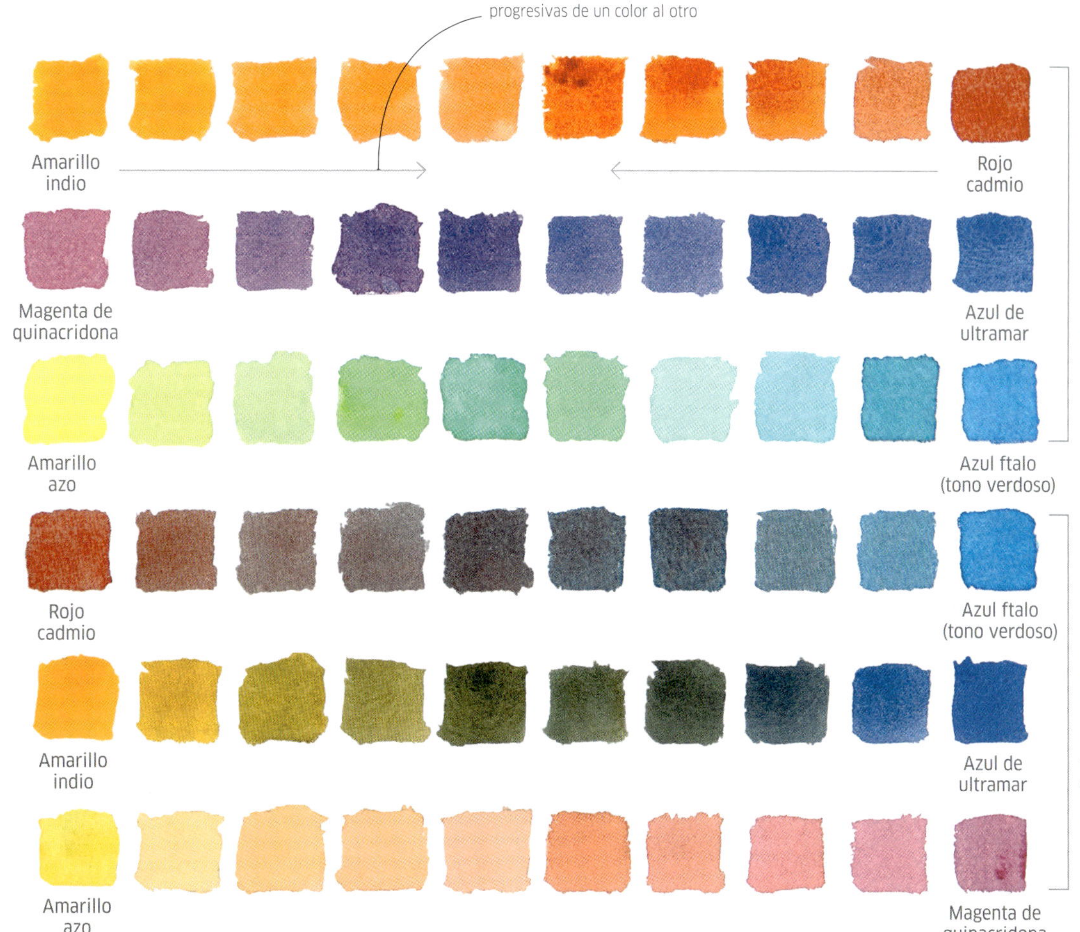

◾ Mezcla óptica de colores

Superponer capas húmedas sobre otras secas mezcla los colores de otra forma. Los originales quedan intactos (no así en las mezclas físicas) y el papel blanco también conserva su brillo. El ojo detecta todas las capas a la vez y crea una mezcla óptica de colores, de un modo parecido a cómo percibe los puntos de color que se usan en la impresión.

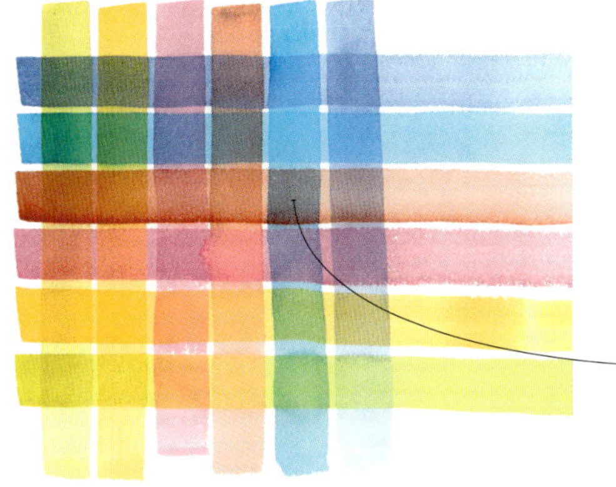

Carta de color a capas

Pinta una fila de cada color. Una vez secas, pinta columnas por encima con los mismos colores. Fíjate en que parecen transparentes y brillantes en comparación con las mezclas físicas, que quedan más apagadas. Las cartas de color son muy útiles, porque los colores a capas son más impredecibles.

Elegir una paleta

CÓMO ELEGIR Y USAR COLORES SEGÚN TUS NECESIDADES

El término «paleta» puede aludir tanto a la elección de pinturas (por ejemplo, una paleta de azules) como al recipiente físico en el que se guardan y se mezclan las acuarelas. Con más de 250 colores de acuarela disponibles, el abanico de opciones cromáticas es amplísimo, por lo que merece la pena reflexionar e investigar acerca de lo que necesitas antes de realizar compras.

La paleta básica

Una paleta básica y meditada de colores primarios te facilitará la vida, porque con ella podrás mezclar una gran variedad de colores. Puedes crear múltiples tipos de pintura partiendo de colores primarios, como verás en los ejemplos siguientes. (Véanse también las pp. 32–39.)

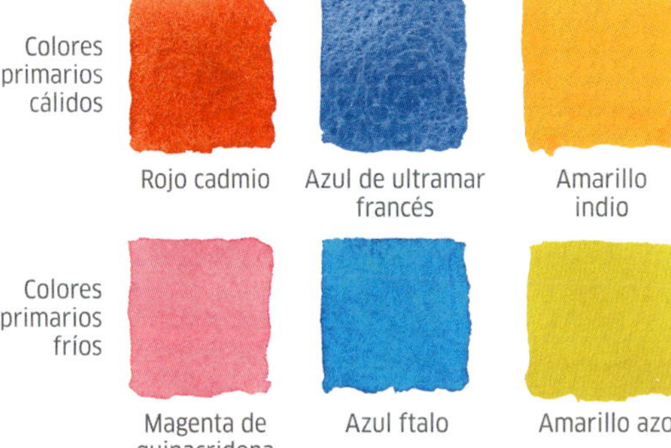

Colores primarios básicos

A partir de estos colores primarios cálidos y fríos, podrás hacer mezclas para obtener casi cualquier otro color o matiz imaginable. También son adecuados otros colores primarios de matices similares a los aquí mostrados (izda.). Cuando elijas pinturas, fíjate en su grado de resistencia a la luz (es decir, si son más o menos estables) y de transparencia u opacidad.

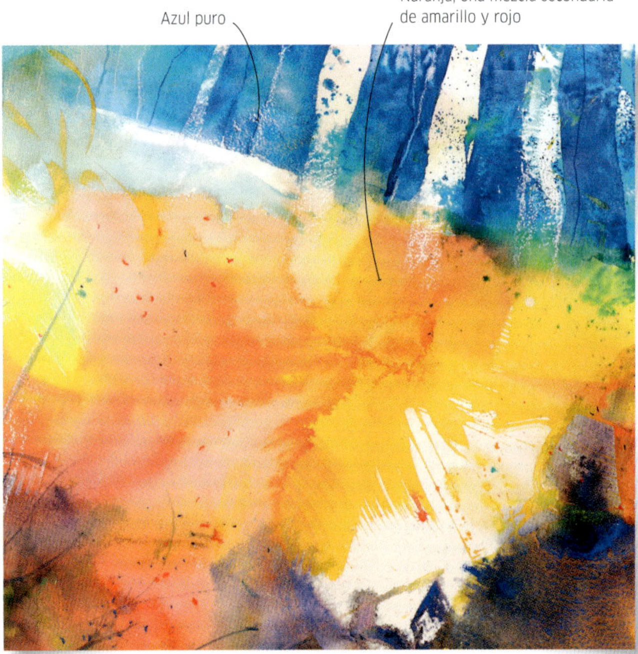

Primarios puros y mezclas secundarias

La intensa y reducida paleta de primarios cálidos potencia esta obra abstracta. El amarillo cadmio, el rojo cadmio y el azul azur se han aplicado húmedo sobre húmedo para crear secundarios vibrantes.

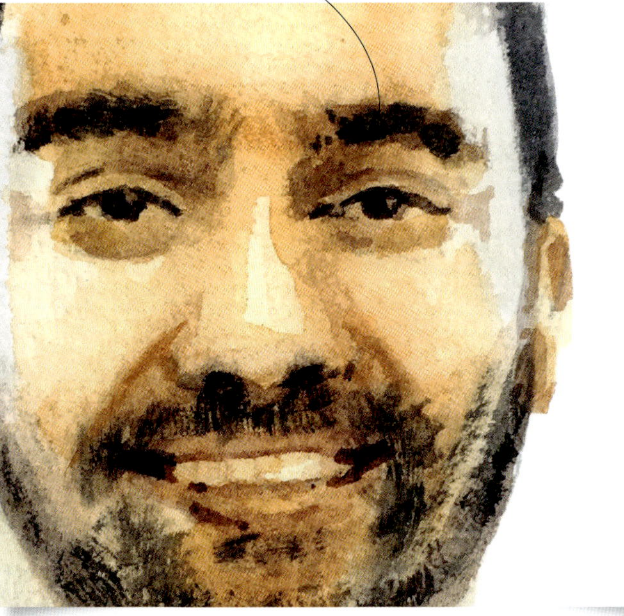

Colores neutros a partir de primarios

El cálido siena natural amarillo, el frío carmesí alizarina y el cálido azul de ultramar se combinan con toques de siena tostada y sombra tostada, y producen una variedad de tonos de piel que dan realismo al retrato.

◾ Otros colores útiles

Aunque puedes lograr mezclas parecidas a colores populares, como el siena tostada, es más cómodo contar con colores ya mezclados. Tanto el tinta neutra (un oscuro intenso) como el *gouache* blanco titanio, para los puntos de luz, son muy útiles. También puedes optar por colores concretos en función de tus temas preferidos.

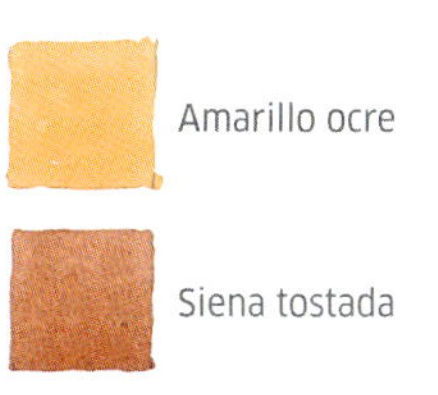
Amarillo ocre

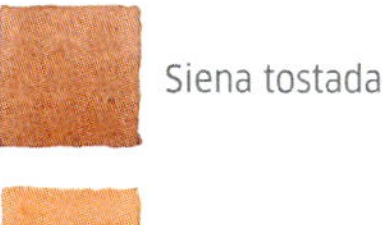
Siena tostada

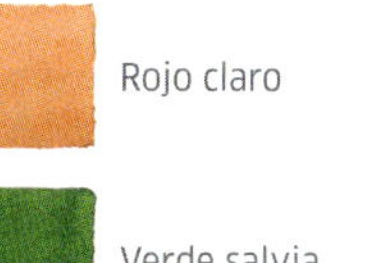
Rojo claro

Verde salvia

Colores tierra y verdes

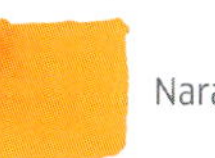
Oro verde

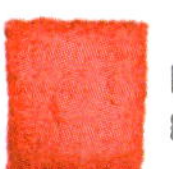
Naranja cadmio

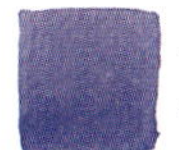
Rosa granza genuino

Violeta dioxacina

Colores florales y de follaje intensos

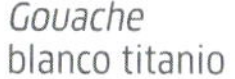
Gouache blanco titanio

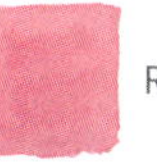
Rosa ópera

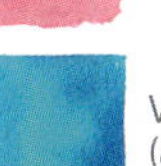
Verde agua (acuarela líquida)

Tinta neutra

Blanco, negro y colores luminosos

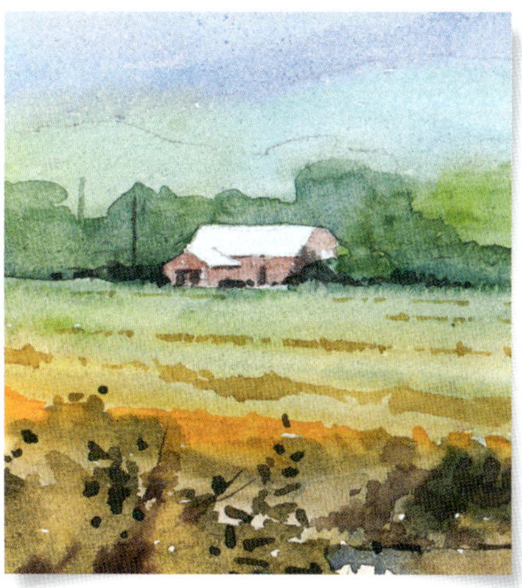

Colores útiles para paisajes

Como cabe suponer, merece la pena contar con colores tierra suaves y ligeramente apagados en una paleta para paisajes. Antes, pigmentos como los ocres y los siena se elaboraban, literalmente, con tierra.

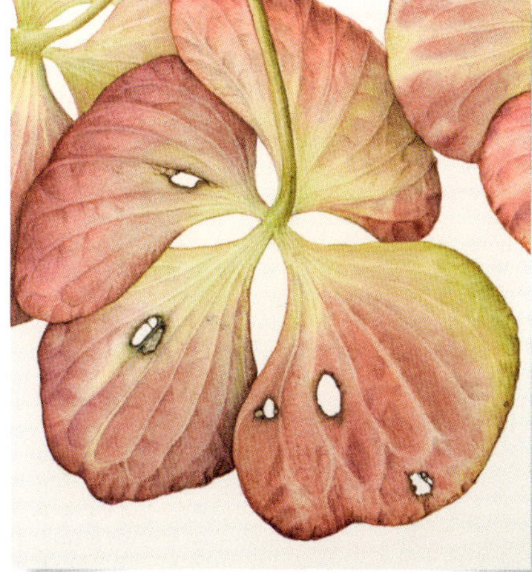

Colores útiles para flores

Los pintores de bodegones suelen optar por colores frescos y brillantes e incluyen colores secundarios en su paleta para plasmar los esquemas cromáticos de la naturaleza. Cada pintor suele tener sus favoritos.

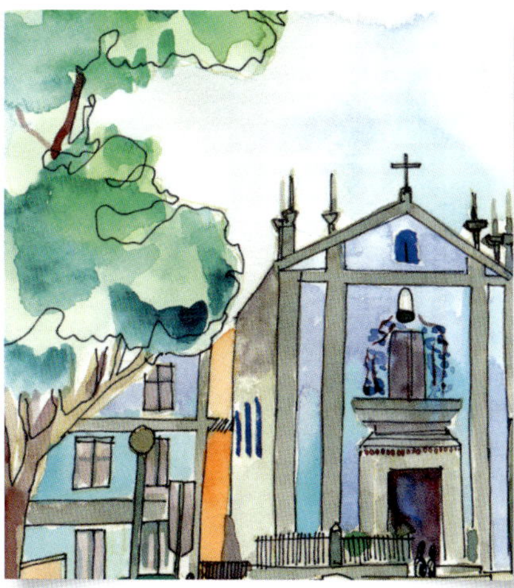

Colores útiles para la ilustración

El blanco y el negro son útiles en la ilustración, porque refuerzan los puntos de luz y las sombras. Las acuarelas líquidas, como el verde agua, ofrecen pigmentos concentrados que aportan colores intensos e inmediatos.

◾ Paletas

Opta por paletas que permitan guardar la pintura extraída del tubo o las pastillas y que tengan áreas amplias en las que mezclar los colores. Las hay de infinitos precios y tipos, así que elige la que se adapte a tus necesidades y a tu presupuesto. Debería tener pocillos profundos en los que encajar pastillas enteras o el equivalente en pintura de tubo, así como varias áreas profundas en las que mezclar, con una capacidad mínima de 15 ml para la pintura mezclada.

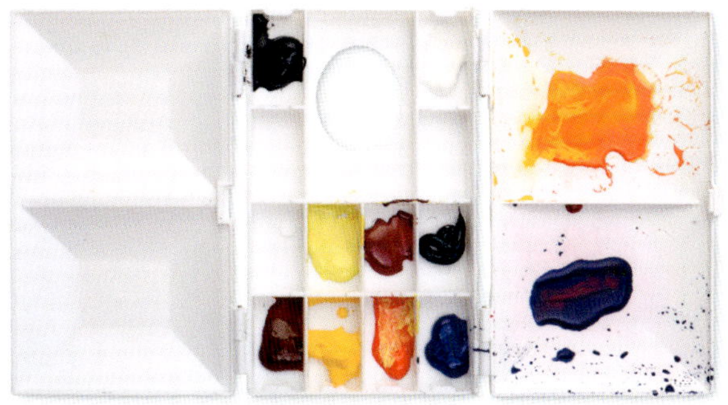

Una paleta versátil

Una paleta ideal para trabajar al aire libre: cómoda y fácil de guardar y de transportar. Los pocillos son generosos y se pueden rellenar a medida que se necesita, sin desperdiciar pintura.

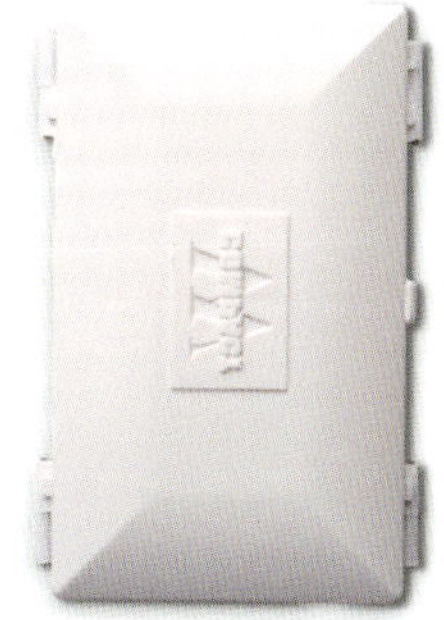

Paleta cerrada

Organizarse para pintar

EL MATERIAL ADECUADO ALLÁ DONDE PINTES

Hay artistas que prefieren pintar en la comodidad de su casa o de su estudio, rodeados de fuentes secundarias y de fotografías de referencia; y hay artistas que afirman que no hay nada como pintar al aire libre frente a un tema para captar la profundidad, más fácil de ver en la vida real. Prefieras lo que prefieras, asegúrate de que te organizas de la mejor manera para facilitarte las cosas.

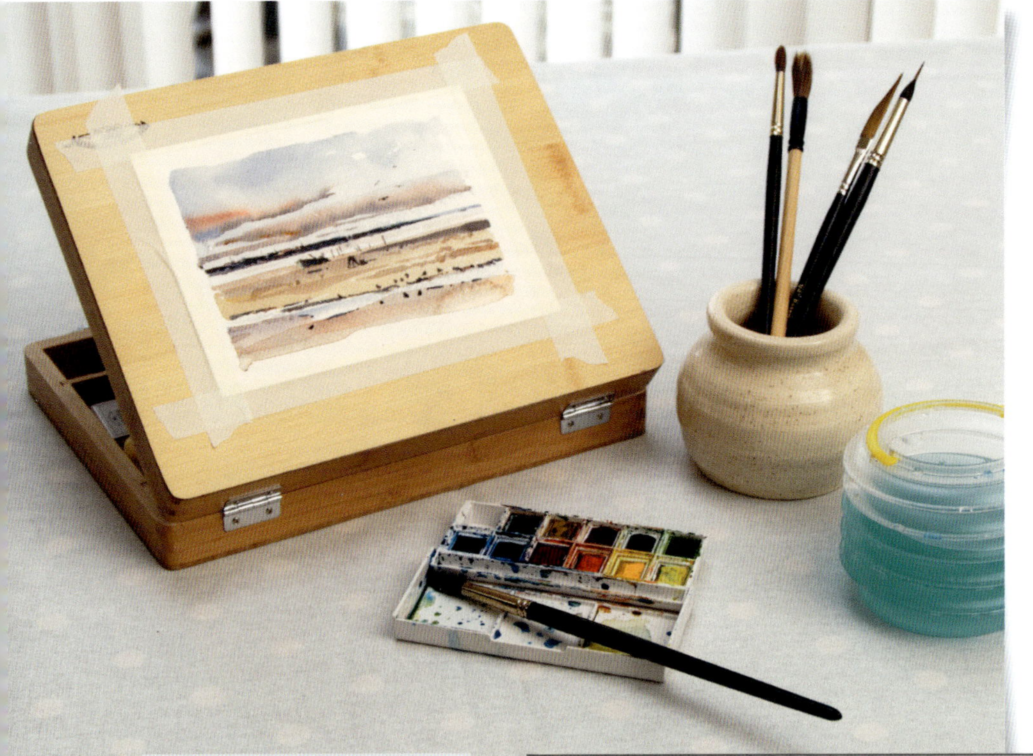

Pintar en interiores

Pintar en el interior no exige contar con un estudio exclusivo para ello, pues la acuarela se limpia con facilidad de las superficies duras y no porosas, y es inodora. Lo importante es que tengas todo lo que necesitas al alcance de la mano y que siempre organices el espacio de trabajo del mismo modo (más abajo verás un ejemplo). Cuando estás inmerso en una aguada necesitas no tener que empezar a buscar cosas.

Un caballete de sobremesa te resultará práctico: además de sujetar el papel, te permite ajustar la inclinación, algo fundamental para dirigir el flujo del líquido sobre el papel. Elige un espacio con buena luz natural, si es posible, pero evita que la luz del sol incida directamente sobre el papel,

Necesitarás (en interiores)

- Recipiente para el agua
- Papel de cocina
- Papel para acuarela
- Tabla para sujetar el papel
- Cinta adhesiva o pinzas para fijar el papel a la tabla
- Acuarelas y paleta
- Varios pinceles
- Caballete de sobremesa (opcional)
- Pulverizador de agua (opcional)

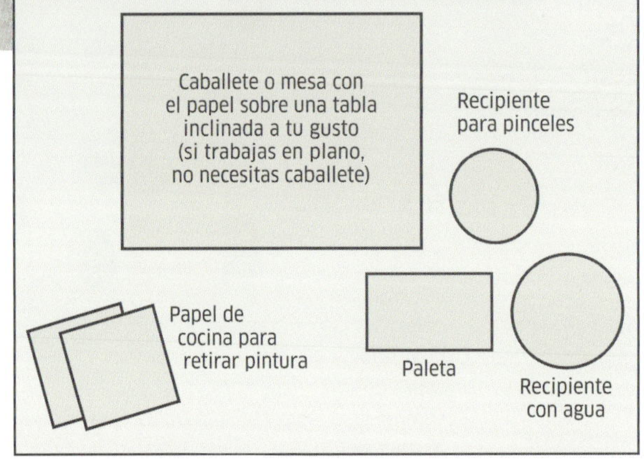

Organización para una persona diestra

Ir de agua a pintura y a papel es natural y evita el habitual problema de que el agua gotee sobre la pintura. Dispón las pinturas siempre de la misma manera en la paleta, de modo que siempre sepas exactamente dónde está cada color.

Un trípode como caballete

Si ya tienes un trípode para cámara de fotos, no hace falta que compres un caballete para pintar al aire libre. Modifica el trípode siguiendo estas instrucciones.

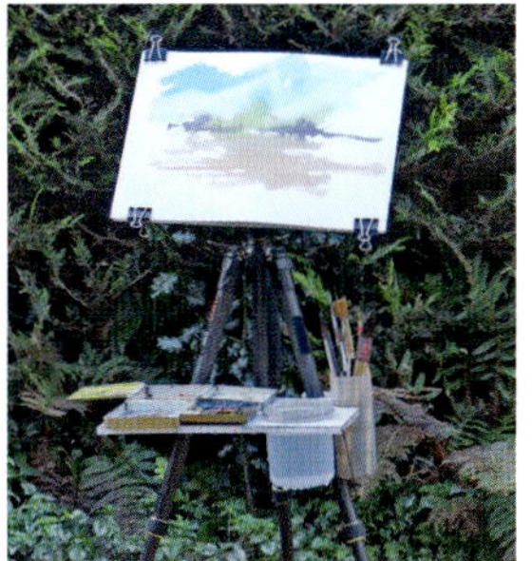

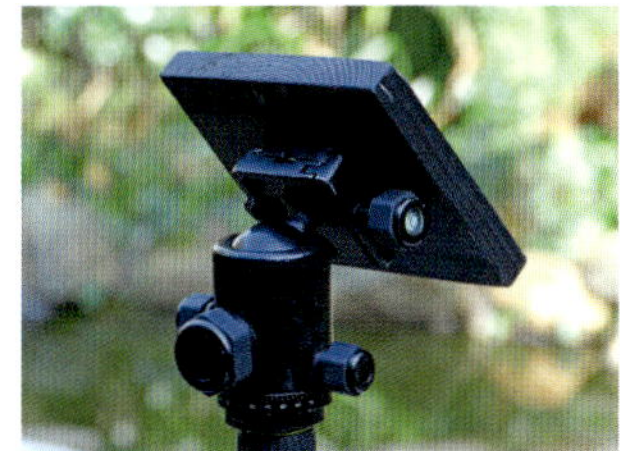

1 Adaptar la placa del trípode

Atornilla la placa del trípode a un trozo de madera cuadrado de 11 cm de lado. Pega cuatro tiras de velcro autoadhesivo al otro lado de la madera y grapa las tiras para reforzarlas.

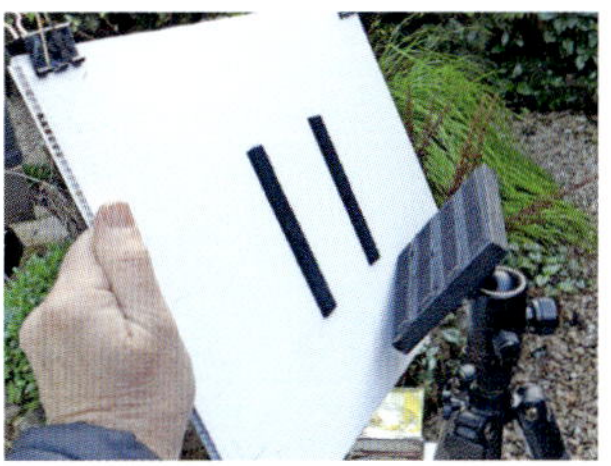

2 Fijar el tablero

Utiliza un trozo de plástico corrugado liso (de 10 mm de espesor) como tablero. Te bastarán dos tiras de velcro para sujetarlo con firmeza al trípode, y luego lo podrás quitar con facilidad.

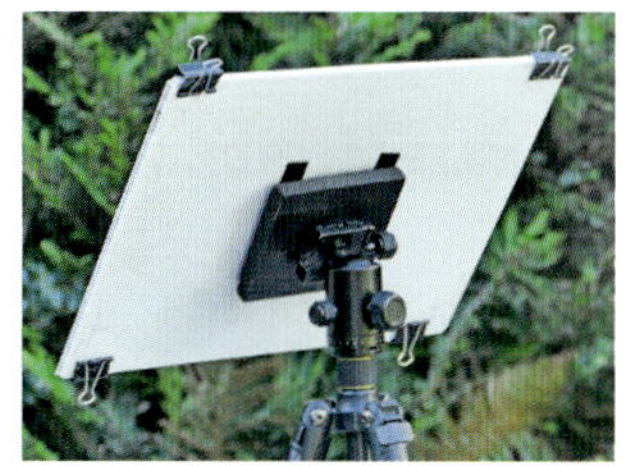

3 Listo para el papel

Este tablero se ha hecho pensando en un tamaño de papel determinado, pero la sujeción de madera funcionará igual de bien con tableros de otras dimensiones. Las pinzas te ayudarán a fijar el papel al tablero.

porque el reflejo te cansará la vista. Hay bombillas y lámparas LED asequibles que imitan la luz natural y que permiten pintar a cualquier hora.

¿Trabajar en plano o con inclinación?

Cada artista tiene una inclinación concreta en la que prefiere trabajar. Trabajar en plano suele ser preferible cuando se pinta húmedo sobre húmedo (pp. 52–55) porque permite que la pintura se corra y se mezcle con facilidad. Trabajar con algún grado de inclinación facilita que el agua descienda por el papel y produce colores frescos y homogéneos. Una inclinación acusada produce chorretones.

Pintar en exteriores

Pintar al aire libre es mucho más fácil cuando se cuenta con el material adecuado. Y lo adecuado depende mucho de lo que prefiera el pintor. No te apresures a comprar todo tipo de material para especialistas. Si puedes mantener el papel sujeto, tener todas las pinturas y pinceles a mano y una fuente de agua accesible, tienes todo lo que necesitas para una sesión provechosa. Con el tiempo y varias sesiones repetidas de pintura, definirás mejor qué necesitas y buscarás opciones más ligeras. Es buena idea llevar contigo todo lo que necesites. Además, la bolsa puede servir para estabilizar el material.

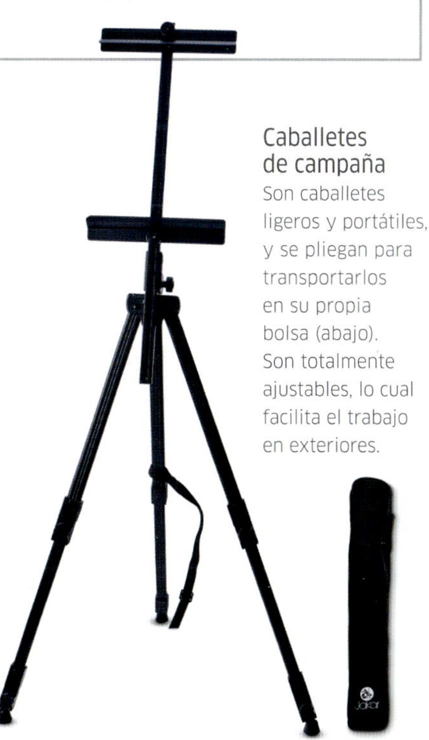

Caballetes de campaña

Son caballetes ligeros y portátiles, y se pliegan para transportarlos en su propia bolsa (abajo). Son totalmente ajustables, lo cual facilita el trabajo en exteriores.

Necesitarás (en exteriores)

- Caballete de campaña o trípode modificado
- Recipiente para agua que puedas fijar al caballete, y una botella con más agua limpia
- Papel para acuarela
- Tablero para sujetar el papel
- Cinta adhesiva o pinzas para sujetar el papel al tablero
- Acuarelas y paleta
- Algunos pinceles en un bote
- Papel de cocina
- Pulverizador

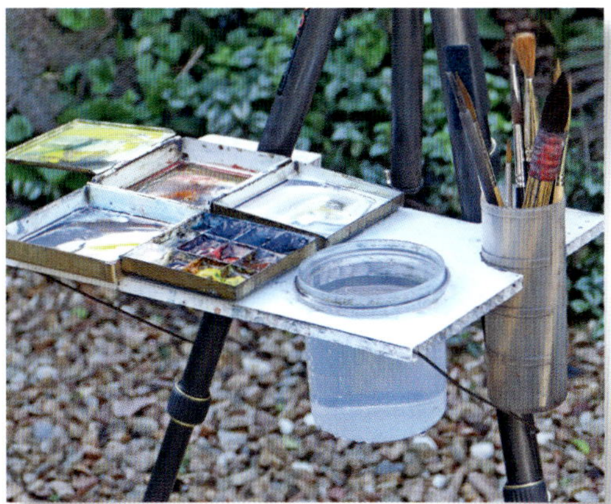

Organización personalizada en exteriores

La bandeja de plástico se ha recortado para colocar el recipiente de agua y el de pinceles, y tiene espacio para la paleta. El alambre de percha metálica enderezado que hay debajo añade estabilidad. No es necesario que compres un organizador caro. Haz ajustes prácticos a material básico.

Exhibir tu obra

LA MEJOR MANERA DE PRESENTAR TUS OBRAS

Los cuadros casi siempre quedan mejor e impresionan más cuando están bien presentados y montados en un marco de calidad. Por desgracia, ocurre lo contrario si la obra se monta o se enmarca mal. Asegúrate de honrar el fruto de tu esfuerzo y reflexiona sobre cómo quieres presentar tus acuarelas.

La montura marca la diferencia

El método tradicional de enmarcar una acuarela es montarla primero en una montura interior biselada, o paspartú. Usa un paspartú con un ancho de al menos 8 cm para que el cuadro tenga espacio suficiente, incluso para cuadros pequeños. Con cuadros más grandes de, por ejemplo, media hoja grande (38 × 56 cm), necesitarás al menos 10 cm de ancho.

Los paspartús se cortan con una máquina especial que mantiene el ángulo de corte de 45 grados y garantiza que no se supere ni se rebaje. La más sencilla de estas máquinas es muy cara y la mayoría de los pintores acuden a enmarcadores locales o a servicios en línea para garantizar un resultado perfecto y profesional.

Las monturas dobles usan dos paspartús de anchos distintos, de modo que dejan un escalón de 5-10 mm que guía la mirada del observador hacia la pintura; también hay monturas triples. El mejor paspartú es el de alma blanca. Aunque el centro de todas las cartulinas es blanco cuando se corta, solo el de alma blanca permanece blanco.

Elegir el marco adecuado

El marco se construye con lo que llamamos «moldura», y las hay de una amplia variedad de materiales, colores, formas y tamaños. El marco debe realzar la acuarela, no competir con ella, por lo que las molduras más populares tienen formas sencillas y suelen ser de madera maciza; pueden tener acabados distintos y pintarse o tintarse de blanco o de otro color claro. Otras molduras clásicas son marrones o negras, y también el acabado dorado atrae a muchos artistas.

Algunas molduras tienen más tendencia a dañarse, por lo que, si tienes intención de reusar el marco (una opción sostenible), los golpes se verán menos si es de una madera maciza dura, como roble o fresno.

¿Vidrio o acrílico?

Mantén el cuadro como recién pintado protegiéndolo tras un vidrio, idealmente con filtro UV para evitar la decoloración. La mayoría de los enmarcadores tienen vidrios con y sin filtro. El vidrio transparente de calidad de museo es no reflectante y absorbe la luz UV, pero es más caro. El acrílico, que suele acompañar a los marcos comprados en línea, es muy ligero pero tiende a rayarse.

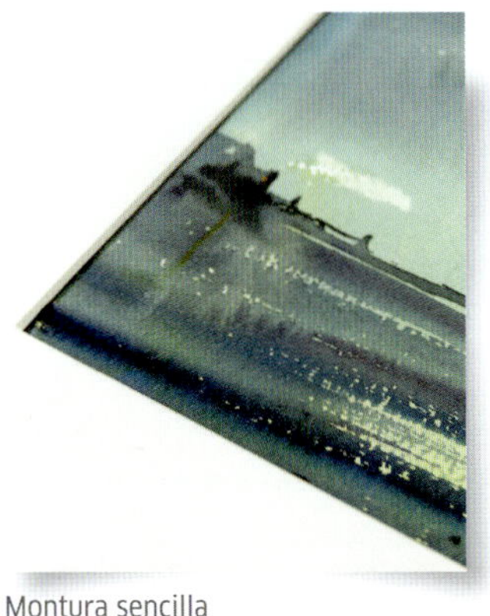

Montura sencilla

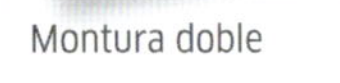

Montura doble

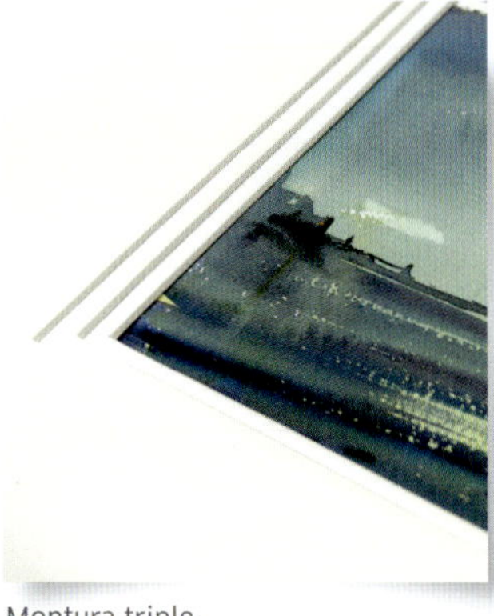

Montura triple

Monturas

Por lo general, las monturas son simples, dobles o, con menos frecuencia, triples. Además de crear algo de espacio en torno al cuadro, la montura impide que este toque el vidrio, que podría dañarlo.

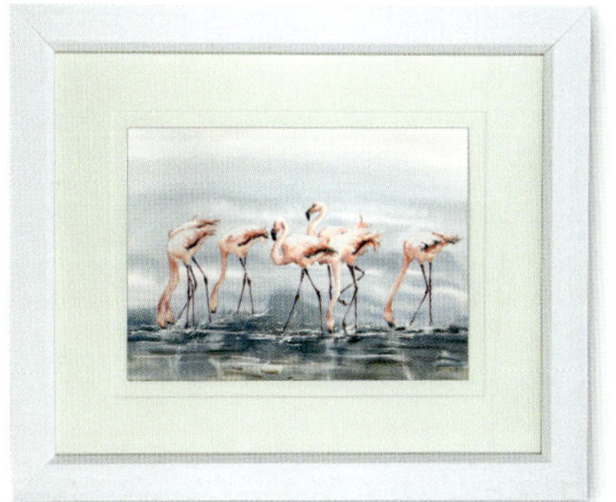

Húmedo sobre húmedo (pp. 52–55)

Galería de marcos

Las acuarelas suelen quedar mejor en marcos sencillos. Aquí tienes algunos ejemplos que te ayudarán a decidir cómo enmarcar tu próxima obra maestra.

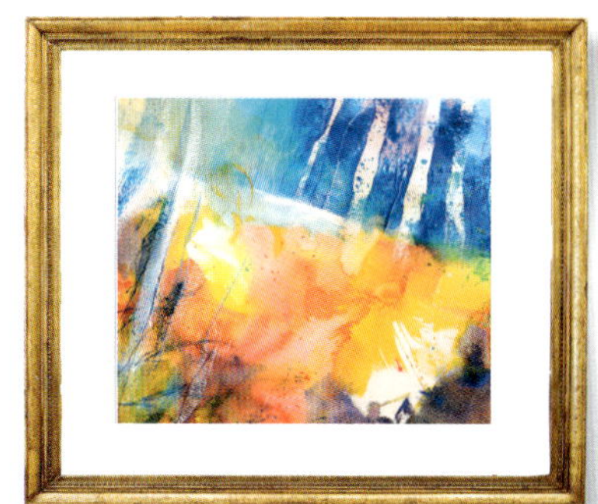

Hacia la abstracción (pp. 162–165)

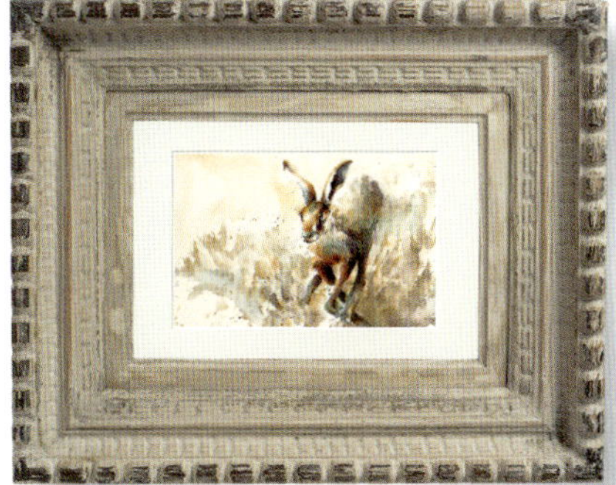

Animales en movimiento (pp. 240–243)

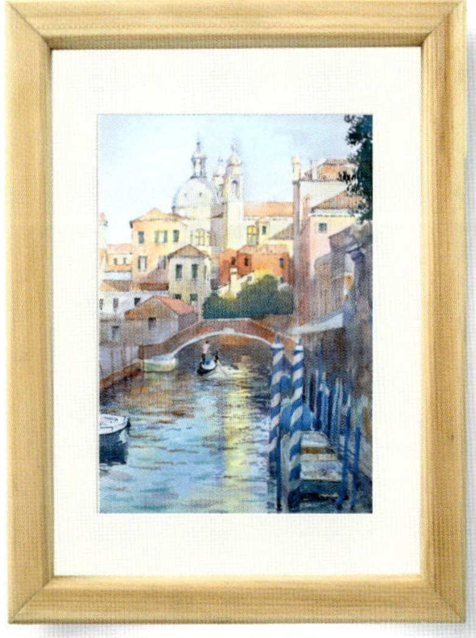

Aguas tranquilas (pp. 182–185)

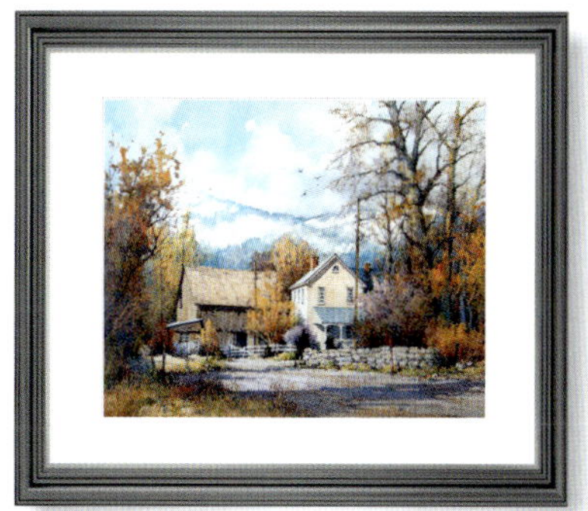

Cuadro de muestra (pp. 142–143)

Montaje flotante

Si pegas el cuadro a un tablero de espuma con antelación, parecerá que «flota» sobre el paspartú. Tendrás que insertar en el marco una pieza que mantenga el cuadro alejado del vidrio.

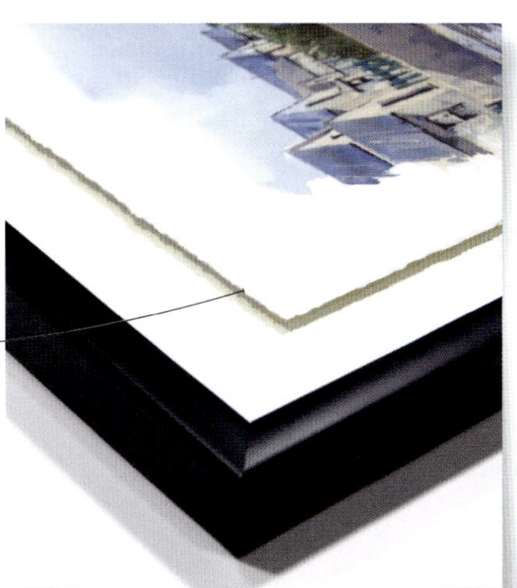

El borde del cuadro se eleva sobre el paspartú

Cortar un paspartú

Hacer un corte biselado es muy difícil si se carece de equipo especializado. Incluso entonces, hacerlo bien exige mucha práctica.

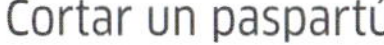

Bordes rasgados

El montaje flotante suele quedar mejor con cuadros sobre papel con bordes rasgados. Para lograrlos, dale la vuelta al cuadro y arranca el borde del papel tirando hacia arriba mientras lo presionas con una regla de acero, o bien usa una regla cortadora especial para lograr bordes rasgados.

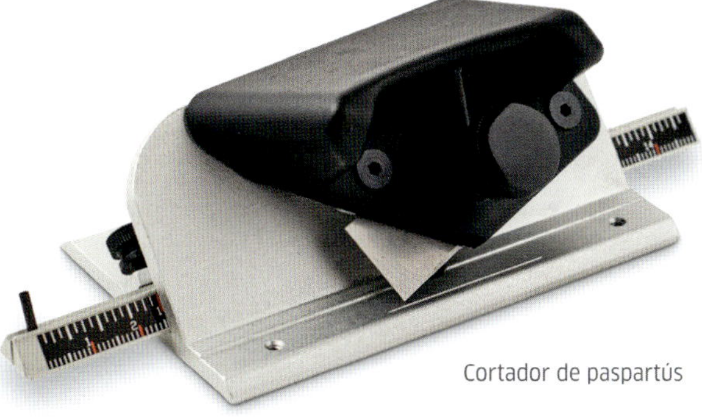

Cortador de paspartús

«No escatimes en el enmarcado. Nada perjudica más al cuadro que un mal marco.»

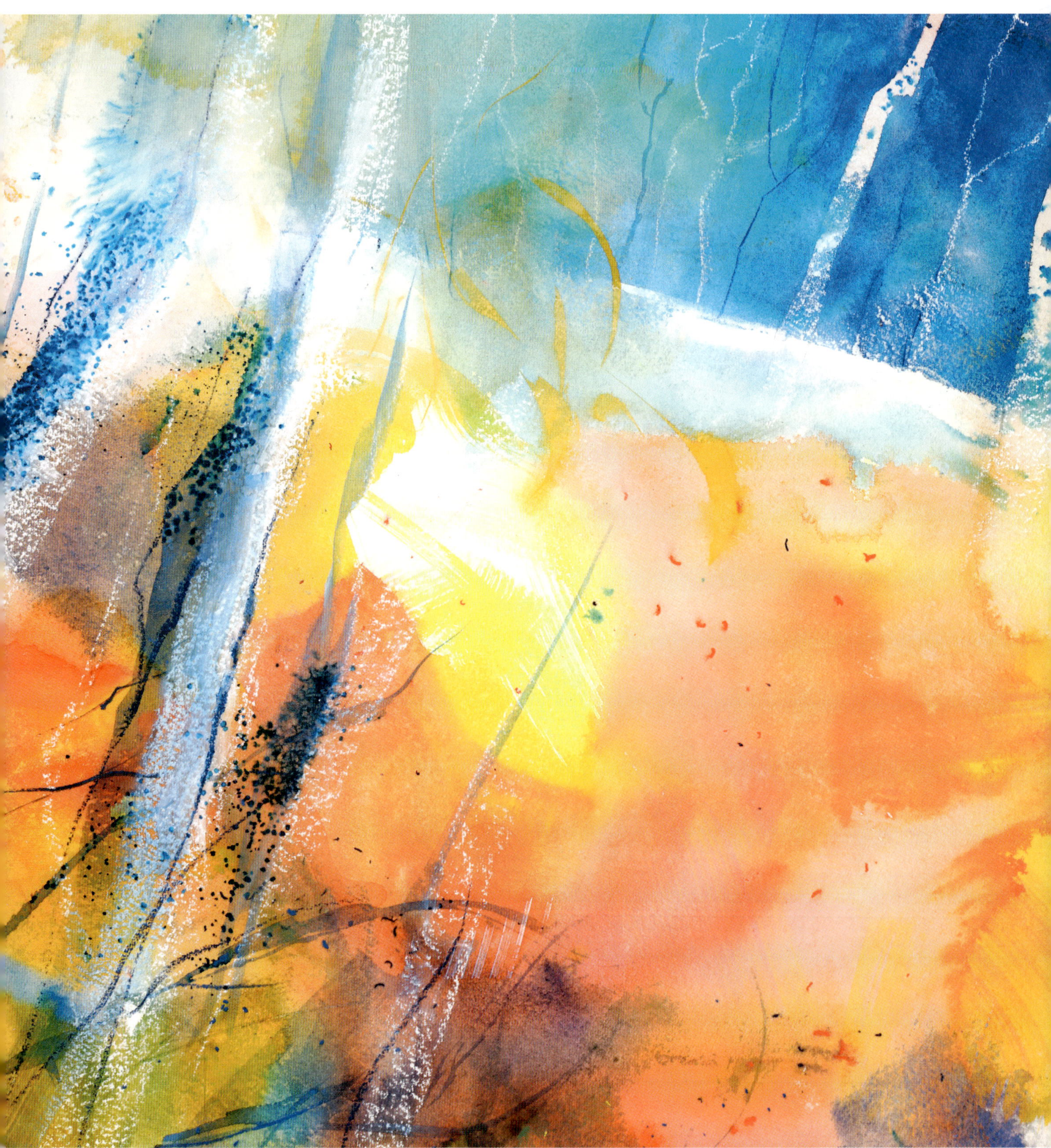

Técnicas

Técnicas de **acuarela**

La acuarela es un medio increíblemente versátil que admite desde sencillas aguadas uniformes hasta el uso de medios combinados y de superficies con textura que se adaptan a múltiples estilos y temas. La naturaleza fluida y translúcida de esta pintura permite aplicar pinceladas expresivas y crear cuadros donde los colores se mezclan y se funden con una luminosidad centelleante.

En las siguientes páginas, encontrarás 45 técnicas con las que practicar y desarrollar tus habilidades. Se agrupan en tres apartados diseñados para aumentar tu repertorio y perfeccionar tu estilo y en los que aprenderás desde técnicas básicas, como aplicar aguadas a capas en el apartado de iniciación, hasta técnicas avanzadas, como la experimentación con varios medios. Un cuadro de muestra al final de cada apartado plasma varias técnicas juntas.

1 Técnicas de iniciación

■ Véanse pp. 50-89

El primer apartado explica cómo aplicar aguadas básicas y trabajar de claro a oscuro en aplicaciones húmedo sobre húmedo y húmedo sobre seco. También aprenderás a corregir errores.

2 Técnicas intermedias

■ Véanse pp. 90-127

En el segundo apartado, verás la teoría del color y cómo usar colores cálidos y fríos, la perspectiva aérea y los colores complementarios y análogos para obtener el mejor resultado, además de diversas técnicas, como las veladuras.

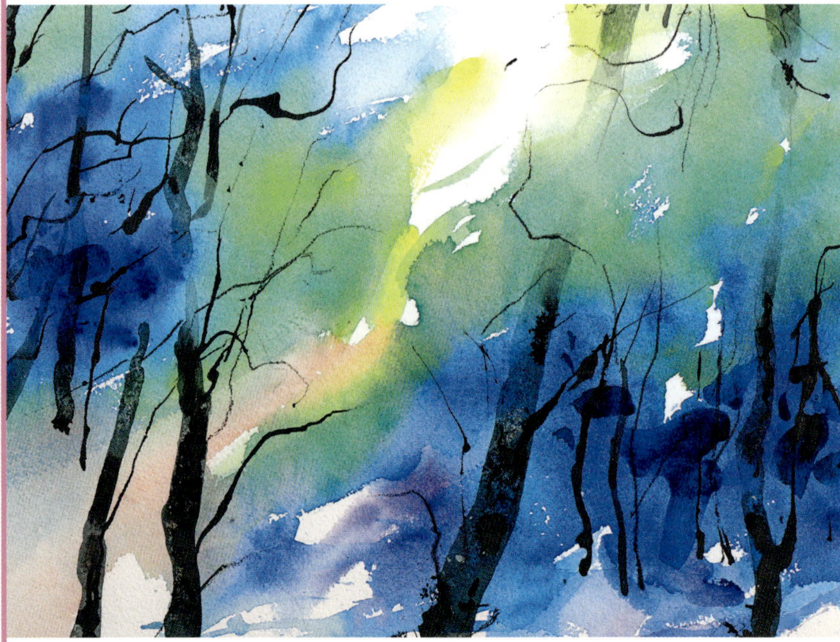

Cuadro de muestra de iniciación (pp. 64-65)

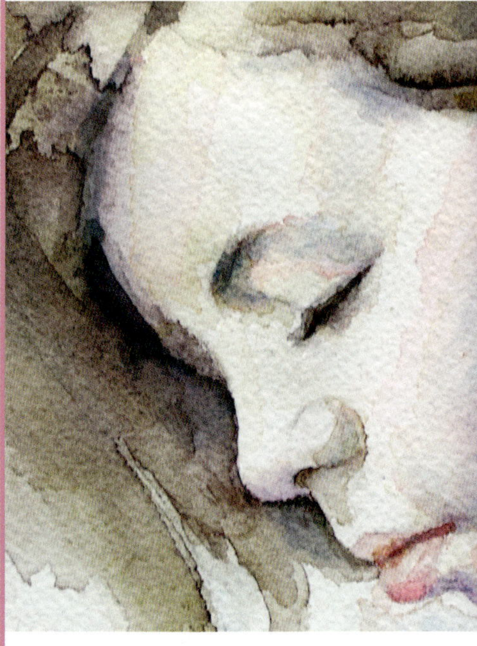

Suavizar los bordes (pp. 94-95)

Las acuarelas fluyen con facilidad, y deben parte de su atractivo a que son impredecibles. Aprender a controlar esta característica es fundamental para trabajar con ellas, ya se trate de aplicar una aguada uniforme o de añadir corridos a la obra. Mezclar la pintura húmedo sobre húmedo produce efectos y mezclas sutiles, mientras que trabajar húmedo sobre seco añade detalles definidos y bordes controlados.

Las aguadas son un punto de partida ideal para entender la acuarela; practica aguadas diversas, desde las degradadas hasta las granulosas, más avanzadas. Cuando trabajes de claro a oscuro, piensa en cómo plasmar los puntos de luz con técnicas que conserven los colores claros, como el líquido enmascarador o las barreras de cera, o bien que retiren el color con pincel o con la técnica más avanzada que utiliza lejía y sal.

Para imbuir el cuadro de luz, explota la translucidez de la acuarela y deposita el color en capas, valiéndote de las veladuras para aportar profundidad o para ajustar el color o el tono de la aguada.

Una técnica versátil

La acuarela permite abordar el cuadro con una amplia variedad de técnicas y estrategias, por lo que es un medio ideal para estilos diversos. Combina marcas sueltas y abstractas con salpicaduras o puntos de luz de *gouache*. Las aguadas de tinta son ideales para trabajar en un cuaderno de bocetos, y también se adaptan bien a estilos más ilustrativos. Combinar la acuarela con otras técnicas abre infinidad de opciones, con aplicaciones para el diseño y la ilustración gracias a dibujos detallados y a patrones.

3 Técnicas avanzadas

■ Véanse pp. 128-167

En el último apartado aprenderás los principios de la perspectiva y de los puntos focales y a combinar efectos especiales y medios, desde el *gouache* al carboncillo, para llevar tu estilo aún más lejos.

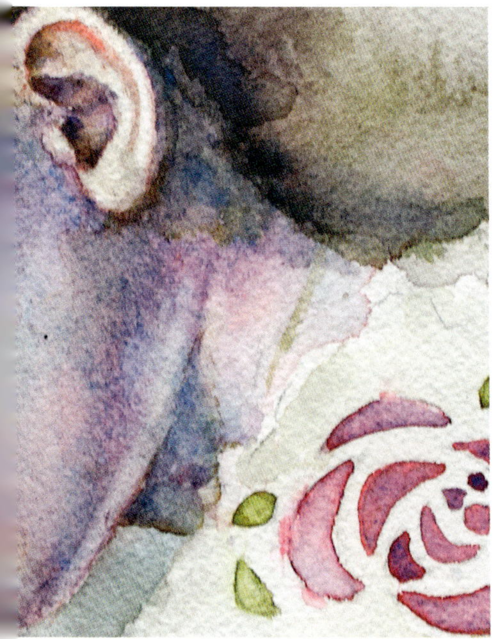

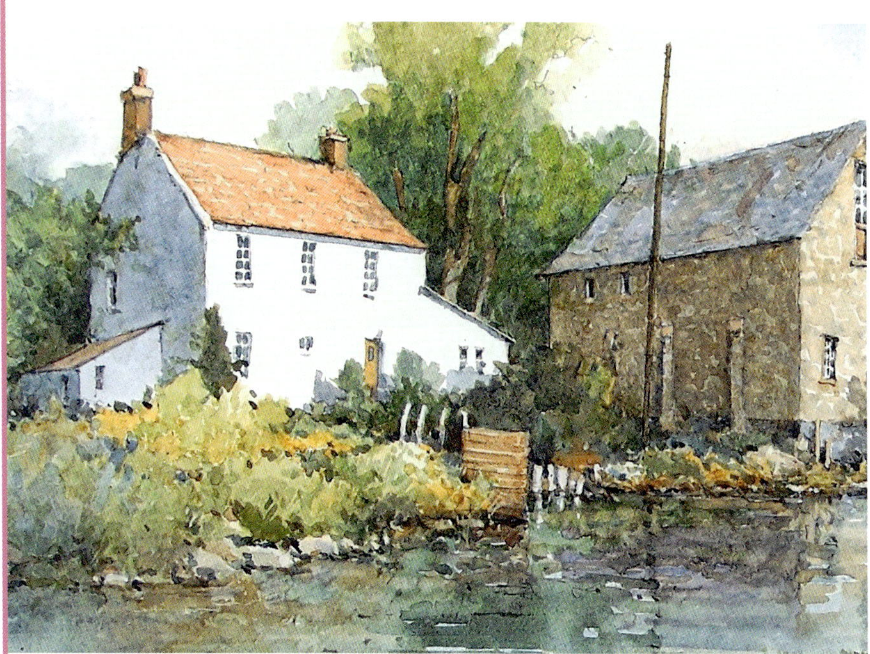

Perspectiva lineal (pp. 134-137)

Húmedo sobre seco

CONTROLAR LAS PINCELADAS Y LOS BORDES

Cuando se aplica pintura húmeda sobre el papel seco o sobre zonas donde la pintura ya se ha secado, el pigmento se extiende menos que si se aplicara sobre una superficie húmeda. Esto permite controlar mejor las pinceladas y crea bordes marcados para lograr formas precisas, definidas y detalladas.

■ Controlar las marcas

Espera a que la primera capa se seque y no trabajes demasiado las aguadas para lograr bordes precisos sobre papel seco. Pinceles distintos, como los pinceles chinos, delineadores o brochas, producirán efectos variados. Contrólalos y construye tu propio «glosario» de marcas.

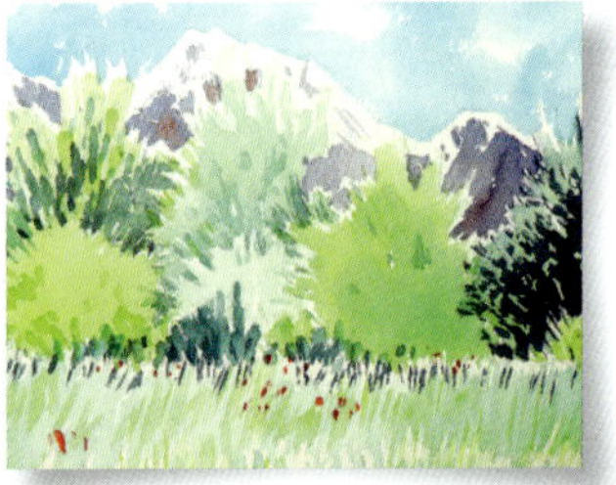

Correcto: húmedo sobre papel seco

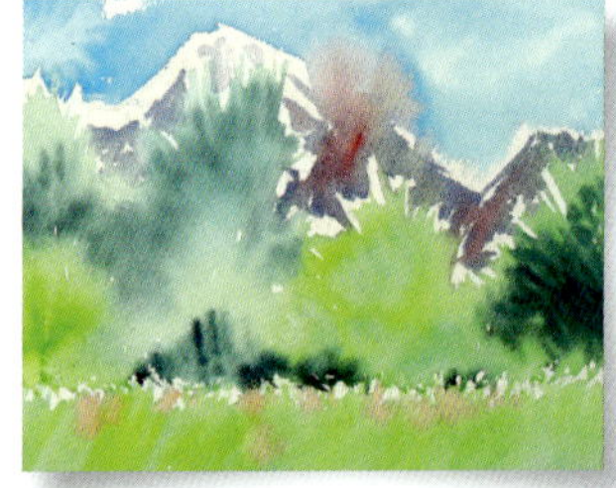

Incorrecto: aguadas demasiado trabajadas

Húmedo sobre papel seco

Si quieres plasmar detalles precisos, no dejes que la pintura supere los bordes secos de la forma. Si sigues añadiendo pintura y llevándola más allá de la zona, se mezclará y te arriesgas a que los bordes se difuminen.

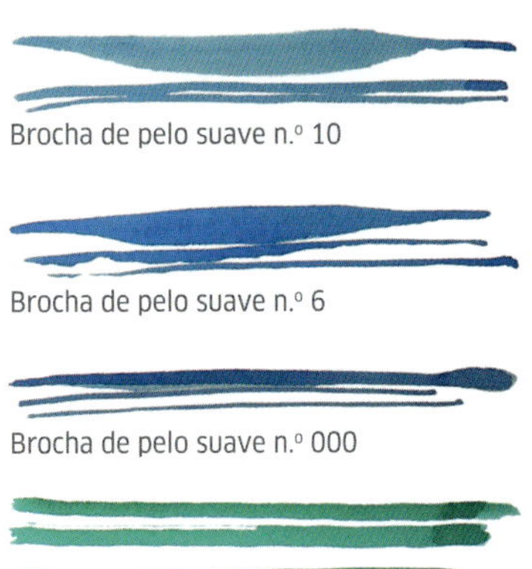

Brocha de pelo suave n.º 10

Brocha de pelo suave n.º 6

Brocha de pelo suave n.º 000

Pincel chino largo

Marcas de pincel

Sujeta el pincel cerca de la virola (o casquillo) y haz marcas controladas y detalladas con la punta. Si sujetas el pincel más arriba, las marcas serán más sueltas y ligeras. Usa el lateral del pincel para trazar líneas y marcas más gruesas.

PONLO EN PRÁCTICA

En esta escena detallada, la técnica húmedo sobre seco ha permitido crear hojas de distintos colores, tonos e intensidades. Los reflejos del agua se han conseguido superponiendo capas de color sobre aguadas secas.

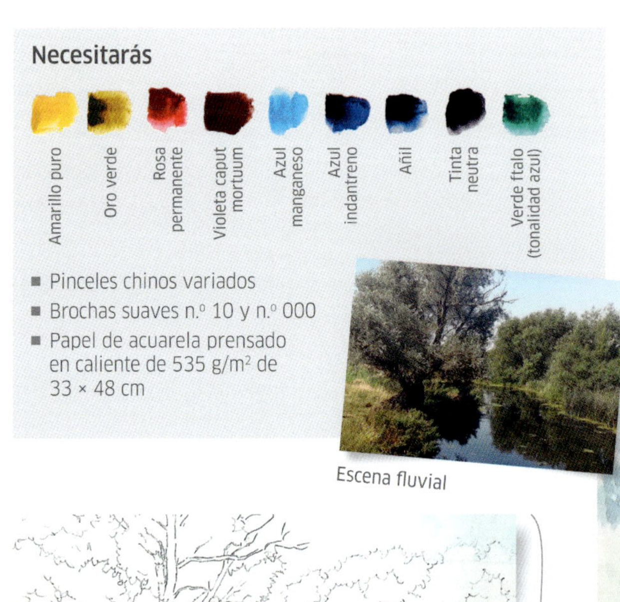

- Pinceles chinos variados
- Brochas suaves n.º 10 y n.º 000
- Papel de acuarela prensado en caliente de 535 g/m² de 33 × 48 cm

Escena fluvial

1 Aguada para el cielo y el agua

Pinta sobre seco una aguada de azul manganeso con la brocha n.º 10. Da pinceladas horizontales, para crear líneas y dejar puntos de luz de papel seco.

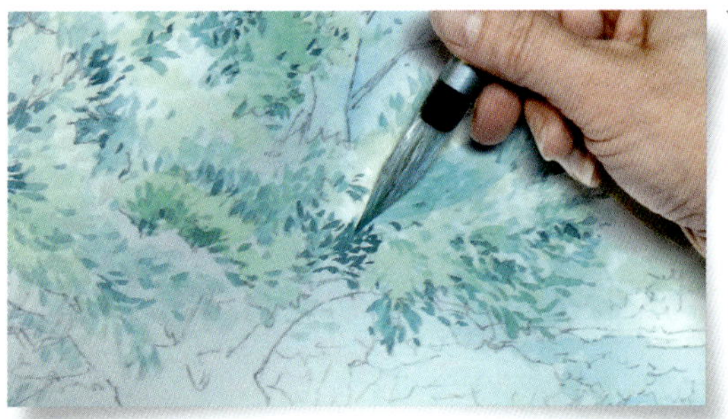

2 El follaje

Aplica el verde más claro en las hojas y la hierba. Insinúa las formas a toquecitos y abriendo en abanico un pincel chino. Rellena los espacios cuando la pintura esté seca.

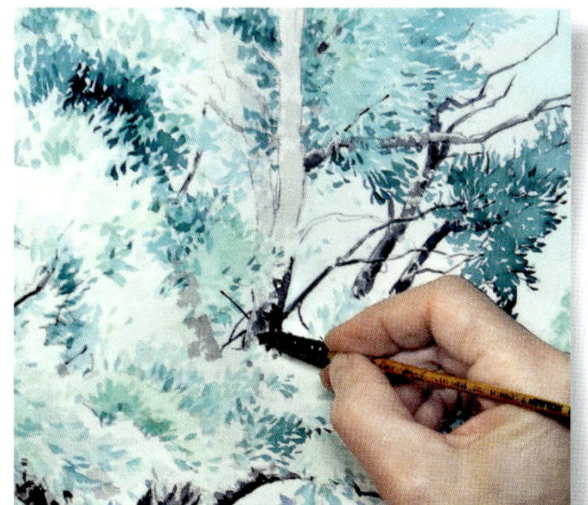

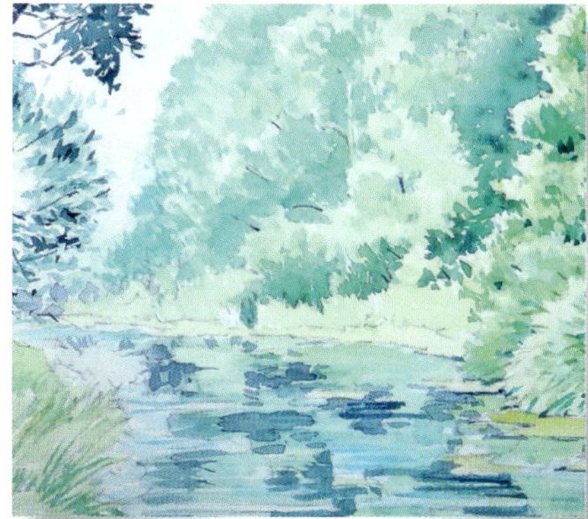

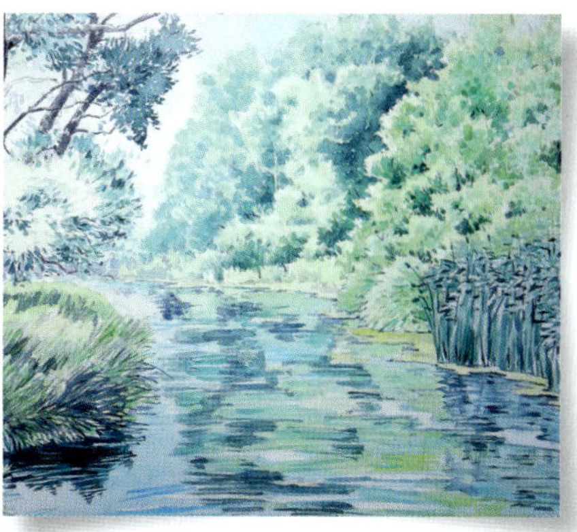

3 Perfila los árboles

Usa distintos pinceles de tantas formas como puedas y superpón capas de color y de tono. Espera a que las capas se sequen, porque las aguadas previas se podrán correr con facilidad.

4 Añade tonos medios

Enriquece la escena con tonos medios en los árboles lejanos, la orilla y el agua. Espera a que la pintura se seque entre pinceladas, y evita volver enseguida y seguir trabajando.

5 Tonos oscuros y detalles

Añade los tonos más oscuros y las sombras. Usa la punta del pincel para dar forma a las hojas, y emplea el lado plano de un pincel chino pequeño para estirar las líneas de los reflejos.

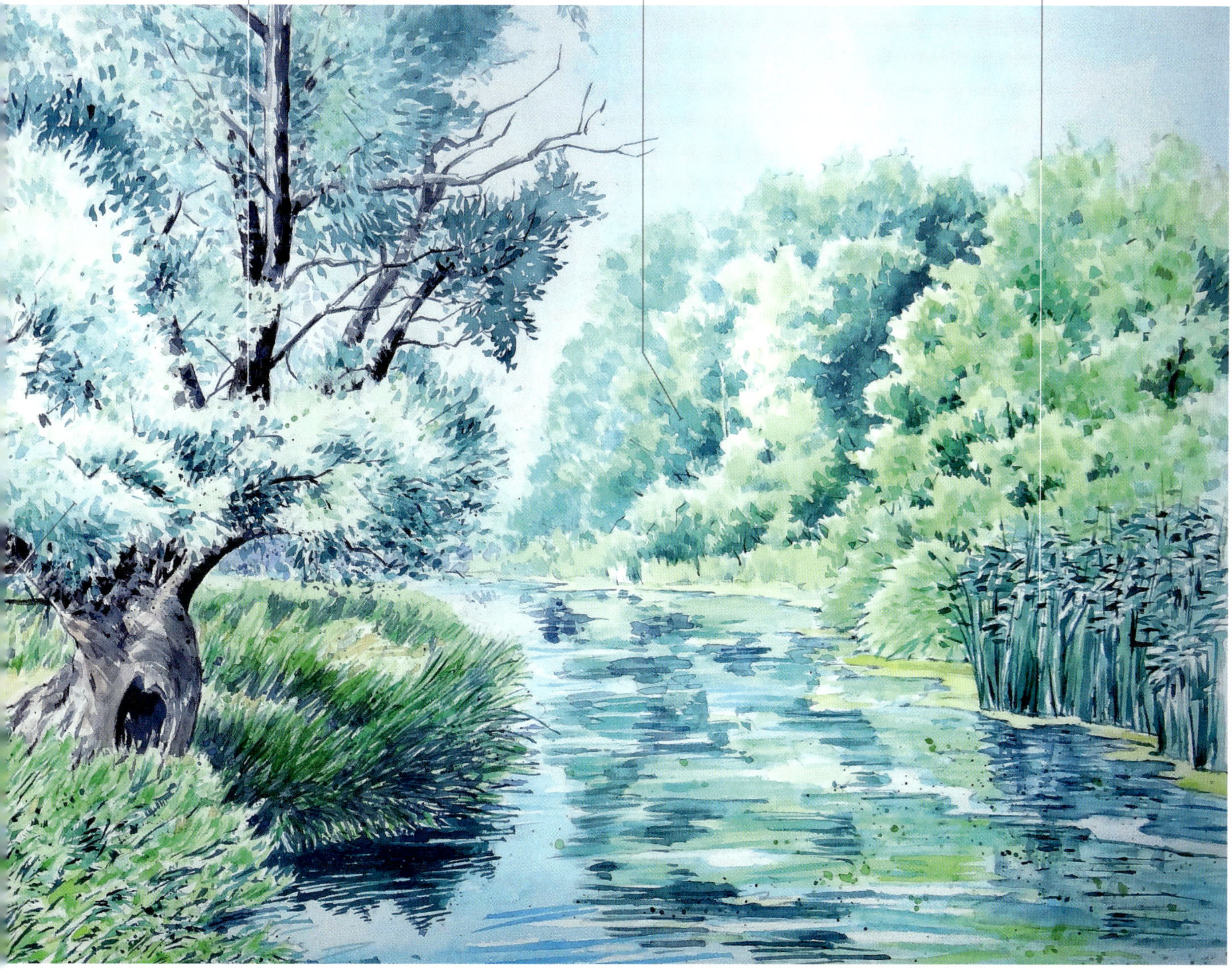

Húmedo sobre húmedo

MEZCLAR CON NATURALIDAD

Cuando se aplica pintura sobre el papel húmedo o sobre una aguada aún húmeda, los pigmentos se mezclan y se combinan con una naturalidad imposible de lograr con ninguna otra técnica de pintura. Usa el húmedo sobre húmedo para mezclar aguadas, obtener un tercer color o lograr tonos sutiles de un mismo color.

■ Facilitar las mezclas

La clave del húmedo sobre húmedo es permitir que las transiciones y las mezclas sucedan con naturalidad y sin interferir con el pincel, porque los colores se seguirán mezclando mientras la pintura se va secando. Puedes conseguir cierto control ajustando la humedad del papel y decidiendo qué pinturas aplicar juntas.

Papel húmedo
A mayor humedad, más se extenderá la aguada y dejará variaciones tonales.

Mezclas naturales
Da pinceladas sueltas de distintos colores sobre el papel húmedo y deja que se mezclen y se combinen.

Mezclas de colores adyacentes
Pinta una aguada uniforme de dos colores yuxtapuestos sobre el papel húmedo. Deja que se toquen y se corran juntos en el punto de unión.

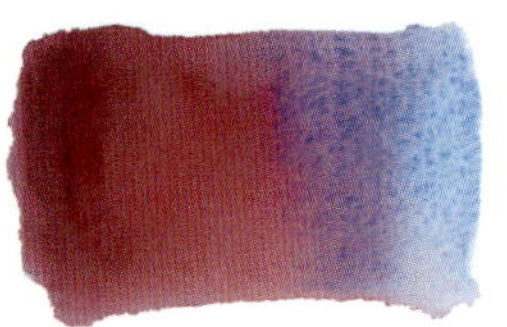

Mezclas dominantes
Si añades una aguada más fuerte (más pigmentada) de carmesí de alizarina a otra de azul de ultramar, más suave, el carmesí se impondrá en la mezcla.

PONLO EN PRÁCTICA

Aquí, las mezclas húmedo sobre húmedo han creado las suaves ondulaciones del agua, además de las sutiles variaciones en el plumaje de las aves. La naturaleza fluida de la técnica transmite calma y serenidad.

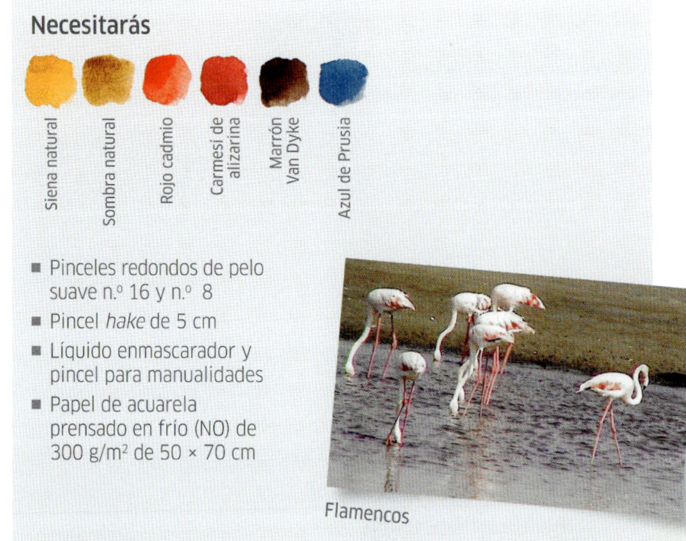

Necesitarás

- Pinceles redondos de pelo suave n.º 16 y n.º 8
- Pincel *hake* de 5 cm
- Líquido enmascarador y pincel para manualidades
- Papel de acuarela prensado en frío (NO) de 300 g/m² de 50 × 70 cm

Flamencos

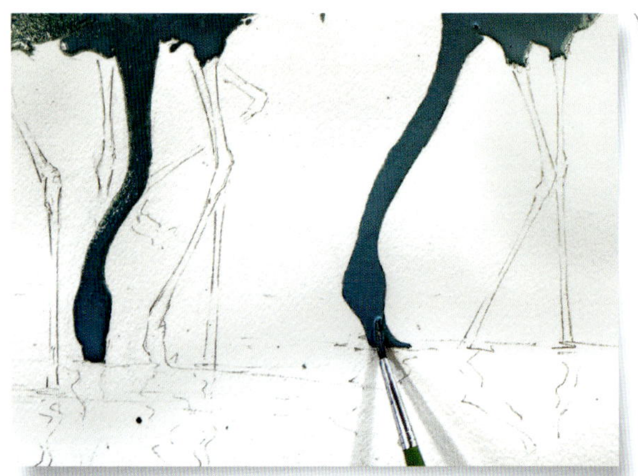

1 Protege las áreas blancas

Aplica líquido enmascarador (pp. 100–101) con el pincel de manualidades sobre el cuerpo de las aves, para conservar las siluetas una vez aplicadas las primeras aguadas. Para el agua, utiliza pinceladas horizontales rápidas para crear ondas alrededor de las patas, y usa la punta del pincel para plasmar salpicaduras espontáneas.

Ondas creadas con líquido enmascarador

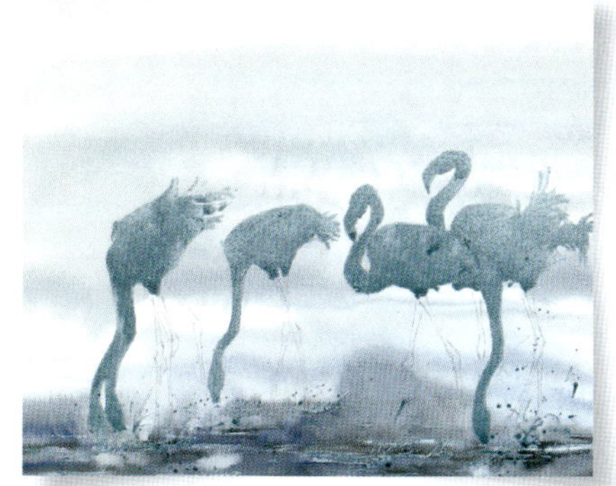

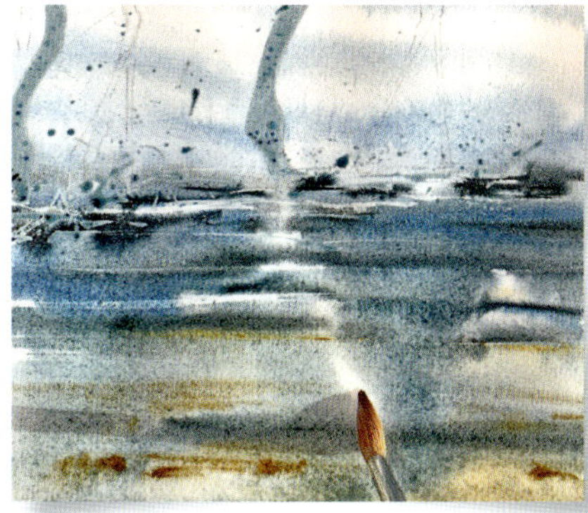

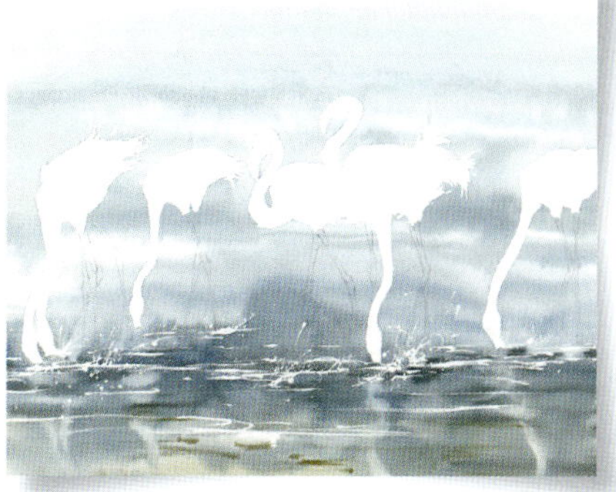

2 Aguada granulosa de fondo

Humedece con un pincel *hake* y a conciencia el papel con aguadas azul de Prusia y marrón Van Dyke. Deja zonas de tonos más densos alrededor de las patas de las aves.

3 Retira color

Inclina la tabla en la dirección en que desees que se mezclen los colores. Cuando se sequen, retira la forma reflejada del cuello de los flamencos con un pincel casi seco.

4 Retira el líquido enmascarador

Inclina un poco el cuadro para que, mientras se seca, el color fluya hacia abajo y quede más pálido en la parte superior. Una vez seco del todo, retira frotando el fluido enmascarador.

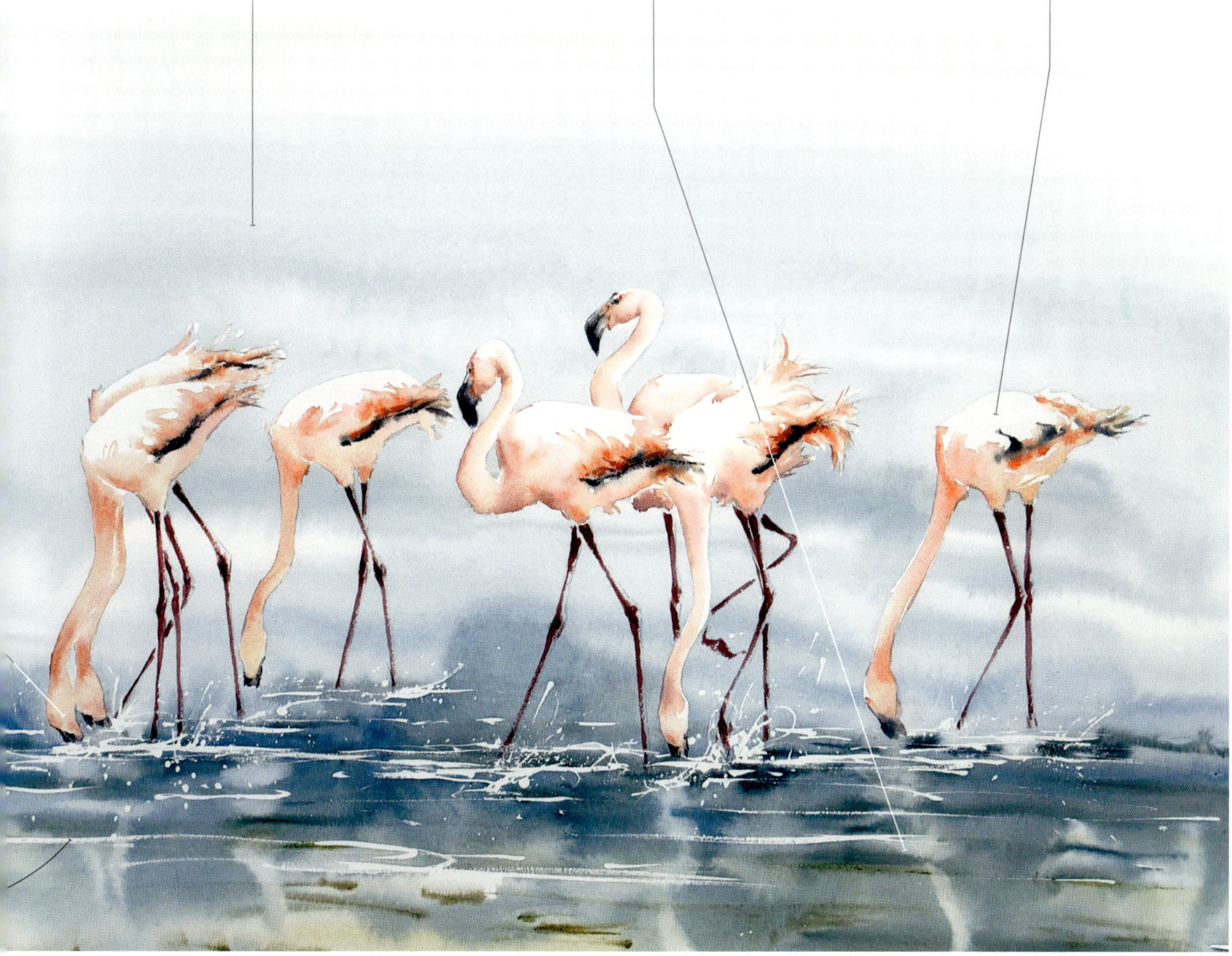

5 Aplica agua

Humedece los flamencos de uno en uno con agua limpia y pinta las formas con una mezcla variada de siena natural, rojo cadmio y carmesí de alizarina. Aplica una combinación más potente en las zonas de sombra. Mientras aún están húmedos, aplica una mezcla más gruesa e intensa de cadmio para los rojos más potentes y una mezcla de rojo cadmio y de azul de Prusia para el negro de las alas y los picos. Las mezclas suaves plasman las transiciones naturales en el plumaje.

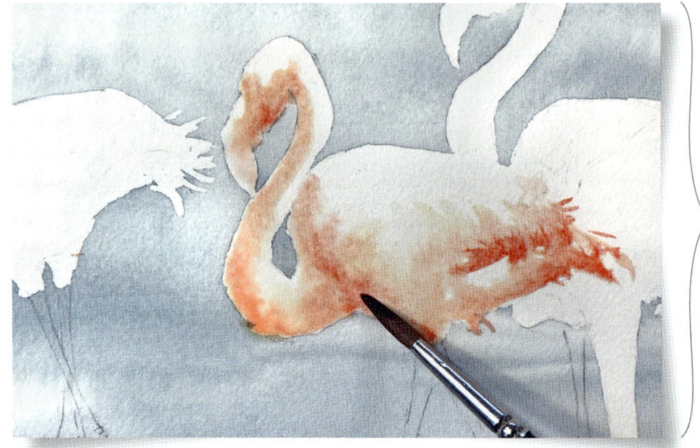

6 Añade reflejos

En el agua hay sombras y reflejos. Los reflejos se extienden de manera natural hacia el observador, mientras que la longitud y la dirección de las sombras dependen del ángulo del sol. Humedece ligeramente el agua en el primer plano y, luego, pinta los reflejos con trazos sueltos y un tono más suave del rosa de los flamencos. Deja que se desvanezcan con bordes suaves. En contraste con la forma angulosa de los flamencos, los reflejos de borde suave realzan el efecto del agua.

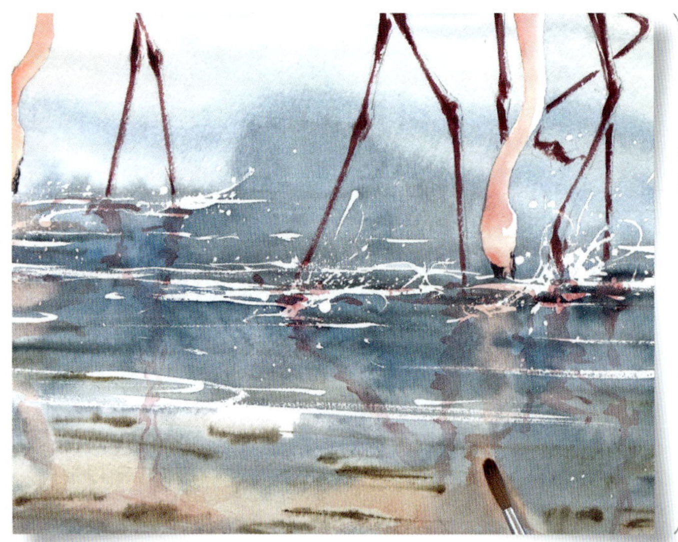

7 Mezcla las sombras

Pinta las sombras bajo los flamencos con toques de azul de Prusia, y, para las sombras proyectadas sobre el agua, trabaja con más precisión y profundidad para que anclen los flamencos a la orilla del lago. Usar el mismo azul de Prusia del fondo para las sombras de los flamencos y el agua en primer plano dará congruencia al conjunto del cuadro. Los colores se armonizarán y transmitirán tranquilidad a la escena.

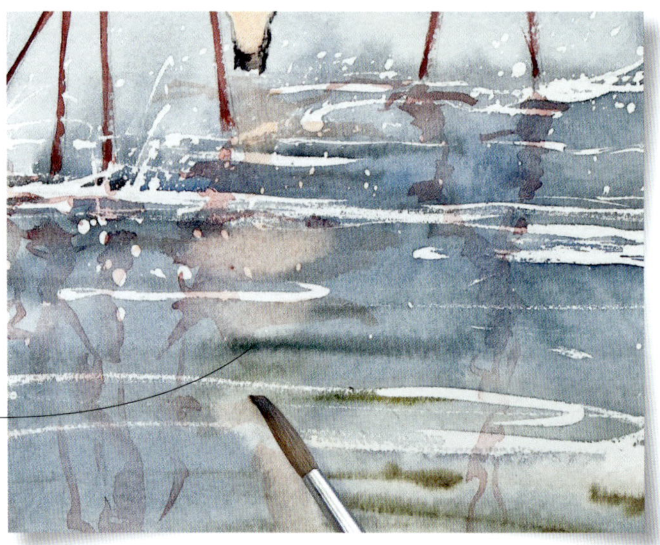

Sombras oscuras azul de Prusia

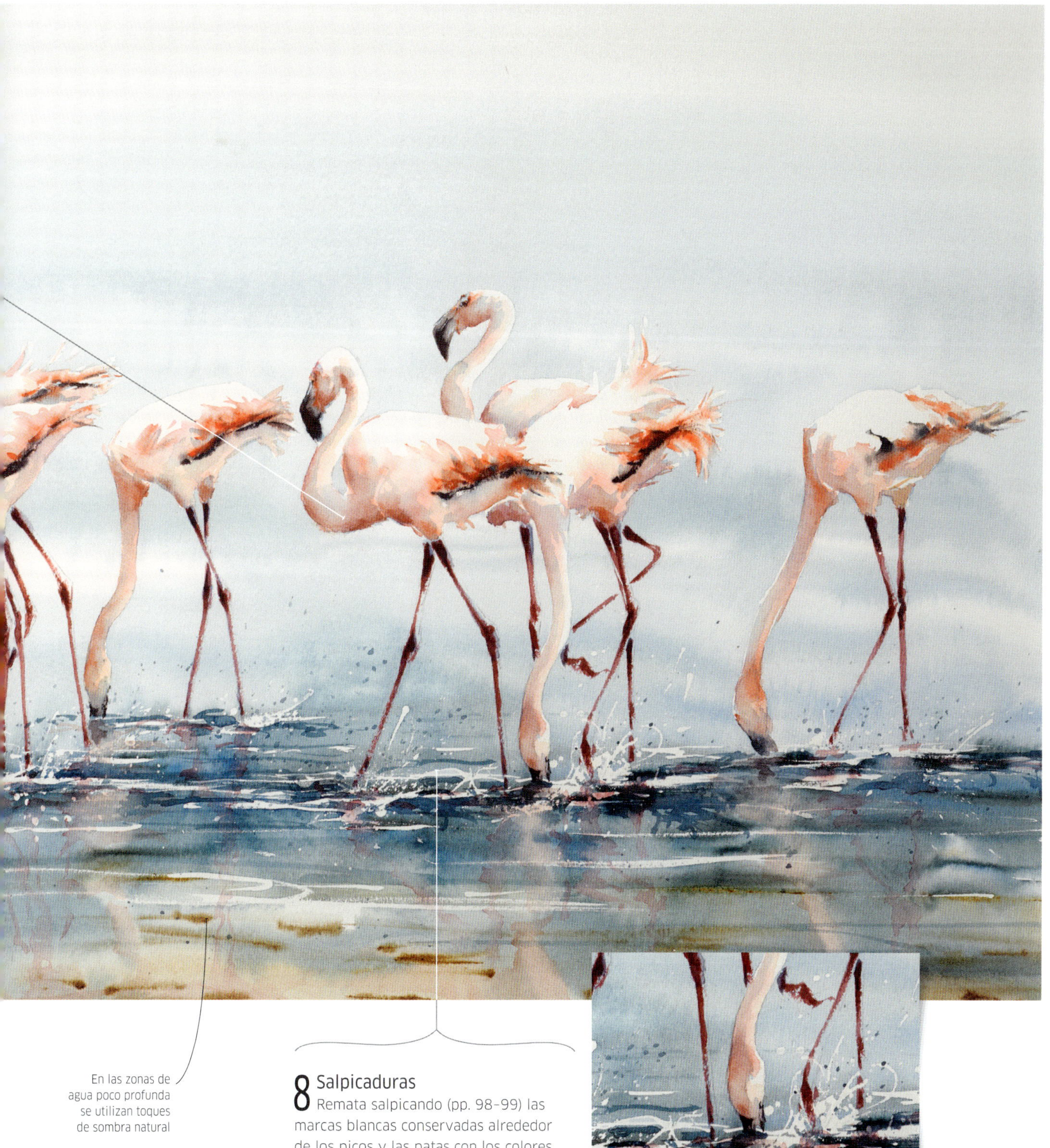

En las zonas de agua poco profunda se utilizan toques de sombra natural

8 Salpicaduras

Remata salpicando (pp. 98-99) las marcas blancas conservadas alrededor de los picos y las patas con los colores que ya has usado antes. Así añadirás un toque de espontaneidad y vivacidad.

Pincel seco

PINTAR MARCAS QUEBRADAS

La técnica de pincel seco consiste en aplicar marcas con un pincel apenas cargado que deja bordes quebrados y efectos con textura. Variar el ángulo y la dirección del pincel permite representar temas complejos, como hojas, la textura de las rocas o de la corteza de árbol y luces o líneas rotas. Trabajar sobre papel áspero te ofrecerá resultados óptimos.

■ Inclinar el pincel

Comienza con la proporción adecuada de pigmento y agua en la paleta; no tan húmedo como para que gotee ni tan seco como para que deje chorretones. Carga el pincel del todo, y después usa la dirección de las marcas del pincel para describir el objeto que estés representando. Modifica la inclinación para controlar el tamaño y la forma de las marcas. Para lograr mayor variedad de marcas, emplea pinceles distintos, desde los redondos hasta los planos.

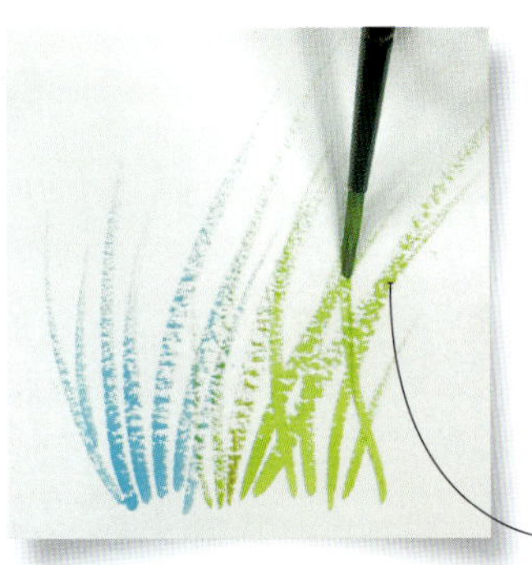

Arrastrar hacia arriba

Arrastra con rapidez la punta del pincel hacia arriba para representar objetos finos, como la hierba, y deja marcas quebradas al final. Recarga el pincel o sigue, si quieres una textura aún más seca. Varía la presión para obtener líneas de distintas densidades.

Pinceladas finas y secas

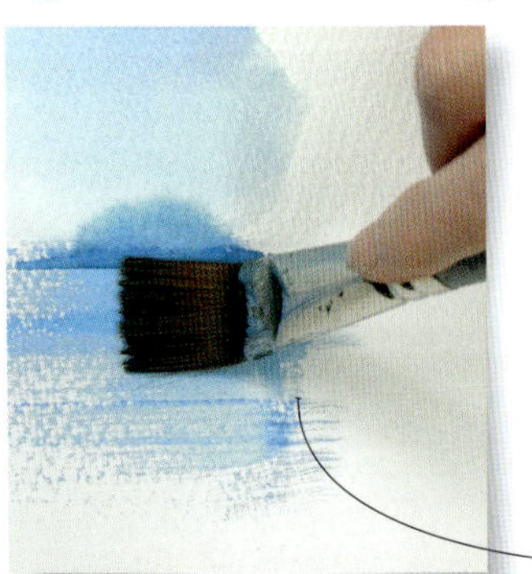

Abrir las cerdas

Usa pinceles planos para temas lineales. Presiona cerca de la cabeza del pincel para que las cerdas se abran y se aplanen, y arrástralo con rapidez en la dirección del tema; por ejemplo, en vertical, si es hierba, o en horizontal, si son centelleos en el agua.

Marcas lineales rotas

PONLO EN PRÁCTICA

Sobre un suave dibujo subyacente húmedo sobre húmedo, trabaja con un pincel seco y plasma el complejo follaje otoñal del árbol y el seto con ligeras marcas direccionales inclinando el pincel al sujetarlo.

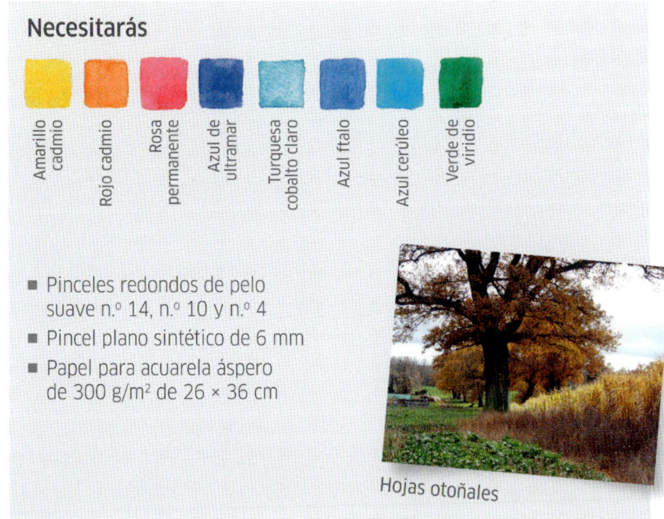

Necesitarás

- Pinceles redondos de pelo suave n.º 14, n.º 10 y n.º 4
- Pincel plano sintético de 6 mm
- Papel para acuarela áspero de 300 g/m² de 26 × 36 cm

Hojas otoñales

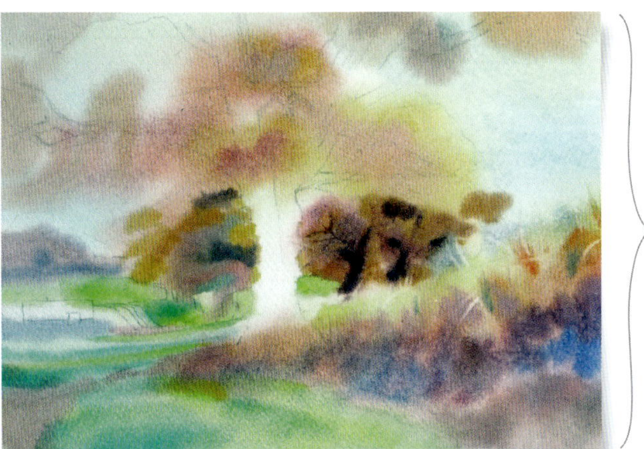

1 Dibujo subyacente

Esboza ligeramente la escena y humedece todo el papel de modo que puedas trabajar todo el dibujo subyacente húmedo sobre húmedo. Aplica aguadas de naranja, verde y violeta en las áreas principales y deja que el pigmento fluya con libertad.

«El **ángulo del pincel** es **la clave** para el pincel seco: cuanto más plano, mejor.»

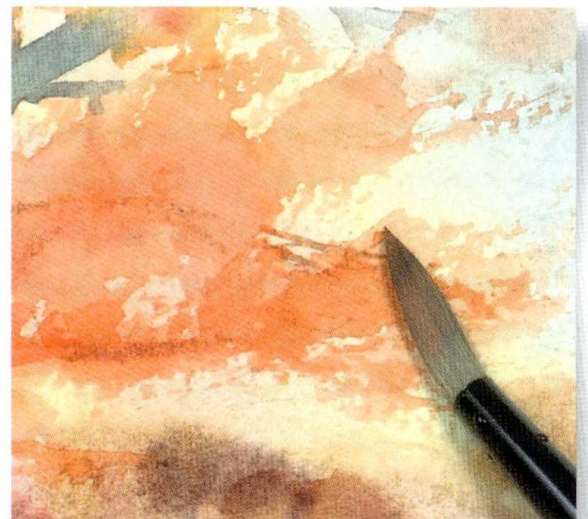
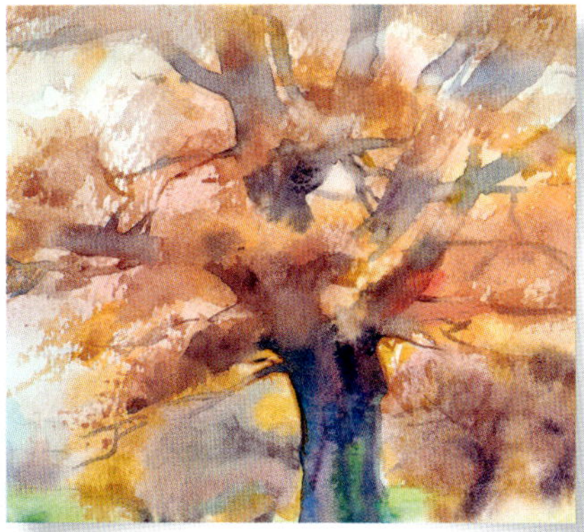
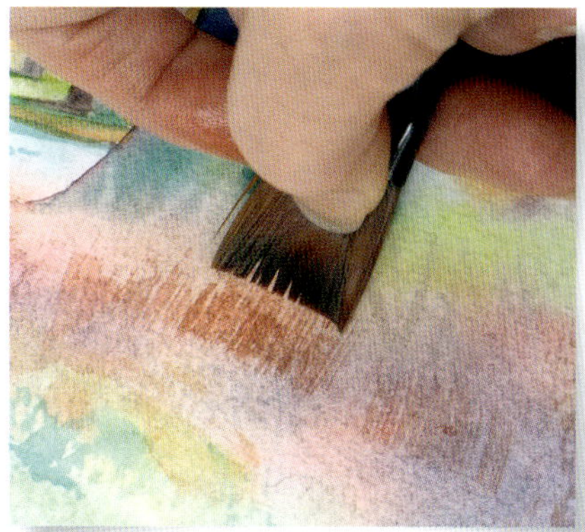

2 Bordes rotos para las hojas

Trabaja húmedo sobre seco y aplica con un pincel vertical una aguada uniforme para el follaje. Rompe los bordes con marcas de un pincel seco aplanado. No los trabajes en exceso.

3 Conserva los bordes

Para pintar las ramas entre el follaje, aplica una aguada clara a lo largo de una rama y, luego, añade pigmento entre las hojas. Así conservarás los bordes del pincel seco.

4 Pinceladas direccionales

Para la hierba alta del primer plano, separa con el pulgar las cerdas de un pincel seco aplanado y da pinceladas secas rápidas, ligeras y direccionales sobre el dibujo subyacente.

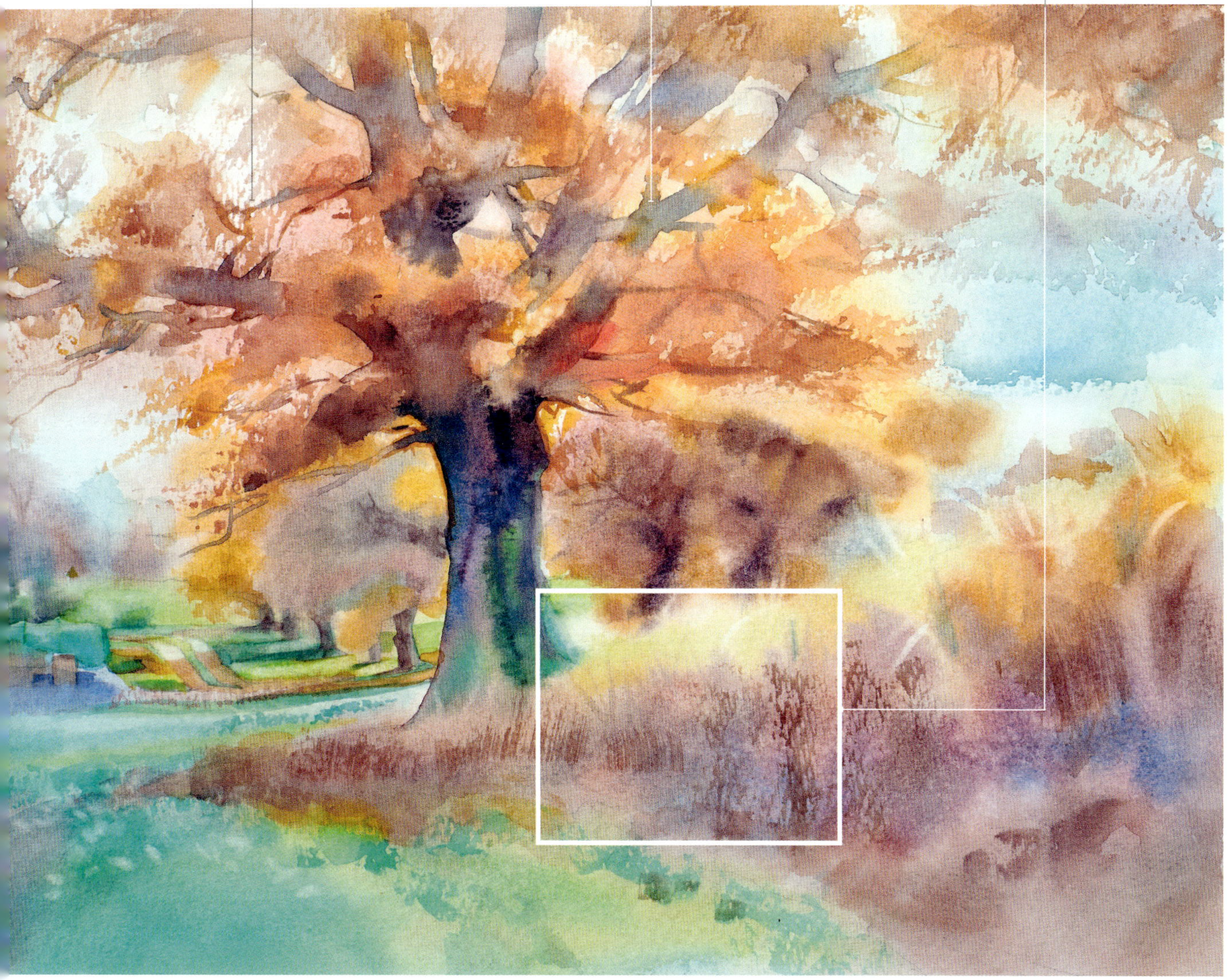

Superponer capas

ACUMULAR AGUADAS

Las acuarelas se pintan de claro a oscuro, y hay que reservar los blancos desde el principio. Aplicar aguadas transparentes de colores individuales te permite superponerlas y crear mezclas sobre el papel en lugar de en la paleta. Superponer las capas de este modo produce acuarelas vibrantes, uniformes y armoniosas.

▧ Trabajar de claro a oscuro

Superponer capas es una técnica clave en la acuarela. Por lo general se comienza por las aguadas más suaves y los tonos más claros, y se aplican capas cada vez más intensas a medida que las anteriores se secan. Antes de aplicar la aguada, comprueba el color en otro papel. Cada capa transparente modificará el color de la que tenga por debajo o por encima.

Primera capa

La primera aguada (aquí, amarillo ocre), sobre un área extensa, unifica los tonos claros. Deja el papel sin pintar donde sea necesario para preservar el blanco.

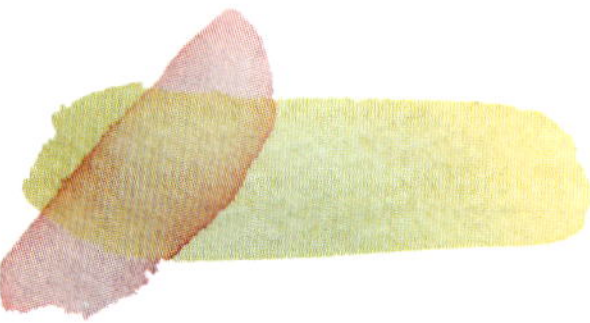

Segunda capa

Una vez seca la primera capa, aplica encima un color más oscuro. Aquí, el carmesí es cálido sobre el amarillo, pero parece un rosa frío sobre el papel blanco sin pintura.

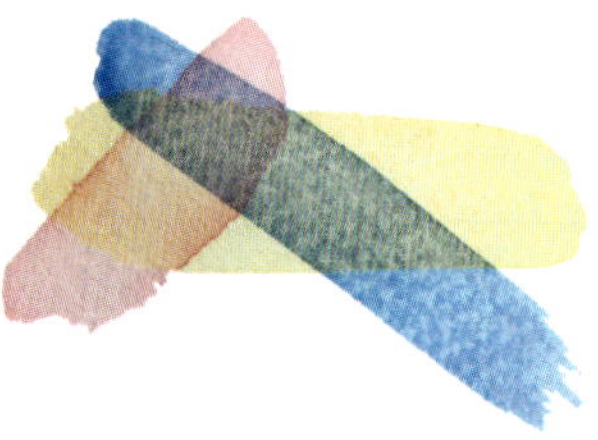

Tercera capa

Aplica el color más oscuro o intenso al final, una vez la segunda capa se haya secado. La capa más oscura modificará los colores anteriores, como el azul cerúleo hace aquí.

PONLO EN PRÁCTICA

La primera capa es importante porque unifica rápidamente los tonos claros. No hace falta conservar los bordes, porque las formas del cuadro aparecerán a medida que superpongas más colores y valores tonales.

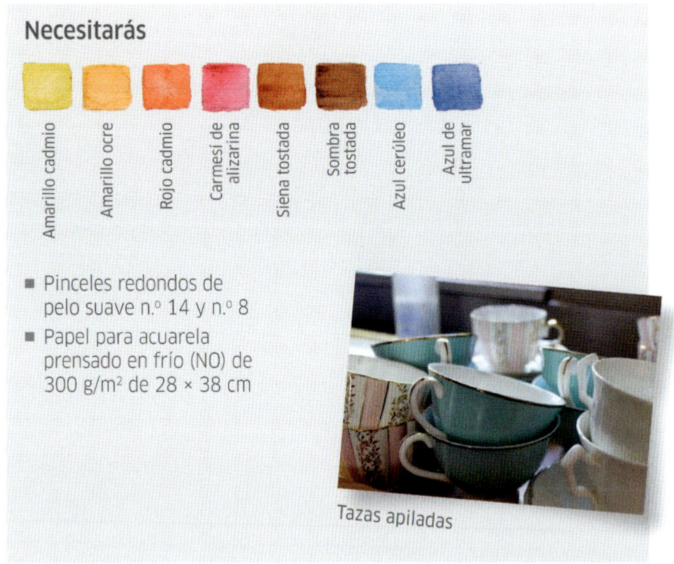

- Pinceles redondos de pelo suave n.º 14 y n.º 8
- Papel para acuarela prensado en frío (NO) de 300 g/m² de 28 × 38 cm

Tazas apiladas

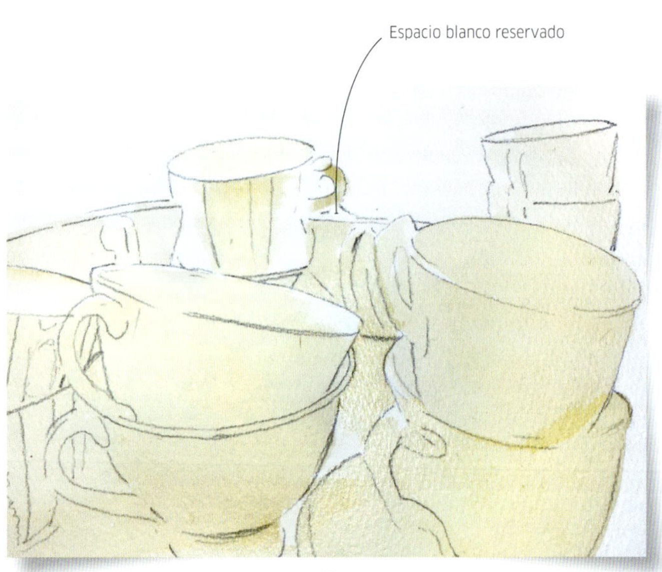

1 Aplica una aguada unificadora

Primero, dibuja las tazas a lápiz y asegúrate de plasmar las formas con precisión. Una vez compruebes que son correctas, unifícalas con una aguada amarillo ocre y reserva como puntos de luz pequeñas zonas blancas de papel sin pintar.

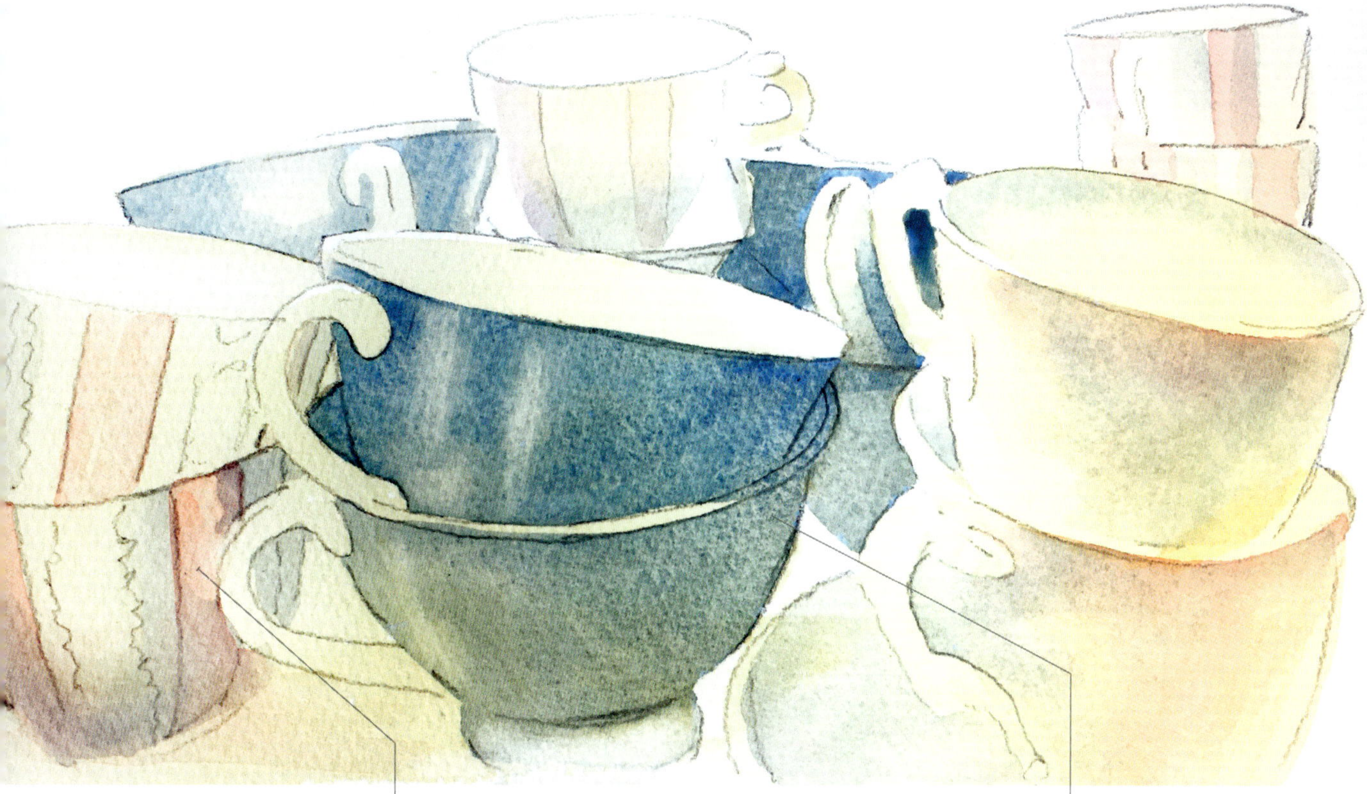

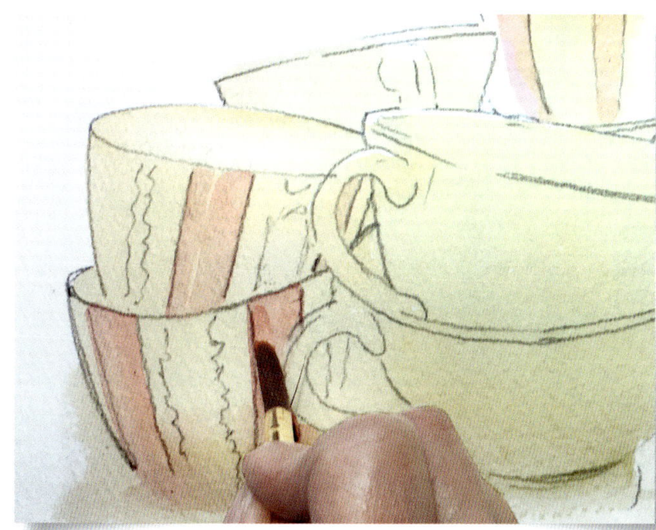

2 Añade un segundo color

Comenzando por los colores más claros, aplica una aguada de carmesí de alizarina. Así, dotarás de calidez a las zonas sombreadas y de un rosa frío a las zonas blancas reservadas. Pinta las franjas rosas en las tazas con un color más fuerte en las del primer plano.

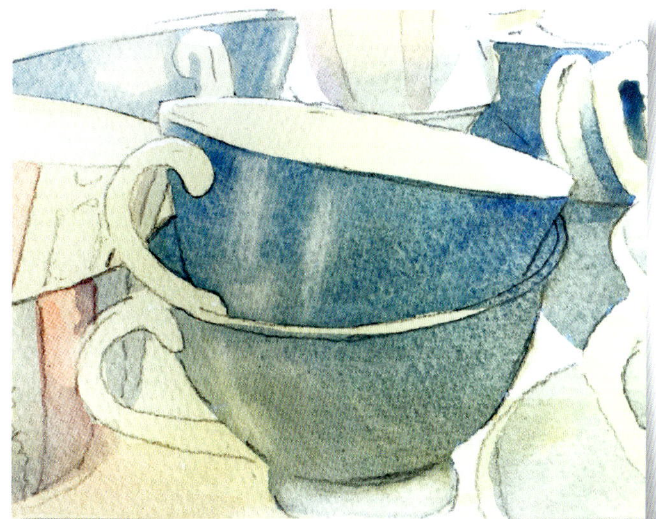

3 Añade la capa azul

Cuando el papel se haya secado, prepara una aguada de azul cerúleo y aplícala sobre las capas amarilla y rosa, dejando que las capas inferiores se entrevean en algunos puntos. Así obtendrás un azul turquesa sobre el amarillo ocre y neutralizarás el carmesí, más cálido.

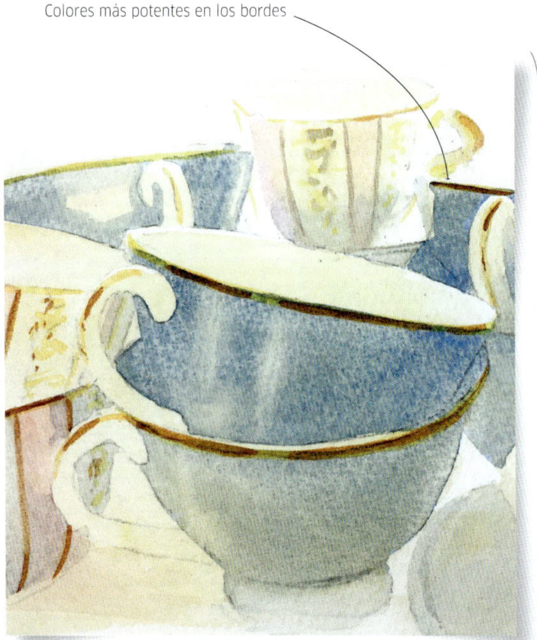

4 Usa los colores más potentes para los detalles
Borra el dibujo a lápiz cuando la pintura se haya secado. Con mezclas más intensas para cubrir las aguadas, aplica rojo cadmio, amarillo cadmio y siena tostada en los bordes dorados y los detalles.

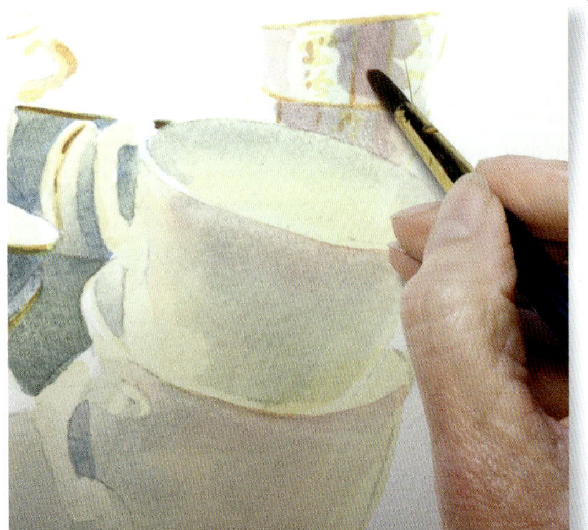

5 Añade colores complementarios
Dota de vivacidad a los colores aplicando sus complementarios. Mezcla un lila con carmesí y azul cerúleo y aplícalo en las sombras para complementar la aguada ocre. Cubre el turquesa con rojo cadmio.

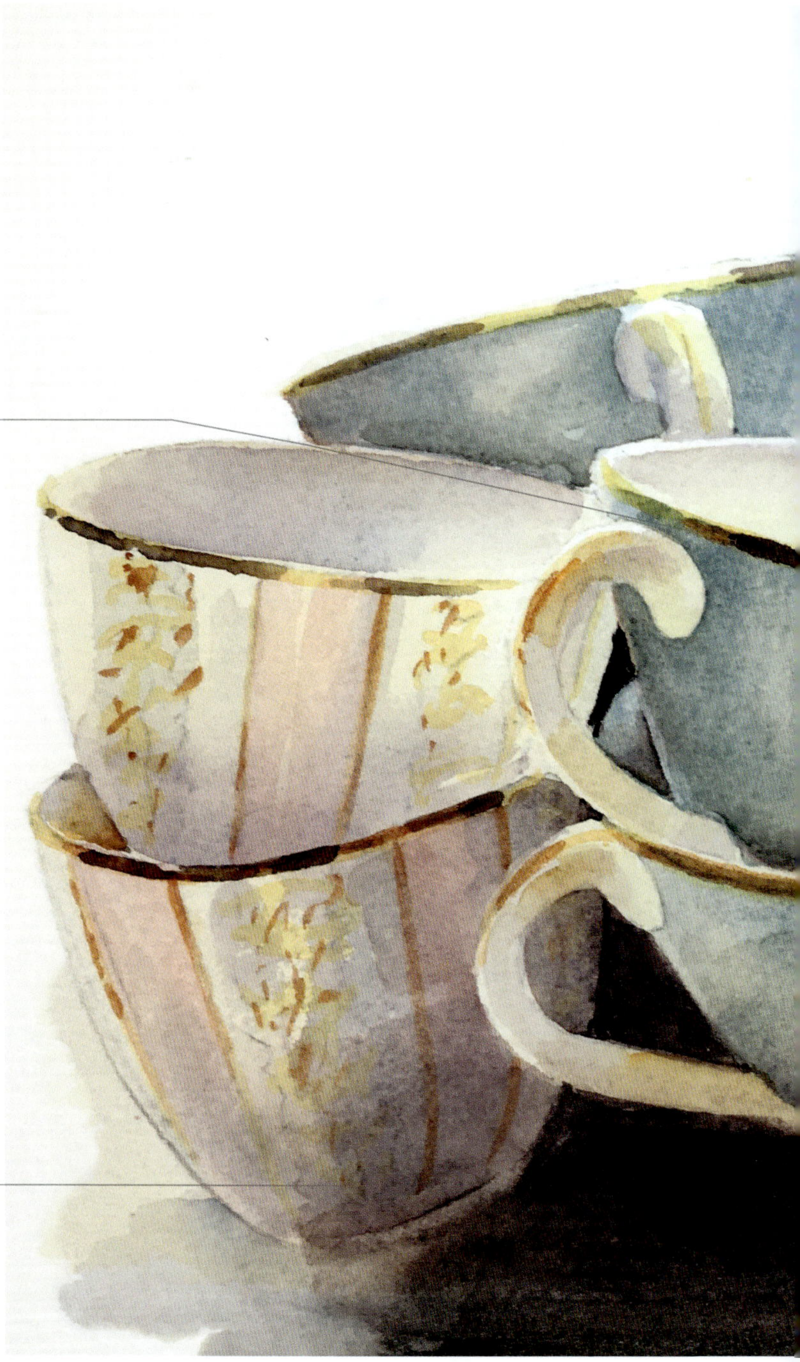

«Los **colores complementarios** confieren **vivacidad adicional** al cuadro incluso en capas sutiles.»

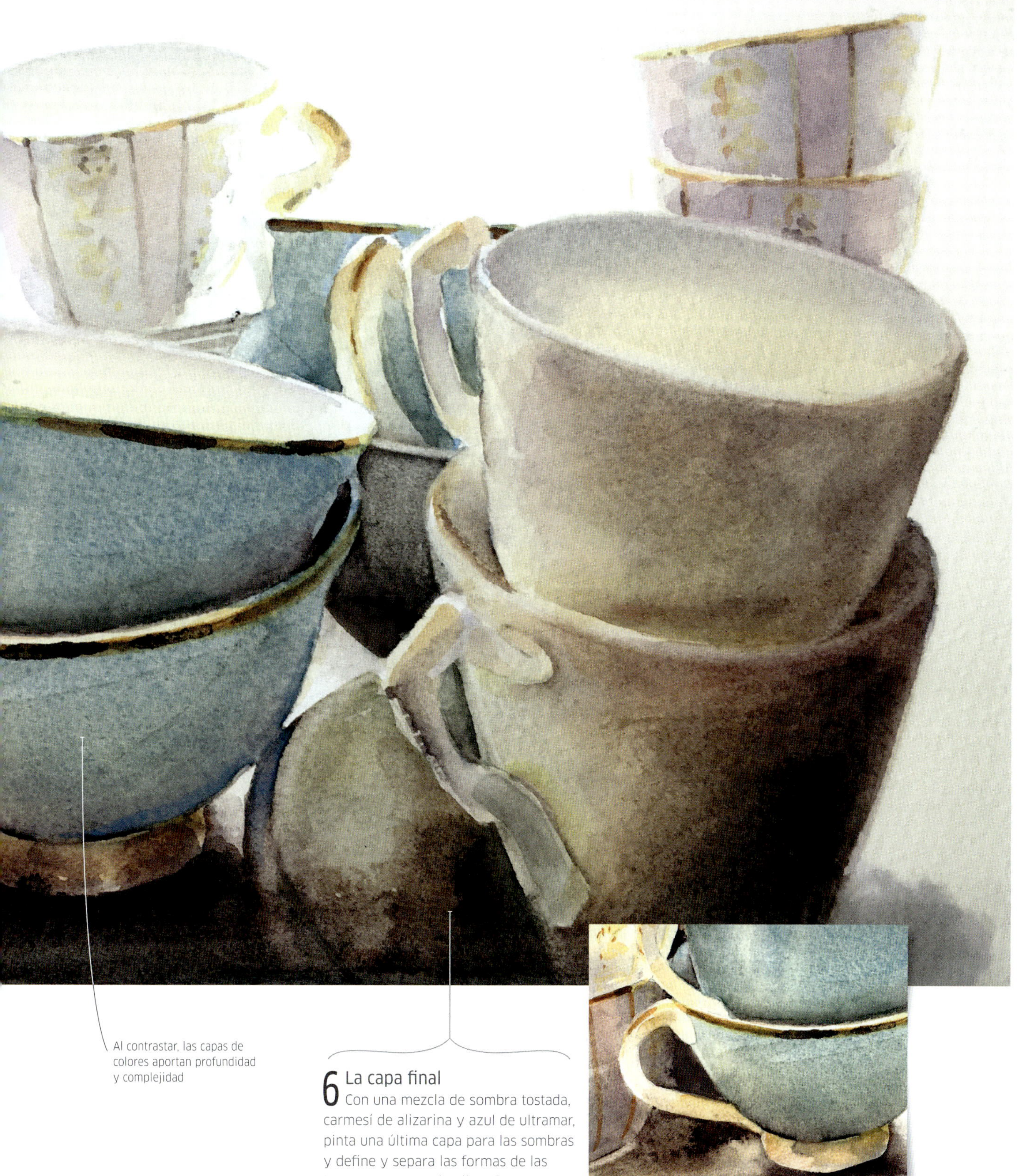

Al contrastar, las capas de
colores aportan profundidad
y complejidad

6 La capa final

Con una mezcla de sombra tostada,
carmesí de alizarina y azul de ultramar,
pinta una última capa para las sombras
y define y separa las formas de las
tazas, para crear detalle y foco.

Alla prima

PINTAR UN CUADRO DE UNA TIRADA

Habrá veces en que querrás captar una escena en una sola sesión, un método conocido como *alla prima* (a la primera). Exige mucha disciplina y organización y obliga a captar la esencia del tema mediante la simplificación y a mezclar y usar los colores de un modo eficiente. Capta la luz y la información cromática justa y trabaja con rapidez, usando las mínimas pinceladas que te sea posible.

PONLO EN PRÁCTICA

Una primera aguada intensa sienta las bases para captar la calidez y la luz del tema. Una paleta limitada donde dominan los rojos y los azules fríos crea contrastes sencillos, de modo que bastan pocas formas y tonos.

Necesitarás

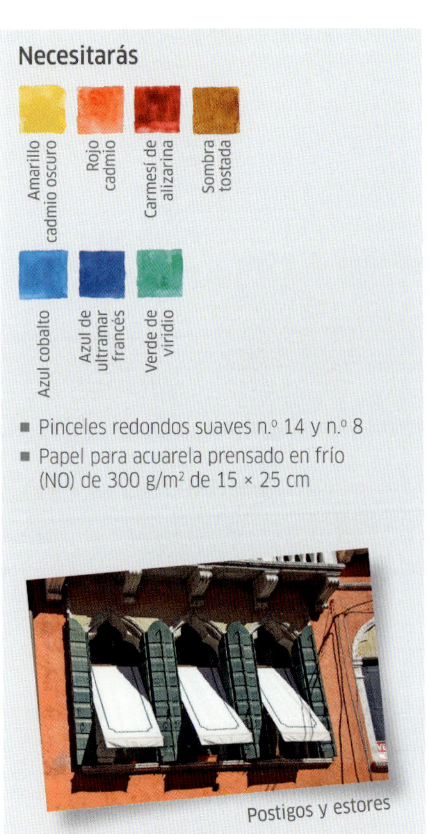

- Pinceles redondos suaves n.º 14 y n.º 8
- Papel para acuarela prensado en frío (NO) de 300 g/m² de 15 × 25 cm

Postigos y estores

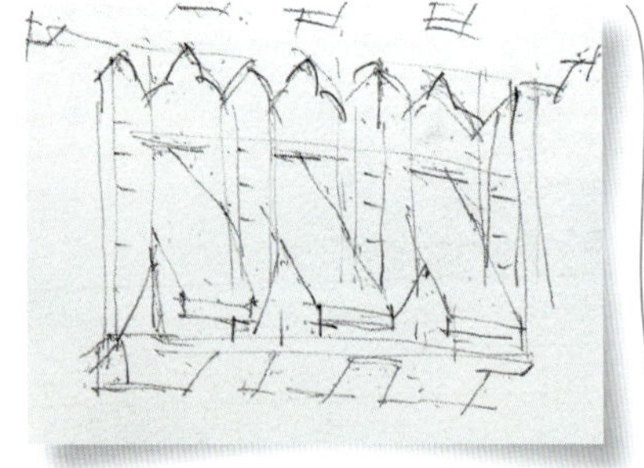

1 Esbozo inicial
Simplifica la composición en un esbozo rápido. Plasma las principales zonas de sombra y señala los blancos que quieras conservar –aquí, los estores–. Las formas definidas de las sombras proyectadas crean los tonos más oscuros; esbózalos para que luego los puedas cubrir con una aguada oscura que aporte profundidad.

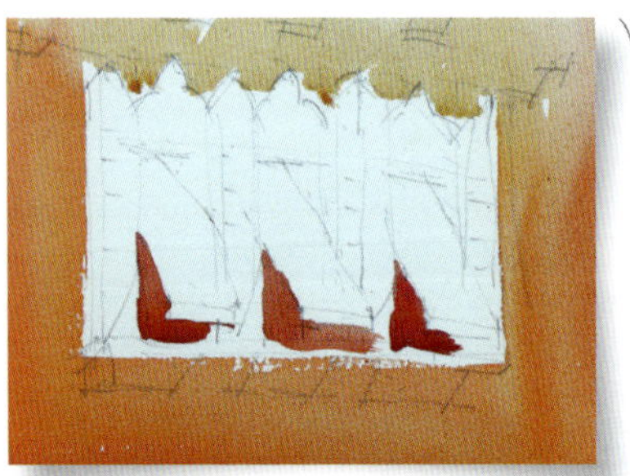

2 Primera aguada uniforme
Comienza mezclando carmesí de alizarina y amarillo cadmio oscuro para sentar el tono del cuadro. Aplícalos como una aguada uniforme e intensa en torno a la ventana y usa el siena tostada como una capa inferior en las sombras más oscuras.

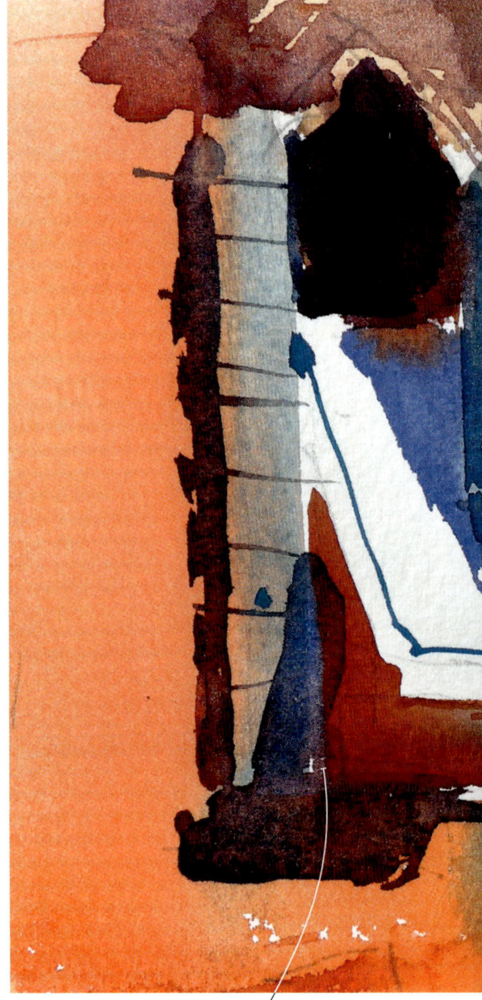

Los contrastes complementarios aportan una profundidad inmediata

Planificar

El papel ligero y sin estirar es ideal porque se seca con rapidez. Planifica el proceso y determina las etapas (dcha.) antes de empezar a pintar. Tendrás que esperar a que las aguadas se sequen, así que mantenlas al mínimo y sigue estos tiempos: 5 minutos para aplicar la primera aguada, 10 minutos de espera; 15 minutos para la segunda y las últimas aguadas; secar durante 5 minutos y añadir los detalles. No trabajes demasiado el dibujo.

Pasos para trabajar *alla prima*

- **Composición simple:** acelera tus habilidades de observación y busca formas en lugar de objetos; corrige las formas periféricas.
- **Paleta corta:** elige un color que domine la mayoría de la composición, con tonos medios y oscuros que compartan valores; apaga el resto de los colores.
- **Planificar los blancos:** mantén el blanco del papel para los claros y los puntos de luz.
- **Limitar los oscuros:** mantén las zonas oscuras al mínimo, porque así tendrán más impacto y solo tendrás que reforzar las aguadas previas.
- **Planificar las mezclas:** decide qué aguadas se pueden mezclar húmedo sobre húmedo y qué aguadas has de mantener separadas.

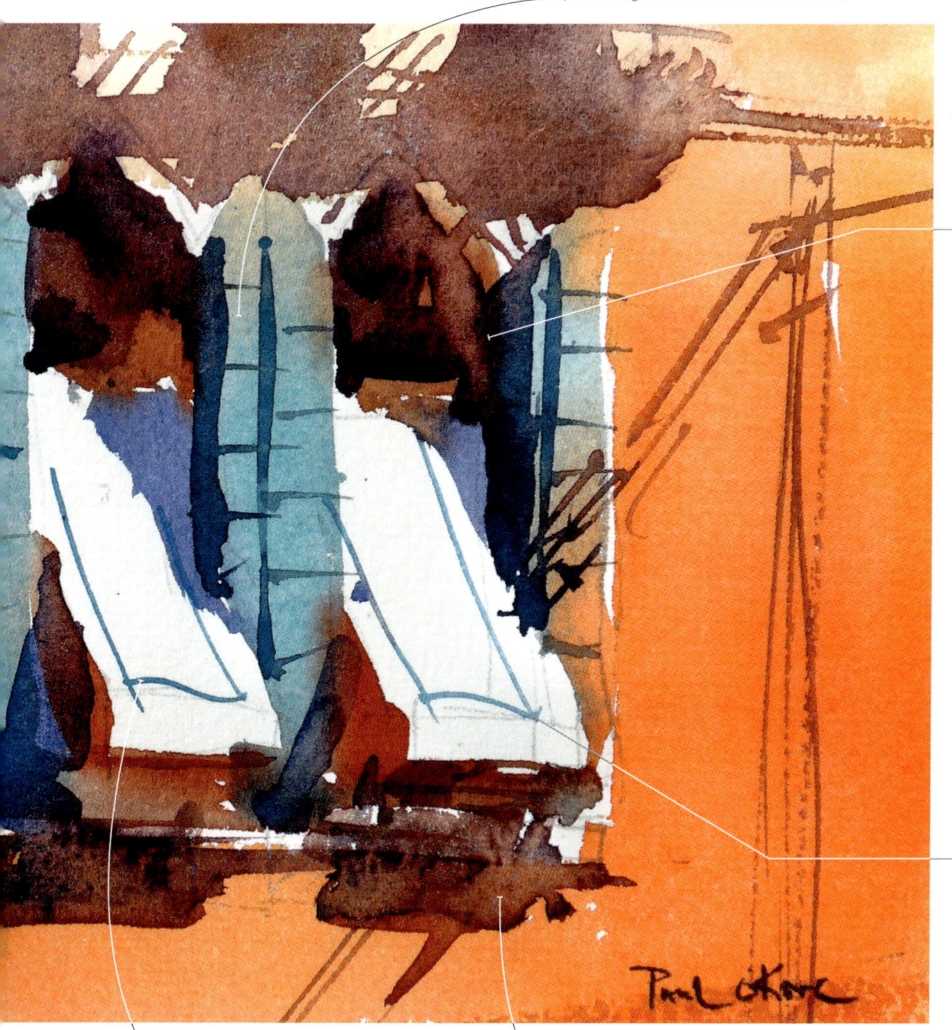

Para que no se mezclen, espera a que las segundas aguadas cálidas se hayan secado del todo antes de aplicar la aguada de verde de viridio claro

Aplica colores intensos en estas sencillas marcas caligráficas

Una leve mezcla húmedo sobre húmedo enfatiza la sensación de esbozo

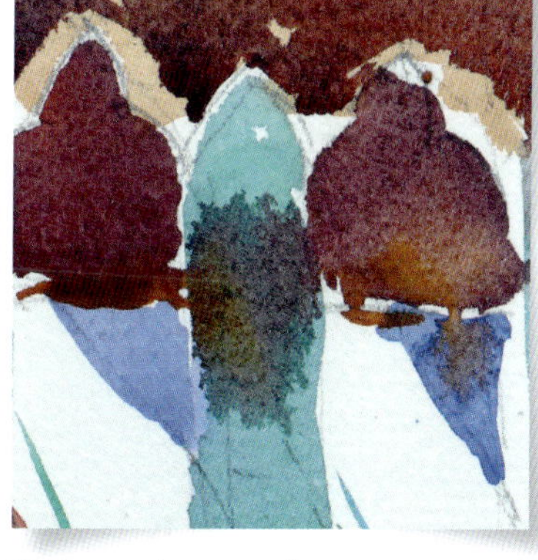

3 Segundas aguadas

Decide qué aguadas se pueden mezclar sin que se descontrolen. Sigue con colores cálidos que armonicen con la primera capa y añade rojos y colores tierra neutros a las áreas sombreadas.

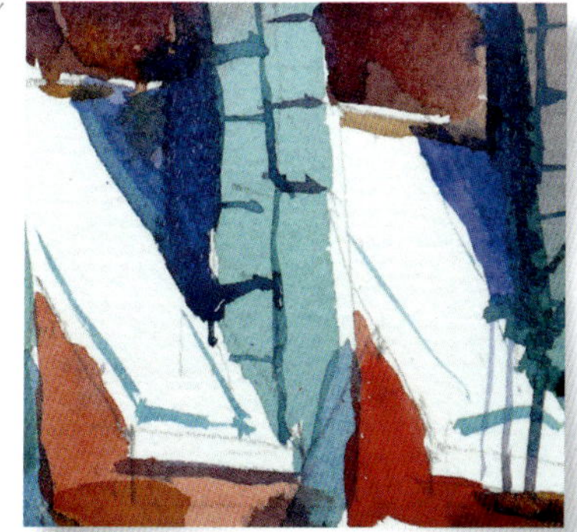

4 Marcas caligráficas

Una vez secas las segundas aguadas, añade marcas mínimas para los detalles. Céntrate en los estores y usa finas líneas caligráficas en los postigos, con solo unas pocas sombras en el perímetro.

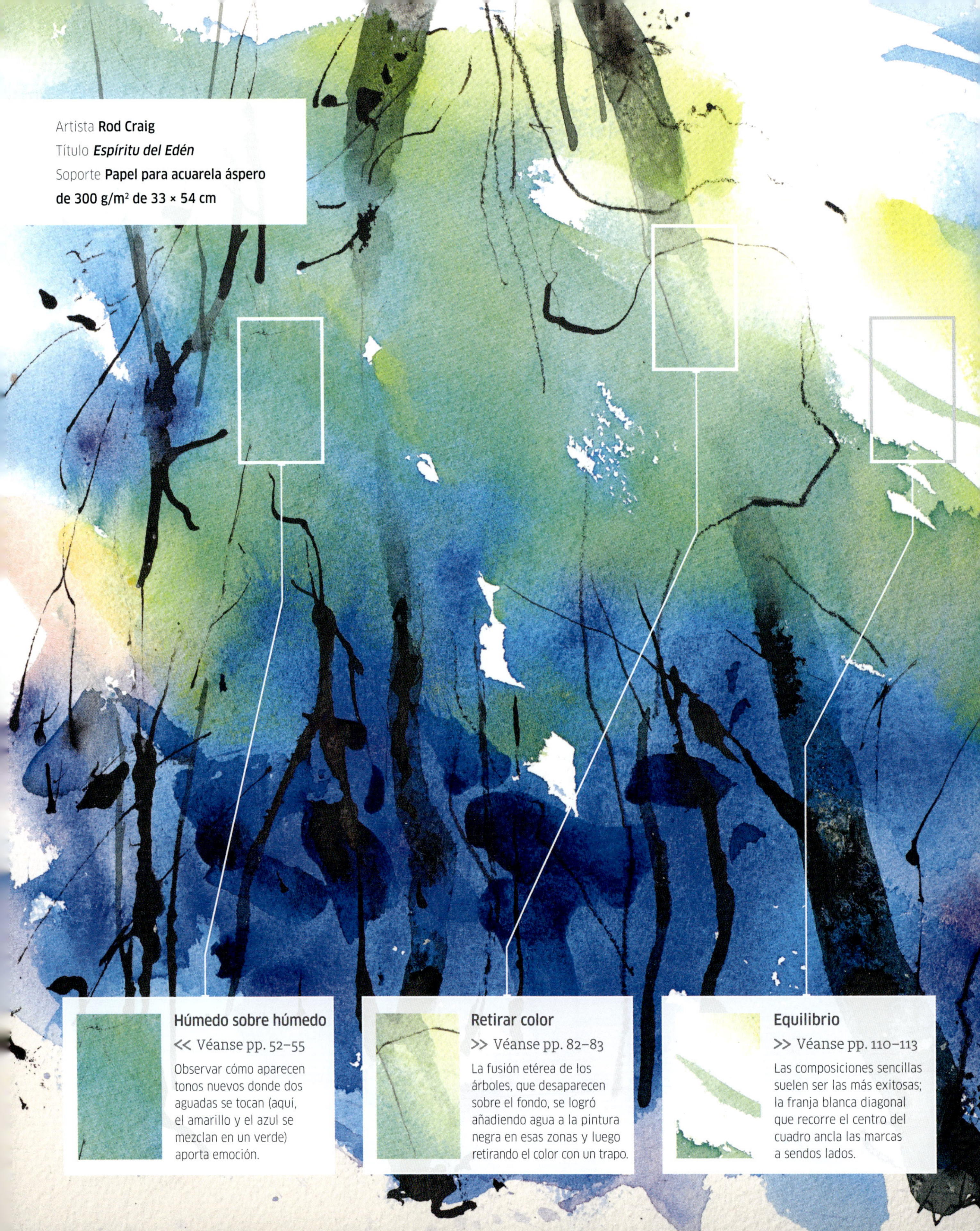

Húmedo sobre húmedo

≪ Véanse pp. 52–55

Observar cómo aparecen tonos nuevos donde dos aguadas se tocan (aquí, el amarillo y el azul se mezclan en un verde) aporta emoción.

Retirar color

≫ Véanse pp. 82–83

La fusión etérea de los árboles, que desaparecen sobre el fondo, se logró añadiendo agua a la pintura negra en esas zonas y luego retirando el color con un trapo.

Equilibrio

≫ Véanse pp. 110–113

Las composiciones sencillas suelen ser las más exitosas; la franja blanca diagonal que recorre el centro del cuadro ancla las marcas a sendos lados.

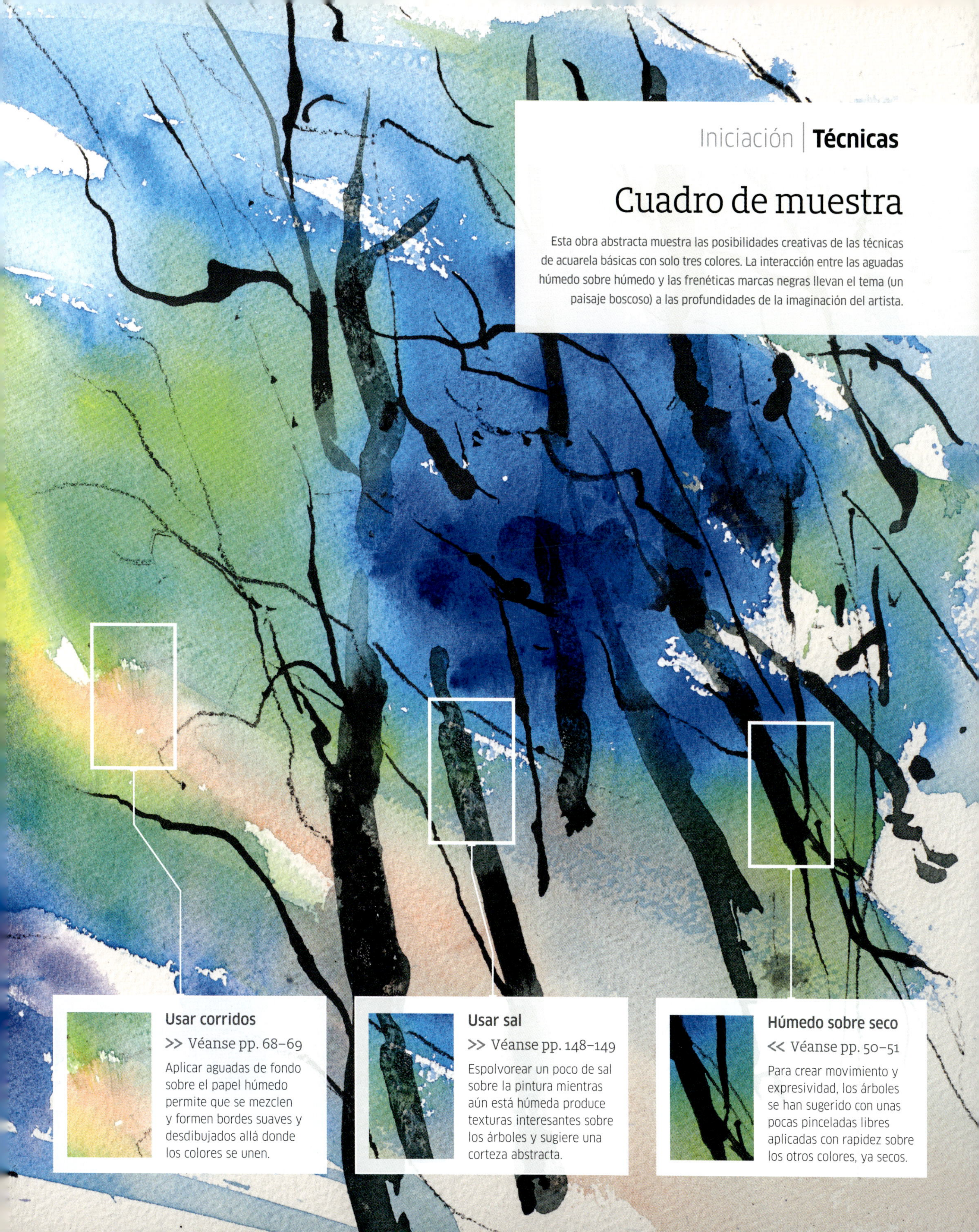

Cuadro de muestra

Esta obra abstracta muestra las posibilidades creativas de las técnicas de acuarela básicas con solo tres colores. La interacción entre las aguadas húmedo sobre húmedo y las frenéticas marcas negras llevan el tema (un paisaje boscoso) a las profundidades de la imaginación del artista.

Usar corridos

>> Véanse pp. 68–69

Aplicar aguadas de fondo sobre el papel húmedo permite que se mezclen y formen bordes suaves y desdibujados allá donde los colores se unen.

Usar sal

>> Véanse pp. 148–149

Espolvorear un poco de sal sobre la pintura mientras aún está húmeda produce texturas interesantes sobre los árboles y sugiere una corteza abstracta.

Húmedo sobre seco

<< Véanse pp. 50–51

Para crear movimiento y expresividad, los árboles se han sugerido con unas pocas pinceladas libres aplicadas con rapidez sobre los otros colores, ya secos.

Tono

DESCRIBIR LA FORMA Y LA ATMÓSFERA

Hablamos de tono para aludir al abanico de valores del negro al blanco: oscuros, tonos medios y puntos de luz. Aunque todos los colores tienen un rango tonal, cuando miramos nuestra obra es fácil quedar atrapados por los colores y olvidarnos de los valores tonales. Entrecerrar los ojos te ayudará a juzgar los claros y los oscuros de tu composición.

■ Elegir la atmósfera

Usar el tono es esencial para pintar temas convincentes, porque las formas tridimensionales se trasladan al papel bidimensional mediante las luces y las sombras que inciden sobre ellas y las sombras que proyectan. También permite determinar el estado de ánimo general que expresa el cuadro, usando tonos potentes que comunican intensidad o tonos sutiles y próximos para transmitir calma e intimidad.

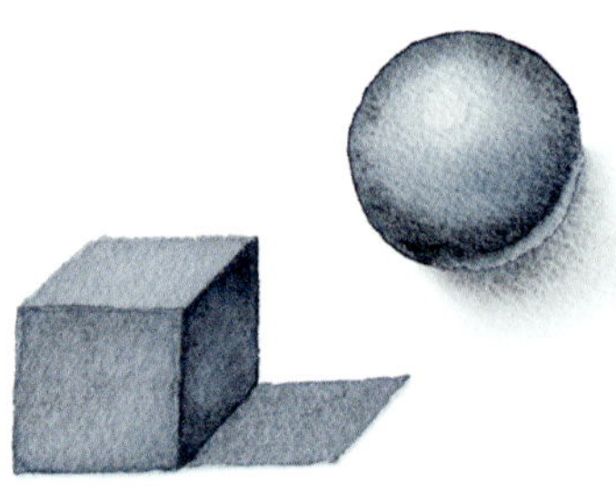

Tonos efectistas

Cuanto más potente es la luz, ya sea artificial o natural, más efectistas parecen los tonos sobre las superficies. Las oscuras sombras proyectadas aparecen en el lado opuesto de la fuente de luz.

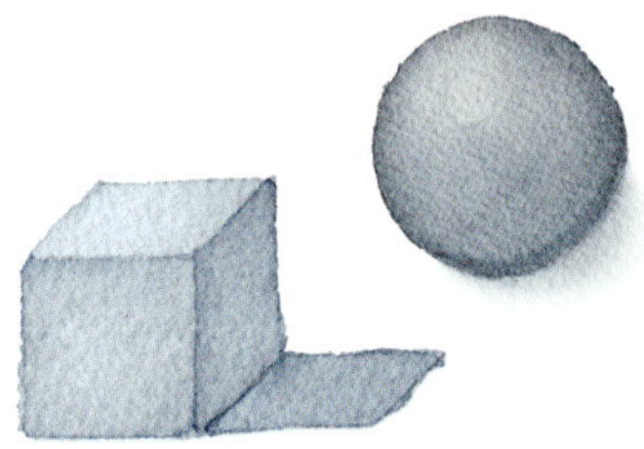

Tonos próximos

 Si la luz se distribuye de un modo más uniforme, como en un día nuboso o desde una lámpara con pantalla, los tonos son más suaves y difusos y transmiten serenidad y suavidad.

PONLO EN PRÁCTICA

Aquí, el uso del tono describe las formas suaves y redondeadas del cuerpo del gatito. Los colores se han mezclado en el papel, no en la paleta, pero puedes usar el método que prefieras.

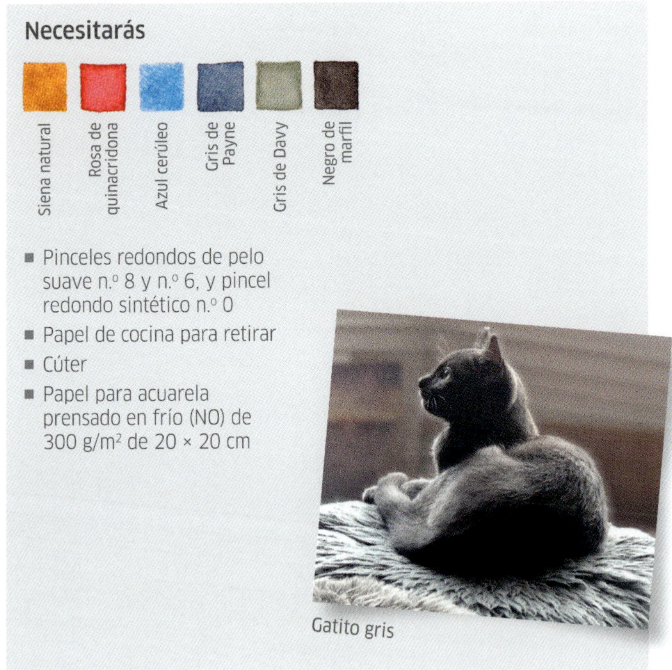

Necesitarás

Siena natural — Rosa de quinacridona — Azul cerúleo — Gris de Payne — Gris de Davy — Negro de marfil

- Pinceles redondos de pelo suave n.º 8 y n.º 6, y pincel redondo sintético n.º 0
- Papel de cocina para retirar
- Cúter
- Papel para acuarela prensado en frío (NO) de 300 g/m² de 20 × 20 cm

Gatito gris

1 Pinta las primeras aguadas

Dibuja el gato a lápiz, y, luego, con el pincel n.º 8, aplica una aguada de rosa y gris de Payne en las zonas más oscuras. Con agua limpia, corre los colores en la transición a las zonas más claras (pp. 94–97). Aplica una aguada de tono medio con azul cerúleo, gris de Payne y rosa para la transición de oscuro a claro en el lomo.

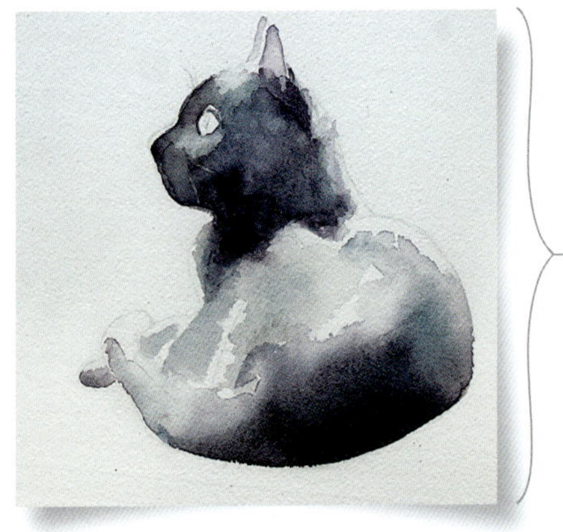

«Las **sombras proyectadas** anclan el tema a la superficie.»

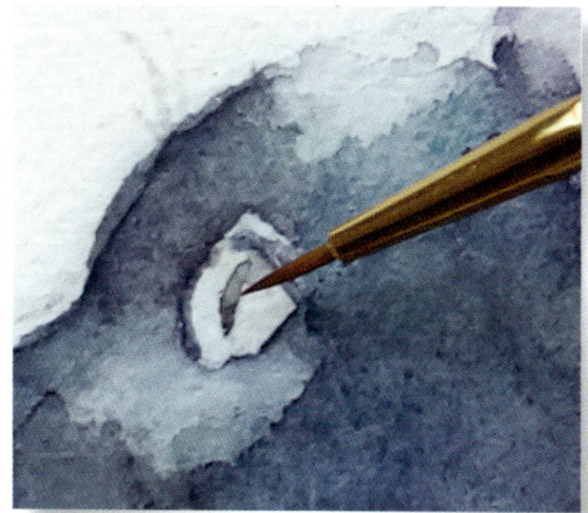
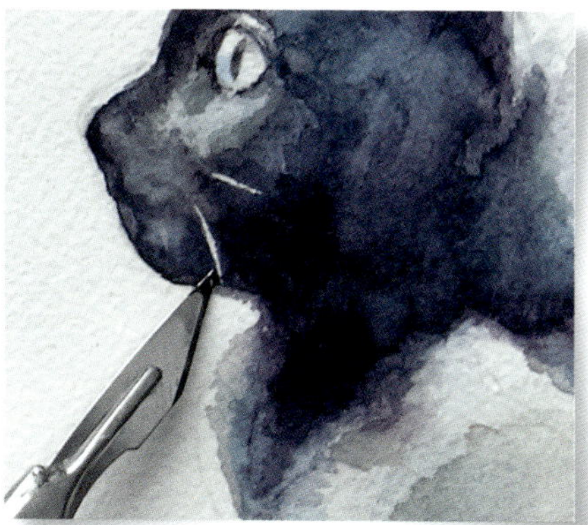
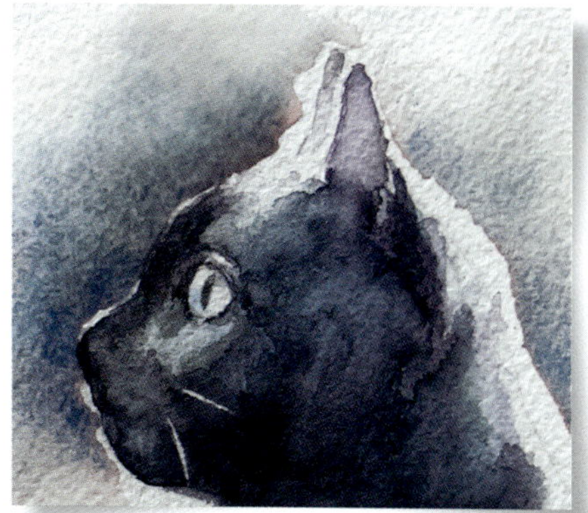

2 Pinta el ojo

Pinta la pupila del ojo con el pincel n.º 0 y pintura negra. Una vez seca, usa siena natural muy diluido para el iris y añade una pizca de cerúleo para crear una sombra suave.

3 Añade detalles faciales

Usa mezclas de gris de Payne, negro y rosa para refinar los tonos oscuros de la cara con el pincel n.º 6. Usa un cúter para raspar la pintura y plasmar los bigotes y el punto de luz del ojo.

4 Pinta el fondo

Con aguadas de gris de Davy, rosa y cerúleo, trabaja alrededor de la silueta del gato y conserva el reflejo blanco. Difumina los bordes del fondo con agua limpia.

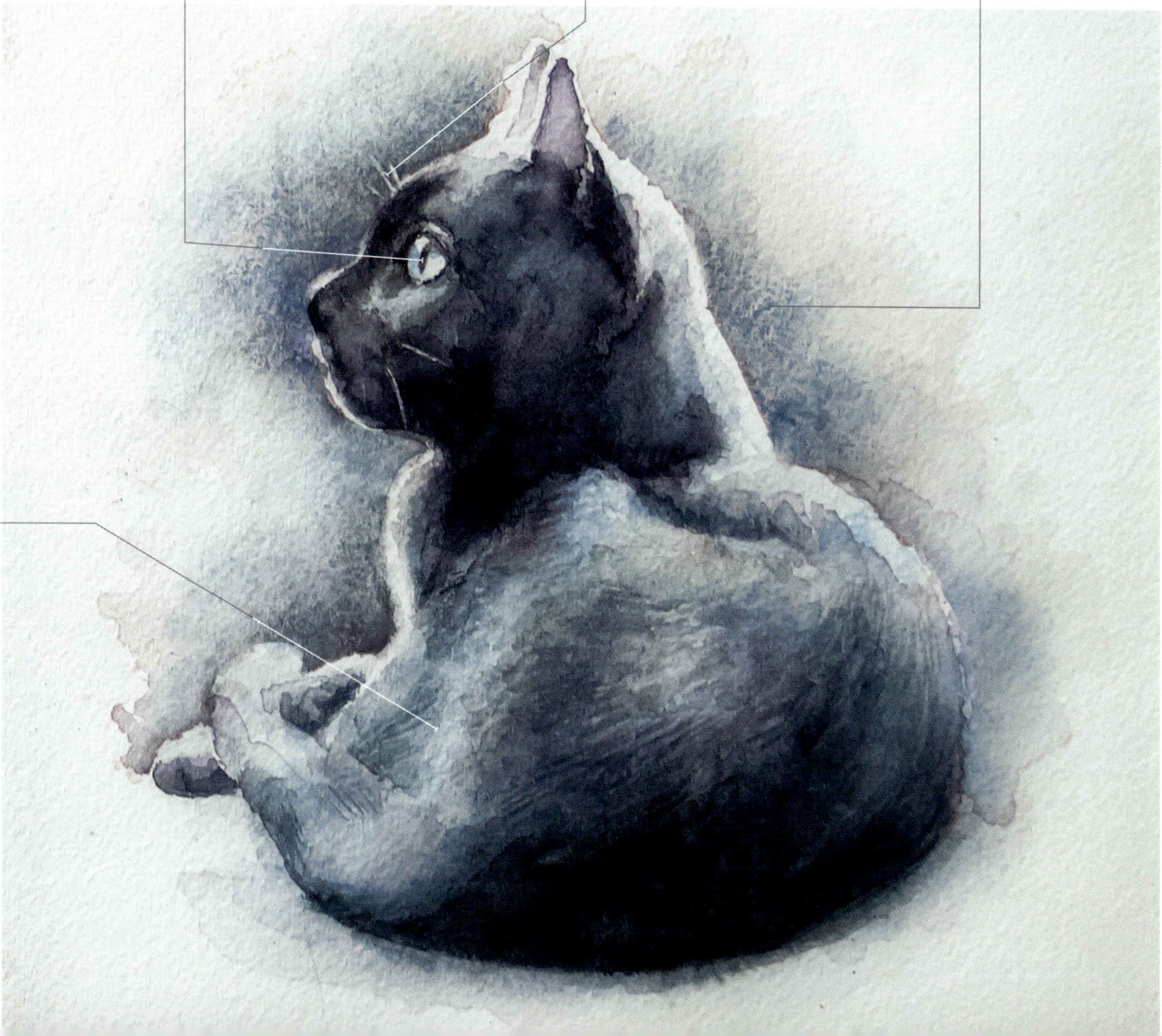

Usar corridos

AÑADIR EFECTOS INESPERADOS

Los corridos y las gotas sobre el papel húmedo crean bordes con textura cuando se secan. Es posible que, como principiante, hayas causado algunos corridos accidentales, pero, si entiendes su valor, podrás usarlos y lograr resultados sorprendentes con ellos.

PONLO EN PRÁCTICA

Este cuadro aprovecha los corridos para representar la espuma desprendiéndose de la cresta de la ola sin necesidad de pintar todas y cada una de las gotitas de agua. Esto se logra controlando la humedad de la superficie del papel.

Necesitarás

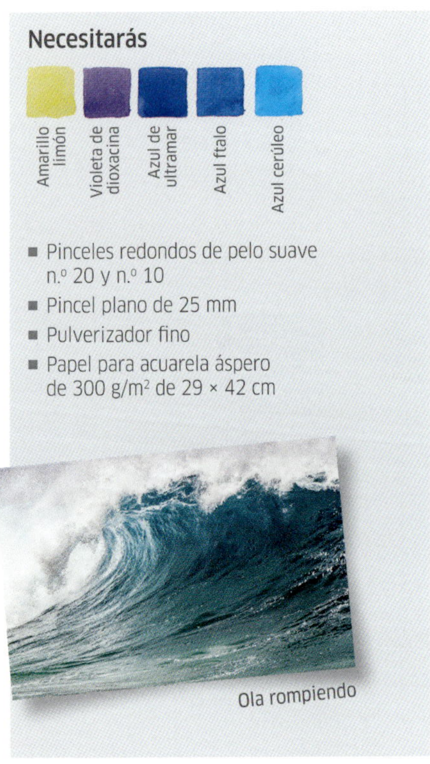

- Pinceles redondos de pelo suave n.º 20 y n.º 10
- Pincel plano de 25 mm
- Pulverizador fino
- Papel para acuarela áspero de 300 g/m² de 29 × 42 cm

Ola rompiendo

1 Define el borde de la ola
Con el pincel n.º 20, aplica una aguada transparente y uniforme con amplias pinceladas descendentes. Detén la aguada donde quieras, para representar la curva de la cresta de la ola, y deja secos los puntos de luz que quieras mantener blancos en el cuadro acabado.

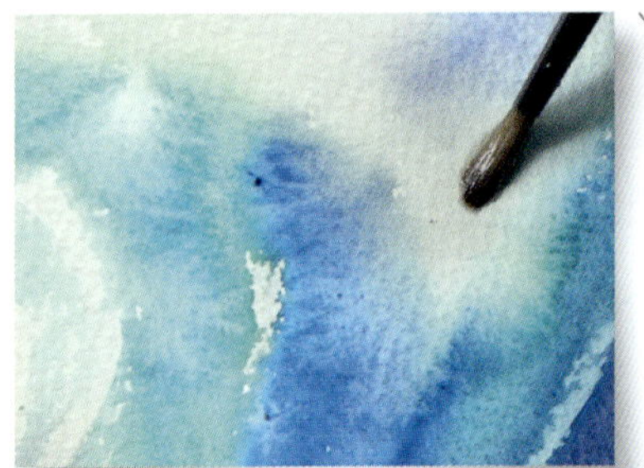

2 Añade agua a la cresta
Aplica colores al cuerpo de la ola con pinceladas decididas. En cuanto el cielo se empiece a secar y pierda su brillo, aplica pequeñas cantidades de agua limpia en las zonas de la cresta de la ola adyacentes al pigmento húmedo.

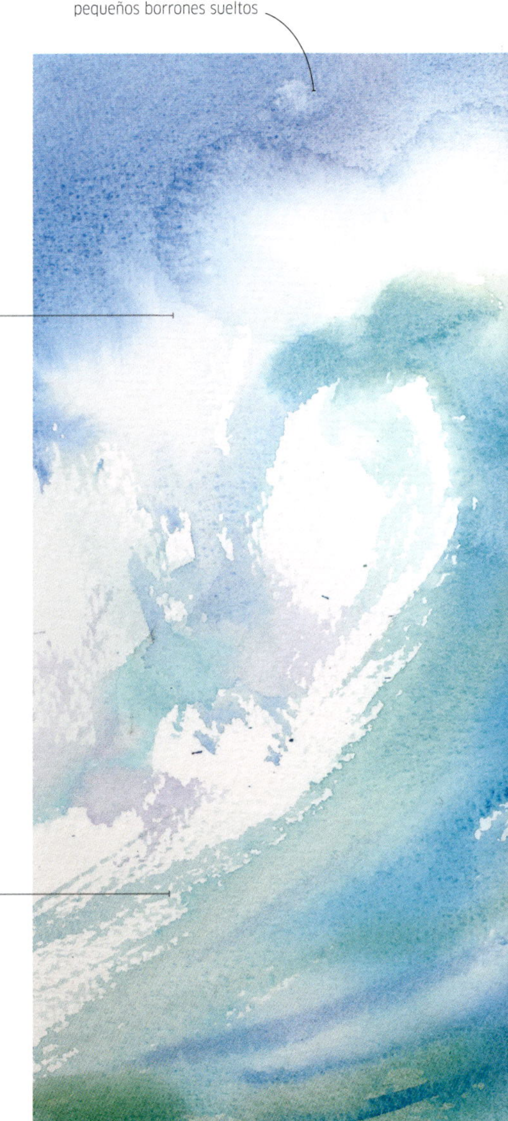

Una gota de agua crea pequeños borrones sueltos

■ Ayudar a los corridos

Los corridos necesitan una superficie húmeda. Para facilitar su formación, asegúrate de que la superficie del papel mantenga una humedad constante durante todo el proceso. Cuando se empiece a secar, añade agua limpia con un pincel o un pulverizador fino. Determina cuándo añadir la aguada húmeda sobre el papel húmedo para que se extienda y deje un borrón o un borde difuminado cuando se seque.

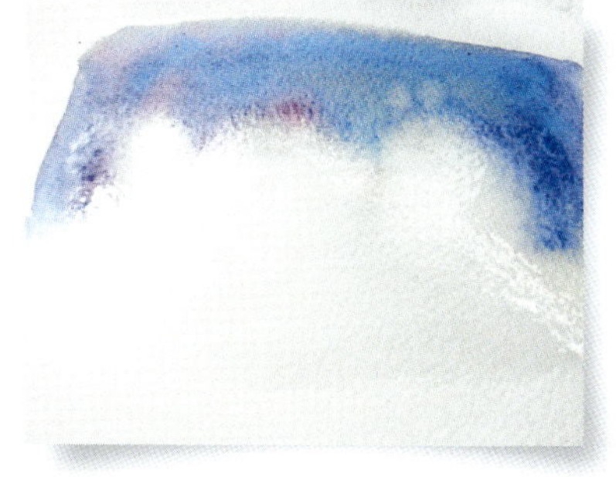

Determinar la humedad de la superficie

El papel brilla cuando está más húmedo que el área pigmentada, y el agua se mezclará con los bordes de la pintura, más secos. Comprueba a menudo el reflejo de la superficie.

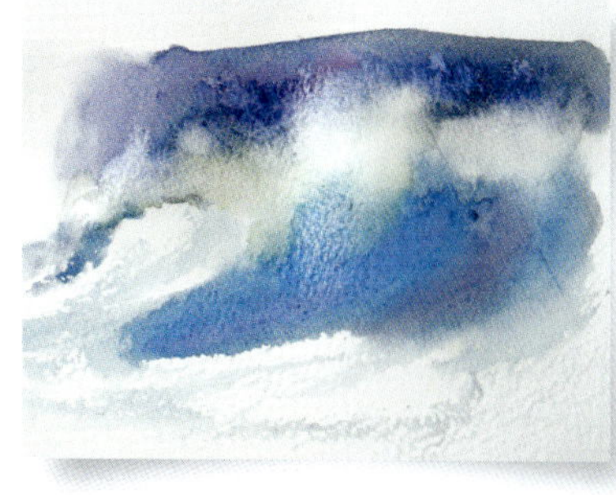

El momento de aplicar la pintura

Espera a que el área esté entre seca y húmeda para añadir agua al lado, porque si no lo haces solo conseguirás una mezcla húmedo sobre húmedo suave. Deja tiempo para que el corrido se desarrolle.

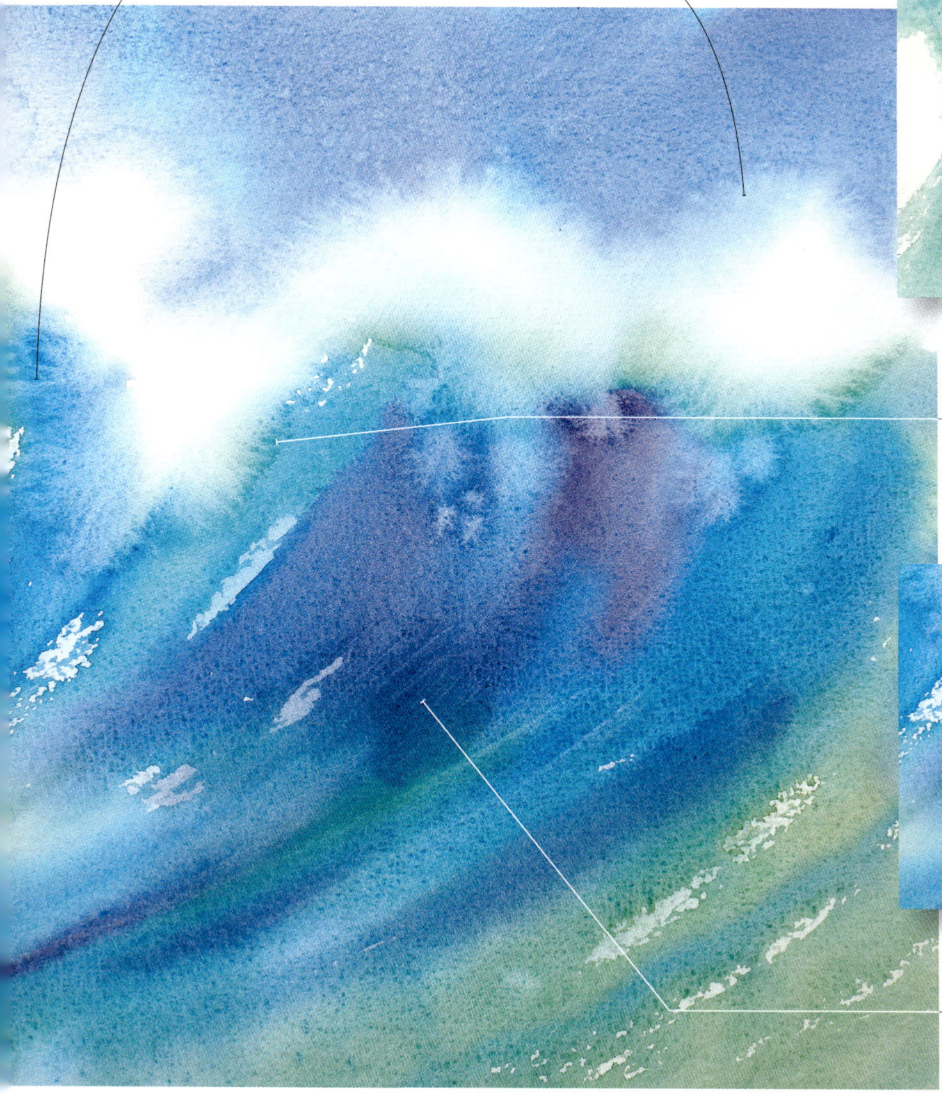

Espacia los corridos para evitar que se junten

Aparecen bordes suaves donde el agua se extiende hacia el cielo, más seco

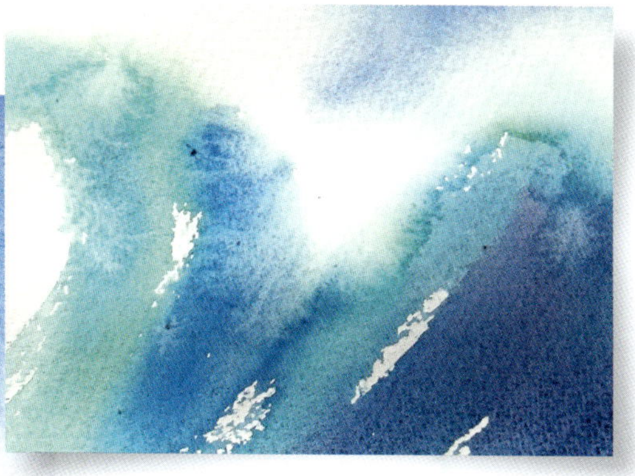

3 Inclina el papel

Inclina el papel en la dirección de la ola para facilitar el corrido. Aparecerán bordes suaves allá donde se tope con una zona algo más seca. Los bordes más duros se formarán cuando el corrido húmedo llegue a la aguada ya seca debajo.

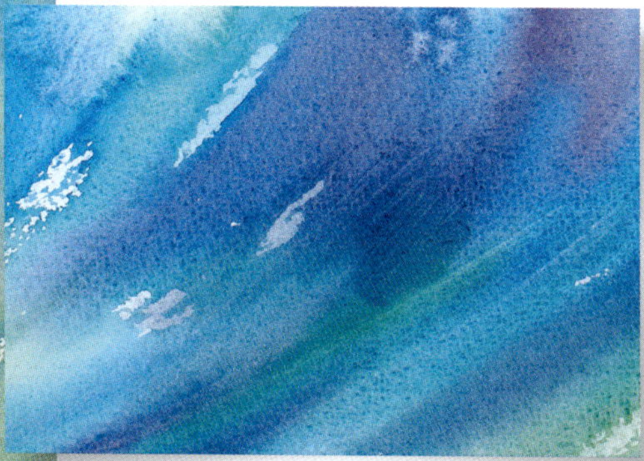

4 Últimas marcas sólidas

Define más el cuerpo de la ola humedeciéndolo de nuevo con un rociado de agua uniforme y aplicando algunas manchas con un pincel pequeño. No añadas demasiados detalles a esta zona.

Aguadas uniformes

APLICAR UN COLOR UNIFORME

Aplicar capas de color uniforme que se secan con un mismo tono es una técnica clave. Las aguadas uniformes representan áreas grandes, como el cielo o el agua, y definen edificios y otros elementos de un paisaje. También son una buena base sobre la que agregar detalles en mezclas más oscuras o en la que superponer capas que modifiquen el tono.

■ Aplicar una aguada uniforme

Usa un pincel de pelo suave o un pincel de pelo sintético grande que retenga mucha pintura. Asegúrate de que mezclas la cantidad suficiente de color antes de empezar: no hay nada peor que quedarte sin mezcla con la aguada aún a medias. Intenta no interrumpir la aplicación de la aguada, porque cualquier variación puede dar lugar a la aparición de manchas o de rayas una vez se seque la pintura. Cuando acabes, espera a que el papel esté seco.

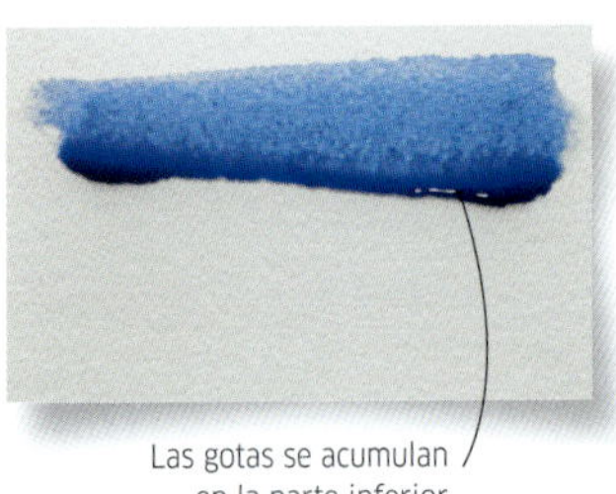

Primera pincelada

Inclina el papel unos 30 grados para que el borde inferior se mantenga húmedo. Carga el pincel por completo y, a continuación, y empezando por la parte de arriba, pinta con una sola pincelada continua.

Las gotas se acumulan en la parte inferior de la pincelada

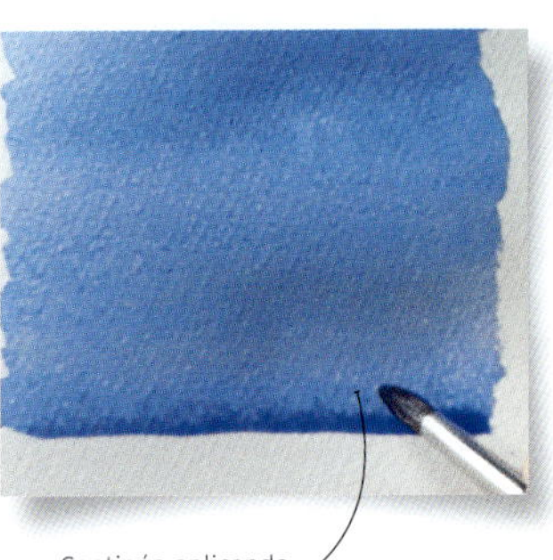

Mezclar las pinceladas

Carga el pincel, regresa al borde húmedo y difumínalo con la siguiente pincelada. Repite y mantén el pincel cargado, para cubrir el área con rapidez y de manera homogénea. Absorbe el exceso de humedad al pie con un pincel seco o con un pañuelo de papel.

Continúa aplicando pinceladas horizontales en la misma dirección

PONLO EN PRÁCTICA

En esta vista de Estambul, las aguadas uniformes dan solidez al edificio y contrastan con el cielo, más claro. Variar el tono de las aguadas uniformes de claro a oscuro aporta interés visual.

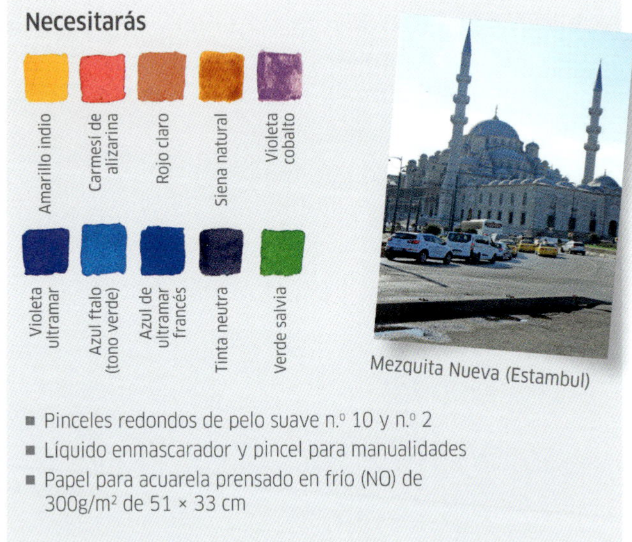

Necesitarás

Mezquita Nueva (Estambul)

- Pinceles redondos de pelo suave n.º 10 y n.º 2
- Líquido enmascarador y pincel para manualidades
- Papel para acuarela prensado en frío (NO) de 300g/m² de 51 × 33 cm

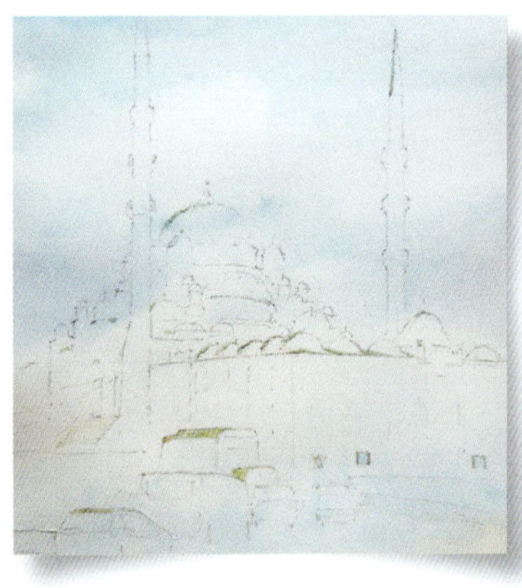

1 Primera capa

Esboza las siluetas principales y protege con líquido enmascarador las áreas que quieras dejar sin pintar. Espera a que se seque. Aplica una aguada celeste en franjas sueltas de arriba abajo y sobre la carretera. Deja blanco para las nubes, los edificios y los vehículos.

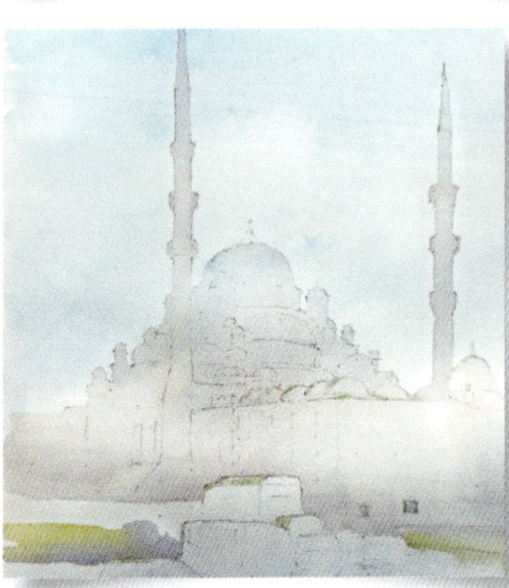

2 Añade color en el plano medio

Con la aguada celeste ya seca, aplica otra uniforme de color sólido sobre el edificio. Empieza por los minaretes y pinta dentro de la silueta en un área uniforme. Aplica las primeras capas de aguada para los vehículos y la carretera.

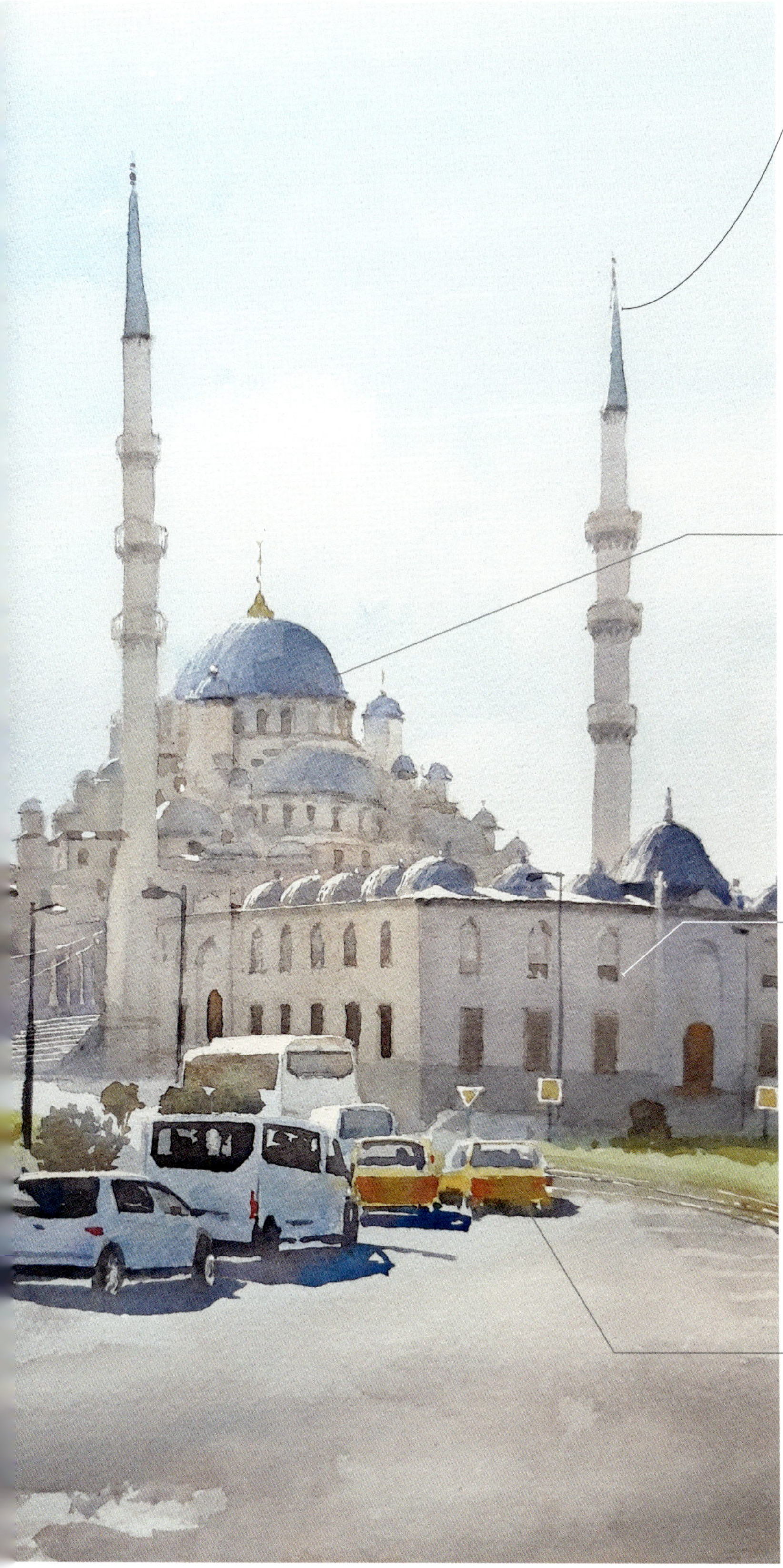

El líquido enmascarador ha
reservado puntos de luz blancos

> **«La acuarela se aclara
> cuando se seca**: aplica
> una **aguada más oscura**
> de la que necesites.»

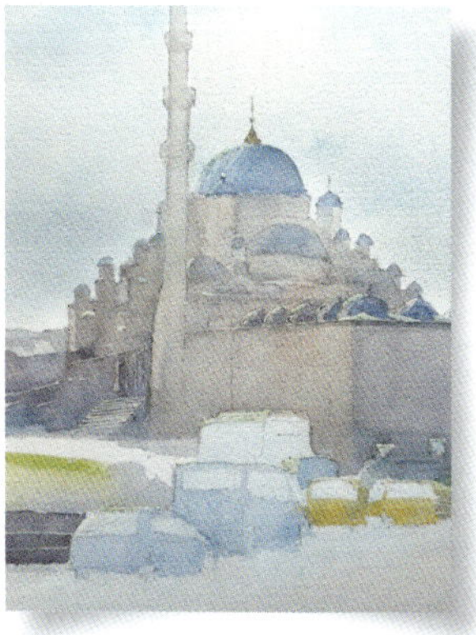

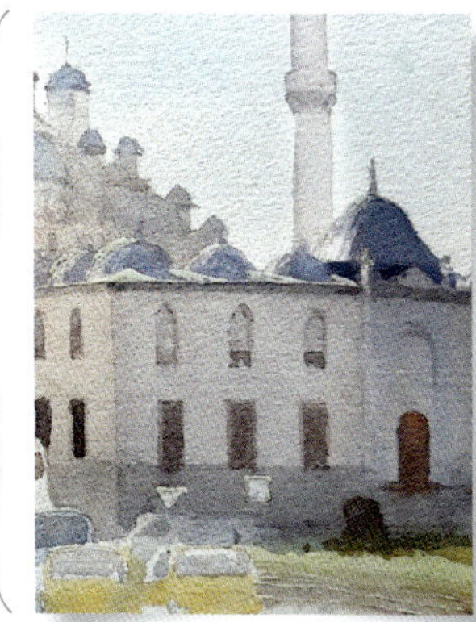

3 Define los elementos

Aplica una aguada que defina los elementos más grandes y separe las fachadas del edificio. Usa valores más oscuros para acentuar las cúpulas y el perfil del tejado. El contraste de color con los taxis da interés al primer plano.

4 Detalles oscuros

Trabaja sobre la aguada uniforme con una mezcla neutra más oscura para añadir detalles a los edificios. Las ventanas y las puertas dan sensación de escala, y los detalles oscuros de los setos y los coches atraen la mirada.

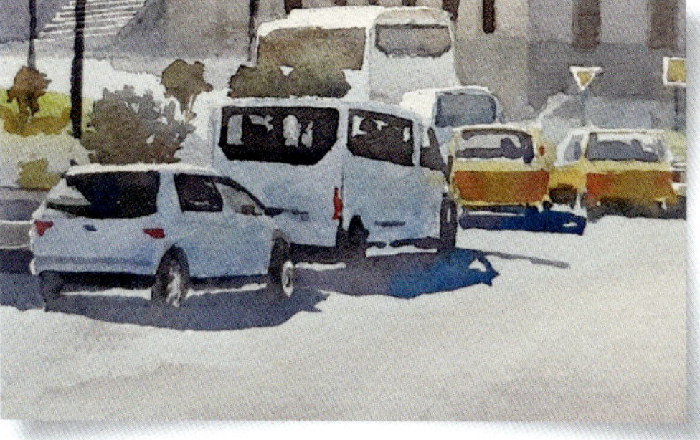

5 Refina el primer plano

Para terminar, añade las sombras y los detalles más oscuros. Las intensas sombras de los vehículos tienen varios colores del mismo valor tonal (pp. 66-67), que sugieren el reflejo de la luz y evitan que se vean pesadas.

Aguadas degradadas

DILUIR EL COLOR DE LAS AGUADAS

El agua y la gravedad te permiten manipular el pigmento de la acuarela para que corra libremente por el papel y cree efectos bellos y exclusivos de este medio. Las aguadas graduadas se desvanecen a medida que el pigmento se diluye cada vez más, por lo que es una técnica especialmente efectiva para pintar cielos e indicar distancia.

■ Dos maneras de aplicar una aguada degradada

Las aguadas degradadas se suelen aplicar humedeciendo con agua limpia la pintura a medida que se desciende sobre el papel; pero si el papel se seca de forma desigual, pueden aparecer rayas o corridos. Evítalo utilizando un pulverizador en lugar de pincel.

Con pincel
Trabaja de arriba abajo y pintando de izquierda a derecha (si eres diestro). Aplica sobre el papel seco una pincelada de pintura con un pincel húmedo. Con cada pincelada sucesiva, diluye la misma mezcla sumergiendo el pincel en agua limpia.

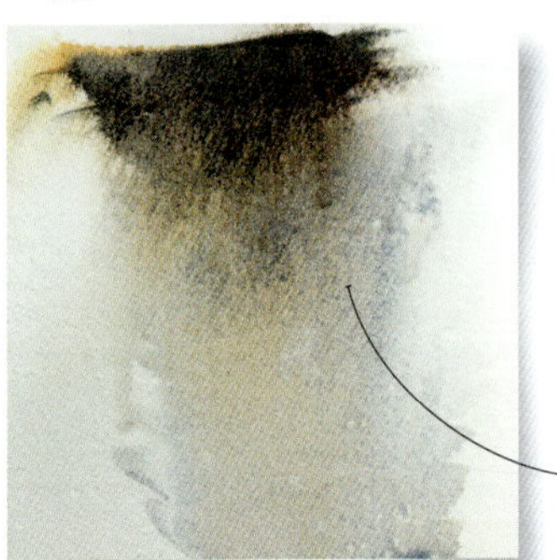

Con pulverizador
Humedecer la pintura con un pulverizador proporciona un resultado liso y homogéneo. Si la mezcla es de dos colores, a veces se separan y producen una neblina bellísima.

La pintura se ha separado

PONLO EN PRÁCTICA

Las aguadas graduadas son ideales para esos días en que la niebla reduce un paisaje complicado a unos pocos pasajes tonales. Usa un pincel grande e inclina el papel unos 45 grados.

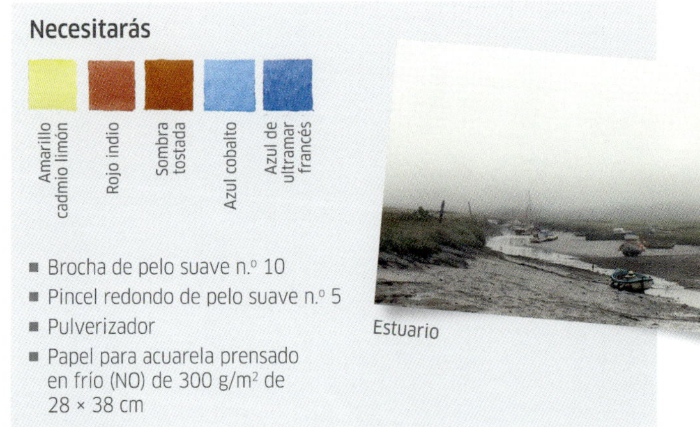

Necesitarás

- Amarillo cadmio limón
- Rojo indio
- Sombra tostada
- Azul cobalto
- Azul de ultramar francés

- Brocha de pelo suave n.º 10
- Pincel redondo de pelo suave n.º 5
- Pulverizador
- Papel para acuarela prensado en frío (NO) de 300 g/m² de 28 × 38 cm

Estuario

1 Primeras aguadas sueltas
Mezcla azul de ultramar francés y sombra tostada. Comienza por la parte superior del papel y desciende, creando una aguada graduada mojando la brocha en agua limpia antes de cada pincelada horizontal. Espera a que se seque.

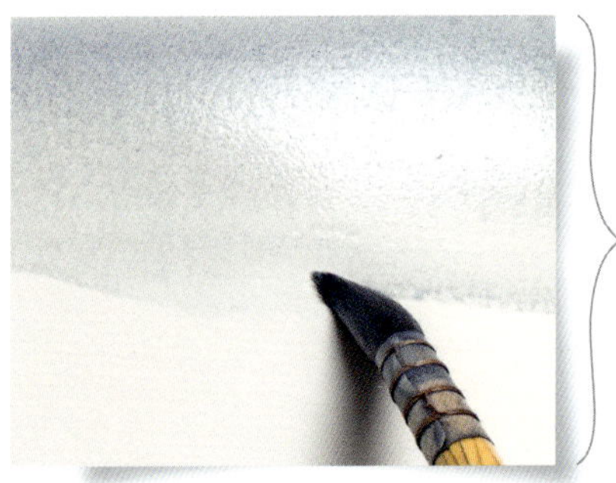

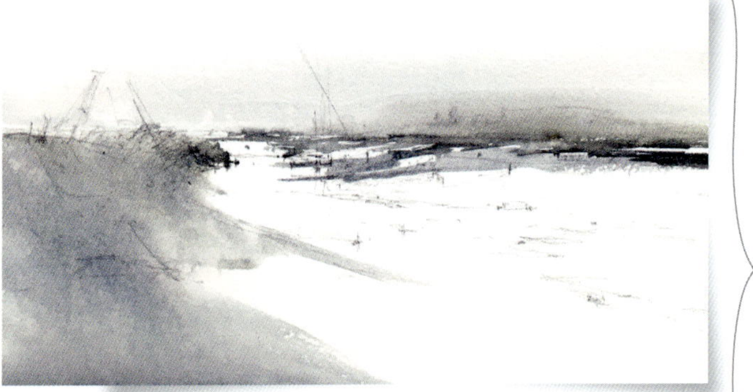

2 Añade las barcas y las orillas
Comienza por el horizonte, con la misma mezcla y un toque de limón cadmio, y pinta las orillas lejanas y del primer plano. Realza las barcas. Usa menos limón a medida que desciendas hacia las orillas embarradas.

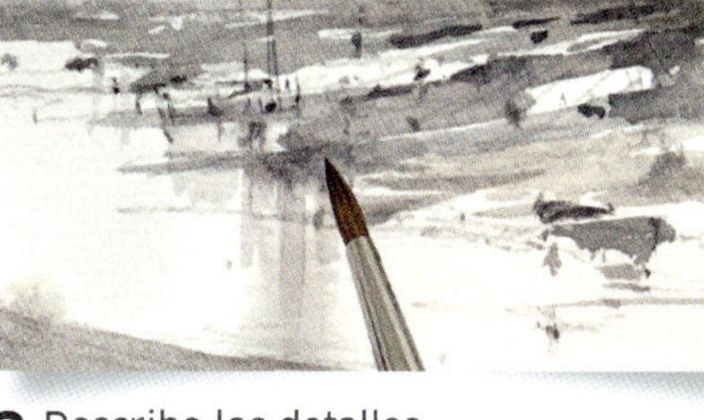

3 Describe los detalles

Una vez seca, utiliza el pincel redondo y una mezcla más intensa de azul de ultramar y sombra tostada para añadir detalles, como las barcas, los mástiles, los postes y las sombras en las orillas.

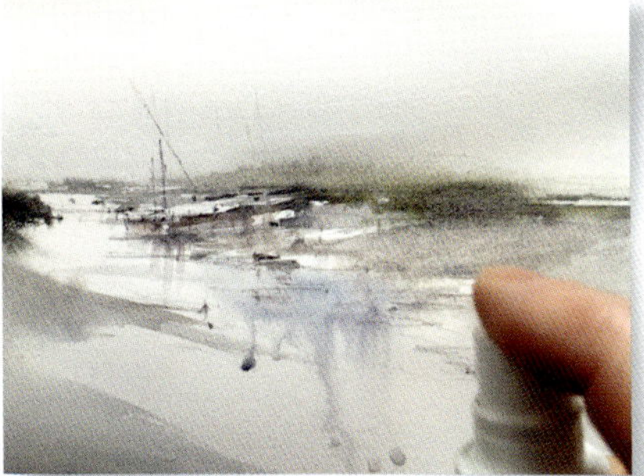

4 Aguada graduada para el barro

Para el barro húmedo, añade una aguada graduada de azul cobalto. Usa el pulverizador y deja que el barro se mezcle con el agua. Guía la pintura hacia abajo con la brocha.

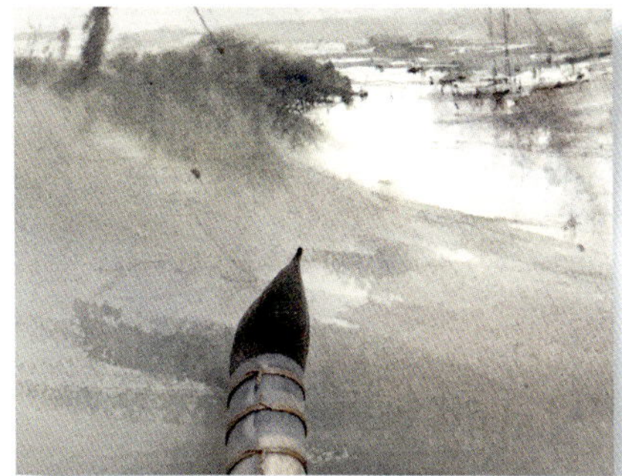

5 Refuerza el primer plano

Una vez seca la pintura, añade una aguada al primer plano. Aplica con la brocha una mezcla de azul de ultramar, sombra tostada y un toque de rojo indio.

Aguadas granulosas

MEZCLAR COLORES EN UNA MISMA AGUADA

Puedes crear fondos fantásticos y cielos tempestuosos a partir de aguadas iniciales que pasan de un color a otro. Es una técnica que requiere cierta práctica y seguridad, así que disfruta experimentando hasta que te satisfaga el resultado que obtienes en los fondos antes de pasar a otros detalles. Humedecer el color en ciertos puntos puede intensificar el movimiento de los colores y evitar rayas evidentes.

■ Efectos marmolados y suaves

Para obtener un efecto marmolado aleatorio, aplica aguadas de fondo sobre papel húmedo y, a continuación, aplica aguadas adicionales sobre el papel, que estará húmedo en unas zonas y seco en otras. Mezclar mientras las dos aguadas están húmedas es crucial para obtener efectos naturales y pictóricos.

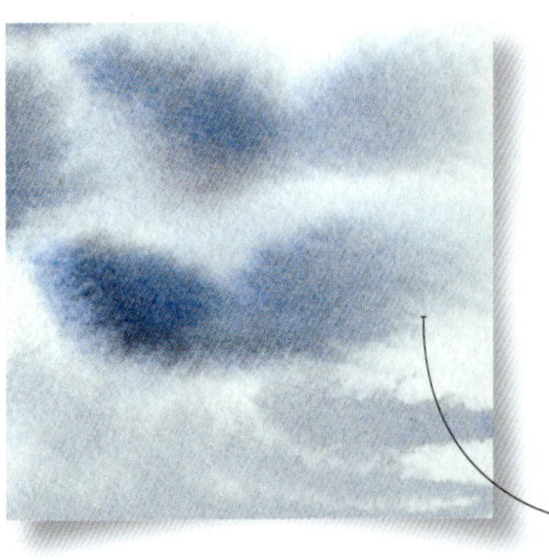

Transiciones cromáticas aleatorias

Aplicar pintura húmeda en áreas pequeñas crea transiciones cromáticas aleatorias. Si inclinas el papel, influirás en la dirección en que fluye la pintura. Usar una aguada más fuerte te permite añadir intensidad.

Borde visible

Transiciones cromáticas suaves

Para una transición cromática gradual, inclina la tabla en un ángulo de al menos 45 grados. Aplica la primera aguada desde arriba, con abundante agua diluida en el pincel. Aplica una aguada de otro color y deja que los bordes difusos se mezclen.

Variación de color gradual

PONLO EN PRÁCTICA

No hace falta abocetar a lápiz. Una vez aplicada la aguada de fondo, construye las nubes con mezclas más fuertes y usando pinceles distintos en las zonas secas y húmedas para conseguir un efecto impresionista.

Necesitarás

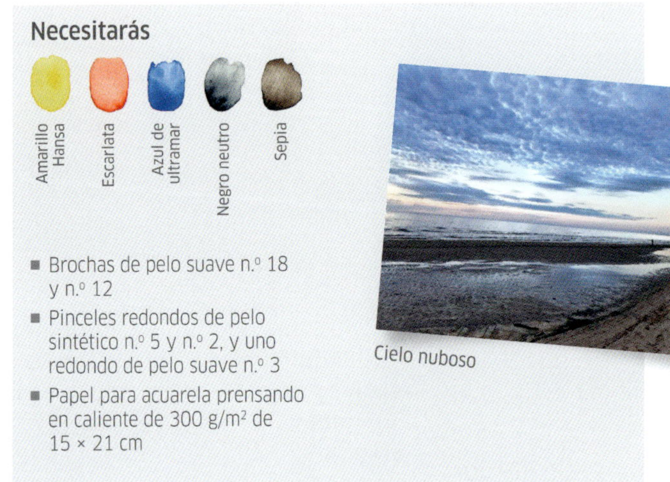

Amarillo Hansa   Escarlata   Azul de ultramar   Negro neutro   Sepia

- Brochas de pelo suave n.º 18 y n.º 12
- Pinceles redondos de pelo sintético n.º 5 y n.º 2, y uno redondo de pelo suave n.º 3
- Papel para acuarela prensando en caliente de 300 g/m² de 15 × 21 cm

Cielo nuboso

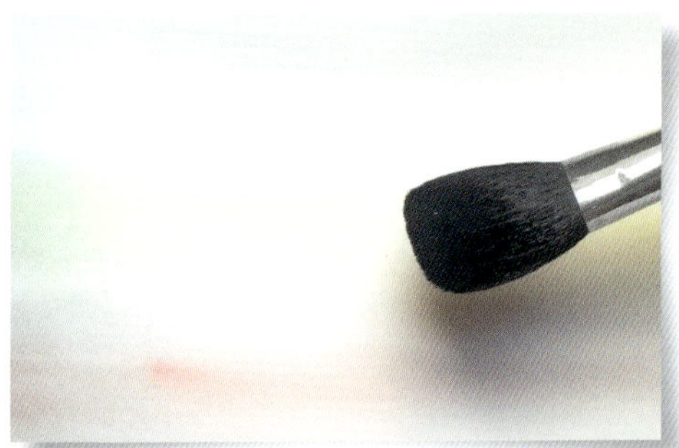

1 Aguada de fondo

Humedece todo el papel. Pinta aguadas azules y negras en el tercio superior, y, luego, amarillas y una banda de escarlata abajo. Usa más azul y negro en la base.

2 Pinta las nubes

Con el papel aún húmedo, mezcla azul, sepia y negro. Utiliza pinceladas de color para las nubes e inclina el papel para generar movimiento. Cuando el papel se haya secado un poco, añade nubes más pequeñas con un pincel fino.

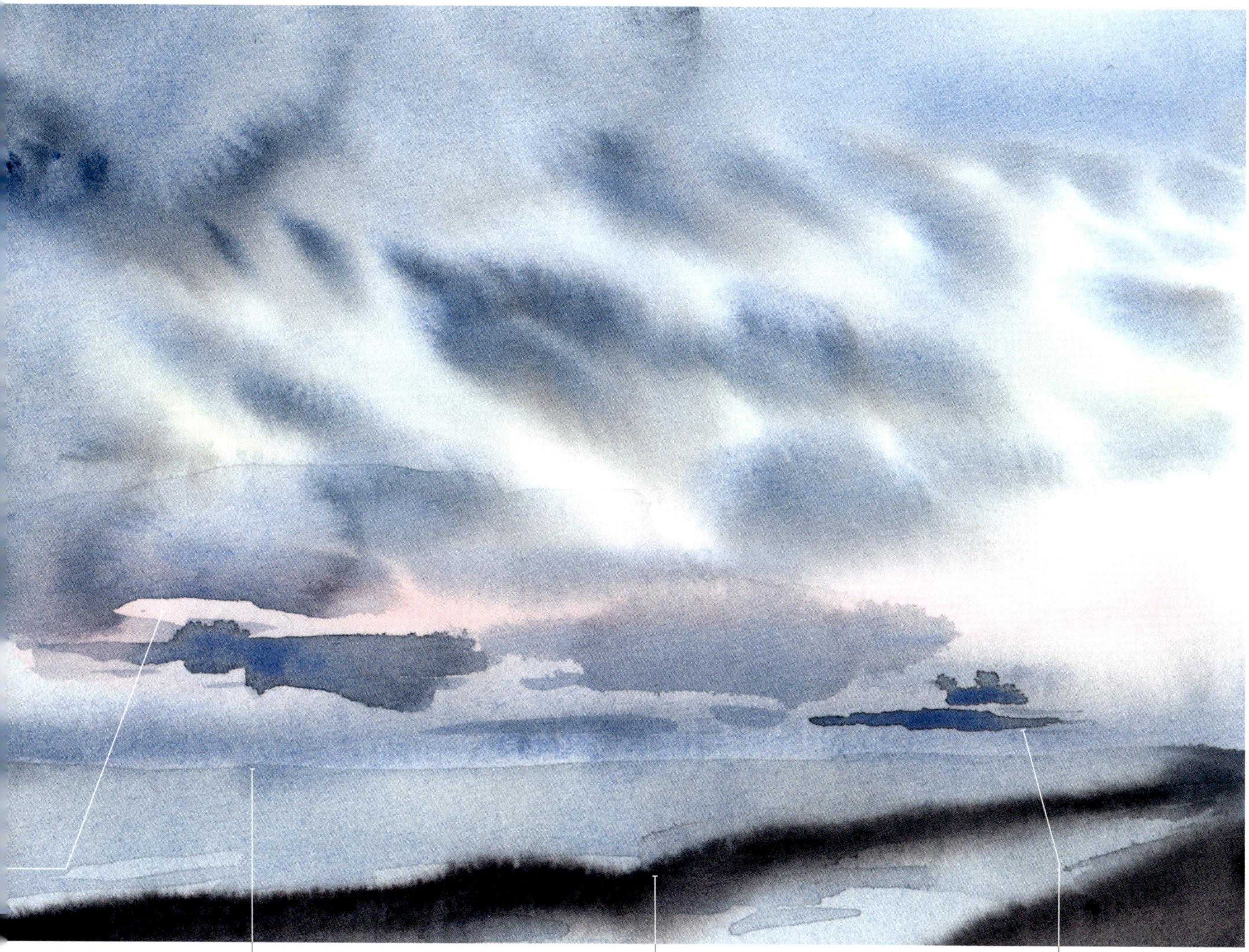

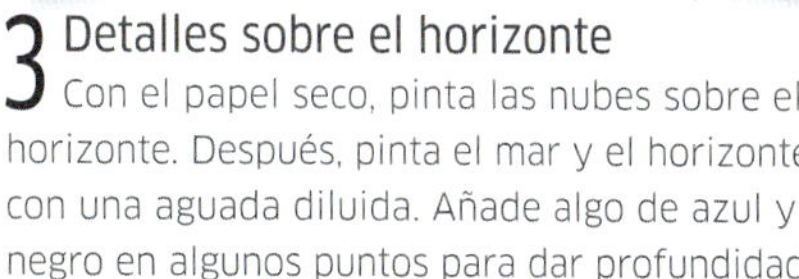

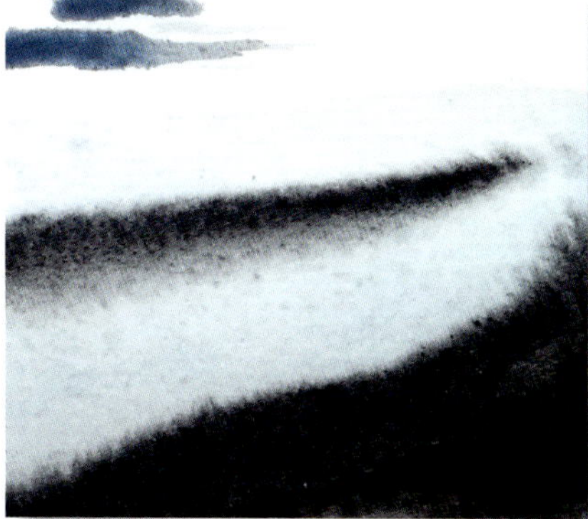

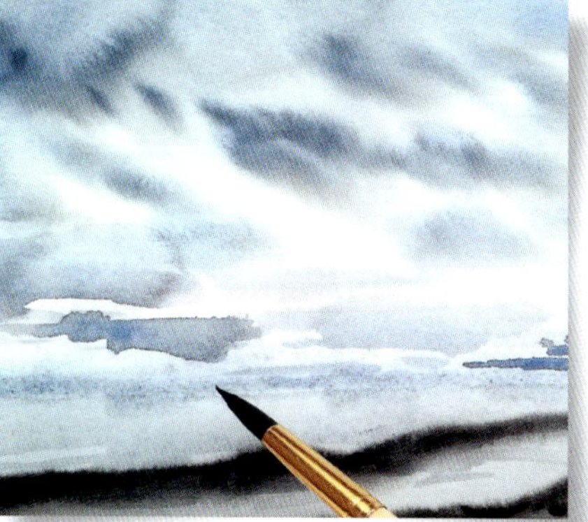

3 Detalles sobre el horizonte

Con el papel seco, pinta las nubes sobre el horizonte. Después, pinta el mar y el horizonte con una aguada diluida. Añade algo de azul y negro en algunos puntos para dar profundidad.

4 Primer plano

Con el papel apenas húmedo, pinta la playa con un trazo expresivo de sepia y una pizca de azul y negro. Cuando se haya secado, añade pequeñas franjas de arena y algunos detalles.

5 Añade profundidad

Aplica agua sobre el horizonte y, luego, un poco de azul mezclado con sepia para intensificar la sensación de profundidad y consolidar el horizonte.

Línea y aguada

COMBINAR LA ACUARELA Y LA TINTA PERMANENTE

Trabajar con pluma y tinta abre otro medio de expresión para el acuarelista, a quien le ofrece la oportunidad de usar marcas espontáneas en tinta permanente que se convierten en elementos clave del cuadro. Usa el abanico descriptivo de líneas, o bien como base para las aguadas, o bien como toques finales para realzar el tema con un estilo ilustrativo.

▨ Líneas de esbozo

La portabilidad hace de la acuarela un medio ideal para esbozar; además, combinarla con tinta como herramienta de dibujo te permitirá abordar el cuadro con confianza una vez asimiles la permanencia de la tinta sobre el papel. Comienza con un cuaderno de bocetos pequeño y de papel liso para dar protagonismo a los esbozos en tinta.

▨ Rematar con líneas

Las líneas sobre aguadas secas son muy efectivas para añadir toques finales y dar un aire más ilustrativo. Las siluetas sencillas de bordes definidos realzarán visualmente las formas y te darán la oportunidad de dibujar con libertad y con marcas fluidas a mano alzada que añadirán elementos adicionales al cuadro.

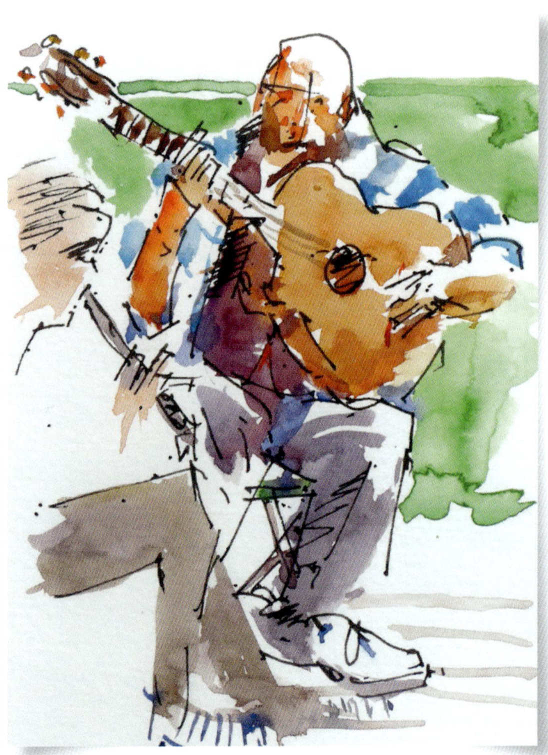

Marcas sueltas e impresiones
Distintas plumas y plumines te darán líneas de grosores distintos. La tinta ha de fluir bien para que puedas trabajar espontánea y libremente. Si las líneas dominan demasiado, usa una pintura más intensa para que las líneas formen parte de la obra acabada, con un efecto llamativo y espontáneo.

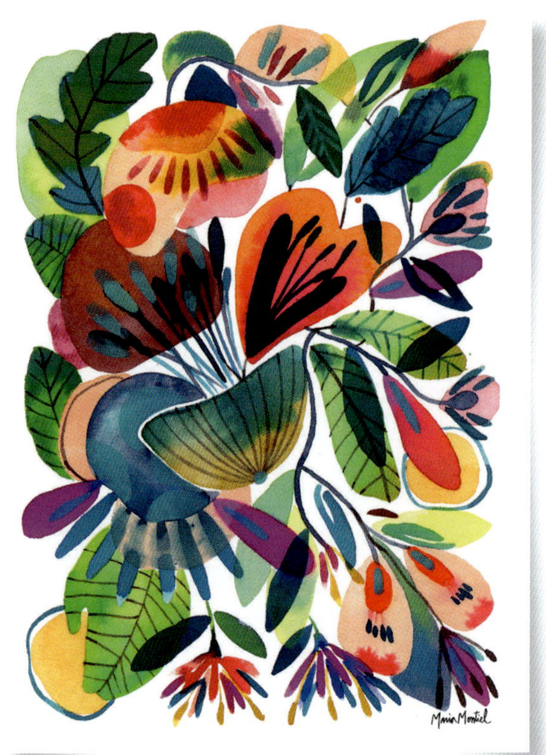

Siluetas y detalles
Combinar aguadas y formas abstractas con líneas rápidas y orgánicas aporta definición al cuadro, además de salpicarlo de vibrantes puntos de interés en toda la obra. Elige colores fuertes que contrasten con el resto del cuadro para definir siluetas y detalles impactantes y divertidos.

ESBOZAR CON TINTA

Las líneas de este esbozo rápido con tinta permanente captan
la figura y el detalle de la caña de pescar. Se han pintado aguadas
fuertes y sencillas que encajan en el ambiente austero de la imagen.

Necesitarás

Gouache blanco · Amarillo cadmio · Rojo cadmio · Siena tostada · Siena natural · Azul cerúleo · Azul de ultramar francés

- Pinceles redondos de pelo suave n.º 14, n.º 10 y n.º 8
- Pinceles planos de pelo sintético de 25 mm y 13 mm
- Estilógrafo de 0,5 mm
- Papel para acuarela prensado en frío (NO) de 300 g/m²
  de 23 × 30 cm

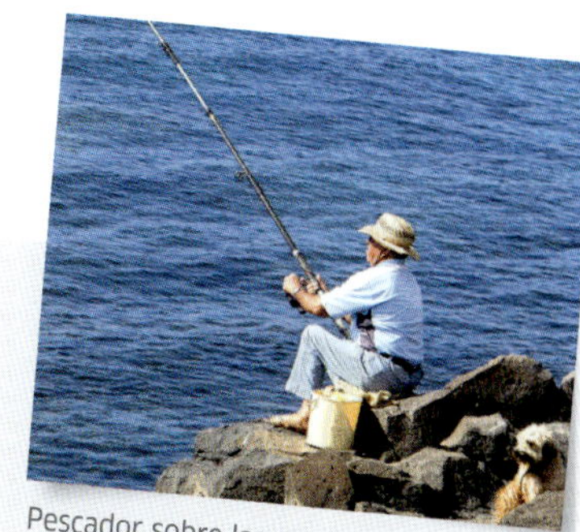

Pescador sobre las rocas

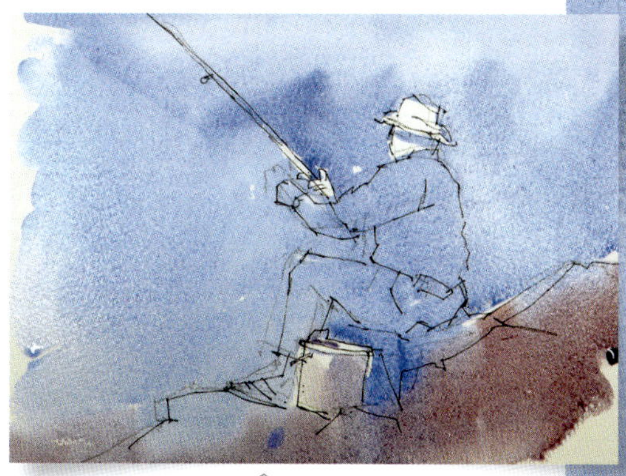

1 Simplifica la imagen

Esboza la imagen con marcas seguras
de tinta y reduce la escena a los elementos
principales de la misma. Aplica una aguada azul
de ultramar sobre casi toda la imagen y deja
asomar el blanco para el rostro y el sombrero.

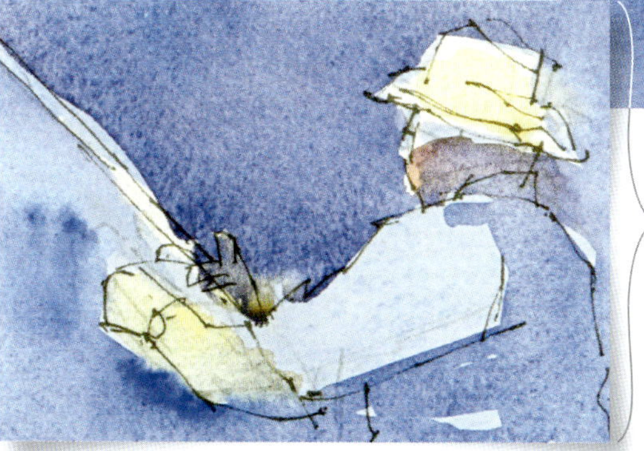

2 Varía los colores de fondo

Mantén la sencillez, y usa tonos azules. Añade azul
de ultramar alrededor de la figura, para que el brazo y
la pierna parezcan más claros. Usa las siluetas de tinta
como guía para las formas, que han de quedar visibles.

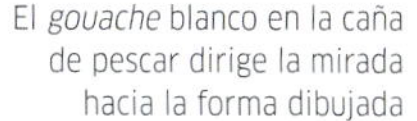

El *gouache* blanco en la caña
de pescar dirige la mirada
hacia la forma dibujada

3 Equilibra el color y las líneas

Refuerza los oscuros con
las mínimas pinceladas
posibles para conservar
la sensación de esbozo
y las líneas de tinta.
Mezcla gouache en los
tonos más claros para
los puntos de luz.

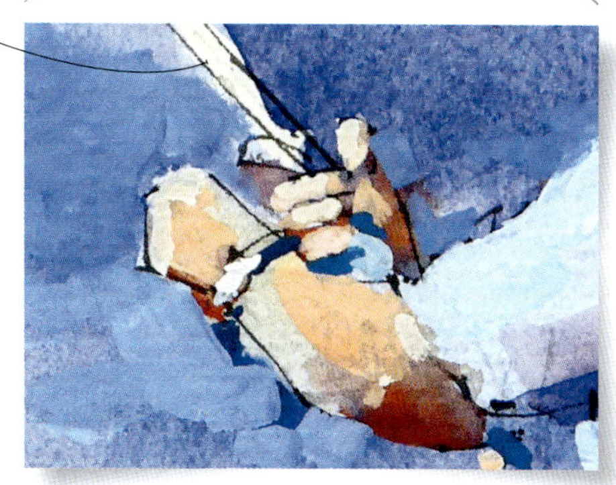

SILUETAS DESCRIPTIVAS

El fondo oscuro de la imagen de referencia se ha invertido para proporcionar una base clara y neutra a los llamativos colores de las flores. Rodear todas las formas en líneas de tinta contiene el cuadro y combina siluetas precisas con pinceladas sueltas y fluidas.

Necesitarás

Acuarela

- Amarillo limón
- Marrón claro
- Naranja transparente
- Rojo carmesí
- Rosa ópera
- Violeta de perileno
- Azul de ultramar
- Turquesa cobalto claro
- Verde cobalto
- Verde de viridio

Acuarela líquida

- Verde pastel

- Brocha n.º 2
- Pinceles redondos de pelo suave n.º 4, n.º 1 y n.º 0
- Lápiz acuarelable
- Rotulador permanente de punta fina, pluma o pluma caligráfica

- Papel para acuarela prensado en frío (NO) de algodón de 300 g/m² de 30 × 20 cm

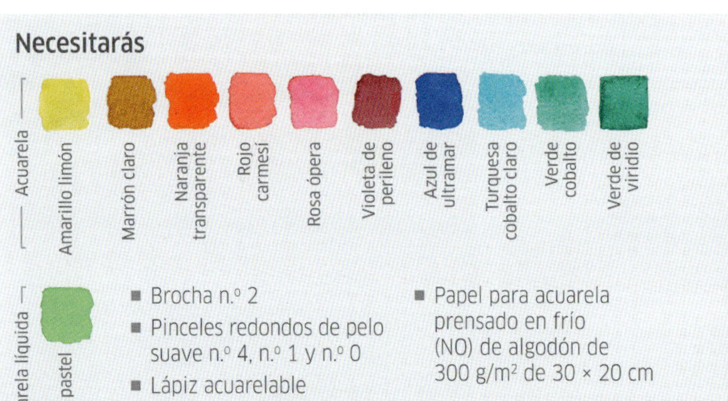

Ramo de flores

1 Aguada de fondo
Esboza los elementos clave y las conexiones entre ellos con el lápiz acuarelable. Mezcla una aguada clara y neutra para el fondo y aplícala alrededor de las formas principales, en una base para los colores de las flores y las hojas. Es clara para garantizar que las líneas de tinta destaquen.

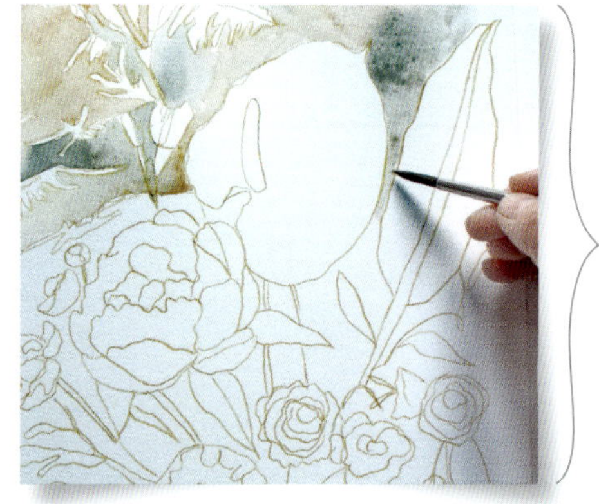

2 Rellena las formas
Añade tonos claros y medios a las hojas y las flores, y mantente dentro de las líneas, de modo que las formas tengan bordes definidos que luego reseguirás con la pluma. Deja que cada una de las fases se seque antes de continuar añadiendo tonos oscuros.

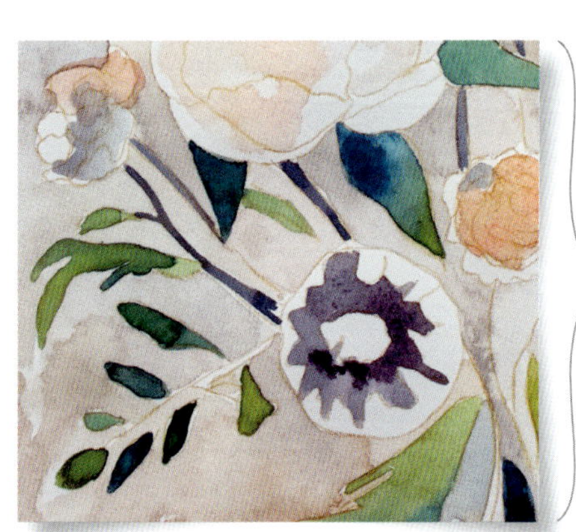

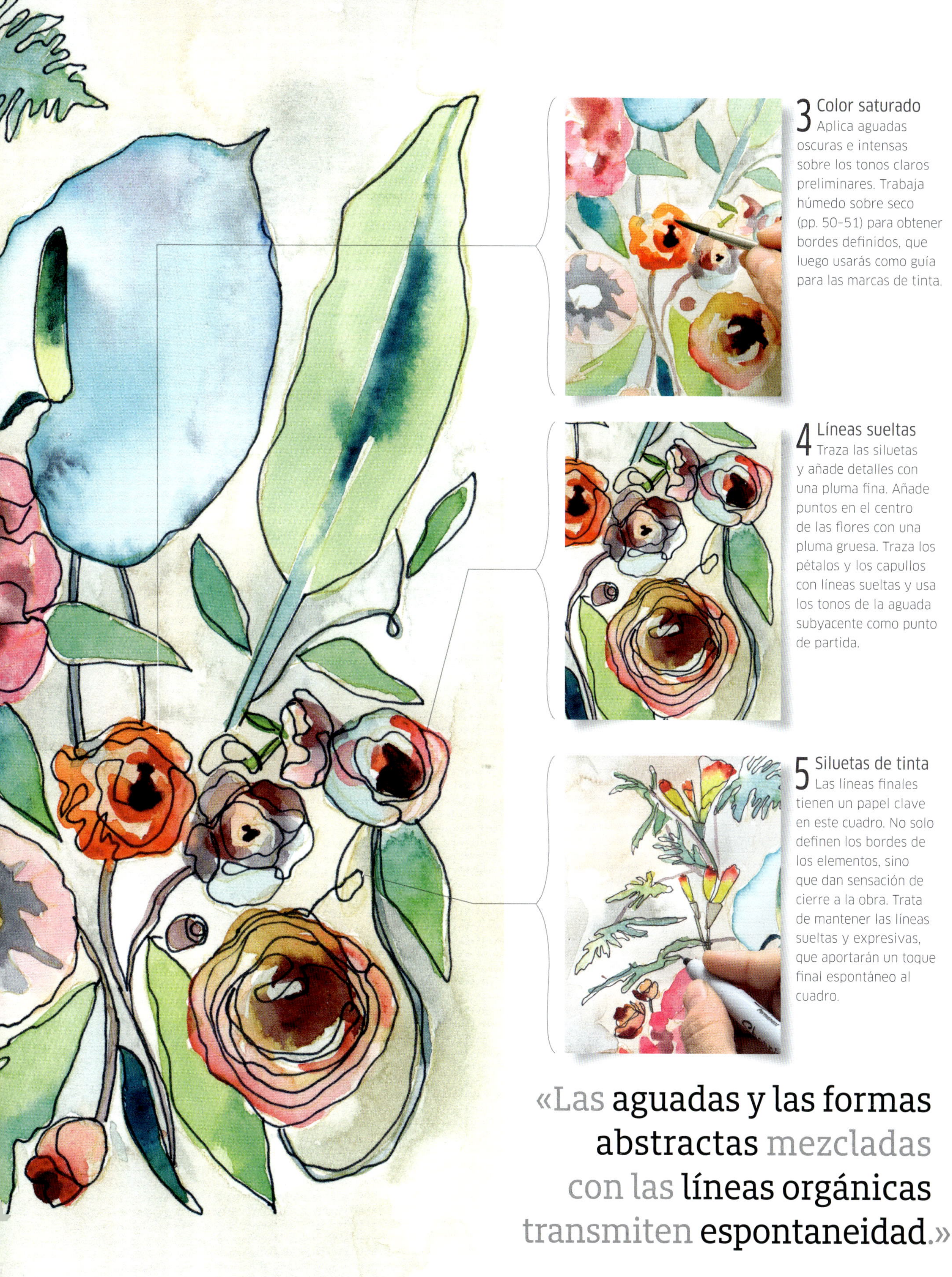

3 **Color saturado**
Aplica aguadas oscuras e intensas sobre los tonos claros preliminares. Trabaja húmedo sobre seco (pp. 50-51) para obtener bordes definidos, que luego usarás como guía para las marcas de tinta.

4 **Líneas sueltas**
Traza las siluetas y añade detalles con una pluma fina. Añade puntos en el centro de las flores con una pluma gruesa. Traza los pétalos y los capullos con líneas sueltas y usa los tonos de la aguada subyacente como punto de partida.

5 **Siluetas de tinta**
Las líneas finales tienen un papel clave en este cuadro. No solo definen los bordes de los elementos, sino que dan sensación de cierre a la obra. Trata de mantener las líneas sueltas y expresivas, que aportarán un toque final espontáneo al cuadro.

«Las aguadas y las formas abstractas mezcladas con las líneas orgánicas transmiten espontaneidad.»

Bordes rectos

PINTAR LÍNEAS UNIFORMES

Sea cual sea el tema, casi todos los elementos obra del hombre tendrán alguna línea recta. Sorprendentemente, no hace falta pintarlas perfectamente rectas. Aunque siempre es preferible cierta variación en las líneas, hay temas, como los postes telefónicos, donde las curvas resultarán incongruentes. Hay varias maneras de trazar líneas rectas sin utilizar la regla para que parezcan una parte natural del proceso de pintura.

■ Útiles para lograr líneas naturales

Pintar líneas rectas a mano alzada no siempre es fácil, pero puedes usar varias herramientas, ya formen parte de tu equipo de pintura o las encuentres cerca de ti, que te ayudarán a lograr líneas naturales. Varía la presión y modifica el grosor y la solidez de la línea para que parezca más pictórica que gráfica.

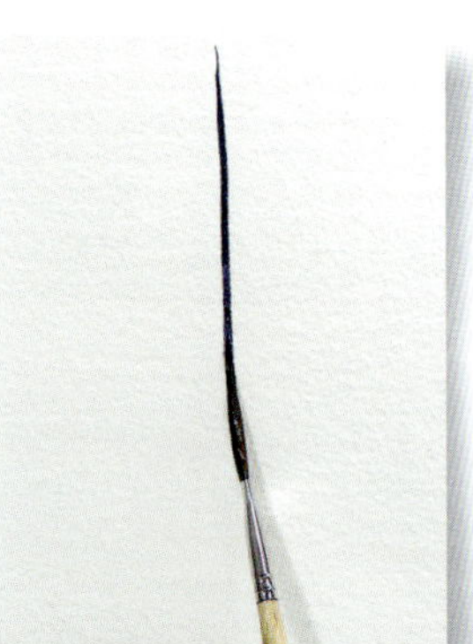

Pincel espada
Deposita con suavidad la «hoja» curva del pincel sobre el papel y desciende suavemente.

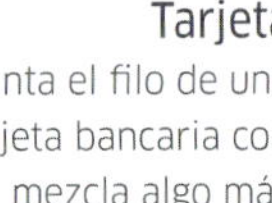
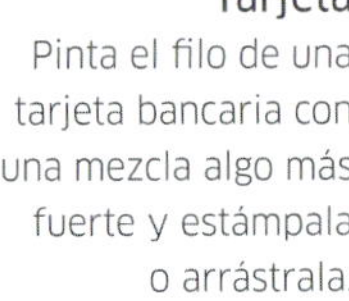

Tarjeta
Pinta el filo de una tarjeta bancaria con una mezcla algo más fuerte y estámpala o arrástrala.

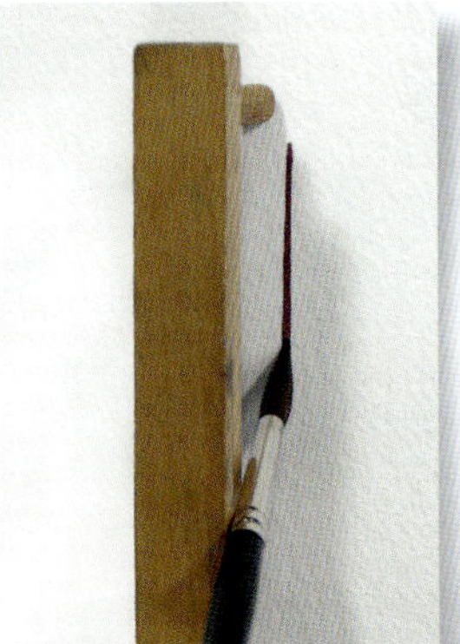

Tiento
Usa un borde recto o un tiento. Traza la línea hacia abajo con la virola apoyada en el tiento.

Pincel plano
Estampa con suavidad el borde biselado para una línea fina y arrástralo para una línea más gruesa.

PONLO EN PRÁCTICA

Aquí se han usado distintos útiles para plasmar la variedad de líneas, desde el hierro ondulado o corrugado hasta los postes de teléfono, elementos clave en la composición.

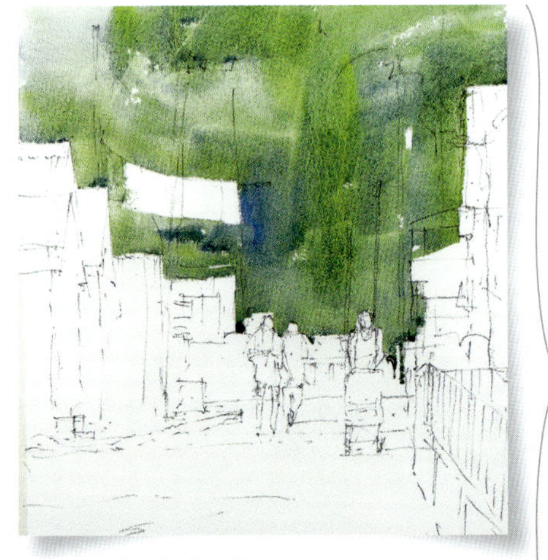

1 Aguada de fondo
Pinta el fondo con el pincel plano y una mezcla de azul de ultramar francés y amarillo cadmio. Modifica la mezcla a medida que pintes. Forma los bordes cuadrados de las formas negativas de los tejados con el borde del pincel.

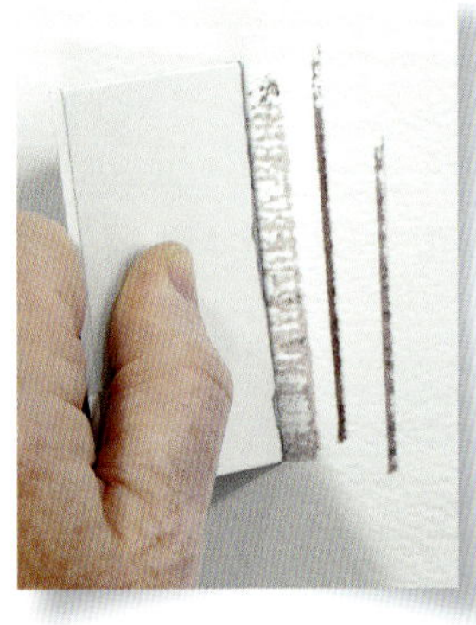
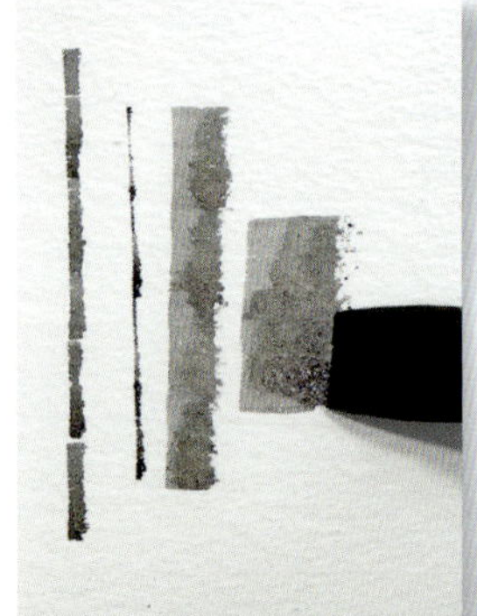
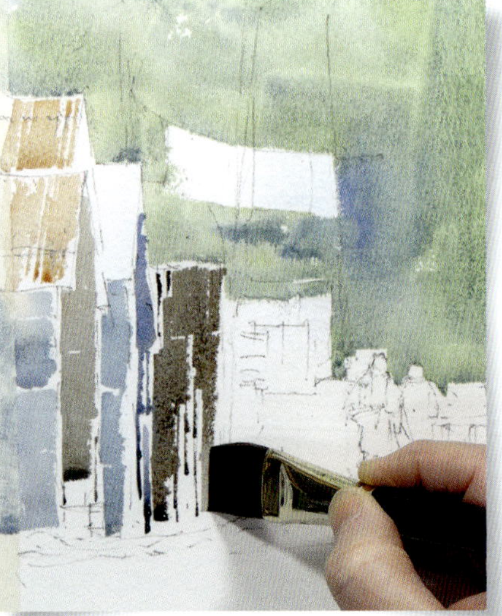

2 Líneas con pincel
Sigue con el pincel plano y rellena los edificios. Plasma las ondulaciones y las planchas con el borde. Varía el ancho y el color de las líneas y usa diversos azules, marrones y grises.

Necesitarás

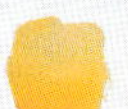
Amarillo cadmio

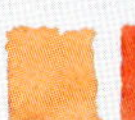
Siena tostada

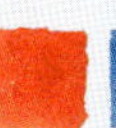
Rojo cadmio

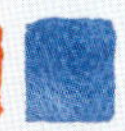
Azul de ultramar francés

- Pincel plano de pelo suave de 25 mm
- Pincel redondo de pelo suave n.º 10
- Pincel espada de 6 mm
- Tiralíneas
- Cartulina de enmarcar o tiento y tarjeta bancaria (inservible)
- Papel para acuarela prensado en frío (NO) de 300 g/m² de 25 × 35 cm

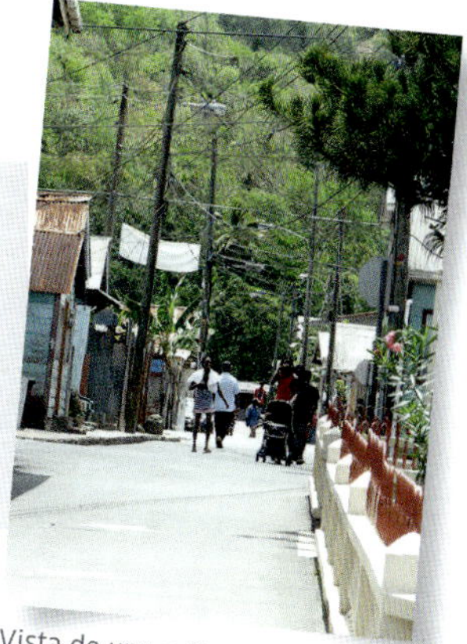
Vista de una calle de Santa Lucía

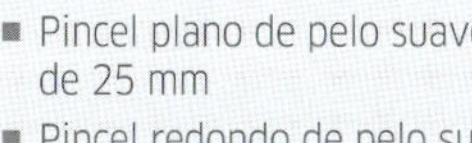

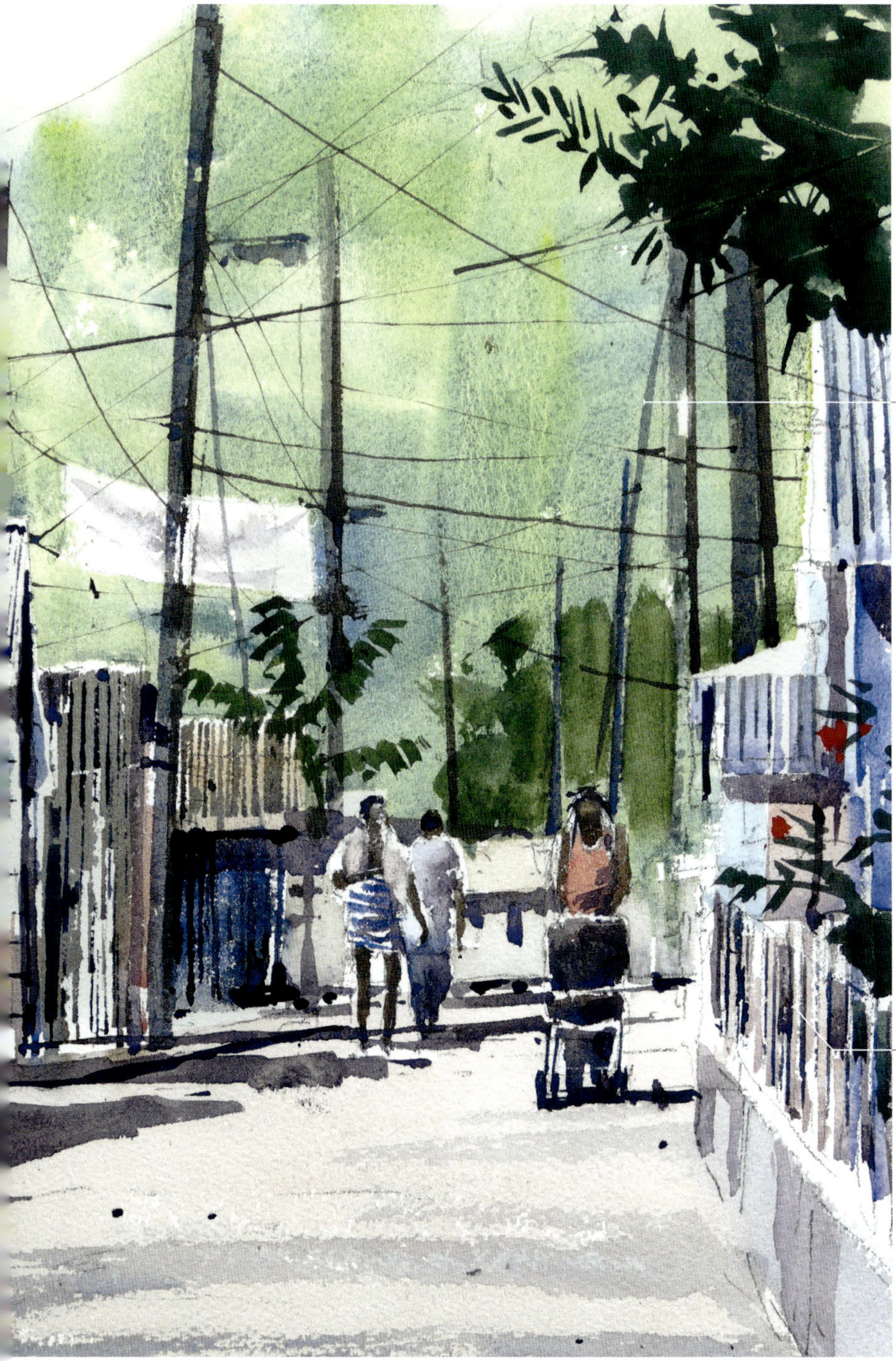

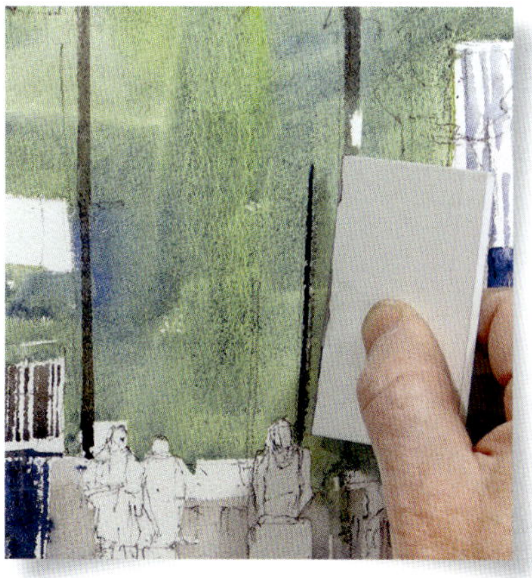

3 Líneas trazadas con ayuda

Traza los postes con el tiento o el borde de la cartulina y varias mezclas más oscuras. Corta la tarjeta en trozos de distintas longitudes y arrástralos de lado para engrosar los postes más anchos.

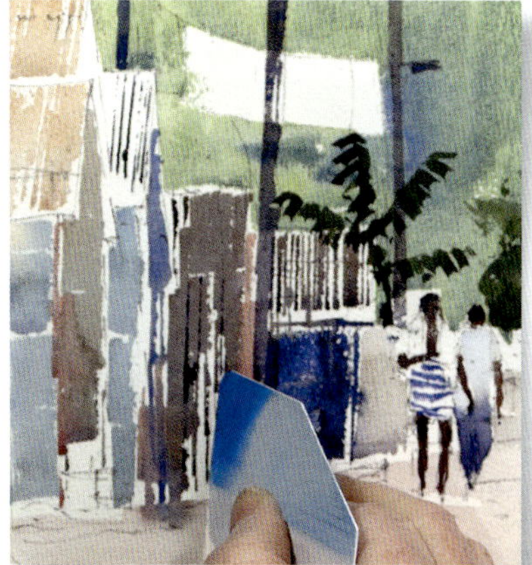

4 Líneas finas

Con la tarjeta, aplica líneas finas de una mezcla de sombra fuerte para el hierro ondulado y los cables rectos. Usa un tiralíneas (pp. 20-21) para las líneas ligeramente curvas.

Retirar

RETIRAR PIGMENTO

Puedes eliminar pigmento en vez de añadir cada vez más para controlar el nivel de definición de un cuadro. Retirar el pigmento te permite decidir de un modo más deliberado cuánta movilidad quieres, además de controlar los bordes y las formas para definirlos; es una técnica ideal para plasmar patrones de luz.

▨ Cómo retirar pigmento

Hay varias maneras de retirar una aguada de color y de manipularla para dejar formas o bordes en la pintura. Una esponja dejará un color con textura (pp. 84-85), mientras que un bastoncillo de algodón será útil en zonas pequeñas, y el papel de cocina, en zonas grandes. Aplica un pincel que absorba pigmento: es fácil de controlar y permite tanto suavizar bordes húmedos como dejar bordes secos más definidos. El uso de medios como la goma arábiga facilita el proceso, porque liga el pigmento y permite retirar todo el color.

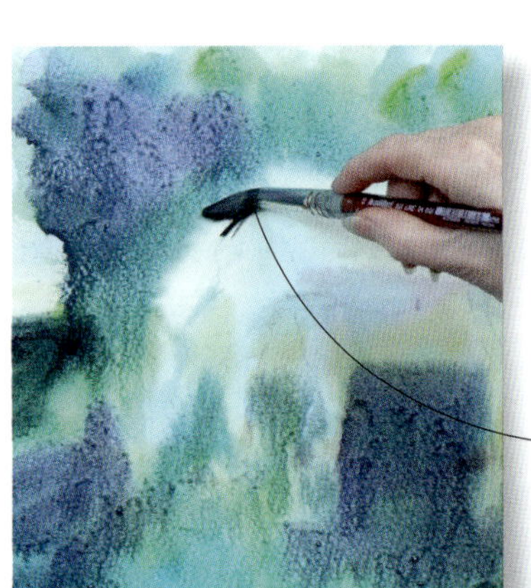

Con pincel
Para retirar parte de una aguada, usa un pincel limpio y seco y presiona con fuerza a cada pincelada, para evitar sustituir el pigmento.

El pincel seco absorbe la aguada y suaviza los bordes. El papel blanco subyacente aparece cuando se retira el pigmento

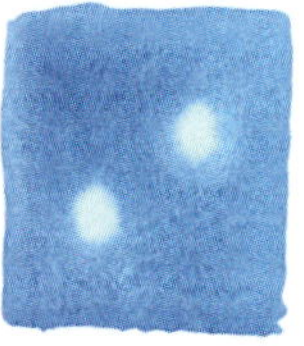
Bordes suaves

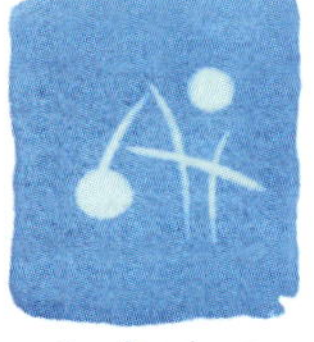
Bordes duros

Bordes suaves y duros
Retira aguada aún húmeda con un pincel seco y deja una marca difuminada y bordes suaves. Para un borde duro, aplica un pincel limpio y húmedo cuando la aguada se esté secando o ya esté seca del todo.

PONLO EN PRÁCTICA

En este cuadro, se ha usado goma arábiga para lograr una definición cada vez mayor retirando de entre la niebla puntos de luz que crean un patrón de luz moteada sobre el cuerpo del caballo.

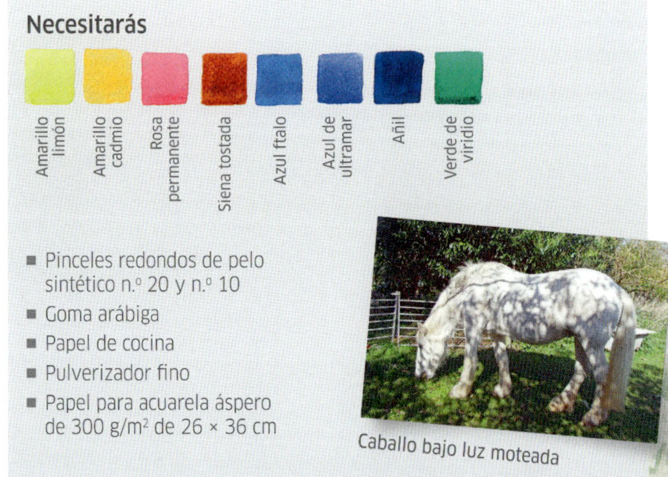

- Pinceles redondos de pelo sintético n.º 20 y n.º 10
- Goma arábiga
- Papel de cocina
- Pulverizador fino
- Papel para acuarela áspero de 300 g/m² de 26 × 36 cm

Caballo bajo luz moteada

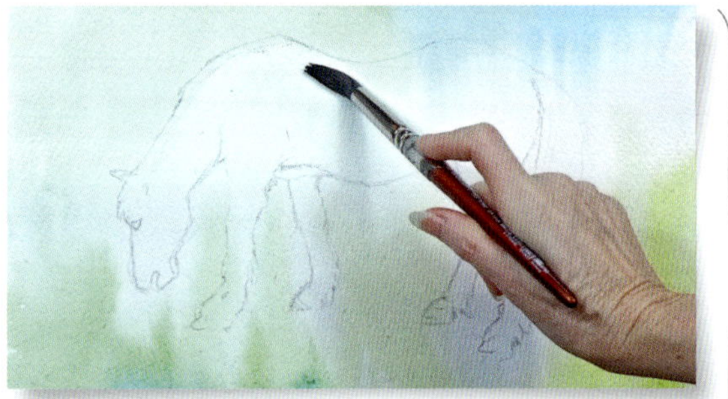

1 Dibujo subyacente
Aplica el color de fondo alrededor del caballo, con colores que formarán puntos de luz cuando los retires luego. Si los hay, limpia los corridos con un pincel seco.

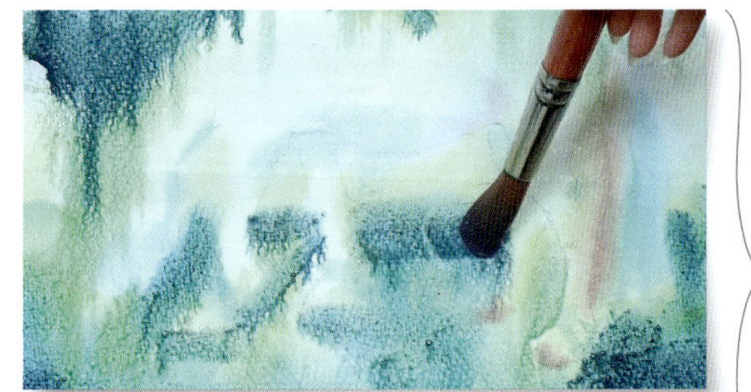

2 Aguada de goma arábiga
Aplica goma arábiga y agua a partes iguales en todo el cuadro ya seco. Añade pigmento al fondo húmedo sobre húmedo y suaviza los bordes de las sombras.

3 Aplica marcas suaves

Aplica las áreas aproximadas de luz moteada y de sombra sobre el cuerpo del caballo con un pincel más pequeño y más seco. No detalles nada aún. Deja que la pintura fluya y defina la forma con naturalidad. Retira bordes suaves.

4 Retira los bordes

Añade más pigmento a la superficie húmeda para que la aguada conserve el borde suave. Cuando se seque, retira los bordes duros de las motas de luz. Las líneas de pigmento que queden representarán sombras, no marcas al azar.

5 Textura moteada

Crea textura presionando papel de cocina sobre el papel aún húmedo o humedecido de nuevo con el pulverizador. Cuando pulverices agua, inclina el cuadro para que las gotitas corran y formen chorretones controlados.

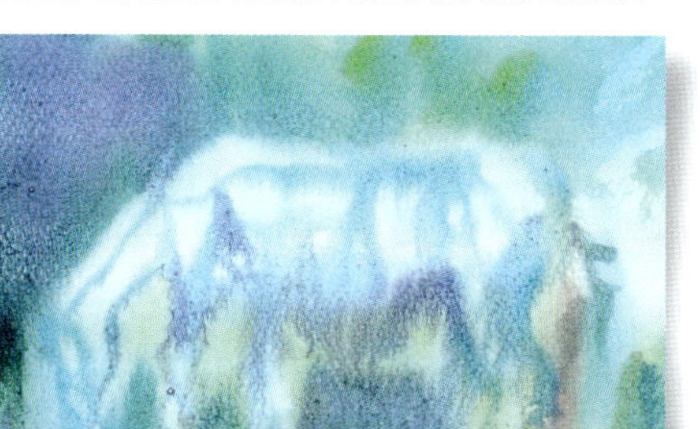
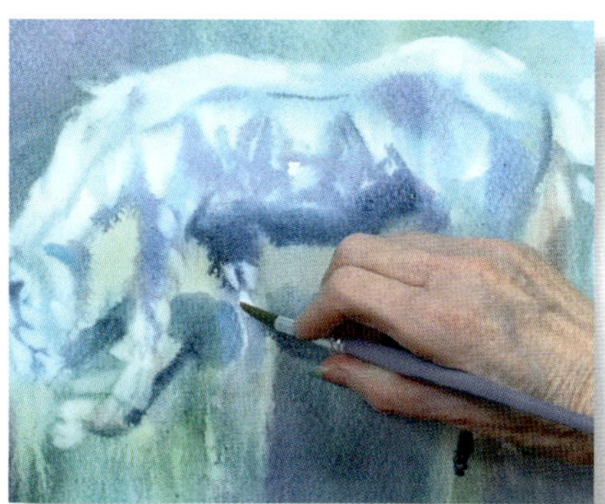
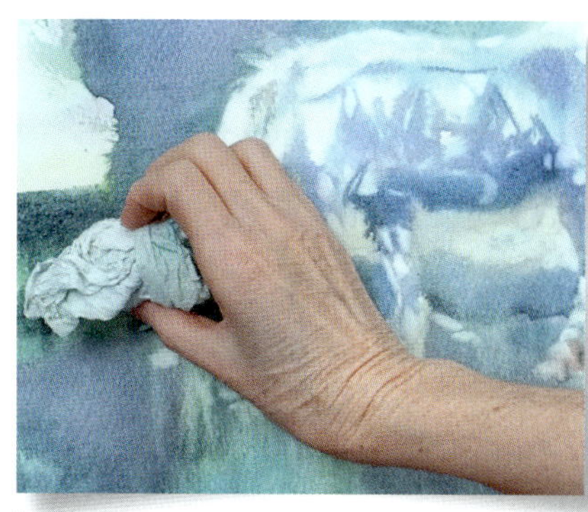

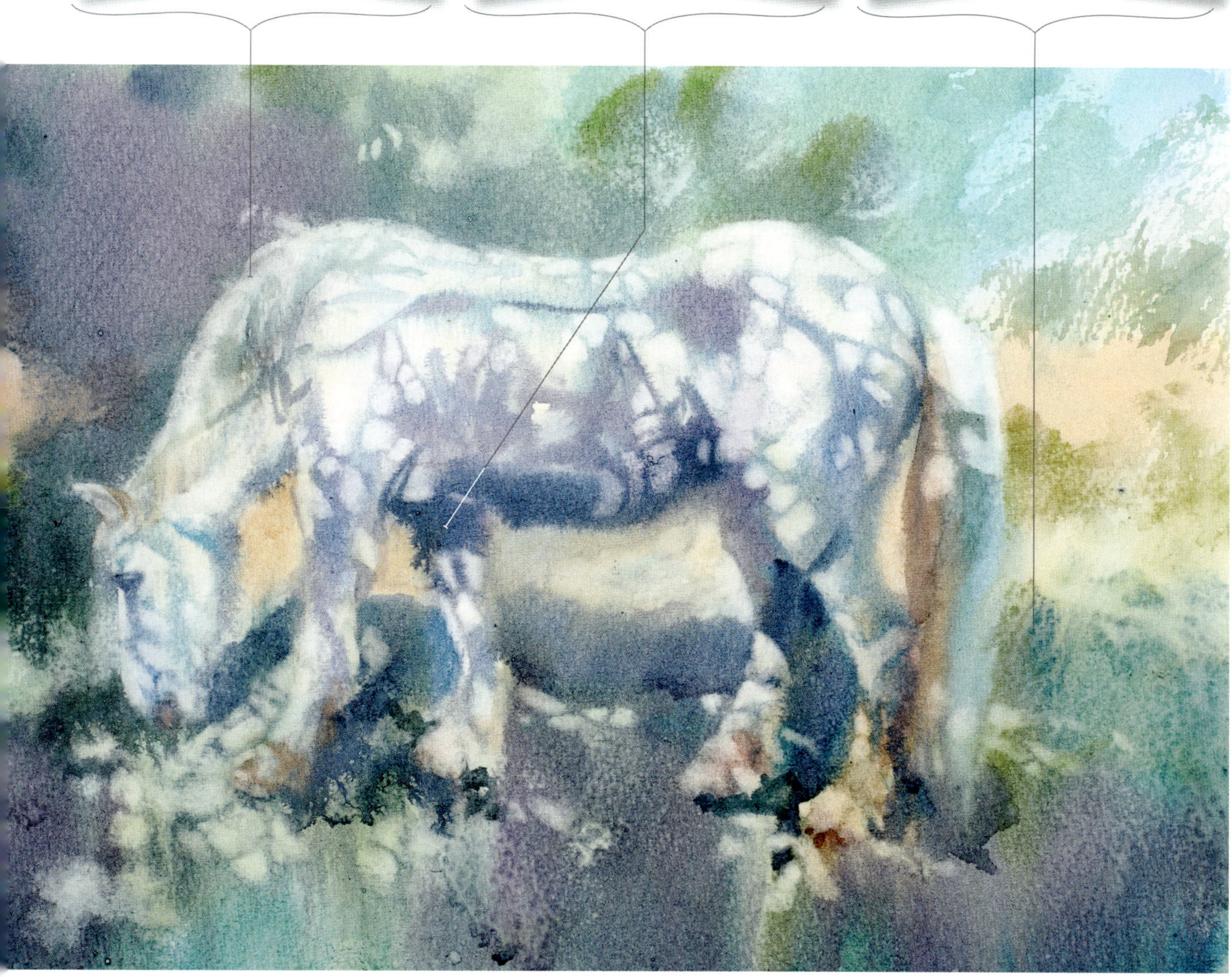

Usar una esponja

CREAR TEXTURAS EN LA PINTURA

La esponja es fácil de controlar y es una técnica que añade textura y dinamismo al cuadro. Los hoyuelos de la esponja son ideales para crear efectos sueltos con acuarela, ya sea dejando marcas o retirando color. Puedes usar esponjas en múltiples temas, desde follaje hasta luz moteada o espuma de mar, pasando por nubes, humo, pelaje o tejidos.

■ Marcas con textura

Las esponjas naturales dan el mejor resultado. Sumerge una en agua limpia y escurre el exceso con papel de cocina. Luego, mójala en la aguada que habrás preparado y haz pruebas antes de aplicarla. Da toquecitos o arrastra para dejar marcas con textura o retira para suavizar bordes.

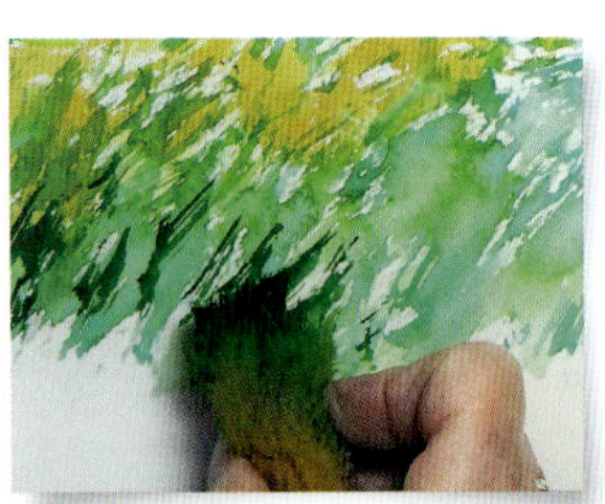

Arrastrar

Trabaja oscuro sobre claro y arrastra la esponja a toques cortos, con cuidado de no trabajar demasiado el papel o emborronarlo. Este método permite trabajar áreas grandes con rapidez y funciona bien con hierba, árboles y ramas.

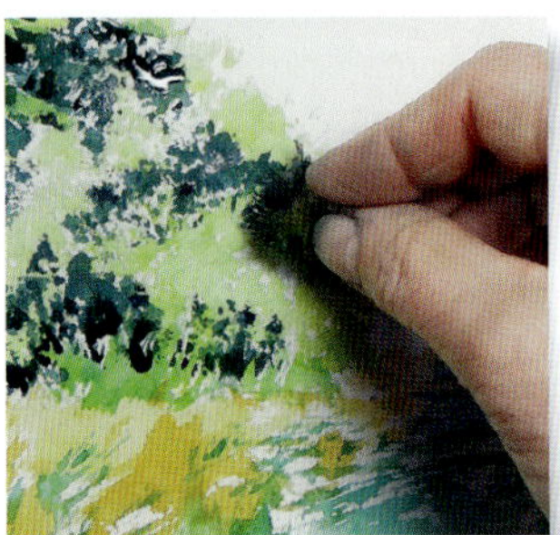

Punteado

Crea textura o añade puntos de luz dando toquecitos suaves con la esponja. Comprueba la cantidad de pintura y de agua. Si hay demasiada agua, perderás la textura.

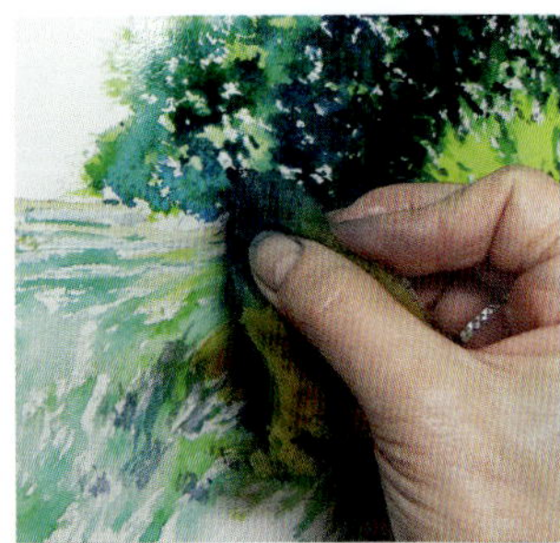

Alterar la humedad

La aguada no tiene por qué estar seca. Altera la humedad de la pintura y crea efectos. Trabaja húmedo sobre húmedo donde quieras que los colores se mezclen.

PONLO EN PRÁCTICA

El fondo de flores y hierbas debe su textura al punteado y al arrastre de capas de color, trabajadas de claro a oscuro. Los penachos de humo se han añadido retirando color con la esponja una vez seca la pintura.

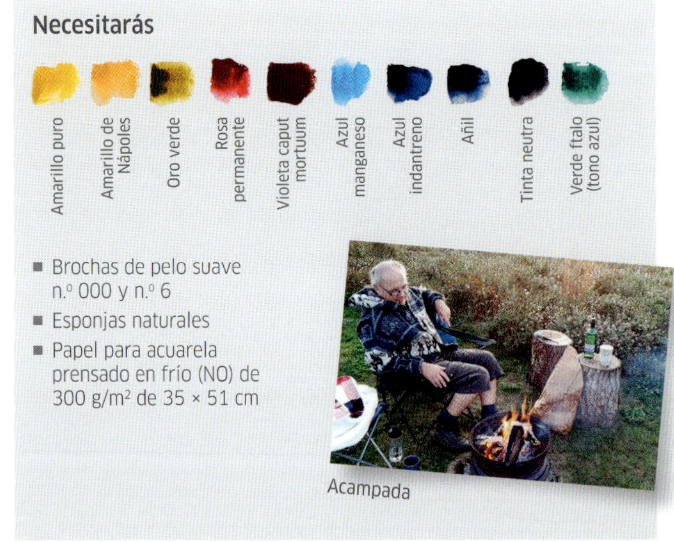

- Brochas de pelo suave n.º 000 y n.º 6
- Esponjas naturales
- Papel para acuarela prensado en frío (NO) de 300 g/m² de 35 × 51 cm

Acampada

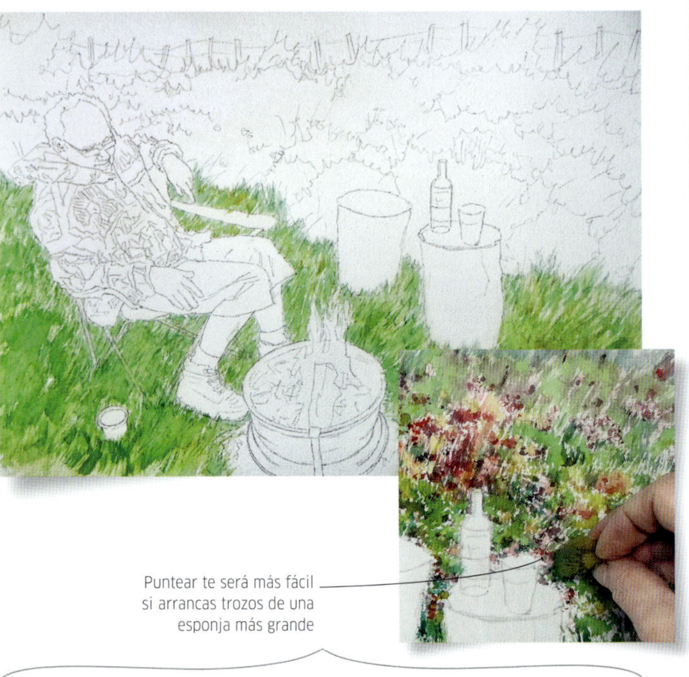

Puntear te será más fácil si arrancas trozos de una esponja más grande

1 Primeras capas claras

Añade la hierba del primer plano arrastrando la esponja en trazos cortos y sumando capas de color. Puntea el color para el fondo de flores y de inflorescencias y superpón naranjas, rosas y marrones cobre.

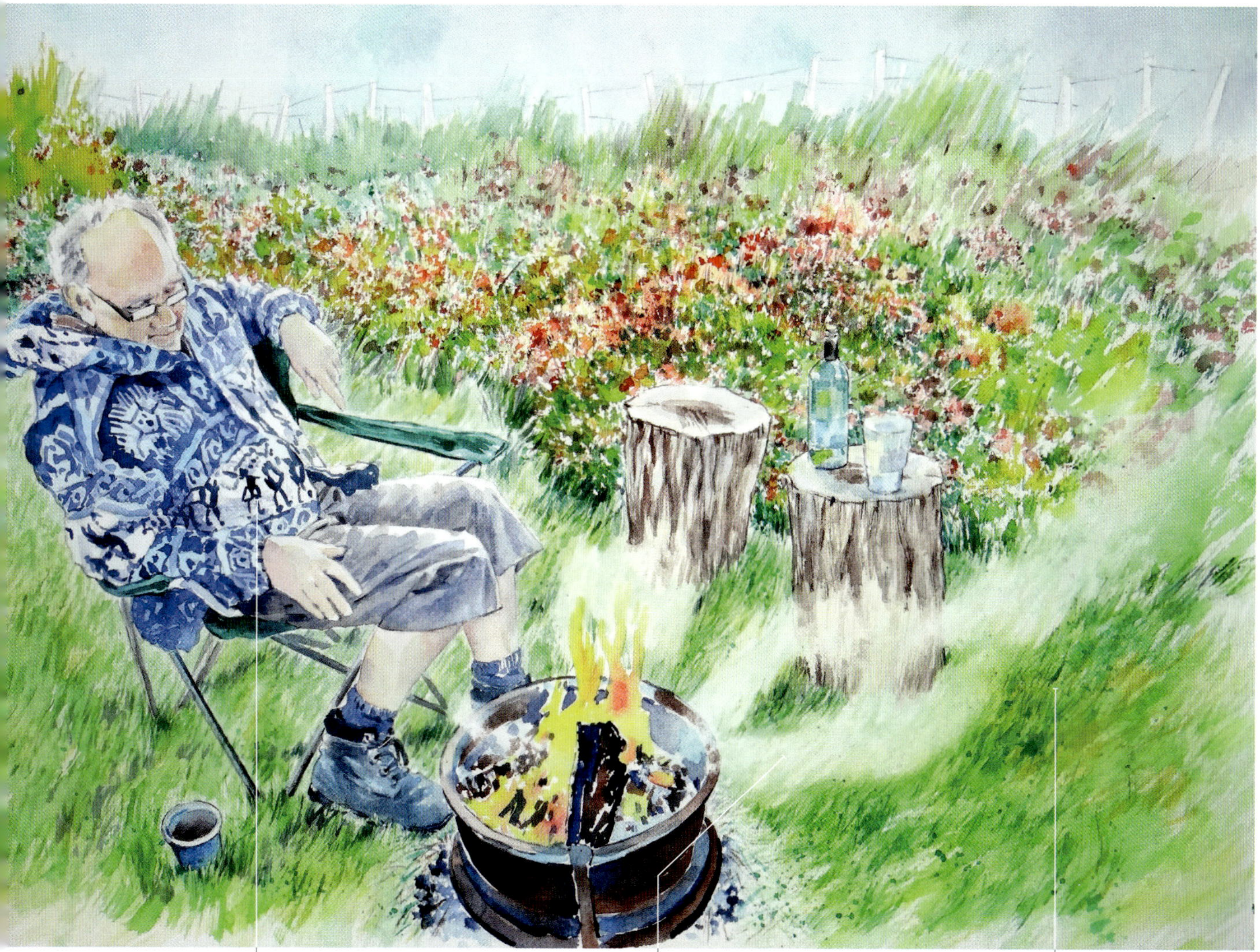

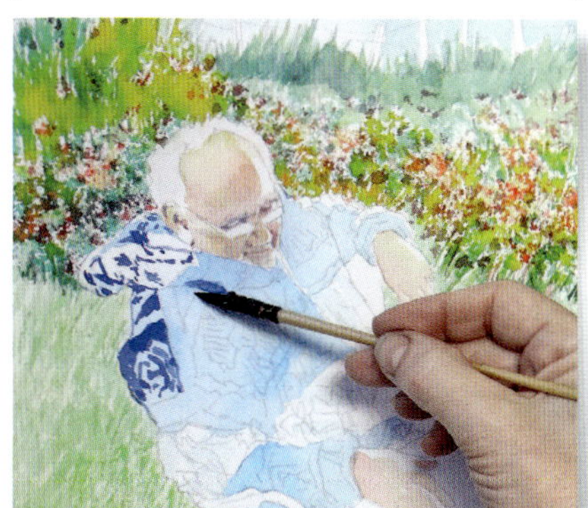

2 Comienza a pintar la figura

Pinta la figura, más detallada, y el fuego del primer plano con pinceles de distinto tamaño. Superpón las capas con técnicas húmedo sobre húmedo y húmedo sobre seco.

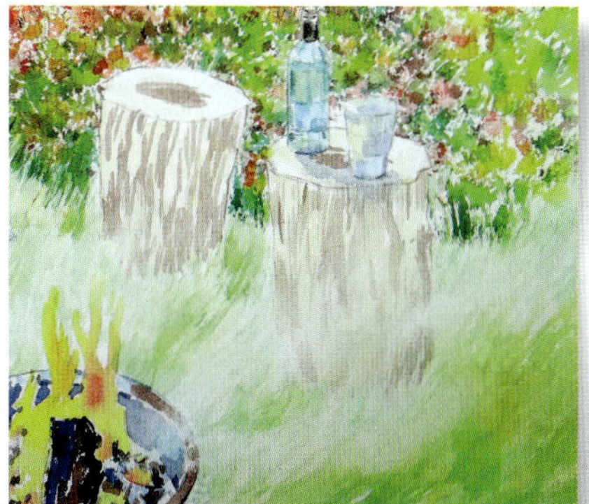

3 Retira color seco

Espera a que la pintura se haya secado del todo antes de frotar suavemente los penachos de humo con una esponja mojada para difuminar y retirar el color. ¡Cuidado con agujerear el papel!

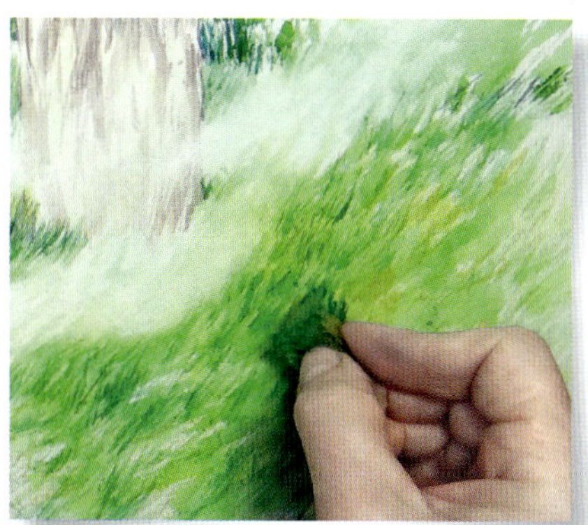

4 Añade textura

Arrastra y puntea con una esponja para crear los tonos y las sombras más oscuros entre el follaje y la hierba y agregar más textura e interés. Añade los últimos detalles.

Corregir errores

ELIMINAR MARCAS NO DESEADAS

Controlar los derrames, corridos y chorretones no deseados es difícil y, cuando se secan, dejan mancha. Sin embargo, los errores con la acuarela no son catastróficos. Si estás preparado y actúas con rapidez, puedes salvar la obra y volver a pintar la zona una vez se haya secado. También hay métodos para revisar o eliminar marcas más permanentes y que te permiten corregir el cuadro más adelante.

■ Eliminar derrames

Para evitar que un derrame o un corrido se seque sobre otra aguada, actúa con rapidez y seca y elimina la pintura húmeda. No frotes, o dañarás la superficie del papel.

Necesitarás
- ■ Papel de cocina
- ■ Pincel limpio y húmedo

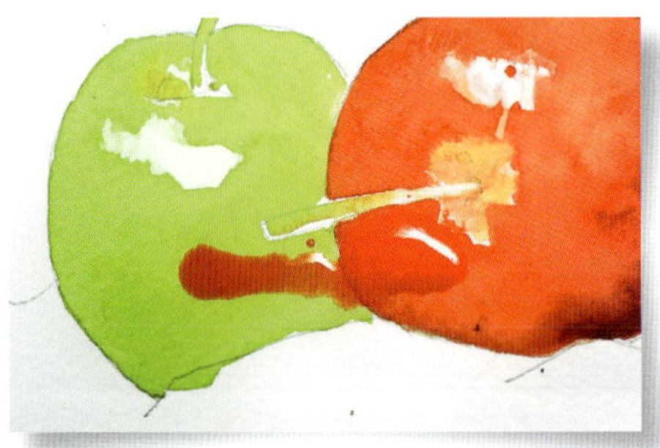

Corregir derrames
La aguada roja se ha corrido sobre la verde clara, ya seca. Responde al instante para evitar que el corrido se seque y cree un borde duro. Tener siempre cerca papel de cocina te permitirá actuar con rapidez.

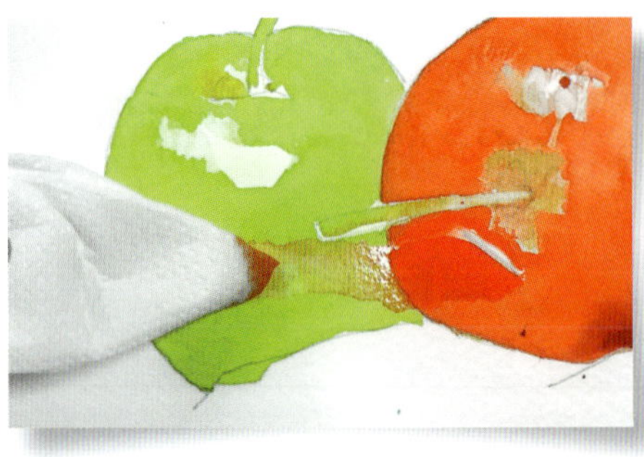

Seca el exceso
Seca el corrido a toquecitos con un trocito de papel de cocina que absorba el exceso de pintura. Deja que el papel se seque, y sigue pintando. Si queda mancha, vuelve a humedecer la zona, y después elimínala con un pincel húmedo o papel de cocina.

■ Corregir corridos

Controlar la acuarela es difícil y, a menudo, los colores se corren justo donde no deben. Una de las soluciones posibles consiste en eliminar la pintura con un pincel.

Necesitarás
- ■ Pincel limpio y húmedo

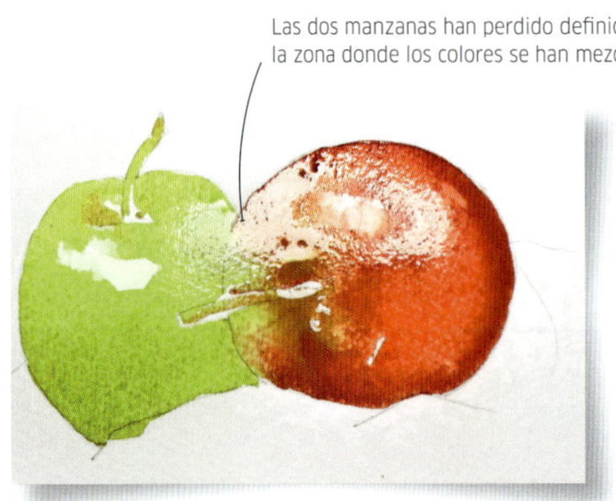

Colores mezclados
Si aplicas áreas de acuarela húmedas demasiado próximas, es muy probable que se corran y creen mezclas y combinaciones de color no deseadas. Aquí, el rojo y el verde se han mezclado y han producido un marrón.

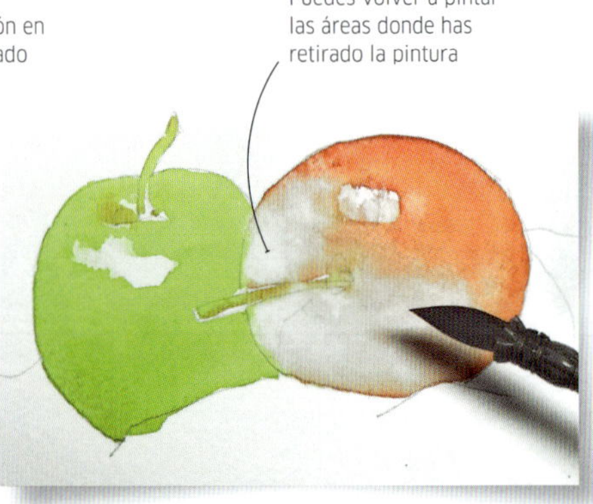

Retirar el corrido con pincel
Suaviza el corrido retirando el exceso de pintura con un pincel húmedo. Espera a que el papel se seque, y vuelve a pintar, esperando a que cada una de las zonas se seque para evitar que los colores se corran de nuevo.

Retirar pintura seca

La acuarela es soluble en agua, por lo que puedes volver a humedecer y retirar la mayoría de las marcas no deseadas. Si el papel es grueso, también las puedes raspar.

Necesitarás

- Pincel de cerdas rígidas
- Papel de cocina y cúter
- Esponja o borrador mágico para acuarela

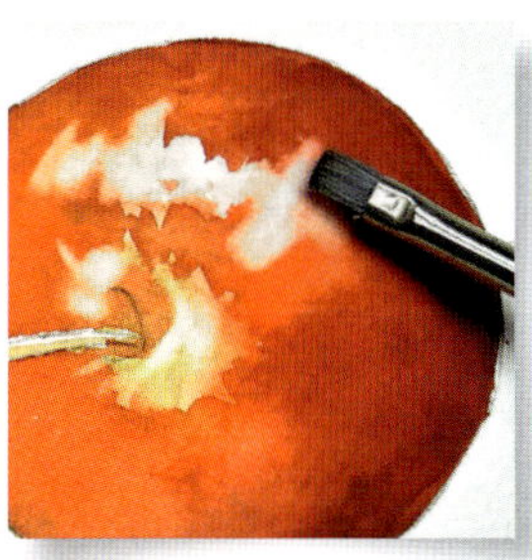

Pincel húmedo
Frota suavemente con un pincel de cerdas rígidas húmedo. Seca con papel de cocina, enjuaga el pincel y repite la operación.

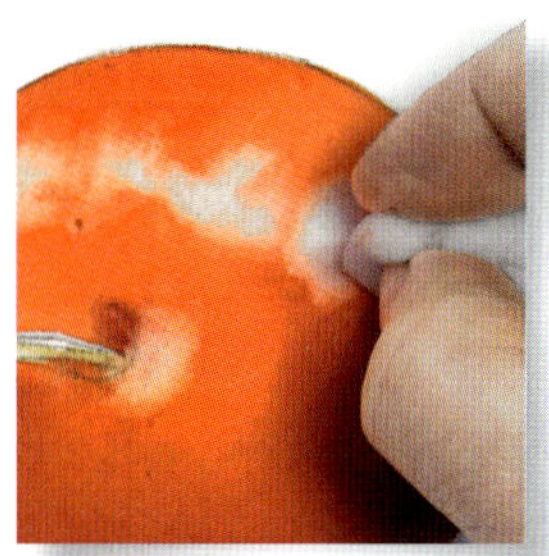

Esponja borradora
Retira o borra la pintura seca con una esponja o un borrador «mágico». Arranca un trozo, humedece, enjuaga y borra.

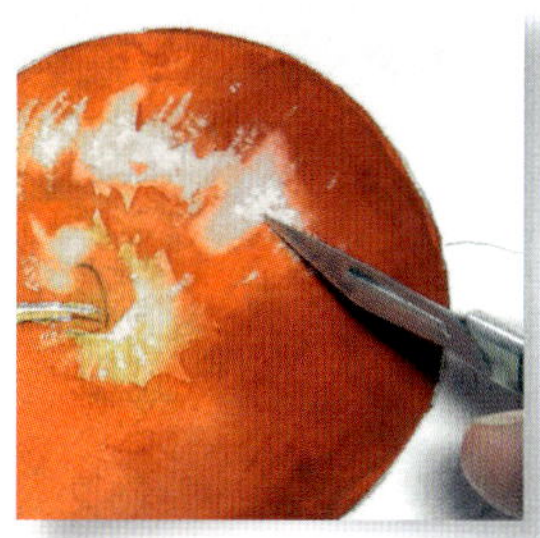

Cúter
Espera a que la marca clara que haya quedado tras aplicar el papel se seque del todo y rasca la pintura con un cúter.

Prevenir los borrones

Los borrones son áreas que se han secado con bordes difusos en los puntos en que se han mezclado dos o más aguadas. Trabaja rápido para evitar que aparezcan.

Necesitarás

- Papel de cocina
- Pincel de pelo suave, limpio y húmedo

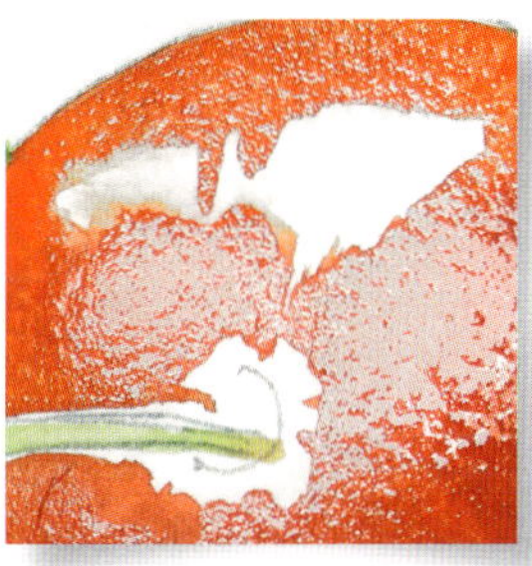

Qué causa los borrones
El exceso de pintura correrá hacia las zonas de pintura más seca, y las aguadas se mezclarán.

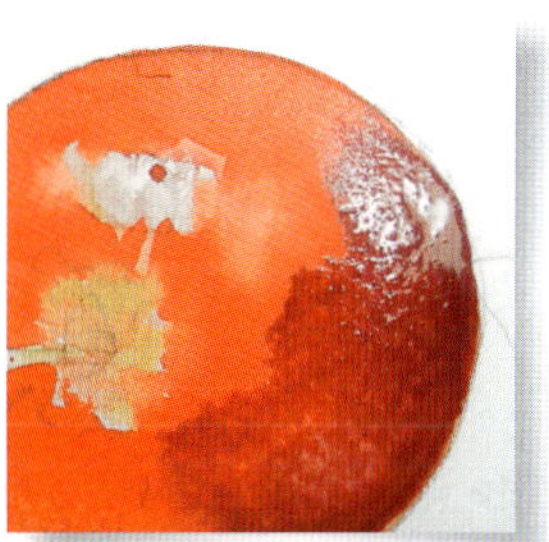

Marcas de borrones
Cuando el área se seca, aparecen marcas de agua accidentales, conocidas como borrones o coliflores.

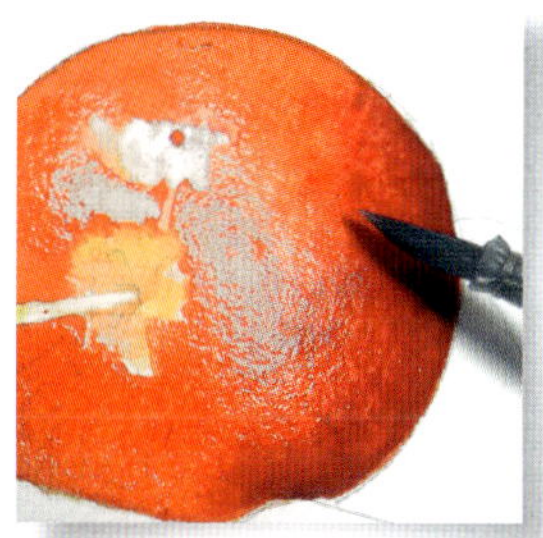

Pasar a la acción
En cuanto aparezca un borrón, sécalo con un pincel o papel de cocina, para que absorban y retiren el exceso de pintura.

Solucionar errores permanentes

Algunos pigmentos manchan y se resisten a estas soluciones rápidas. Puedes pintar encima, ya sea oscuro sobre claro o con *gouache* blanco. O puedes diluirlo todo en agua y volver a empezar.

Necesitarás

- *Gouache* blanco
- Pincel suave
- Grifo o ducha

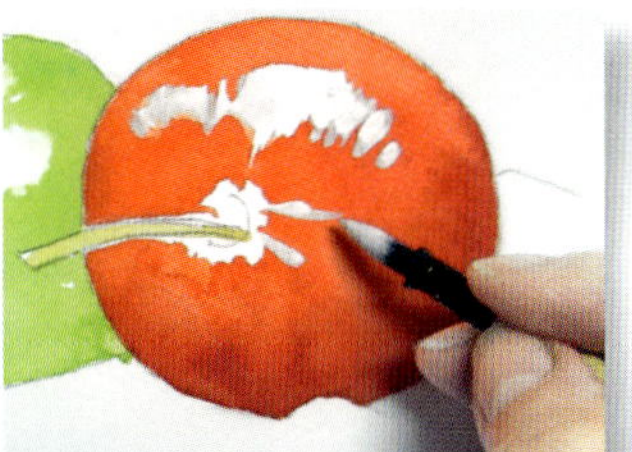

Recuperar los puntos de luz
Aplica *gouache* blanco opaco sobre una aguada seca para recuperar puntos de luz perdidos.

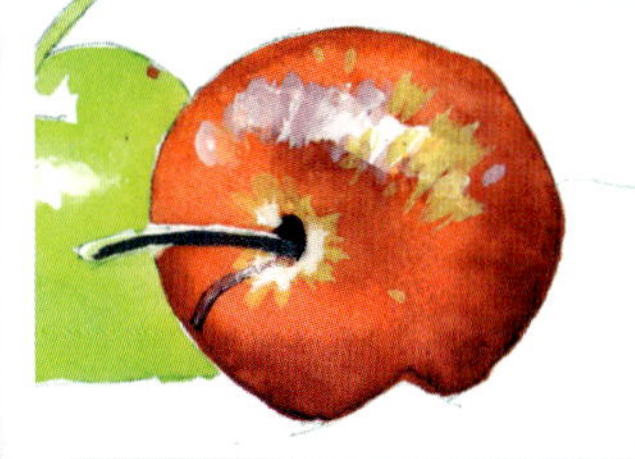

Mezclar colores
Mezcla sobre el papel *gouache* blanco y acuarela transparente para tapar errores.

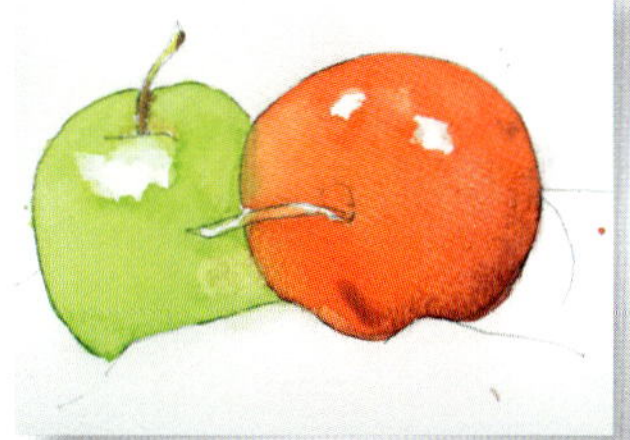

Obra demasiado trabajada
Si has trabajado demasiado una obra sobre papel grueso y pesado, puedes lavarla con agua y volver a pintarla.

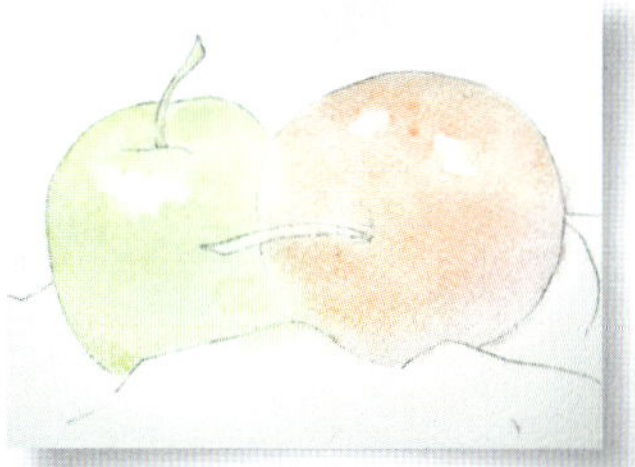

Lavar con agua
Retira cuidadosamente el color con un pincel bajo agua corriente para dejar un «fantasma».

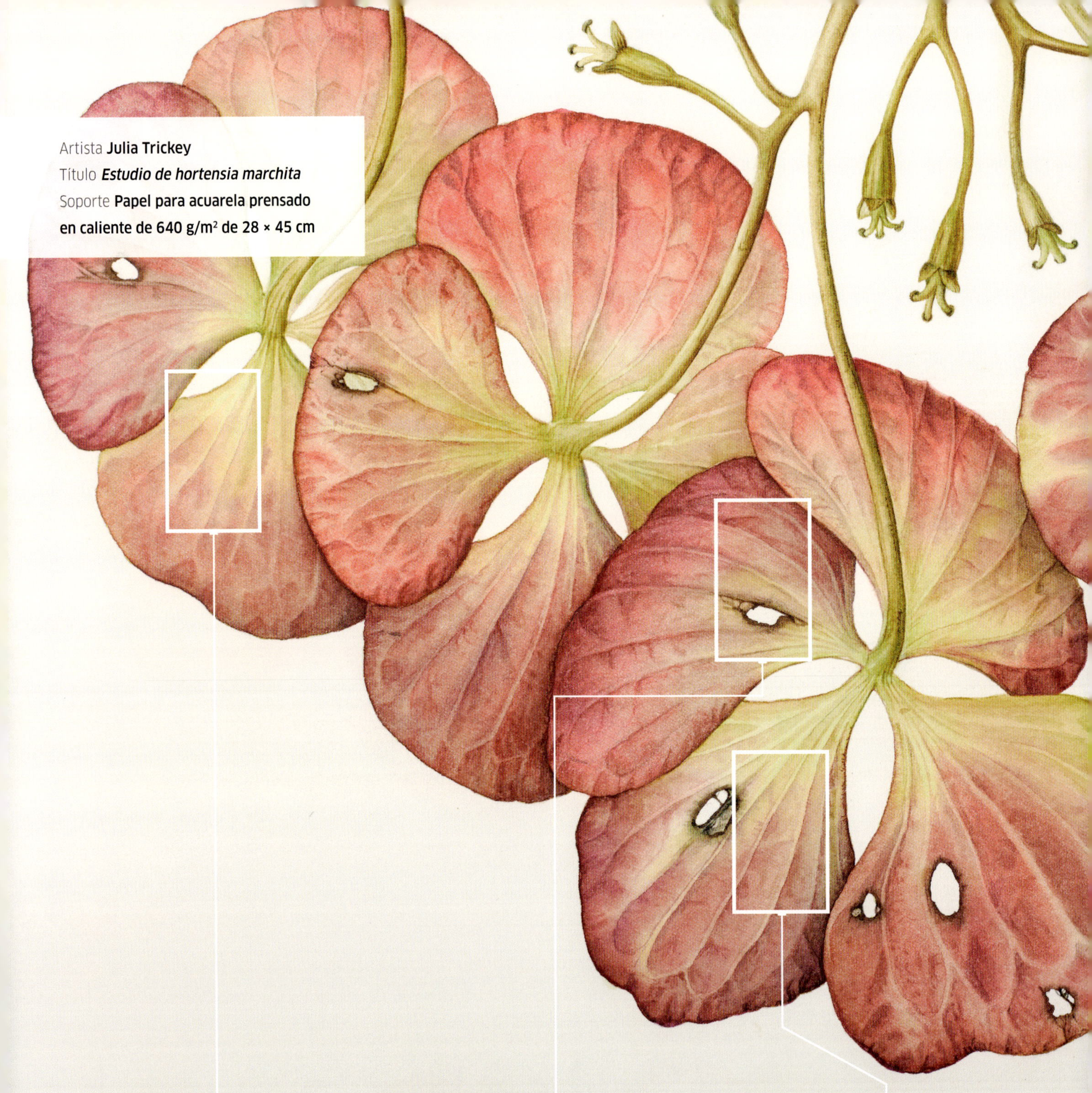

Artista **Julia Trickey**
Título *Estudio de hortensia marchita*
Soporte **Papel para acuarela prensado**
en caliente de 640 g/m² de 28 × 45 cm

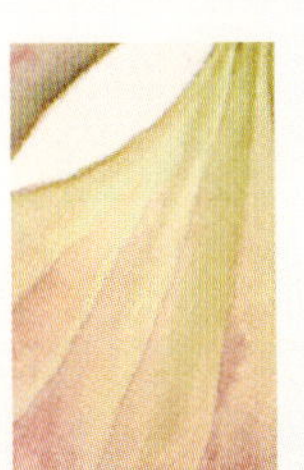

Húmedo sobre seco

<< Véanse pp. 50–51

Los pétalos se han pintado
íntegramente de verde
claro, y después se han
dejado secar del todo,
para crear un fondo sobre
el que añadir más colores.

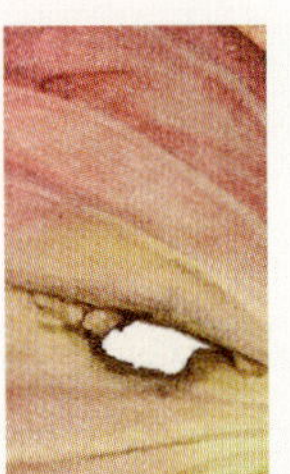

Líquido enmascarador

>> Véanse pp. 100–101

Enmascarar los tallos de las
flores pequeñas y las manchas
de los pétalos ha permitido
aplicar las primeras aguadas
sin tener que evitar las zonas
de detalles precisos.

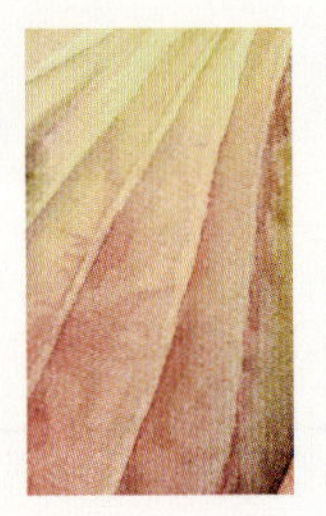

Retirar

<< Véanse pp. 82–83

Para las venas de los pétalos
se ha agitado un pincel
ligeramente humedecido a
lo largo de cada una, y luego
se han secado con un papel
de cocina o un paño.

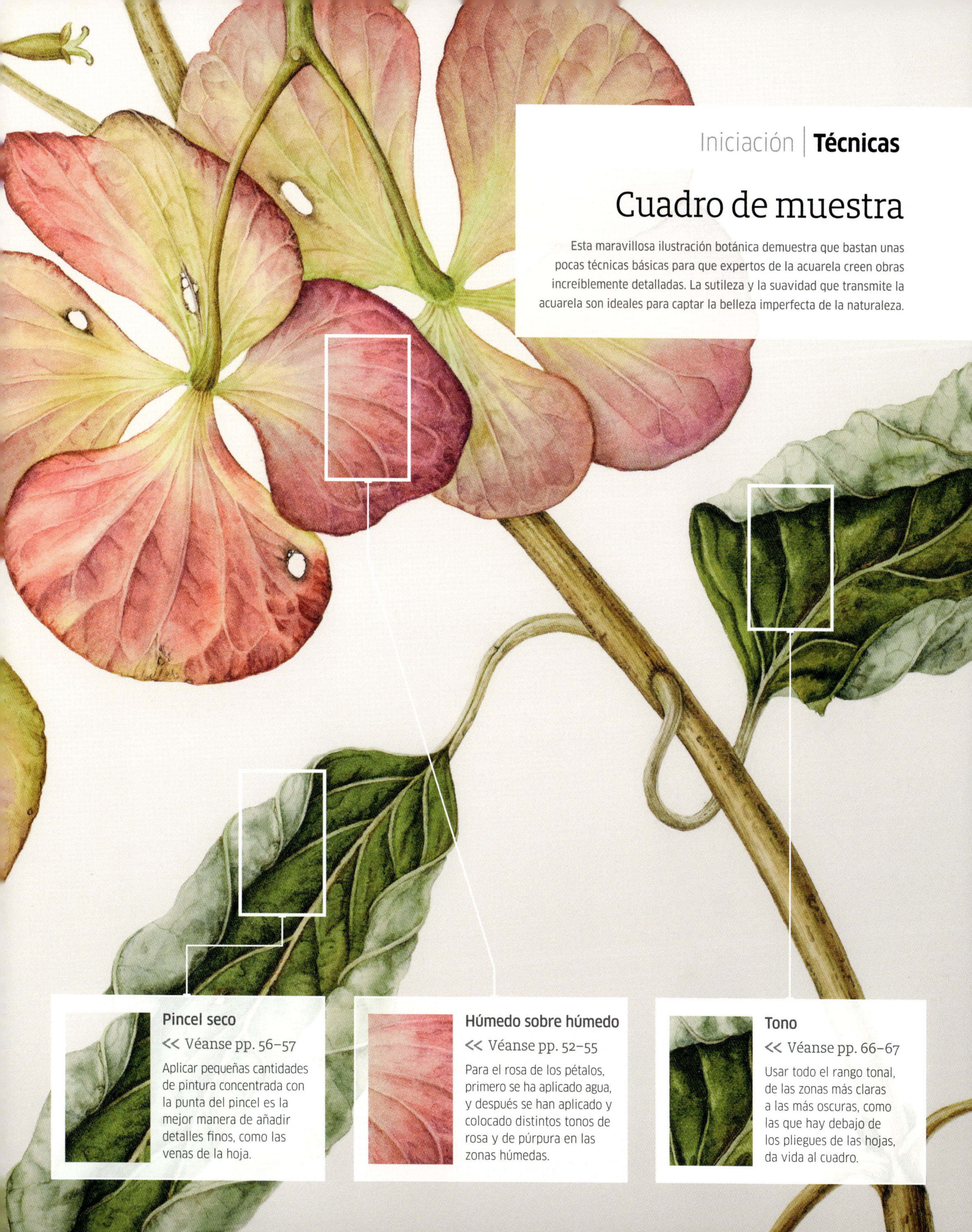

Cuadro de muestra

Esta maravillosa ilustración botánica demuestra que bastan unas pocas técnicas básicas para que expertos de la acuarela creen obras increíblemente detalladas. La sutileza y la suavidad que transmite la acuarela son ideales para captar la belleza imperfecta de la naturaleza.

Pincel seco

≪ Véanse pp. 56–57

Aplicar pequeñas cantidades de pintura concentrada con la punta del pincel es la mejor manera de añadir detalles finos, como las venas de la hoja.

Húmedo sobre húmedo

≪ Véanse pp. 52–55

Para el rosa de los pétalos, primero se ha aplicado agua, y después se han aplicado y colocado distintos tonos de rosa y de púrpura en las zonas húmedas.

Tono

≪ Véanse pp. 66–67

Usar todo el rango tonal, de las zonas más claras a las más oscuras, como las que hay debajo de los pliegues de las hojas, da vida al cuadro.

Aguadas granulosas

EFECTOS CON PIGMENTOS GRANULOSOS

Cuando los pigmentos de la pintura se separan y se secan, producen un efecto moteado al que se denomina granulación. Elegir para parte o la totalidad del cuadro colores que se granulan añade delicadeza a las texturas, variedad a las aguadas e interés en general.

PONLO EN PRÁCTICA

Esta paleta abarca casi todos los pigmentos que se granulan, y las mezclas de grises y oscuros potentes transmiten intensidad en esta vista de Venecia bajo una tormenta. Un medio de granulación ha dado textura a aguadas húmedas.

Necesitarás

Gouache blanco · Cinabrese · Siena natural · Siena tostada · Sombra tostada

Violeta caput mortuum · Azul cerúleo · Azul de ultramar francés · Verde de viridio

- Pinceles redondos de pelo suave n.º 10, n.º 3 y n.º 2
- Medio de granulación
- Papel para acuarela prensado en frío (NO) de 425 g/m² de 50 × 61 cm

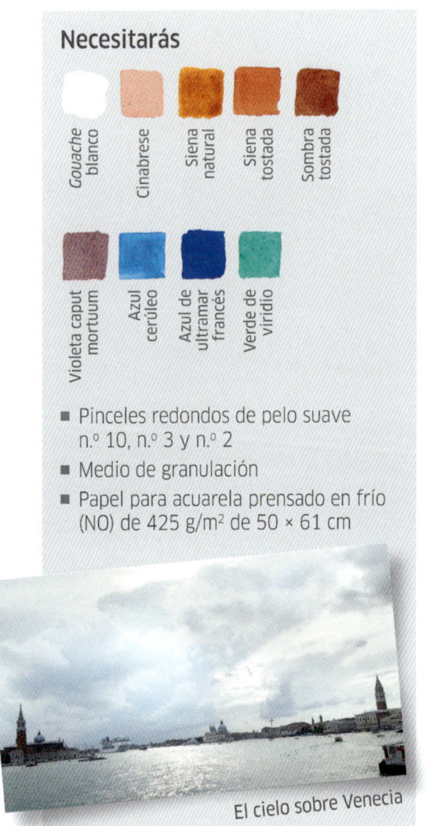

El cielo sobre Venecia

■ Experimentar con la granulación

Hay varias maneras de promover la granulación. Usa un papel áspero que retenga el pigmento en la superficie y trabaja sobre el papel plano, tras haber humedecido las áreas donde buscas granulación. Usar un medio de granulación o imitarlo con sal (pp. 148-149) produce efectos más intensos, que extenderás si mezclas pigmentos en otra aguada (pp. 92-93).

1 Aguada de fondo
Aplica una aguada clara de azul cerúleo y siena natural para teñir el papel y proporcionar una base transparente de textura sutil. Cubre todo el papel.

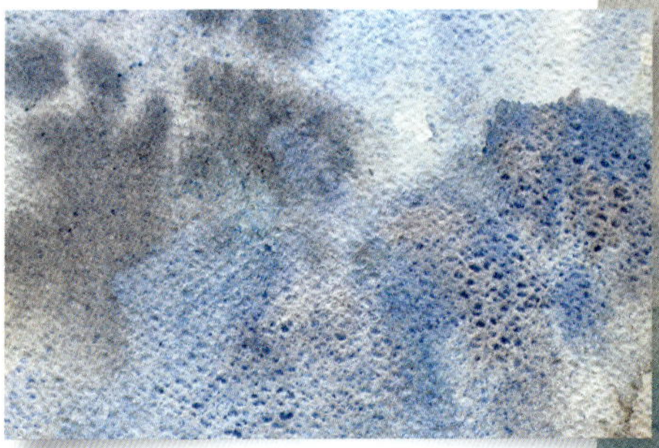

Azul cerúleo + Siena tostada = Mezcla granulosa para el cielo

2 Cielo granuloso
Aplica los pigmentos granulosos azul y marrón sobre el papel húmedo y mezcla algunas aguadas con el medio de granulación en lugar de con agua. Deja que se mezclen.

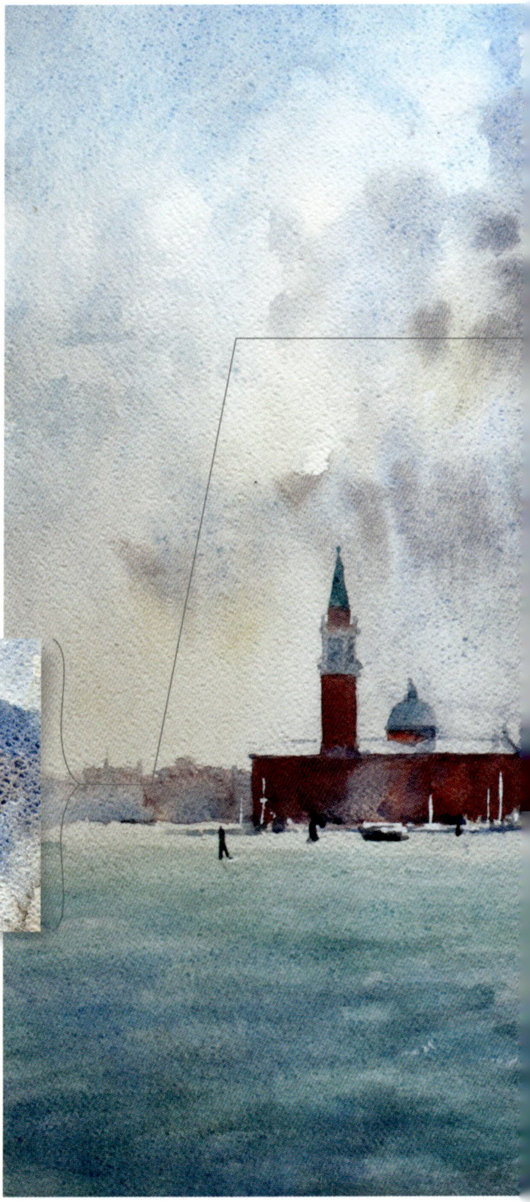

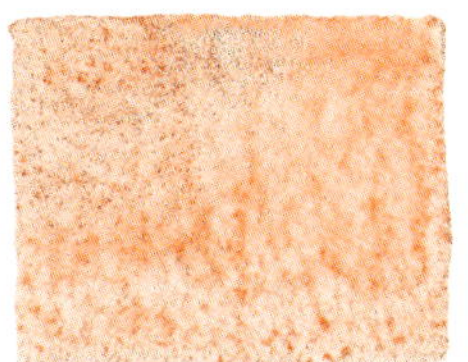

Rojo claro

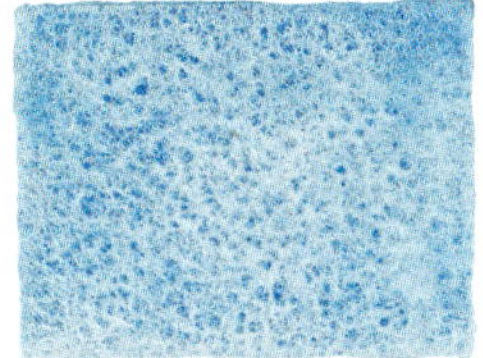

Azul cerúleo

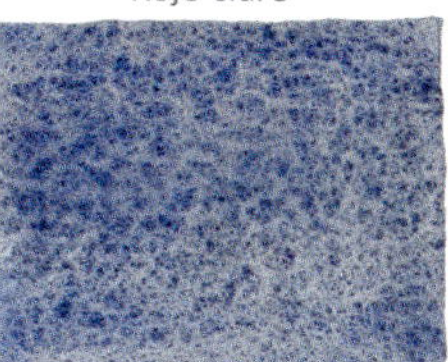

Azul de ultramar francés

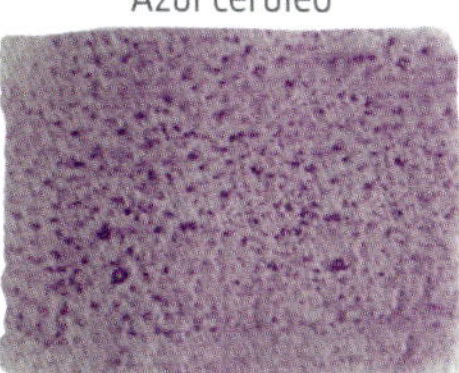

Violeta con medio
de granulación

Granulación natural y potenciada

El papel húmedo ayuda a separar y depositar los pigmentos que se granulan y dejan un efecto granuloso al secarse. Añadir un medio de granulación logra efectos similares en aguadas uniformes y potencia el efecto en pigmentos que se granulan solos.

Pigmentos que se granulan bien

No todos los colores se granulan, pero los siguientes lo hacen de forma natural, ya se apliquen solos o mezclados entre ellos.

- Siena tostada
- Sombra tostada
- Rojo cadmio
- Azul cerúleo
- Cinabrese
- Azul cobalto
- Violeta cobalto
- Azul de ultramar francés
- Rojo claro
- Tierra de Pozzuoli
- Sombra natural
- Rosa granza genuino
- Verde tierra
- Violeta ultramar
- Verde de viridio

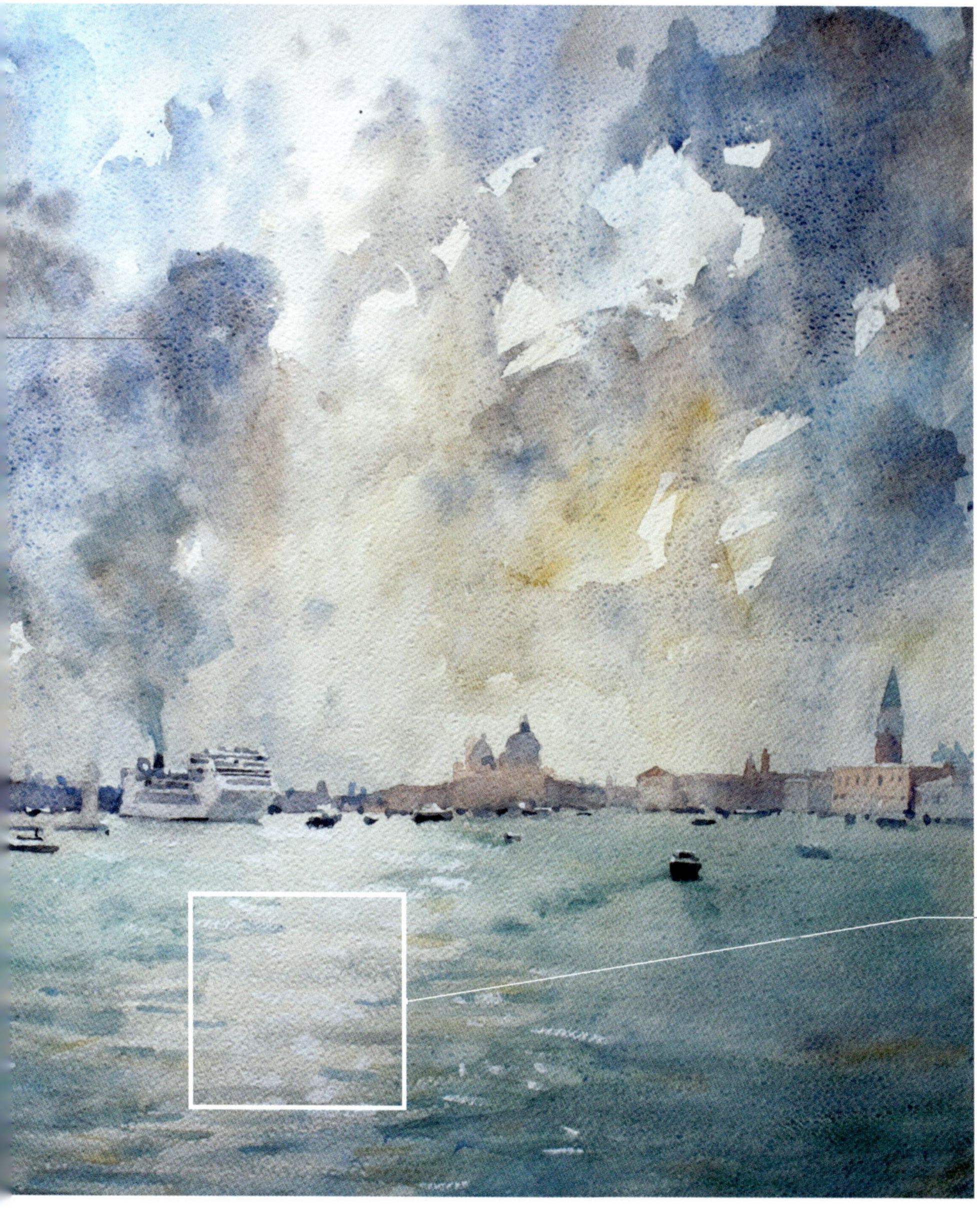

3 Detalles arquitectónicos

Los edificios dan sensación de escala y contrastan con el efímero cielo. Usa mezclas oscuras y texturas granulosas para que las fachadas destaquen.

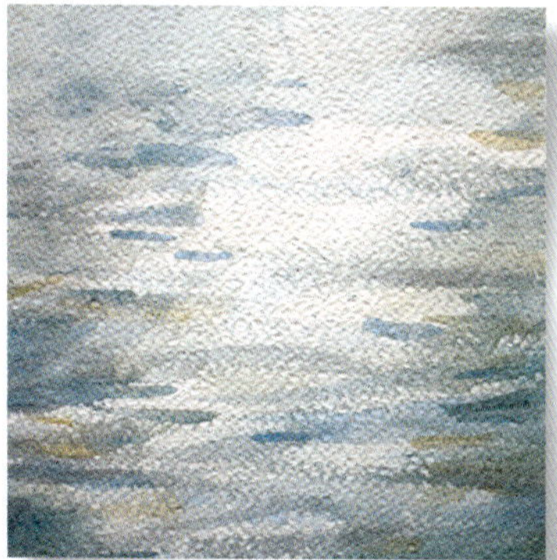

4 Toques de luz finales

Cuando las capas anteriores se hayan secado, añade detalles más finos, como las barcas y los puntales, usando el pincel n.º 2 y tintas oscuras. Aplica toques de *gouache* blanco espeso, para crear luces centelleantes.

Aguadas separadas

PROVOCAR REACCIONES ENTRE LOS PIGMENTOS

Cuando se mezclan entre ellos, las propiedades de algunos pigmentos los llevan a reaccionar y a producir un efecto conocido como aguada separada. Las reacciones son diversas y van desde la textura granulosa a patrones derivados de la restricción de los corridos. Aprovecha estas reacciones naturales en áreas grandes para crear efectos moteados en cielos y agua o para sugerir patrones más detallados, como pelaje animal o tejidos.

■ Efectos especiales

Conocer el comportamiento de algunos colores (pp. 246–247) te ayudará a realzar el cuadro y a lograr efectos naturales que serían difíciles de conseguir de otro modo. Algunos pigmentos reaccionan bloqueando y alejando a otros, mientras que otros dejan intensos granos de pigmento que dotan al cuadro de texturas espontáneas.

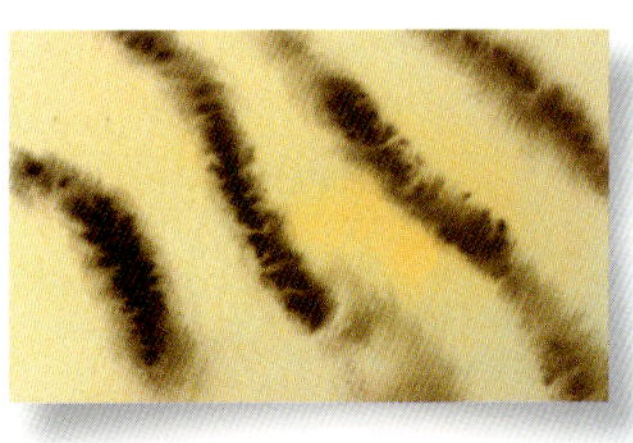

Limitar la extensión

La mezcla de amarillo de Nápoles opaco y de naranja cadmio ha frenado por completo la extensión del marrón Van Dyke. Las rayas son perfectas para el pelaje animal.

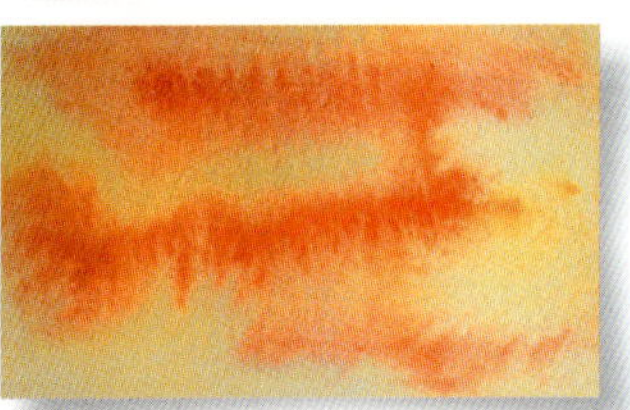

Corridos con bordes difusos

Al rojo cadmio le cuesta mezclarse del todo sobre la aguada húmeda de amarillo indio, un color al que le gusta alejarse y correrse. Este efecto resulta muy útil en flores y atardeceres.

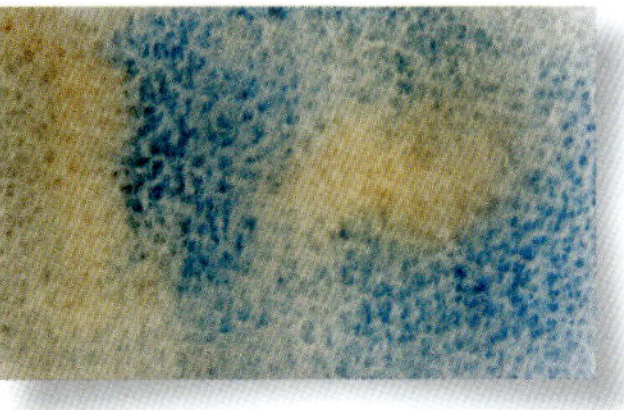

Textura áspera

El azul cerúleo y el sombra tostada se granulan muy bien y se resisten a extenderse de manera uniforme. Cuando se mezclan, se separan y producen una textura útil para pintar roca.

PONLO EN PRÁCTICA

Al granularse, el siena tostada y el azul de ultramar francés producen un cielo interesante y profundo. El efecto de bloqueo del amarillo de Nápoles facilita que las marcas de las alas se mezclen de forma natural.

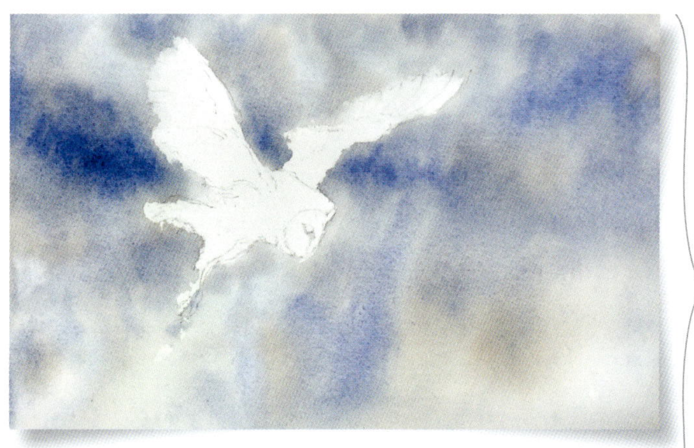

1 Aguada granulosa

Aplica mezclas sueltas de azul de ultramar y siena tostada en diagonal a lo ancho del papel húmedo para crear un fondo húmedo sobre húmedo. Inclina la tabla en varios ángulos, para que los colores se mezclen.

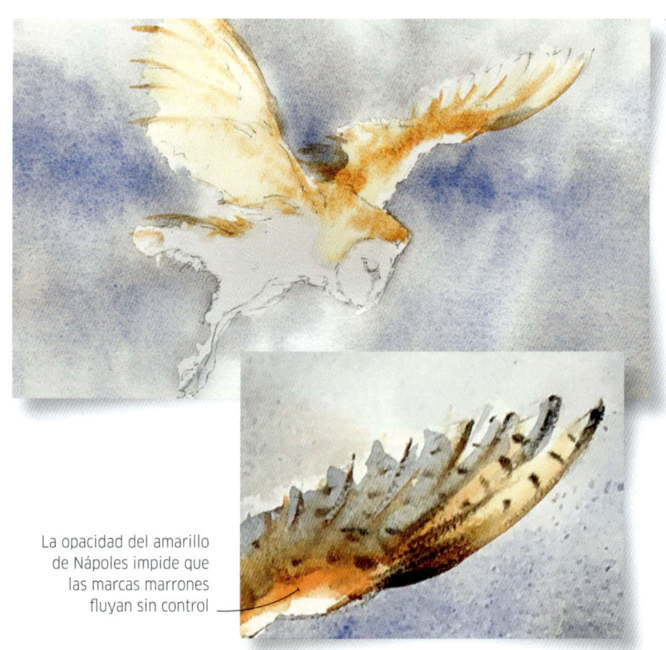

La opacidad del amarillo de Nápoles impide que las marcas marrones fluyan sin control

2 Veladuras húmedo sobre húmedo

Con el fondo seco, pinta la lechuza con una veladura húmedo sobre húmedo de amarillo de Nápoles y siena natural. Lleva el amarillo hacia los extremos de las alas. Añade los raquis con rápidas pinceladas de marrón.

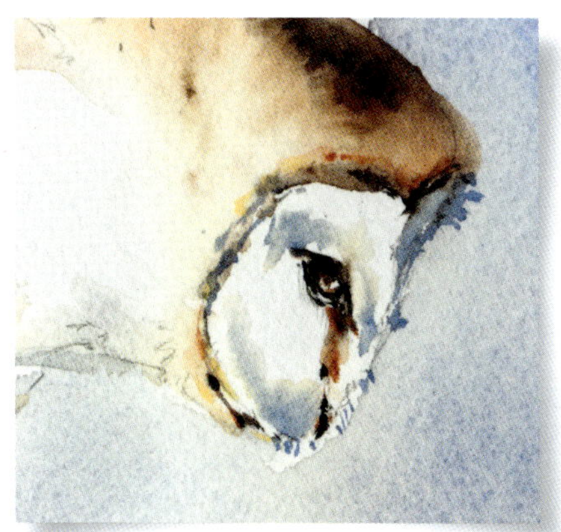

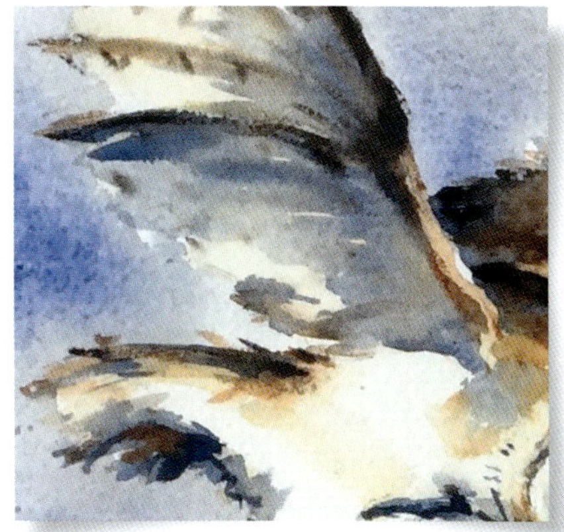

3 Detalles de la cara

Al pintar el ojo, deja una pizca de papel sin pintar, como punto de luz. Aprovecha que el azul de ultramar francés y el siena tostada se granulan y trabaja con pincel seco para añadir el plumoso borde difuso de la cara.

4 Sombras finales

Pinta las sombras bajo las alas con una aguada azul de ultramar transparente. Añade marrón Van Dyke a la aguada azul para reforzar la sombra debajo del cuerpo y de la cola. Salpica el fondo para dar sensación de inmediatez.

Necesitarás

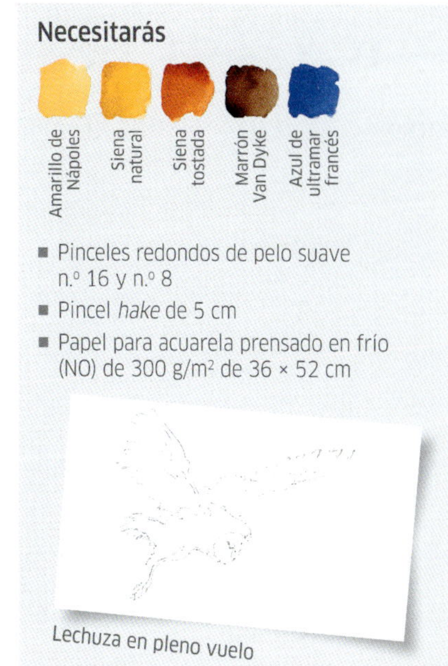

- Pinceles redondos de pelo suave n.º 16 y n.º 8
- Pincel *hake* de 5 cm
- Papel para acuarela prensado en frío (NO) de 300 g/m² de 36 × 52 cm

Lechuza en pleno vuelo

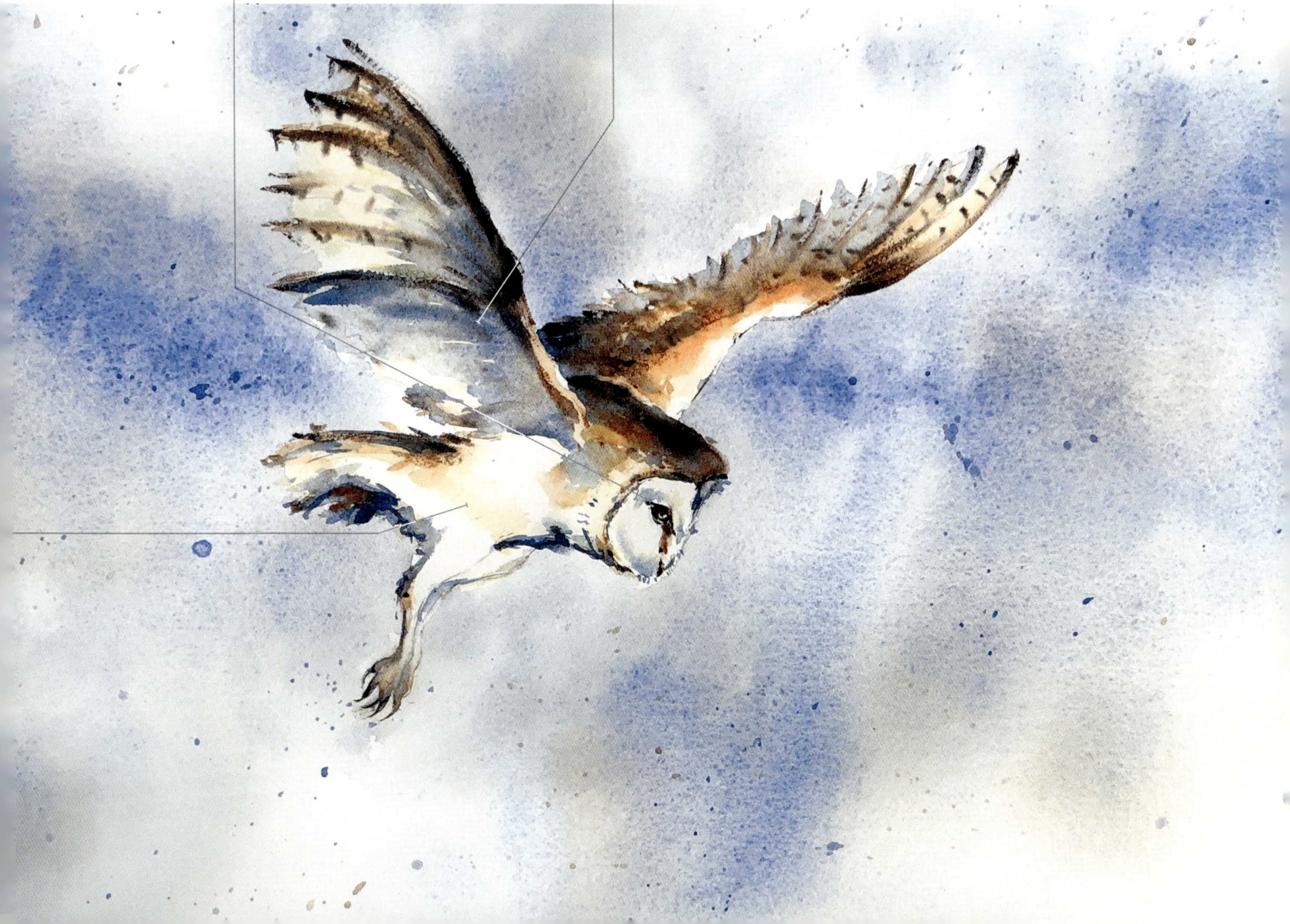

Suavizar los bordes

TOMAR DECISIONES ACERCA DE LOS BORDES

Todas las marcas que un pincel pueda dejar tienen un borde, y corresponde al artista decidir cómo ha de ser este. Los bordes suaves permiten sugerir superficies, indican profundidad y evocan ambiente. Combinarlos con bordes duros ayuda a crear áreas focales y a dar sensación de tridimensionalidad. Los bordes suaves realzan muchos temas, como los retratos (dcha.) y los paisajes (pp. 96–97).

▨ Manipular la pintura

La manera más simple de suavizar bordes de acuarela es pasar un pincel con agua limpia sobre el borde exterior de la pintura aún húmeda. Esto difumina, por ejemplo, las zonas donde se tocan una sombra y un punto de luz. También puedes mezclar la pintura antes de que se seque, moverla suavemente con un pincel, o aplicar áreas húmedas de pintura adyacentes para que los bordes se mezclen.

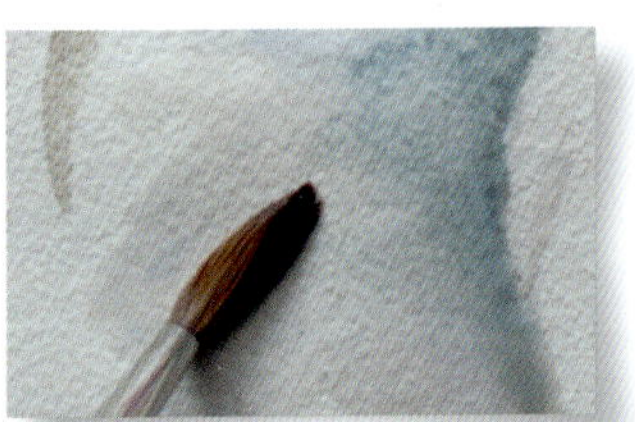

Humedecer el borde
Logra bordes suaves y difuminados mojando el pincel en agua limpia y pasándolo sobre el borde con la pintura aún húmeda.

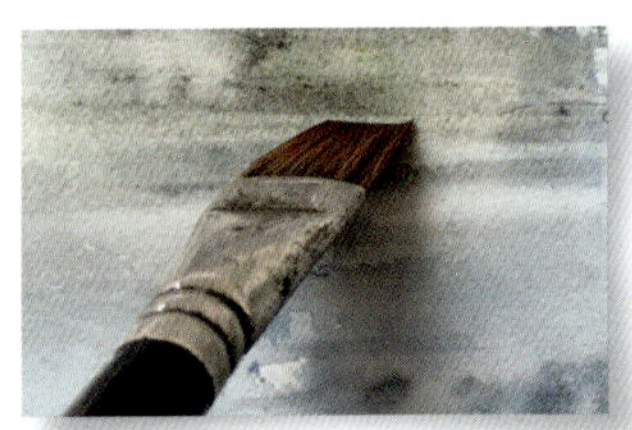

Mezclar la pintura húmeda
Aplica una mezcla más fuerte sobre la primera aguada aún húmeda para que se mezcle con ella sin perder intensidad.

Bordes húmedo sobre húmedo
Inclina el papel lo bastante como para que la pintura corra hacia abajo. Absorbe con un pincel húmedo la pintura a medida que esta se acumule abajo, para evitar borrones.

TEXTURA Y ATMÓSFERA

En este retrato de una niña dormida, el artista ha utilizado bordes suaves no solo para plasmar la textura del cabello, de la seda y de la piel infantil; también para sugerir reposo y un entorno sereno.

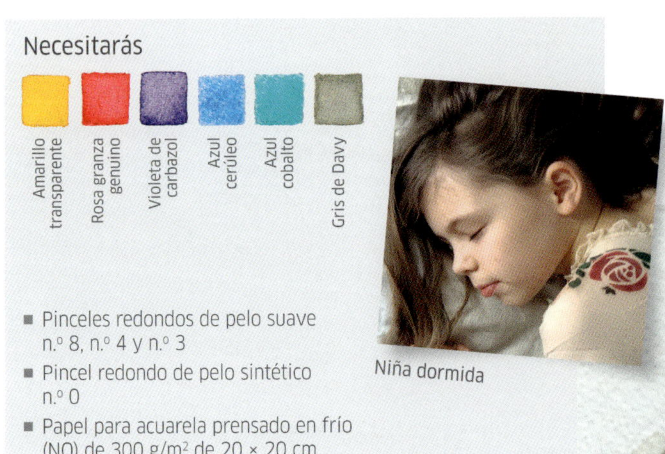

■ Pinceles redondos de pelo suave n.º 8, n.º 4 y n.º 3
■ Pincel redondo de pelo sintético n.º 0
■ Papel para acuarela prensado en frío (NO) de 300 g/m² de 20 × 20 cm

Niña dormida

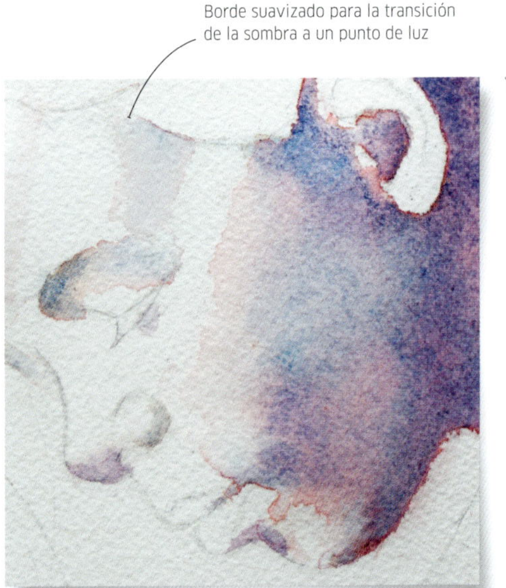

Borde suavizado para la transición de la sombra a un punto de luz

1 Suaviza las transiciones tonales
Con el pincel n.º 8, haz mezclas de rosa y azules cerúleo y cobalto, y pinta las áreas sombreadas del rostro. Aplica agua limpia sobre el borde de la mezcla para suavizar la transición a los puntos de luz.

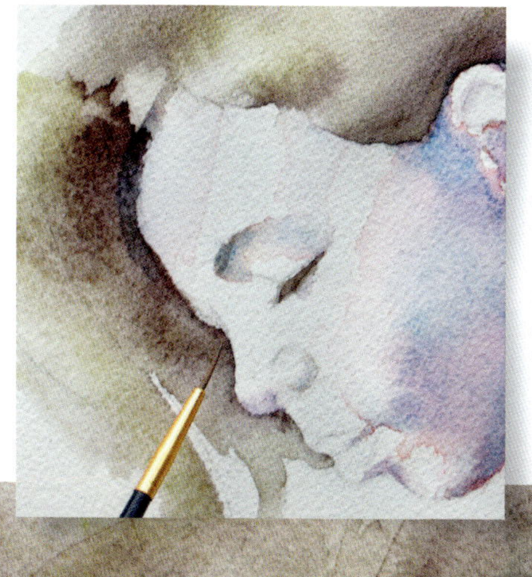

2 Bordes suaves para el cabello

Con el mismo pincel, mezcla violeta y amarillo para las pestañas y el cabello. Aplica abundante color en forma de charquitos sobre el papel. Pinta las zonas pequeñas, como las pestañas, con el pincel n.º 0. Pinta el motivo rosa.

«Usar una mayoría de **bordes suaves dirige la mirada** a **los rasgos del rostro, más definidos**.»

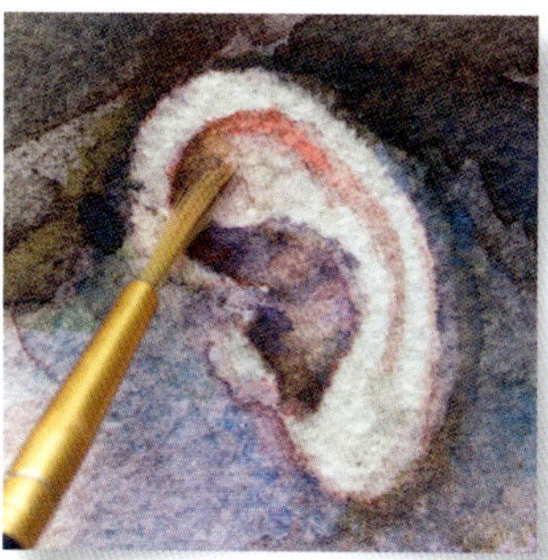

3 Refina la oreja

Con el pincel n.º 0, añade pequeñas cantidades de violeta mezclado con rosa y cerúleo para potenciar las sombras de la oreja.

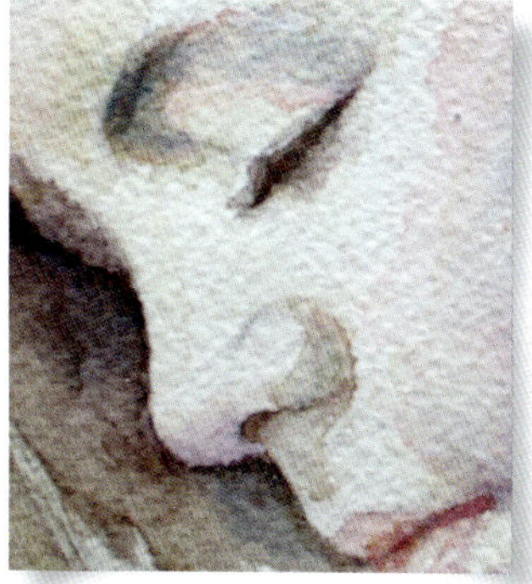

4 Potencia los rasgos

Mezcla violeta y amarillo para las sombras de la nariz y de los ojos. Mezcla rosa y violeta para los labios. Aplica gris detrás del hombro.

5 Toques finales

Aplica una mezcla de violeta y amarillo para oscurecer mechones de cabello. Refina los rasgos con el pincel n.º 0. Por último, mezcla rosa y cerúleo para realzar el pómulo.

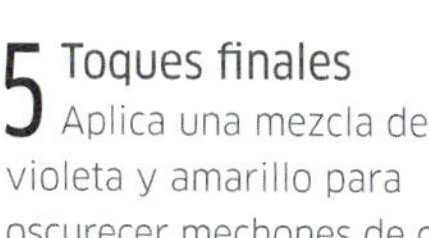

ILUSIÓN Y MISTERIO

Suavizar los bordes crea la ilusión de una escena en lugar de describirla y hace que el cuadro resulte más enigmático. Los reflejos en el agua son el ejemplo más habitual de bordes suaves en la naturaleza. No es sorprendente que la acuarela sea el mejor medio para captar esa cualidad. Mantén el papel con una inclinación de 45 grados, para que la pintura fluya.

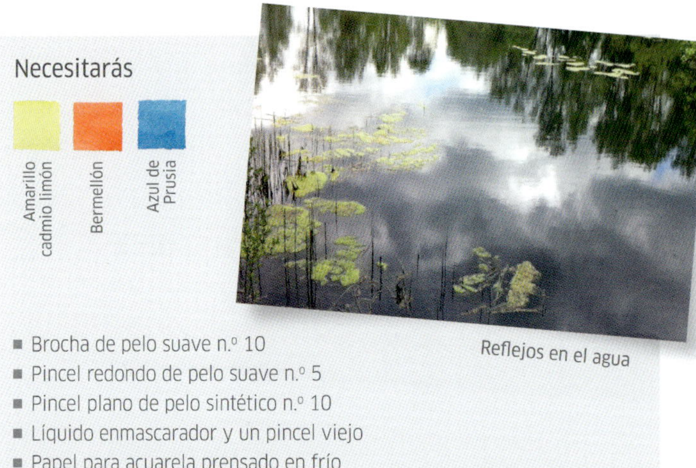

Reflejos en el agua

- Brocha de pelo suave n.º 10
- Pincel redondo de pelo suave n.º 5
- Pincel plano de pelo sintético n.º 10
- Líquido enmascarador y un pincel viejo
- Papel para acuarela prensado en frío (NO) de 300 g/m² de 28 × 38 cm

1 Enmascara las áreas blancas

Esboza la silueta de las plantas flotantes y aplica líquido enmascarador con un pincel viejo para conservar puntos de luz en esas áreas. Dibuja plantas más grandes en el primer plano para dar sensación de perspectiva (pp. 26-27).

2 Suaviza los reflejos del cielo

Humedece el papel y aplica con la brocha aguadas de mezclas de azul de Prusia y bermellón, dejando franjas de blanco y azul como reflejos del cielo. Esta técnica de aguada húmedo sobre húmedo suaviza el cielo y aporta efectismo a la escena.

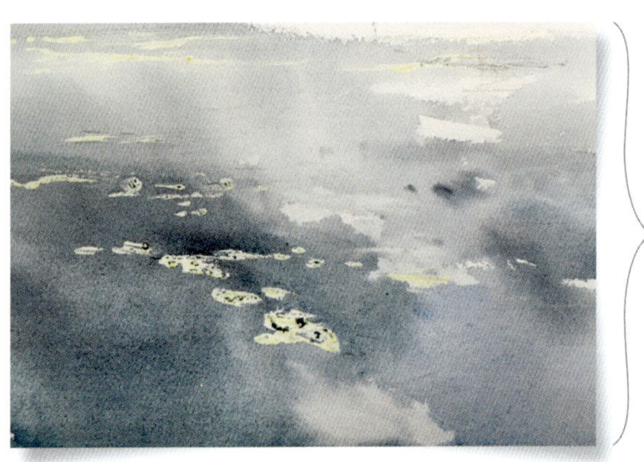

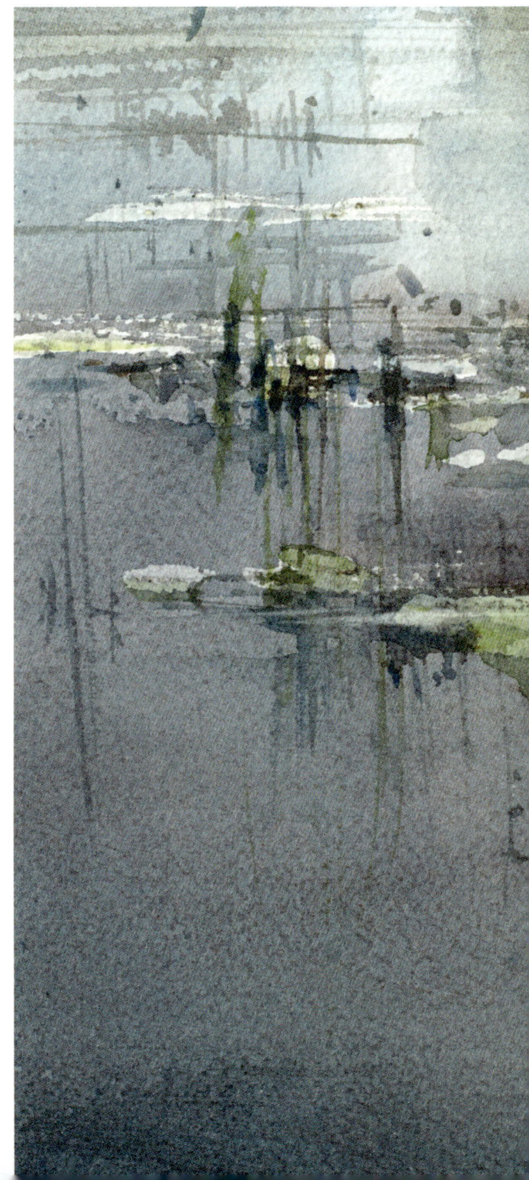

«Los bordes suaves son ideales para **evocar reflejos** en el agua, en contraste con los **detalles definidos**.»

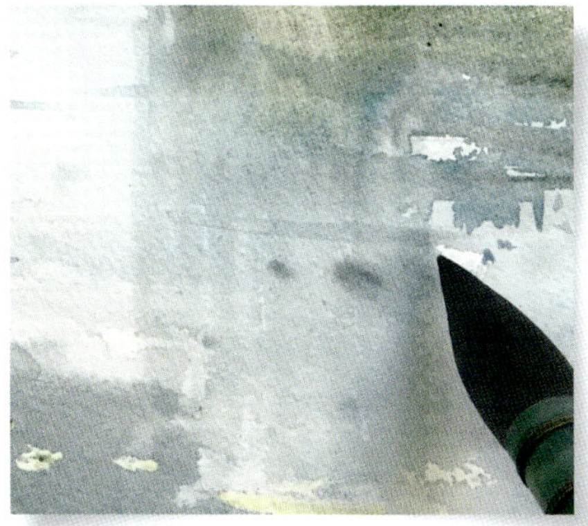

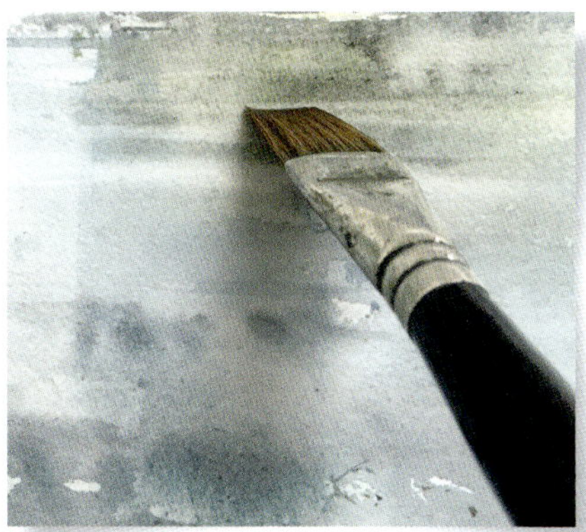

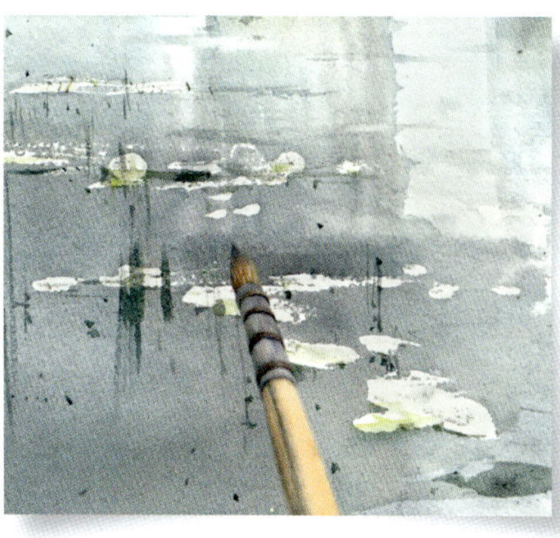

3 Deja que la pintura corra

Para añadir árboles distantes y otros reflejos, humedece el papel, mantenlo casi en vertical y mezcla los mismos colores, para que corran hacia abajo. Retoca el árbol con una pizca de amarillo.

4 Suaviza los bordes de las ondas

Con el papel aún algo mojado, desliza con suavidad un pincel húmedo sobre los reflejos en horizontal, de izquierda a derecha y hacia el papel intacto para suavizar las ondas lejanas.

5 Añade detalles que contrasten

Retira el líquido enmascarador del papel ya seco. Añade los juncos y los reflejos de las plantas con el pincel n.º 5. Defínelos, para que contrasten con el fondo suavizado.

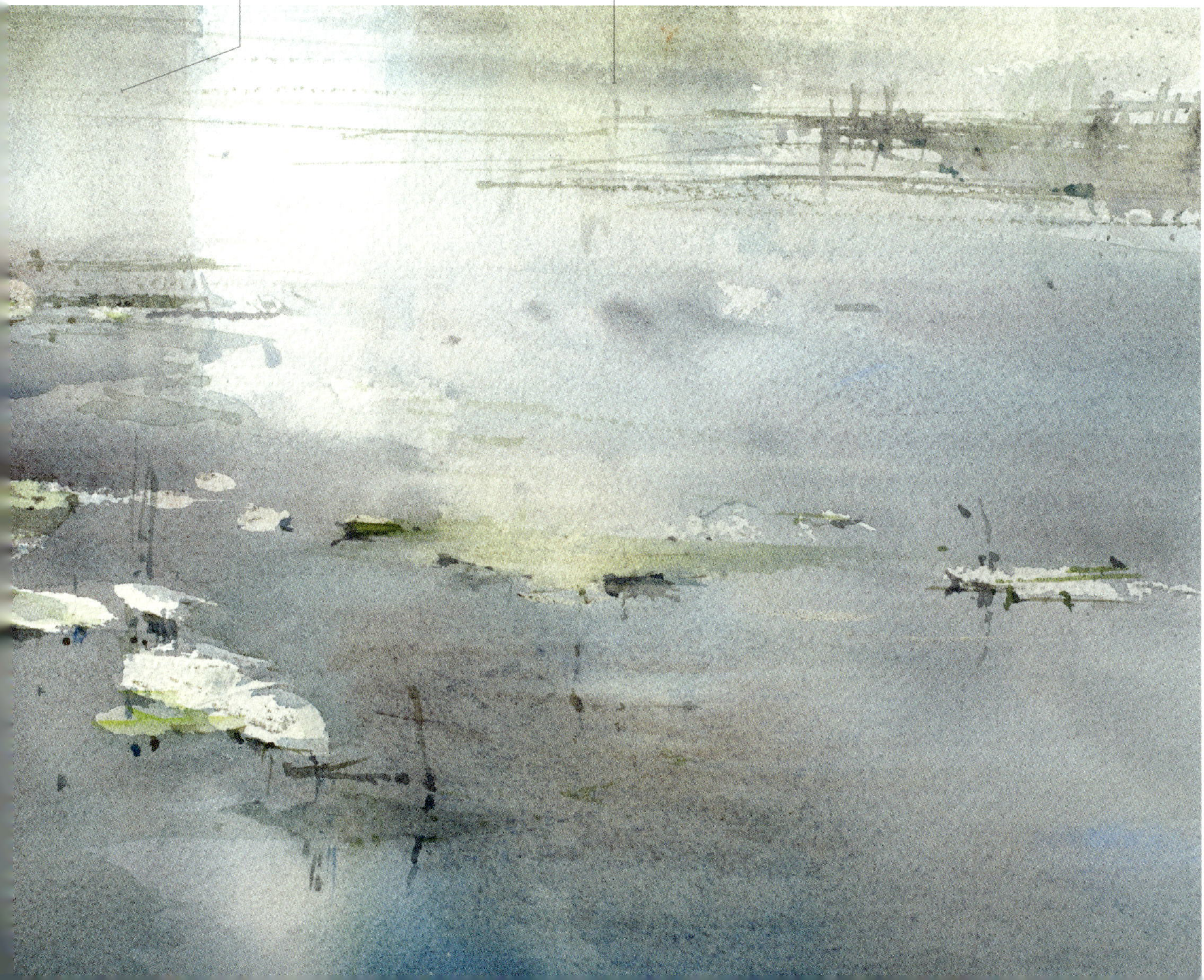

Manchas y salpicaduras

USAR MANCHAS Y SALPICADURAS DE PINTURA

Las salpicaduras y las manchas producen texturas interesantes para el fondo, y también sirven para representar grava, arena, mampostería, nieve y salpicaduras de agua o de lluvia.

■ Aplicar manchas y salpicaduras

Cargar un pincel redondo y golpear el mango proyecta gotas de pintura grandes. Un cepillo de dientes proyecta salpicaduras finas. El efecto final será distinto si se proyecta la pintura sobre papel mojado o seco.

PONLO EN PRÁCTICA

Las salpicaduras de pintura de colores similares cohesionan el fondo y el tema principal de este cuadro de linternas chinas. Las salpicaduras son más definidas en las zonas de papel seco, y resultan más suaves en las de papel aún húmedo.

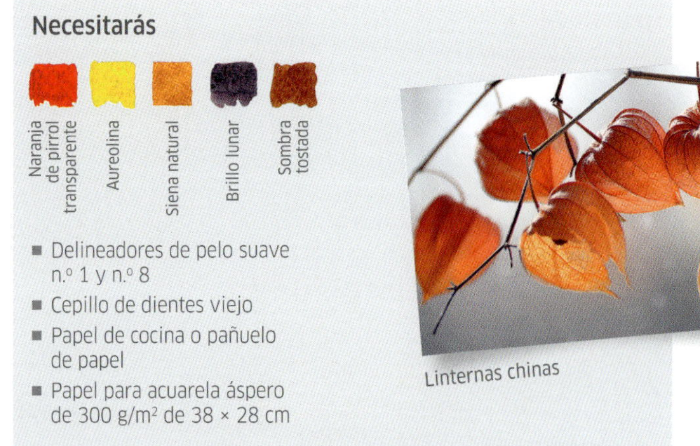

Necesitarás

- Delineadores de pelo suave n.º 1 y n.º 8
- Cepillo de dientes viejo
- Papel de cocina o pañuelo de papel
- Papel para acuarela áspero de 300 g/m² de 38 × 28 cm

Linternas chinas

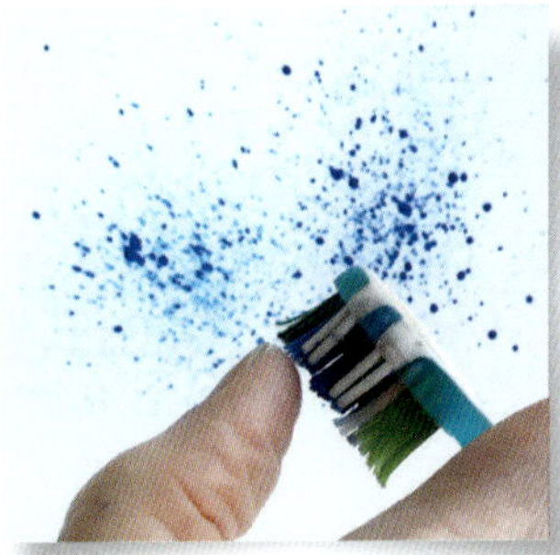

Salpicar sobre papel seco
Tira de las cerdas del cepillo hacia atrás con el pulgar y pulveriza pintura sobre el papel.

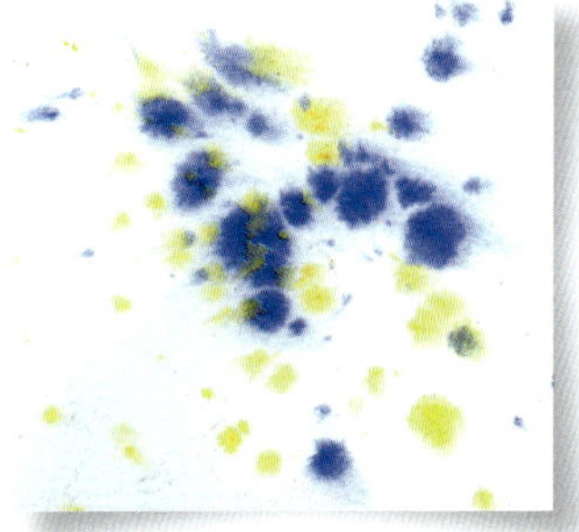

Salpicar sobre papel húmedo
Las salpicaduras sobre papel húmedo son más suaves, ya procedan de un pincel o de un cepillo de dientes.

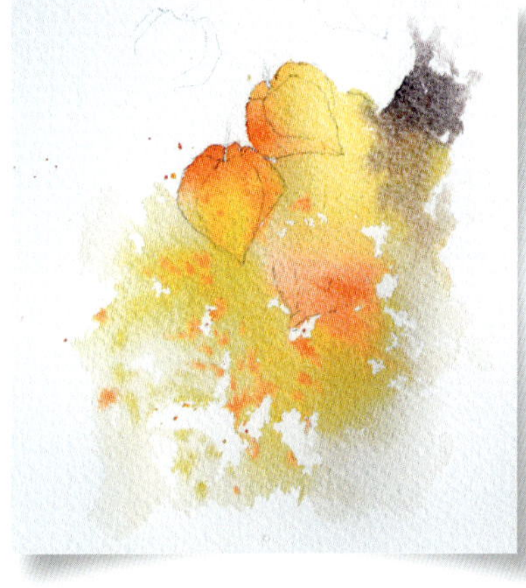

1 Primeras aguadas
Esboza las linternas principales. Mezcla cuatro aguadas con naranja, aureolina, brillo lunar y siena. Pinta las linternas centrales con naranja diluido, variando con aureolina. Pinta siena en el fondo y deja que el naranja se corra un poco por encima. Añade brillo lunar arriba a la derecha y deja los bordes irregulares y desiguales.

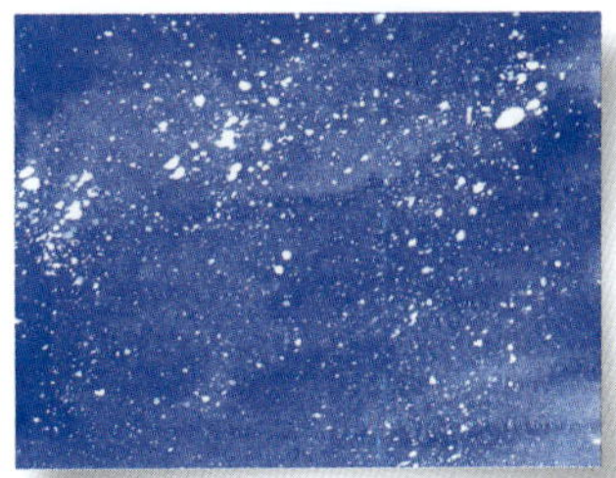

Salpicar con *gouache* blanco
Con un cepillo de dientes, pulveriza el *gouache* sobre una aguada para representar nieve cayendo.

Pulverizar pintura
Utiliza un pulverizador para rociar de agua las salpicaduras y producir efectos difusos aleatorios.

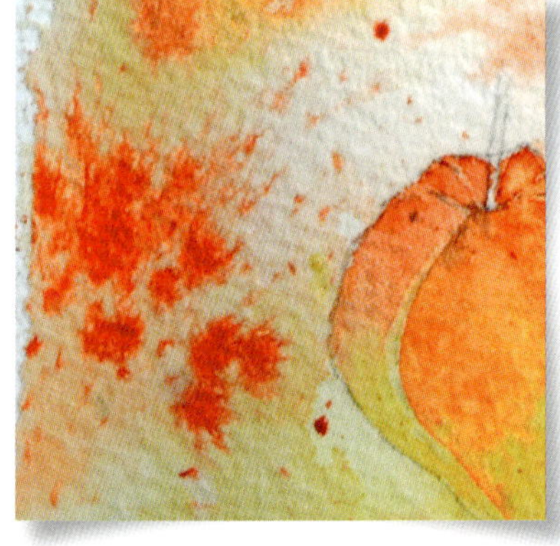

2 Añade textura
Con el pincel redondo, salpica pintura sobre el fondo húmedo. Si prefieres salpicaduras más finas, usa un cepillo de dientes. Ten a mano papel de cocina para borrarlas si es necesario. Sigue añadiendo más linternas y fondo, avanzando por todo el cuadro.

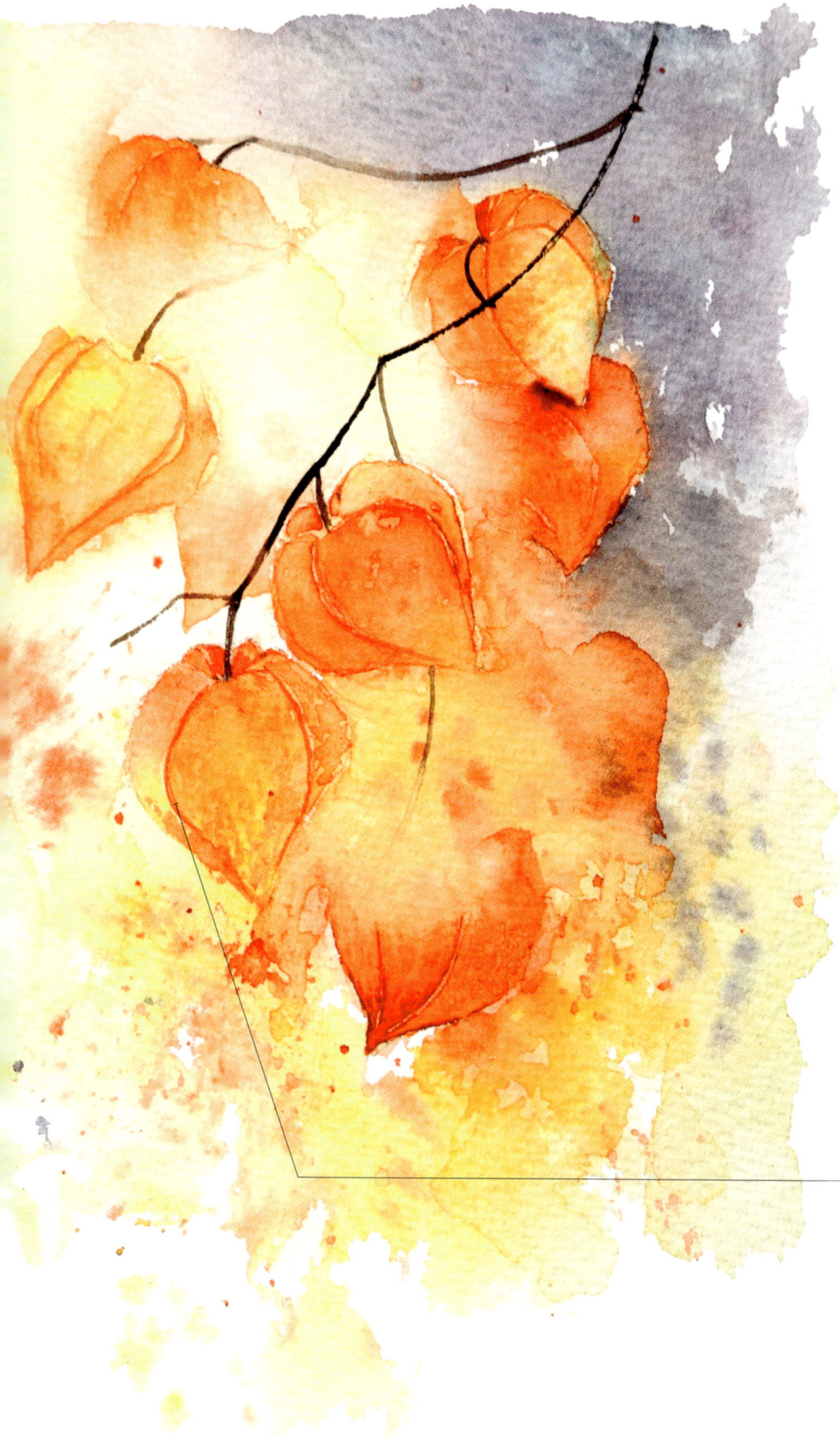

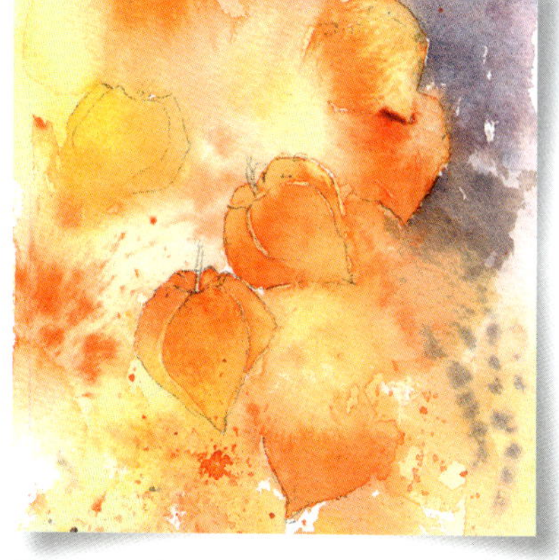

3 Superpón capas

Añade más capas y asegúrate de mantener el equilibrio entre tonos claros y oscuros y de combinar bordes suaves y definidos. Espera a que el papel se seque antes de añadir los últimos detalles.

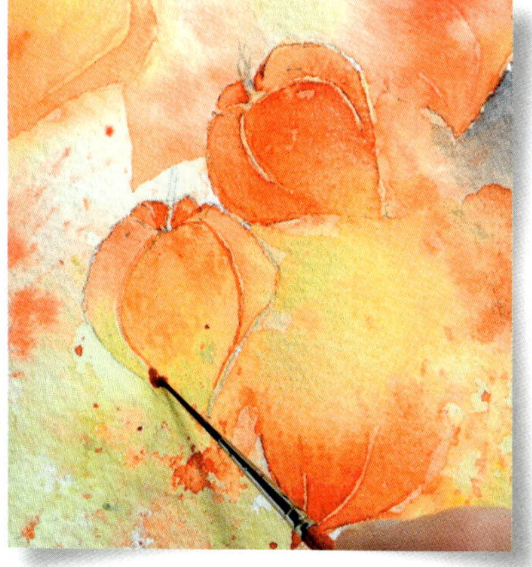

4 Toques finales

Pinta algunas costillas con el delineador n.º 1 y una mezcla fuerte de naranja. Salpica más naranja sobre la pintura seca y obtén texturas finas. Pinta algunos tallos con un poco de sombra tostada y brillo lunar mezclados.

Usar líquido enmascarador

CONSERVAR ÁREAS BLANCAS Y CLARAS

El líquido enmascarador es un medio con base de agua que repele la pintura y que permite conservar zonas blancas o claras sobre el papel. Es una técnica útil para crear detalles en torno a los cuales sería difícil pintar. El enmascarado puede producir efectos inusuales que serían imposibles de lograr a mano con solo un pincel.

◾ Trabajar con líquido enmascarador

El fluido enmascarador te permite trabajar con libertad. Úsalo al principio, para preservar el papel blanco o crear puntos de luz, o luego, para proteger colores más claros antes de aplicar aguadas más oscuras encima. Aplica y retira siempre el líquido cuando el papel esté totalmente seco, o dañarás la superficie.

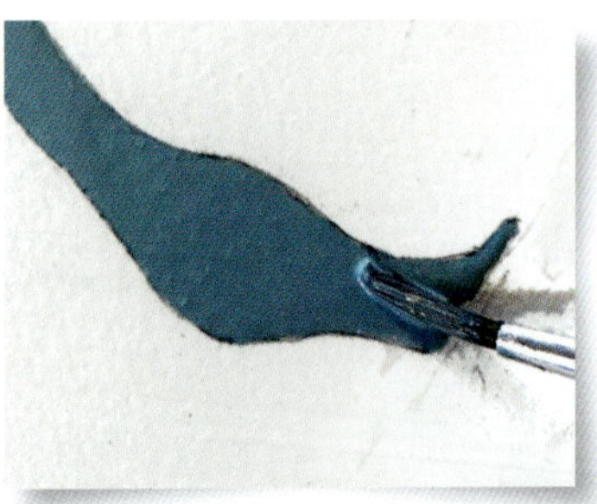

Con pincel
El pincel permite controlar la aplicación del líquido enmascarador, pero este puede dañar el pelo; protege el pincel mojándolo antes en un vaso de agua con una cucharadita de jabón líquido. Enjuágalo inmediatamente después.

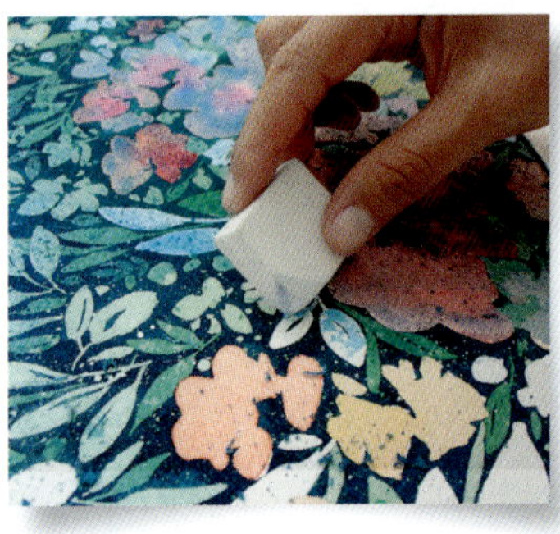

Retirar el fluido enmascarador
Con la pintura ya seca, aplica papel de cocina sobre el exceso de pigmento en las áreas enmascaradas, para que no se transfiera al blanco. Retira el líquido con los dedos o una goma en áreas pequeñas, o con un paño rígido en las más grandes.

PONLO EN PRÁCTICA

Aquí se ha utilizado líquido enmascarador para crear capas complejas y mucha textura. Además de preservar el blanco, también ha permitido mantener los colores de varias aguadas superpuestas.

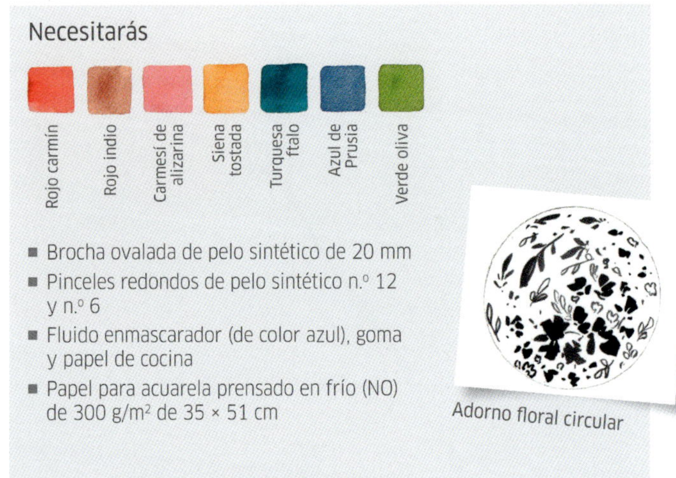

Necesitarás

Rojo carmín · Rojo indio · Carmesí de alizarina · Siena tostada · Turquesa ftalo · Azul de Prusia · Verde oliva

- Brocha ovalada de pelo sintético de 20 mm
- Pinceles redondos de pelo sintético n.º 12 y n.º 6
- Fluido enmascarador (de color azul), goma y papel de cocina
- Papel para acuarela prensado en frío (NO) de 300 g/m² de 35 × 51 cm

Adorno floral circular

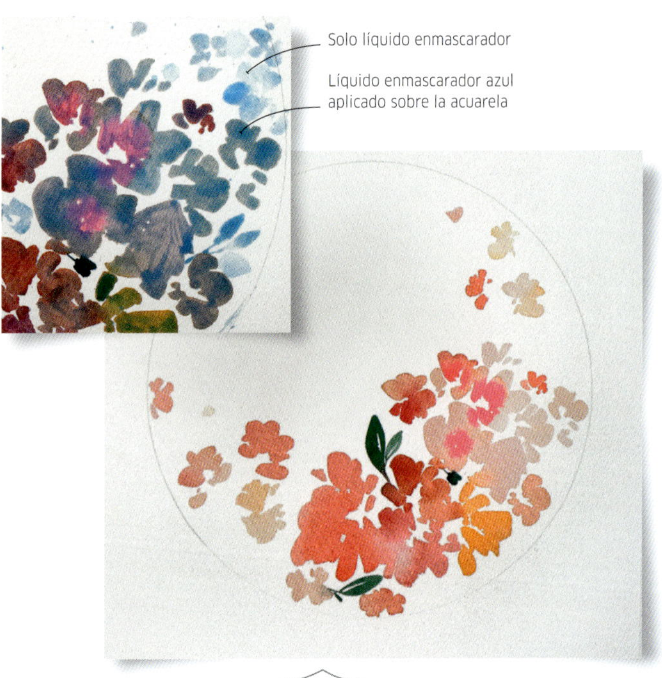

1 Formas enmascaradas
Dibuja un círculo a lápiz y pinta en el interior las formas de las flores y las hojas sueltas con varias aguadas, de más concentradas a más transparentes. Aplica líquido enmascarador sobre las formas cuando la pintura esté seca. Luego, pinta más flores, formas y salpicaduras solo con líquido enmascarador. Quedarán blancas en el cuadro acabado.

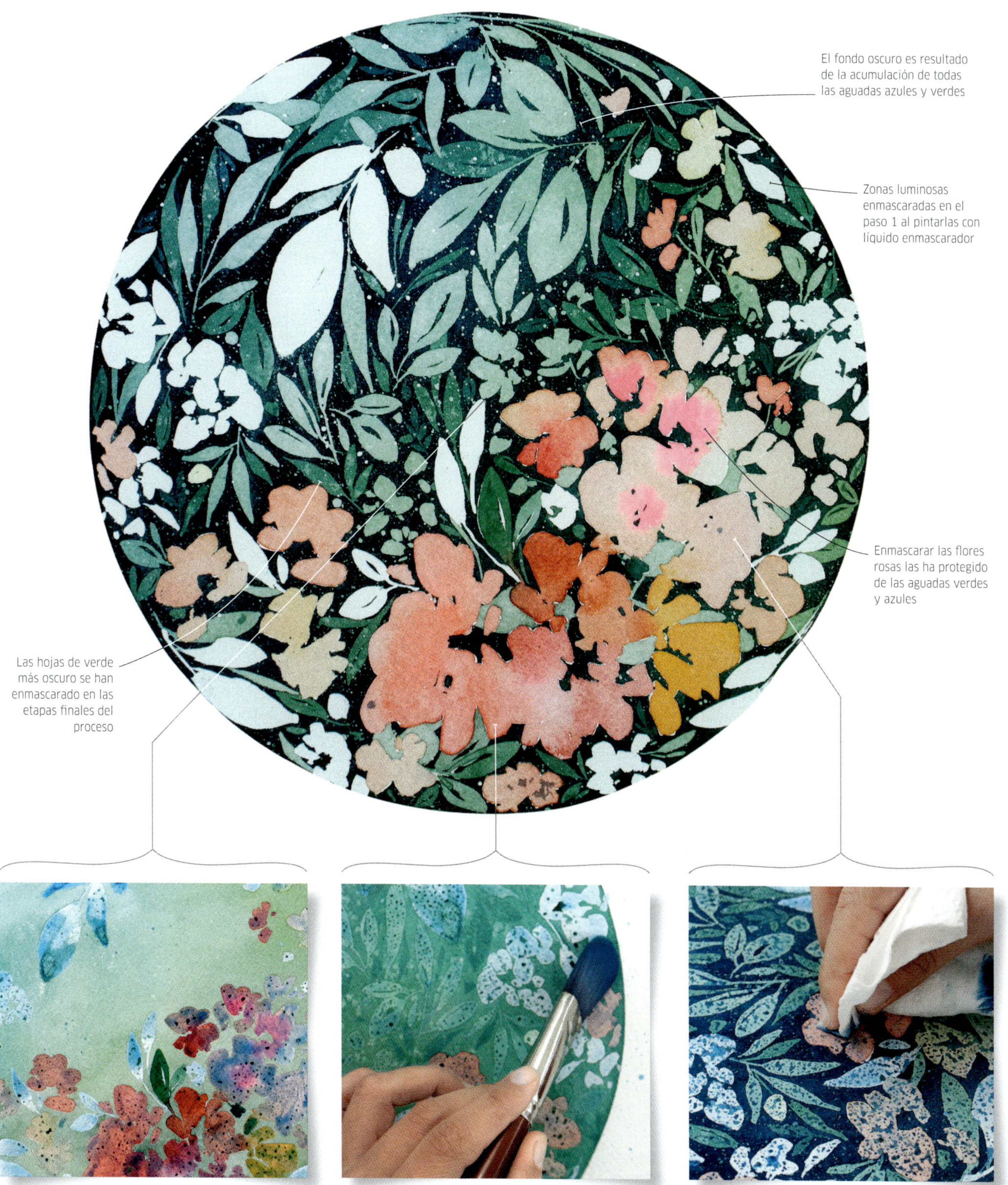

2 Aguada de colores claros

Una vez seco el líquido, aplica una aguada clara de azules y verdes. Cuando esté seca, pinta otra capa de formas con líquido enmascarador.

3 Superpón más capas

Repite el paso 2 para añadir más capas de color y de líquido enmascarador que proteja los colores más claros. Satura las aguadas progresivamente.

4 Retira el líquido enmascarador

Con el papel seco, seca a toquecitos las áreas enmascaradas y retira el líquido enmascarador. Lo más fácil es empezar por una esquina.

Usar barreras de cera

PUNTOS DE LUZ ALTERNATIVOS

Las ceras, velas y pasteles al óleo pueden añadir elementos de color y textura al cuadro. Como son resistentes al agua, son útiles para añadir puntos de luz sobre los que después podrás pintar aguadas ininterrumpidas.

■ Explorar los efectos de la cera

La acuarela y la cera no se mezclan, y la acuarela se depositará en el papel alrededor de las marcas con cera. A diferencia del líquido enmascarador, estas marcas son permanentes y formarán parte del cuadro. Experimenta con distintos materiales, de la cera de vela transparente a crayones que dejarán marcas con color y textura.

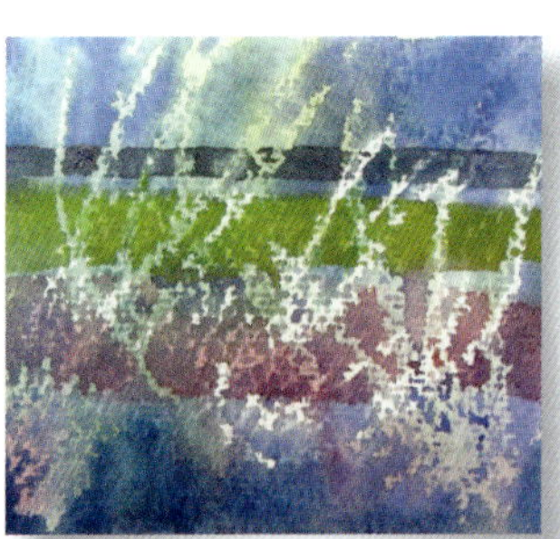

Aplicar cera de vela
La cera de vela es transparente y conserva las capas que tenga debajo. Aplícala antes de la primera aguada para reservar blancos. Una vez seca, añade más marcas de vela para proteger el color de esta primera aguada de las capas posteriores.

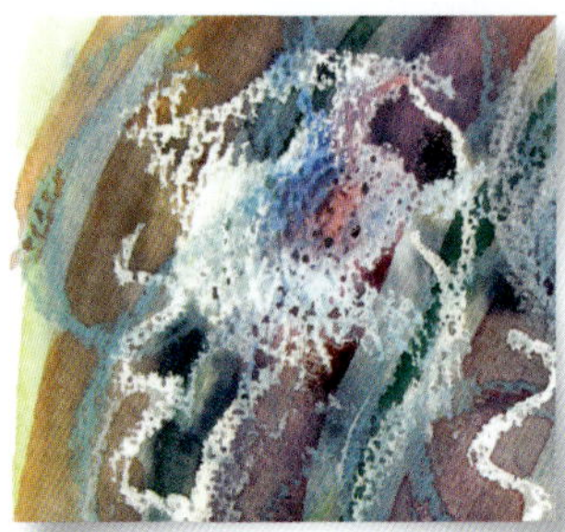

Aplicar pasteles al óleo
Usa pasteles al óleo o ceras de colores para dejar marcas descriptivas y con textura que serán visibles tras la aguada transparente que apliques encima.

Frotar en relieve
Coloca el papel para acuarela sobre una superficie con textura, como una tabla de madera, y frótalo con el lado plano de una vela. La textura se verá a través de la aguada.

PONLO EN PRÁCTICA

Un dibujo suelto con ceras y pasteles al óleo ha captado el dinamismo y la animación de la pose. La cera fundida combinada con pequeñas aguadas inconexas acaba de dar vitalidad a la imagen.

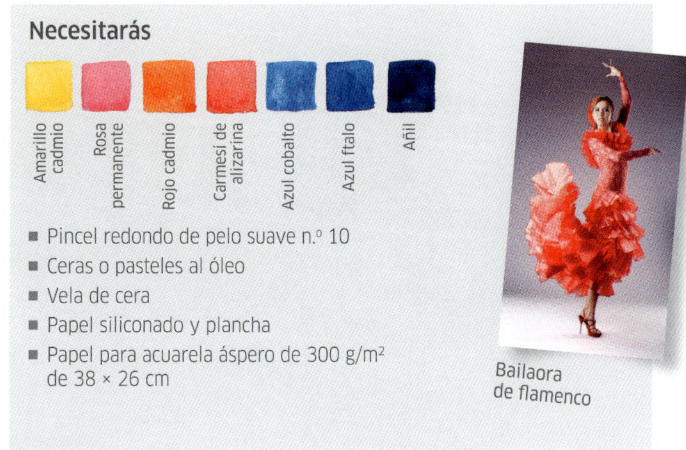

Necesitarás

- Pincel redondo de pelo suave n.º 10
- Ceras o pasteles al óleo
- Vela de cera
- Papel siliconado y plancha
- Papel para acuarela áspero de 300 g/m² de 38 × 26 cm

Bailaora de flamenco

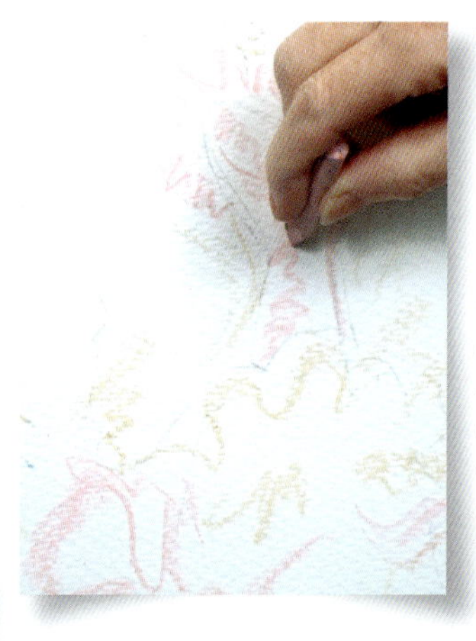

1 Marcas de cera
Dibuja con ceras y pasteles al óleo sobre un suave esbozo a lápiz. Haz marcas sueltas y expresivas tanto con la punta como con el borde plano del pastel o de la cera, para variar el grosor de los trazos coloreados.

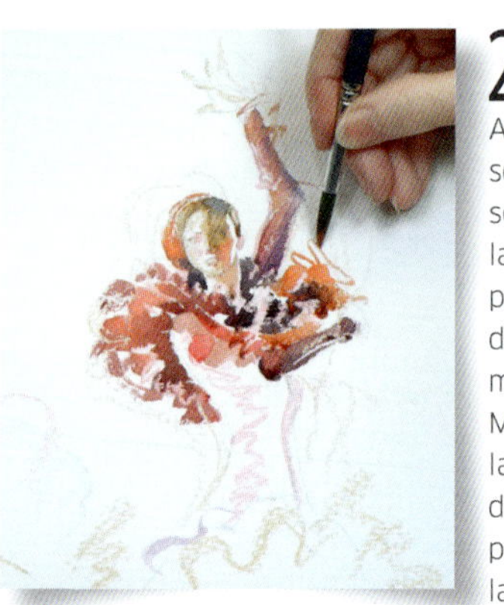

2 Rellena el color
Aplica húmedo sobre seco aguadas separadas usando la punta del pincel para añadir más descripción y movimiento. Mantén sueltas las marcas y deja espacios para mantener la vitalidad.

«**Dibujar con cera** debajo de la aguada te da **libertad para ser** expresivo y creativo.»

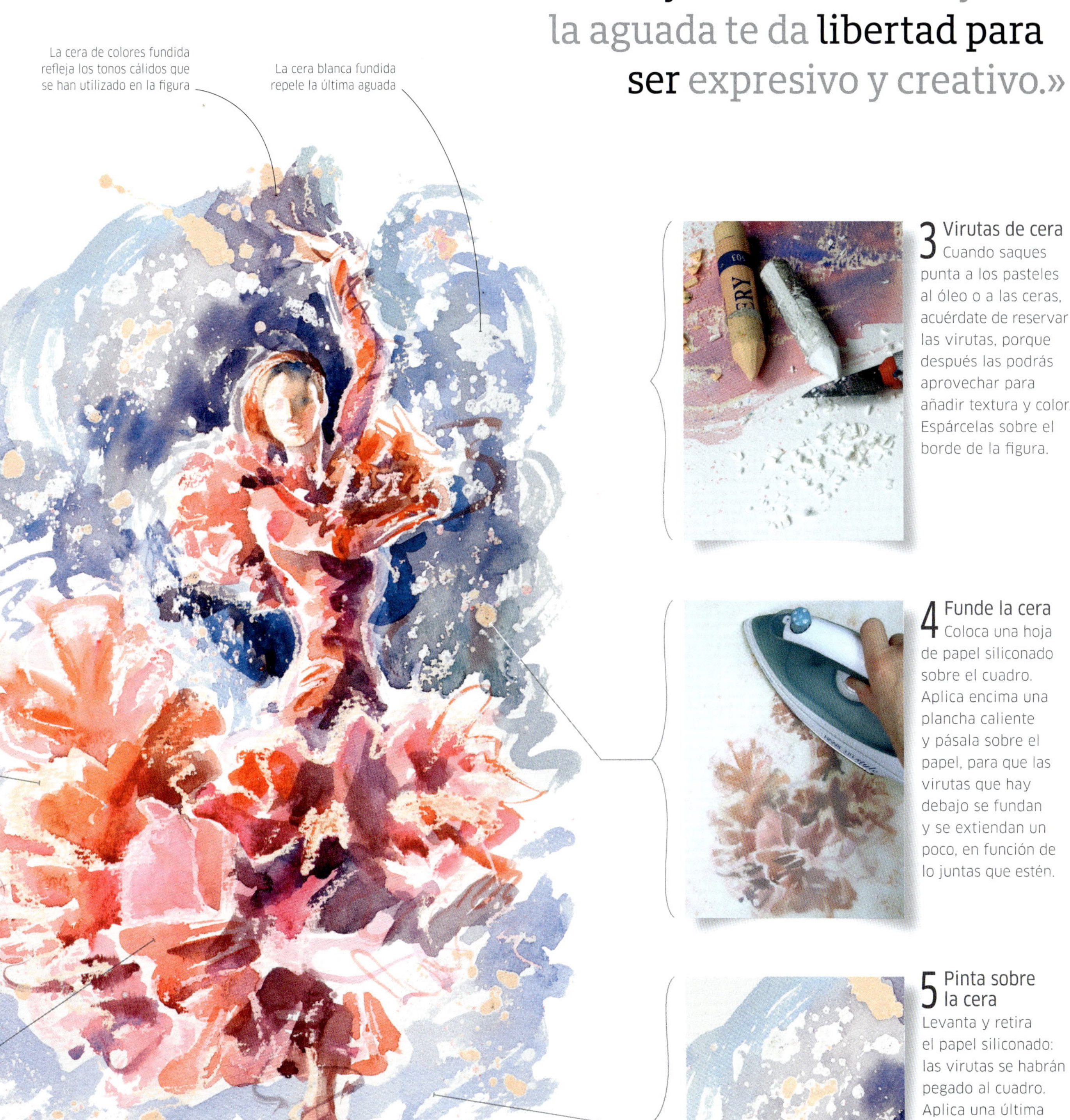

3 Virutas de cera

Cuando saques punta a los pasteles al óleo o a las ceras, acuérdate de reservar las virutas, porque después las podrás aprovechar para añadir textura y color. Espárcelas sobre el borde de la figura.

4 Funde la cera

Coloca una hoja de papel siliconado sobre el cuadro. Aplica encima una plancha caliente y pásala sobre el papel, para que las virutas que hay debajo se fundan y se extiendan un poco, en función de lo juntas que estén.

5 Pinta sobre la cera

Levanta y retira el papel siliconado: las virutas se habrán pegado al cuadro. Aplica una última aguada oscura de fondo que revele la cera blanca o de color que acabas de fundir. Mantén la sensación de movimiento usando pinceladas sueltas.

Puntos de luz

CREAR EFECTOS DE LUZ ESPECTACULARES

La mejor manera de lograr efectos de luz naturales y efectistas cuando se pinta con acuarelas suele ser dejar áreas de papel blanco intactas, en lugar de añadir pigmento blanco luego. Trabajar así permite que la luz se refleje sobre el papel con más luminosidad. De todos modos, hay otras técnicas que también permiten crear luz, textura y movimiento.

▐ Usar el blanco de un modo efectivo

La manera clásica de proteger las áreas más claras del cuadro consiste en pintar alrededor de un espacio blanco intacto, pero también se pueden añadir puntos de luz a zonas en las que ya se ha aplicado color para darles más vida y añadir texturas interesantes. Salpicaduras blancas adicionales pueden sugerir centelleos y reflejos.

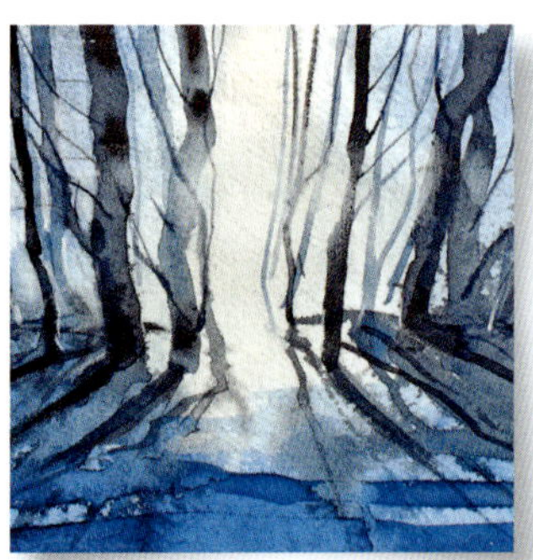

Reservar el papel blanco
Una de las técnicas clásicas consiste en dejar zonas de papel intactas. Funciona mejor con bordes quebrados o difuminados, que producen un efecto más natural que las líneas duras. Aquí, es como si la luz blanqueara los árboles del fondo.

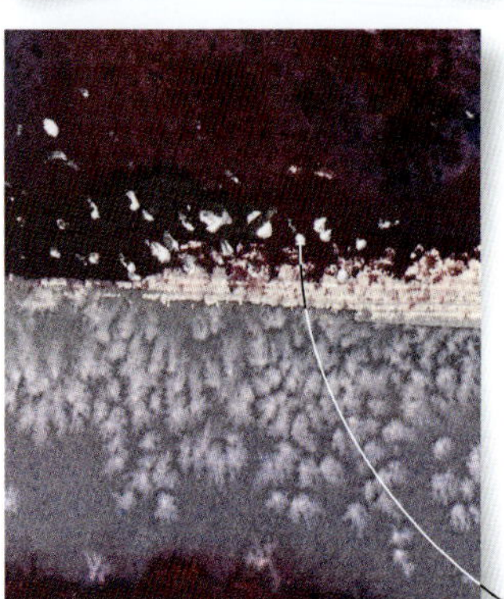

Marcas de lápiz acuarelable

Puntos de luz con textura
Esparcir sal sobre la pintura húmeda añade puntos de luz diminutos y difusos ideales para sugerir el juego de la luz sobre el agua. Un lápiz acuarelable blanco mojado en base para acuarela blanca proporciona puntos de luz más intensos y definidos.

PONLO EN PRÁCTICA

Este cuadro refleja los fuertes contrastes tonales entre la tierra, muy oscura, y el mar y el cielo, iluminados con el blanco del papel intacto, sal añadida y toques de base para acuarela blanca.

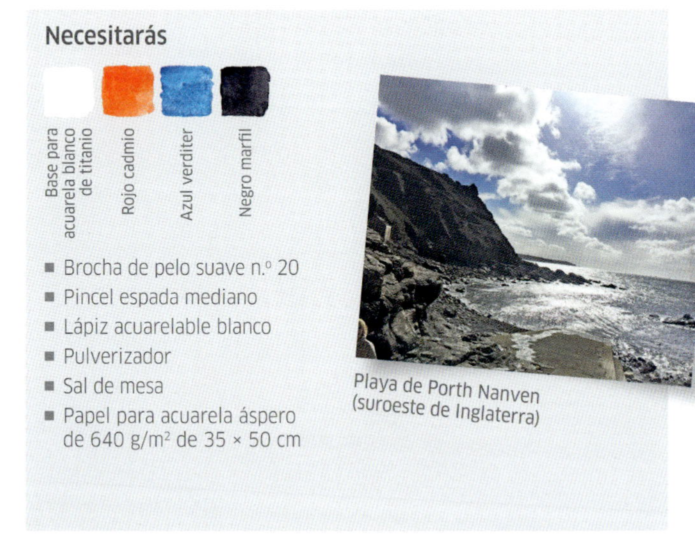

- Brocha de pelo suave n.º 20
- Pincel espada mediano
- Lápiz acuarelable blanco
- Pulverizador
- Sal de mesa
- Papel para acuarela áspero de 640 g/m² de 35 × 50 cm

Playa de Porth Nanven (suroeste de Inglaterra)

1 Aplica el primer color

Pulveriza el agua justa para humedecer todo el papel. Aplica azul con pinceladas sueltas utilizando un pincel ancho, y deja un área blanca mayor de la que necesites, porque la pintura se extenderá.

2 Añade claros y oscuros

Añade algo de negro sobre la pintura húmeda. Crea efectos suaves con un papel de cocina húmedo, y luego da pasadas rápidas con otro papel de cocina para añadir reflejos. Deja secar.

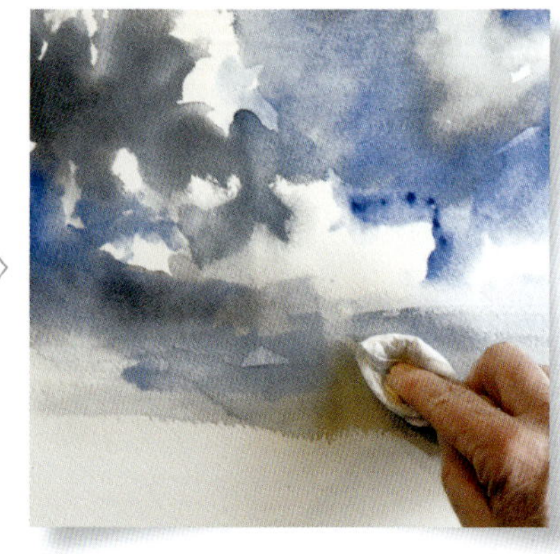

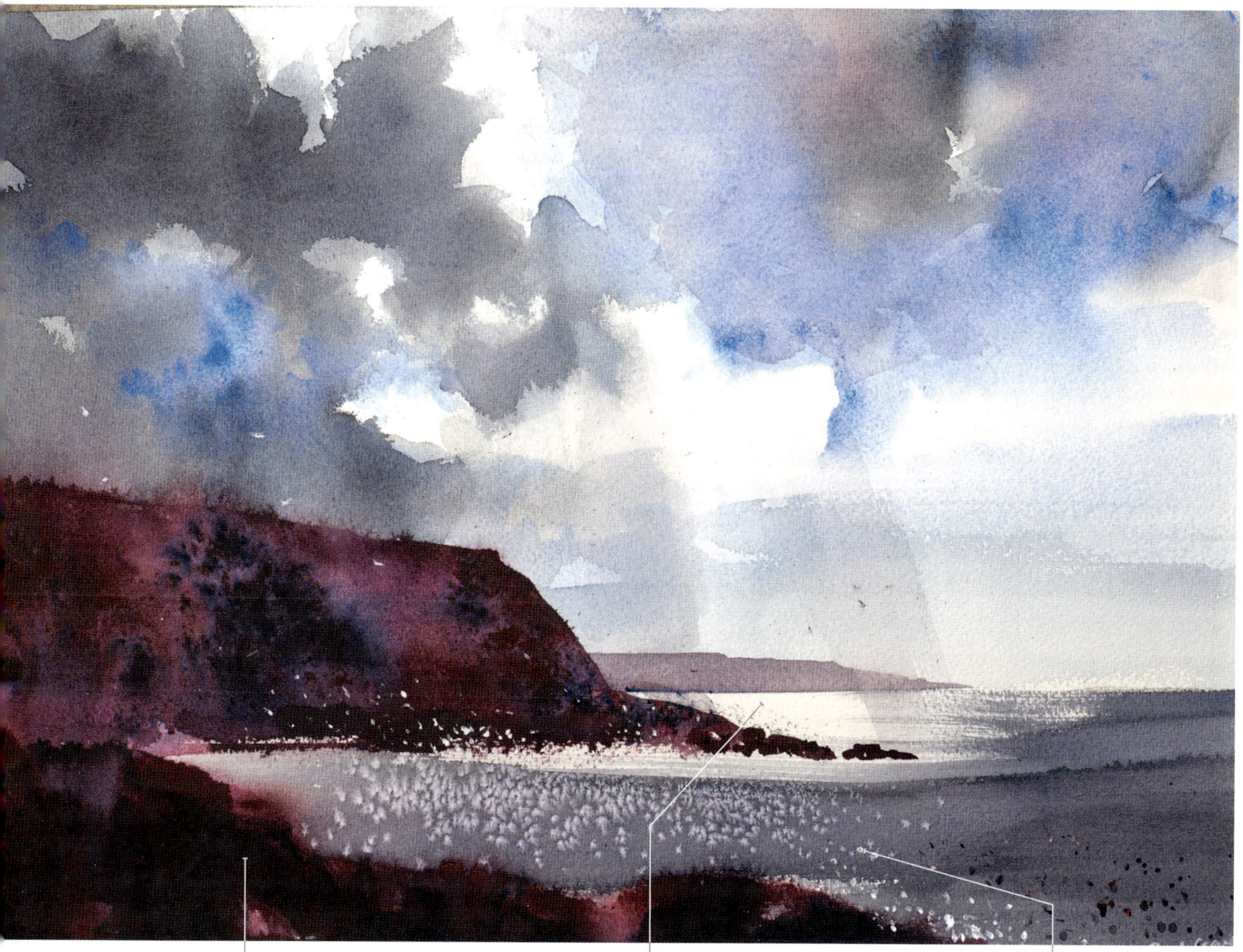

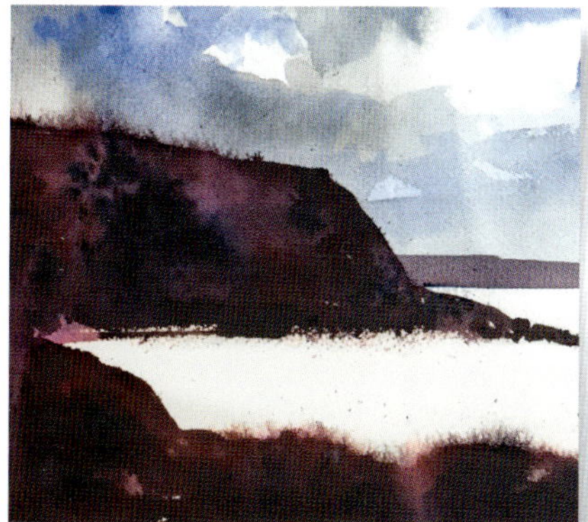

3 Añade las formas de la tierra

Usa una mezcla de azul y rojo en los acantilados, y dilúyela. Pinta luego la costa lejana. Cuando lo oscuro se empiece a secar, pulveriza un poco de agua para añadir textura y bordes suaves.

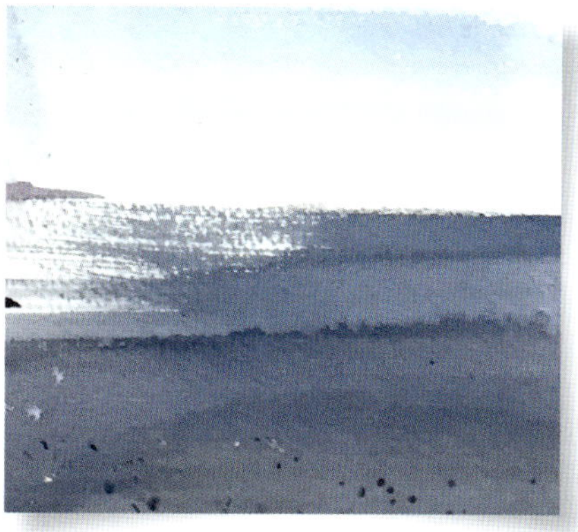

4 Luz sobre el agua

Aplica una aguada de azul y negro mezclados y levanta el pincel para dejar papel blanco donde la luz incide sobre el agua. Esparce sal sobre la pintura húmeda, y así añadirás una textura suave.

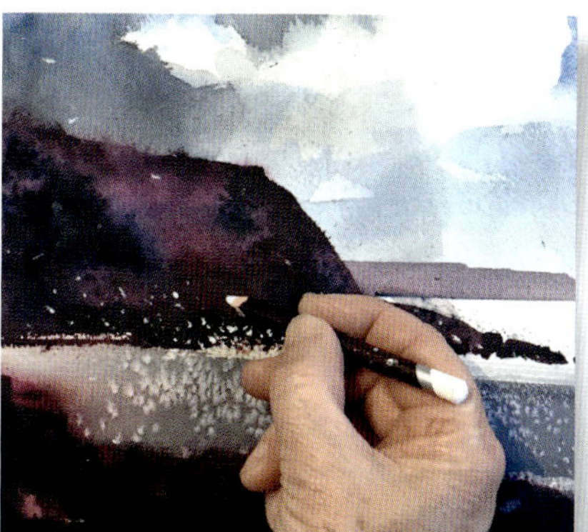

5 Añade puntitos de luz

Con la pintura seca, moja un lápiz acuarelable en base para acuarela blanco de titanio pura y aplica motitas que sugieran espuma de mar y aves volando. Así añadirás profundidad y movimiento.

Artista **Chris Robinson**
Título *A orillas del Támesis en Old Isleworth*
Soporte **Papel para acuarela prensado
en frío (NO) de 300 g/m² de 38 × 56 cm**

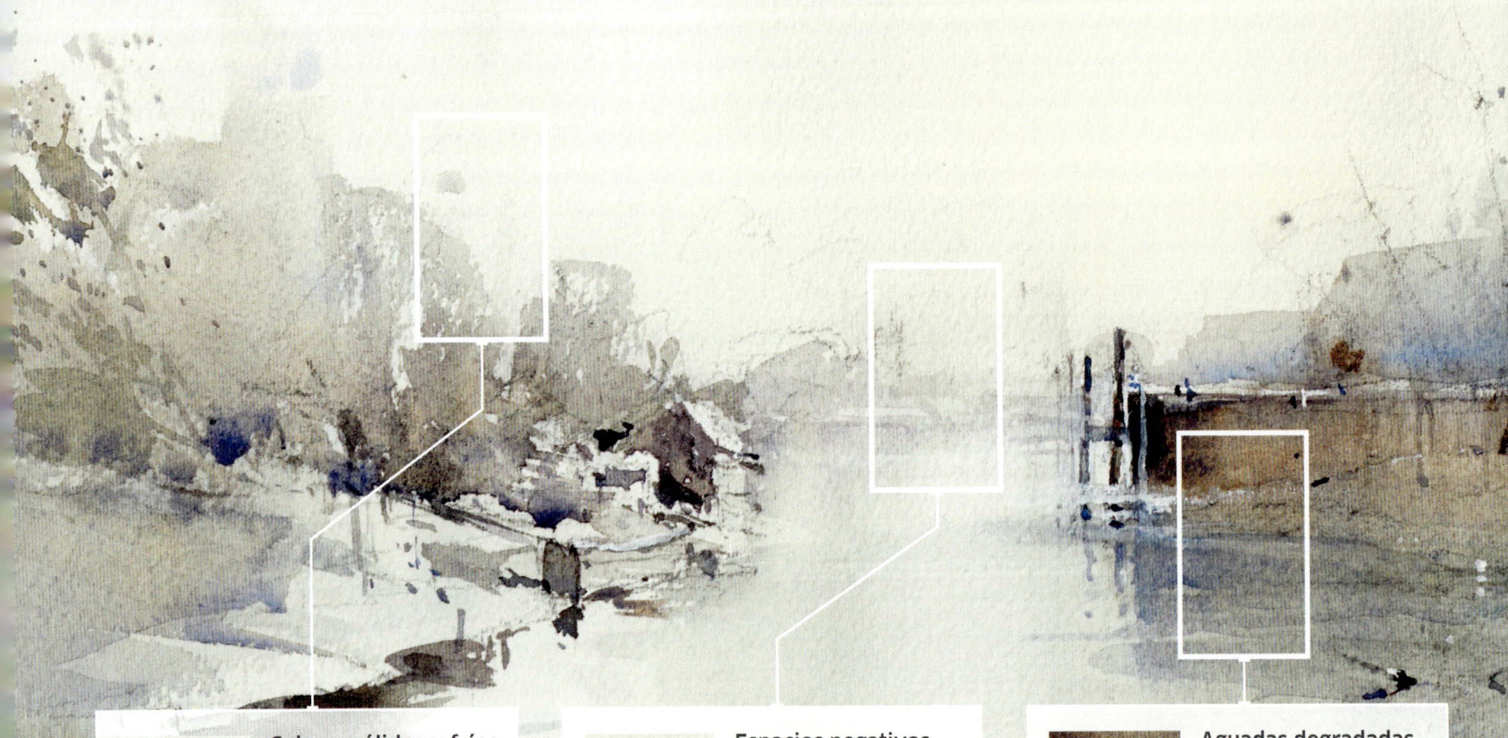

Colores cálidos y fríos

>> Véanse pp. 120–121

La calidez de las tejas rojas
y de la luz matutina amarilla
compensa ligeramente los
azules y los grises marrones
fríos predominantes.

Espacios negativos

>> Véanse pp. 114–115

El espacio entre las orillas
del río es un área de interés
visual, además del punto
focal del cuadro. Permite
que la vista del observador
se pierda en la distancia.

Aguadas degradadas

<< Véanse pp. 72–73

Los reflejos sobre el agua se
han pintado con una aguada
que comienza en el borde
duro del muelle; utilizar un
pulverizador facilita que la
pintura descienda por el papel.

Cuadro de muestra

Este melancólico paisaje combina una composición estructurada con técnicas sueltas y expresivas que captan el intenso contraste entre la naturaleza y un entorno semiurbano. La acuarela es el medio ideal para plasmar la ingravidez de las nubes y los reflejos vítreos sobre el agua.

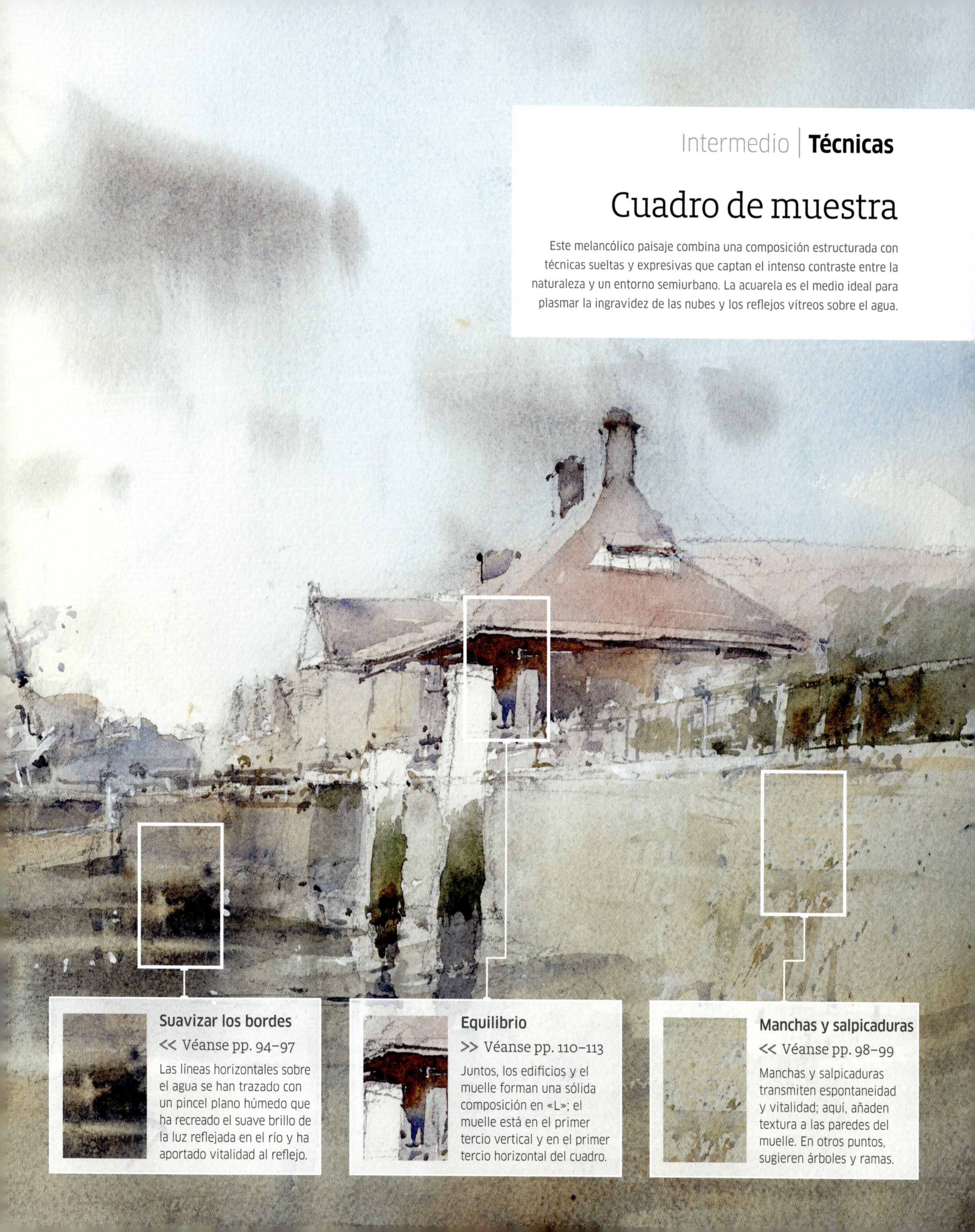

Suavizar los bordes

<< Véanse pp. 94–97

Las líneas horizontales sobre el agua se han trazado con un pincel plano húmedo que ha recreado el suave brillo de la luz reflejada en el río y ha aportado vitalidad al reflejo.

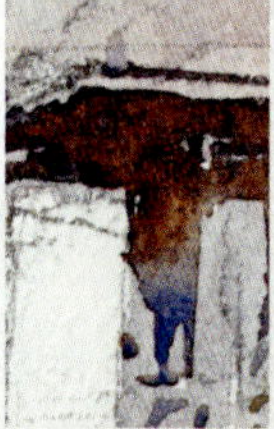

Equilibrio

>> Véanse pp. 110–113

Juntos, los edificios y el muelle forman una sólida composición en «L»; el muelle está en el primer tercio vertical y en el primer tercio horizontal del cuadro.

Manchas y salpicaduras

<< Véanse pp. 98–99

Manchas y salpicaduras transmiten espontaneidad y vitalidad; aquí, añaden textura a las paredes del muelle. En otros puntos, sugieren árboles y ramas.

Repetición

COMPONER CON FORMAS Y COLORES

Repetir significa, sencillamente, incluir un elemento, forma o color más de una vez. Esta técnica, tan sencilla como potente, permite crear cuadros con interés visual, ya se trate de paisajes, bodegones o formas abstractas. Pintar motivos repetidos también te ayudará a mejorar la pincelada.

▨ Añadir variaciones sutiles

Repetir una forma, como vallas en un paisaje o copos de nieve en un cuadro de temática invernal, es una buena manera de crear armonía en un cuadro. Trabajar con una paleta limitada también contribuye a crear cohesión. Sin embargo, repetir la misma forma exacta puede producir una imagen aburrida, por lo que si varías el tamaño, el color, la orientación o la posición, estos pequeños cambios darán ritmo visual a la obra.

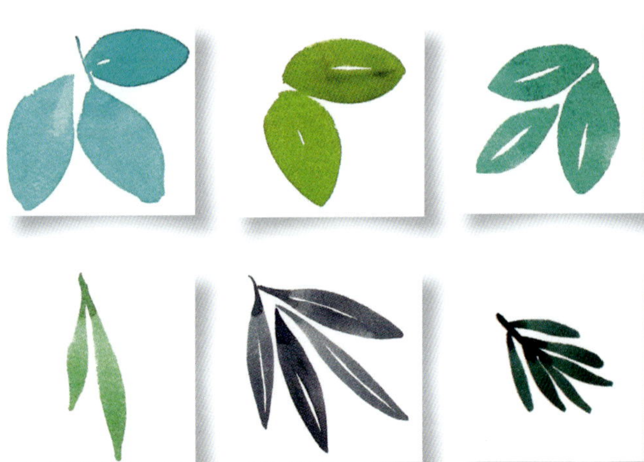

Variar la forma, el tamaño y el color
Pinta solo dos o tres formas distintas pero conectadas por un mismo tema, y modifica el tamaño, la forma y la orientación cuando las repitas en la página. Usa una paleta limitada para crear un conjunto cohesionado. Si necesitas más tonos, mezcla los colores o varía la potencia de estos.

PONLO EN PRÁCTICA

En este ejercicio de repetición se han usado tres formas básicas de hoja pintadas con una paleta limitada a tres colores. Las hojas cambian de tamaño y de posición en la página, pero el efecto global es de unidad y cohesión.

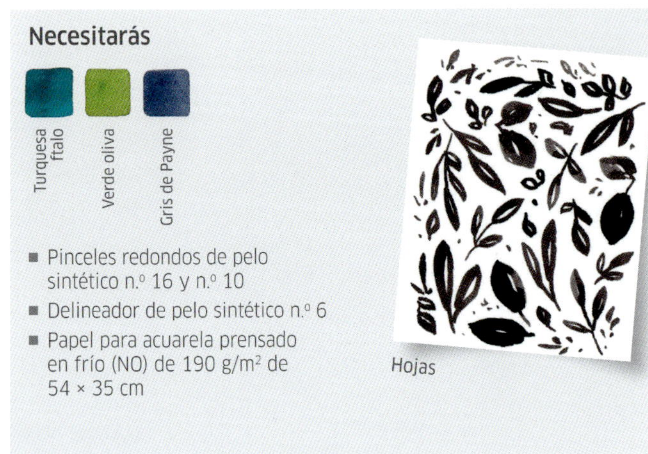

Necesitarás

- Pinceles redondos de pelo sintético n.º 16 y n.º 10
- Delineador de pelo sintético n.º 6
- Papel para acuarela prensado en frío (NO) de 190 g/m² de 54 × 35 cm

Hojas

1 Primera forma

Pinta las primeras agrupaciones de hojas. Repite esa misma forma y distribúyela por el papel dos o tres veces con el mismo color, pero reduce la opacidad añadiendo más agua al pigmento. También puedes variar el tamaño de las hojas.

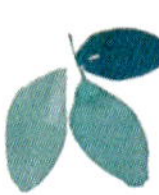

Los puntos y las líneas parecen hojas o flores en los espacios que quedan vacíos entre las hojas

«Variar la **forma**, la **posición** o el color de un motivo transmite **ritmo** y **movimiento**.»

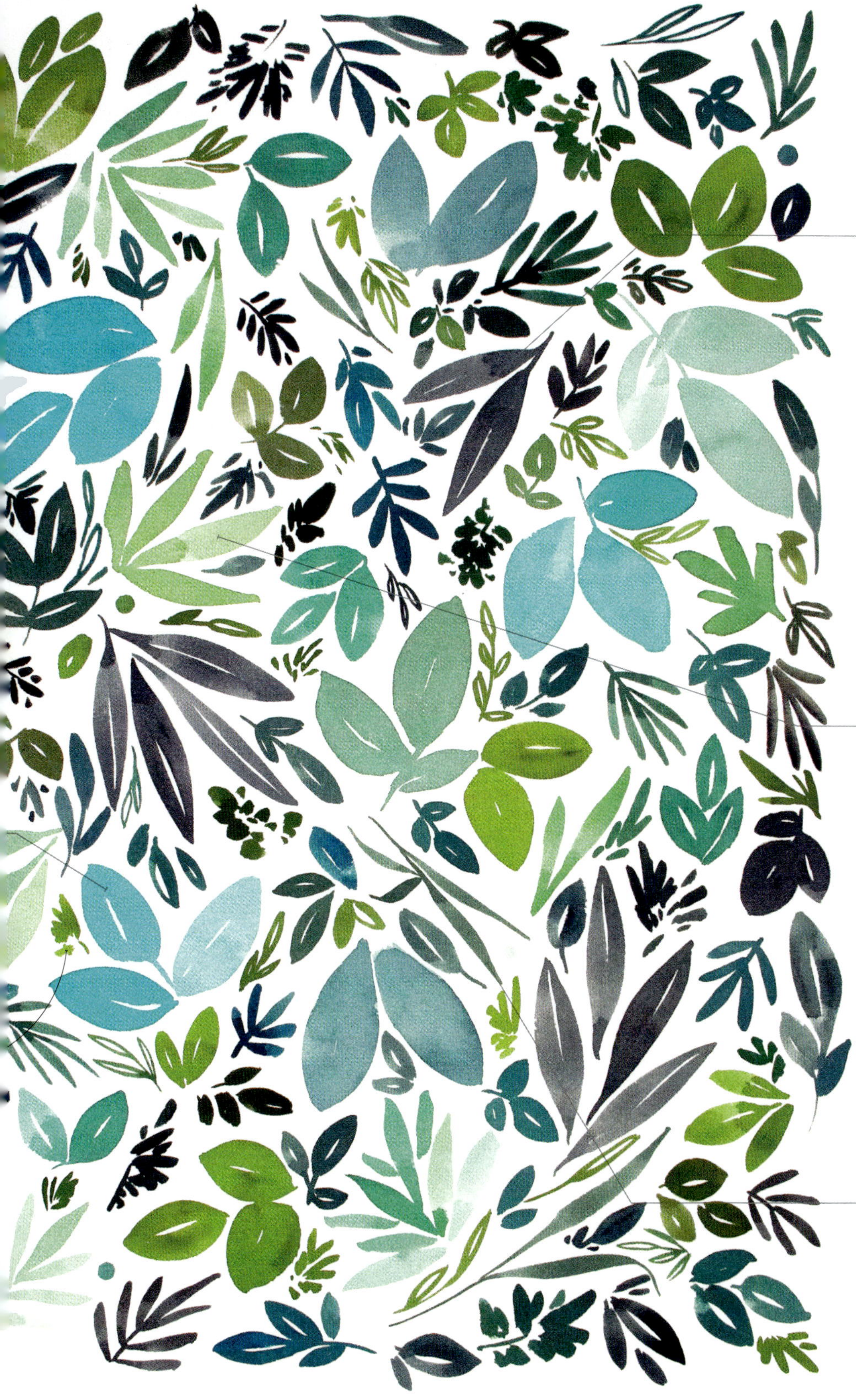

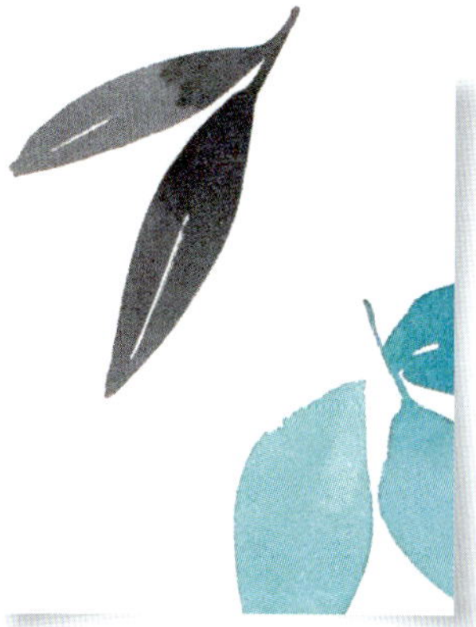

2 Segunda forma y segundo color

Repite el paso 1 con una segunda forma de hoja y un segundo color. Cambia la orientación de las hojas a cada repetición.

3 Tercera forma y tercer color

Repite con una tercera forma de hoja y un tercer color. Varía la escala y pinta varias hojas grandes.

4 Rellena los espacios

Sigue cubriendo el papel. Mezcla tonos nuevos manteniéndote en la misma paleta. Añade una pizca de negro si necesitas más contraste.

Composiciones equilibradas

CREAR ESTRUCTURA Y FORMA

Tanto si pintas un paisaje como personas (pp. 112–113) o cualquier otro tema, una composición estructurada te ayudará a atraer al observador. La «regla de los tercios» (dcha.) es una técnica clásica. Otra consiste en usar letras, como la L, V, Z, C, T o S, para definir la composición. No hace falta pintar objetos para dirigir la mirada: los colores, los tonos y las formas visuales también son puntos de interés.

COMPOSICIONES EN «V» Y EN «Z»

La pintura ha de tener un primer plano, un segundo plano y un fondo. Este cuadro ha recurrido a las composiciones en «V» y «Z» para conseguir una composición equilibrada.

Necesitarás

- Amarillo cadmio limón
- Siena natural
- Bermellón
- Sombra tostada
- Azul de Prusia
- Azul de ultramar francés

- Brochas de pelo suave n.º 15 y n.º 10
- Pincel redondo de cerdas duras n.º 10
- Pincel redondo de pelo suave n.º 5
- Papel para acuarela prensado en frío (NO) de 300 g/m² de 56 × 38 cm

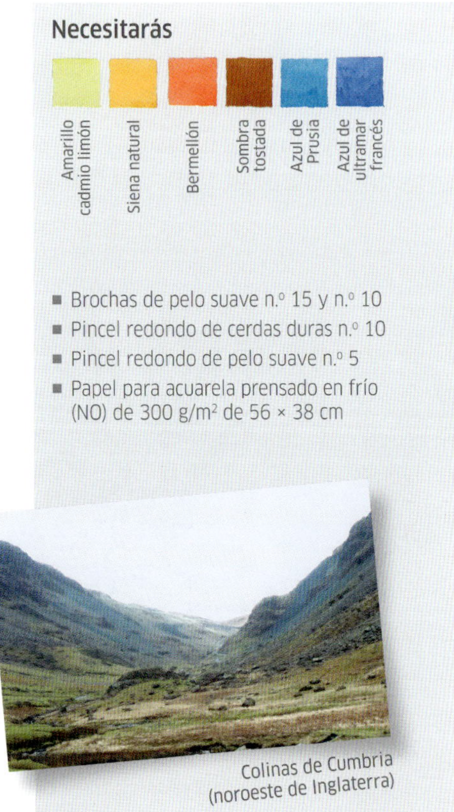

Colinas de Cumbria
(noroeste de Inglaterra)

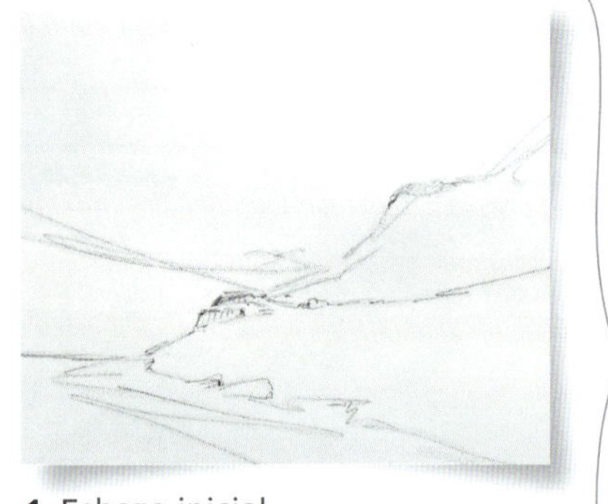

1 Esbozo inicial
La estructura en «V» es ideal para el valle entre montañas empinadas. Luego, la fuerte composición en «Z» conecta el arroyo del primer plano, las rocas del segundo plano y la montaña al fondo.

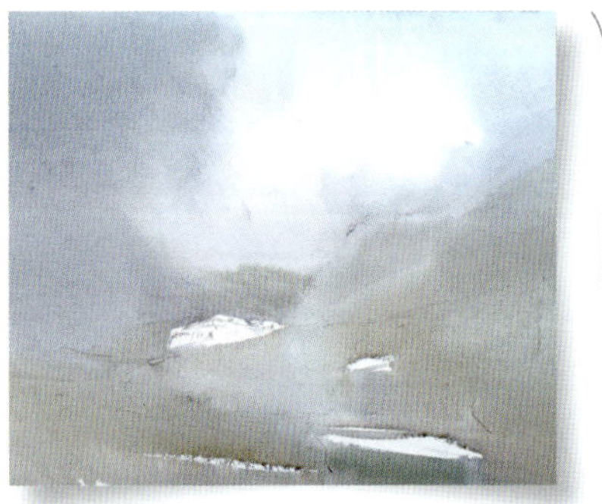

2 Aguada de fondo
Humedece el papel con la brocha n.º 5 y deja áreas intactas. Mezcla azul de Prusia, bermellón y un poco de siena natural para pintar el cielo, y arrastra la aguada sobre el suelo. Añade un toque de amarillo cadmio limón al valle sobre la aguada aún húmeda.

Elegir la escena

Incluso el paisaje más bello puede aburrir al observador si la composición falla, mientras que una vista aparentemente anodina puede adquirir un gran atractivo si la composición es potente. La regla de los tercios consiste en dividir el cuadro en tercios y ubicar sendos puntos focales en los puntos de intersección. Identificar otras formas que guíen la mirada ayuda a lograr escenas que atraigan la atención del observador.

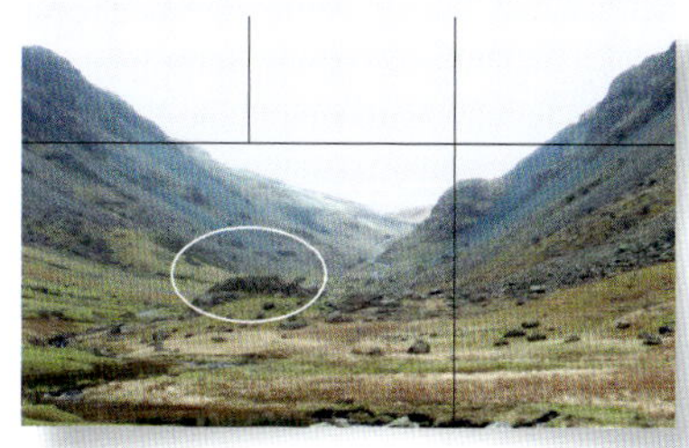

La regla de los tercios
Asegúrate de que la escena tenga un punto focal que atraiga la mirada y ubícalo en la intersección de los tercios, en lugar de en el centro.

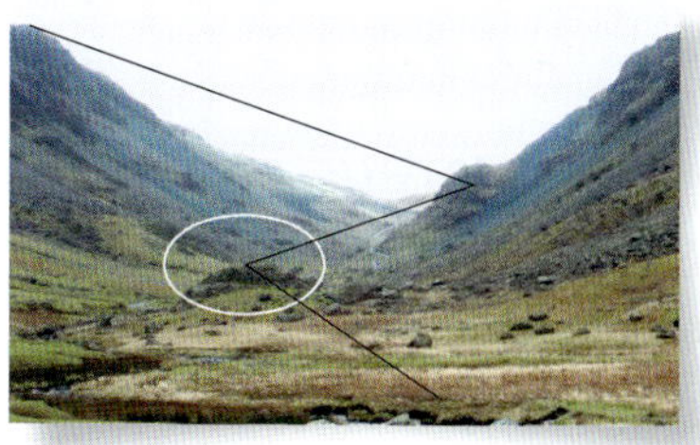

Conectar las formas
Determina cómo conectar las formas principales. Aquí, lo más sencillo es usar el arroyo, la carretera lejana y las montañas para trazar una «Z» solo percibida.

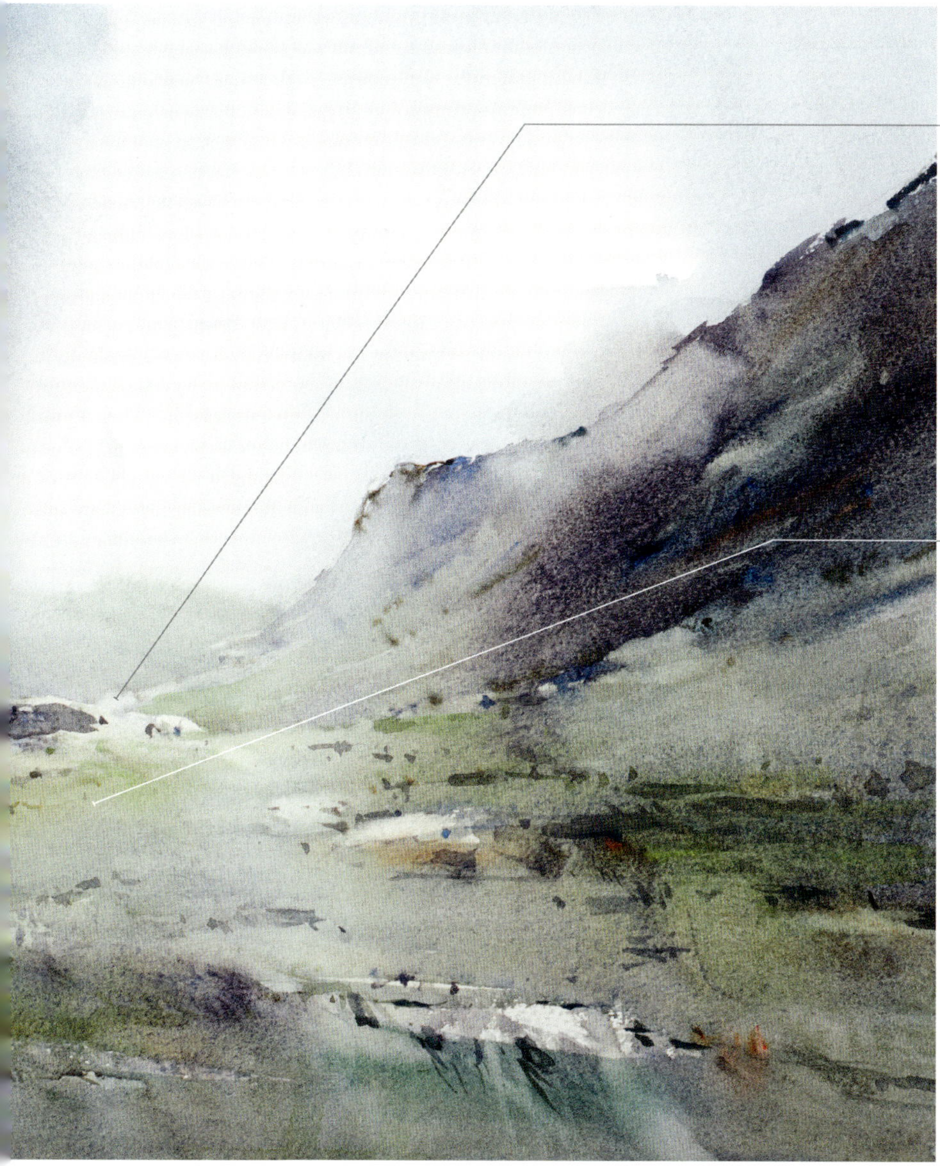

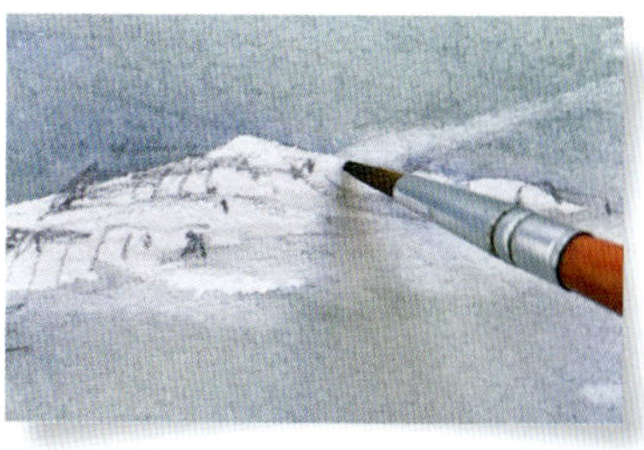

3 Define las formas
Con la pintura aún húmeda, retira el camino y el arroyo con un pincel seco y conecta las áreas blancas para formar una composición en «Z».

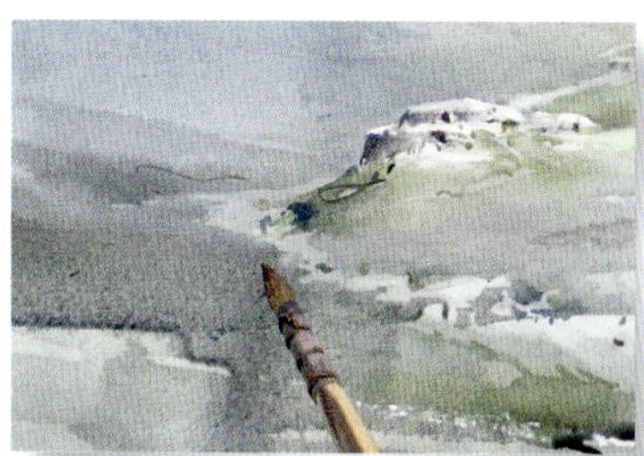

4 Refuerza las formas y los tonos
Pinta las rocas húmedo sobre seco. Aplica una aguada húmedo sobre húmedo de ultramar, amarillo y sombra al primer y segundo plano.

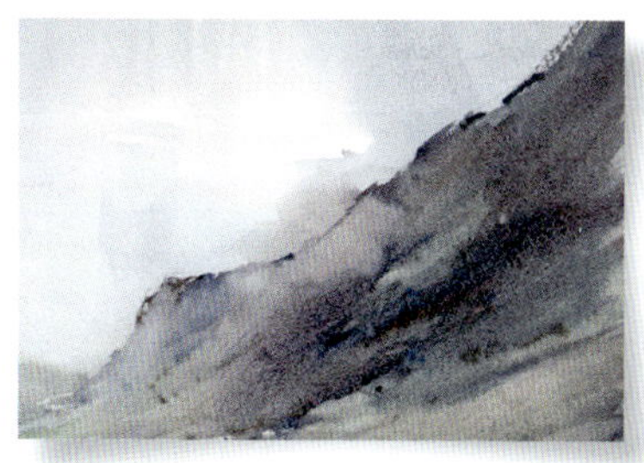

5 Equilibra el color
Equilibra la composición añadiendo sombras de nubes con sombra, ultramar y amarillo húmedo sobre húmedo en la parte superior de la colina de la derecha.

COMPOSICIÓN EN «S»

En este cuadro se ha usado la técnica de la composición en «S» para añadir interés y mantener la mirada del observador durante más tiempo en el cuadro. Es una manera de disponer varias figuras humanas que resulta más dinámica e interesante que ponerlas todas juntas. Aquí, el cuerpo, los rostros y las extremidades definen la forma.

Necesitarás

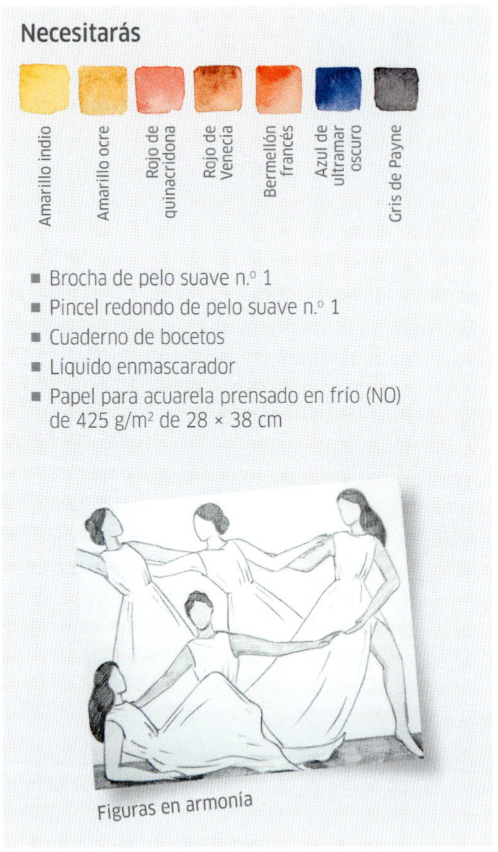

- Brocha de pelo suave n.º 1
- Pincel redondo de pelo suave n.º 1
- Cuaderno de bocetos
- Líquido enmascarador
- Papel para acuarela prensado en frío (NO) de 425 g/m² de 28 × 38 cm

Figuras en armonía

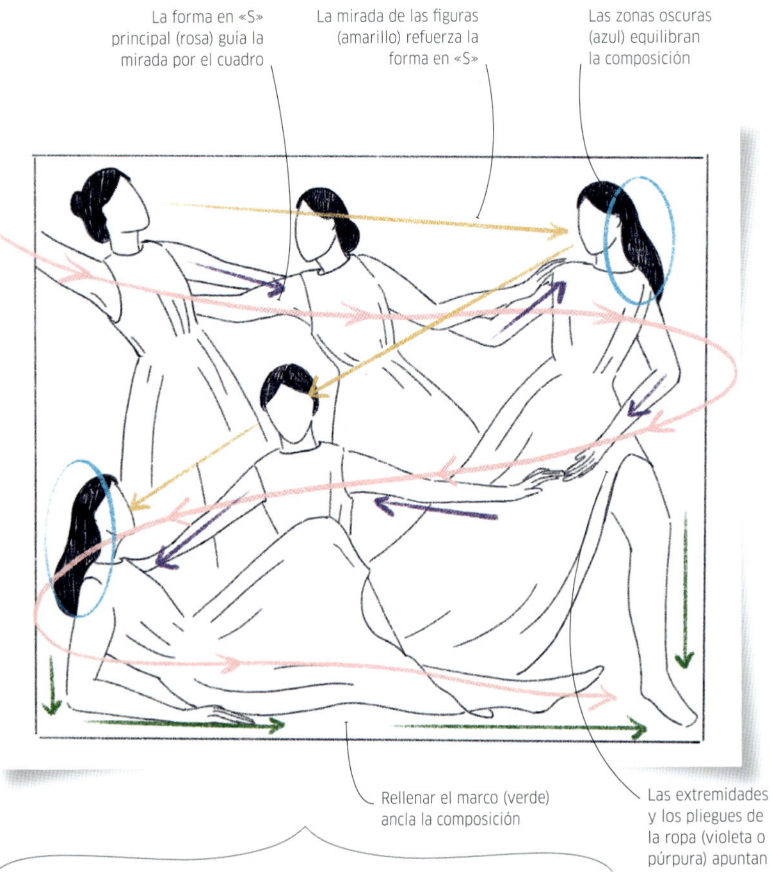

1 Planifica la composición

Acertar con los ángulos es crucial para conseguir una composición fluida y lograda, así que comienza por dibujar la forma de «S» que se muestra aquí y que será la línea alrededor de la cual ubicarás los elementos. Usa las extremidades de las figuras para seguir tan de cerca como te sea posible la línea esbozada, manteniendo siempre un ángulo creíble. Variar la estatura de las figuras te ayudará a seguir la forma. Luego, planifica las áreas de tonos más oscuros.

> «Una **composición dinámica** puede ser sencilla y potente si las **formas** y los **ángulos** encajan bien.»

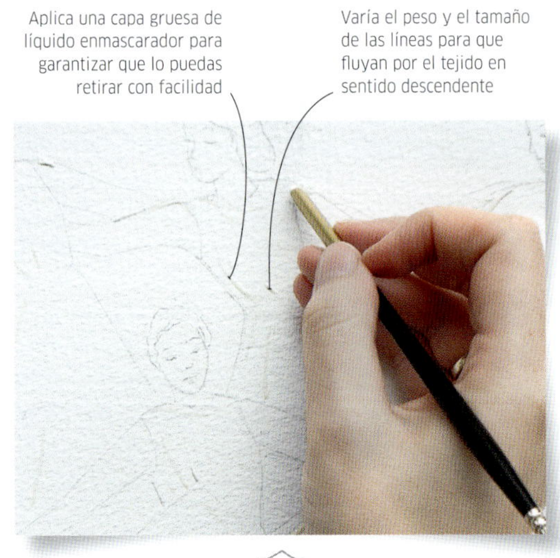

2 Esboza y protege los puntos de luz

Una vez clara la composición, dibújala sobre papel para acuarela. Usa la punta de madera de un pincel para aplicar líquido enmascarador sobre los puntos de luz de los pliegues del tejido y los puntos destacados de las figuras más claras.

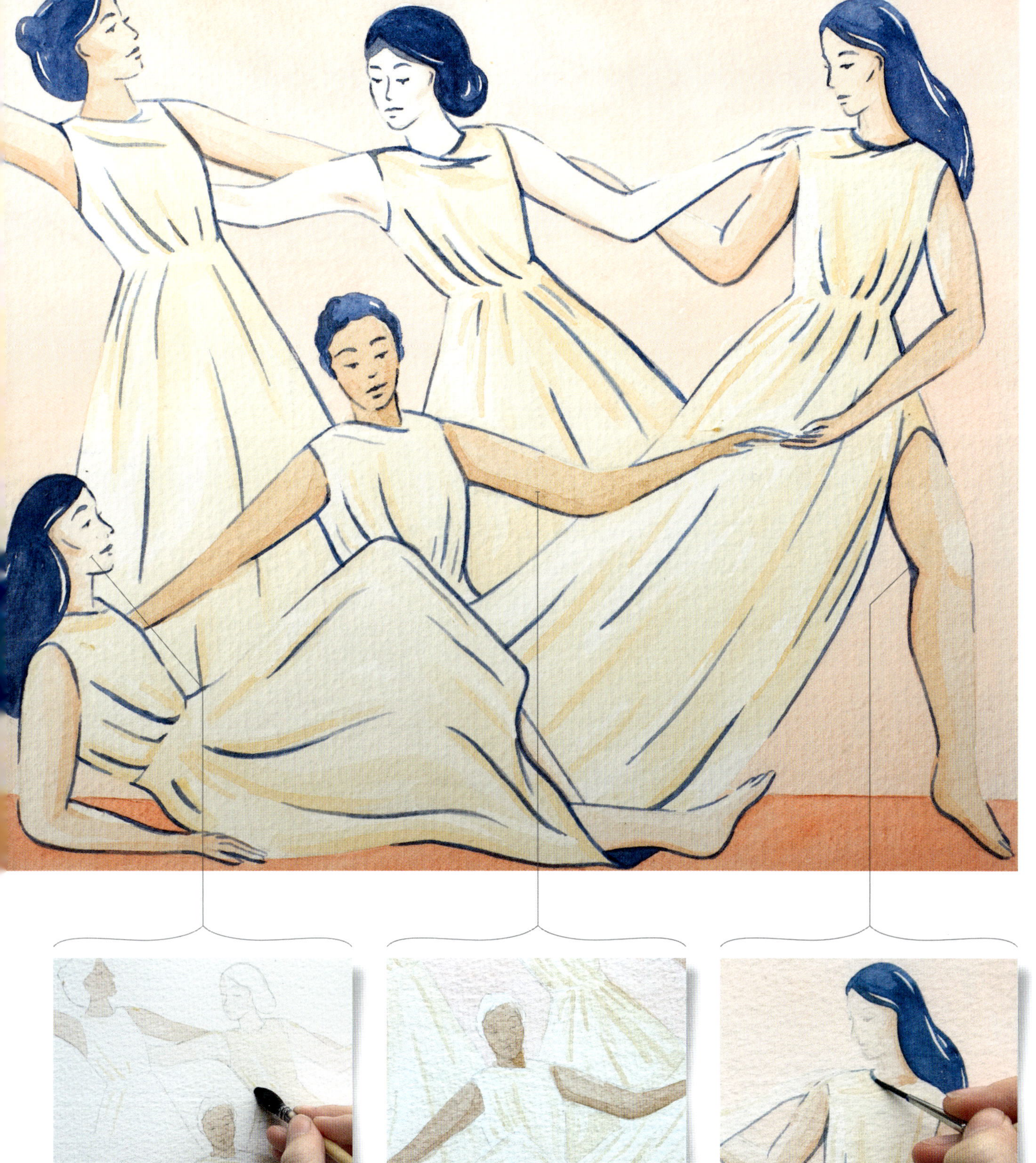

3 Primeros tonos de piel

Mezcla con la brocha tonos de piel muy diluidos y aplícalos en capas uniformes. Espera a que se sequen del todo antes de pintar las zonas contiguas.

4 Tonos más oscuros y sombras

Trabaja del tono más claro que quede (en este caso, el fondo) al más oscuro. En las sombras de las figuras, superpón el mismo tono de piel claro del paso anterior.

5 Detalles más oscuros

Mezcla el tono más oscuro con azul y gris y aplícalo con el pincel redondo, usando tan pocas pinceladas como te sea posible. Por último, retira el líquido enmascarador.

Espacios negativos

DEFINIR LAS FORMAS ENTRE LOS OBJETOS

Los espacios negativos son áreas que crean vacíos en el interior de un tema o en torno a la silueta de una forma (la forma «positiva»). En un paisaje, podrían ser el cielo detrás de un bosque o los espacios entre los árboles. Seguir la forma del negativo, a veces visto como una silueta, te permitirá definir el contorno de la forma positiva.

■ Buscar el negativo

Los espacios negativos pueden ser oscuros o claros. Para encontrarlos, concéntrate en el espacio entre o alrededor de objetos sólidos. Observa las diferencias de tono para definir tanto sólidos claros sobre espacios oscuros como sólidos oscuros en espacios claros. Concebir algunos temas como siluetas te ayudará a encontrar la forma sólida.

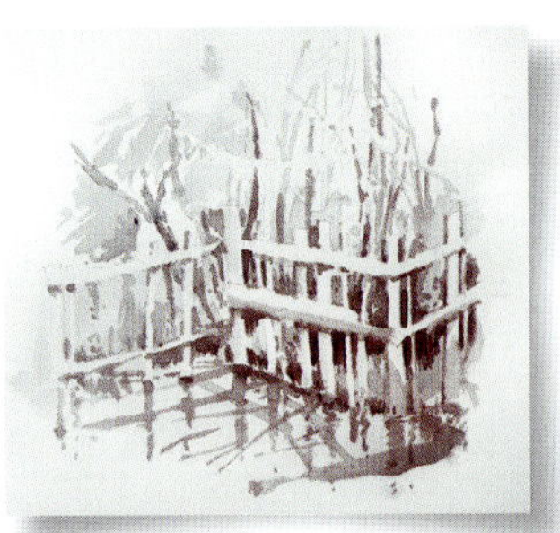

Diferencias tonales
Ver los espacios negativos existentes en y alrededor de un objeto puede ser útil como guía para dibujar formas complicadas. Aquí, los espacios oscuros entre los postes retroceden, lo que adelanta la valla clara y define la estructura sólida.

Siluetas
Busca las formas alrededor de un objeto o en los vacíos entre las formas. Las encontrarás en el cielo de paisajes o el fondo de bodegones o estudios de figuras humanas, donde el espacio vacío crea una silueta que define la forma sólida.

El cielo claro detrás del edificio crea las siluetas sobre el horizonte

PONLO EN PRÁCTICA

En este cuadro, los espacios negativos contribuyen a definir el carácter de la arquitectura clásica y de sus elementos. Todos los espacios alrededor y entre los objetos sólidos son negativos que proporcionan profundidad a la composición.

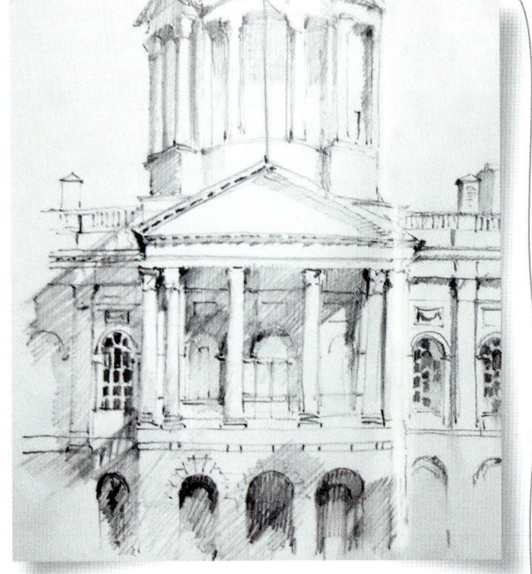

1 Dibujo preliminar
Las intensas sombras de este esbozo ayudan a articular la arquitectura. Después las podrás usar como guía para definir las formas negativas. Plasma la silueta del edificio para organizar las proporciones.

2 Pinta siluetas
Aplica primero el color pálido del edificio y del primer plano, con unos toques de azul cerúleo húmedo sobre húmedo. Luego, pinta el cielo alrededor de la silueta de los edificios.

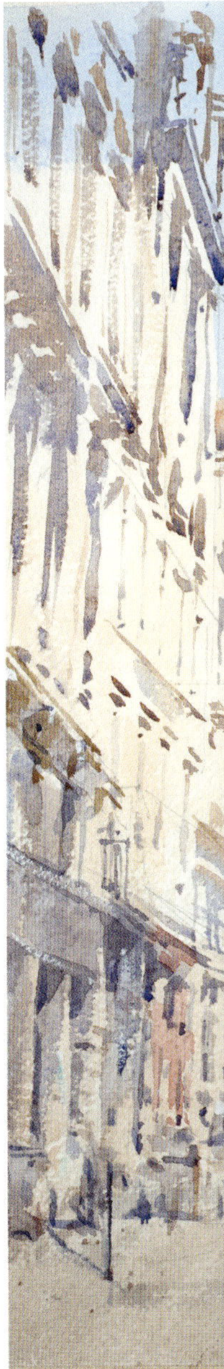

Necesitarás

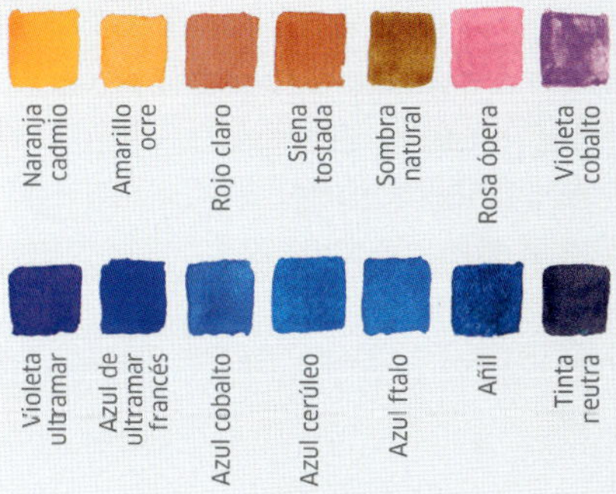

Naranja cadmio · Amarillo ocre · Rojo claro · Siena tostada · Sombra natural · Rosa ópera · Violeta cobalto

Violeta ultramar · Azul de ultramar francés · Azul cobalto · Azul cerúleo · Azul ftalo · Añil · Tinta neutra

- Pinceles redondos de pelo suave n.º 10 y n.º 3
- Papel para acuarela prensado en frío (NO) de 425 g/m² de 50 × 56 cm

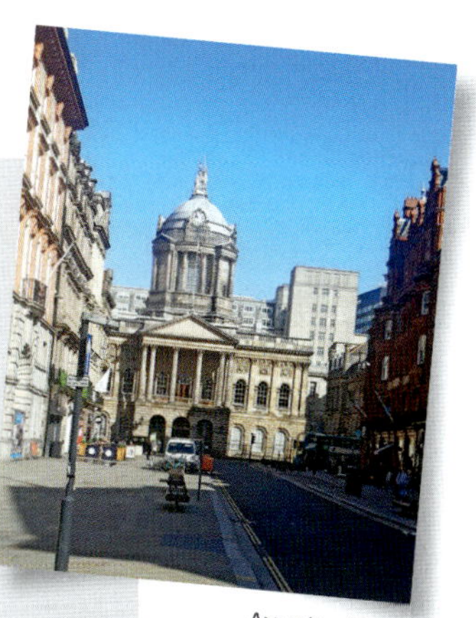

Ayuntamiento de Liverpool

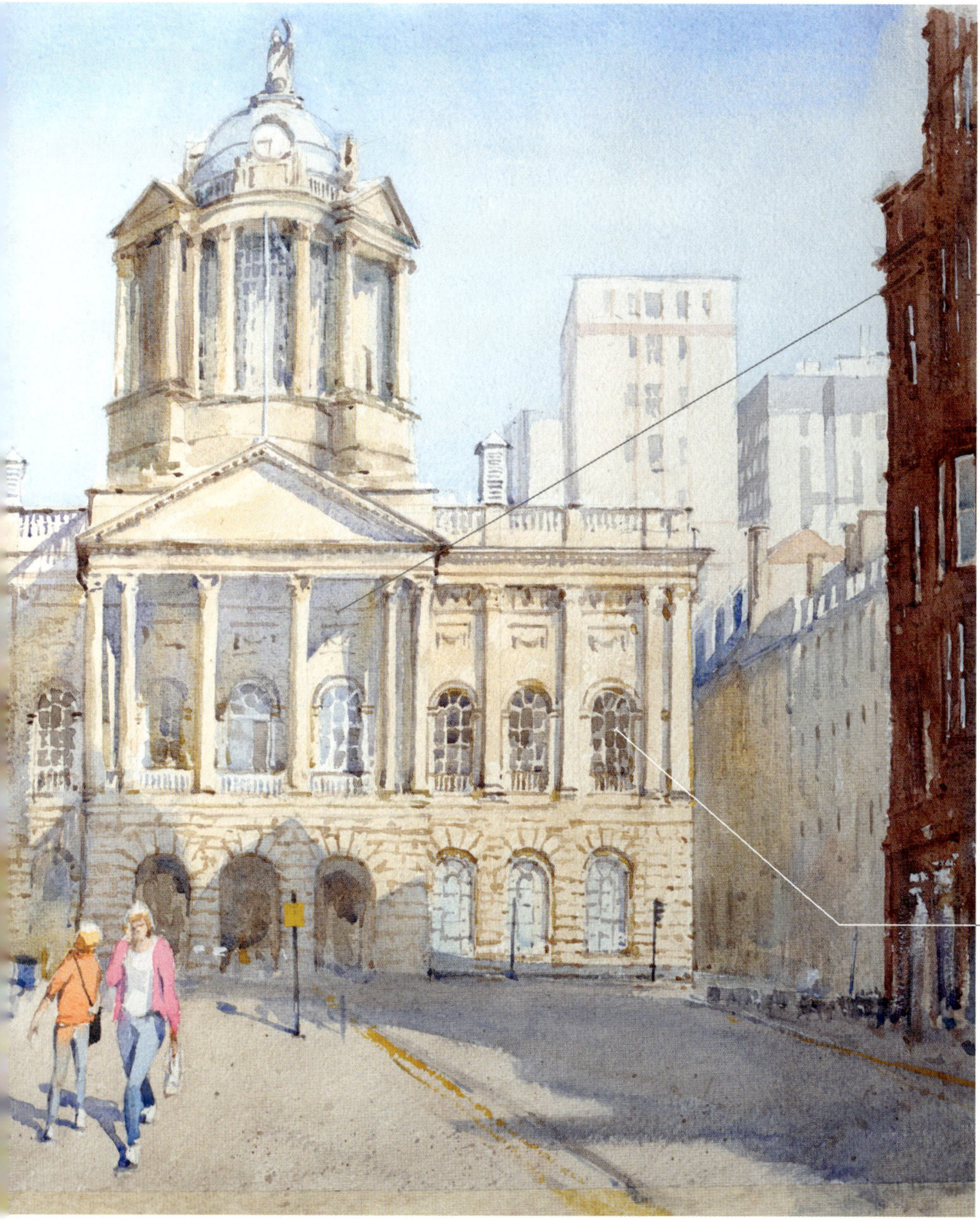

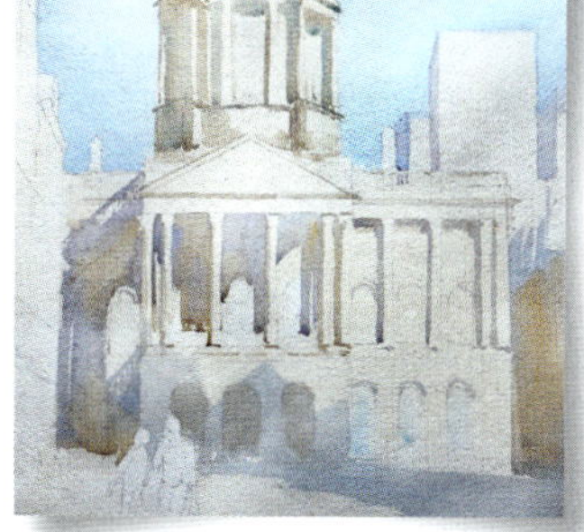

3 Define los espacios de sombra

Usa un azul frío para añadir las sombras principales entre las columnas, los espacios entre los balaustres y el interior de los arcos. Estos espacios negativos definirán la estructura del edificio.

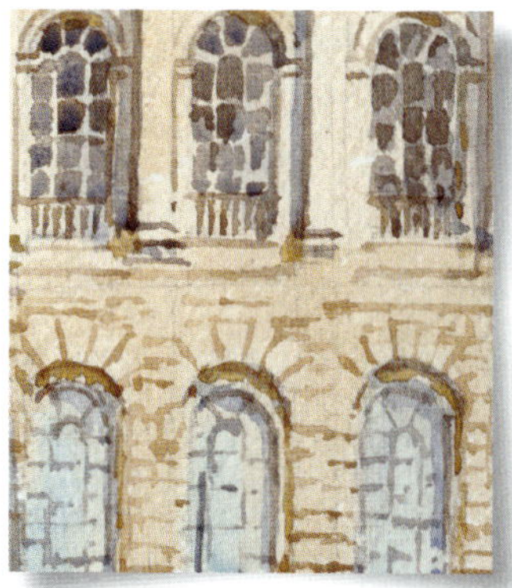

4 Detalles estructurales

Puede haber más de una capa de espacio negativo. Las ventanas entre las columnas también son espacios negativos. Añade los detalles más oscuros del edificio con un pincel n.º 3 para que la tinta no se corra sobre las formas.

Colores análogos

USAR COLORES QUE ARMONIZAN

Los colores análogos son contiguos en el círculo cromático (abajo) y, cuando se usan juntos, transmiten sensación de serenidad y armonía. También se pueden usar para dar vida a un color sólido variando el color a medida que se pinta.

◾ Armonía e interés

Mientras que los colores complementarios parecen más brillantes si se colocan juntos (pp. 118–119), los colores análogos resultan más sutiles y armoniosos. Son ideales para añadir interés a un área de color sin introducir elementos llamativos ni chocantes.

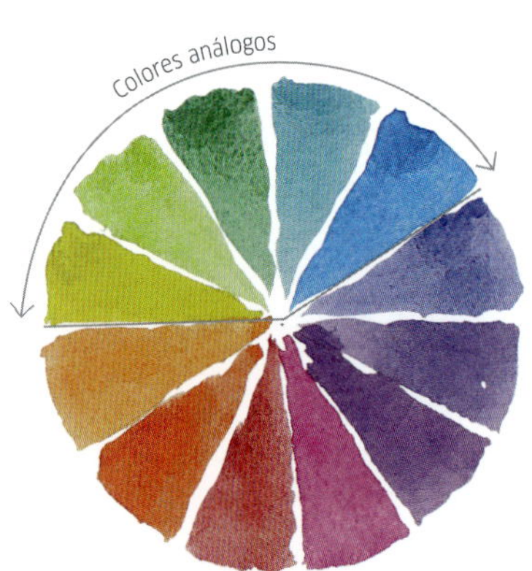

Colores adyacentes
El círculo cromático se organiza en términos de colores análogos. Por ejemplo, el verde es análogo del azul y el amarillo. Elige una secuencia de hasta cinco colores, y crea un esquema armonioso.

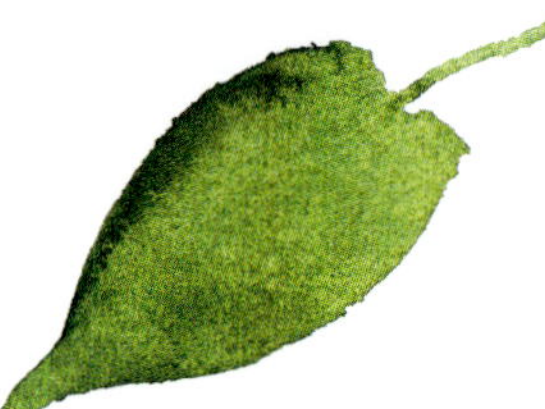

Color único
Si pintas toda la hoja con un solo verde, el efecto puede ser bastante plano y aburrido.

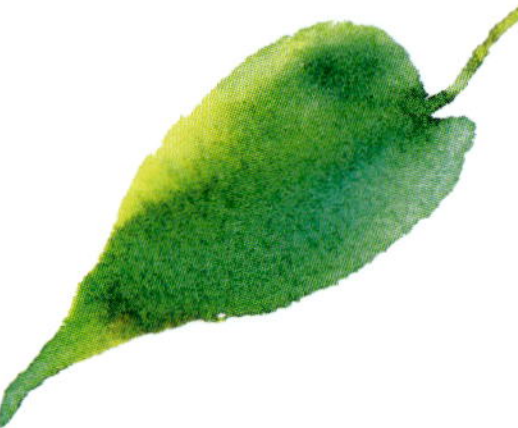

Colores análogos
Pintada con algo de azul y amarillo, la hoja es más variada y, por lo tanto, transmite más vitalidad.

PONLO EN PRÁCTICA

Este cuadro de pensamientos recurre al violeta (o púrpura) y a varios de sus colores análogos, y contiene desde carmesí hasta azul, pasando por el mismo violeta. Los brillantes centros amarillos proporcionan puntos de contraste.

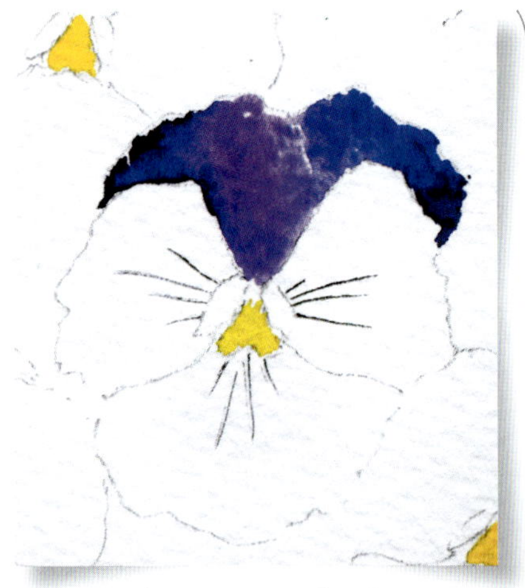

1 Determina un punto focal
Dibuja dos o tres pensamientos. Mezcla varios rosas, violetas y azules. Comienza por la flor central, y pinta el centro y dos pétalos superiores; deja los demás pétalos prácticamente en blanco, para que actúen como puntos focales.

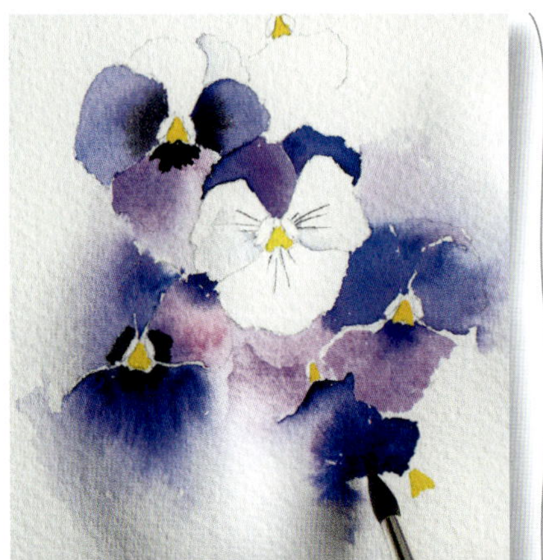

2 Construye los colores
Añade más flores, y deja que los colores se superpongan y se corran, pero espera siempre a que el papel se seque antes de pintar los centros. Píntalos con bordes definidos.

Necesitarás

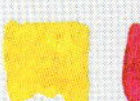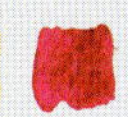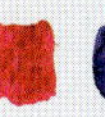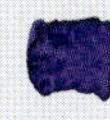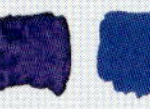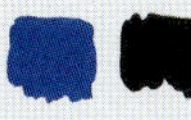

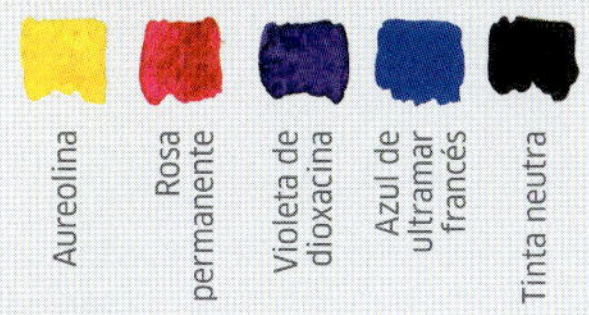

Aureolina · Rosa permanente · Violeta de dioxacina · Azul de ultramar francés · Tinta neutra

- Delineador recargable n.º 8
- Papel para acuarela áspero de 300 g/m² de 38 × 28 cm

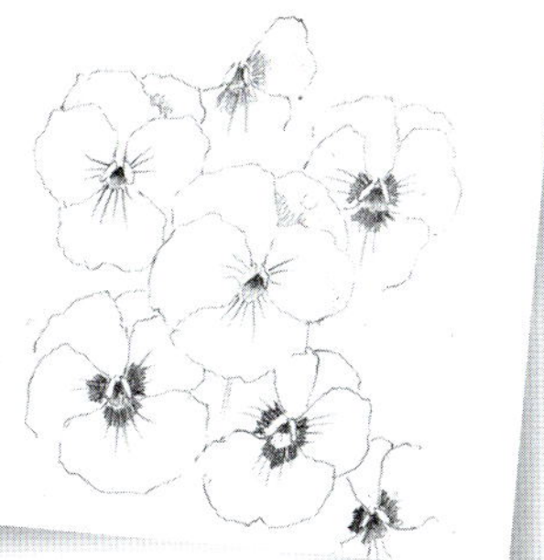

Esbozo de unos pensamientos

«Los **colores análogos** son armoniosos y producen **efectos sutiles.**»

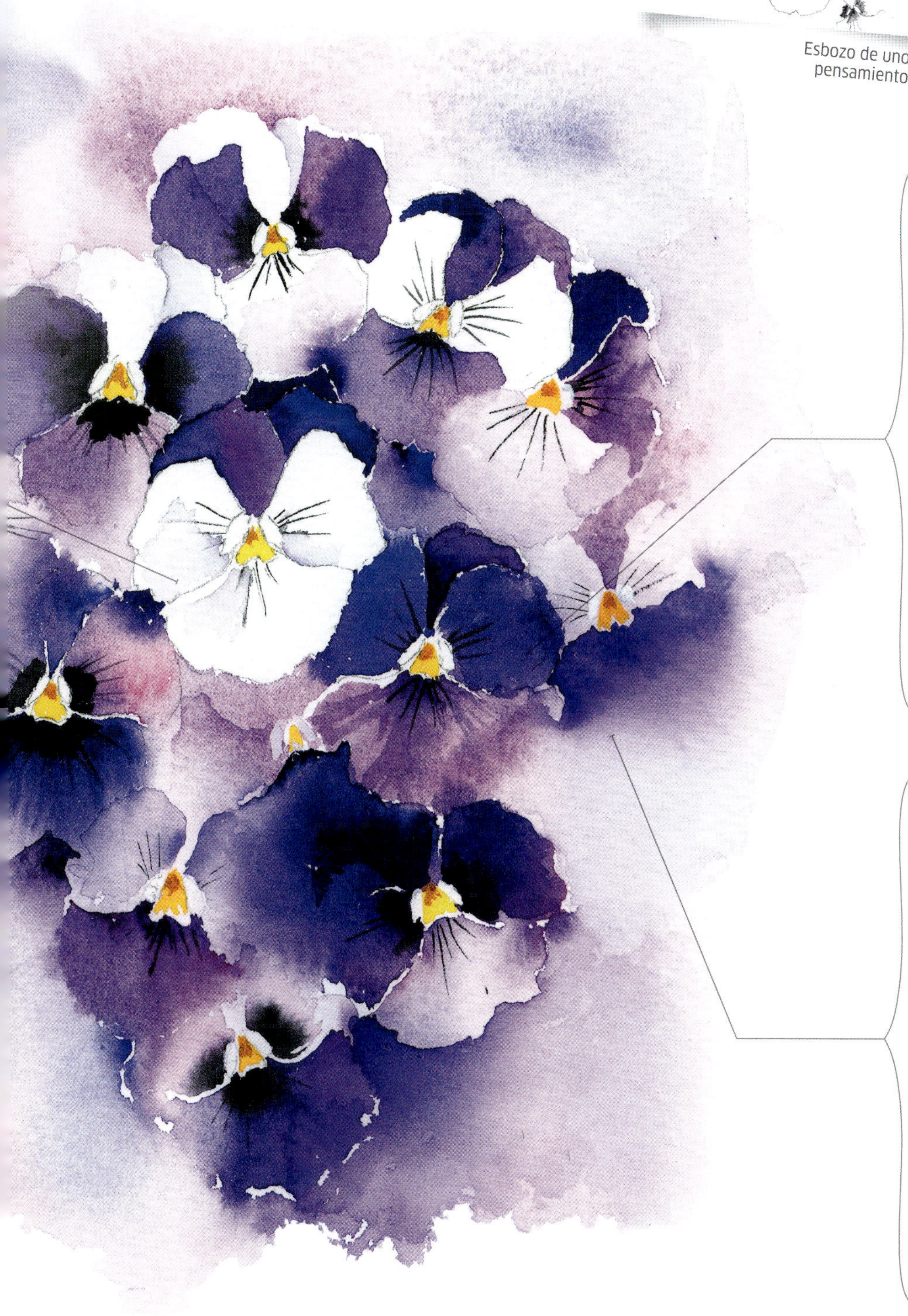

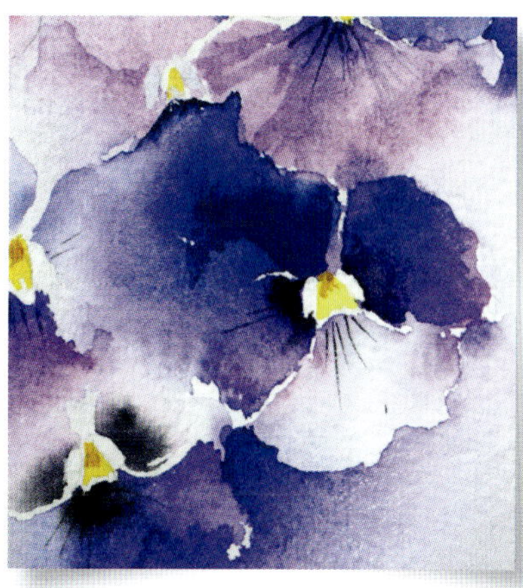

3 Centros más oscuros

Añade las marcas oscuras con una mezcla fuerte de tinta neutra a medida que el papel se seque. Difumina con agua los bordes de los pétalos sobre el fondo para conseguir un estilo pictórico y suelto.

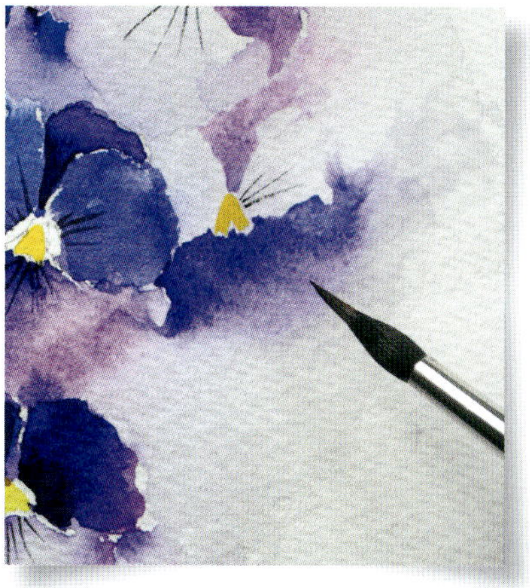

4 Trabaja el fondo

Añade más flores y deja algunas sin acabar. Usa colores análogos en el fondo y dilúyelos en agua para suavizar los bordes (pp. 94-97).

Colores complementarios

USAR COLORES QUE CONTRASTAN PARA PRODUCIR EFECTOS

Los colores complementarios ocupan lados opuestos del círculo cromático. Contrastan por naturaleza y se potencian mutuamente. Elegir una paleta limitada de complementarios te permite aprovechar esta relación visual y convertirla en un elemento clave de la composición, sobre todo en temas que incluyen luces y sombras. Pueden aportar equilibrio al cuadro, especialmente cuando se usan como aguadas transparentes.

Opciones complementarias

Hay varias maneras de modificar visualmente la percepción de una imagen mediante el uso de colores complementarios. Yuxtaponerlos los intensifica, algo que puedes aprovechar en los detalles o como base de la composición en una paleta compuesta a partir de uno o dos pares. Mezclar colores complementarios para obtener un abanico de neutros es una manera avanzada de unificar el cuadro. Ten en cuenta la tendencia cromática (p. 34), para ampliar las opciones y conservar el dinamismo.

PONLO EN PRÁCTICA

Una paleta limitada de amarillo y naranja, con violetas y azules complementarios que se han mezclado para obtener grises espectrales, recrea la luz dorada y las sombras frías de este atardecer italiano.

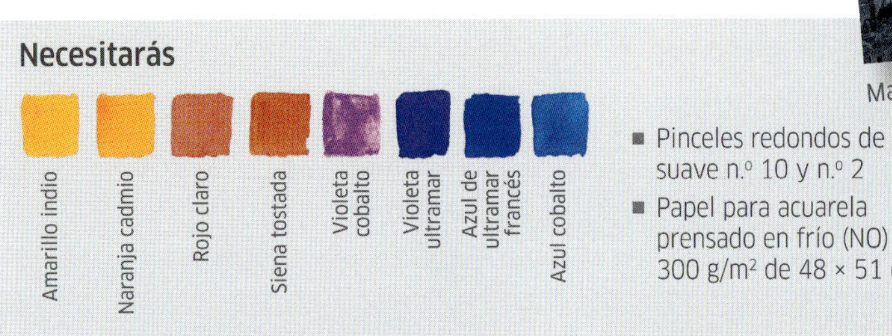

Matera (Italia)

Necesitarás

Amarillo indio · Naranja cadmio · Rojo claro · Siena tostada · Violeta cobalto · Violeta ultramar · Azul de ultramar francés · Azul cobalto

- Pinceles redondos de pelo suave n.º 10 y n.º 2
- Papel para acuarela prensado en frío (NO) de 300 g/m² de 48 × 51 cm

«**Mezcla varios** neutros a partir de **pares** complementarios para unificar el cuadro.»

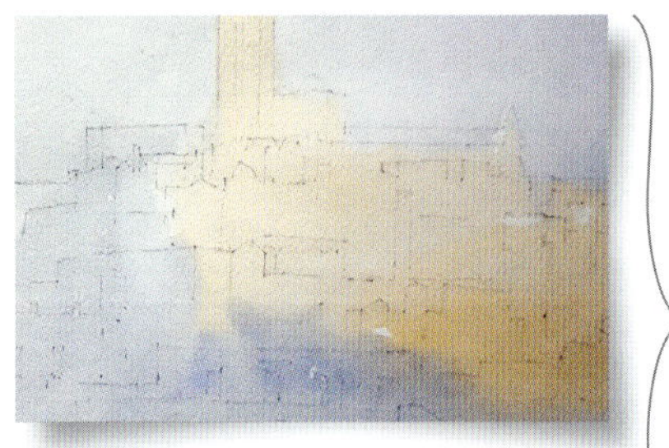

1 Aguadas complementarias
Aplica una aguada azul celeste junto al naranja, para potenciar el naranja y recrear la impresión de luz y de calidez.

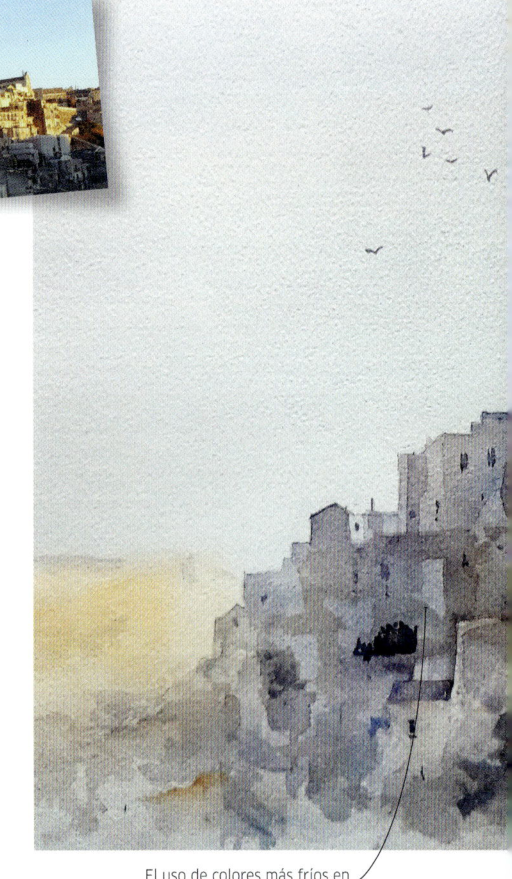

El uso de colores más fríos en las sombras del fondo potencia la perspectiva aérea (pp. 122-123)

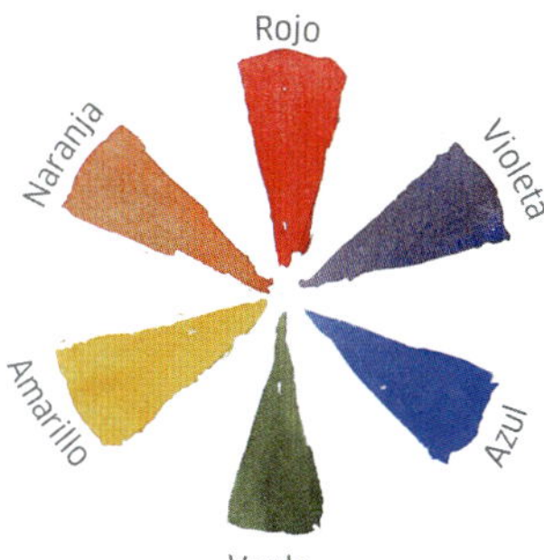

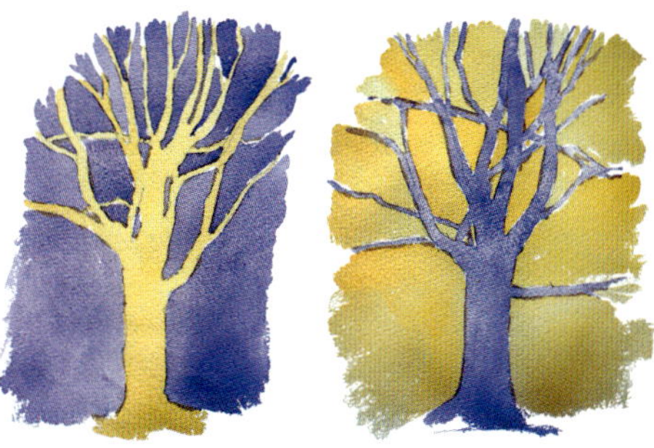

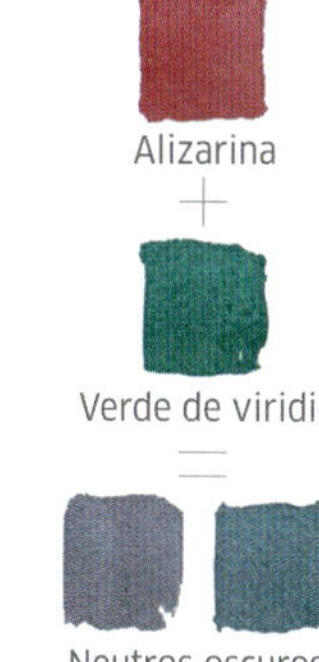

Alizarina
+
Verde de viridio
=

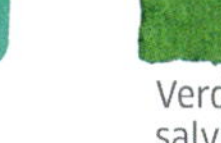

Neutros oscuros

FRÍOS   CÁLIDOS

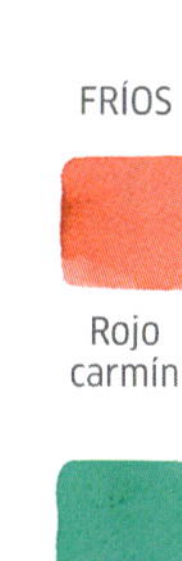

Rojo
carmín

Rojo
cadmio

Verde
ftalo

Verde
salvia

Pares complementarios

Los colores complementarios ocupan lugares opuestos del círculo cromático (p. 32): rojo con verde, naranja con azul, y amarillo con violeta. Usar estos pares te ayudará a aumentar el interés visual del cuadro.

Efecto visual

Utilizar colores complementarios, ya sea yuxtaponiéndolos o en una mezcla óptica, intensificará su efecto y hará avanzar los colores. Si usas pares complementarios en tu composición y añades uno sobre el otro, llamarán la atención del observador. Úsalos con mesura, porque el efecto visual puede molestar.

Mezclar neutros

Obtén grises cálidos y fríos mezclando complementarios en distintas proporciones. Asegúrate de obtener neutros con temperaturas distintas y oscuros lo bastante fuertes.

Pares de tendencia cromática

Los pigmentos suelen tener subtonos con tendencia cálida o fría. Para asegurarte de que obtienes una gama variada de mezclas, incluye pares cálidos y fríos en tu paleta.

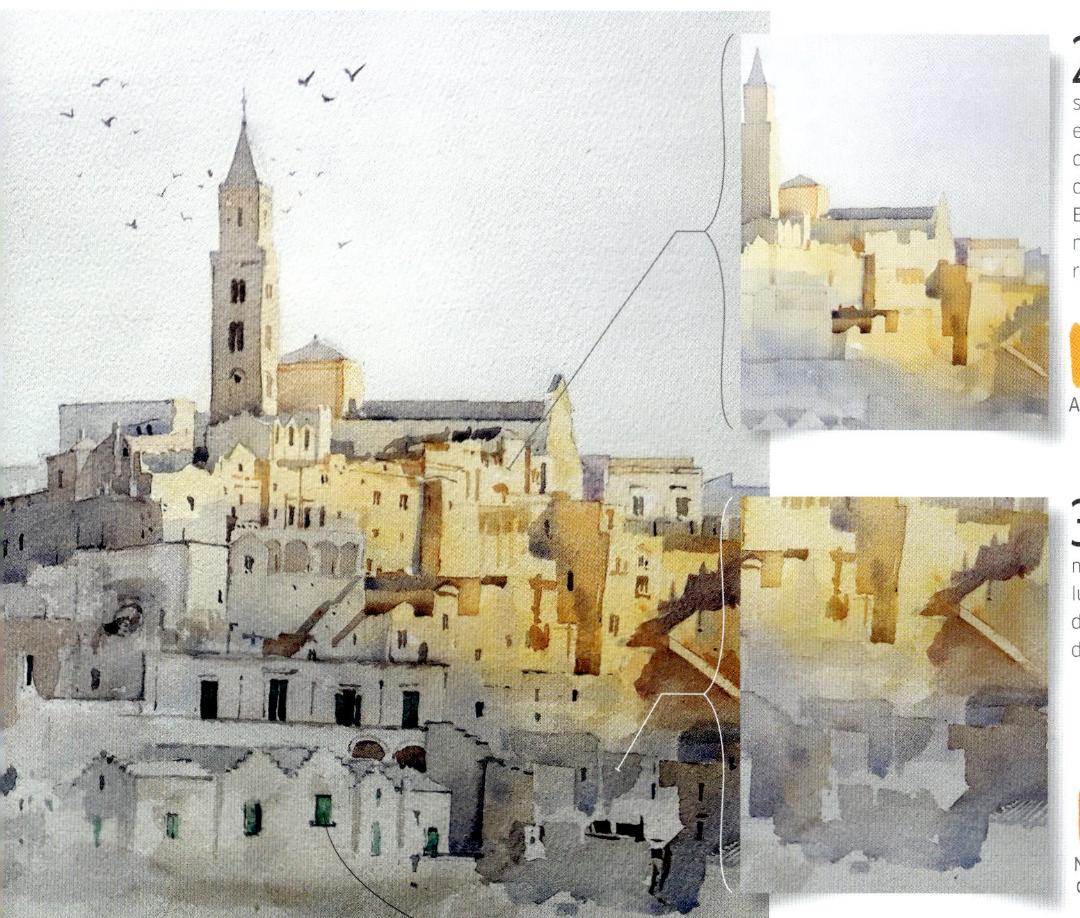

2 Sombras cálidas

Cuando la primera capa se haya secado, bloquea los edificios con tonos pálidos de grises mezclados a partir de colores complementarios. El amarillo y el violeta dan neutros cálidos (p. 34) que reflejan las sombras al sol.

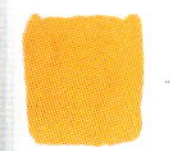
+
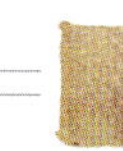
=
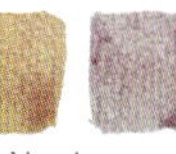

Amarillo   Violeta   Neutros
indio   ultramar   cálidos

3 Tonos más fríos

Usa una mezcla con tendencias más frías en las zonas con menos luz o umbrías, y obtén neutros de tonalidades azules a partir del naranja y del azul.

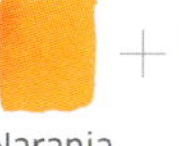
+
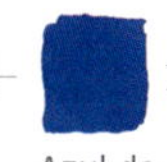
=
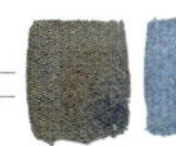
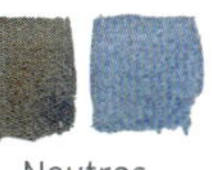

Naranja   Azul de   Neutros
cadmio   ultramar   fríos
            francés

Las contraventanas se han pintado con un verde luminoso que contrasta con la paleta complementaria

Colores cálidos y fríos

USAR EL COLOR PARA CREAR ARMONÍA O CONTRASTES

Los colores se pueden clasificar de varias maneras. Una de ellas es la temperatura, una propiedad que puedes aprovechar para influir en la composición del cuadro. Los colores cálidos y fríos tienen propiedades que funcionan cuando se usan por separado o que se influyen entre ellos cuando se combinan; cómo los uses puede crear armonía o contraste. Entender estas propiedades y cómo equilibrarlas o combinarlas permite crear composiciones estimulantes y atractivas.

PONLO EN PRÁCTICA

Este ejercicio te ayudará a entender los efectos visuales del color.
Se vale de mezclas de acuarela fluidas para explicar cómo la percepción de una misma imagen cambia cuando cambiamos la temperatura de color.

El contraste añade vitalidad

Los colores análogos (pp. 116–117) encajan bien entre ellos

Violeta cobalto

Azul de ultramar

Verde agua

Azul turquesa (acuarela líquida)

Turquesa cobalto claro

Verde cobalto

Verde pastel (acuarela líquida)

Amarillo limón

Ocre dorado (acuarela líquida)

Naranja transparente

Rojo carmesí

Rosa ópera

Violeta de perileno

Combinaciones frías

Los cuadros que solo usan colores fríos son agradables y transmiten tranquilidad, serenidad y frialdad. Son colores que funcionan bien juntos, pero la imagen queda plana, apagada y sin foco. Mantener la atención del observador cuesta más si el cuadro solo contiene colores fríos.

Combinaciones cálidas

Elige una paleta básicamente cálida para suscitar sensaciones de calidez, tensión y energía. Estos colores pueden ser intensos y muy saturados, lo que, a nivel visual, crea vibraciones que pueden ser adecuadas para temas concretos; sin embargo, también pueden restar armonía al esquema de color.

■ Percibir la temperatura

Asociamos colores determinados a la temperatura percibida, y utilizar estas cualidades para influir en la sensación que transmite un cuadro es relativamente sencillo. Los colores predominantes dotarán al cuadro de una atmósfera cálida o fría; así, por ejemplo, usaríamos azules para una escena nevada.

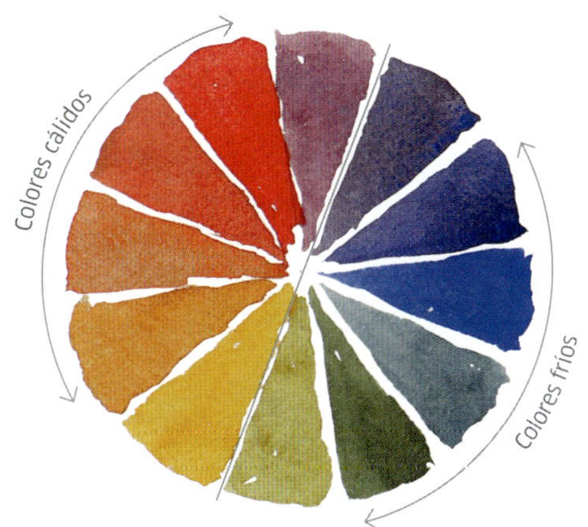

Círculo cromático cálido y frío

La mitad amarilla-naranja-roja del círculo cromático se asocia a la calidez, mientras que la mitad verde-azul-violeta se percibe como fría. Recuerda que los colores de las pinturas también tienen tendencia cromática (p. 34) y que hay rojos fríos y azules cálidos.

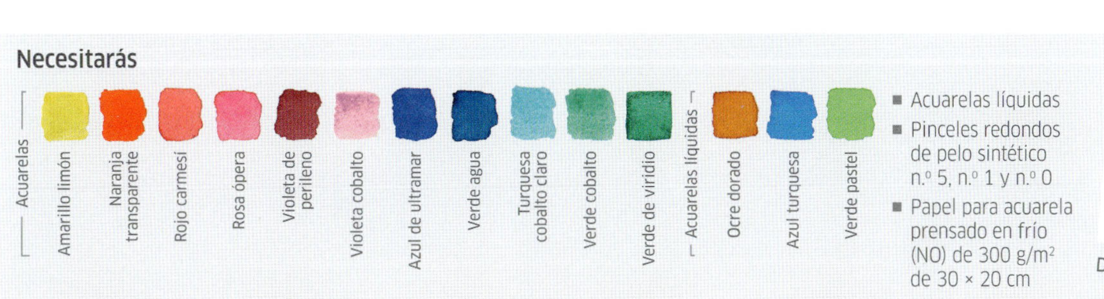

- Acuarelas líquidas
- Pinceles redondos de pelo sintético n.º 5, n.º 1 y n.º 0
- Papel para acuarela prensado en frío (NO) de 300 g/m² de 30 × 20 cm

Diseño floral

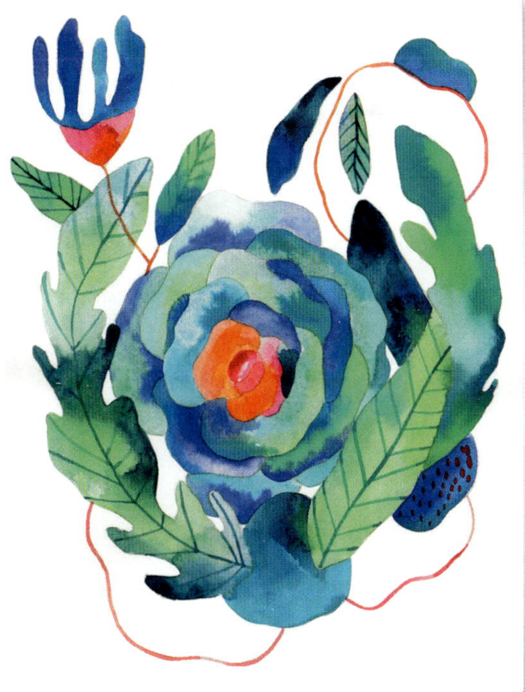

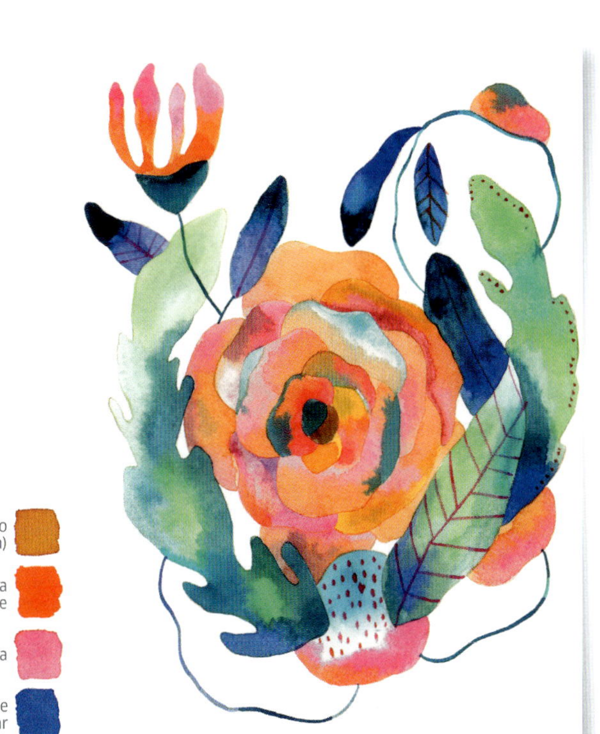

Combinaciones que contrastan

Destaca elementos de la composición aprovechando que los colores fríos retroceden y los cálidos avanzan. Emplear un color cálido o complementario sobre una combinación fría crea un punto focal y da profundidad.

Combinaciones cromáticas equilibradas

Usar tonos de la mitad fría y de la mitad cálida del círculo cromático da lugar a una composición equilibrada en la que cada elemento destaca y realza al resto. Elige tres o cuatro colores de cada mitad para lograr esa armonía, y úsalos por igual en la composición.

Perspectiva aérea

CREAR LA ILUSIÓN DE DISTANCIA

La perspectiva aérea permite evocar profundidad sobre el papel plano simulando los efectos naturales que la atmósfera ejerce sobre los objetos a medida que se alejan. Para pintar paisajes realistas, observa cómo los objetos pierden color, tono, definición y detalle a medida que retroceden.

PONLO EN PRÁCTICA

Aquí, el efecto atmosférico de la montaña lejana se ha exagerado ajustando la calidez y la frialdad de los colores del paisaje y modificando lo que se ve para reflejar el estado de ánimo.

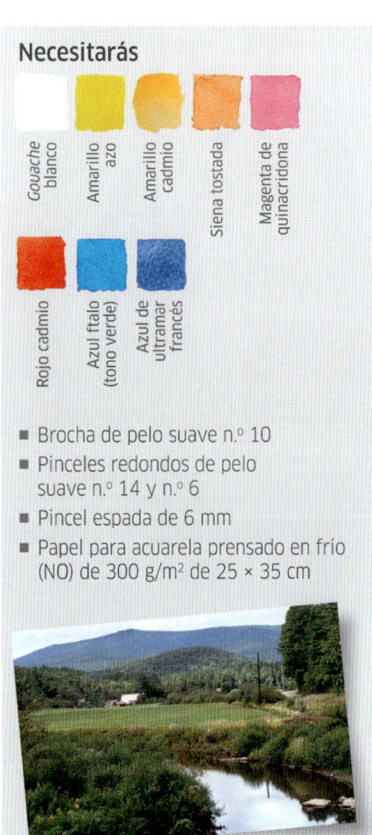

Montaña lejana

Necesitarás

- Brocha de pelo suave n.º 10
- Pinceles redondos de pelo suave n.º 14 y n.º 6
- Pincel espada de 6 mm
- Papel para acuarela prensado en frío (NO) de 300 g/m² de 25 × 35 cm

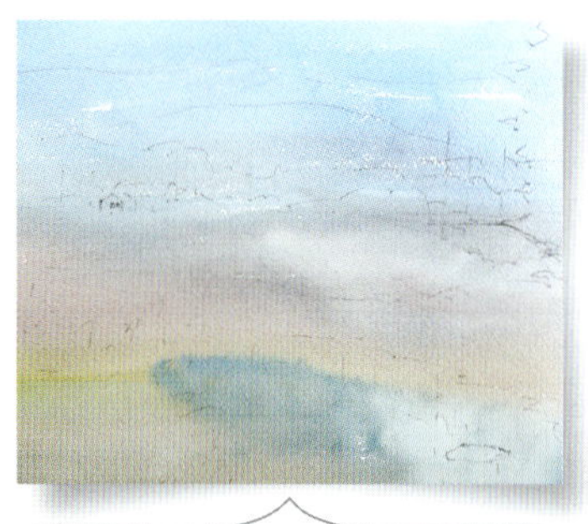

1 Aguadas frías y cálidas
Pinta una aguada de fondo de arriba abajo. Comienza con una mezcla fría de azul ftalo y un toque de magenta de quinacridona por arriba, y acaba con una mezcla ocre cálida que contenga magenta de quinacridona y amarillo por abajo.

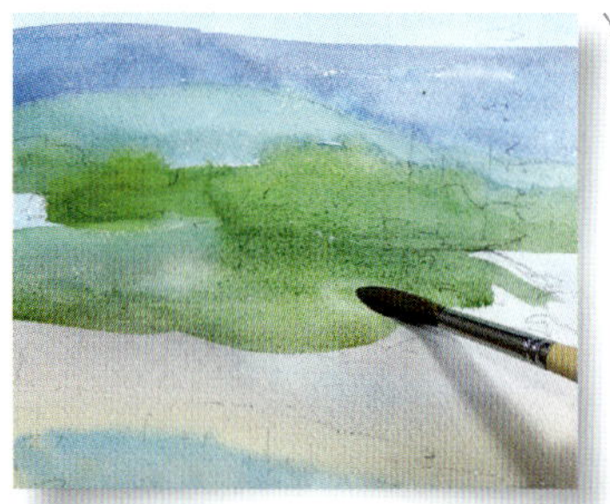

2 Realza los contrastes en la distancia
Exagera y atrasa más la montaña con colores intensos y fríos a base de azul de ultramar francés y algo de magenta y amarillo. Añade más amarillo a los árboles en la lejanía para adelantarlos.

Contrastes de color y de tono

Divide el paisaje en fondo, segundo plano y primer plano. A medida que los objetos se alejan, los colores tienden a azules y grises más fríos, mientras que tienen tonos medios en el segundo plano, y más cálidos y fuertes en el primero. Cuando pintes, quizá tengas que exagerar este efecto natural con veladuras o mezclas más fuertes.

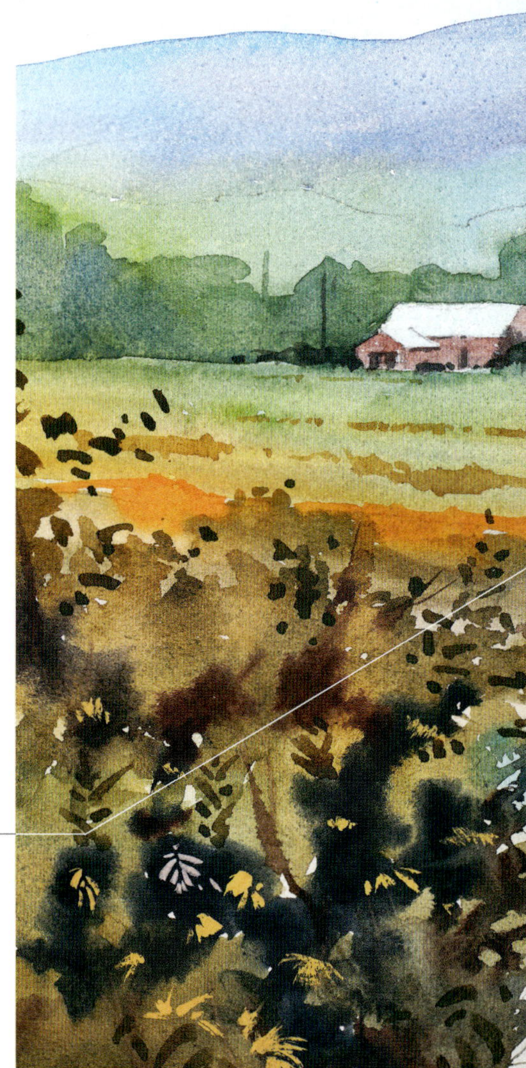

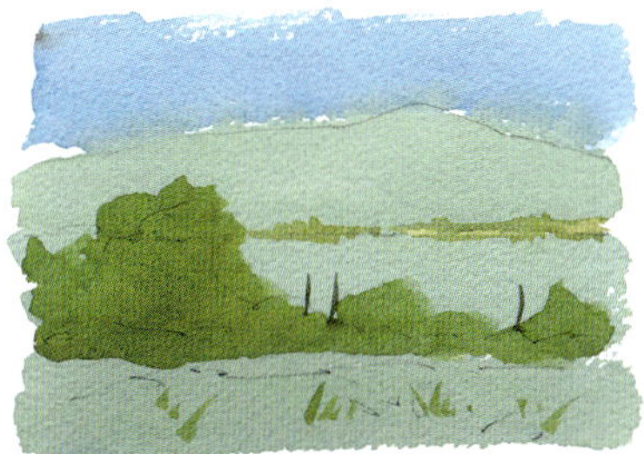

Contraste mínimo

Si el fondo y el segundo y el primer plano
se pintan con el mismo valor tonal, el paisaje
parece plano y no sugiere la menor profundidad.

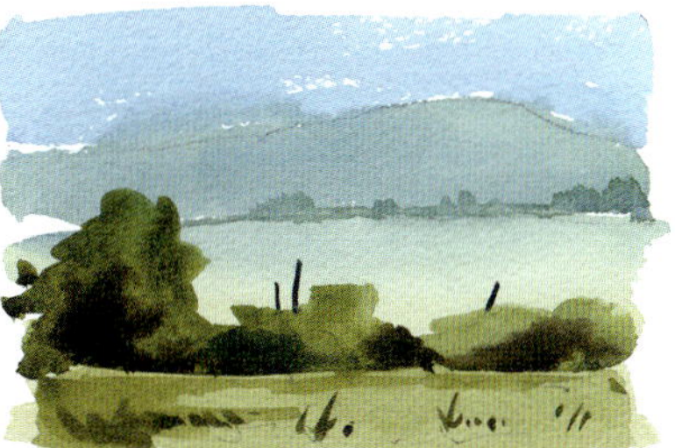

Contraste intenso

Este cuadro más natural ha empleado colores
cálidos y tonos más fuertes en el primer plano,
y tonos más fríos y tenues en el fondo.

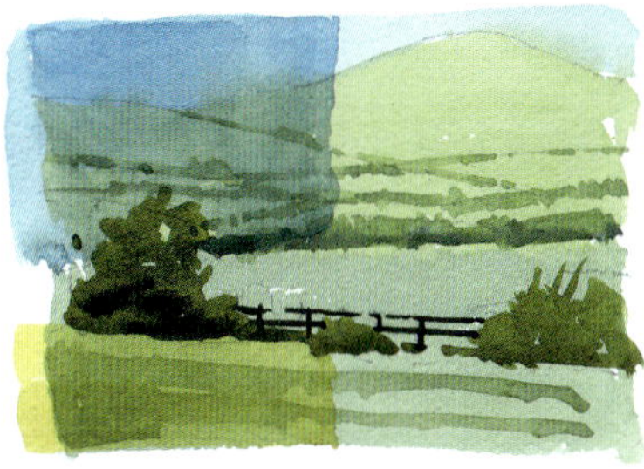

Potenciar el contraste

Si al cuadro le falta profundidad, potencia el
contraste con veladuras: un azul frío sobre el
fondo y un amarillo cálido en el primer plano.

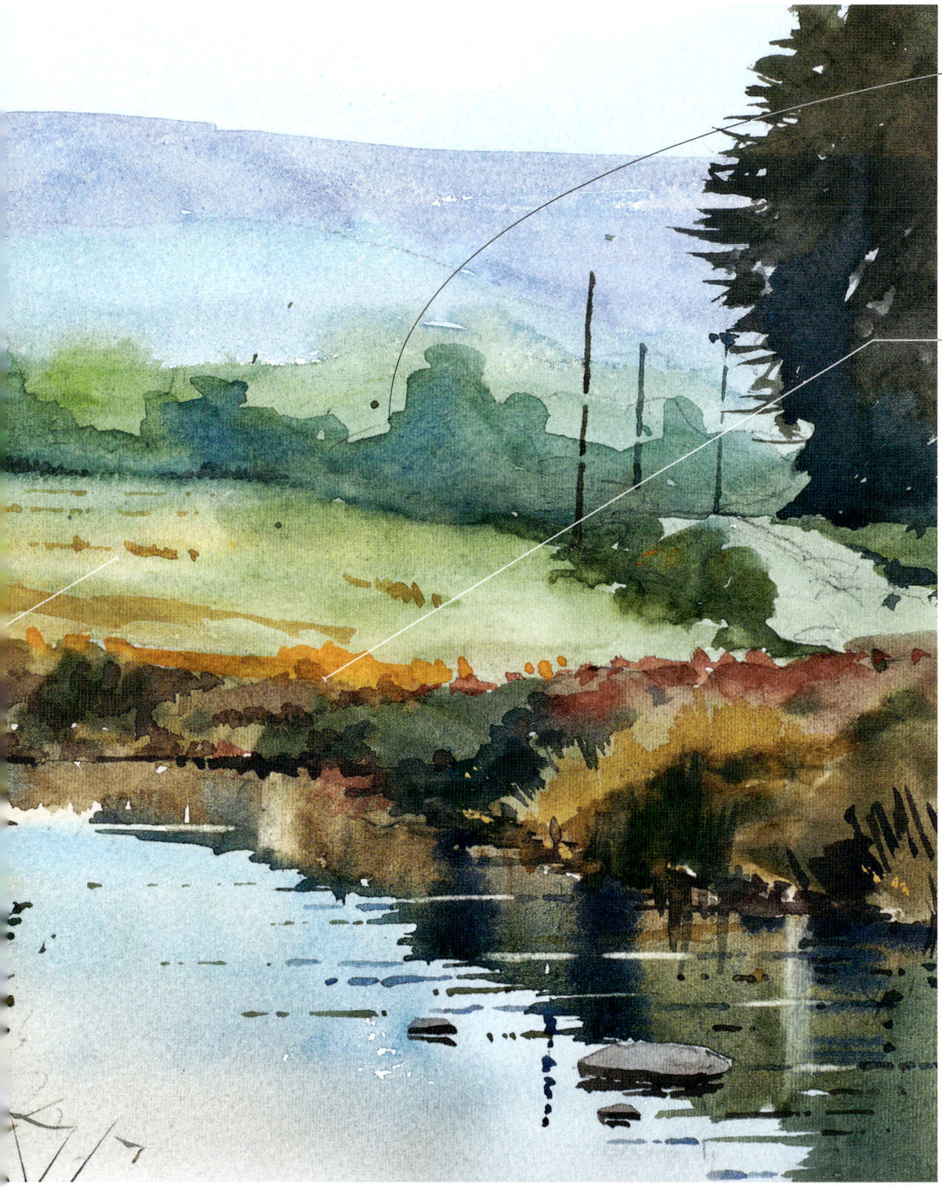

La variación tonal aumenta
hacia el primer plano

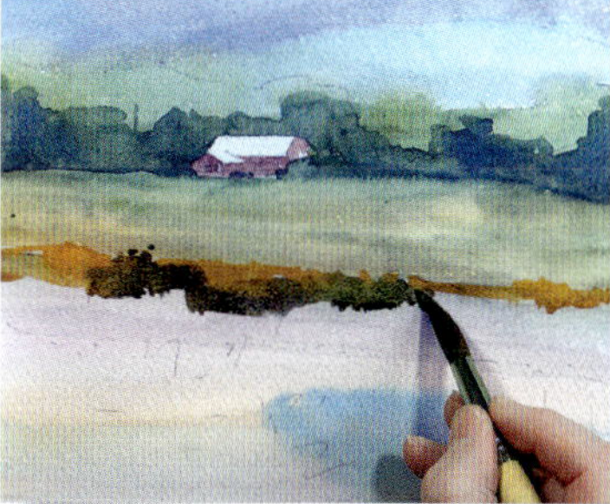

3 Mezclas cálidas

Añade amarillo indio cálido a las
mezclas con mucho pigmento, para
crear un verde más fuerte y cálido que
adelante el segundo plano. Dar un toque
de rojo a la granja potenciará ese efecto.

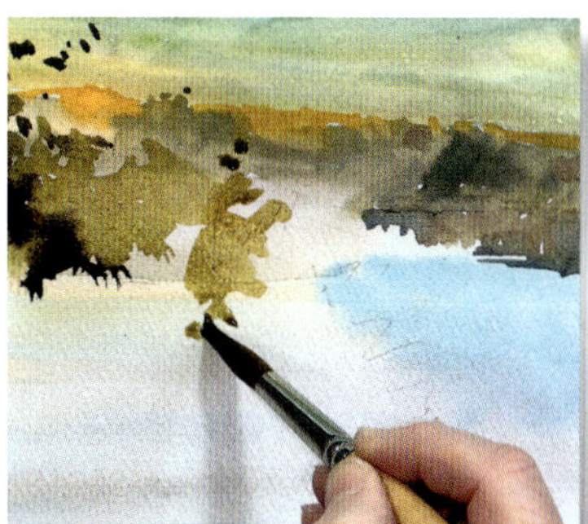

4 Detalles en el primer plano

En el primer plano, usa una variedad
de colores y de tonos para añadir casi
todos los detalles y adelantar esa zona.
No añadas detalles en el fondo. Mezcla
un poco de *gouache* blanco con rojo
y amarillo para añadir puntos de luz.

Veladura

APLICAR CAPAS TRANSPARENTES

Esta técnica consiste en aplicar una fina capa de color sobre otra capa de pintura ya seca. Permite intensificar colores de claro a oscuro o interactuar con las capas subyacentes y producir mezclas de colores o alterar la temperatura de estos. Utiliza veladuras transparentes para ajustar áreas de color amplias en un paisaje o sobre zonas pequeñas de colores localizados.

Alterar las capas

Antes de aplicar la veladura, piensa en cómo modificará la aguada subyacente seca y la sensación del cuadro. La veladura puede mejorar la perspectiva aérea: una veladura fría hace retroceder el fondo, mientras que una cálida hará que avance. Usa veladuras para modificar las sombras o añadir color a un esbozo monocromático.

Modificar el color

Cambia el color subyacente con una veladura de otro color, y crea así mezclas ópticas, como violeta o púrpura, donde el rojo y el azul se tocan, o naranja, donde el amarillo y el rojo se cruzan. Usa veladuras cálidas o frías para alterar la temperatura de color.

La veladura roja da calidez al azul

Modificar el tono

Intensifica el tono de claro a oscuro superponiendo veladuras finas. Puedes usar este efecto sutil en áreas grandes, como el mar o el cielo, a los que aportará una sensación ligera y transparente con modulaciones de tono.

Las capas de veladura oscurecen el tono

PONLO EN PRÁCTICA

La serenidad y calma de esta escena se han logrado en varias etapas y teniendo en cuenta las tres áreas principales de tono claro, medio y oscuro. La veladura da profundidad al agua y calidez al primer plano.

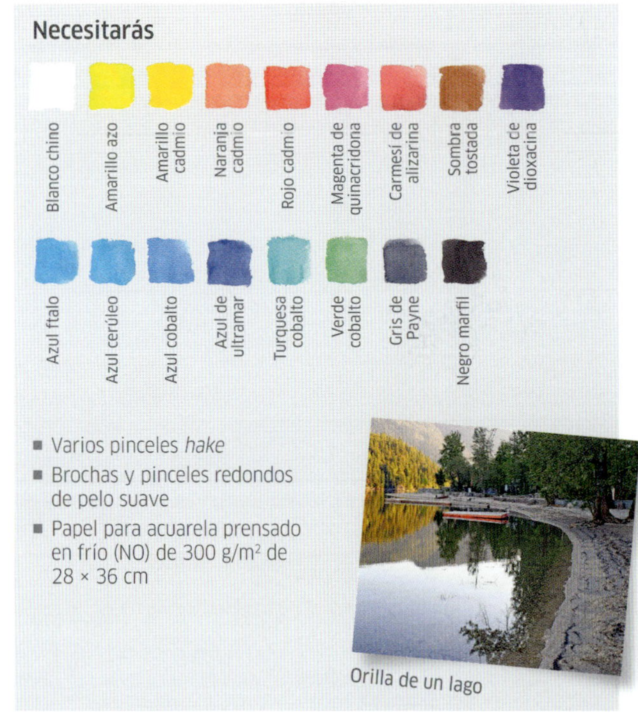

- Varios pinceles *hake*
- Brochas y pinceles redondos de pelo suave
- Papel para acuarela prensado en frío (NO) de 300 g/m² de 28 × 36 cm

Orilla de un lago

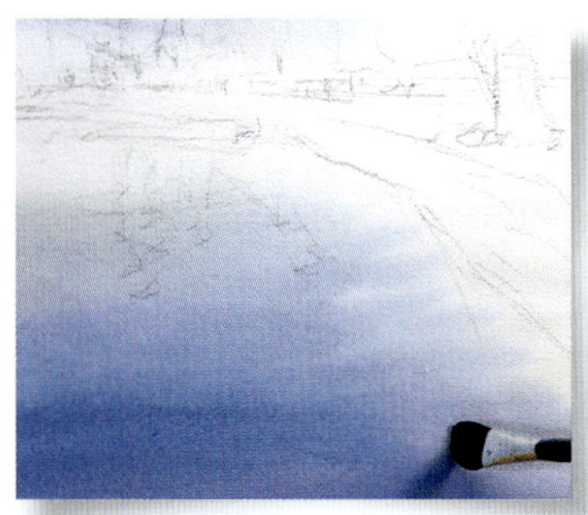

1 Aplica el tono más claro
Simplifica la escena en áreas de tonos claros, medios y oscuros. Aplica una sola aguada para las áreas más claras de las montañas lejanas y oscurécela un poco en el agua del primer plano.

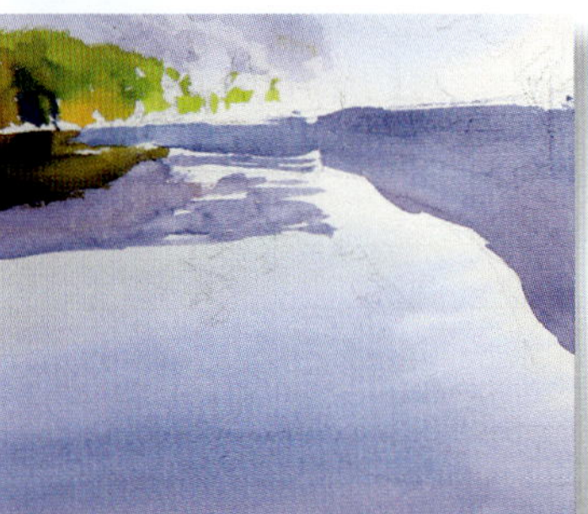

2 Tonos medios
La montaña verde y la orilla iluminadas por el sol forman parte del valor medio, así que trabájalas al mismo tiempo para asegurar una relación tonal correcta con el agua y las montañas en la distancia.

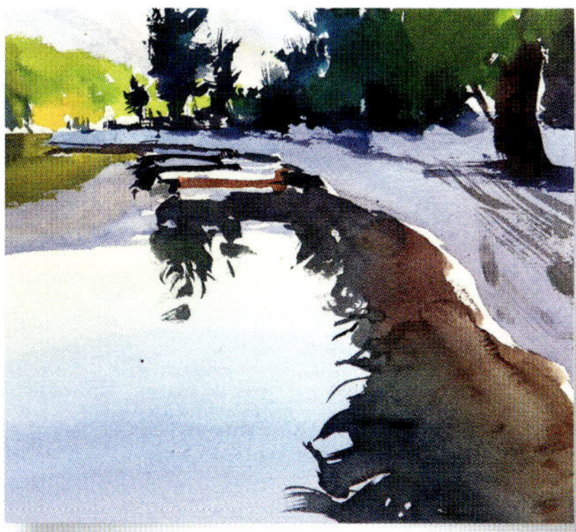

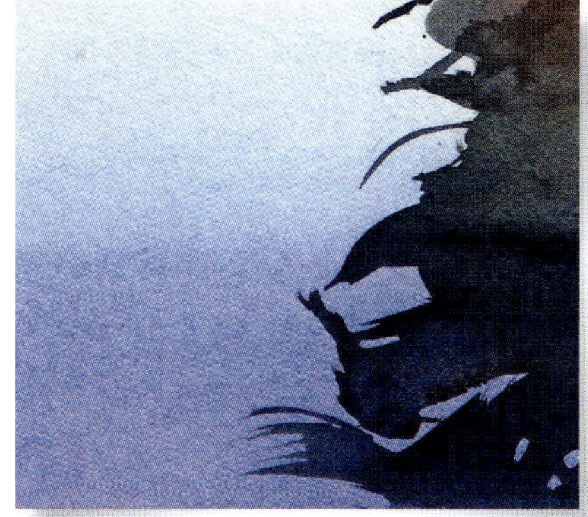

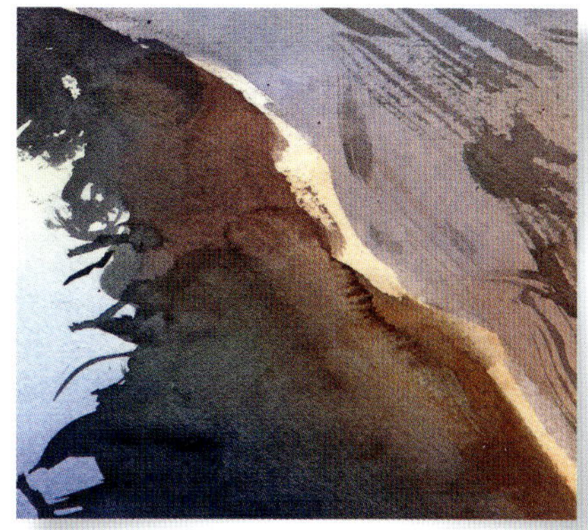

3 Evalúa los tonos

Bloquea el oscuro de los árboles y de los reflejos en el agua, y después evalúa el cuadro. La orilla, en el primer plano, ha de ser más cálida; y el agua más próxima, más oscura.

4 Una veladura más oscura

La forma más sencilla de modificar tonos es la veladura. Aplica un azul más fuerte y oscurece el agua del primer plano; llévalo hacia las zonas sombreadas para unificar los elementos.

5 Una veladura cálida

Adelanta el primer plano con una veladura naranja cálido sobre la base de azul. Añade una fina veladura magenta sobre los árboles, para dar calidez al segundo plano contra el cielo frío.

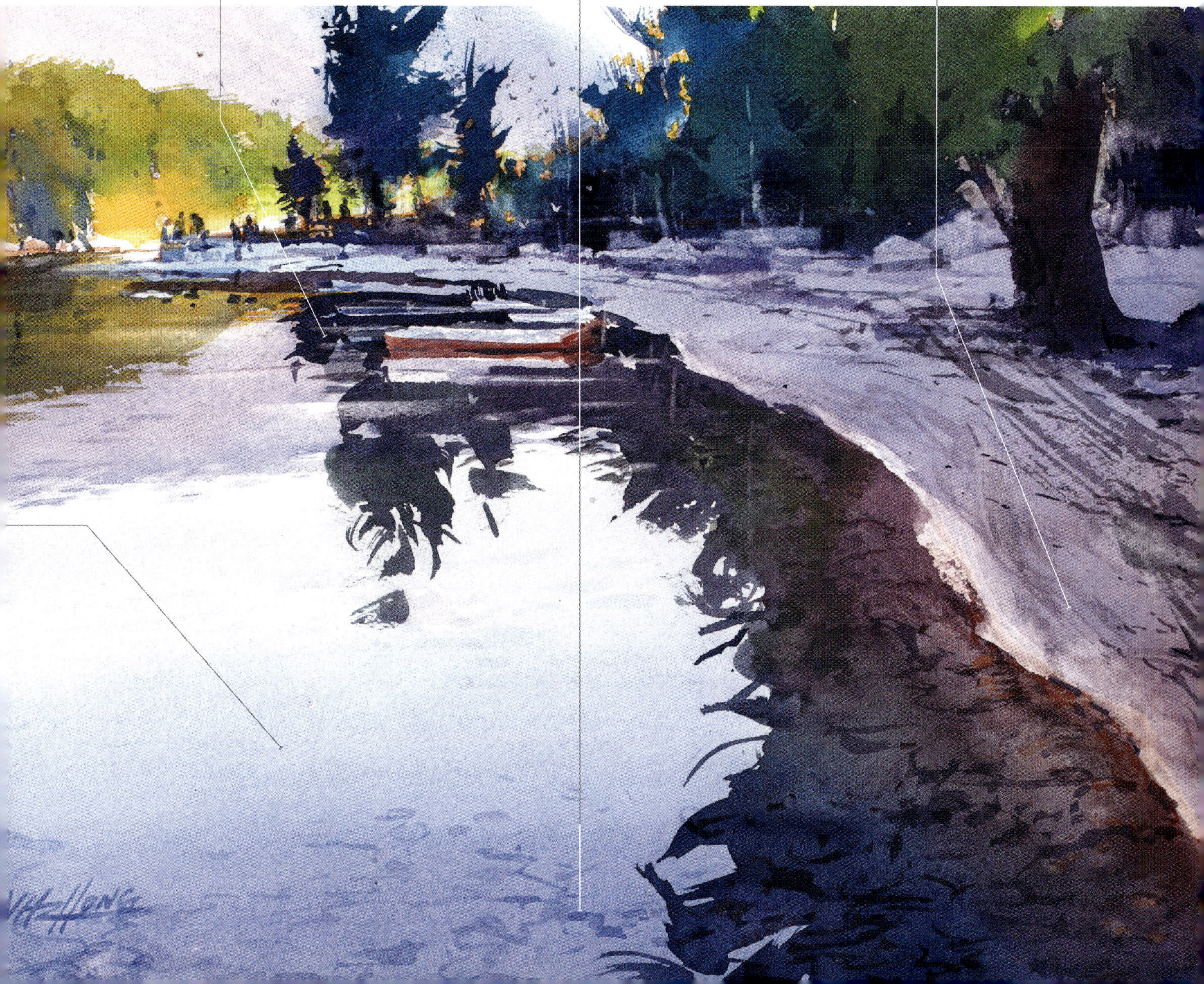

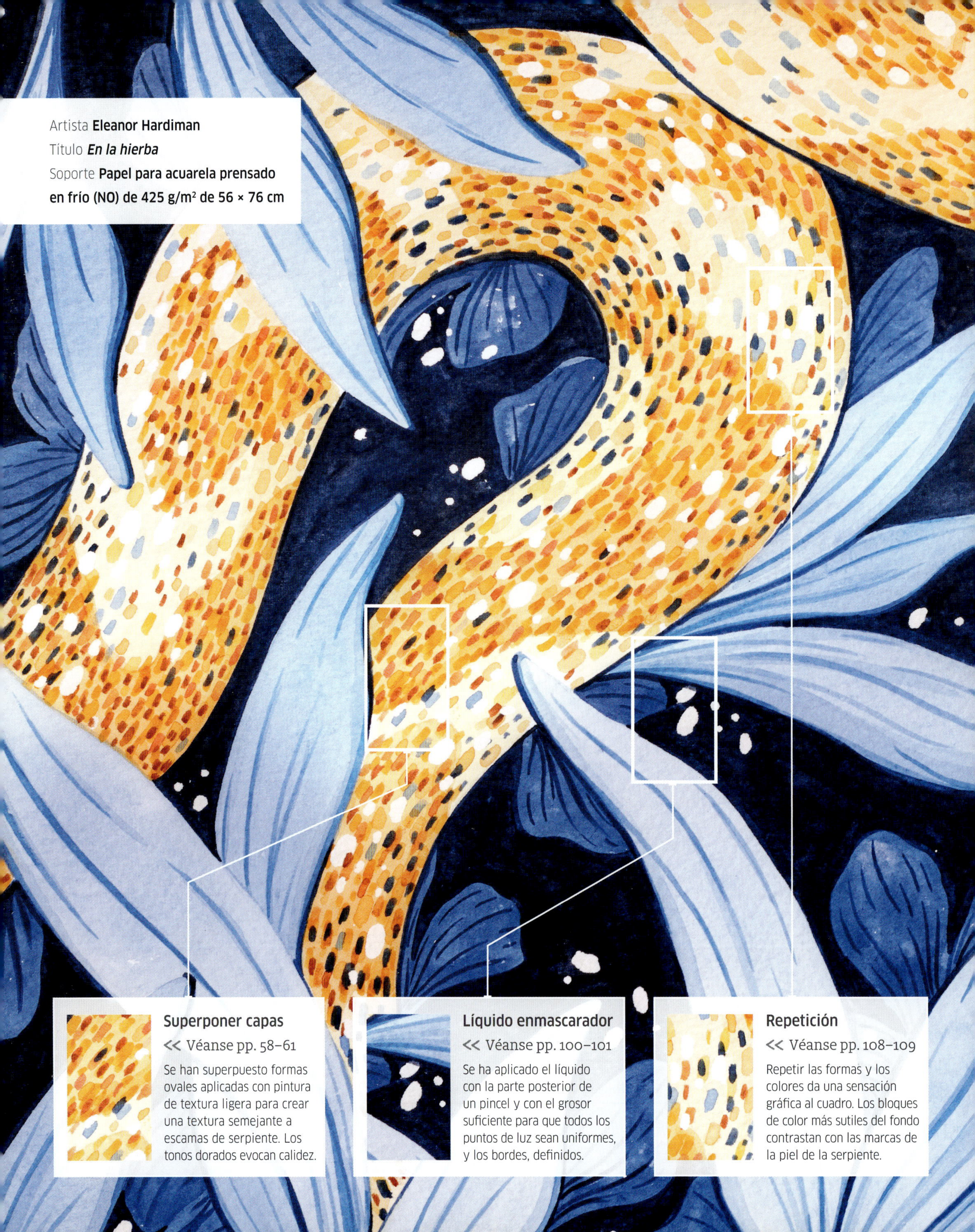

Superponer capas

<< Véanse pp. 58–61

Se han superpuesto formas ovales aplicadas con pintura de textura ligera para crear una textura semejante a escamas de serpiente. Los tonos dorados evocan calidez.

Líquido enmascarador

<< Véanse pp. 100–101

Se ha aplicado el líquido con la parte posterior de un pincel y con el grosor suficiente para que todos los puntos de luz sean uniformes, y los bordes, definidos.

Repetición

<< Véanse pp. 108–109

Repetir las formas y los colores da una sensación gráfica al cuadro. Los bloques de color más sutiles del fondo contrastan con las marcas de la piel de la serpiente.

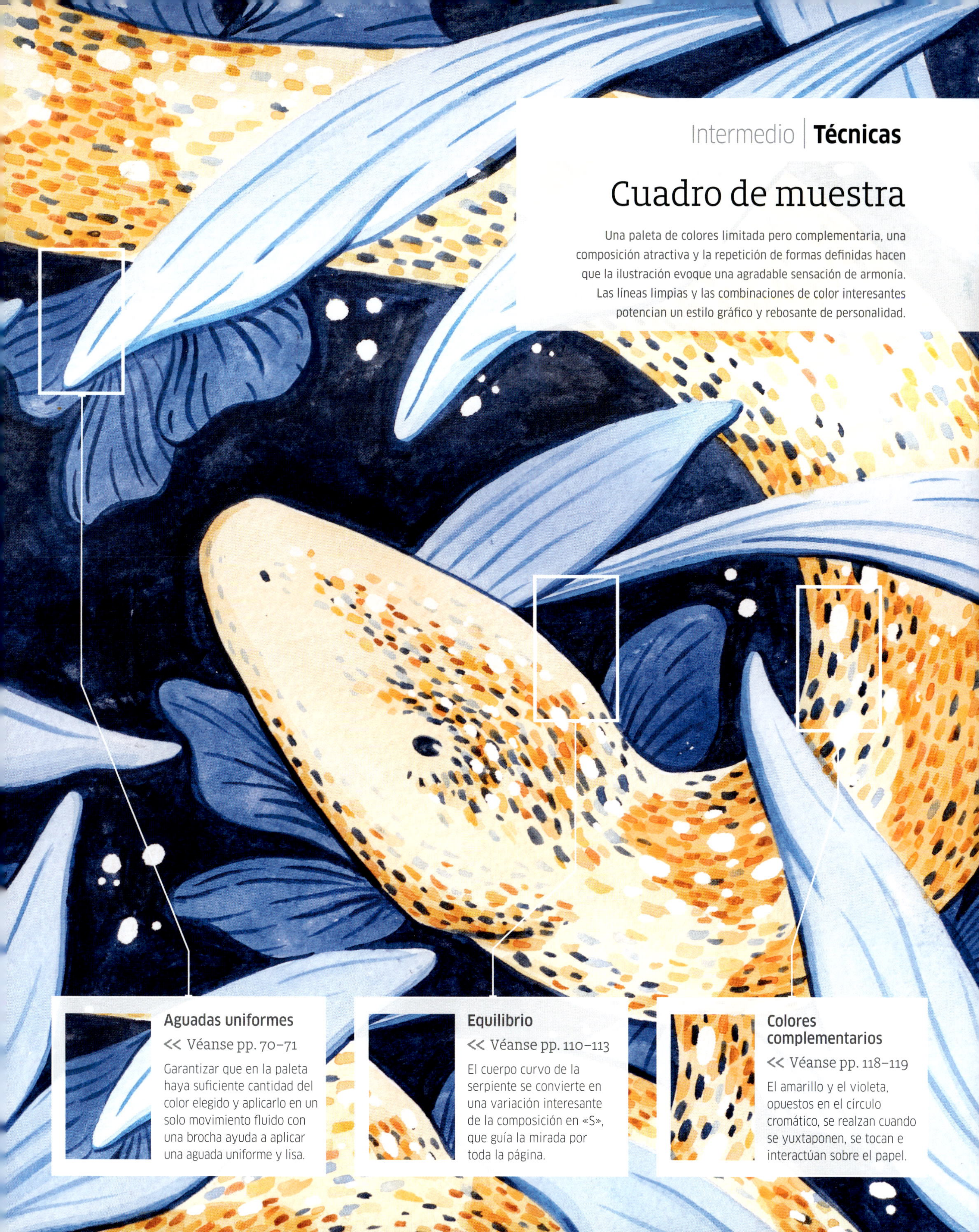

Cuadro de muestra

Una paleta de colores limitada pero complementaria, una composición atractiva y la repetición de formas definidas hacen que la ilustración evoque una agradable sensación de armonía. Las líneas limpias y las combinaciones de color interesantes potencian un estilo gráfico y rebosante de personalidad.

Aguadas uniformes

« Véanse pp. 70–71

Garantizar que en la paleta haya suficiente cantidad del color elegido y aplicarlo en un solo movimiento fluido con una brocha ayuda a aplicar una aguada uniforme y lisa.

Equilibrio

« Véanse pp. 110–113

El cuerpo curvo de la serpiente se convierte en una variación interesante de la composición en «S», que guía la mirada por toda la página.

Colores complementarios

« Véanse pp. 118–119

El amarillo y el violeta, opuestos en el círculo cromático, se realzan cuando se yuxtaponen, se tocan e interactúan sobre el papel.

Trabajo monocromático

CENTRARSE EN LOS VALORES TONALES

La estructura de un cuadro depende del tono, o valor, no del color, por lo que es importante entender la diferencia entre lo uno y lo otro. Por color aludimos solo al matiz, mientras que el tono indica la claridad o la oscuridad de dicho matiz (pp. 32-33). Si pintas en un solo color y te centras en el tono, producirás interpretaciones sencillas de incluso los temas más complejos.

PONLO EN PRÁCTICA

Trabajar un tema multicolor en monocromo exige pensar en el tono. Aquí, la escena se ha reducido a tres valores básicos: los claros se dejan como papel en blanco, los medios se limitan a una aguada, y los oscuros se superponen encima.

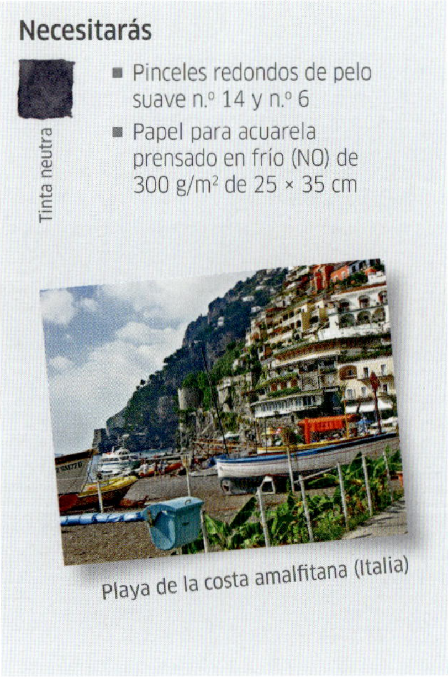

Playa de la costa amalfitana (Italia)

Necesitarás

Tinta neutra

- Pinceles redondos de pelo suave n.º 14 y n.º 6
- Papel para acuarela prensado en frío (NO) de 300 g/m² de 25 × 35 cm

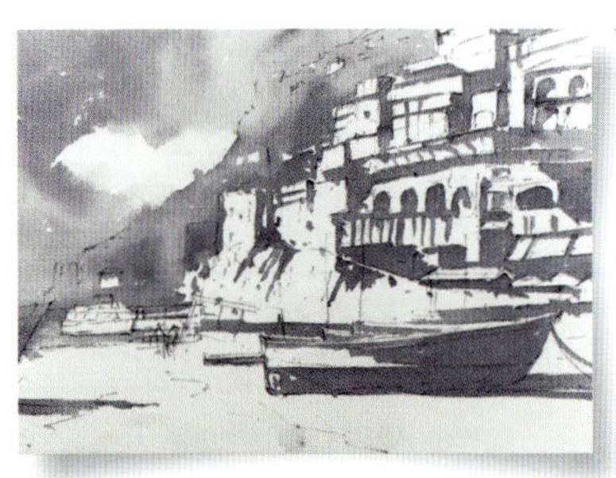

1 Base de tono medio
Une los claros y plasma todo el tema con una suave aguada de tono medio, a excepción de los claros más claros, que dejarás como papel blanco. Olvida el color, y define la estructura centrándote en los claros y oscuros.

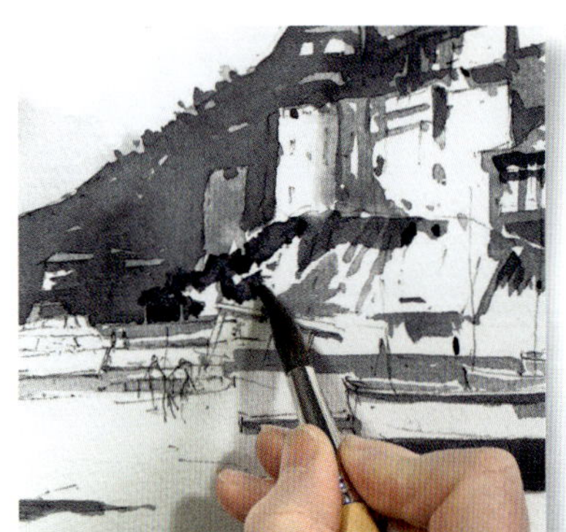

2 Segunda aguada selectiva
Cúbrelo todo con una aguada de tono medio más oscura, a excepción de los claros más claros y de los tonos medios de la primera aguada. Transformar el color en monocromo revela que las formas tonales potentes importan más que los detalles.

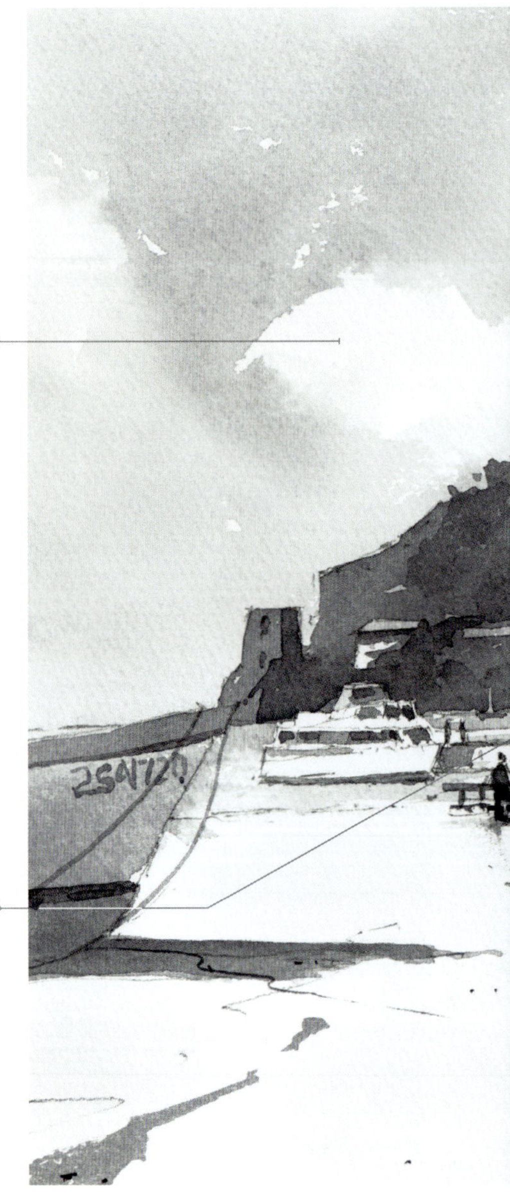

▣ Transformar el color en tono

Para evaluar los tonos, transforma el color en una escala de grises: claro, medio y oscuro. Pinta el tema de un solo color usando una pintura que sea oscura por naturaleza, como tinta neutra, negro, sepia o añil. Empieza con una aguada de tono medio y deja el blanco del papel para los claros. No diferencies entre los tonos más claros, incluso si son de colores distintos. Deja que se mezclen. Prepara una aguada más oscura para los colores más fuertes y los detalles.

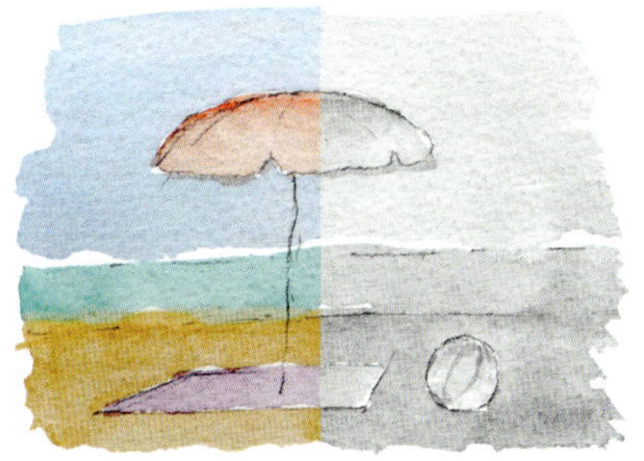

Poco contraste tonal

Si solo piensas en el color, podría acabar con una imagen plana y aburrida. Transforma el tema a una escala de grises (dcha.) y todo se fundirá en una sola cosa.

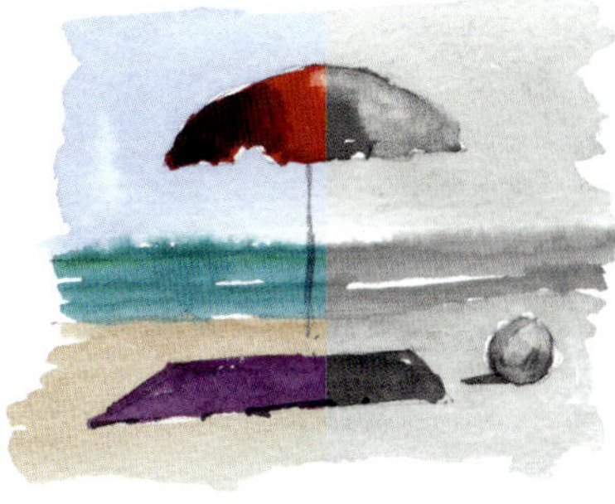

Contraste tonal más fuerte

Al pensar en el tono de los colores, producirás una imagen cuya estructura aún será claramente visible una vez transformada a una escala de grises (dcha.).

No diferencies entre los tonos más claros de los distintos colores; deja que se fundan entre ellos

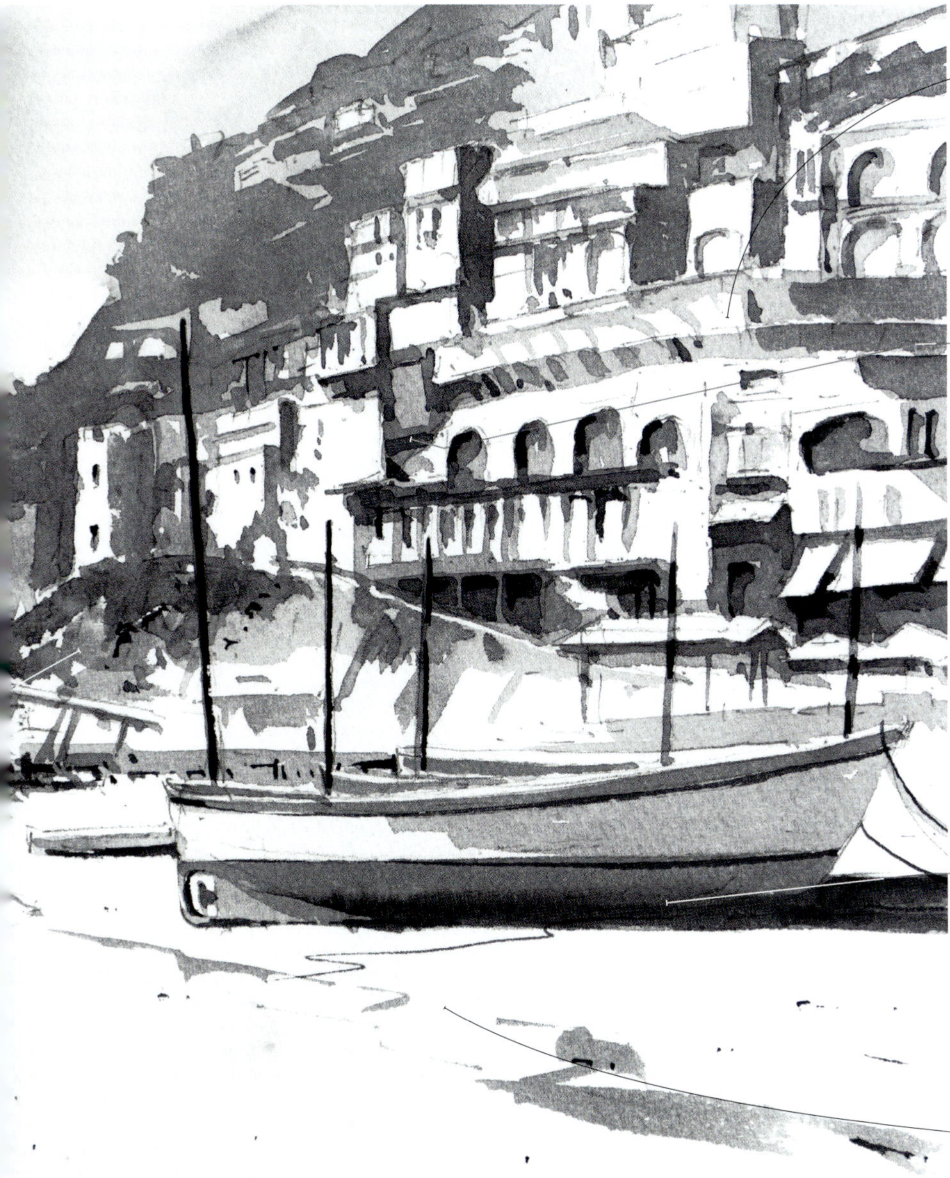

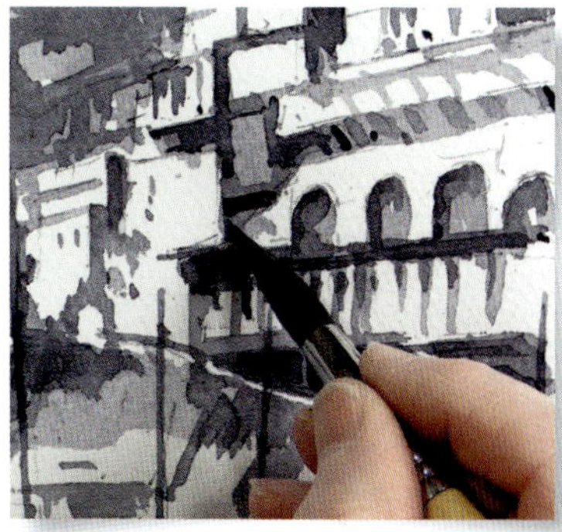

3 Refuerza las zonas más oscuras

Cubre solo las áreas de tonos más oscuros con la tercera aguada. Habrá áreas donde querrás utilizar color, pero resiste la tentación y disfruta del proceso.

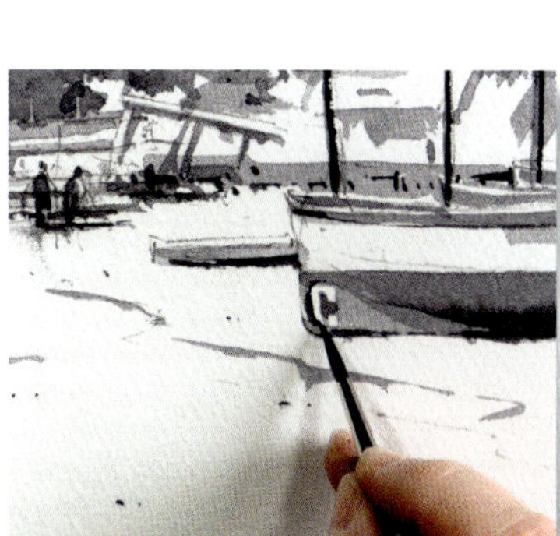

4 Oscuros intensos

Usa pintura casi pura para los oscuros más oscuros de los detalles finales, que te ayudarán a redondear el cuadro.

El monocromo subraya la necesidad de reservar las áreas más claras desde las primeras fases

Simplificar figuras humanas

USAR FORMAS SENCILLAS

Dibujar figuras humanas puede resultar abrumador; sin embargo, se pueden dividir en formas sencillas que producen seres humanos convincentes en un estilo gráfico contemporáneo. Usar líneas fluidas te permitirá dibujar figuras estilizadas y creíbles.

■ Dibujar lo esencial

Puedes usar esta técnica con un modelo real, con una imagen de referencia o incluso con la imaginación. Se basa en líneas que pasan por el centro del cuerpo para que la figura fluya con realismo. La figura se dibuja por partes, comenzando por el torso. Reducir la compleja forma humana a sencillas siluetas gráficas facilita pintar figuras en cualquier posición. Una vez esbozada la silueta, la forma se dibuja por encima con líneas más oscuras.

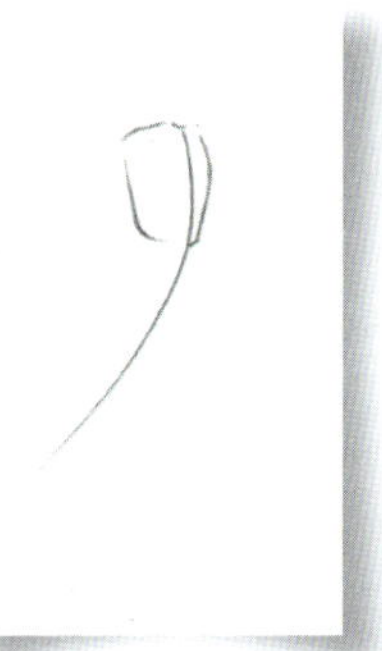

Primeras líneas

Traza una línea e imagina que pasa por el centro del cuerpo del cuello a la cadera. Dibuja el torso como una sencilla forma oblonga.

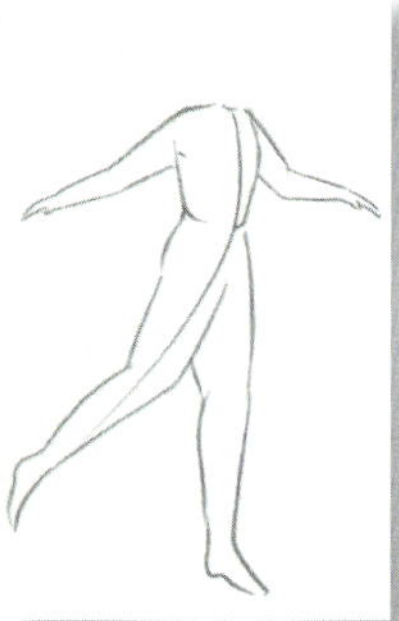

Extremidades

Añade caderas curvas y las piernas y los brazos como formas simples. Divide las piernas en dos partes, por encima y por debajo de la rodilla.

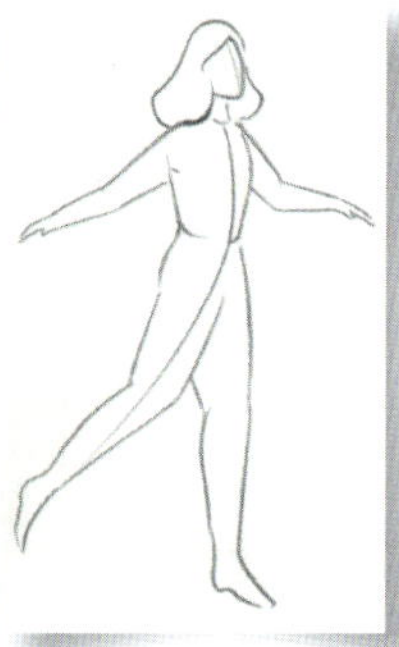

Cabeza y cuello

Dibuja el cuello y un óvalo para la cabeza. Traza una línea central entre los ojos y sobre la nariz. Basa los rasgos en este punto central.

PONLO EN PRÁCTICA

Esta estilizada acuarela se ha pintado desde el tono más claro al más oscuro para los detalles, con aguadas claras y medias superpuestas para formar bloques de sombra en un estilo gráfico.

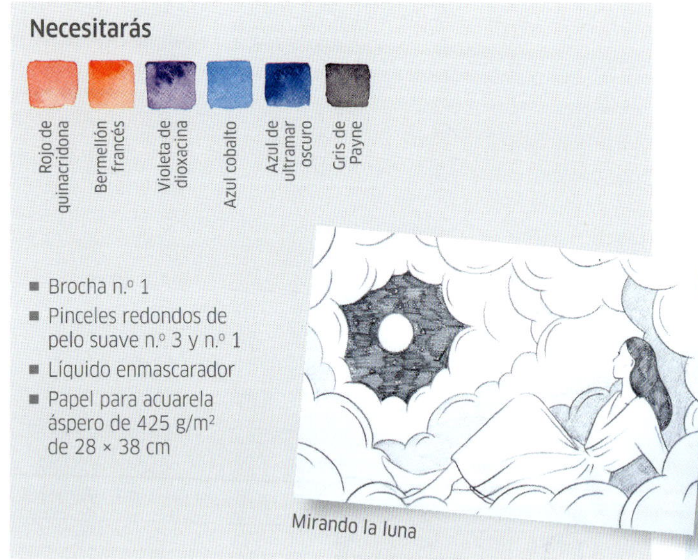

- Brocha n.º 1
- Pinceles redondos de pelo suave n.º 3 y n.º 1
- Líquido enmascarador
- Papel para acuarela áspero de 425 g/m² de 28 × 38 cm

Mirando la luna

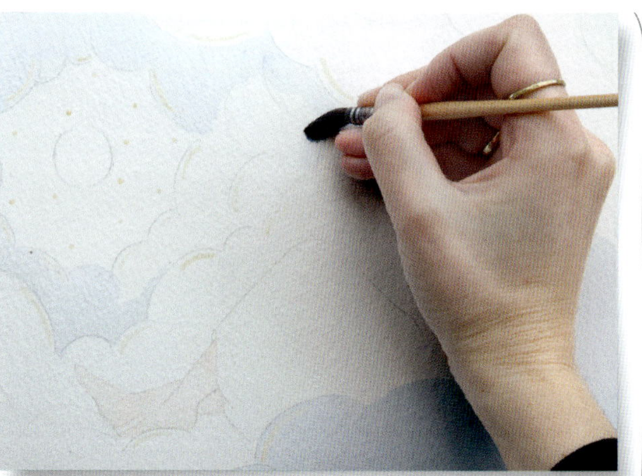

1 Esboza y enmascara

Dibuja con suavidad la composición, con el esbozo como referencia. Aplica líquido enmascarador con la punta de un pincel sobre las áreas que han de quedar blancas. Una vez seco, mezcla abundante color muy diluido y aplica el tono más claro con la brocha. Intenta pintar todo de una sola tirada, para que el color quede lo más uniforme posible. Mezcla los rojos para los tonos de piel.

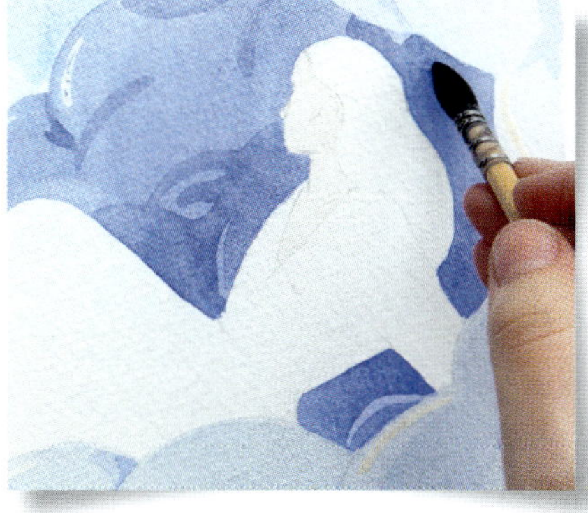

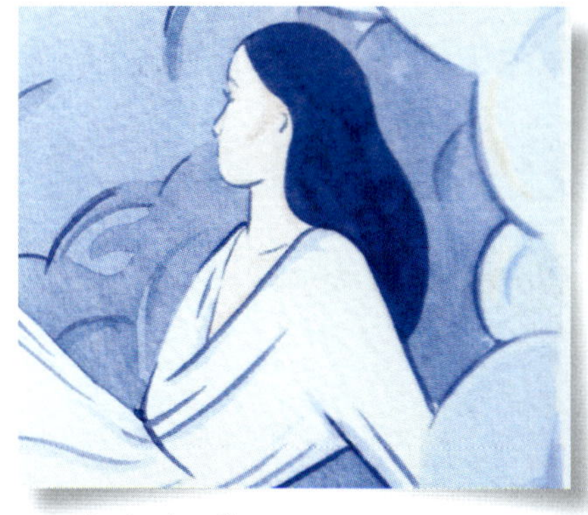

2 Intensifica los tonos

Una vez seca la primera capa, pinta las sombras del mismo color. La luna es la fuente de luz, así que sigue la dirección de esta. Ahora deberías tener dos tonos.

3 Pinta la forma negativa

Mezcla una aguada azul más oscura y pinta alrededor de la figura en una capa uniforme. Repasa la primera aguada con la más oscura y pinta formas de nubes fluidas.

4 Añade detalles oscuros

Mezcla el tono más oscuro y, con pinceladitas de un pincel redondo, pinta detalles como el rostro, el cabello, el cielo y los bordes en algunas nubes. Luego retira el fluido enmascarador.

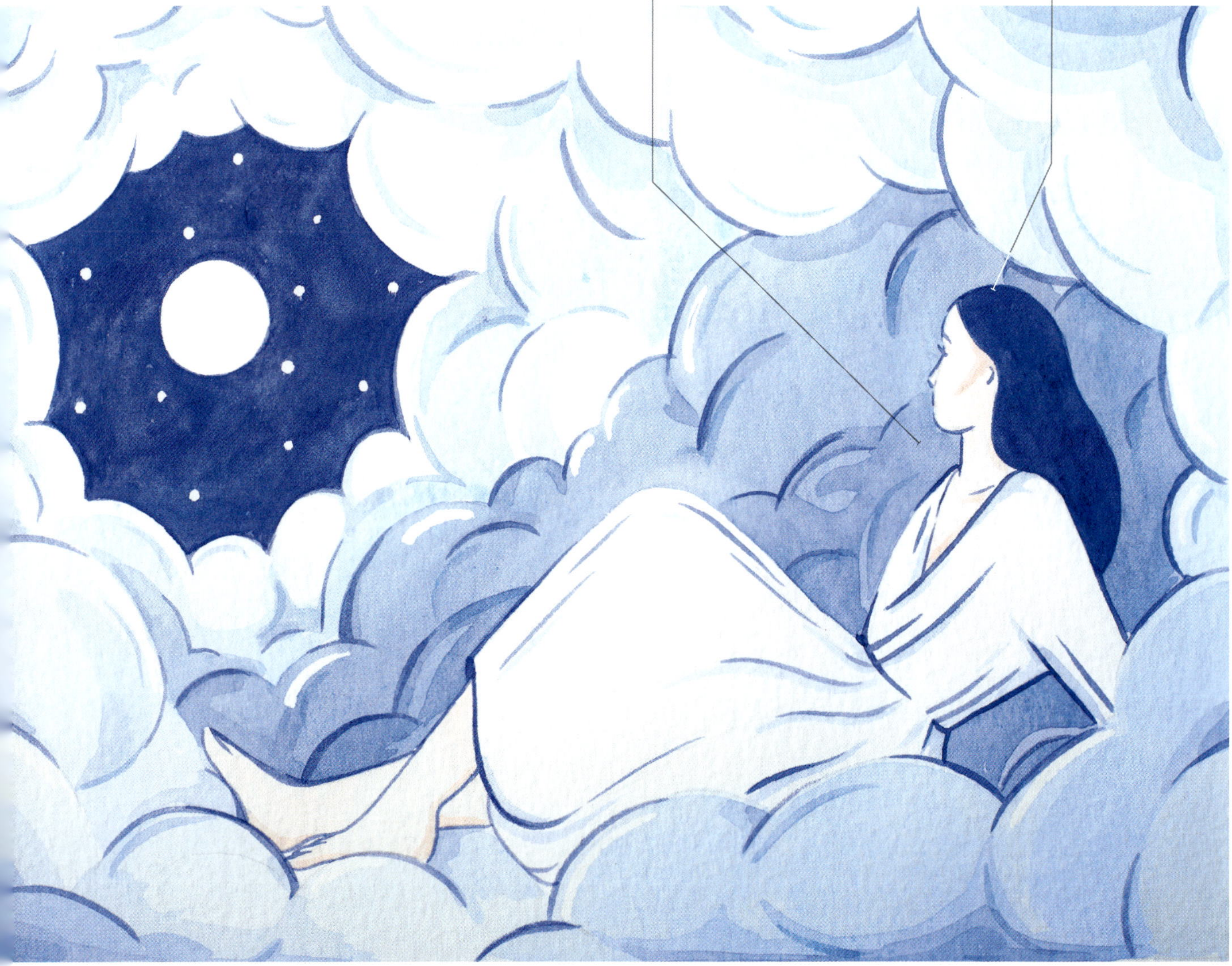

Simplificar escenas

ELIMINAR DETALLES

Los paisajes urbanos pueden tentar al acuarelista a complicarse en exceso y perder así la frescura que caracteriza este medio. Limítate a unas pocas formas y líneas principales que dirijan la mirada. Usa contrastes tonales que insistan en las formas y las hagan tridimensionales sin detalles explicativos añadidos.

■ Usar aguadas con efecto

Limitar la cantidad de aguadas simplifica las formas porque crea impresiones en lugar de representaciones realistas. Dejar que los colores se mezclen unifica las formas y te permite crear la ilusión de profundidad valiéndote de la temperatura de color.

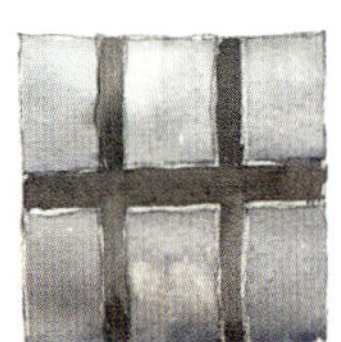
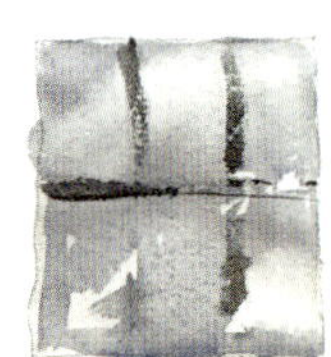

Usar menos aguadas
La ventana de la izquierda suma siete aguadas y los paneles se han pintado uno a uno. La de la derecha se ha pintado con líneas sueltas y dos aguadas. Los travesaños se han pintado sobre la primera.

Mezclar colores
Limita la paleta y controla el tono reforzando los colores hacia el primer plano. Mezclar los colores de fríos a cálidos crea profundidad sin necesidad de añadir detalles. Si puedes, usa solo una aguada y pinta desde el fondo al primer plano.

Fondo (aguada transparente), colores fríos

Segundo plano (agua media), colores de temperatura media

Primer plano (aguada intensa), colores cálidos

PONLO EN PRÁCTICA

Este tema presenta formas tonales muy potentes, pocos colores y profundidad, con sombras que ocultan abundantes detalles complicados. Si no utilizas pinceles pequeños evitarás la tentación de añadir detalles.

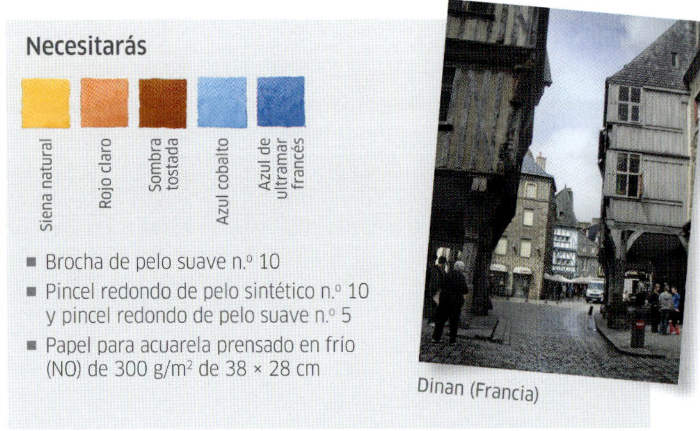

- Brocha de pelo suave n.º 10
- Pincel redondo de pelo sintético n.º 10 y pincel redondo de pelo suave n.º 5
- Papel para acuarela prensado en frío (NO) de 300 g/m² de 38 × 28 cm

Dinan (Francia)

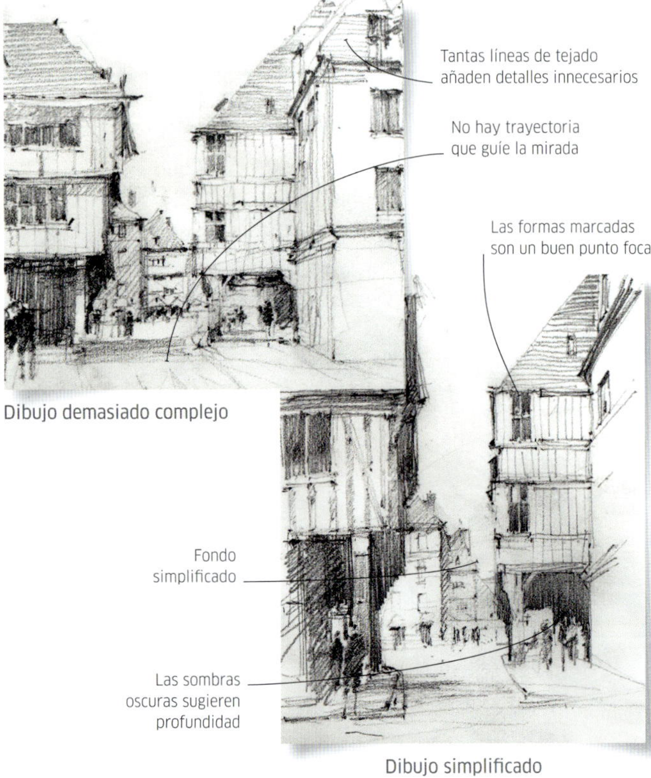

1 Identifica las formas y los tonos clave
Comienza por dibujar la escena desde distintos ángulos. En el dibujo superior hay demasiados detalles y casi ninguna sombra profunda que dé distancia. El inferior es más sencillo, con profundidad y sombras oscuras que captan la esencia de las casas de madera.

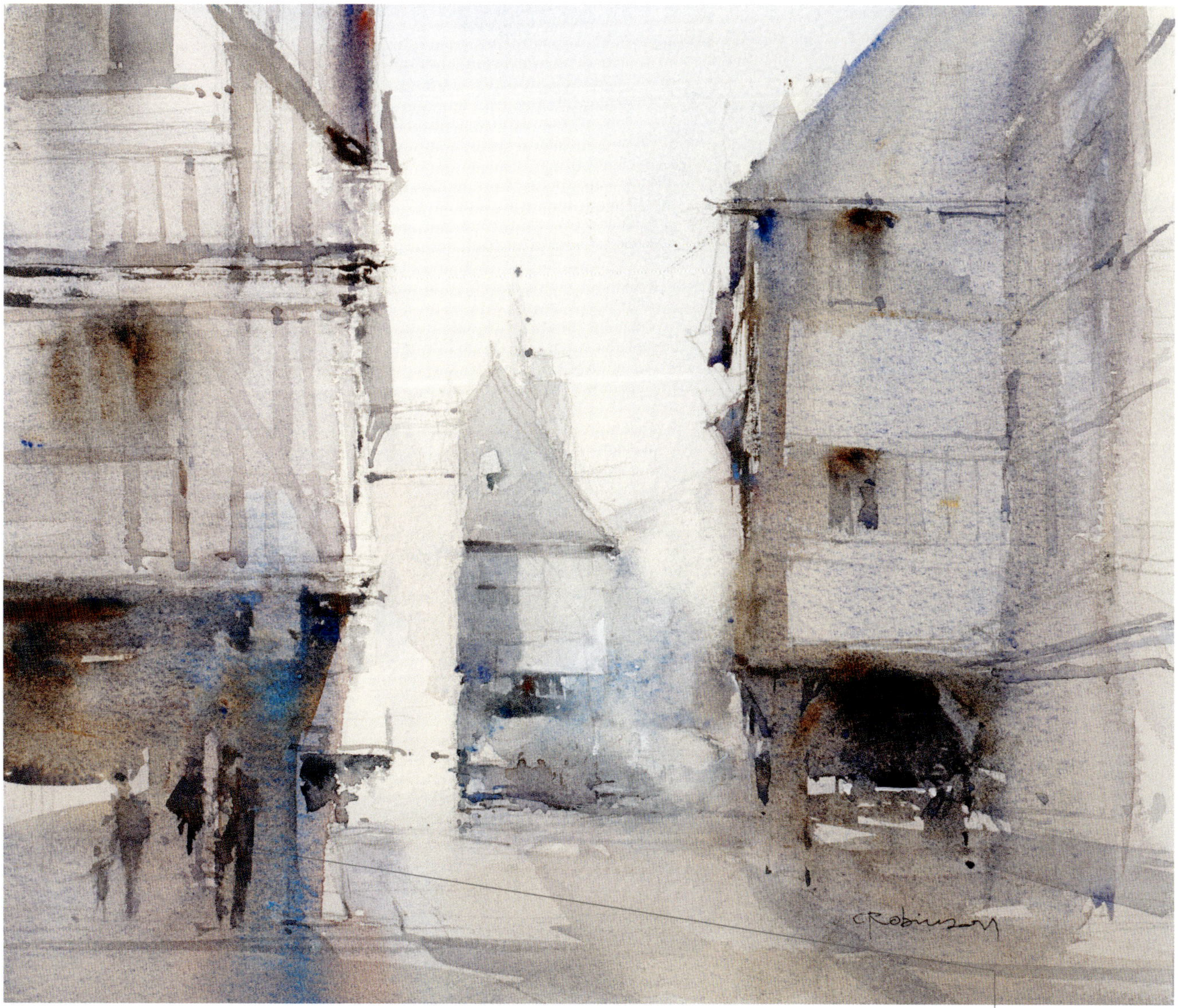

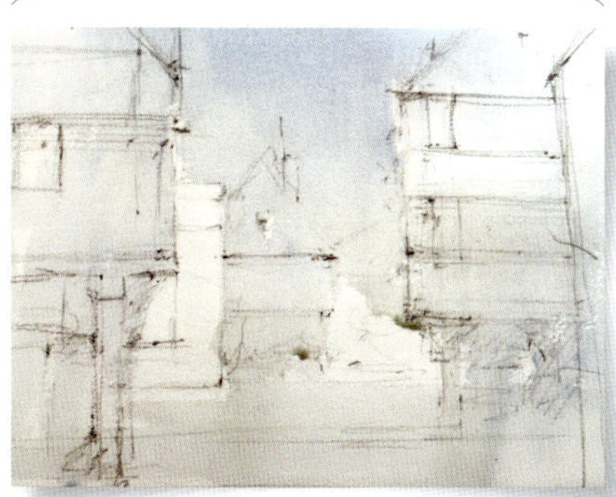

2 Aplica los tonos más claros

Esboza las posiciones aproximadas de los edificios y aplica una aguada general de azul cobalto. Añade rojo claro y siena natural a la parte inferior del papel.

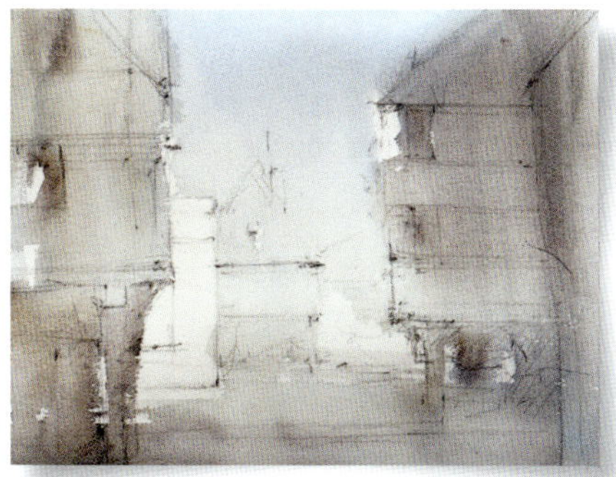

3 Realza las formas principales

Mientras la pintura se seca, inclina el papel 45 grados y aplica con la brocha una segunda aguada de sombra tostada y azul de ultramar francés sobre los dos edificios principales.

4 Elige los detalles

Pinta sobre el lápiz con el pincel sintético. Refuerza las sombras con una mezcla más fuerte de los mismos colores. Añade las figuras y las estructuras de madera con el pincel n.º 5.

Perspectiva lineal

SUGERIR DISTANCIA Y ESPACIO TRIDIMENSIONAL

La perspectiva es una de las formas de dotar al dibujo de profundidad y sustancia. Estos ejemplos explican la perspectiva lineal, un concepto que se halla sobre todo en paisajes, donde se utiliza para plasmar cómo los objetos se empequeñecen a medida que se alejan. Estos mismos principios se aplican también al resto de los temas, desde bodegones hasta estudios de la figura humana.

■ Perspectiva con un punto de fuga

La perspectiva lineal más sencilla tiene un punto de fuga. Todas las líneas de perspectiva confluyen en un punto ubicado sobre la línea del horizonte. Las líneas paralelas sobre el horizonte descienden hacia él y las que están por debajo, ascienden, aproximándose entre ellas hasta que convergen.

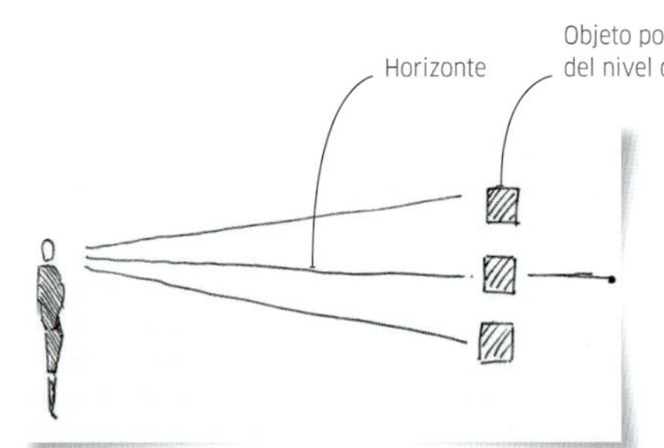

Punto de vista

El horizonte está al nivel de la vista del observador. Ubica objetos por encima para sugerir que alza la mirada, o por debajo, para indicar que la baja.

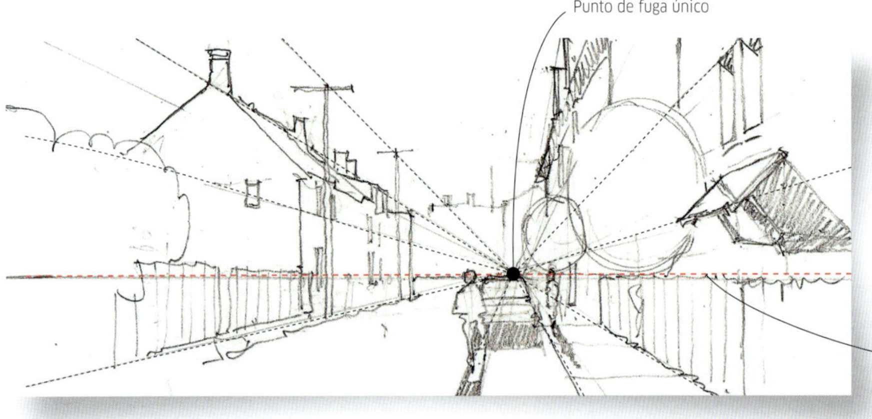

Elementos de la perspectiva

En un cuadro con perspectiva con un punto de fuga, los objetos que se ven de frente quedan planos, mientras que las líneas paralelas de los edificios y de la carretera siguen la inclinación de la perspectiva y se aproximan hasta converger en un punto de fuga en el horizonte. Los objetos ubicados a lo largo de esas líneas se empequeñecen a medida que se aproximan al horizonte.

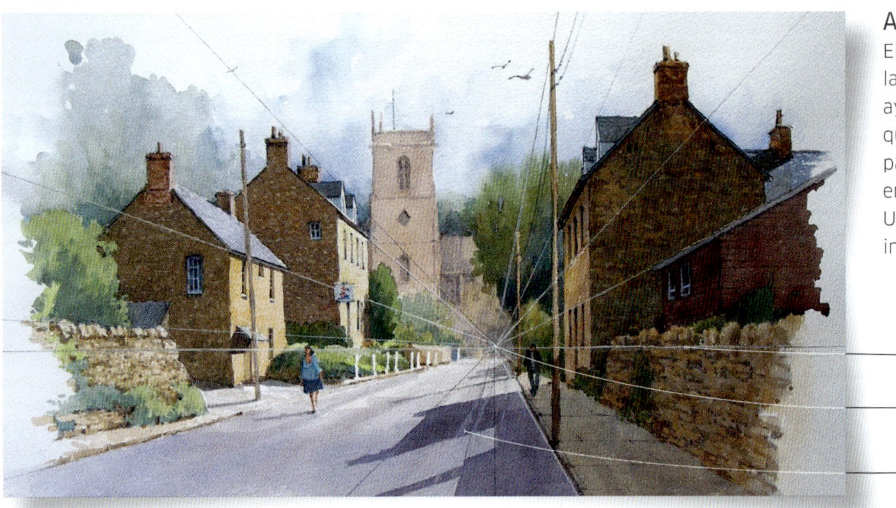

Aplicar la perspectiva

El horizonte representa el nivel de la vista del artista o del observador y ayuda a ubicar los distintos elementos que transmiten perspectiva. Las líneas paralelas, como las aceras, convergen en el punto de fuga sobre el horizonte. Ubicar allí un punto focal, como la iglesia, intensifica la sensación de profundidad.

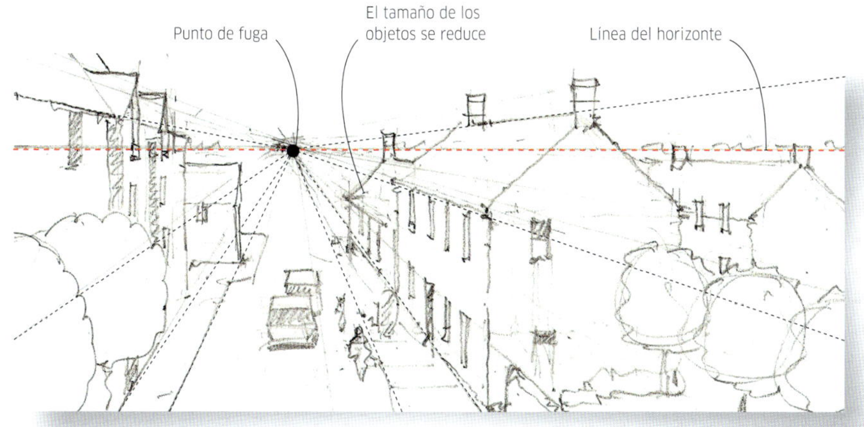

Punto de vista elevado

En esta escena, la mayoría de los objetos quedan por debajo del horizonte. Un punto de fuga descentrado da lugar a líneas de perspectiva de longitudes varias: las de la izquierda son más cortas. El punto de vista elevado significa que la mayoría de las líneas ascienden y solo las de los tejados sobre el horizonte parecen descender.

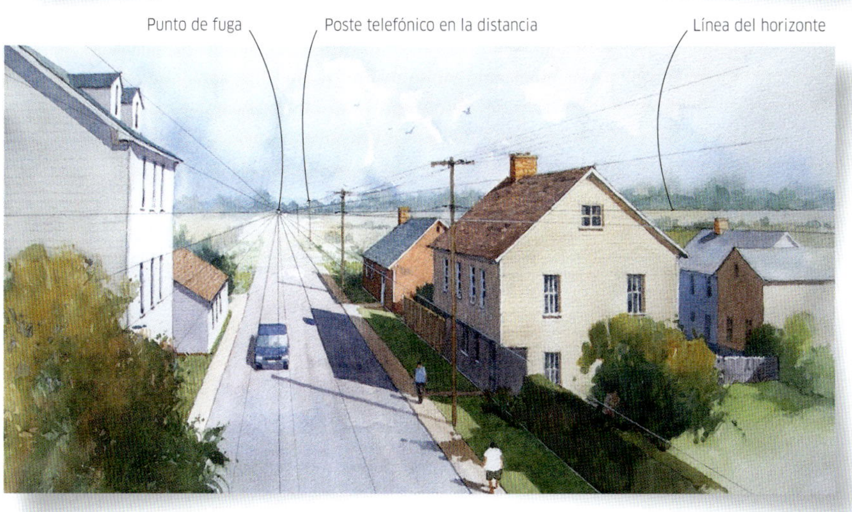

Horizonte elevado

En la pintura acabada, el horizonte elevado se sitúa un tercio por debajo del extremo superior del papel y sigue el principio de la «regla de los tercios» (p. 27). El primer plano extendido aprovecha la perspectiva y guía la mirada hacia la distancia. Los postes telefónicos refuerzan la sensación de profundidad a medida que se acortan siguiendo las líneas paralelas descendentes para representar la distancia de forma realista.

▮ Perspectiva con dos puntos de fuga

Las composiciones más abiertas suelen incluir objetos que no se miran de frente, por lo que la perspectiva distorsiona ambos lados. Las superficies (por lo general perpendiculares entre ellas) convergen hacia dos puntos de fuga distintos.

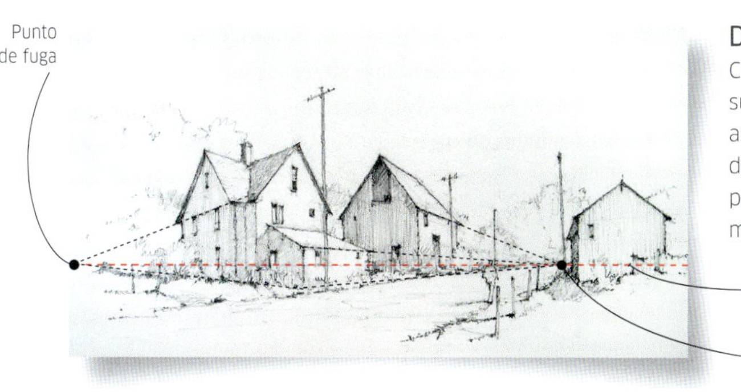

Dos puntos de fuga

Cuando pintes objetos con superficies perpendiculares, asegúrate de que las líneas de fuga converjan en dos puntos lejanos sobre la misma línea del horizonte.

Tamaño relativo

Las líneas verticales definen la altura de los objetos, como los postes y las vallas, y han de reflejar con precisión su tamaño relativo a medida que se reducen. Incluir figuras con el nivel de la vista en el horizonte te ayudará a determinar la escala.

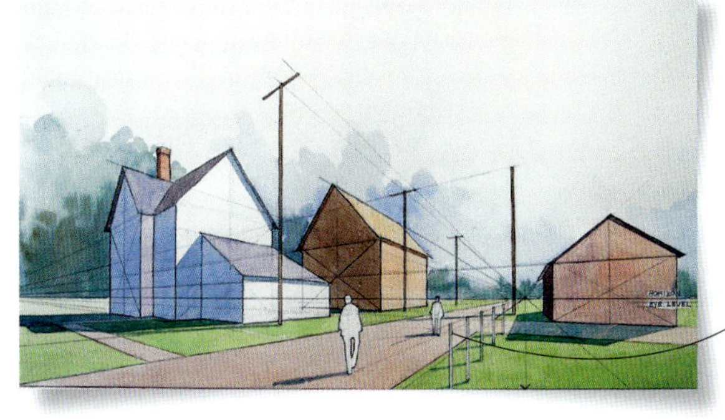

El nivel de la vista de la figura lejana y más pequeña también está sobre el horizonte

PONLO EN PRÁCTICA

Estos edificios se ven de lado, por lo que se ha usado
la perspectiva con dos puntos de fuga para plasmarlos
correctamente en su entorno. El río, la orilla y los
postes se alejan en la distancia y convergen en
un punto de fuga justo detrás del árbol, y guían
la mirada por toda la escena. Los laterales de los
edificios siguen líneas de perspectiva hacia un
segundo punto de fuga a la izquierda.

Necesitarás

Amarillo ocre · Siena tostada · Sombra tostada · Azul de ultramar · Verde salvia

- Pinceles redondos de pelo suave n.º 18, n.º 12 y n.º 8
- Pinceles de abanico de cerdas rígidas n.º 4 y n.º 2
- Papel para acuarela prensado en caliente de 300 g/m² de 32 × 55 cm

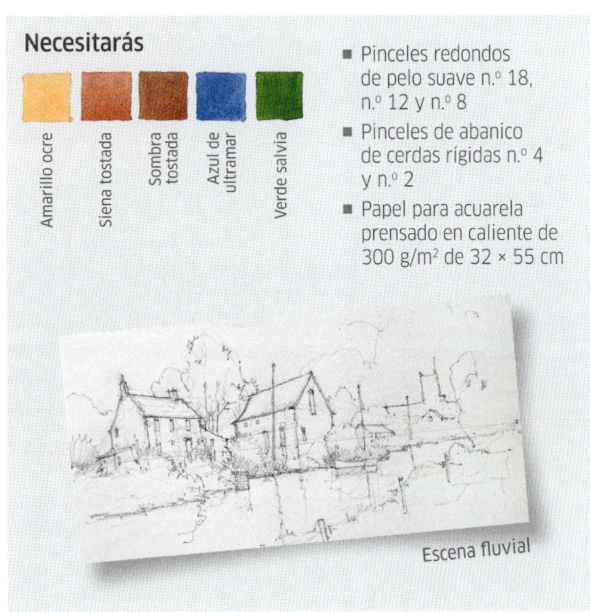
Escena fluvial

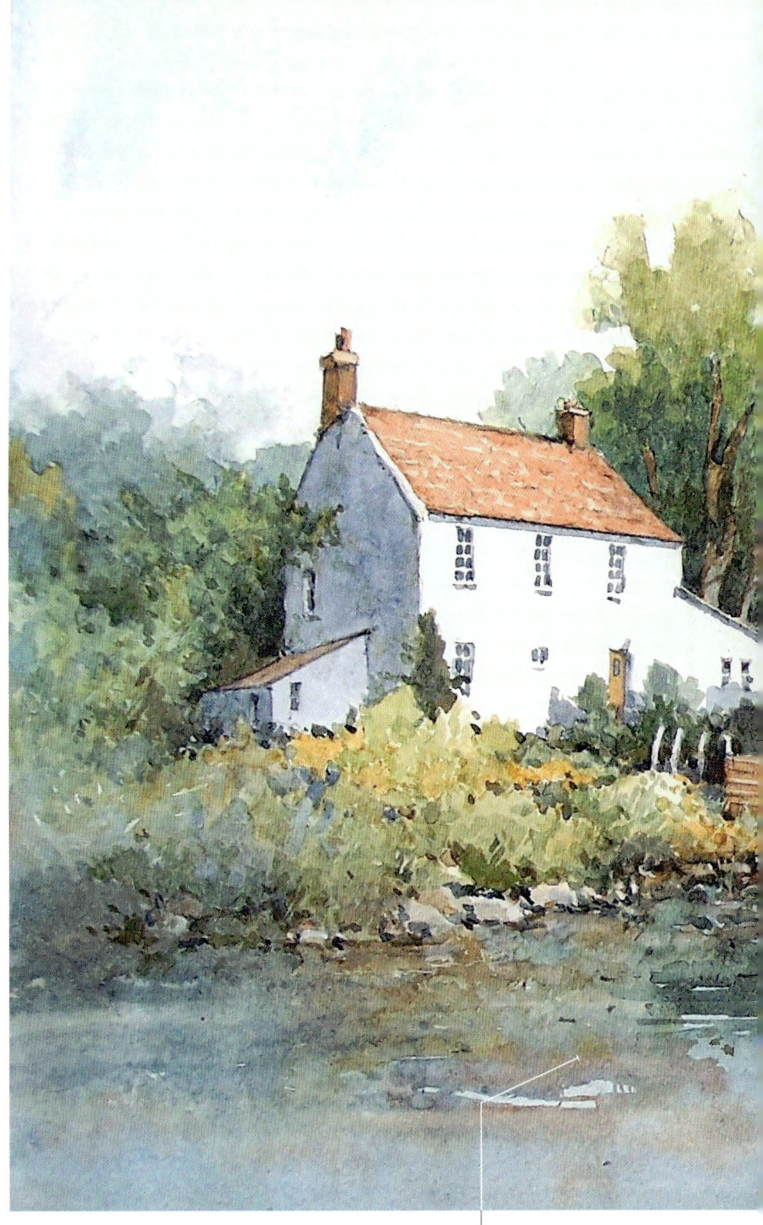

> «La **perspectiva lineal** ayuda a la composición **guiando la mirada** hacia **un punto focal.**»

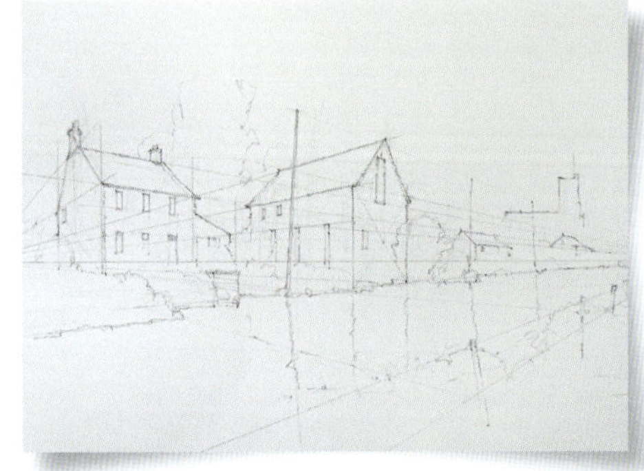

1 Esboza las líneas de perspectiva

Dibuja líneas de perspectiva a lápiz. Sigue
las líneas de dos puntos focales y añade las de la
superficie de los tejados, ventanas y paredes, además
de las líneas verticales de los postes y las vallas.

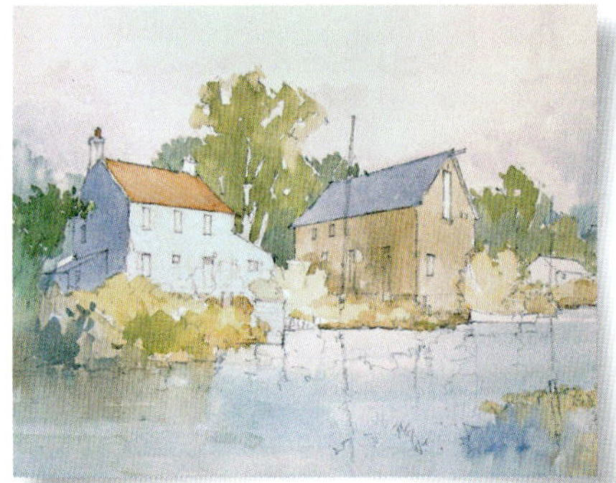

2 Aplica las primeras aguadas

Acabado el dibujo, borra las líneas de
perspectiva. Aplica las primeras aguadas sobre el
cielo y el agua, y, luego, añade los colores iniciales
de las superficies principales con una paleta cálida.

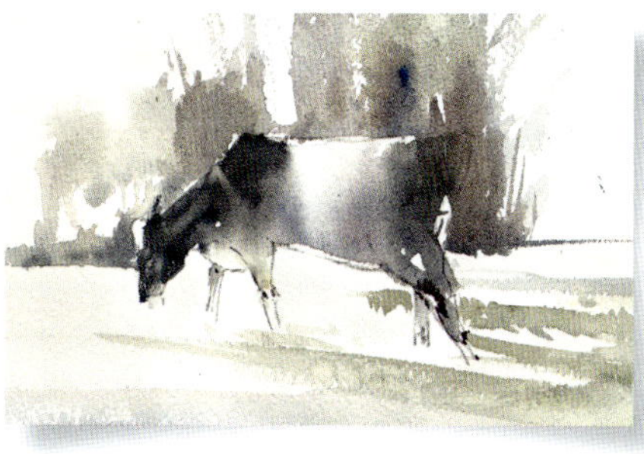

Contraste tonal

Las formas reconocibles atraen la mirada. Es lo que consigue aquí el contraste de la cabeza oscura sobre el fondo claro.

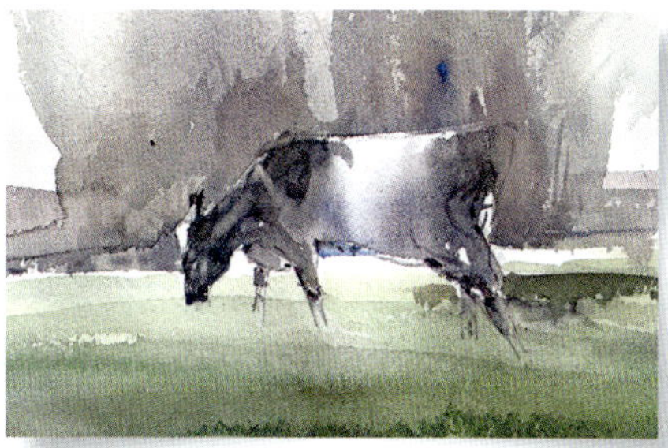

Detalle

Añade detalles al entorno para contextualizar el punto focal de un modo convincente y natural y evitar que quede exagerado.

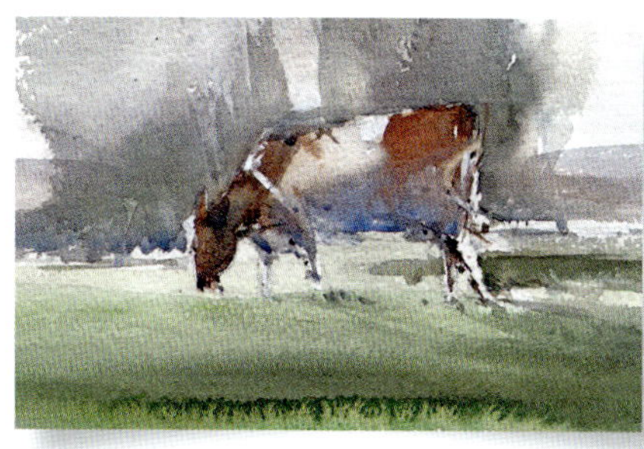

Color

Usa colores complementarios. En este caso, el marrón rojizo de la vaca resalta sobre los verdes y grises de los árboles y la hierba.

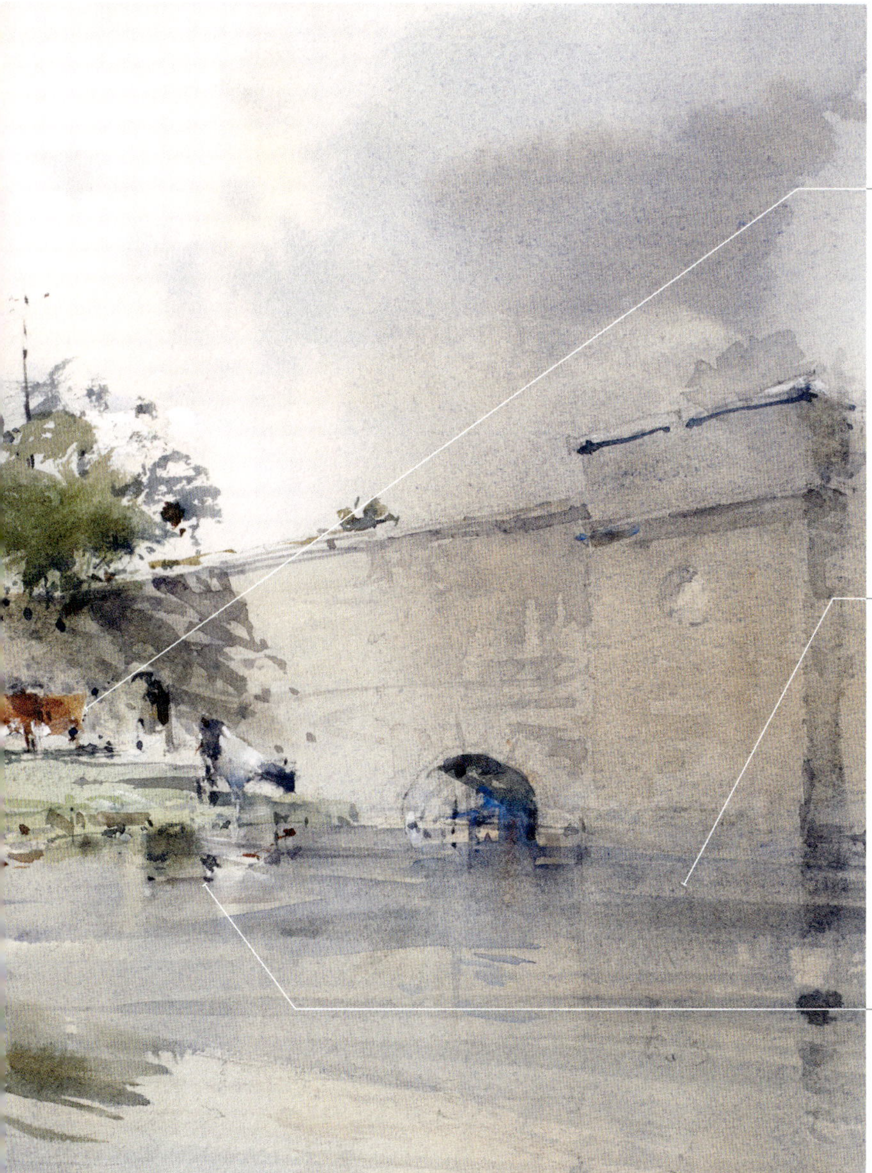

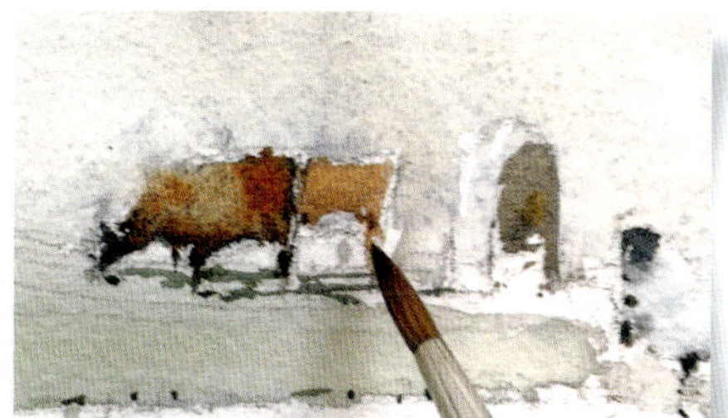

3 Pinta los detalles

Con un pincel seco, aplica azul de Prusia, amarillo cadmio y rojo claro sobre el árbol. Pinta las vacas con siena tostada y azul de ultramar.

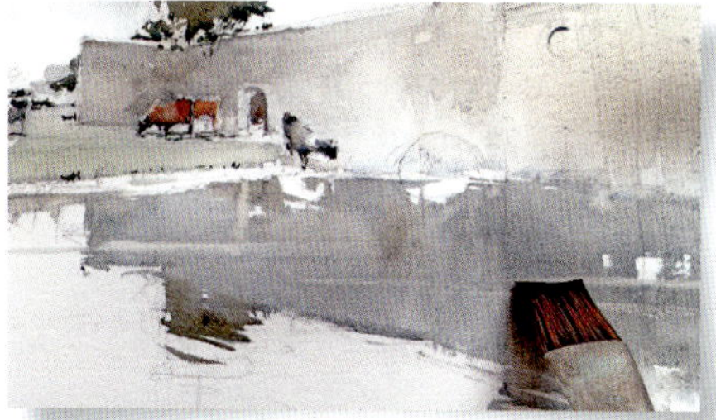

4 El río en el primer plano

Mezcla azul de ultramar, sombra tostada y un poco de siena. Humedece el papel y pinta los reflejos empezando por la orilla. Crea un verde para el árbol.

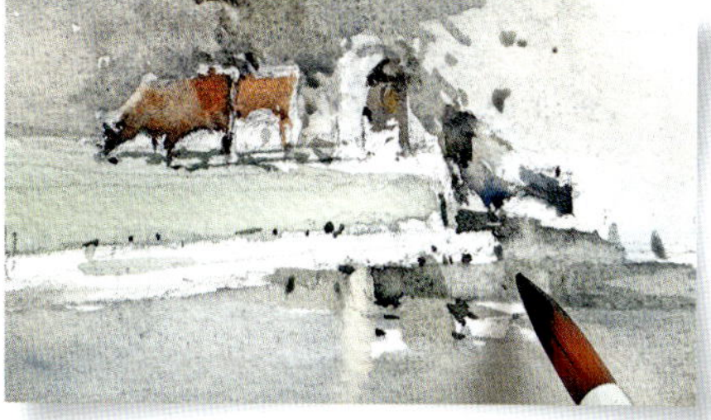

5 Potencia los puntos focales

Con la misma mezcla, añade sombras bajo el árbol y el puente. Añade más reflejos y detalles a las vacas, para que queden bien enfocadas.

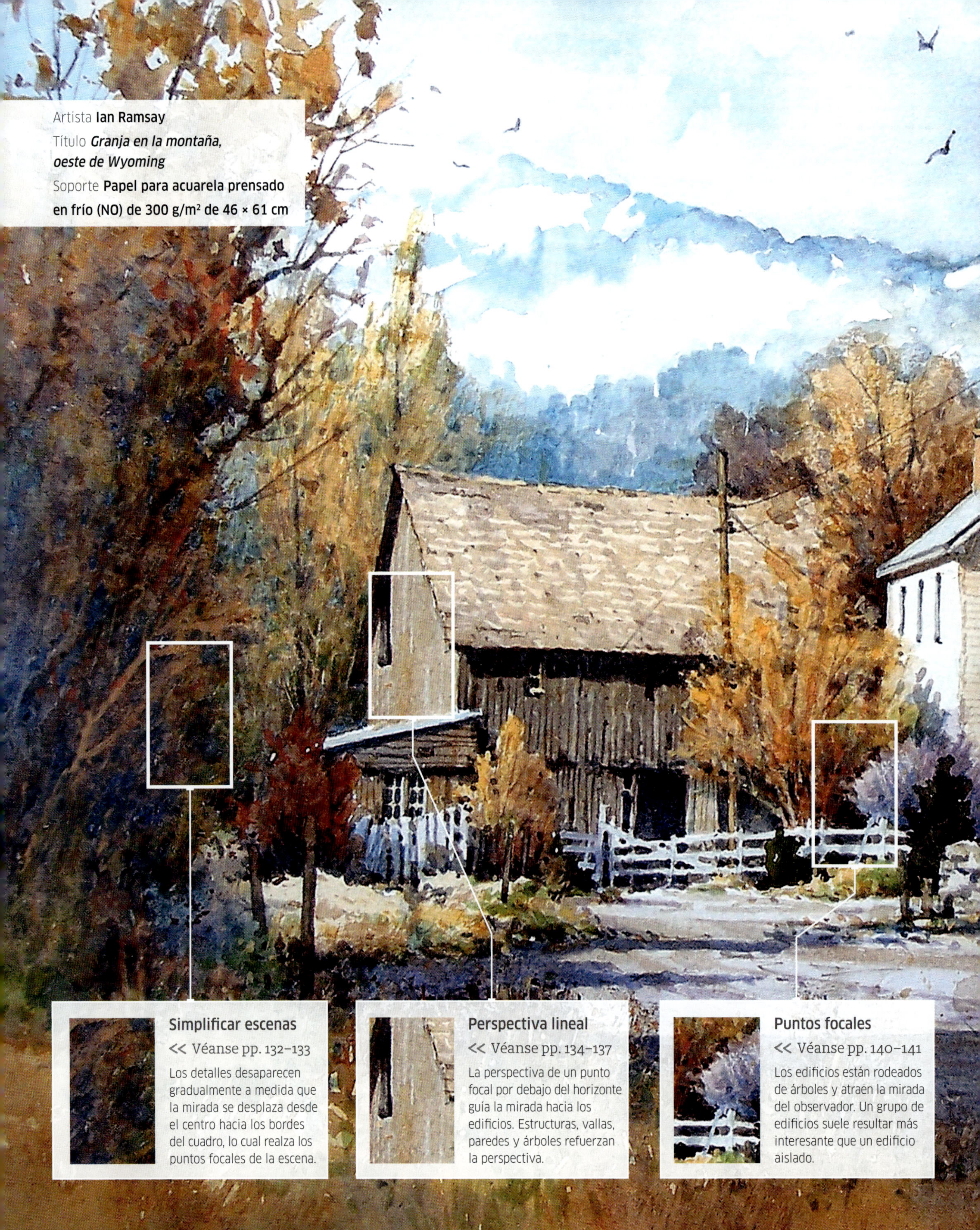

Simplificar escenas

<< Véanse pp. 132–133

Los detalles desaparecen gradualmente a medida que la mirada se desplaza desde el centro hacia los bordes del cuadro, lo cual realza los puntos focales de la escena.

Perspectiva lineal

<< Véanse pp. 134–137

La perspectiva de un punto focal por debajo del horizonte guía la mirada hacia los edificios. Estructuras, vallas, paredes y árboles refuerzan la perspectiva.

Puntos focales

<< Véanse pp. 140–141

Los edificios están rodeados de árboles y atraen la mirada del observador. Un grupo de edificios suele resultar más interesante que un edificio aislado.

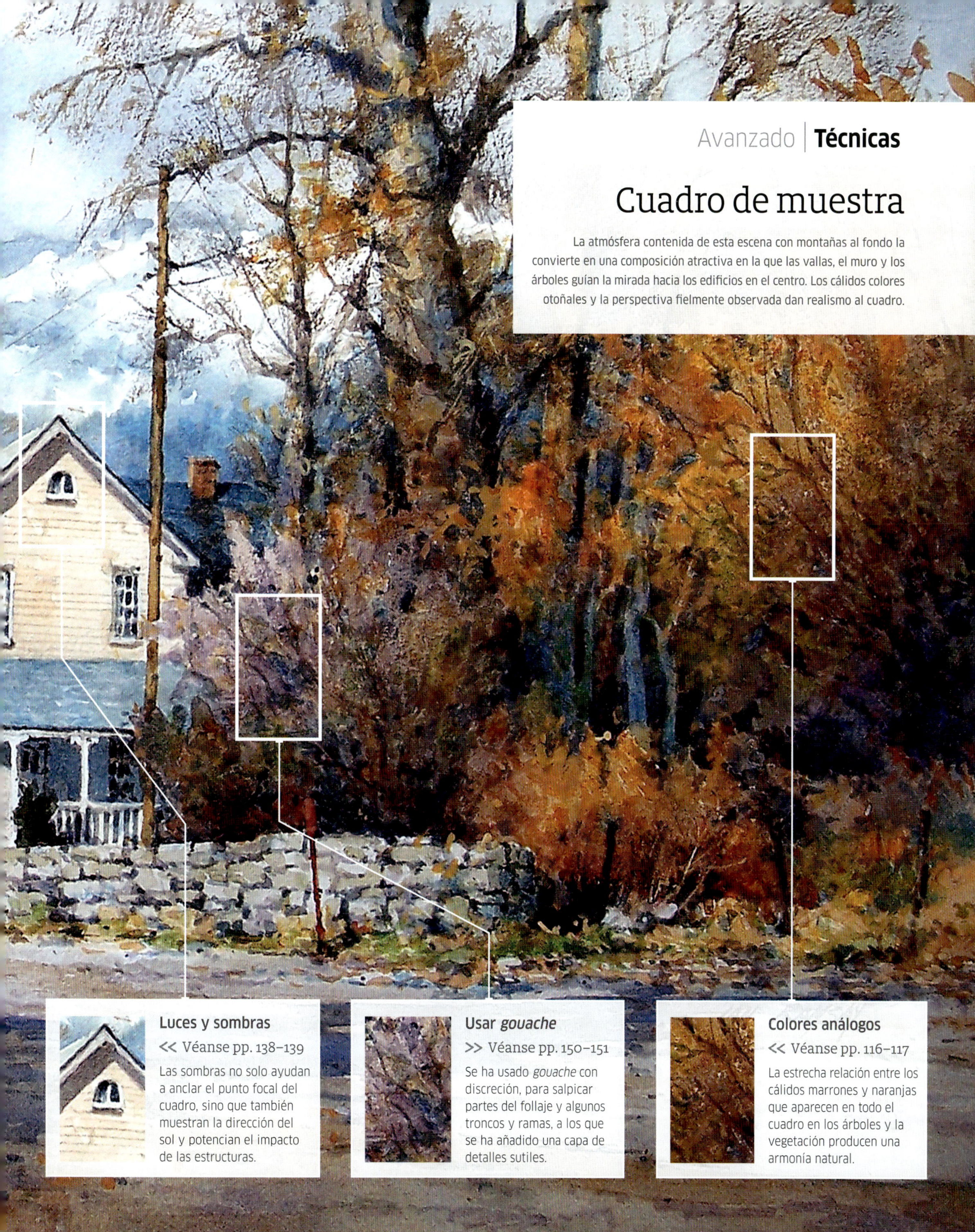

Cuadro de muestra

La atmósfera contenida de esta escena con montañas al fondo la convierte en una composición atractiva en la que las vallas, el muro y los árboles guían la mirada hacia los edificios en el centro. Los cálidos colores otoñales y la perspectiva fielmente observada dan realismo al cuadro.

Luces y sombras

<< Véanse pp. 138–139

Las sombras no solo ayudan a anclar el punto focal del cuadro, sino que también muestran la dirección del sol y potencian el impacto de las estructuras.

Usar *gouache*

>> Véanse pp. 150–151

Se ha usado *gouache* con discreción, para salpicar partes del follaje y algunos troncos y ramas, a los que se ha añadido una capa de detalles sutiles.

Colores análogos

<< Véanse pp. 116–117

La estrecha relación entre los cálidos marrones y naranjas que aparecen en todo el cuadro en los árboles y la vegetación producen una armonía natural.

Raspar

RASPAR LA SUPERFICIE DEL PAPEL

Raspar la pintura es una técnica útil para retirar capas de color, crear formas ligeras y añadir textura a un cuadro cuando eso no se puede lograr con un pincel. Las mejores herramientas tienen bordes relativamente planos (tanto tarjetas de crédito caducadas como cortaplumas, espátulas o cucharas de plástico). Sé cauteloso y no te dejes llevar por el entusiasmo cuando empieces a raspar.

Saber cuándo raspar

Si la aguada sigue húmeda, puedes raspar detalles con la herramienta que escojas. La pintura retirada de las fibras del papel revelará el área más clara que hay debajo. Cuanta más pintura absorba el papel, más difícil será retirar los colores, y algunos, como el azul ftalo, manchan más.

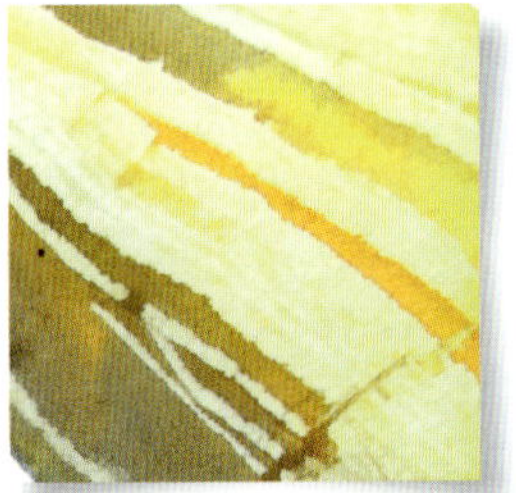

Pintura raspada

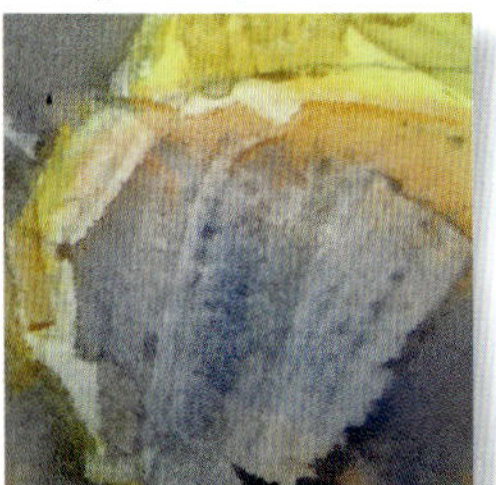

Pigmento que mancha

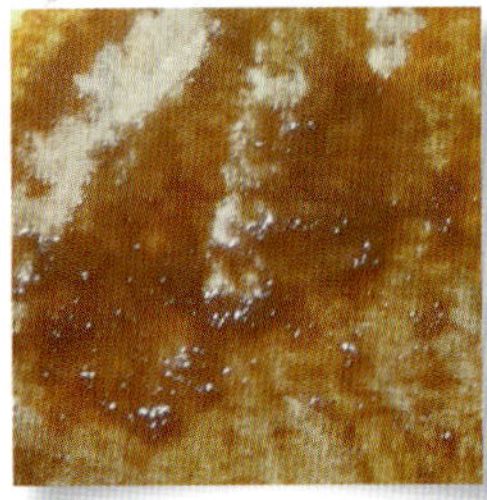

Demasiado húmedo

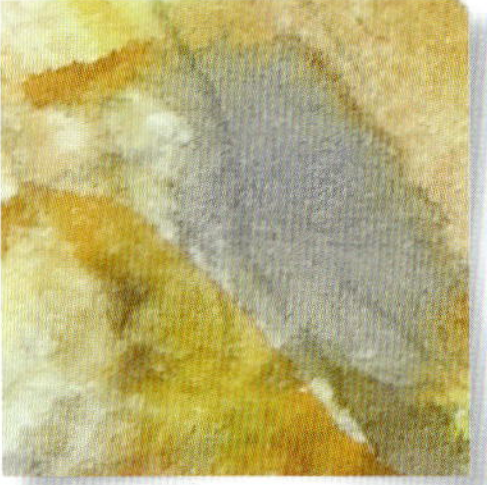

Demasiado seco

¿En húmedo o en seco?
Desplaza el color húmedo con la herramienta que prefieras, raspando con ella al mismo tiempo que la giras. Si intentas desplazar o retirar la pintura cuando aún está demasiado húmeda, el pigmento reocupará la forma en lugar de retirarse. Si el papel está demasiado seco, te será muy difícil quitar la pintura raspando.

PONLO EN PRÁCTICA

Raspar la pintura crea puntos de interés porque deja marcas variadas, y es una manera efectiva de sugerir textura, como demuestra este cuadro de un buda de piedra en Sri Lanka.

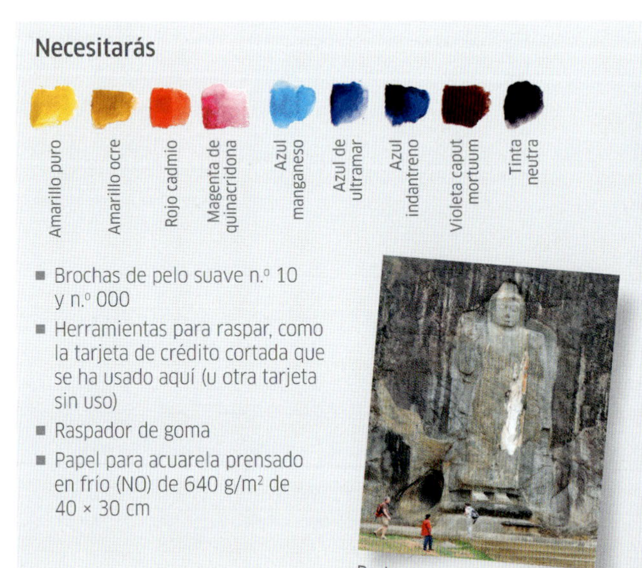

- Brochas de pelo suave n.º 10 y n.º 000
- Herramientas para raspar, como la tarjeta de crédito cortada que se ha usado aquí (u otra tarjeta sin uso)
- Raspador de goma
- Papel para acuarela prensado en frío (NO) de 640 g/m² de 40 × 30 cm

Buduruwagala (Sri Lanka)

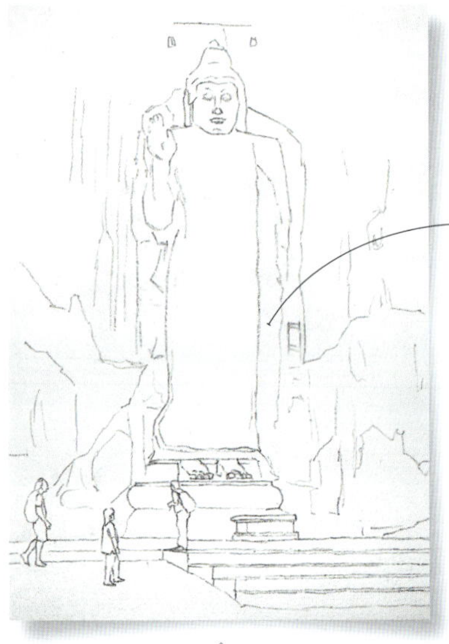

El papel se ha humedecido de forma uniforme y está listo para recibir la pintura

1 Prepara el papel
Dibuja la composición en un papel para acuarela grueso y humedécelo todo con una brocha grande. Las figuras y el resto del primer plano han de permanecer secos.

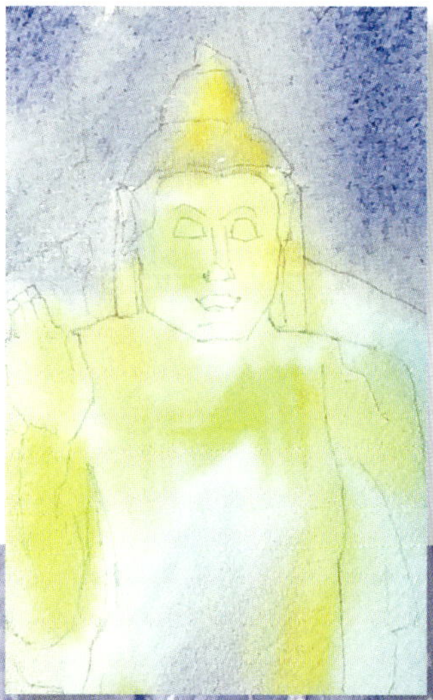

2 Aplica la primera aguada de color

Aplica una aguada granulosa de amarillos, naranjas y violetas (o púrpuras) mezclados con azul indantreno y magenta de quinacridona, y deja que los colores se mezclen suavemente en el papel. Espera un minuto antes de empezar a raspar. El papel ha de tener el grado de humedad justo.

«Puedes raspar **detalles sutiles, líneas y formas irregulares** con la herramienta que elijas.»

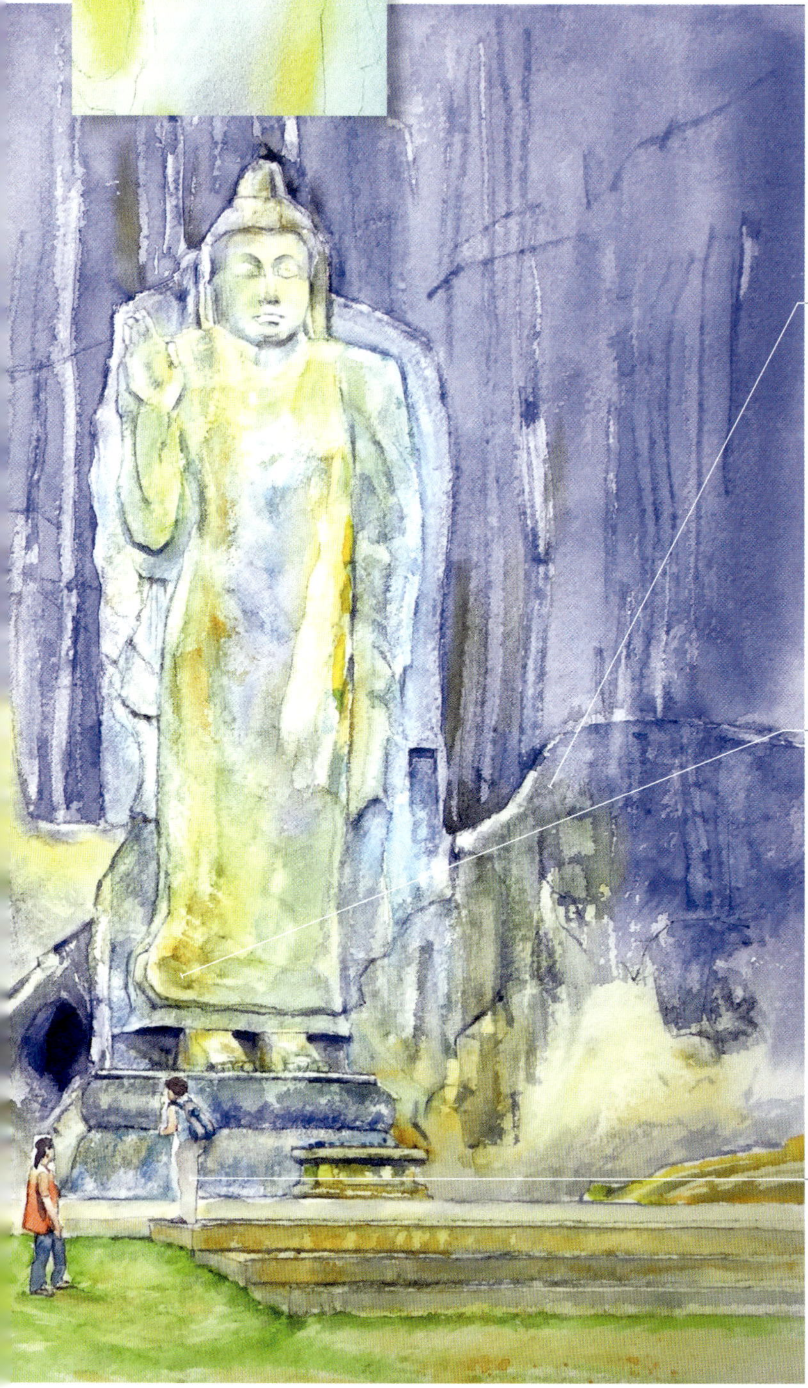

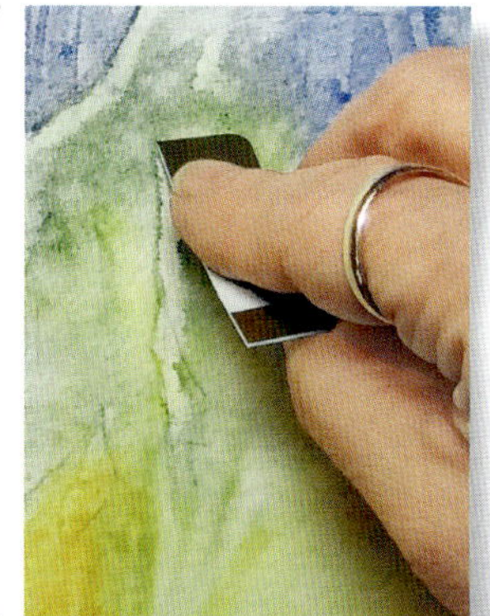

3 Raspa las formas

Presiona con fuerza sobre la aguada con el borde de la herramienta y arrastra o estira para retirar pintura: recuerda raspar y girar a la vez. Si el papel está demasiado húmedo, la pintura reocupará el espacio: espera a que se seque un poco antes de empezar.

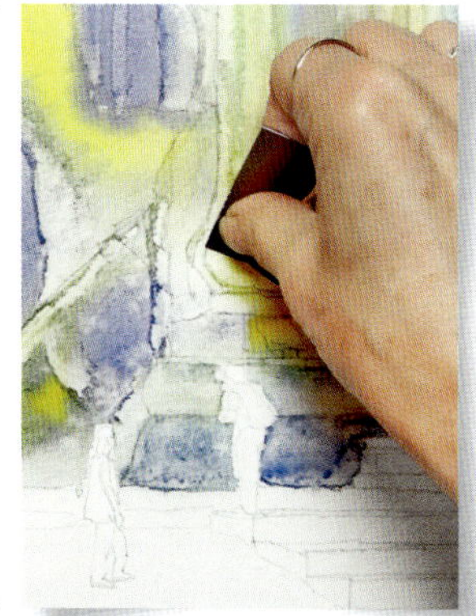

4 Raspa los detalles

Cuando las primeras formas se hayan secado, repite el proceso en áreas más pequeñas y con herramientas más finas. Espera a que la pintura impregne un poco el papel antes de retirarla, y limpia la herramienta entre aplicaciones.

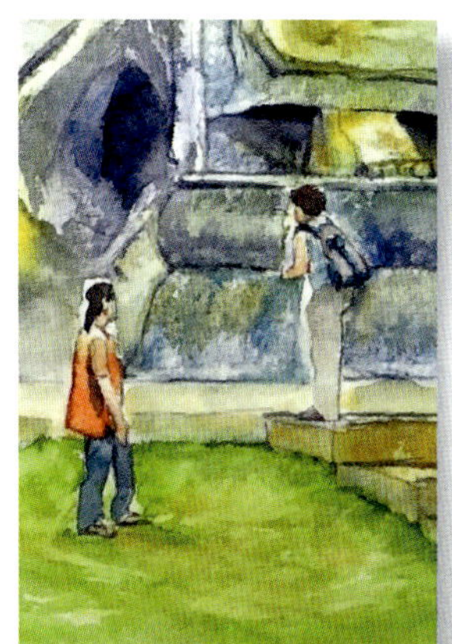

5 Toques finales

Da un paso atrás para mirar el cuadro, y evalúa el efecto general. Si es necesario, remata los últimos detalles con un pincel pequeño y añade más color local a las áreas deseadas, sin trabajarlas en exceso.

Usar papel film

CREAR ONDAS Y ARRUGAS

Usar papel film sobre una aguada recién aplicada y arrugarlo sobre la pintura aún húmeda permite crear texturas interesantes. Es una manera fantástica de dar carácter a piedras, follaje y ondas en el agua. El plástico retira pintura en las áreas donde toca el papel y las arrugas crean formas y siluetas muy definidas.

PONLO EN PRÁCTICA

En este cuadro de una tortuga marina, el papel film se ha usado para crear líneas y formas que sugieren olas y ondulaciones en el agua. Es una manera fácil de conseguir cambios espontáneos en el tono y en la línea.

Necesitarás

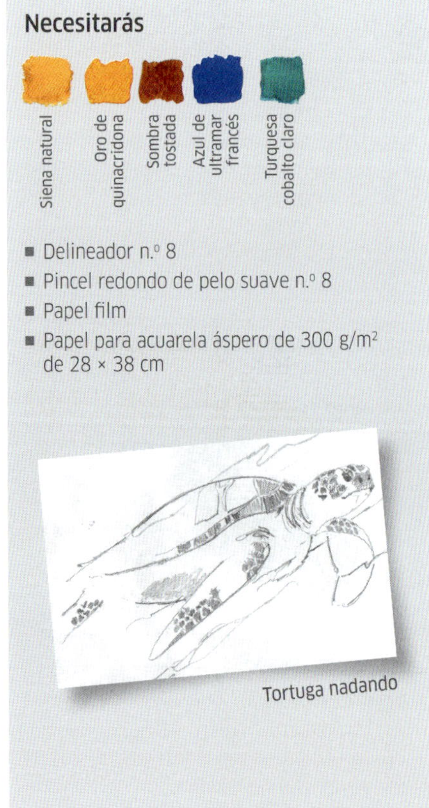

- Delineador n.º 8
- Pincel redondo de pelo suave n.º 8
- Papel film
- Papel para acuarela áspero de 300 g/m² de 28 × 38 cm

Tortuga nadando

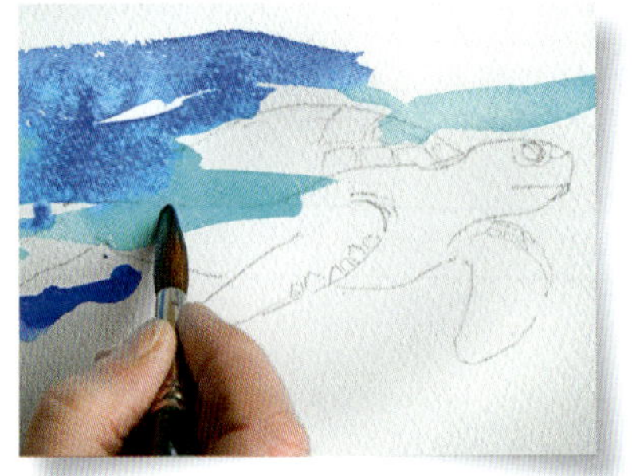

1 Dibujo inicial y primera aguada
Esboza la tortuga. Mezcla aguadas de dos o tres azules distintos. Han de ser intensas, pero líquidas. Pinta en torno a la tortuga con pinceladas diagonales y utilizando los azules que has mezclado. Deja que los colores se corran, se mezclen e invadan la silueta de la tortuga.

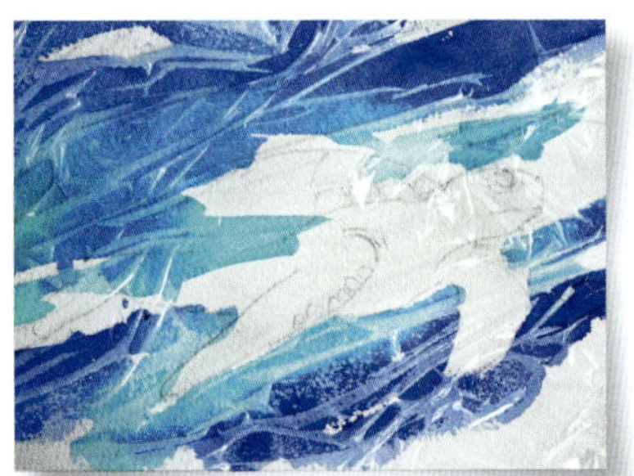

2 Aplica el papel film
Cubre todo el cuadro con papel film antes de que los azules se hayan secado. Con los dedos, forma arrugas y pliegues diagonales, de modo que aparezcan formas onduladas. Deja secar, si es posible durante toda una noche.

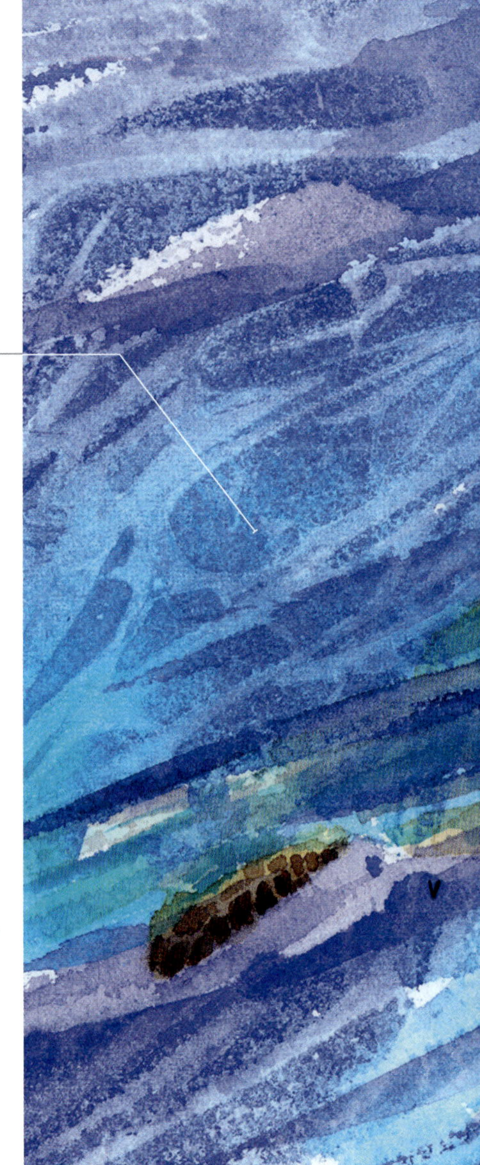

Estampar la pintura húmeda

Usar papel film para crear formas en una aguada ayuda a sugerir formas y texturas difíciles de conseguir con un pincel, como rocas, vegetación con mucha textura o el movimiento del agua. El papel film se ha de aplicar cuando la aguada aún está húmeda y se ha de mantener ahí hasta que la pintura se haya secado del todo. Si lo retiras antes de tiempo, te arriesgas a que las texturas se difuminen o incluso desaparezcan.

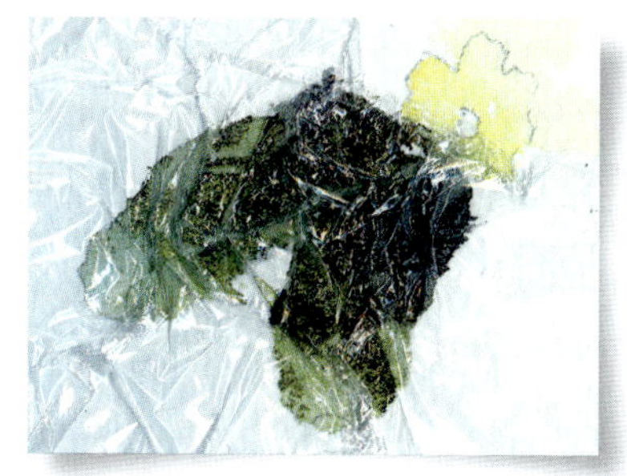

Aplicar papel film

El papel film es ideal para plasmar texturas como las arrugadas hojas de las prímulas. Estíralo sobre el papel y arrúgalo con los dedos hasta obtener las formas deseadas.

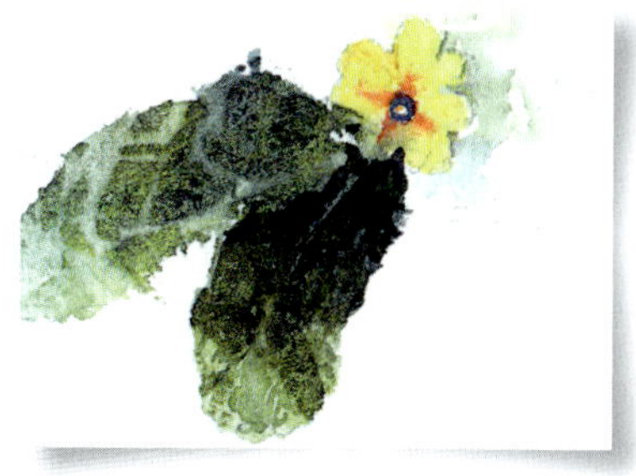

Texturas y dibujos

Retira el papel film con cuidado cuando se haya secado del todo. Texturas y dibujos interesantes habrán transformado por completo la aguada uniforme.

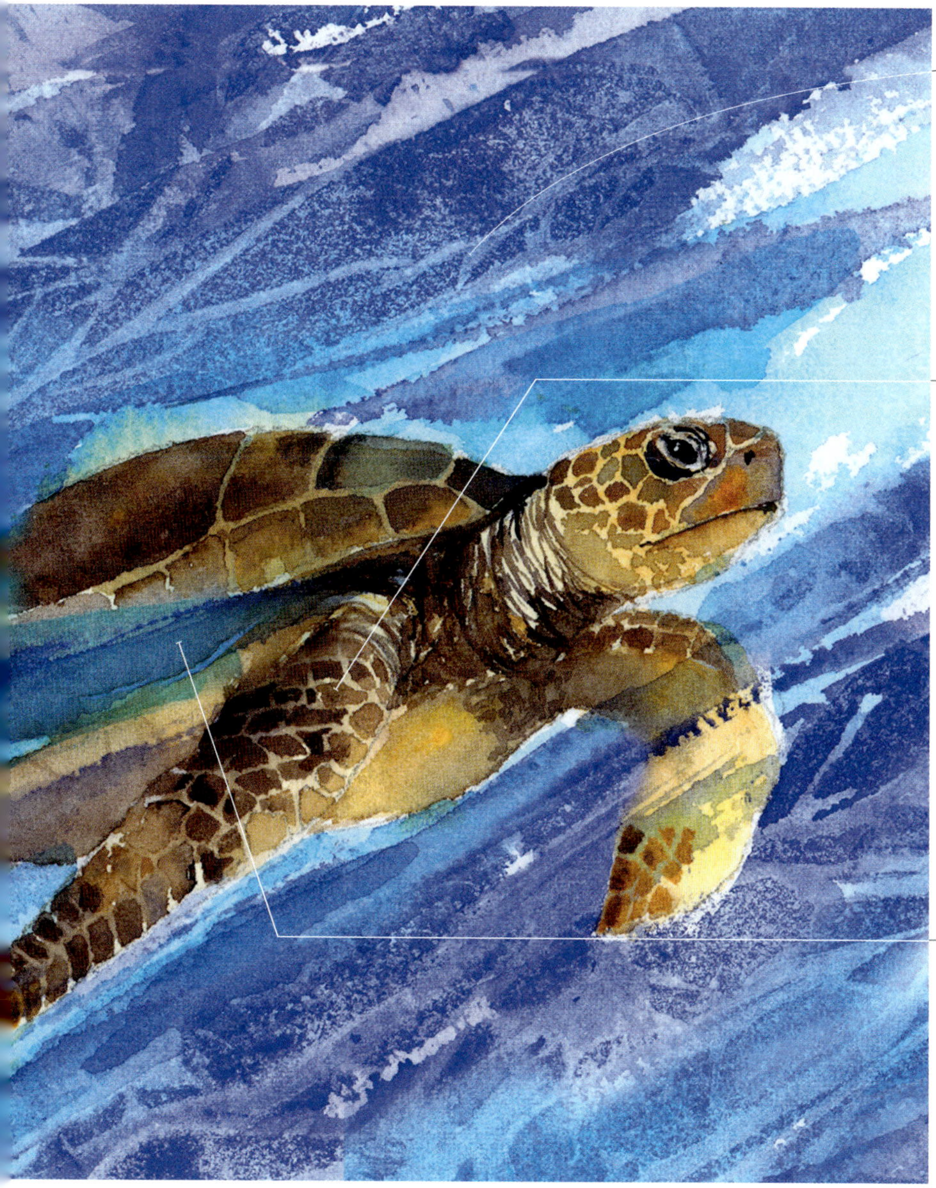

El papel film ha dejado marcas y texturas aleatorias

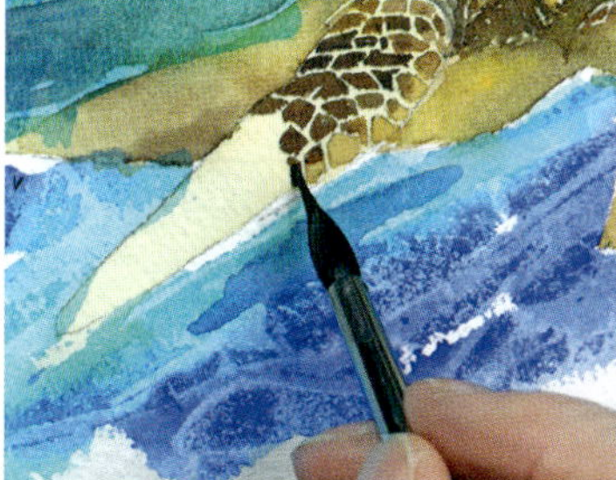

3 Pinta la tortuga

Retira el papel film. Mezcla aguadas de sombra, siena y oro. Comienza por una fina aguada siena sobre toda la tortuga. Una vez seca, añade el dibujo de la piel escamosa y de la concha con colores más oscuros.

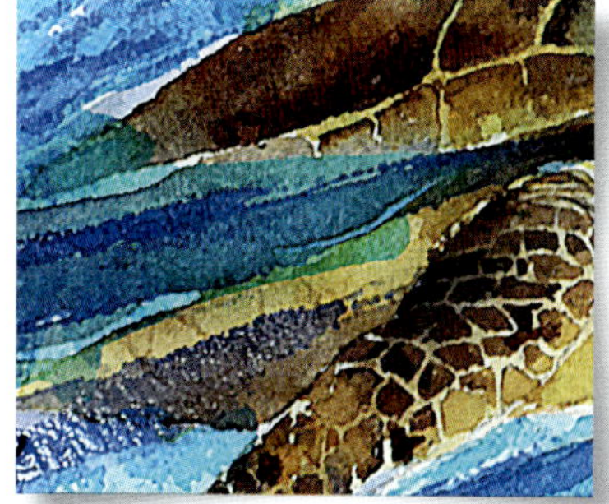

4 Toques finales

Una vez seca la pintura, añade pinceladas en diagonal de una mezcla de azul más fina y describe las olas más oscuras. Pueden entrar en el cuerpo de la tortuga, y úsalas para rellenar blancos.

Usar sal y lejía

EFECTOS EXPERIMENTALES

Usar sal y lejía creativamente puede llevar tus pinturas a otra dimensión. Piensa en la mejor manera de aprovechar su capacidad para retirar áreas de color, ya sea para añadir texturas o para jugar con los tonos y añadir blancos. Estos efectos especiales se adaptan a muchos temas, desde flores hasta dibujos de tejidos.

◼ Añadir luz y textura

La lejía ofrece efectos interesantes a la hora de crear blancos y luces. Funciona mejor cuando se aplica sobre pigmentos potentes, como acuarelas líquidas; recuerda que los efectos son permanentes, por lo que no podrás pintar encima. Limpia a conciencia los pinceles después. La sal de mesa también retira el color, pero deja marcas granulosas.

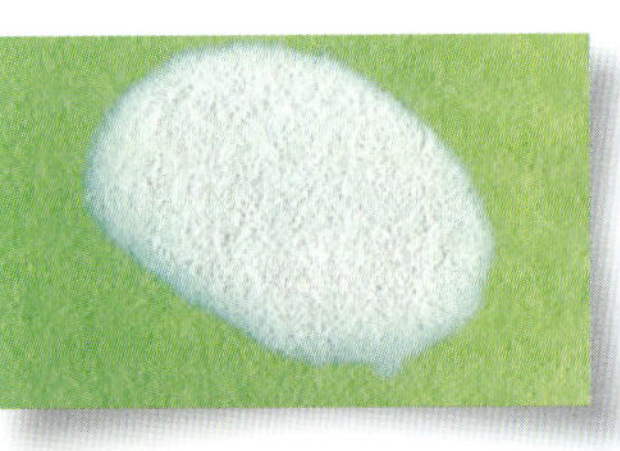

Lejía sobre aguadas secas

Aplica lejía sobre una aguada seca y espera a que se seque para lograr un blanco completo con un borde duro. Si quieres aclarar tonos, interrumpe el proceso retirando la lejía con papel de cocina.

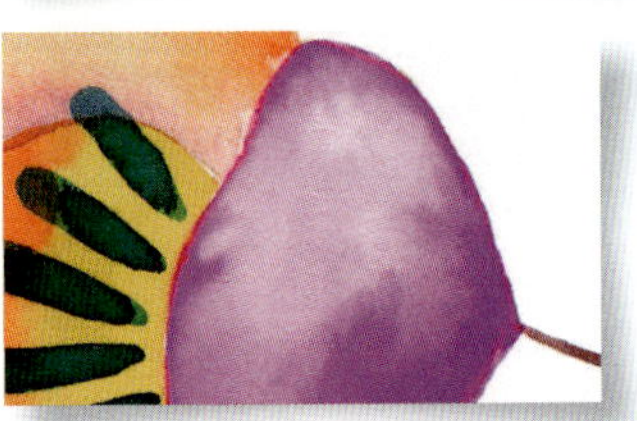

Lejía sobre aguadas húmedas

Aplica lejía sobre la aguada húmeda y obtendrás blancos al azar a medida que se extienda y se mezcle. La puedes retirar antes de que el papel quede blanco del todo.

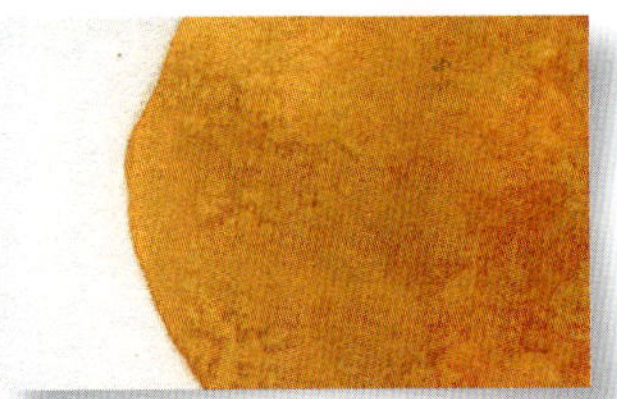

Sal de mesa

Esparce sal fina sobre la acuarela húmeda. Espera a que se seque del todo antes de retirarla con un papel de cocina y revelar las marcas que habrá dejado. También puedes usar sal de roca.

PONLO EN PRÁCTICA

La sal ha añadido efectos y textura a algunos de los elementos de estas flores abstractas. La lejía ha aclarado los pétalos y añadido motas blancas sobre las hojas, con lo que ha aumentado la variedad de las formas y los colores.

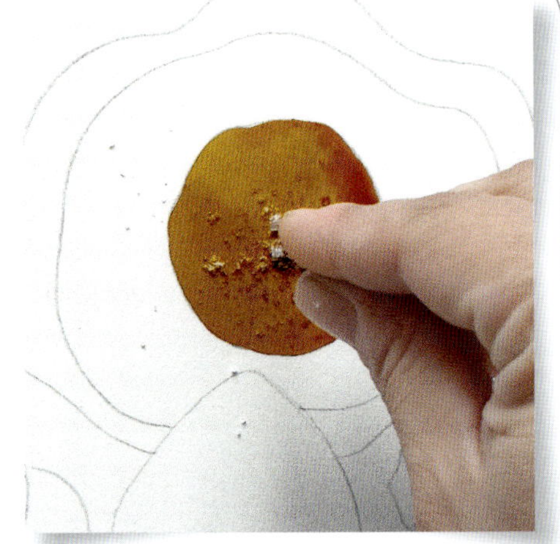

1 Aplica granos de sal

Dibuja las siluetas de los elementos principales con lápiz acuarelable. Rellena algunos de los centros de las flores con color y añade sal. Espera a que se sequen del todo y retira la sal antes de seguir pintando.

2 Mezcla tonos

En lugar de usar aguadas uniformes para las hojas y los pétalos, experimenta mezclando dos o tres tonos en un mismo elemento o combina colores fríos y cálidos (p. 120).

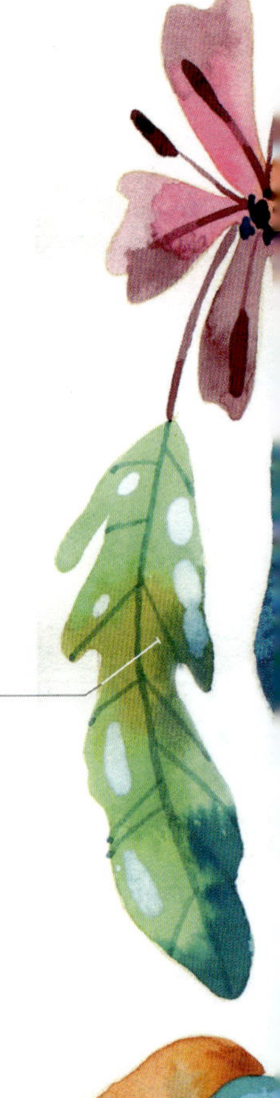

Necesitarás

Acuarela
- Naranja transparente
- Rosa ópera
- Violeta de perileno
- Turquesa cobalto claro
- Verde agua

Acuarela líquida
- Ocre oro
- Violeta
- Azul turquesa
- Verde pastel

- Acuarelas líquidas
- Lápiz acuarelable en carmín
- Pinceles redondos de pelo sintético n.º 4, n.º 1 y n.º 0
- Sal de mesa
- Lejía
- Papel de cocina
- Papel para acuarela prensado en frío (NO) de 300 g/m² de 30 × 20 cm

Esbozo floral

3 Retira la lejía

Aplica lejía sobre las aguadas húmedas con un pincel y retírala con papel de cocina para lograr un tono más claro antes de que la pintura se blanquee del todo.

4 Motas pálidas

Espera a que la pintura se seque bien y añade motas de lejía para obtener blancos y tonos claros. Úsala con cuidado y en poca cantidad, porque el resultado será muy distinto en cada color.

5 Detalles finos

Trabaja en todo el cuadro y añade detalles que enriquezcan la acuarela. Usa líneas, siluetas, manchitas y detalles generales para dar más complejidad a la imagen.

Usar *gouache*

AÑADIR OPACIDAD A COLORES Y PUNTOS DE LUZ

Añadir *gouache* a la paleta ampliará tu rango de técnicas. Los efectos opacos suman contraste a las aguadas transparentes y permiten añadir claros sobre oscuros en cualquier color. Los temas con elementos blancos o negros son adecuados, ya sean paisajes nevados, cascadas u olas rompiendo en la orilla.

▣ Realzar formas de colores claros

Dejar marcas blancas limpias sobre el papel para los puntos de luz y los claros puede ser lento y engorroso, además de que se interrumpe la aguada y de que, quizá, se pierdan bordes. Usar *gouache* para pintar zonas de colores claros sobre aguadas de acuarela ofrece más control sobre las marcas y permite añadir claros definidos.

Añadir puntos de luz
Dejar espacios pequeños de papel en blanco como puntos de luz puede ser complicado. Usa *gouache*, ya sea puro o mezclado con una aguada, para crear un punto de luz opaco que añadirá dimensión a la forma.

Usar *gouache* blanco puede ser más fácil que pintar alrededor de bordes pequeños

Bordes irregulares con acuarela

Definir bordes
Pintar en torno a formas de luz intrincadas en acuarela complica crear bordes definidos. Aplica *gouache* sobre la aguada y pinta formas detalladas que conservarán los bordes definidos.

Bordes definidos con *gouache*

PONLO EN PRÁCTICA

Se han aplicado varias aguadas azules para plasmar las marcas sobre este campo nevado. En lugar de intentar pintar alrededor de los surcos de nieve iluminados, se han añadido formas opacas sobre la aguada.

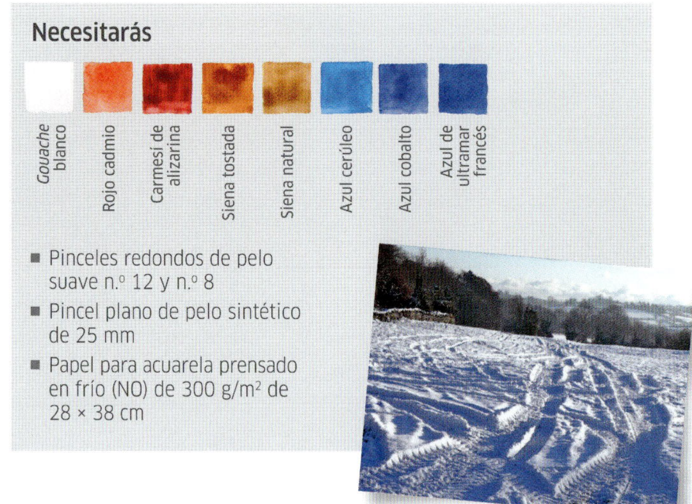

- Pinceles redondos de pelo suave n.º 12 y n.º 8
- Pincel plano de pelo sintético de 25 mm
- Papel para acuarela prensado en frío (NO) de 300 g/m² de 28 × 38 cm

Huellas de neumático sobre la nieve

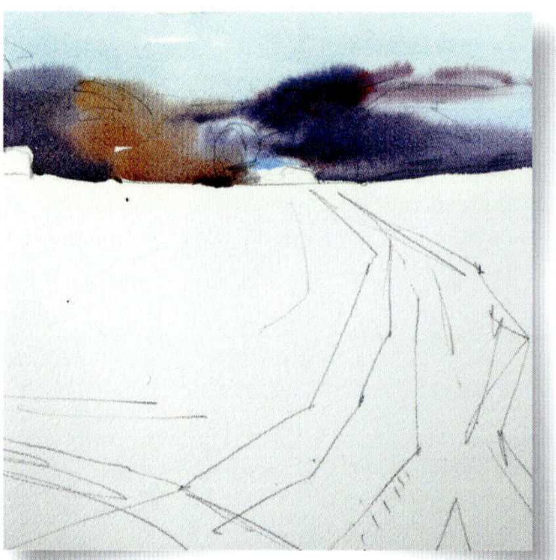

1 Aguadas de base
Plasma la composición en un esbozo. Aplica una aguada azul cerúleo para el cielo, y, con la pintura aún húmeda, pinta formas sencillas para los árboles del fondo con mezclas intensas y transparentes de azul de ultramar francés y carmesí de alizarina; añade algo de siena tostada a la izquierda.

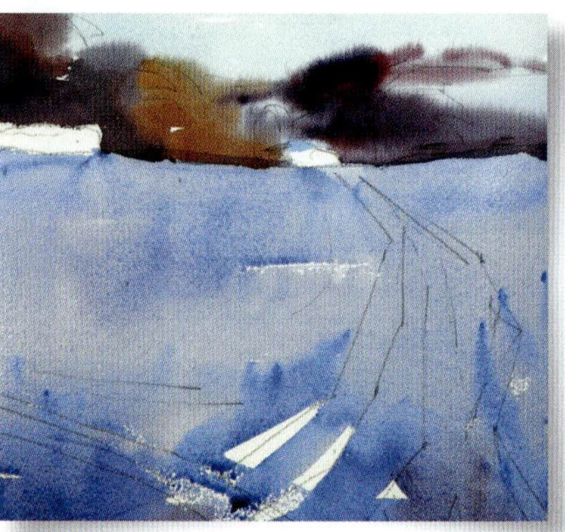

2 La nieve del primer plano
Aplica toda la nieve como una sola aguada continua y deja solo algunos puntos de luz e interrupciones para revelar papel blanco con el que comparar el *gouache* más adelante. Deja que el cielo y el fondo se mezclen húmedo sobre húmedo.

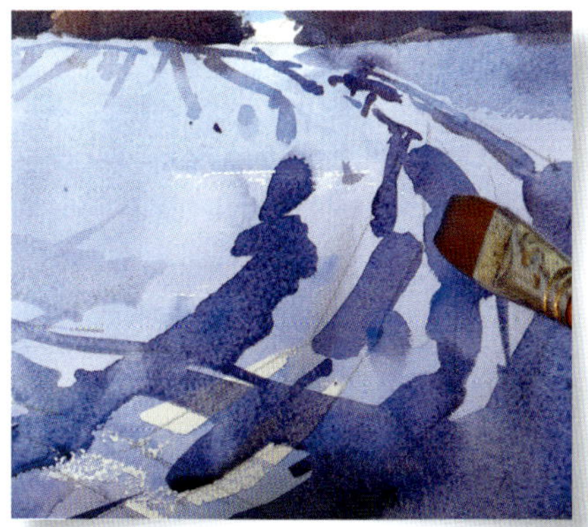

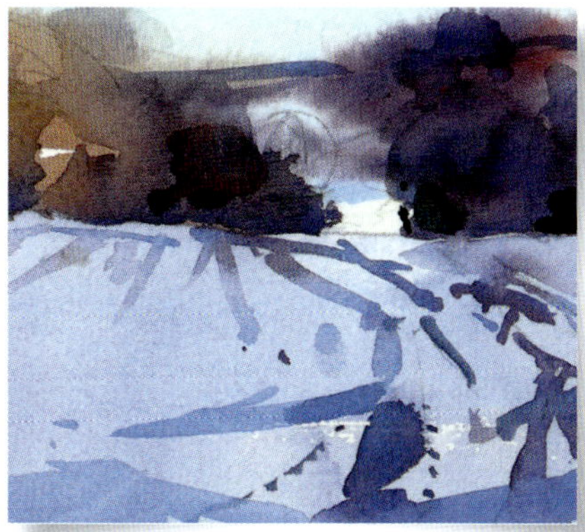

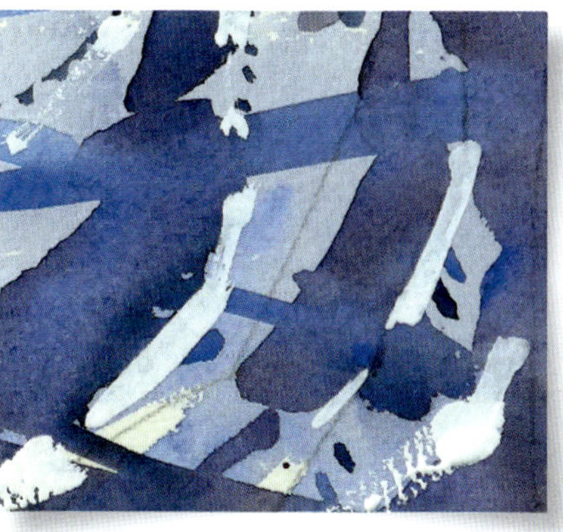

3 Sombras azules

Mezcla varios azules para las sombras oscuras. Aplica pinceladas sencillas con distintos pinceles. Usa cobalto para el segundo plano y pasa luego a un tono más cálido oscurecido con rojo.

4 Contrastes cálidos

Oscurece las aguadas azules con rojo, siena tostada y carmesí; deja que los tonos cálidos se mezclen en los árboles. Añade toques de los colores de sombra a las marcas de neumático.

5 Textura opaca

Con un pincel seco, aplica *gouache* puro diluido en un poco de agua para destacar los bordes de los surcos sobre las sombras azules. Los contrastes con el papel dan interés a la textura.

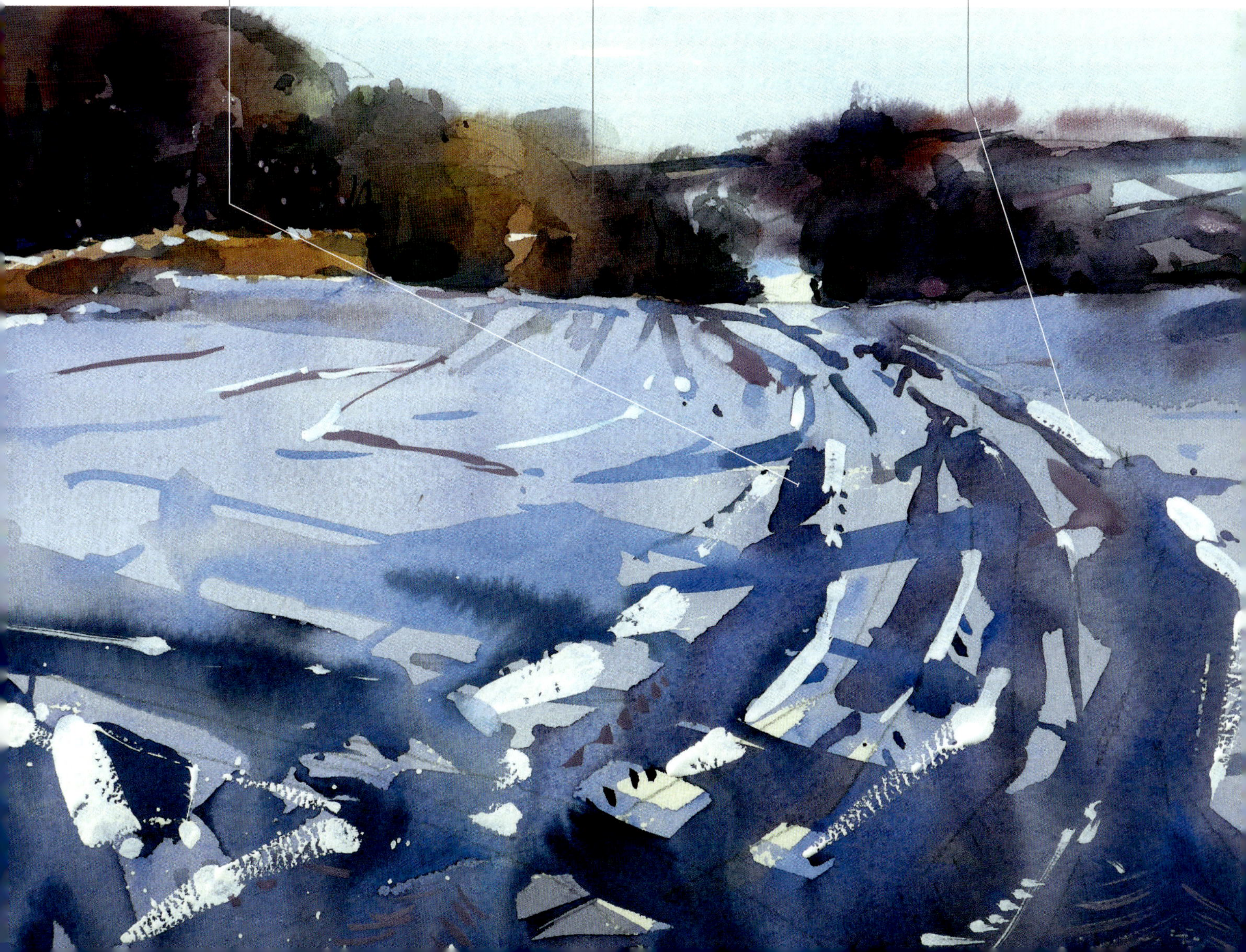

Usar carboncillo

CONTRASTES DE TONO Y DE COLOR

Combinar la acuarela con una herramienta tan expresiva como el carboncillo añade cualidades diversas al cuadro. Como es fluido, se presta a esbozos rápidos, mientras que sus cualidades tonales son ideales para añadir sombras y texturas. Rellenar con acuarela una silueta de carboncillo sugiere un estilo gráfico e ilustrativo y añade efectos de color imposibles de lograr solo con carboncillo.

◼ Efectos tonales

El carboncillo se presta a estudios tonales y a negros intensos o borrones casi invisibles. Úsalo para plasmar sombras, siluetas y tonos: tanto seco como con marcas húmedas, más suaves e intensas. Mézclalo con agua para crear una veladura clara o aplica color encima.

Crear tono
Aplicar carboncillo es fácil, y la intensidad de las marcas depende de la presión que se aplique. Usa los distintos tonos para sombras y formas.

Carboncillo húmedo
Suaviza e intensifica la marca de carboncillo aplicando un poco de agua encima. Lograrás un negro aterciopelado con una textura mate única.

Añade color
Aplica una aguada relativamente seca sobre carboncillo para crear capas de tono y textura. Usa más agua para mezclar los tonos, si quieres.

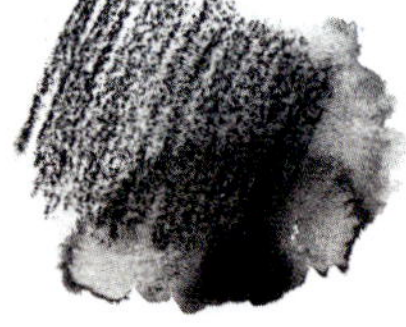

Aguada de carboncillo
Para marcas más variadas, disuelve el carboncillo en agua y mueve la aguada con un pincel o deja que se corra y se extienda sola.

◼ Efectos de textura

Las marcas de carboncillo rotas añaden textura al cuadro, un efecto que puedes potenciar trabajando sobre un papel de textura áspera. Aplica una aguada encima, para que el grano del papel y las marcas de carboncillo se integren en el cuadro.

Combinar medios
El carboncillo de vid difuminado produce un efecto granulado cuando se le aplican aguadas claras encima. El *gouache* blanco añade acentos de luz.

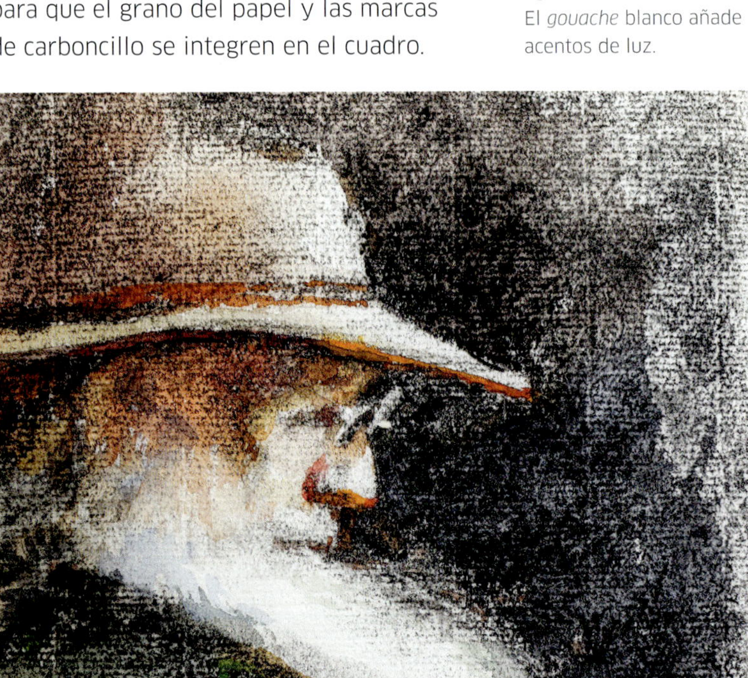

PONLO EN PRÁCTICA

Este bodegón se vale del contraste de texturas entre
el carboncillo y la acuarela para imbuir de color e
inmediatez un tema sencillo. Se han usado mezclas
intensas de acuarelas líquidas para los tonos oscuros,
y se han mezclado colores que contrastan para obtener
tonos medios y puntos de luz.

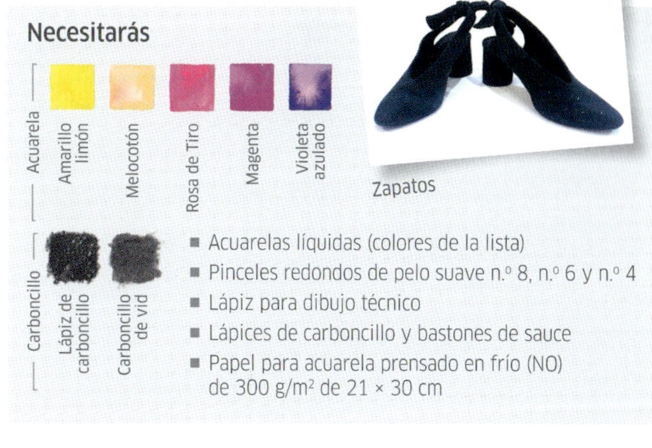

- Acuarelas líquidas (colores de la lista)
- Pinceles redondos de pelo suave n.º 8, n.º 6 y n.º 4
- Lápiz para dibujo técnico
- Lápices de carboncillo y bastones de sauce
- Papel para acuarela prensado en frío (NO)
  de 300 g/m² de 21 × 30 cm

1 Siluetas a carboncillo
Traza siluetas ligeras y sencillas con un lápiz
técnico. Con carboncillos de distintos grosores,
dibuja sobre el dibujo subyacente con un estilo
más suelto y evitando emborronar. Sujeta el
carboncillo con suavidad, y no presiones
demasiado.

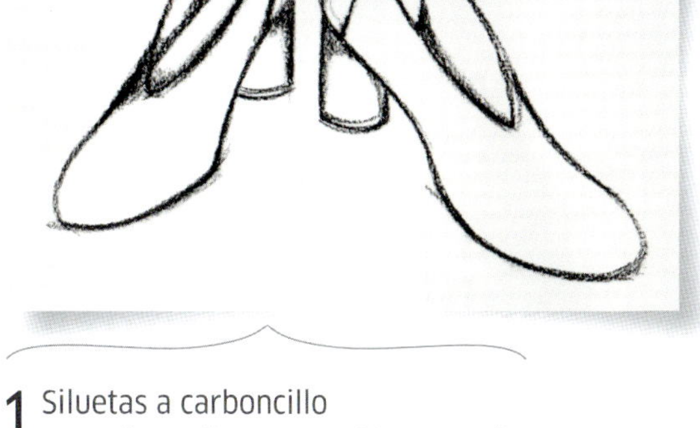

Se han conseguido tonos
distintos con carboncillo
seco y húmedo

Aguada de
carboncillo para las
sombras interiores

Cuando apliques el color,
no hace falta que rellenes
la forma a la perfección

2 Carboncillo suave
Humedece y suaviza las siluetas con
un poquito de agua en el pincel y arrastra
la aguada de carboncillo a áreas de tonos
más oscuros.

3 Rellena con color líquido
Rellena las formas con varios tonos
de color líquido y con una aguada sin
diluir para los tonos más oscuros sobre
el carboncillo.

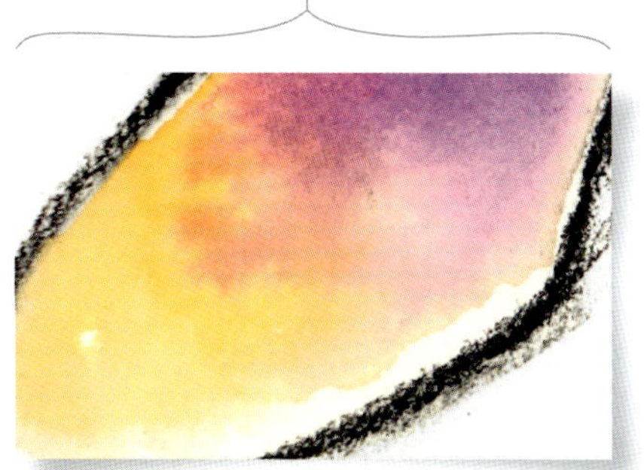

4 Mezcla las sombras
Difumina carboncillo y añade sombras
bajo los zapatos. Con un poco de agua, aplica
una aguada más clara alrededor del exterior
de la forma.

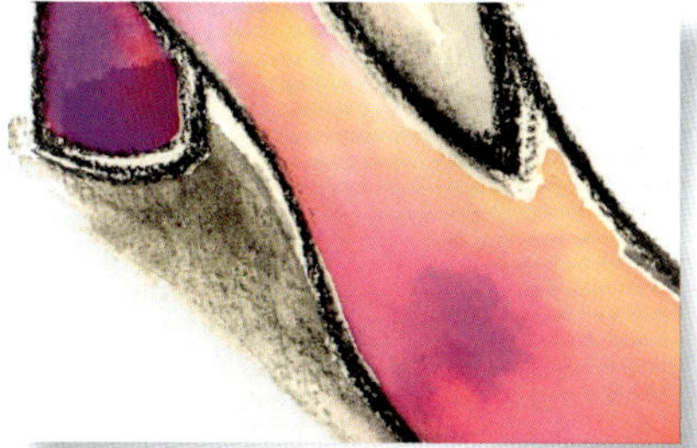

Usar tintas

TRABAJAR CON COLORES INTENSOS

Las tintas son superconcentradas y más intensas que las acuarelas estándar. Las hay de varios tipos, pero todas se pueden usar puras para aplicar colores intensos, o bien diluidas en agua para suavizarlas. Los colores brillantes que ofrecen las hacen muy populares entre los ilustradores.

▦ Tipos de tinta

Las acuarelas líquidas (o tintas de acuarela), las tintas de dibujo solubles en agua y la tinta china son fantásticas si se buscan resultados vibrantes y llamativos. Las elaboradas con colorantes en lugar de pigmentos no suelen resistir la luz y, por lo tanto, son más adecuadas para ilustraciones que imprimir que para cuadros que exponer.

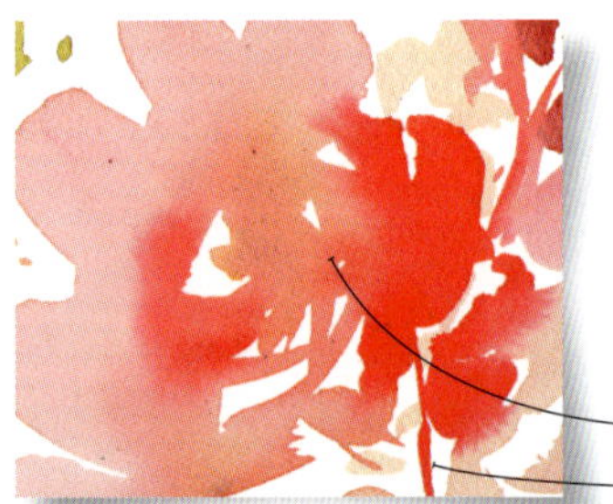

Acuarelas líquidas

Son acuarelas muy concentradas. Basta una gota para obtener un color muy intenso, y se mezclan de maravilla húmedo sobre húmedo. Se pueden usar puras para añadir detalles.

— Colores que se mezclan

— Detalles intensos

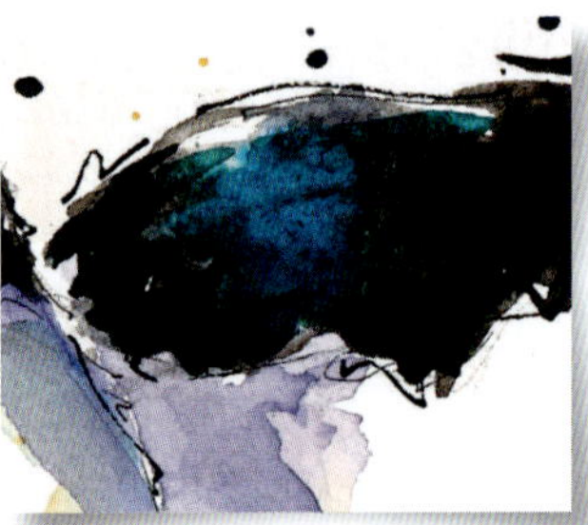

Tintas solubles en agua

Hay tintas de dibujo solubles en agua. Se mezclan bien con las aguadas de acuarela sin perder intensidad. Normalmente se hacen con colorantes, por lo cual no resisten la luz.

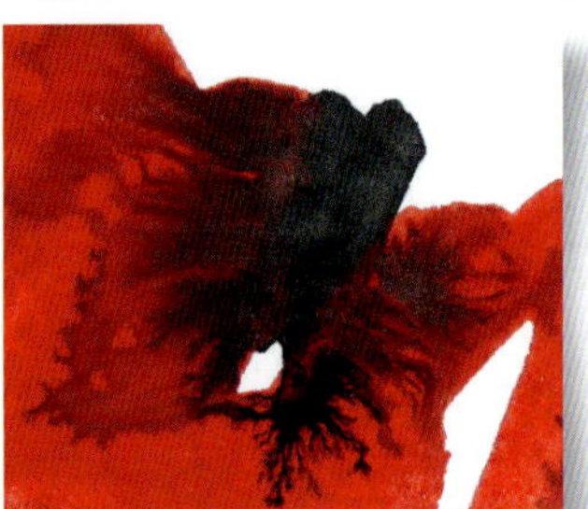

Tinta china

Contiene partículas de carbón y un aglutinante. Resiste el agua una vez seca, algo ideal para las «líneas» en los cuadros de «línea y aguada». Se mezclan con la acuarela húmeda, pero pueden repeler la pintura y crear efectos interesantes.

PONLO EN PRÁCTICA

Estas flores abstractas se han creado aplicando acuarelas líquidas en puntos estratégicos en cada capa del cuadro, desde aguadas de base hasta acentos de color saturado que realzan las formas botánicas simplificadas.

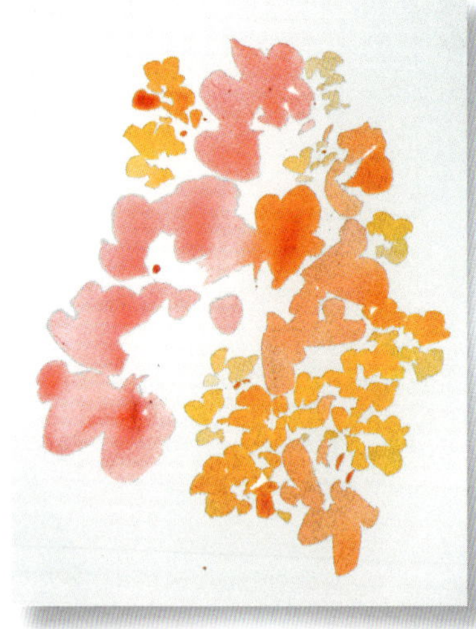

1 Una mezcla diluida

Diluye los colores y crea una mezcla clara en la paleta. Pinta las primeras formas de flores con pinceladas sueltas y alterna entre el agua coloreada y las tintas de acuarela. Asegúrate de que esta capa quede muy húmeda; deberías ver minúsculos charquitos de agua multicolor.

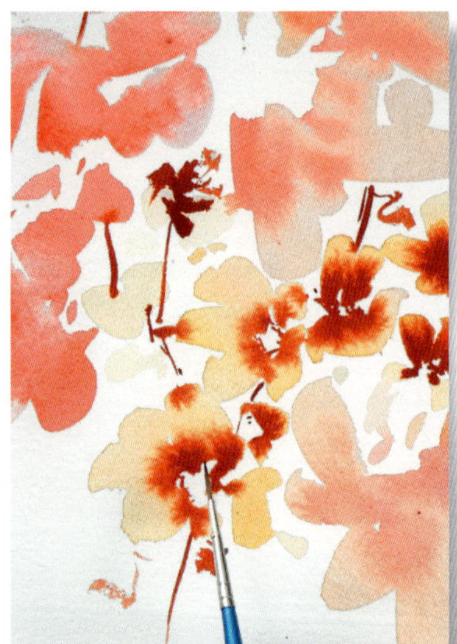

2 Gotas de color

Con un pincel o un cuentagotas, añade acuarela líquida de contraste en los vibrantes centros de las flores. La primera capa ha de estar lo bastante húmeda como para que los colores se mezclen con naturalidad. Añade tallos finos con el color más oscuro.

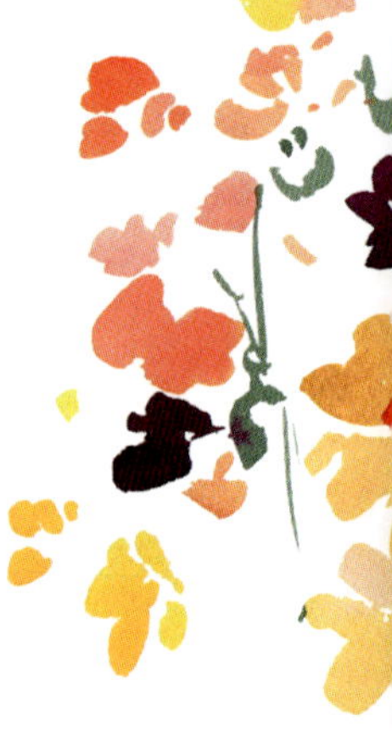

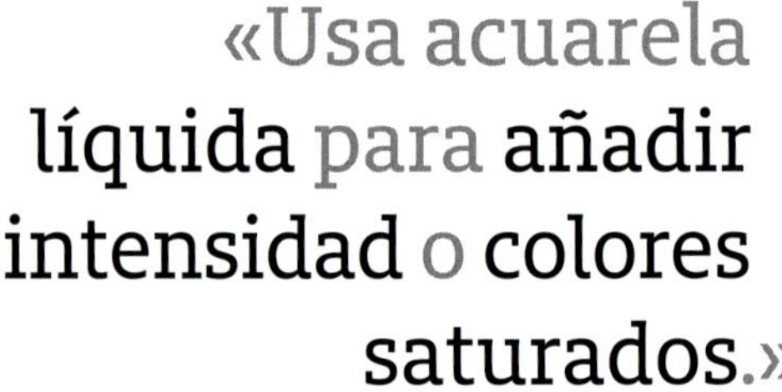

> «Usa acuarela **líquida** para **añadir intensidad** o **colores saturados**.»

Necesitarás

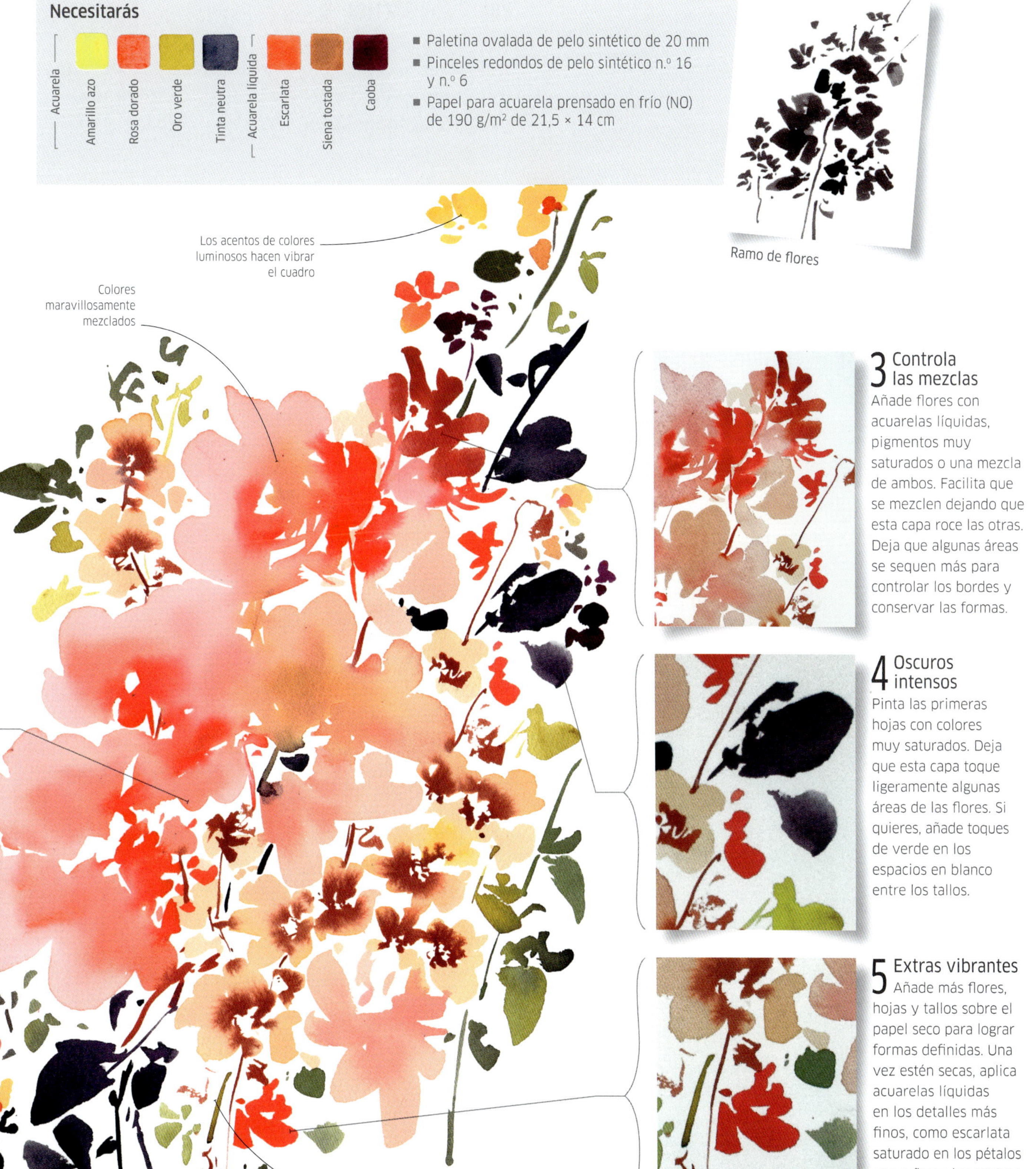

Acuarela
- Amarillo azo
- Rosa dorado
- Oro verde
- Tinta neutra

Acuarela líquida
- Escarlata
- Siena tostada
- Caoba

- Paletina ovalada de pelo sintético de 20 mm
- Pinceles redondos de pelo sintético n.º 16 y n.º 6
- Papel para acuarela prensado en frío (NO) de 190 g/m² de 21,5 × 14 cm

Ramo de flores

Los acentos de colores luminosos hacen vibrar el cuadro

Colores maravillosamente mezclados

Los toques de verde entre las flores cohesionan y dan dirección a la obra

3 Controla las mezclas

Añade flores con acuarelas líquidas, pigmentos muy saturados o una mezcla de ambos. Facilita que se mezclen dejando que esta capa roce las otras. Deja que algunas áreas se sequen más para controlar los bordes y conservar las formas.

4 Oscuros intensos

Pinta las primeras hojas con colores muy saturados. Deja que esta capa toque ligeramente algunas áreas de las flores. Si quieres, añade toques de verde en los espacios en blanco entre los tallos.

5 Extras vibrantes

Añade más flores, hojas y tallos sobre el papel seco para lograr formas definidas. Una vez estén secas, aplica acuarelas líquidas en los detalles más finos, como escarlata saturado en los pétalos pequeños y los centros de las flores.

Lápices y rotuladores acuarelables

USAR HERRAMIENTAS DE DIBUJO PIGMENTADAS

La elevada concentración de pigmento de los lápices y los rotuladores acuarelables hace de ellos una manera rápida y sencilla de dibujar y pintar. Ofrecen mucho más control que el pincel y la aguada en las marcas y detalles más pequeños y crean superficies uniformes con variaciones sutiles. Úsalos solos o combínalos con aguadas en estudios detallados.

■ Marcas superficiales

Las herramientas de dibujo acuarelables ofrecen efectos distintos sobre seco o húmedo. Aplicar tono sobre papel seco y, luego, humedecerlo con pincel produce una aguada uniforme; dibujar sobre papel húmedo transforma las marcas dibujadas en pigmento intenso en solo una pincelada.

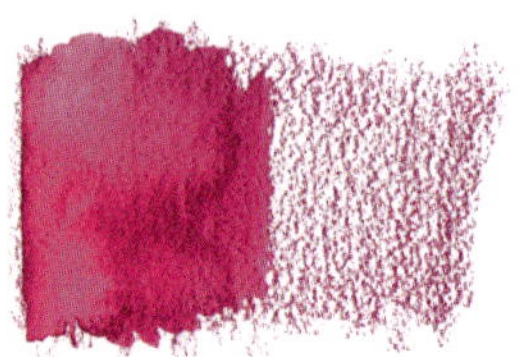

Añadir agua al lápiz
Aplica marcas de lápiz sobre papel seco y dibuja o sombrea donde sea necesario. Carga de agua un pincel limpio y trabaja la marca de lápiz para disolver el pigmento y crear una aguada.

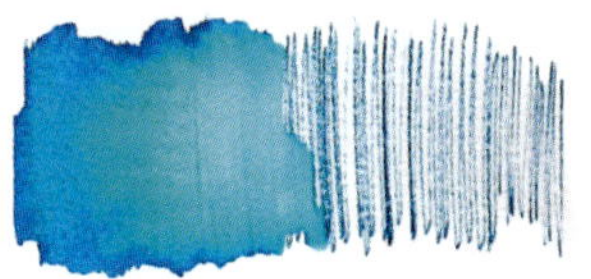

Añadir agua al rotulador
Trata las marcas de rotulador de la misma manera que las de lápiz y aplica el agua con un pincel limpio. Muévelo para mezclar y extender la aguada.

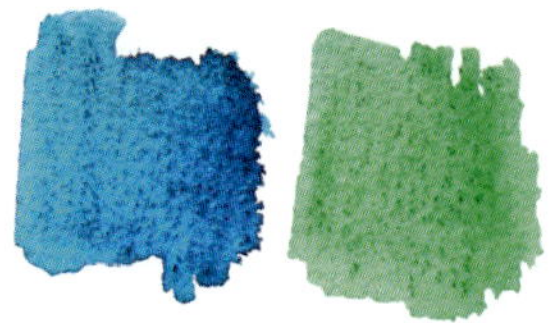

Dibujar sobre papel húmedo
Humedece el papel con agua limpia aplicada con pincel o pulverizador. Dibuja con lápiz acuarelable y crea marcas ricas e intensas donde el pigmento impregna el papel.

PONLO EN PRÁCTICA

Este llamativo escarabajo combina aguadas líquidas y trazos de lápices y rotuladores acuarelables que le dan un aspecto variado y con detalles. La aplicación controlada conserva la precisión del dibujo inicial.

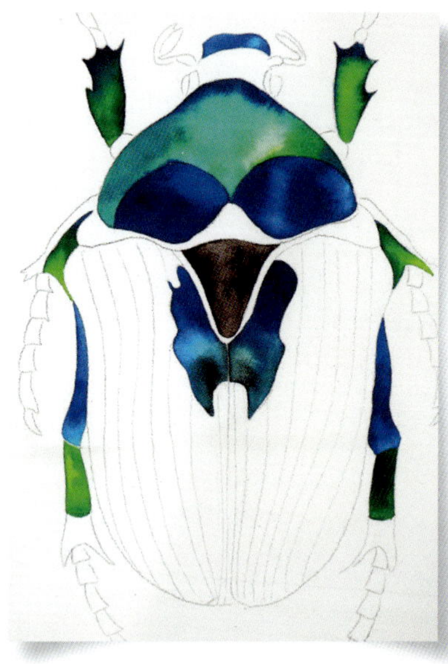

1 Rellena la silueta con color líquido
Dibuja líneas precisas que luego usarás como guías para las aguadas o el sombreado a lápiz. Con un pincel n.º 10 y aguadas fuertes, rellena las secciones más grandes del caparazón. Utiliza abundante agua para lograr un efecto transparente.

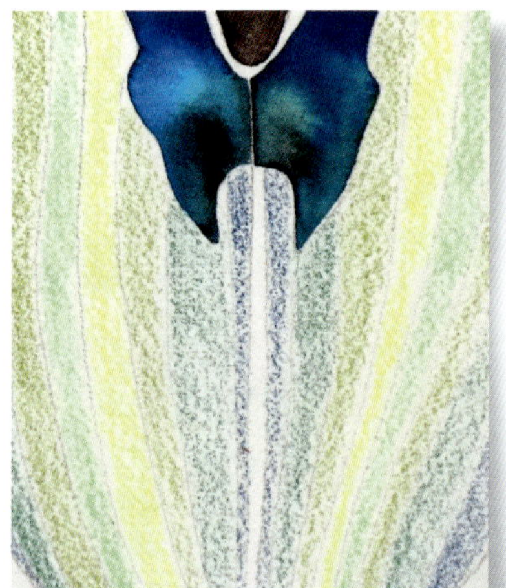

2 Sombreado a lápiz
Cuando las aguadas de acuarela líquida se hayan secado del todo, rellena las partes más pequeñas del dibujo con lápices acuarelables. Aplica distintos colores manteniéndote siempre dentro de las líneas.

«Crea distintos **tonos o tintes** variando la **presión** de las marcas de lápiz.»

Necesitarás

Acuarela líquida — Verde agua · Negro · Verde manzana · Verde cartujo

Lápices acuarelables — Lima · Amarillo · Verde bosque · Verde agua

Rotuladores acuarelables — Verde manzana · Oliva · Verde agua

- Pinceles redondos de pelo suave n.º 10, n.º 6 y n.º 2
- Papel para acuarela prensado en frío (NO) de 300 g/m² de 30 × 20 cm

Escarabajo

3 Aplica agua

Con un pincel pequeño, aplica agua sobre el lápiz. Sigue las formas dibujadas y mantente dentro de las líneas. No humedezcas demasiado el papel. Mueve la aguada con cuidado hasta que logres un tono suave pero sólido.

4 Añade color sólido

Añade una tercera capa y dibuja con rotuladores de punta fina líneas de color sólido que acentúen las divisiones a lo largo del cuerpo, en contraste con la transparencia más clara de las aguadas de acuarela.

Efectos con *gouache*

AÑADIR COLORES OPACOS Y TEXTURAS

Combinar el *gouache* y la acuarela puede ser muy liberador, porque permite pintar áreas claras sobre colores oscuros y añadir capas adicionales de opacidad. El *gouache* puro contiene mucho más pigmento que la acuarela pura y, por sí solo, ejerce un impacto muy potente. Si lo mezclas con aguadas de acuarela, puedes pasar con fluidez de un medio a otro.

PONLO EN PRÁCTICA

Este cuadro combina ambos medios: la acuarela ofrece el fondo claro y transparente del mar y del cielo, mientras que las intensas mezclas opacas dan solidez al barco con textura y colores fuertes.

Necesitarás

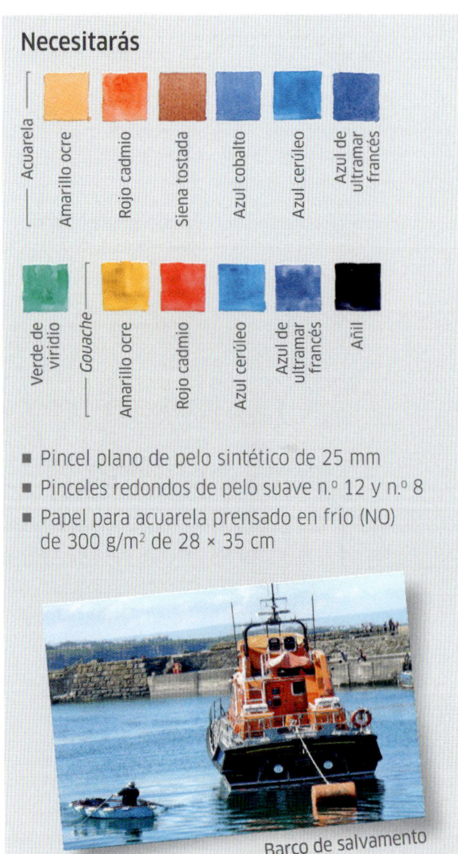

- Pincel plano de pelo sintético de 25 mm
- Pinceles redondos de pelo suave n.º 12 y n.º 8
- Papel para acuarela prensado en frío (NO) de 300 g/m² de 28 × 35 cm

Barco de salvamento

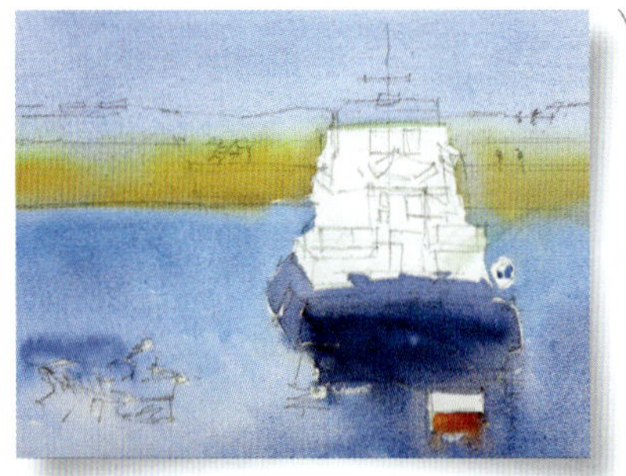

1 Aguadas intensas
Haz un esbozo suelto y cubre el papel con una aguada continua de cielo cerúleo que se mezclará con el ocre del muro. Aplica una mezcla de cobalto y azul de ultramar francés en el primer plano. Pinta alrededor de la parte superior del barco, donde luego aplicarás una aguada naranja.

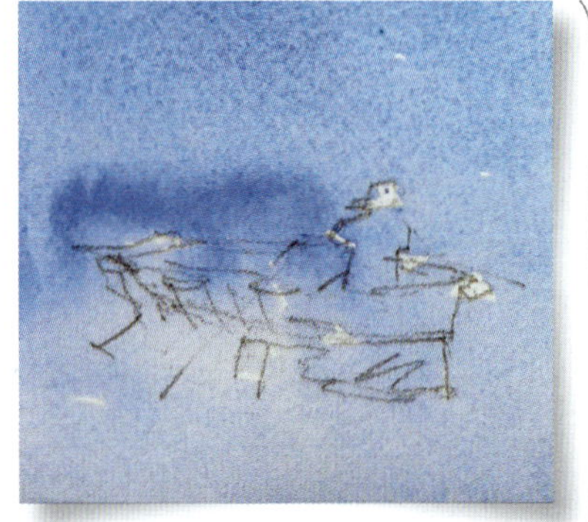

2 Omite los puntos de luz
Como usas *gouache*, no hace falta que preveas los puntos de luz. Aplica una aguada uniforme de una sola pasada sobre todos los elementos. Ya trabajarás luego la barca y la figura.

▨ Beneficios de la pintura opaca

El *gouache* da cuerpo y textura. Su opacidad y pigmentación dan fuerza a los colores más claros y ofrecen una mejor cobertura, con una textura de tiza que contrasta con la transparencia de las aguadas. Trabajar claro sobre oscuro evita tener que planificar los puntos de luz y permite añadir los claros y los blancos de forma controlada al final. El *gouache* es espeso por naturaleza, y también funciona como textura de empasto.

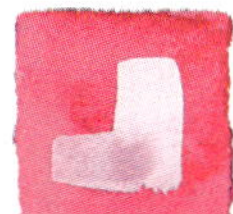
Blanco chino

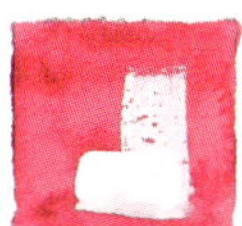
Gouache blanco

Dar cuerpo

El blanco chino deja un tono semiopaco y mezclado en comparación con el mate del *gouache*.

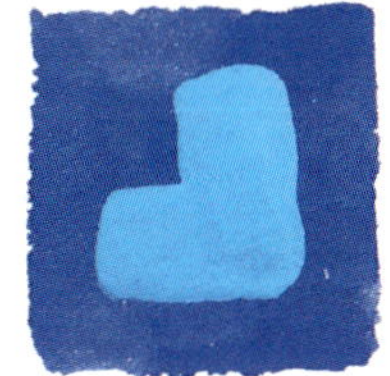

Dar color

El intenso pigmento del *gouache* puro deja marcas frescas e intensas que conservan la forma.

Dar textura

Usa *gouache* sin diluir para crear textura con efectos de empasto o técnicas de pincel seco.

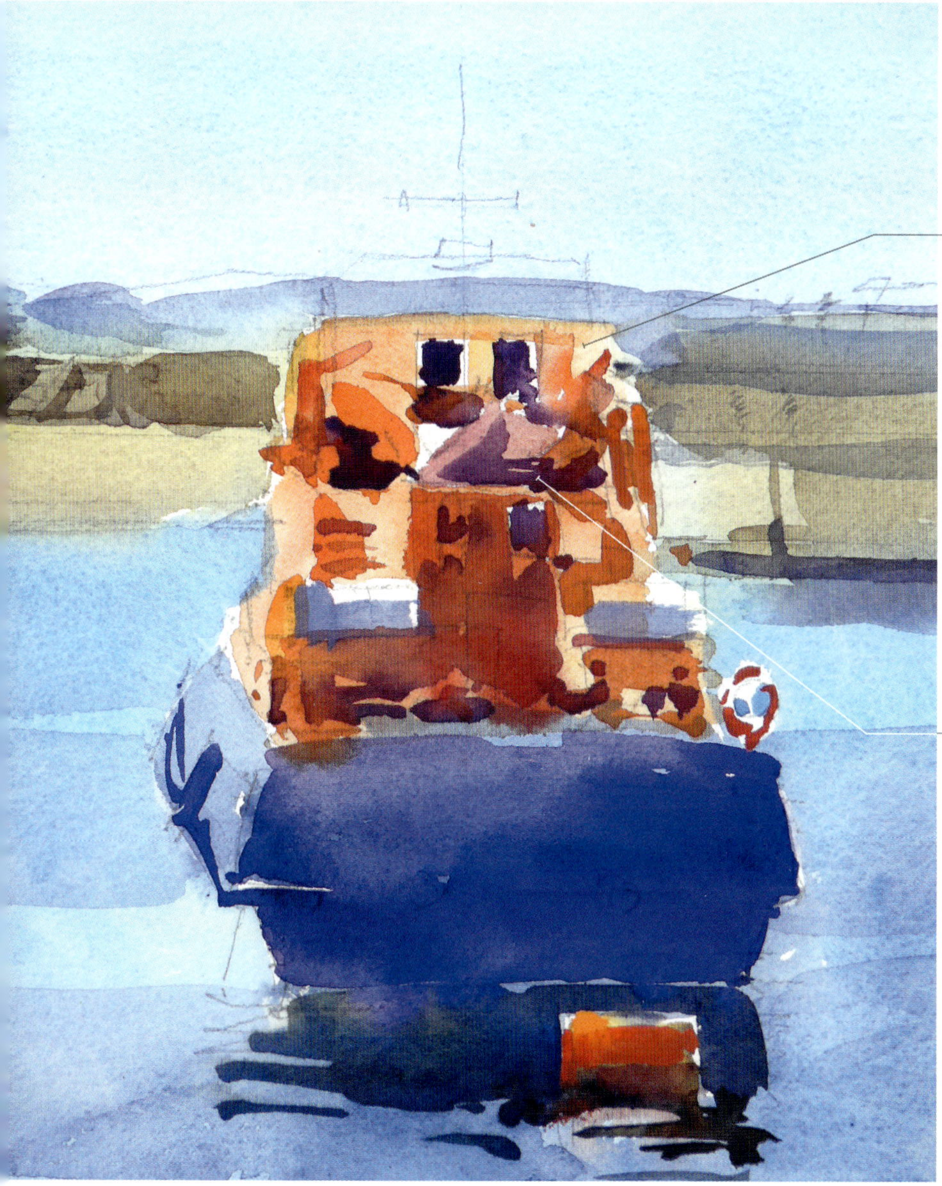

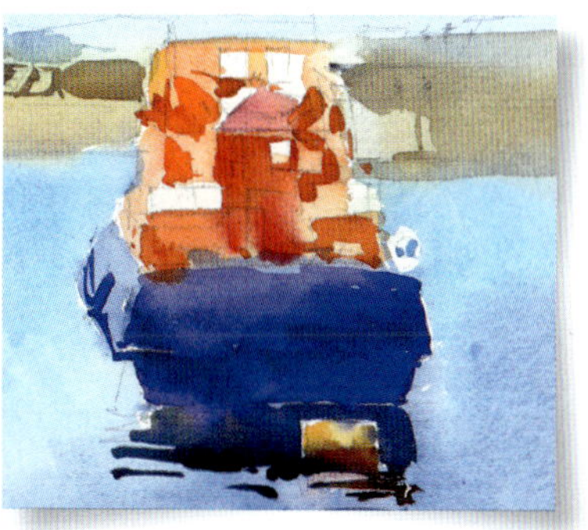

3 Aguadas de contraste
Pinta la cubierta con mezclas de rojo y naranja; rellena las formas principales y evita los detalles. Junto al azul, el naranja parecerá más intenso.

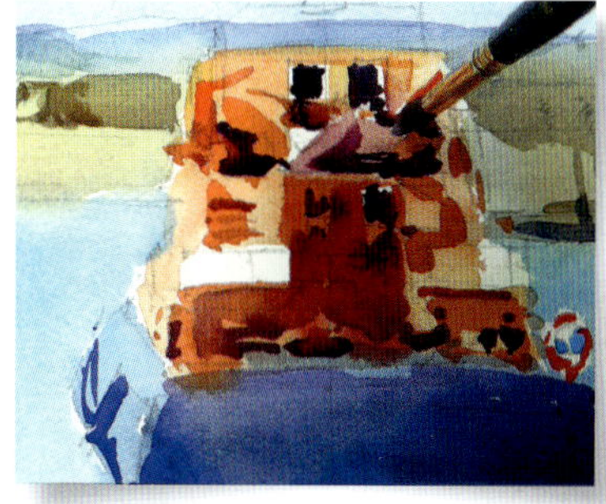

4 Acuarelas oscuras
Usa un naranja oscuro para las formas que están a la sombra y deja que se mezcle un poco. Aplica los oscuros más oscuros con una mezcla de añil y azul de ultramar en los barcos y el agua.

5 Evalúa el cuadro
Una vez hayas aplicado las acuarelas más oscuras, evalúa si puedes seguir inyectando color sin ensuciar las mezclas. Ahora, aplica el *gouache* para reforzar los colores.

6 Mezcla colores claros y luminosos

Potencia los colores luminosos con *gouache* puro rojo y naranja a fin de iluminar la mitad superior del barco. El naranja opaco destacará sobre los subtonos más oscuros. Si aplicas una capa gruesa, también añadirás textura a la superficie.

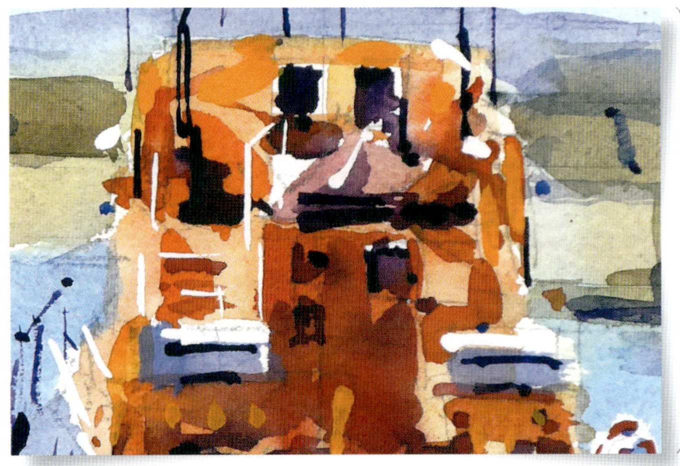

7 Da luz a las sombras

Revitaliza las ondas de agua detrás de las embarcaciones añadiendo pinceladas de una mezcla de *gouache* azul claro sobre la aguada de sombra oscura de la capa inferior. Usa un azul opaco claro como un gris en las sombras blanco roto del barco.

8 Puntos de luz detallados

Añade puntos de luz intensos sobre la barca, el pescador y los reflejos más luminosos en el agua con toques de *gouache* blanco puro. Mezcla varios azules con *gouache* y da luz a los colores oscuros.

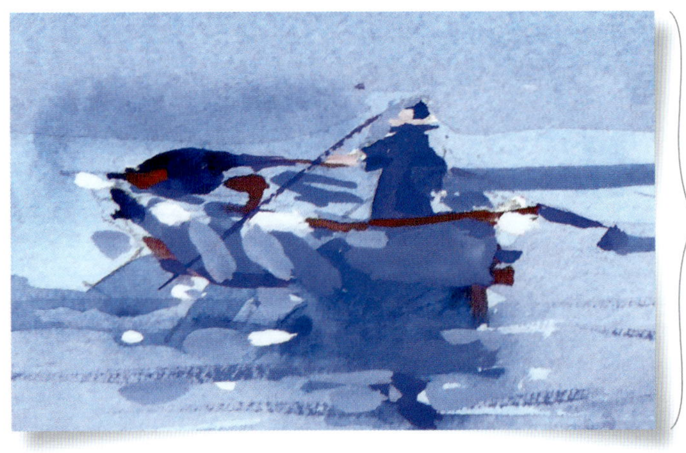

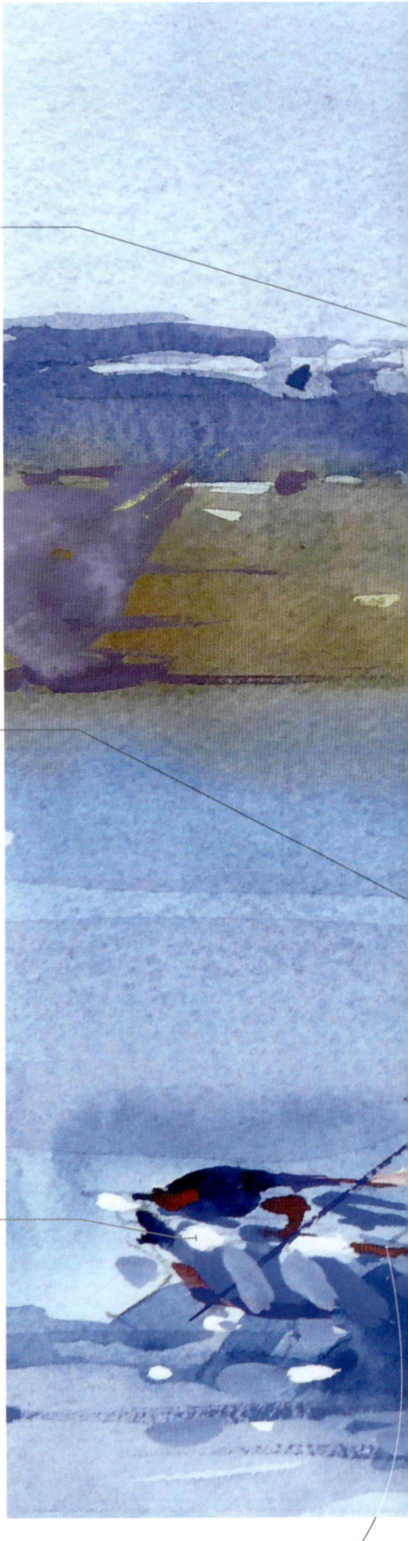

Acuarela rojo cadmio puro

«**Las cualidades opacas** del *gouache* realzan las acuarelas, a las que aportan más **cuerpo y luz**.»

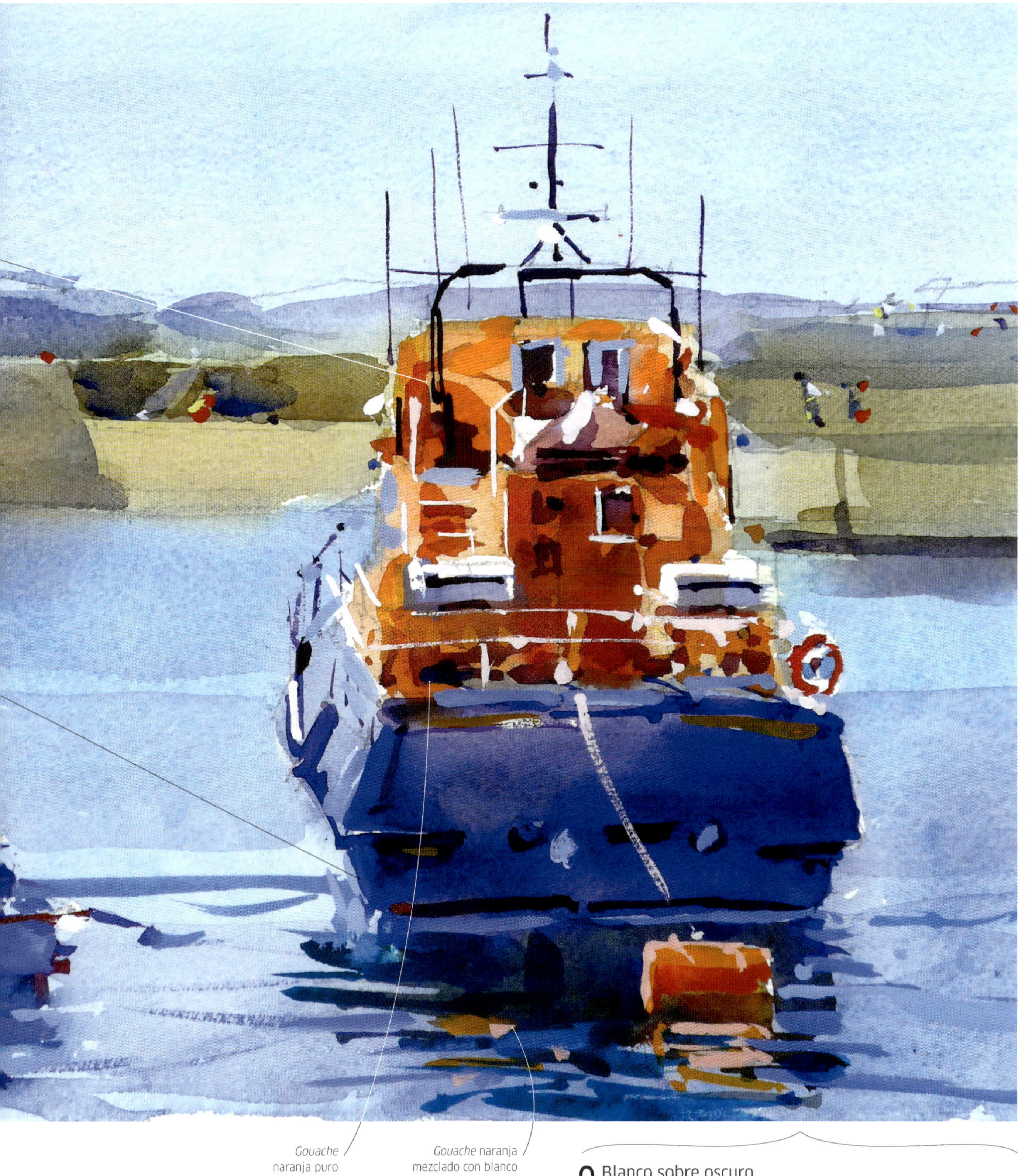

9 Blanco sobre oscuro

Utiliza *gouache* blanco puro para dibujar las finas líneas de las barandillas y los escalones del barco sobre las oscuras capas previas. Bastará una pincelada rota para sugerir el cabo atado a la boya.

Hacia la abstracción

PINTAR INTUITIVAMENTE

Los cuadros abstractos no muestran objetos identificables de inmediato, y dependen de interesantes formas y combinaciones cromáticas para captar la atención del observador, lo cual abre al artista infinitas posibilidades expresivas. Los «accidentes controlados» que se pueden conseguir con la acuarela aportan libertad y energía a la obra.

■ Principios abstractos

Las primeras marcas de un cuadro abstracto siempre son una experiencia emocionante, porque, a menudo, determinan la dirección de la obra. En ausencia de una escena o tema con la que el observador pueda conectar, céntrate en plasmar formas, bordes, colores y texturas interesantes. El papel áspero es fantástico para estas obras. Usa mucha agua, colores fuertes y pinceles grandes.

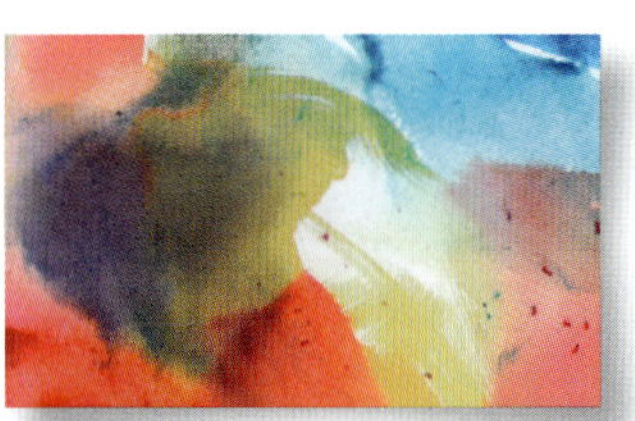

Paleta de colores
Los colores no tienen por qué corresponderse con los de la vida real. Elige colores análogos que funcionen juntos (pp. 116–121), y experimenta con tonos que no se ven en la naturaleza.

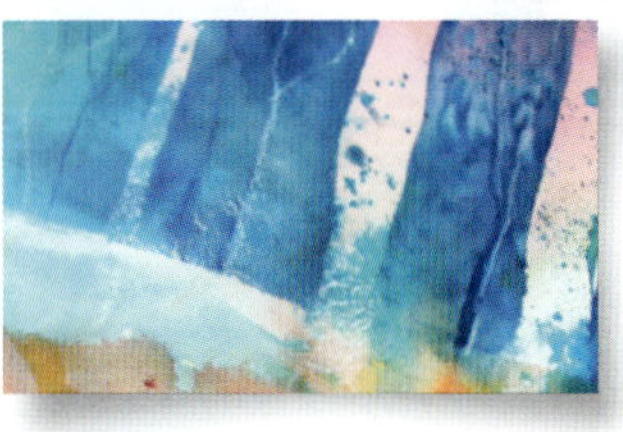

Formas y composición
Reúne las formas en una composición potente. Algunas formas pueden insinuar objetos reconocibles, mientras que otras pueden ser fruto de tu imaginación.

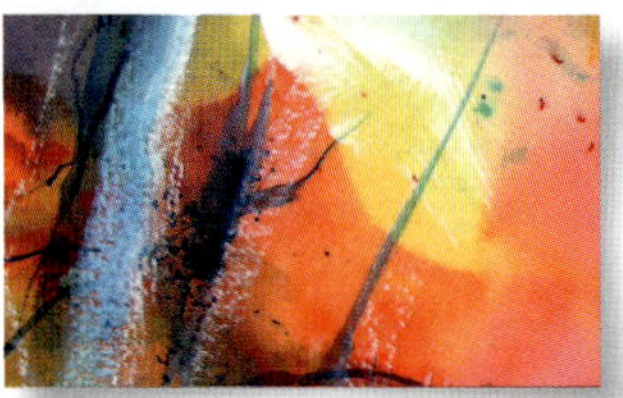

Bordes duros y suaves
Combinar bordes duros y suaves añade estímulos visuales. En ausencia de formas figurativas que el observador pueda identificar, los bordes pueden adquirir cualquier forma.

PONLO EN PRÁCTICA

La acuarela es un medio maravilloso para plasmar imágenes abstractas y semiabstractas, porque los colores se mezclan solos y crean formas y tonos que quizá no se habían previsto. Esta obra, fruto de la imaginación, tiene colores luminosos y cálidos que sugieren una versión intensificada del otoño. Las formas del fondo podrían ser árboles, aunque el cuadro no pretende ser realista.

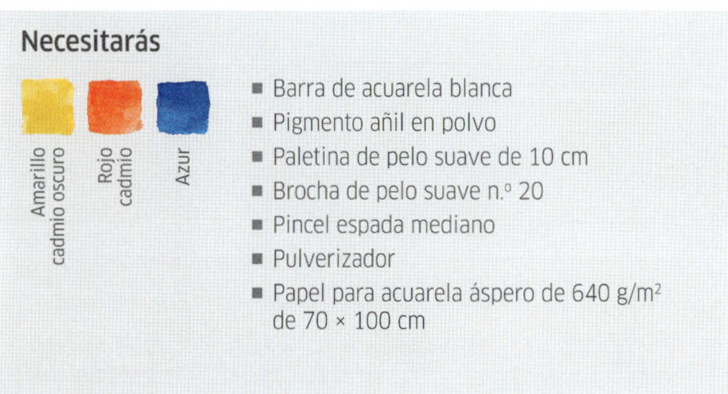

Necesitarás

Amarillo cadmio oscuro · Rojo cadmio · Azur

- Barra de acuarela blanca
- Pigmento añil en polvo
- Paletina de pelo suave de 10 cm
- Brocha de pelo suave n.º 20
- Pincel espada mediano
- Pulverizador
- Papel para acuarela áspero de 640 g/m² de 70 × 100 cm

1 Las primeras marcas
Decide la paleta de colores y trabaja de claro a oscuro. El amarillo oscuro es una buena base sobre la que mezclar otros colores. Aplica marcas vigorosas con un pincel grande.

«Inclina la tabla para **facilitar** que la pintura **se mueva y se mezcle.**»

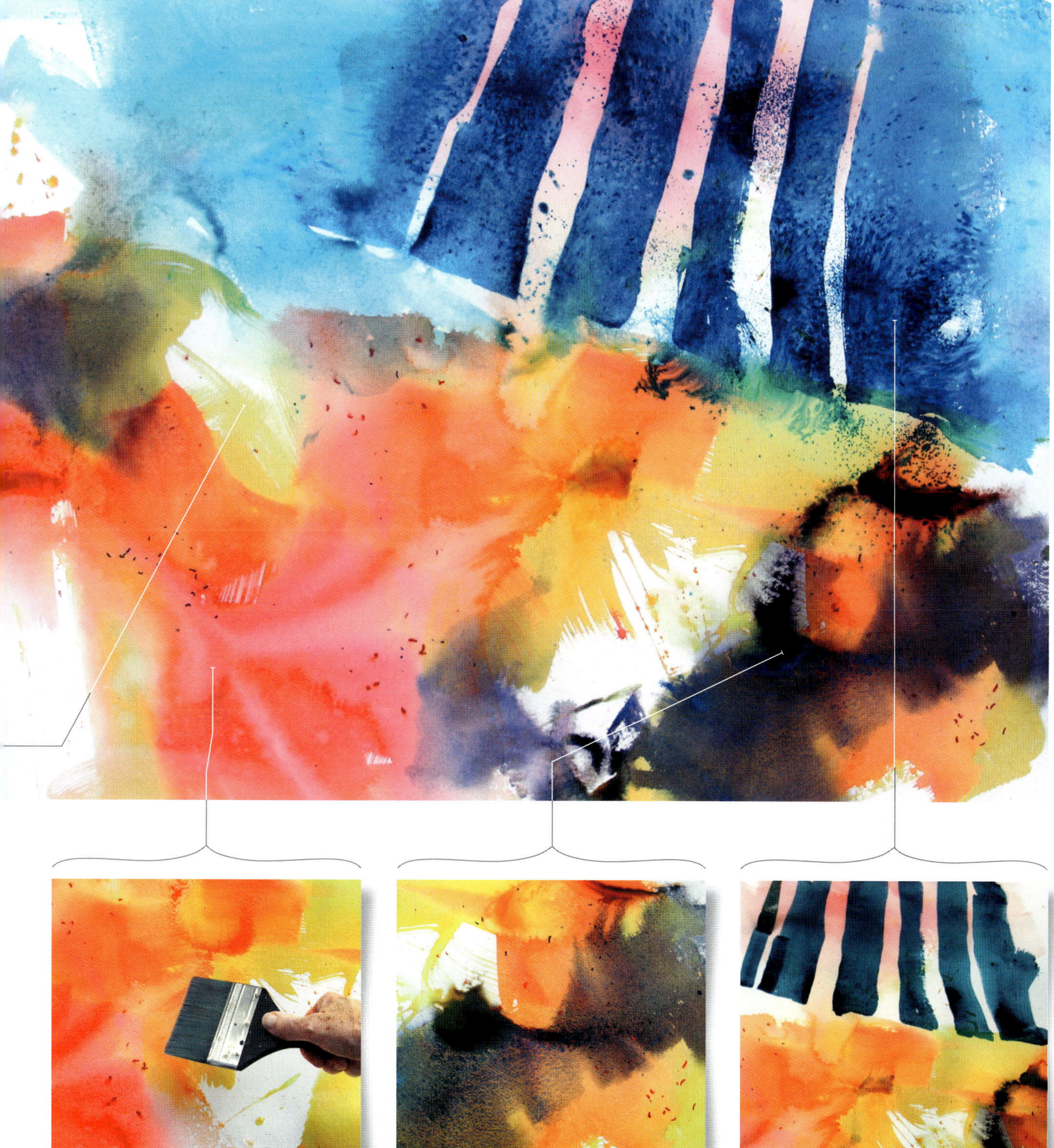

2 Añade un segundo color
Con la pintura aún húmeda, mezcla abundante rojo fuerte y trabájalo con rapidez sobre el papel. Comienza a definir el horizonte.

3 Añade tonos más profundos
Añade azul oscuro, que se mezclará y dará lugar a marrones y púrpuras cálidos y quedará azul en las zonas de papel blanco.

4 Desarrolla una composición
Sugiere siluetas de árboles sobre la pintura seca y con el mismo azul. Humedece con agua los bordes externos para que se mezclen.

5 Añade puntos de luz blancos

Con la barra de acuarela y trazos sueltos, añade puntos de luz blancos y sugiere ramas. Así darás vitalidad a la obra, pero modérate, para no distraer la mirada con demasiadas marcas. La técnica funciona mejor con papeles con más textura.

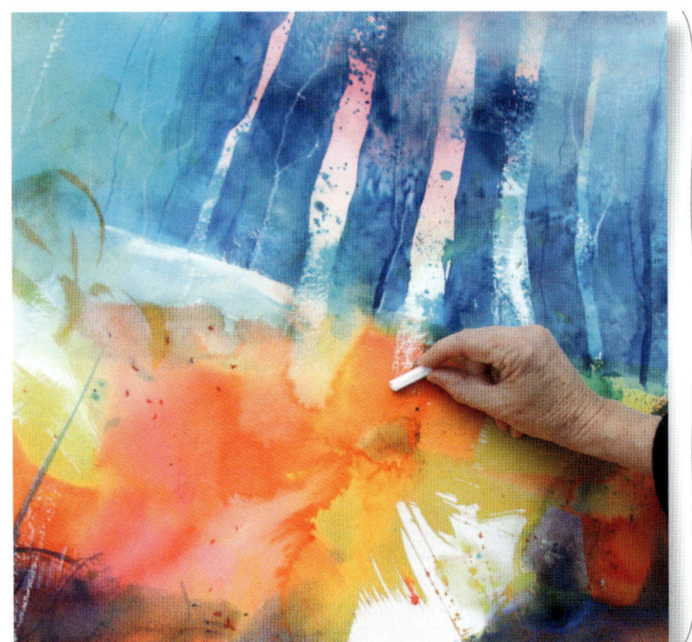

6 Las últimas pinceladas

A continuación, añade algunas pinceladas al primer plano y a la zona boscosa para aumentar la sensación paisajística y de movimiento. Cuantas más pinceladas añadas, menos abstracto será el cuadro. Tú decides el grado de abstracción que busques.

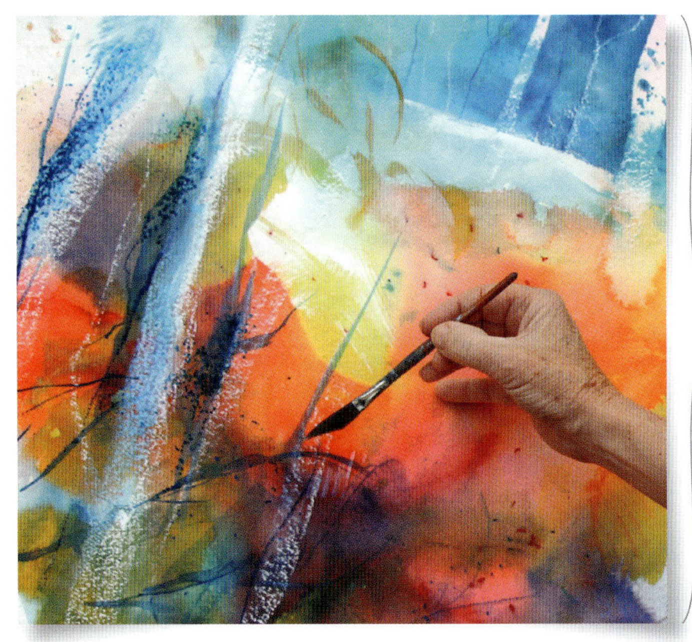

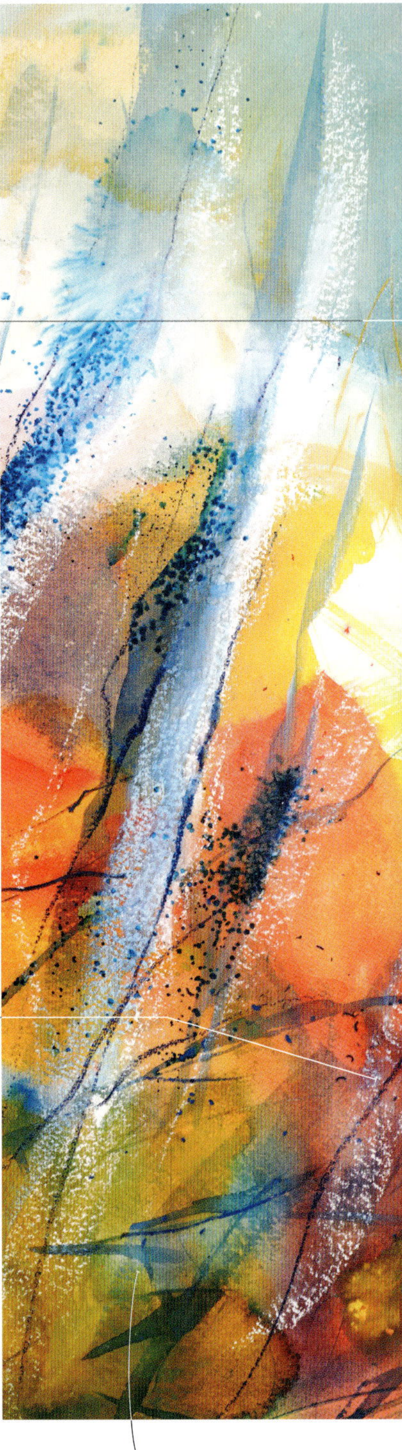

Las marcas blancas con barra de acuarela sugieren texturas ásperas y naturales

«Los **cuadros abstractos** te dan total libertad de **forma, textura y color**, siempre que el resultado final te **complazca.**»

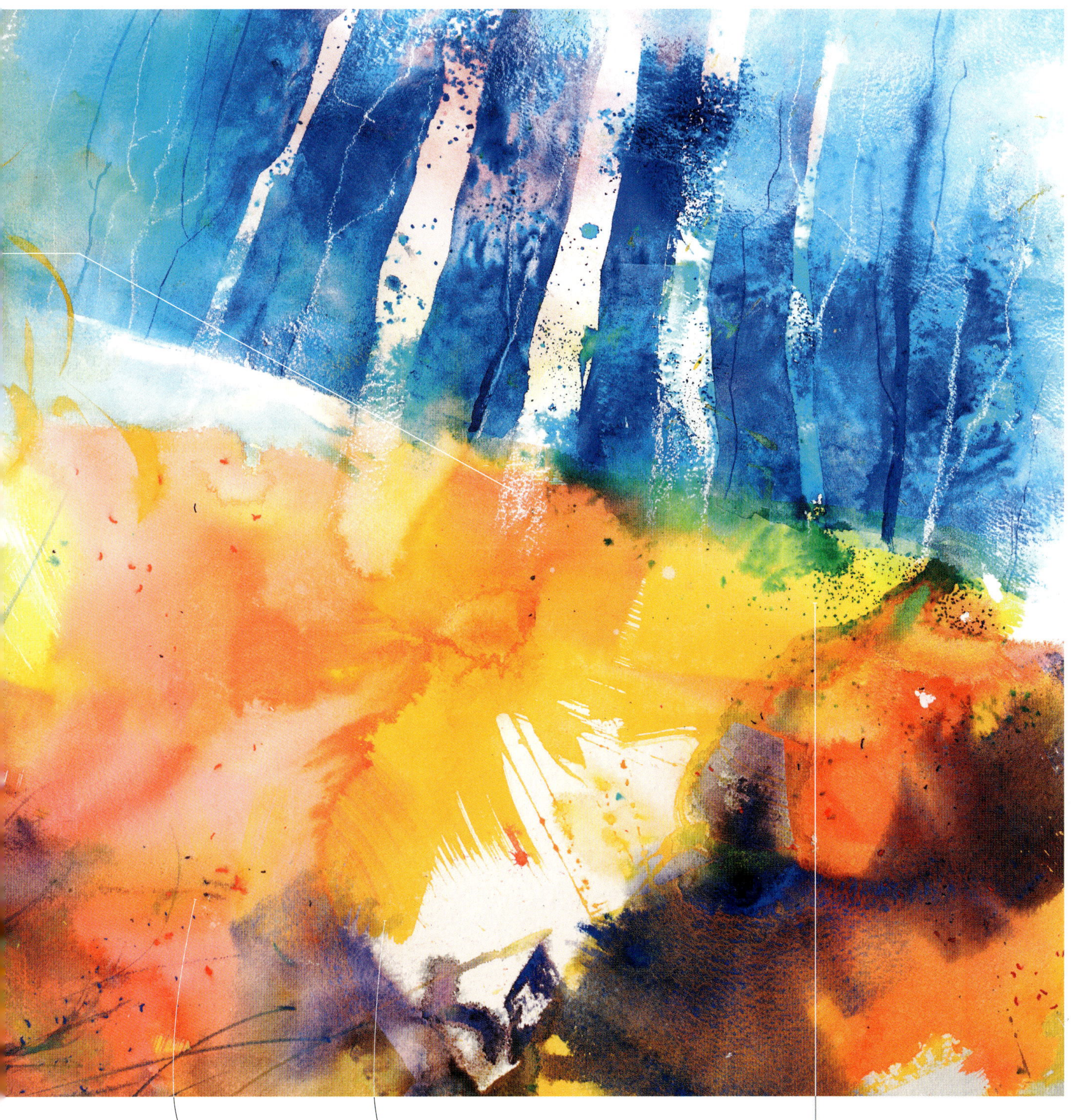

Los bordes suaves crean profundidad e invitan al observador a explorarlos

Los bordes duros dan definición y ofrecen contrastes visuales

7 Usa pigmento seco para añadir textura

Antes de que el cuadro se haya secado, esparce pigmento en polvo al azar sobre la zona azul y pulveriza agua por encima. Obtendrás texturas bonitas y los árboles perderán definición.

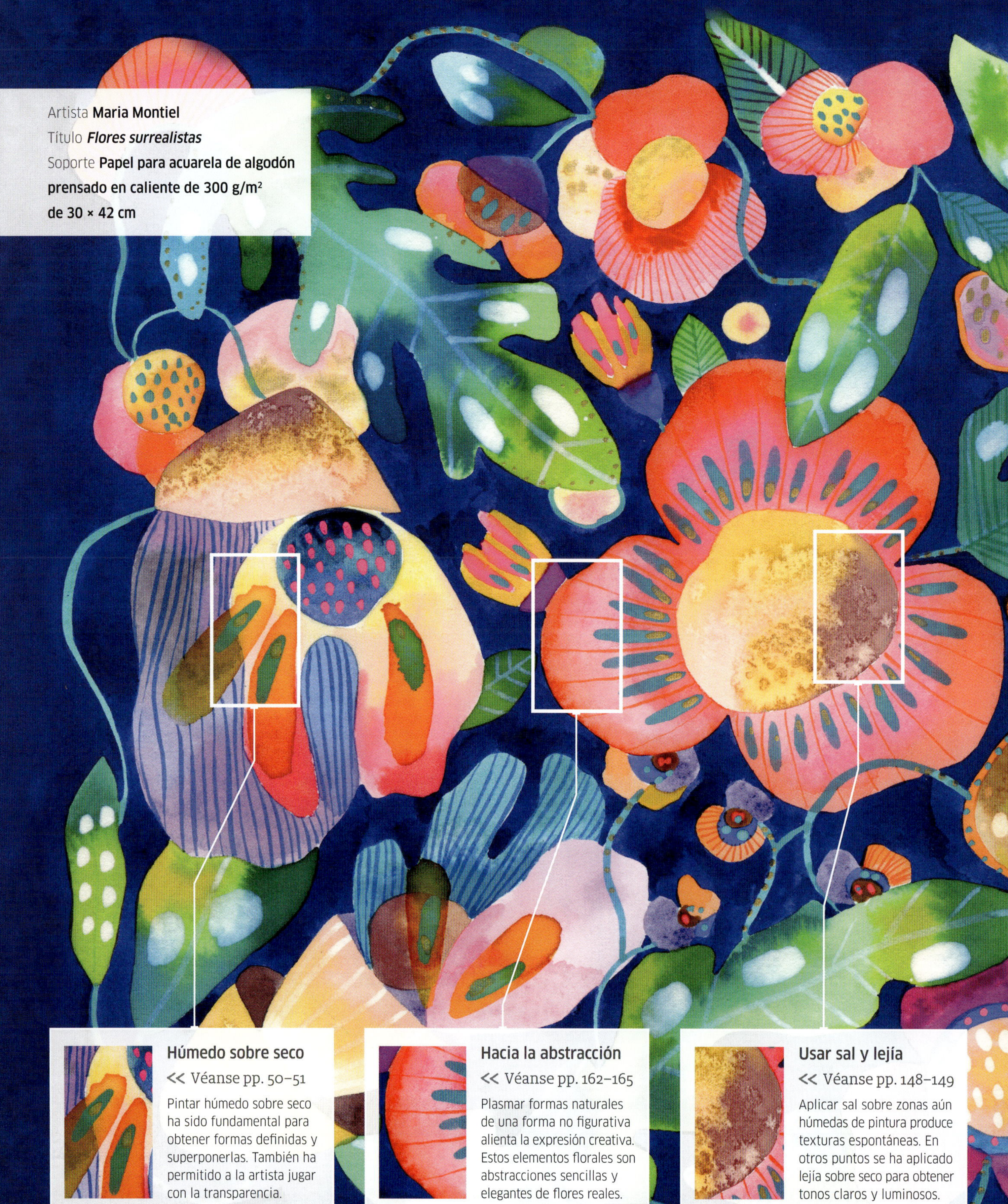

Húmedo sobre seco

≪ Véanse pp. 50–51

Pintar húmedo sobre seco ha sido fundamental para obtener formas definidas y superponerlas. También ha permitido a la artista jugar con la transparencia.

Hacia la abstracción

≪ Véanse pp. 162–165

Plasmar formas naturales de una forma no figurativa alienta la expresión creativa. Estos elementos florales son abstracciones sencillas y elegantes de flores reales.

Usar sal y lejía

≪ Véanse pp. 148–149

Aplicar sal sobre zonas aún húmedas de pintura produce texturas espontáneas. En otros puntos se ha aplicado lejía sobre seco para obtener tonos claros y luminosos.

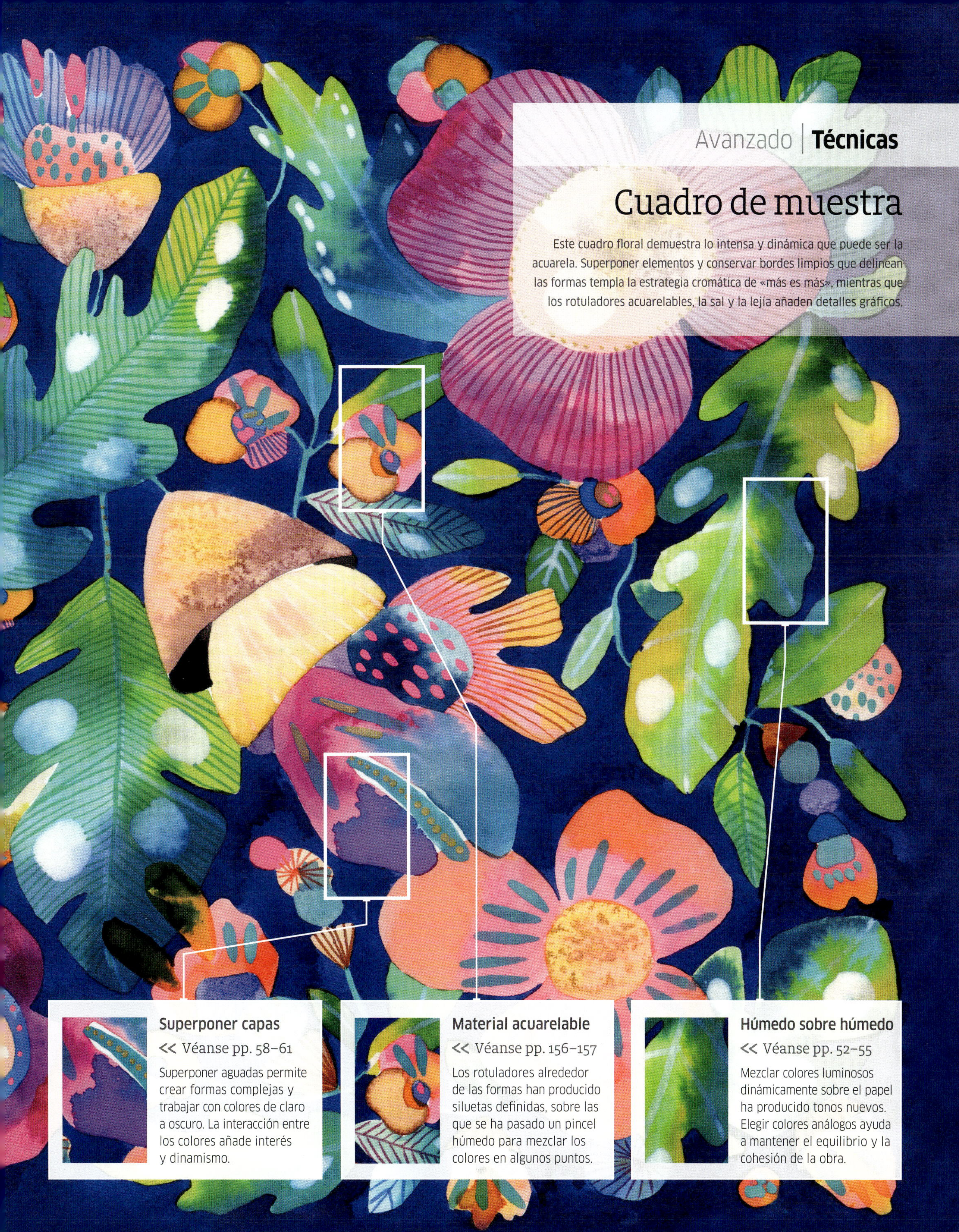

Cuadro de muestra

Este cuadro floral demuestra lo intensa y dinámica que puede ser la acuarela. Superponer elementos y conservar bordes limpios que delinean las formas templa la estrategia cromática de «más es más», mientras que los rotuladores acuarelables, la sal y la lejía añaden detalles gráficos.

Superponer capas

<< Véanse pp. 58–61

Superponer aguadas permite crear formas complejas y trabajar con colores de claro a oscuro. La interacción entre los colores añade interés y dinamismo.

Material acuarelable

<< Véanse pp. 156–157

Los rotuladores alrededor de las formas han producido siluetas definidas, sobre las que se ha pasado un pincel húmedo para mezclar los colores en algunos puntos.

Húmedo sobre húmedo

<< Véanse pp. 52–55

Mezclar colores luminosos dinámicamente sobre el papel ha producido tonos nuevos. Elegir colores análogos ayuda a mantener el equilibrio y la cohesión de la obra.

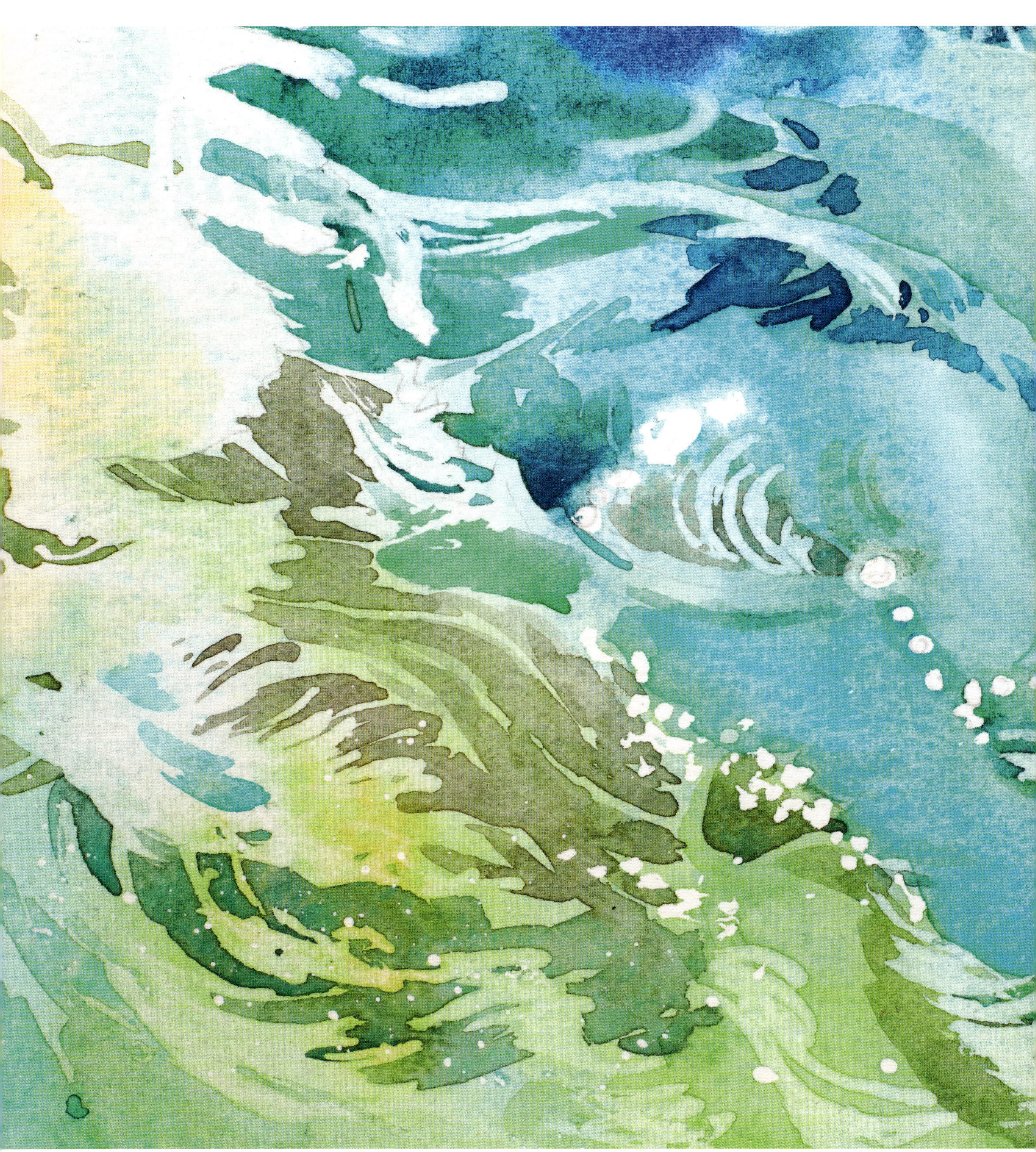

Temas

Elección de un **tema**

Tradicionalmente, la acuarela se usaba en cuadros de paisajes, pero ahora se utiliza para plasmar desde retratos hasta ilustraciones de moda. Cada tema plantea retos específicos, ya sea pintar reflejos en el agua, sombras en la nieve o la fugaz imagen de un animal en movimiento. Dominar estos retos facilita plasmar la esencia del tema.

En las páginas siguientes, los temas se han clasificado en tres grupos. Primero se describe en detalle cómo abordar paisajes naturales y urbanos. Después se presenta una guía para pintar bodegones y flores pensando en los patrones y en la textura. En la última sección se tratan los retos que plantean la figura humana y el retrato, además de las habilidades necesarias para pintar animales. Cuadros de muestra creados por distintos artistas ilustran la variedad de estilos que se pueden usar.

Paisajes naturales y urbanos

■ Véanse pp. 172-203

Este apartado presenta distintas maneras de plasmar el eterno favorito que es el paisaje y, más allá de las vistas clásicas, aborda también cómo pintar nieve, agua, cielos y entornos urbanos con estilos diversos y variados.

Patrones, bodegones y flores

■ Véanse pp. 204-217

El segundo apartado se centra en temas que exigen mucha atención y observación, desde estudios florales y patrones a bodegones y texturas. Inspírate y crea diseños ilustrativos e interpretaciones impresionistas.

Escena portuaria (pp. 188-189)

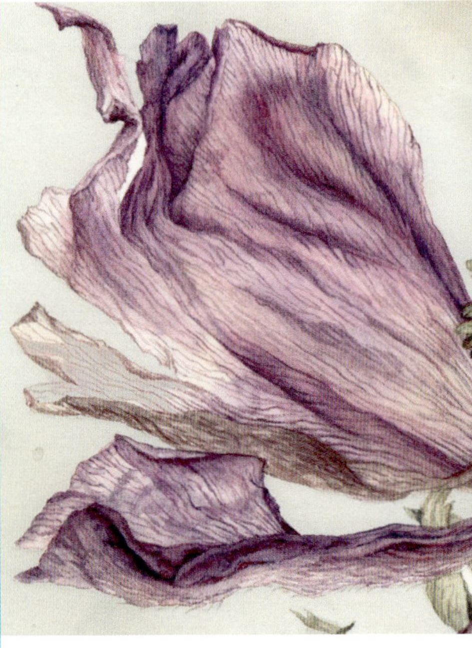

Imagen botánica (pp. 212-215)

La acuarela se adapta a cualquier tema posible. Cuando planifiques el cuadro, piensa en la infinitud de maneras en que puedes abordar el tema. Este capítulo ilustra cómo hacerlo y presenta a varios artistas que explican cómo planifican y llevan a cabo sus obras y que dan a conocer sus métodos, desde cómo gestionar la composición de una calle ajetreada hasta cómo pintar el romper de una ola.

Algunos trabajan en un estilo figurativo y captan escenas como el centelleo del agua aprovechando la luminosidad de la acuarela. Otros trabajan con un estilo más abstracto y descomponen los temas por color o tono, y describen árboles como formas abstractas o reducen animales en movimiento a suaves pinceladas minimalistas.

Si prefieres un enfoque más gráfico, inspírate en artistas que usan acuarelas líquidas intensamente saturadas para crear patrones o ilustraciones adaptadas especialmente a estudios florales.

Ampliar las opciones

Algunos temas se prestan a técnicas o medios específicos para plasmar elementos clave, como la textura, los detalles y el movimiento. Piensa en cómo otros medios pueden enriquecer y realzar tu cuadro. Por ejemplo, el *gouache* permite añadir efectos de contraste opacos.

Ampliar el repertorio de habilidades con técnicas que ayudan a plasmar detalles o texturas, como el uso de lejía o de sal, te ayudará a planificar y trabajar con más rapidez y seguridad en ti mismo. Experimenta, inspírate en los artistas y temas que encontrarás a continuación y tradúcelo a tu estilo personal.

Retratos, figuras y animales

■ Véanse pp. 218-245

El último apartado explica cómo abordar la figura humana, ya sea en forma de retratos o como elementos de una escena o ilustración. Descubre también cómo pintar animales y captar su esencia, ya se trate de animales salvajes o de una mascota.

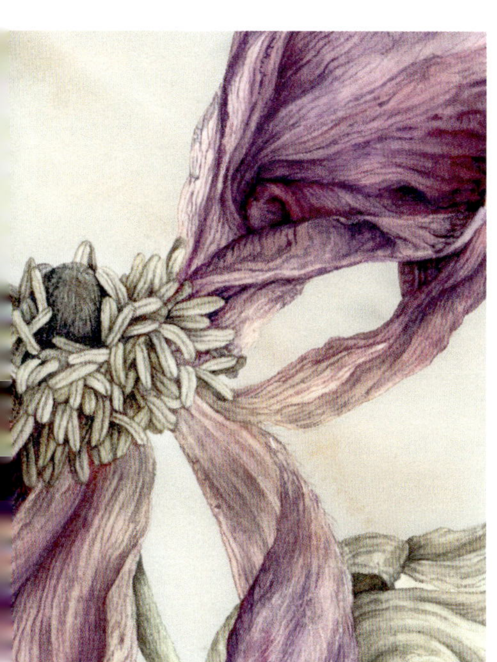

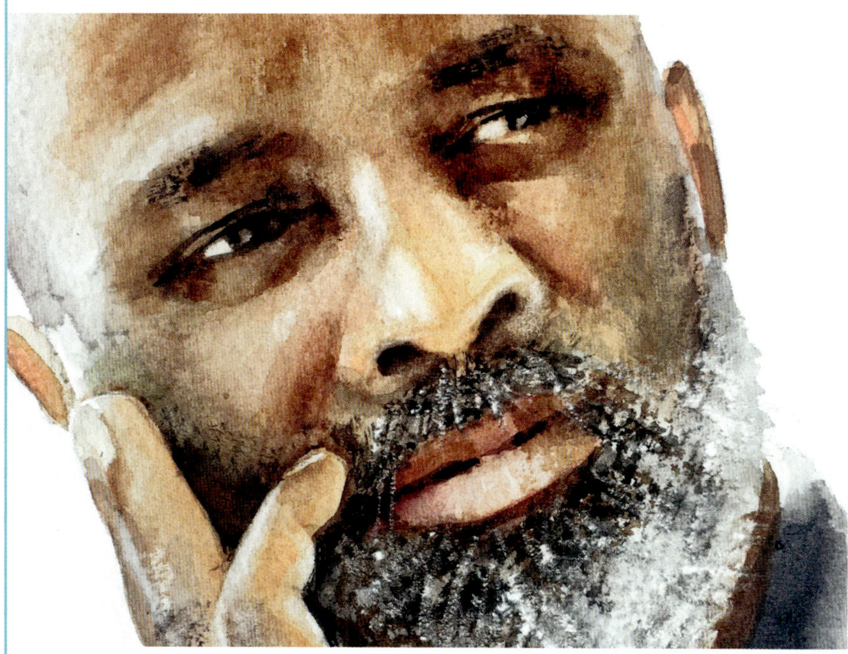

Tonos de piel (pp. 220-223)

Bosques

DAR FORMA A MASAS DE ÁRBOLES Y FOLLAJE

Los árboles son un elemento casi universal en cualquier paisaje y, para dar sensación de profundidad, hay que pintarlos de distintas maneras que capten tanto la sencillez de una masa boscosa lejana como la infinitud de colores, tonos y formas que se ven en el primer plano. Para mantener la sensación de árboles agrupados, asegúrate de que cada uno se funda de forma natural con el siguiente.

PONLO EN PRÁCTICA

La perspectiva aérea permite transmitir la sensación de un bosque denso: las aguadas más suaves describen árboles lejanos, y las mezclas más cálidas y la diversidad de pinceladas definen los árboles que avanzan hacia el primer plano.

Necesitarás

Amarillo cadmio · Siena tostada · Rojo cadmio · Azul ftalo (tono verde) · Azul de ultramar francés

- Pinceles redondos de pelo suave n.º 14 y n.º 6
- Pincel espada de 6 mm
- Papel para acuarela prensado en frío (NO) de 300 g/m² de 25 × 35 cm

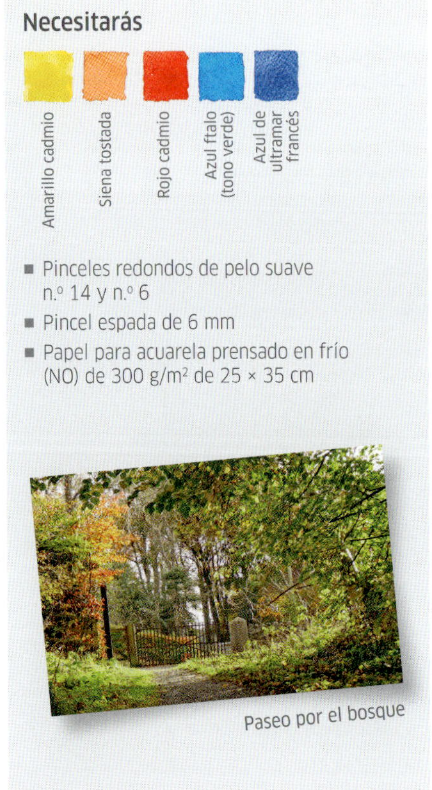

Paseo por el bosque

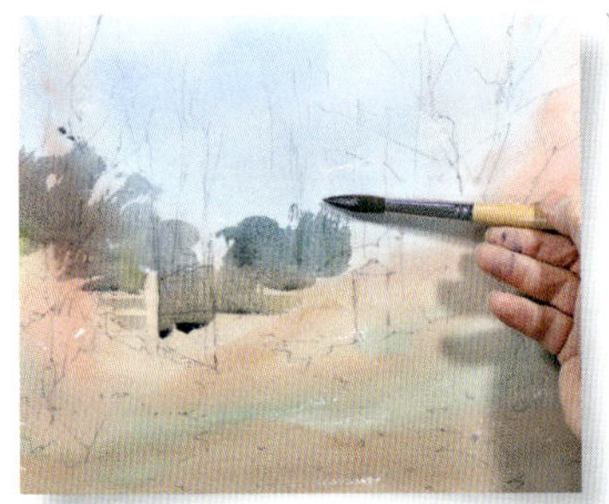

1 Árboles en la distancia
Aplica una primera aguada sencilla de cielo azul seguida de mezclas cálidas para el color local del primer plano. Añade una aguada uniforme de azul de ultramar francés y de siena tostada para los árboles en la lejanía, usando el lateral del pincel para sugerir el borde roto de las copas. Espera a que se seque.

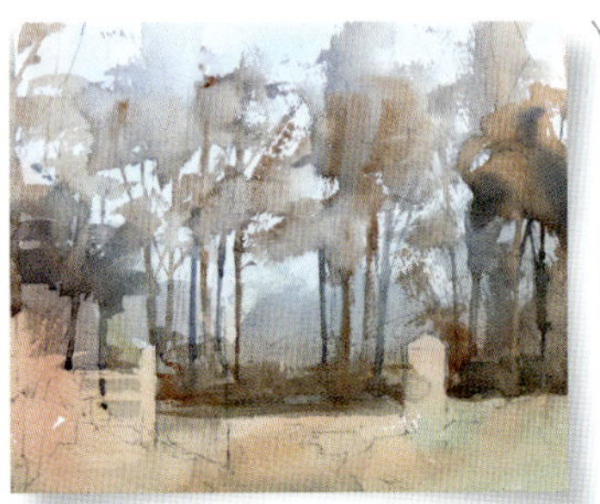

2 Árboles agrupados
Pinta los árboles del segundo plano con el pincel n.º 14, y conéctalos añadiendo detalles en ramas y troncos con mezclas de la misma aguada. Pinta un grupo, no árboles sueltos, y deja que la pintura se seque.

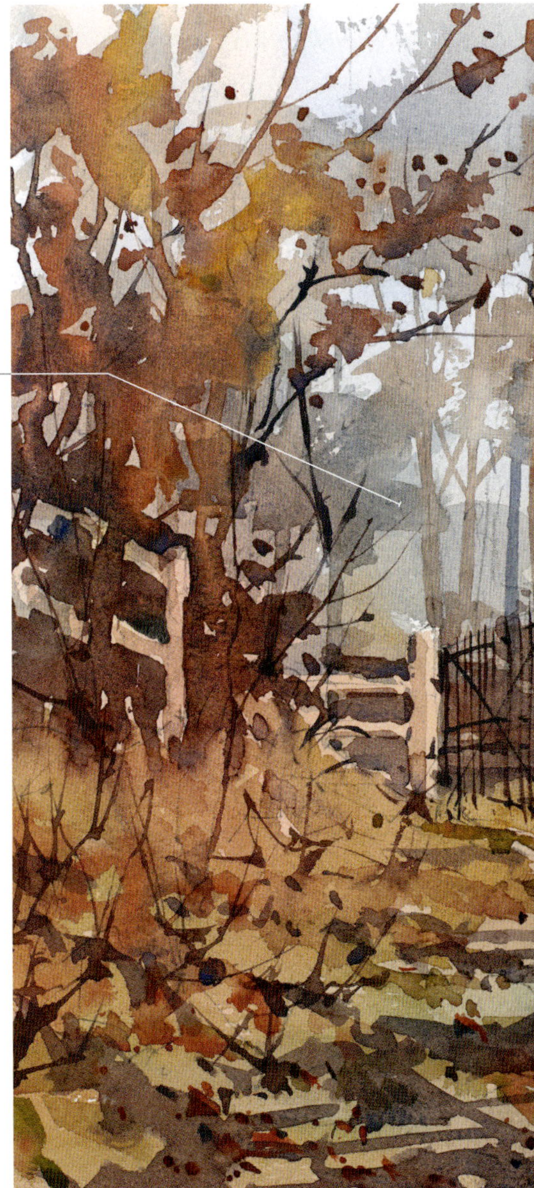

Formas tridimensionales

Los detalles del primer plano aportan profundidad y son fundamentales en los paisajes, porque ayudan a diferenciar entre los árboles y el bosque. Los troncos lejanos se pueden plasmar con líneas tonales, mientras que los del primer plano han de ser más complejos y sugerir solidez y contornos redondeados. Simplifica la forma en tonos claros y oscuros, y añade la textura de la corteza con un pincel seco.

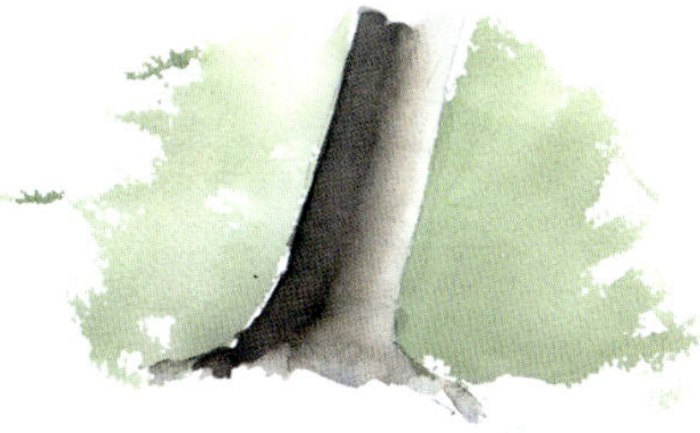

Luz y sombra

El tronco de un árbol es un cilindro. Logra un efecto tridimensional con una mezcla suave entre la cara clara y la oscura del tronco.

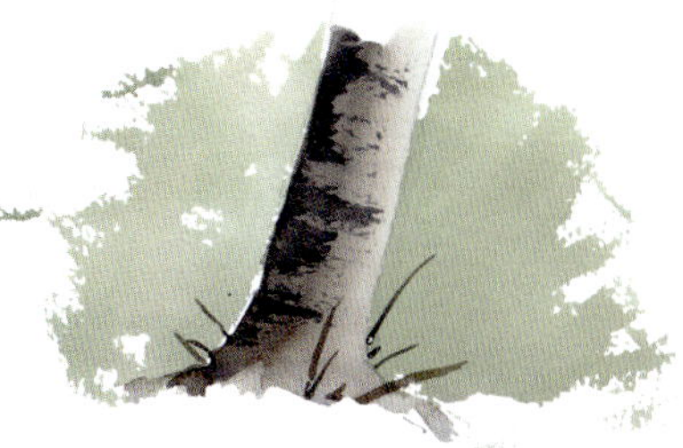

Textura de la corteza

Para una textura convincente de la corteza, aplica sobre la aguada seca marcas lineales con pincel seco (pp. 56–57) y un delineador o pincel espada.

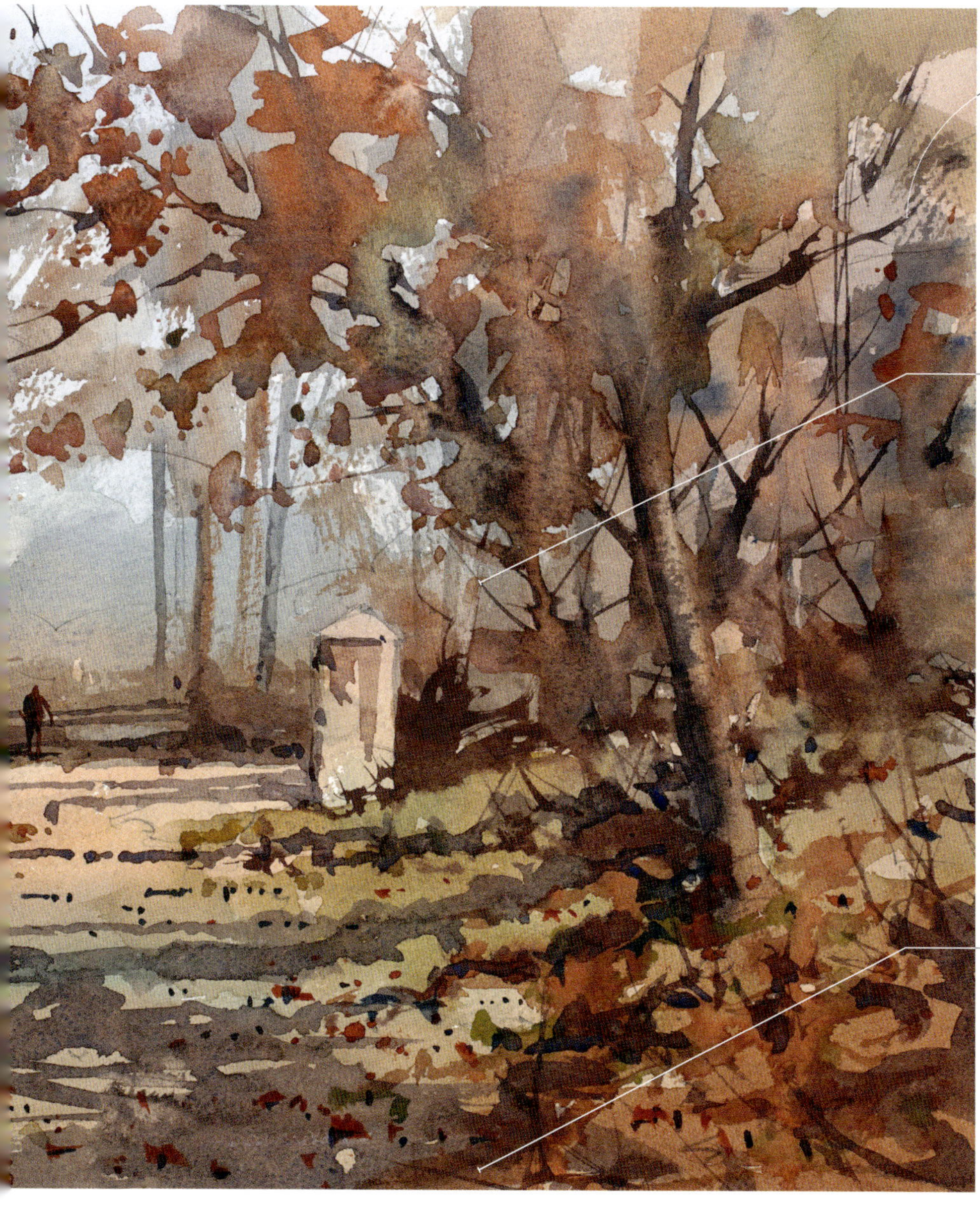

Conecta las formas de las masas de hojas con ramitas que se mezclen con suavidad

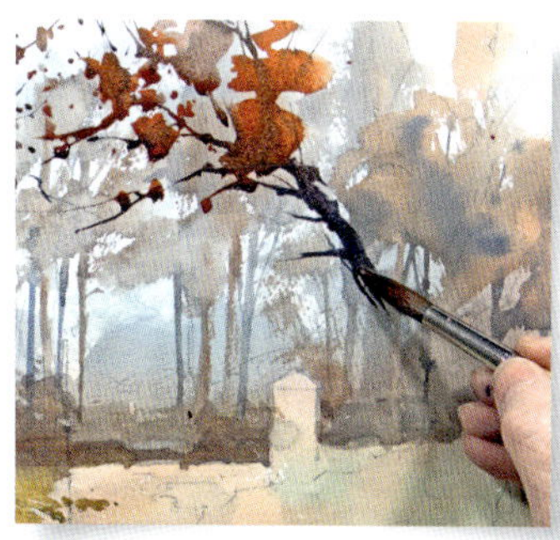

3 Formas entre el follaje

En el primer plano, usa mezclas más fuertes y formas variadas que sugieran hojas y ramitas, trabajando húmedo sobre húmedo. Termina cada parte del árbol antes de seguir. Mezcla el pie de los árboles con el suelo.

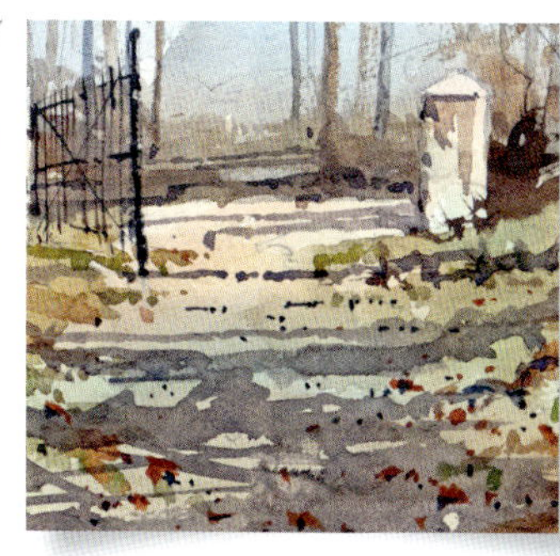

4 Detalles en el primer plano

Usa una mezcla fuerte de siena tostada y azul de ultramar francés en las sombras que conectan los árboles. Sugiere hojas caídas con puntos y salpicaduras.

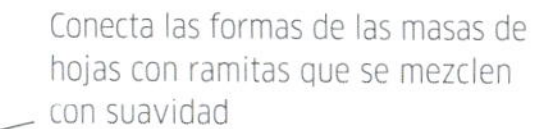

Cerezos en flor

PLASMAR MASAS DE PÉTALOS

Pintar con pincel y una a una las flores de un cerezo es una tarea imposible. Lo que sí puedes hacer es pasar una esponja sobre una aguada para crear la textura y los múltiples tonos de un cerezo en flor. Mezclar *gouache* blanco y acuarela rosa en una misma capa da más cobertura y una expresión más realista de los pétalos.

▀ Técnicas clave

Evitar los bloques de color sólido y esmerarse en sugerir superficies de profundidades y colores diversos es clave cuando se pintan masas de flores, tanto si son de cerezo como otras. Para que los colores del fondo no alteren las flores, aplica antes una aguada clara de los colores que hayas mezclado para las flores.

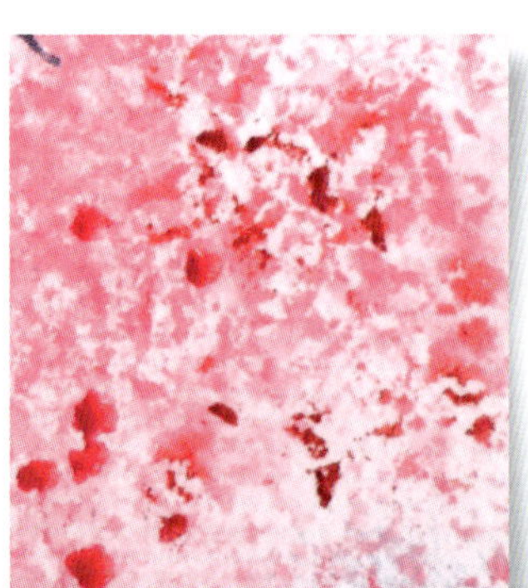

Puntos y manchas

Para evitar tener que pintarlas una a una, sugiere las flores combinando el uso de la esponja y de manchas y salpicaduras expresivas. Superponer colores análogos (pp. 116–117) aporta profundidad y dimensión adicionales.

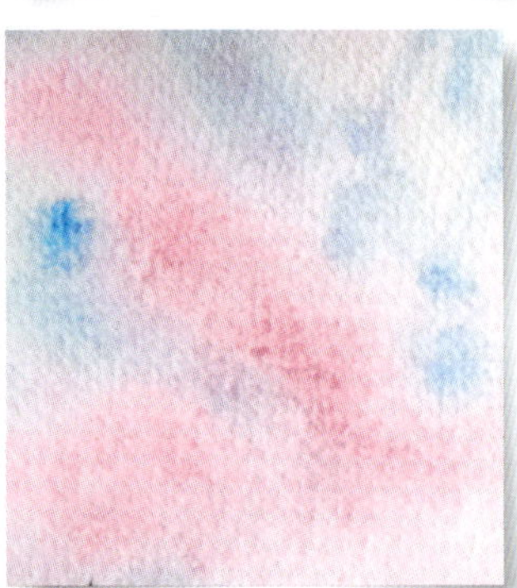

Color de fondo

Para que el color del cielo no interfiera con el de las flores, pinta un «velo» de rosa en la zona del dibujo subyacente donde ubicarás las flores. Así mantendrás el color de las flores luminoso y vibrante.

PONLO EN PRÁCTICA

Aunque parezca raro, comenzar pintando las flores permite plasmar después las ramas hacia dentro y hacia fuera dándoles así naturalidad. Utilizar un delineador para las más finas te ayudará a recrear la disminución progresiva del tamaño de estas.

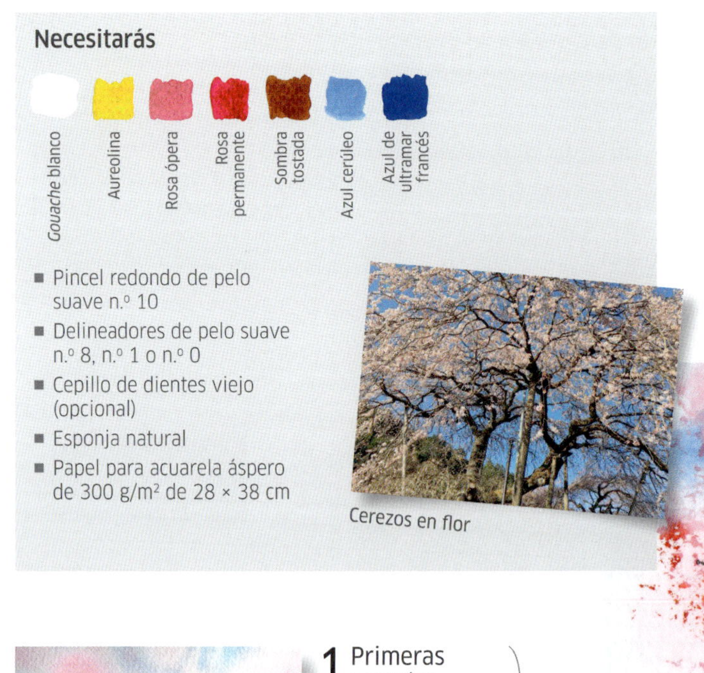

- Pincel redondo de pelo suave n.º 10
- Delineadores de pelo suave n.º 8, n.º 1 o n.º 0
- Cepillo de dientes viejo (opcional)
- Esponja natural
- Papel para acuarela áspero de 300 g/m² de 28 × 38 cm

Cerezos en flor

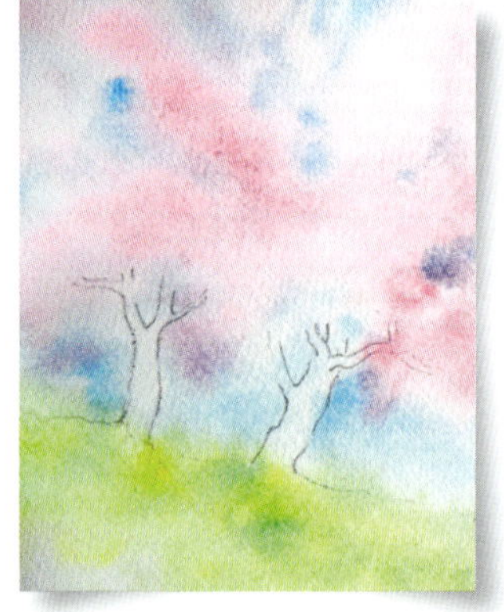

1 Primeras aguadas

Mezcla tres aguadas de rosa, cerúleo y aureolina. Humedece el papel con el pincel redondo y aplica rápidamente el rosa de las flores. Añade cerúleo al cielo y aureolina a la hierba.

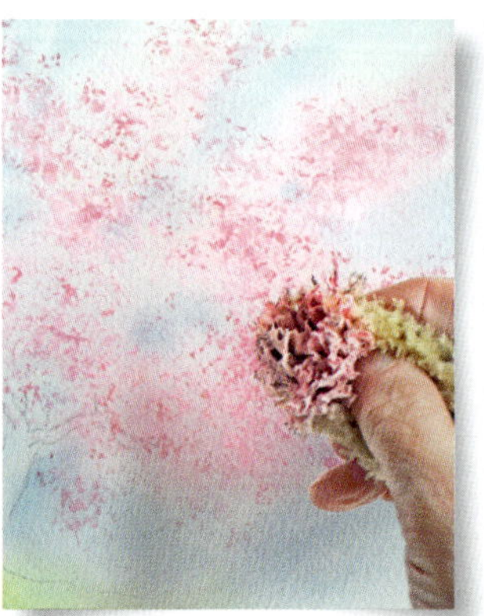

2 Añade textura

Cuando todo esté seco, mezcla una aguada rosa fuerte y otra rosa con *gouache* blanco. Unta una esponja apenas húmeda en el rosa y aplícala por el árbol a toquecitos. Repite con la mezcla de *gouache*.

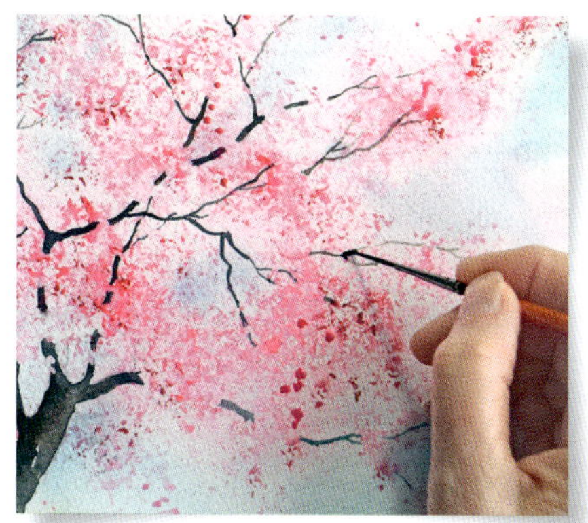 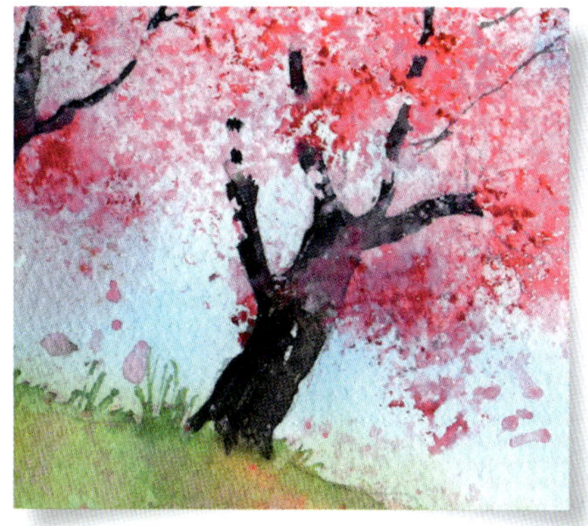

3 Troncos y ramas oscuros
Aplica una mezcla de azul de ultramar y sombra en el tronco. Difumina las ramas y el tronco entre la masa de flores y la hierba con un pincel limpio húmedo. Usa el delineador para las ramitas.

4 Toques finales
Añade más flores con la esponja y la mezcla rosa, pero esta vez aplica alguna sobre el tronco y las ramas. Vuelve a pintar la hierba con una mezcla de aureolina y un poco de cerúleo.

Salpica un poco de rosa con un pincel o un cepillo de dientes en los extremos de las ramas y en el suelo

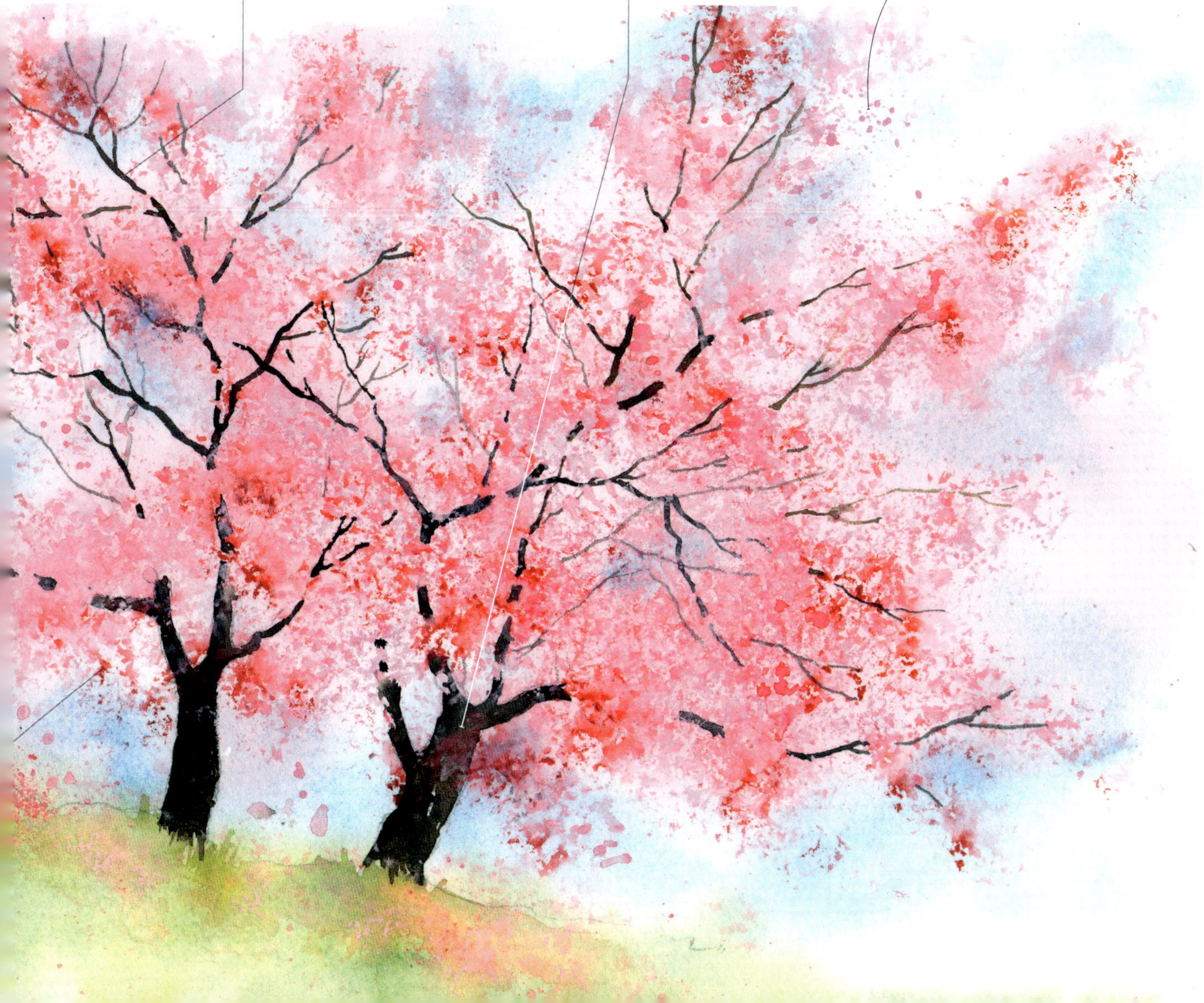

Paisajes abiertos

EVOCAR SENSACIÓN DE ESPACIO

El uso de la perspectiva aérea (pp. 122-123), empleando tonos más pálidos en el fondo, se adapta bien a los paisajes abiertos. Plasmar profundidad y efectismo, así como crear la ilusión de pasear por el paisaje atraerán la mirada del observador. Evita los detalles innecesarios, que mermarán la espontaneidad de la obra; y mantén el fondo suelto para que transmita una sensación más pictórica que lineal.

PONLO EN PRÁCTICA

Los paisajes como este necesitan pinceladas amplias y detalles mínimos. Usa aguadas húmedo sobre húmedo que sugieran una neblina atmosférica y transmitan al observador que el paisaje se aleja de él.

Necesitarás

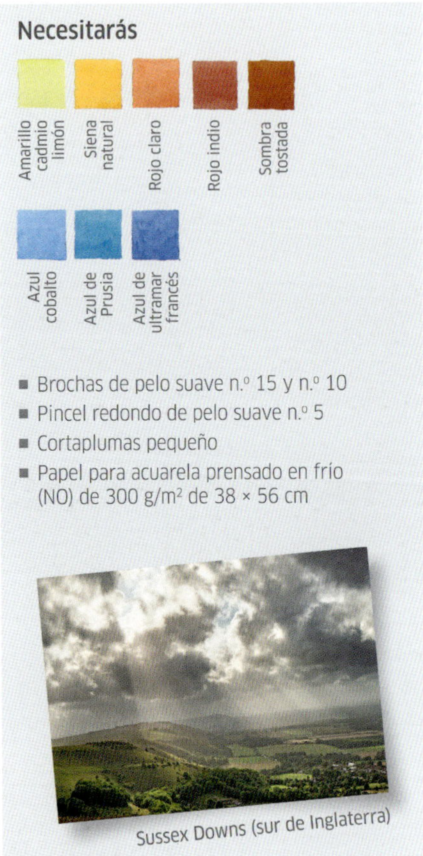

- Brochas de pelo suave n.º 15 y n.º 10
- Pincel redondo de pelo suave n.º 5
- Cortaplumas pequeño
- Papel para acuarela prensado en frío (NO) de 300 g/m² de 38 × 56 cm

Sussex Downs (sur de Inglaterra)

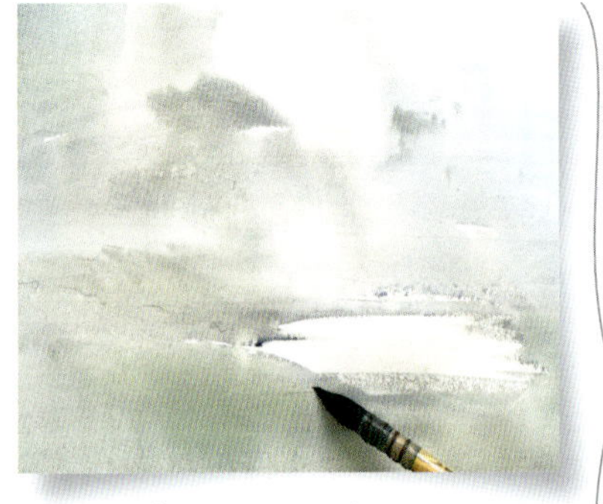

1 Las primeras aguadas
Humedece el papel y pinta el cielo con azul de ultramar y sombra tostada. Deja papel blanco para las nubes, campos y cielo azul. Mientras la pintura se seca, oscurece las nubes y añade azul cobalto en el cielo y verde en las colinas y el primer plano.

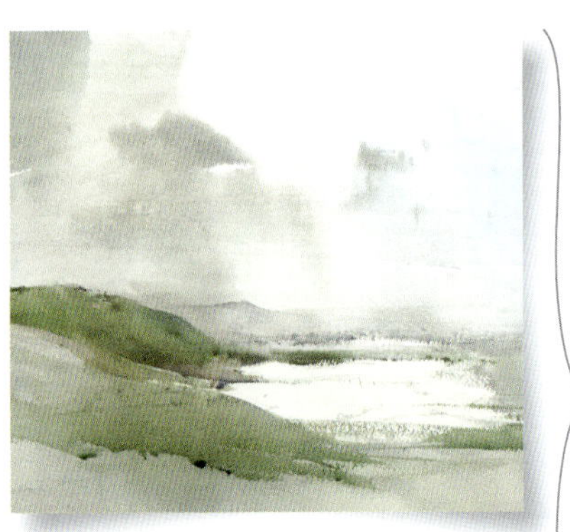

2 Las vistas al fondo
Con la brocha n.º 10, pinta las colinas y los árboles del fondo con azul cobalto y rojo indio. Usa la misma técnica con una mezcla de azul de Prusia, amarillo y rojo en las colinas y los árboles del medio plano.

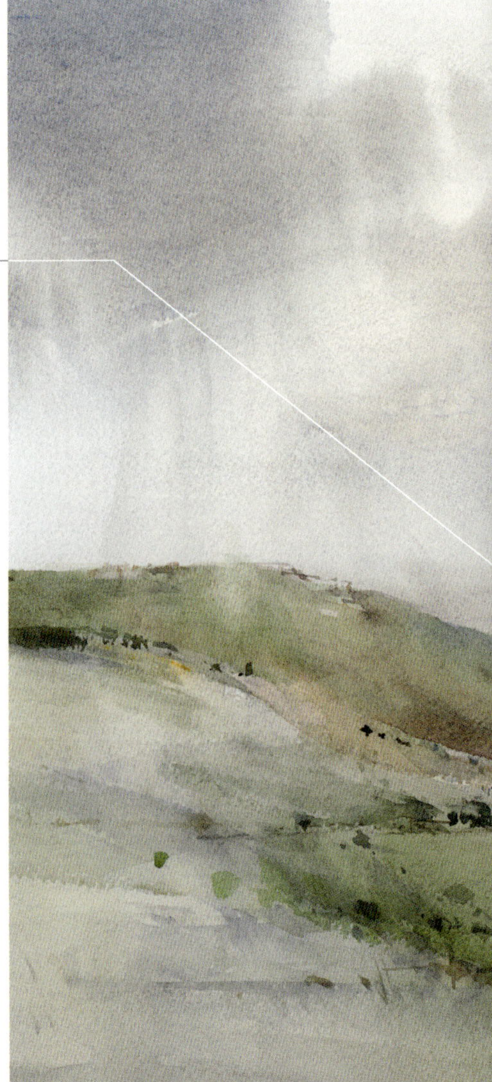

■ Técnicas impresionistas

Haz que el fondo retroceda usando técnicas impresionistas, poco definidas. Una sola aguada de color, normalmente azul, puede hacer que las colinas y los árboles tengan un aspecto impreciso, como entre neblina. Recoge las gotas de pintura que se acumulen abajo (p. 70) y úsalas para pintar aguadas sueltas y continuas en sentido descendente y evitando los detalles en la distancia. Añade textura y detalles al primer plano, lo cual lo aproximará al observador.

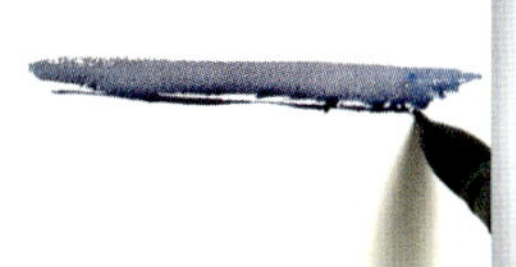

Usar una gota de pintura

Añade más de la misma pintura a la aguada. Usa las gotas que se acumulen abajo para dar pinceladas horizontales descendentes.

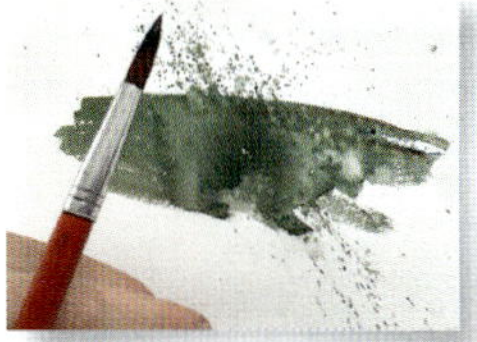

Salpicaduras

Con un pincel, salpica pintura sobre una aguada húmeda y crearás la impresión de vegetación y piedras en el primer plano.

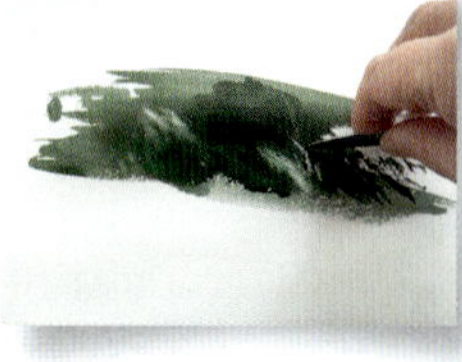

Retirar

Con un cortaplumas, retira pintura de aguadas todavía húmedas, y obtendrás así el efecto de elementos en el primer plano.

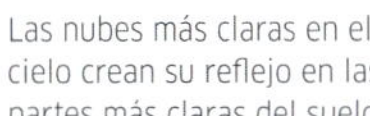

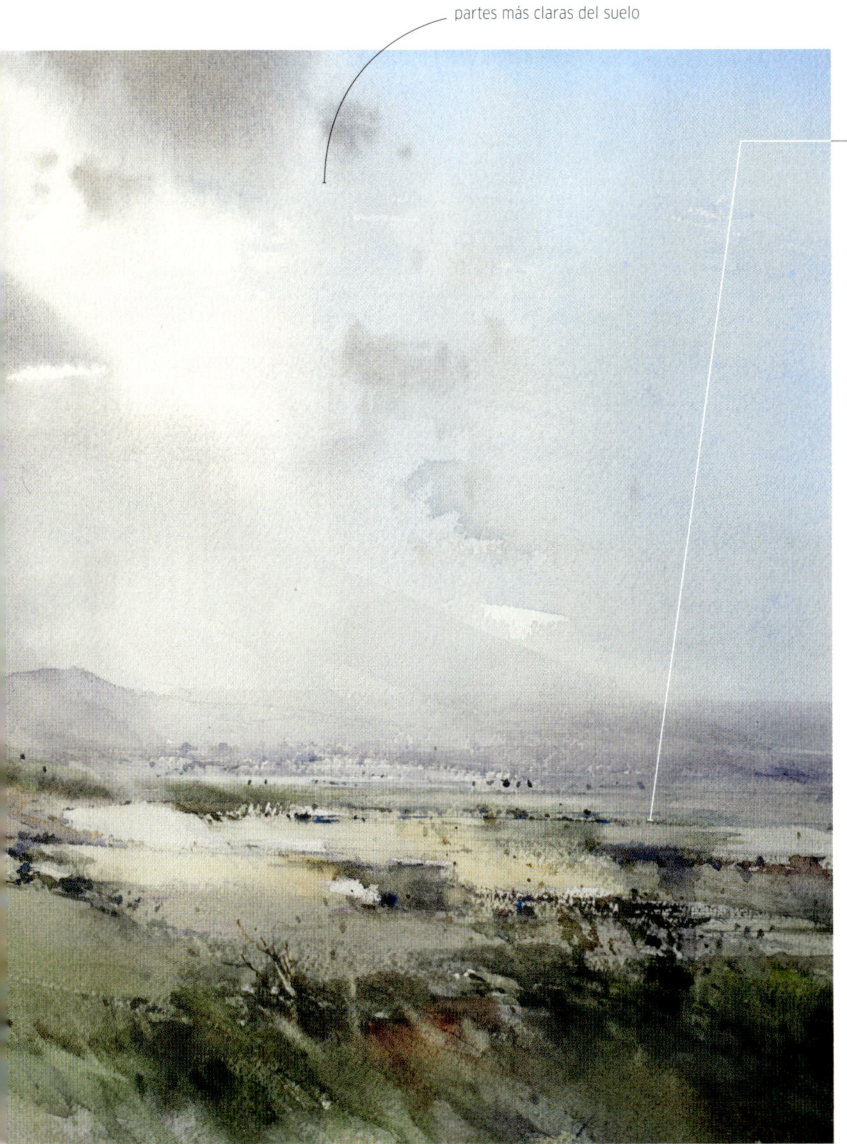

Las nubes más claras en el cielo crean su reflejo en las partes más claras del suelo

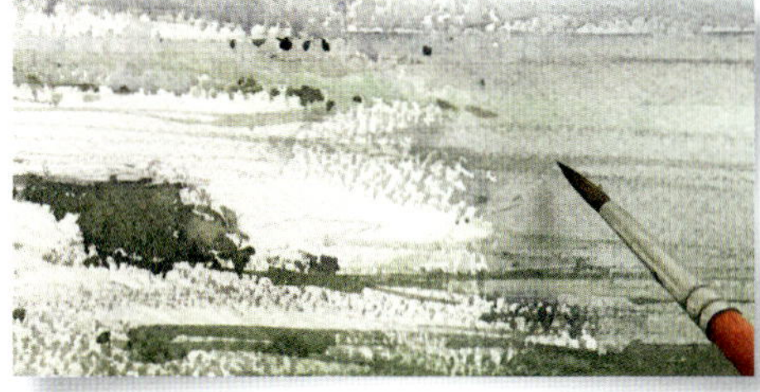

3 Construye el primer plano

Realza la perspectiva pintando con el pincel n.º 5 árboles más grandes en el primer plano. Añade una aguada clara de siena tostada sobre los campos.

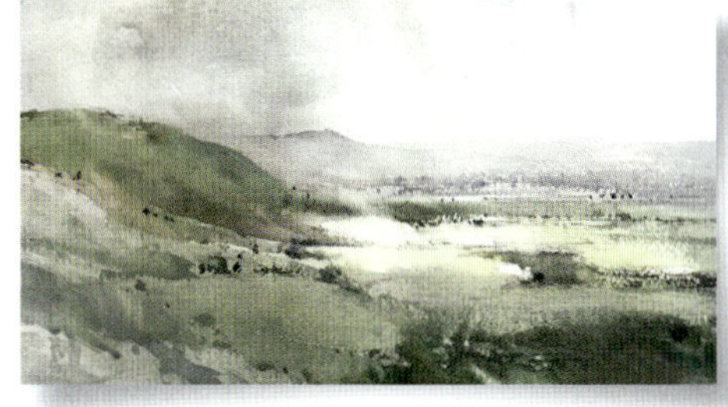

4 Añade calidez y detalles

Aplica azul de ultramar y rojo para las sombras de las nubes del primer plano. Despeja otras áreas con un pincel seco.

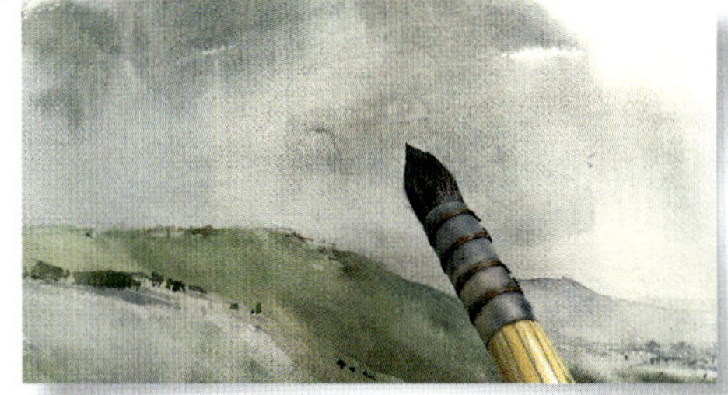

5 Refuerza el cielo

Humedece el cielo y aplica una aguada de azul de ultramar y sombra sobre la parte superior de las nubes oscuras. Mantén más claras las nubes sobre el horizonte.

Abstraer un paisaje

SIMPLIFICAR E INTERPRETAR

Simplificar la composición y eliminar detalles a la vez que se retienen algunos elementos del paisaje es clave en la abstracción. El cielo, una colina o la sugerencia de hojas bastan para crear una sensación de lugar. Usa marcas enérgicas y potentes y colores fuertes que sugieran escenas escarpadas, o bien emplea aguadas más suaves que evoquen serenidad.

PONLO EN PRÁCTICA

Los colores menos evidentes pueden formar parte del proceso de abstracción. Los intensos amarillos y azules sugieren una escena tropical, pero usar amarillo en el cielo y azul en el suelo aporta cierto surrealismo.

Necesitarás

Amarillo cadmio oscuro
Rojo cadmio
Azul ftalo

- Brocha de pelo suave n.º 20
- Pincel espada mediano
- Pulverizador
- Papel para acuarela áspero de 640 g/m² de 30 × 42 cm

■ Usar formas identificables

Si la pintura figurativa describe escenas o temas, la pintura semiabstracta se basa en sugerir formas. En un paisaje, las formas grandes sugieren masas de tierra o vegetación densa, mientas que las manchas de color más pequeñas o los trazos verticales se pueden leer como árboles sueltos.

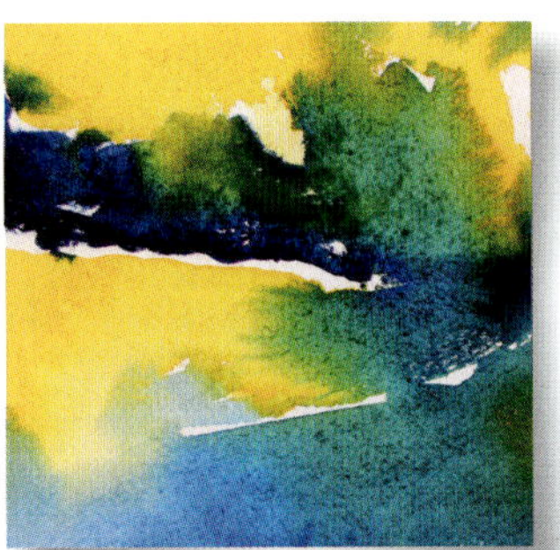

Aguadas y formas grandes
Las aguadas de color amplias son habituales en los cuadros de paisajes; pero, en una obra semiabstracta, las aguadas no tienen por qué describir un lugar reconocible. Los colores se eligen como un elemento más de la composición, no porque sean realistas.

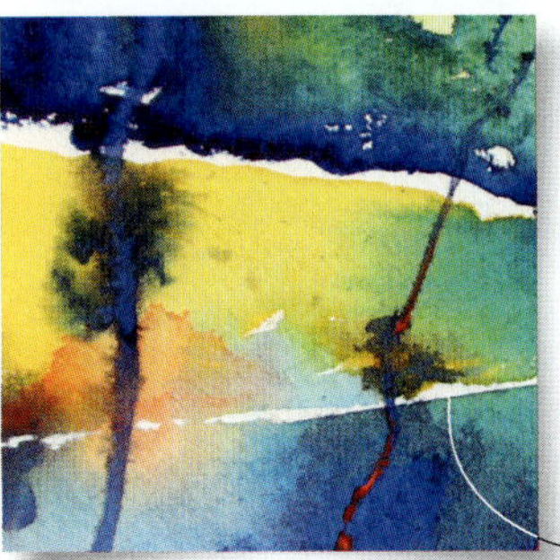

Líneas y huecos
Las formas lineales verticales y horizontales sientan cierta estructura y guían la mirada del observador por el cuadro. Las partes del papel que se han conservado en blanco insinúan un sendero circular, solo roto por la sugerencia de troncos de árbol.

Papel conservado en blanco

1 Aplica las primeras marcas

Decide el color principal y aplica las primeras marcas. Quizá ya tengas una composición pensada, algo tan simple como una línea en el horizonte. Esto no es más que el punto de partida.

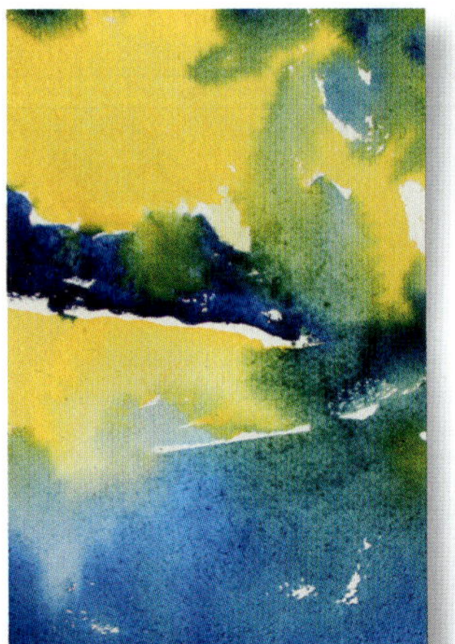

2 Mezcla las aguadas

Bloquea rápidamente el primer color y deja que las dos aguadas se mezclen y produzcan formas aleatorias. Esta etapa determinará la dirección y la personalidad del cuadro. Deja que se seque.

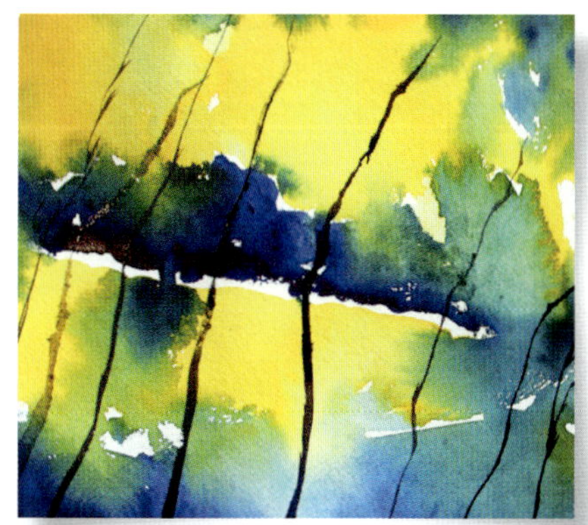

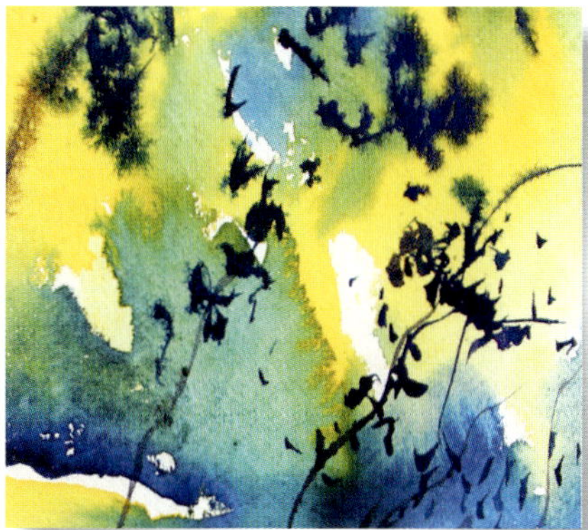

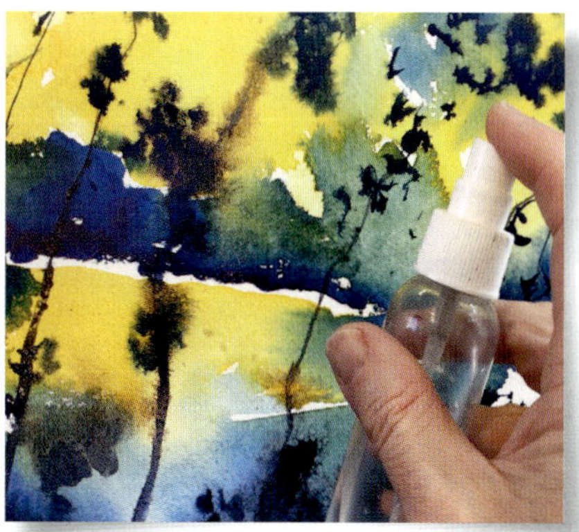

3 Añade perspectiva
Es hora de transmitir la perspectiva. Dibujar líneas semejantes a árboles con una mezcla fuerte contrastará con la aguada más suave y dará la ilusión de primer plano.

4 Pinta las hojas
Añade rápidamente manchas sueltas de ese mismo color fuerte, sin enredarte en el detalle de la forma de las ramas o de las hojas. Un pincel espada será perfecto para ello.

5 Logra efectos espontáneos
Pulveriza agua sobre el follaje aún húmedo para suavizar los bordes y producir efectos espontáneos cuando los colores se corran. Añade puntos de luz rojos sobre el azul.

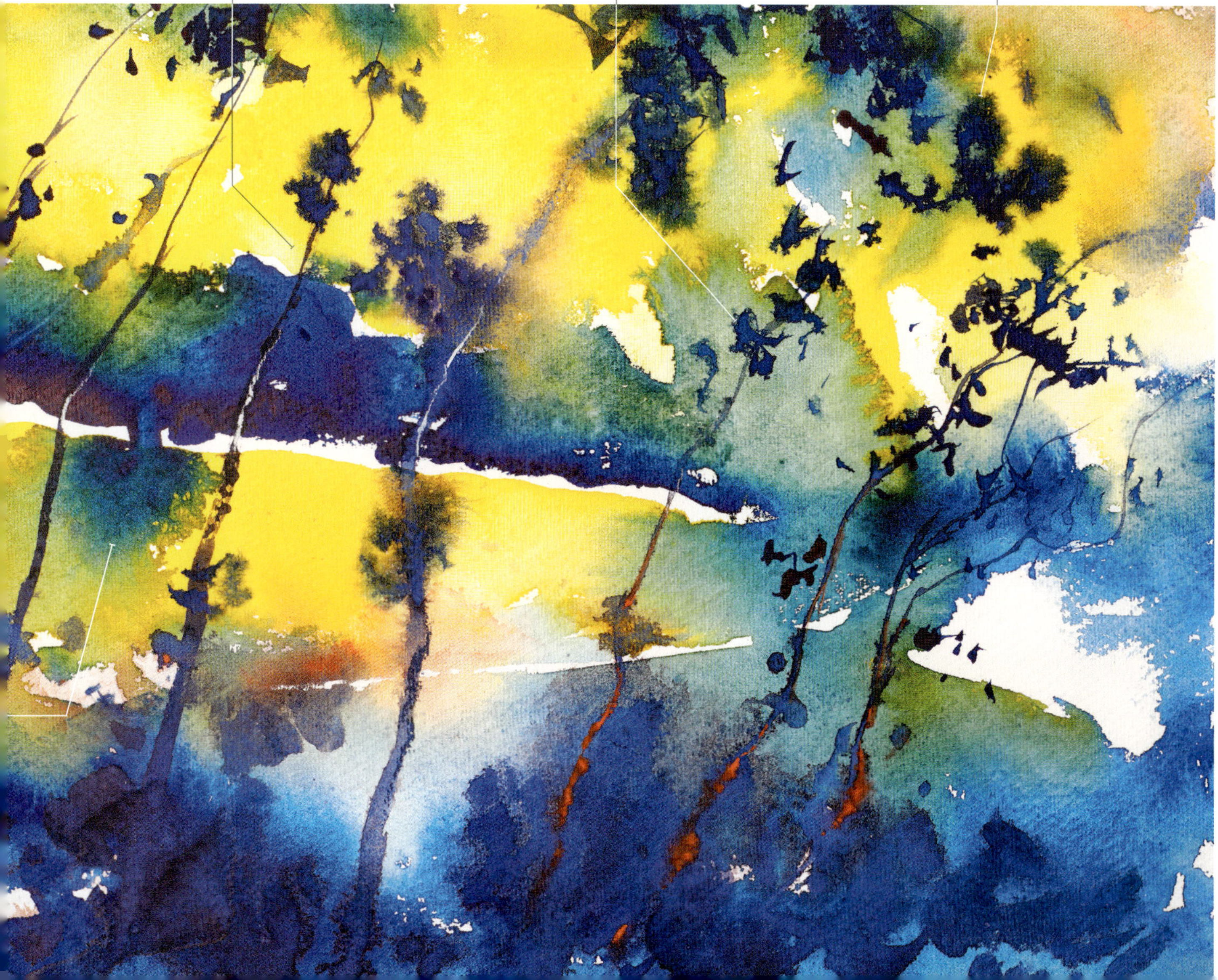

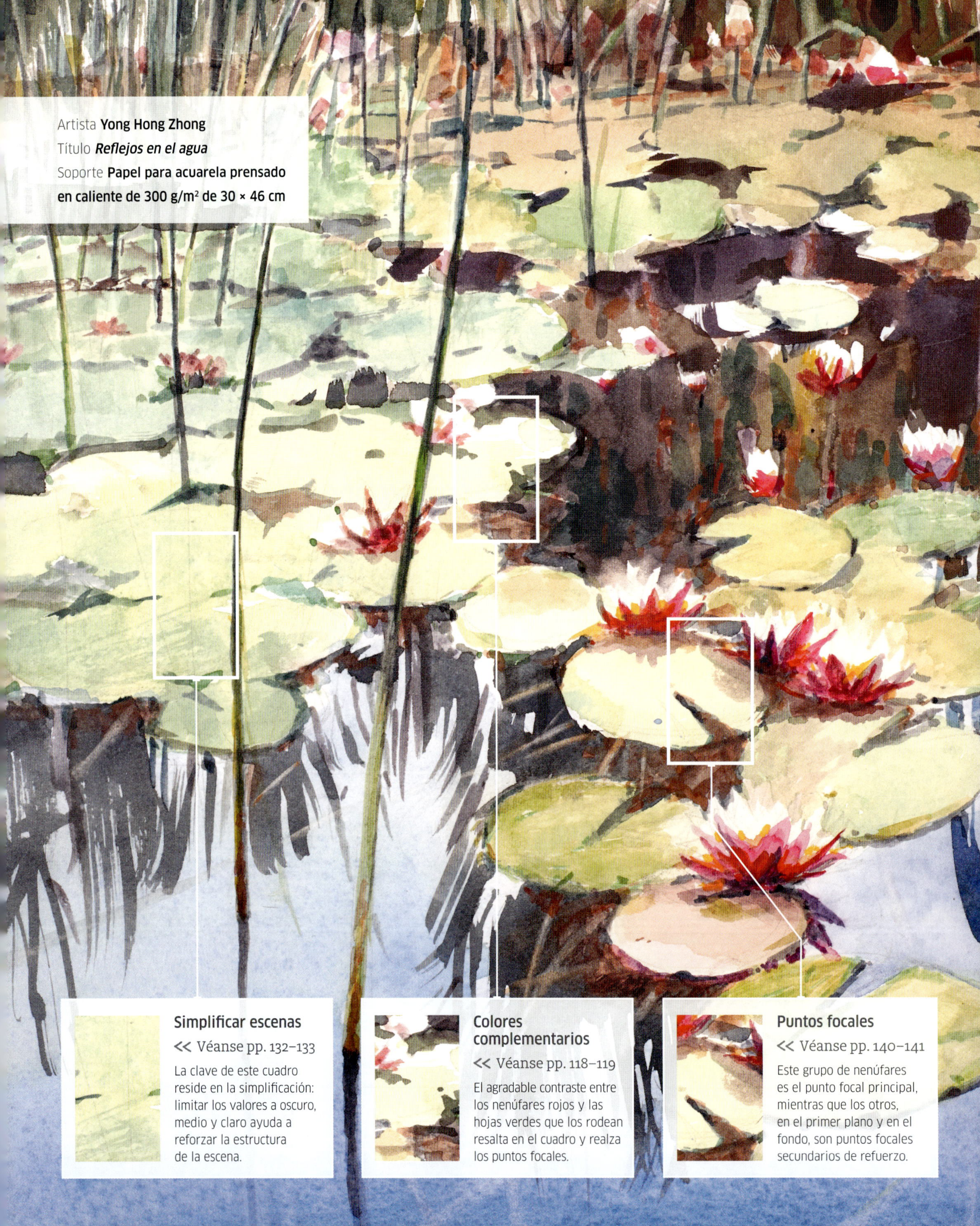

Simplificar escenas

<< Véanse pp. 132–133

La clave de este cuadro
reside en la simplificación:
limitar los valores a oscuro,
medio y claro ayuda a
reforzar la estructura
de la escena.

Colores complementarios

<< Véanse pp. 118–119

El agradable contraste entre
los nenúfares rojos y las
hojas verdes que los rodean
resalta en el cuadro y realza
los puntos focales.

Puntos focales

<< Véanse pp. 140–141

Este grupo de nenúfares
es el punto focal principal,
mientras que los otros,
en el primer plano y en el
fondo, son puntos focales
secundarios de refuerzo.

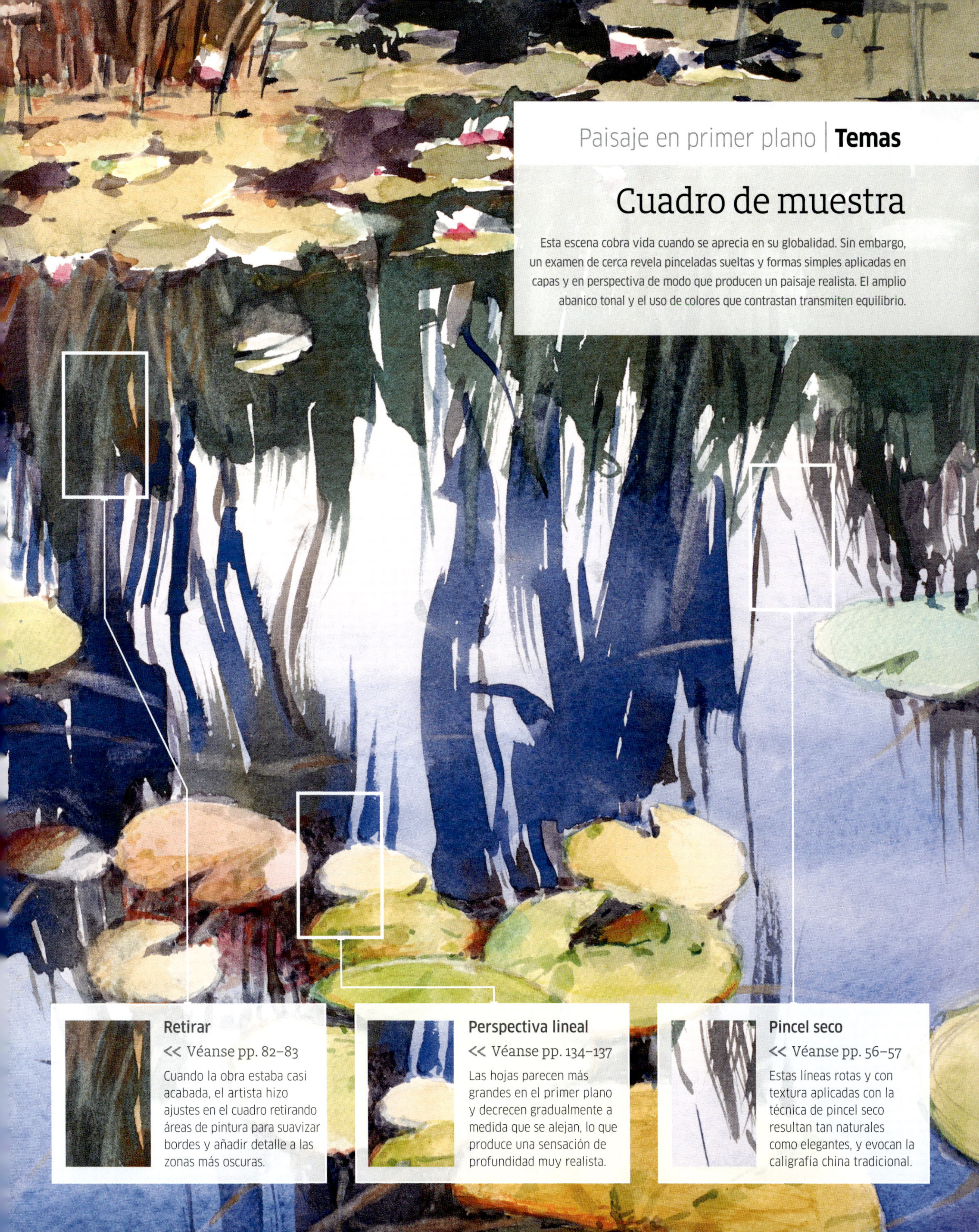

Cuadro de muestra

Esta escena cobra vida cuando se aprecia en su globalidad. Sin embargo, un examen de cerca revela pinceladas sueltas y formas simples aplicadas en capas y en perspectiva de modo que producen un paisaje realista. El amplio abanico tonal y el uso de colores que contrastan transmiten equilibrio.

Retirar

≪ Véanse pp. 82–83

Cuando la obra estaba casi acabada, el artista hizo ajustes en el cuadro retirando áreas de pintura para suavizar bordes y añadir detalle a las zonas más oscuras.

Perspectiva lineal

≪ Véanse pp. 134–137

Las hojas parecen más grandes en el primer plano y decrecen gradualmente a medida que se alejan, lo que produce una sensación de profundidad muy realista.

Pincel seco

≪ Véanse pp. 56–57

Estas líneas rotas y con textura aplicadas con la técnica de pincel seco resultan tan naturales como elegantes, y evocan la caligrafía china tradicional.

Aguas tranquilas

REFLEJOS, ONDAS Y SOMBRAS

Antes de acometer las aguas tranquilas de un paisaje, hay que pensar en cómo se mueven y en cómo aparecen los reflejos. Aprovecha la transparencia natural de las acuarelas para captar la delicada sensación de la luz sobre el agua, donde los reflejos de colores, las ondas y las sombras cambiantes forman parte integral de la composición.

■ Captar movimientos sutiles

Utiliza técnicas diversas para plasmar el suave movimiento del agua: combina aguadas uniformes más grandes, modulaciones cromáticas húmedo sobre húmedo y pincel seco para lograr textura. Así aportarás variedad e interés. Sé comedido, y evita recargar en exceso la composición.

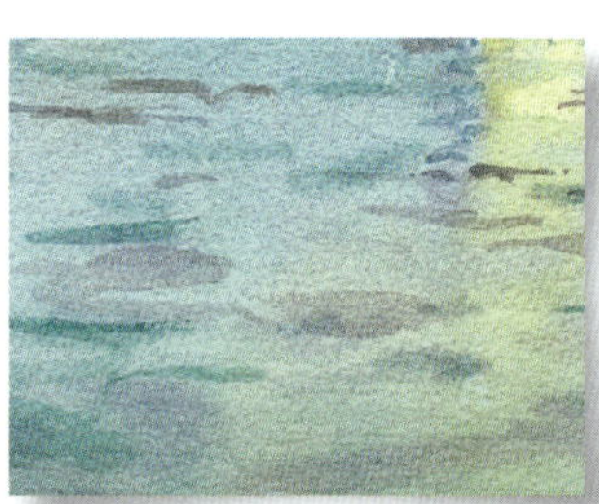

Reflejos húmedo sobre húmedo

Allá donde los colores reflejados se mezclan y cambian, aplica pigmentos con rapidez y deja que se mezclen sobre el papel. Yuxtapón los colores o deja que se mezclen mientras siguen húmedos.

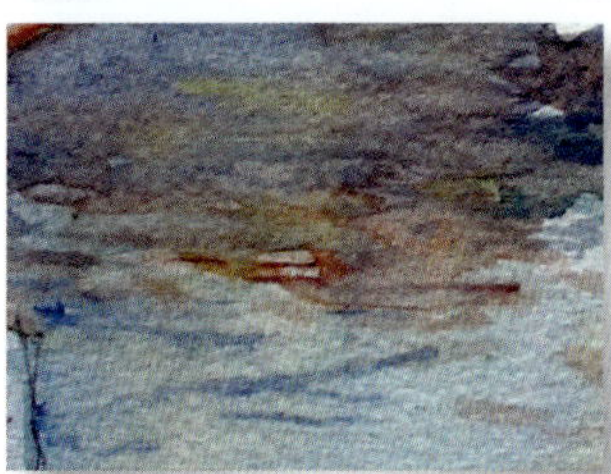

Veladuras

Emplea veladuras finas y transparentes (pp. 124–125) que sugieran cambios de color y tonalidad o cambien la temperatura de cálida a fría. Evita los colores opacos, para no oscurecer las capas.

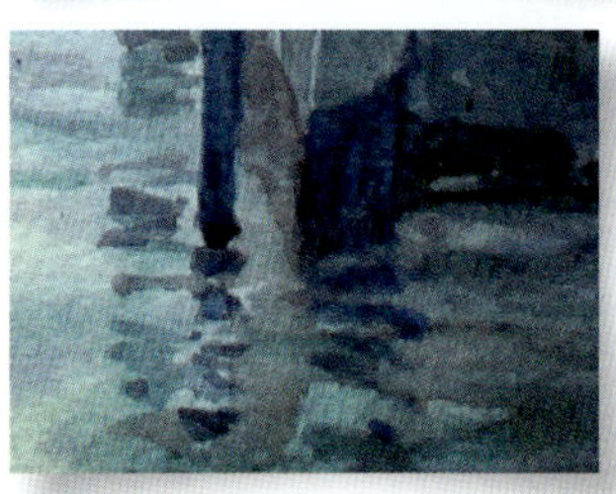

Formas húmedo sobre seco

Manipula el pincel húmedo sobre seco y aplica marcas y trazos cortos en las ondas y las olas suaves. Aplica aguadas oscuras sobre otra uniforme, con varios tonos que den sensación de movimiento.

PONLO EN PRÁCTICA

Los centelleantes reflejos sobre el agua serena y ondulada se han captado con veladuras suaves y mezclas húmedo sobre húmedo que crean efectos atmosféricos y envuelven la escena con sutiles colores fríos y cálidos.

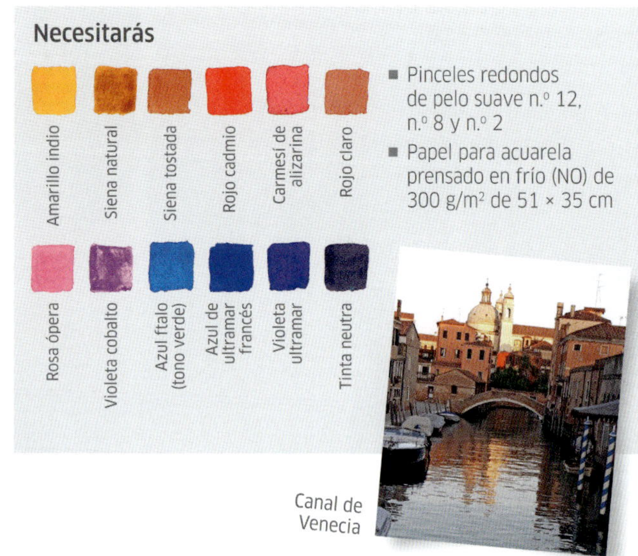

Canal de Venecia

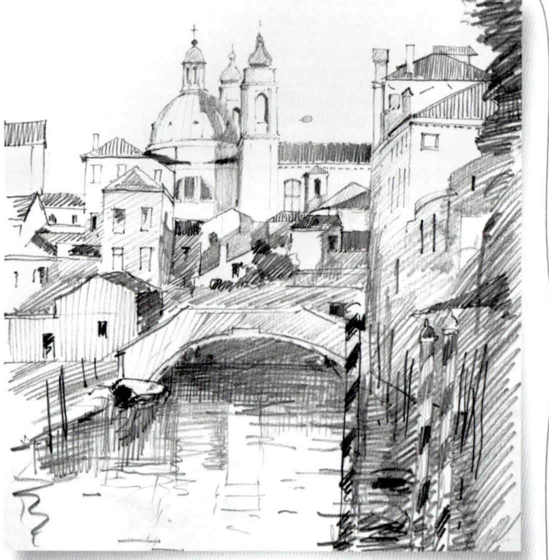

1 Estudio tonal

El estudio a lápiz organiza las relaciones entre los edificios y el agua. Fíjate en las sombras bajo el puente y en los tonos más oscuros a lo largo de los bordes del canal, a los que te puedes remitir cuando pintes.

Añade tonos más oscuros junto al reflejo para realzar el efecto de la luz

Aplica veladuras cálidas a los edificios y los tejados, con mezclas luminosas donde incide la luz del sol

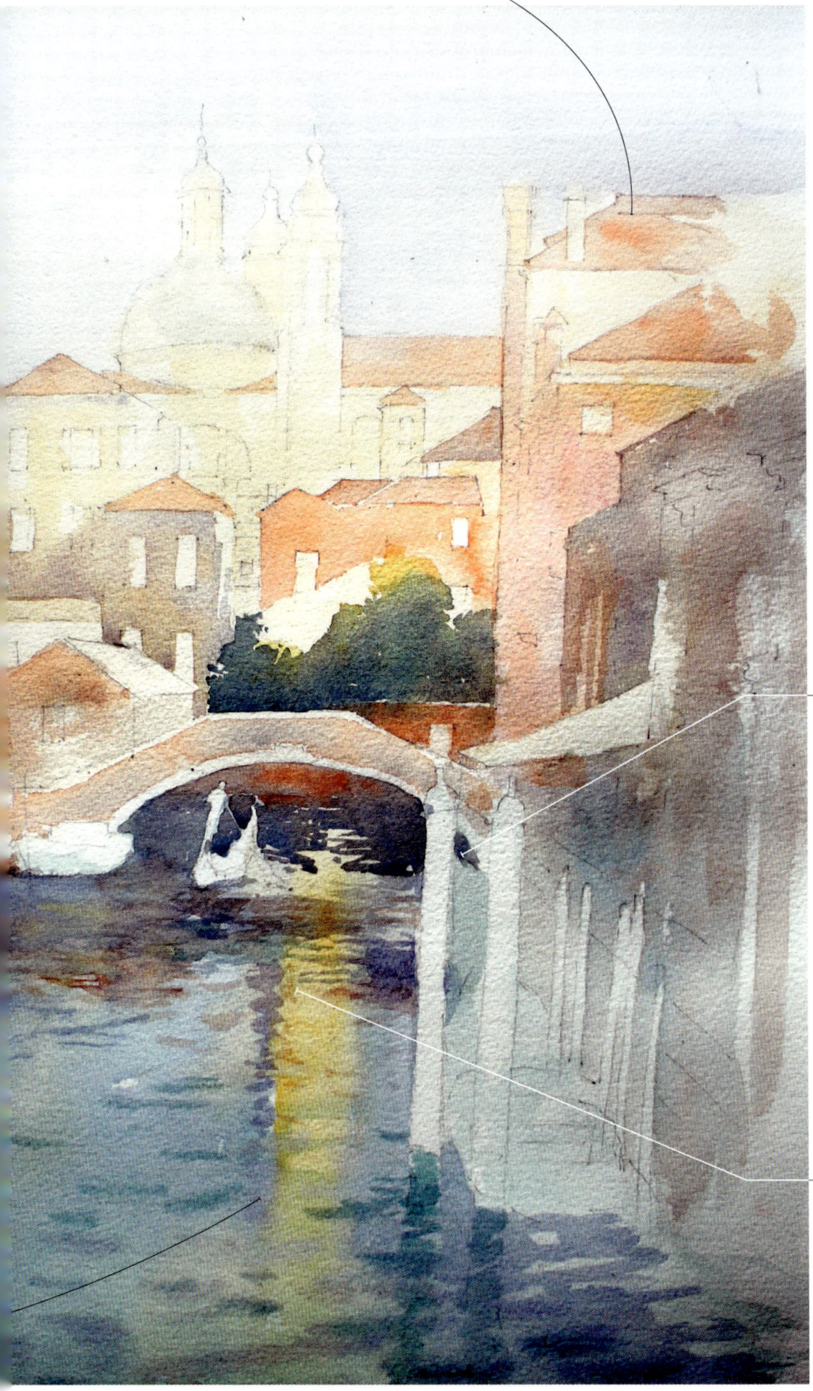

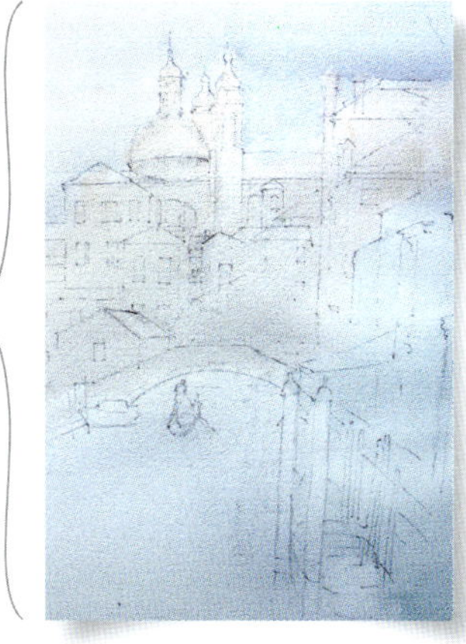

2 Plasma la luz

Añade una primera aguada que determine la luz general del paisaje. La aguada amarillo claro que cae sobre los edificios complementa el color azul violeta del cielo. En esta etapa, deja todavía sin pintar el área del agua.

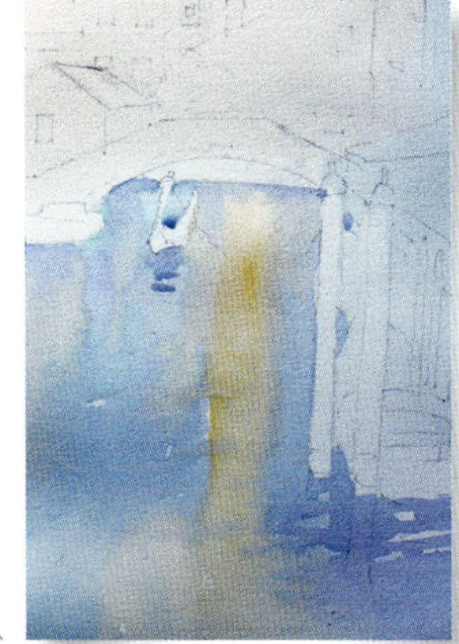

3 Primera capa húmedo sobre húmedo

Añade rápidamente la primera capa de agua húmedo sobre húmedo en la forma del canal y alrededor de las embarcaciones. Deja papel limpio en el reflejo de la torre al sol. Añade amarillo luminoso en ese espacio y deja que se extienda.

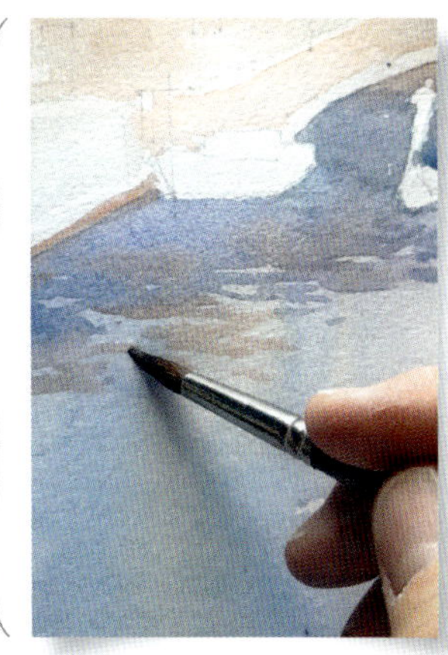

4 Añade ondas

Con la punta del pincel n.º 2, añade una capa de ondas bajo el puente, y pinta pequeños puntos y líneas en las más oscuras. Aplica más ondas en el primer plano y, luego, humedece el papel con agua limpia. Deja reposar para que las ondas se suavicen.

5 Refuerza las sombras

La potente luz de la escena proyecta sombras intensas sobre los edificios. Utiliza varios colores en la mezcla de la sombra básica para mantener el interés del cuadro y añade una segunda capa algo más oscura al cielo para que los efectos de la luz destaquen.

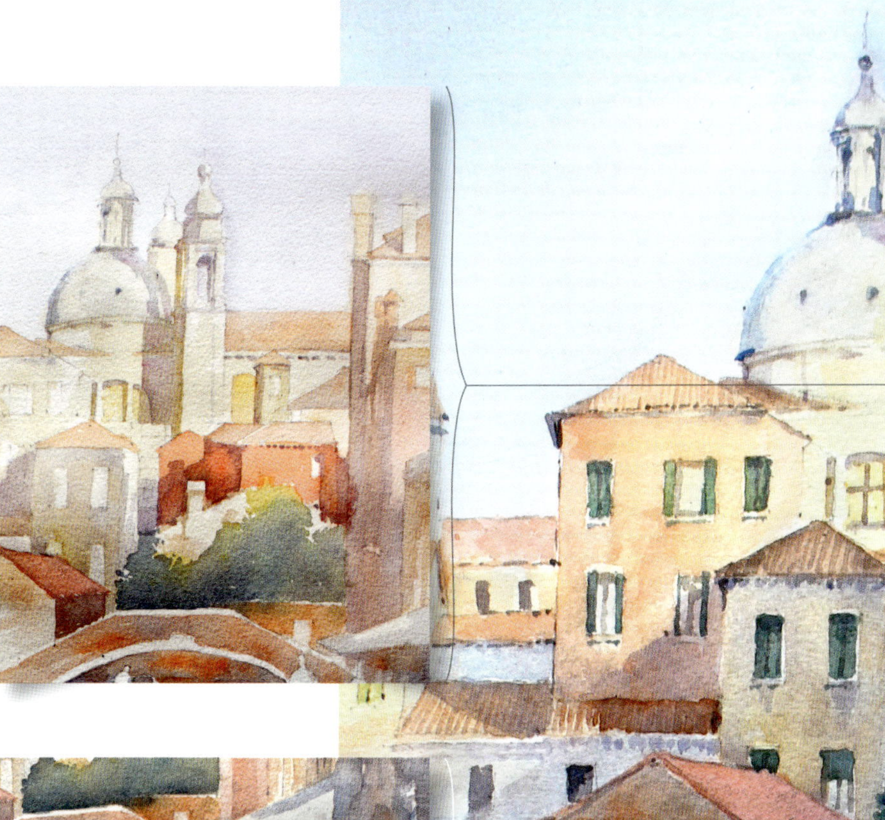

6 Detalles en el primer plano

Añade los intensos oscuros de las barcas y las bandas de los postes. Los colores neutros fríos son un buen marco para la gran variedad de color del fondo. Mantén las barcas, los postes y los reflejos tan simples como puedas y trabaja húmedo sobre seco para los tonos más oscuros de las formas reflejadas.

«La hora dorada en Venecia es el momento ideal para pintar los reflejos sobre las ondulaciones del agua.»

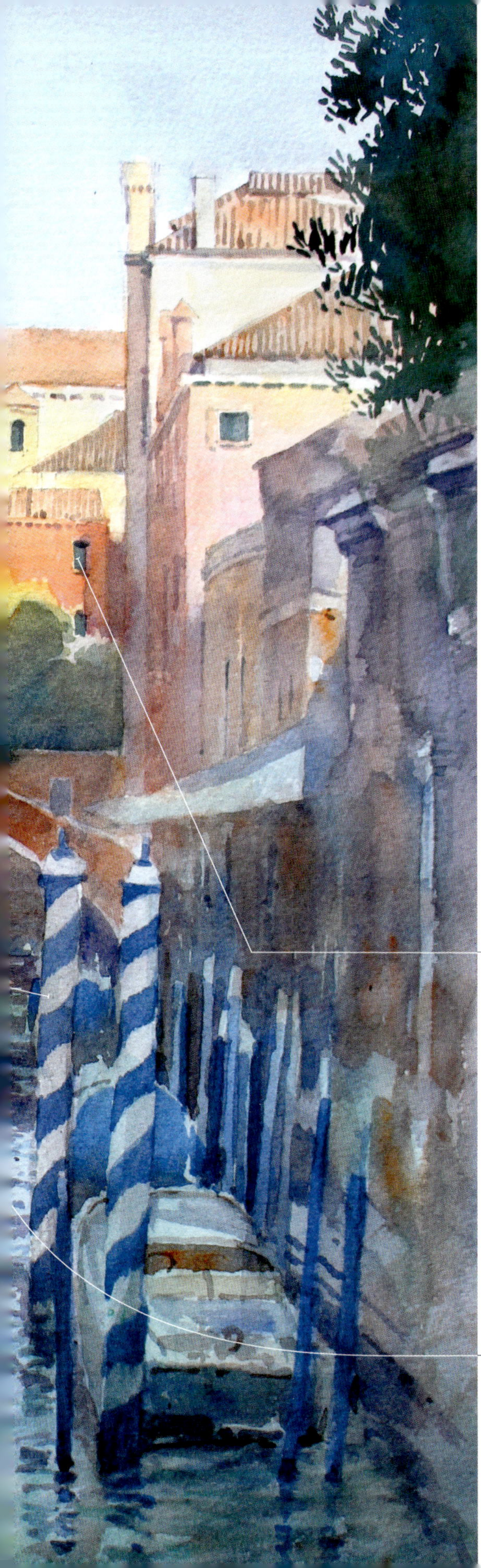

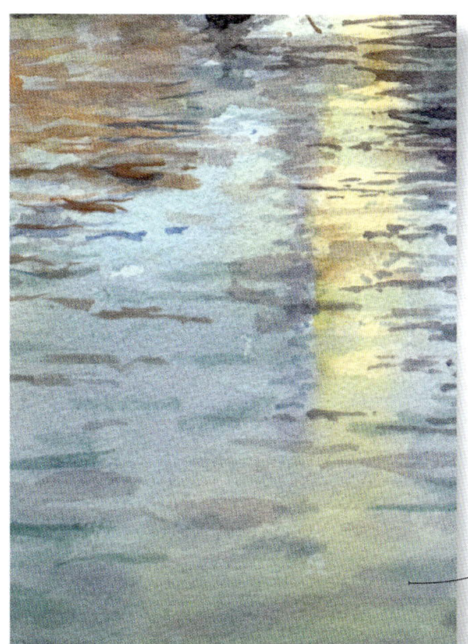

7 Veladuras transparentes

Modula la tonalidad y el color con veladuras finas y transparentes sobre las capas secas. Usa veladuras cálidas para conectar los reflejos de los edificios. Añade veladuras sucesivas para transmitir profundidad. Aplica una veladura suave de un verde (como verde de viridio) a la sección inferior del agua, y añade más ondas sobre la veladura aún húmeda.

La veladura verde ilumina el primer plano

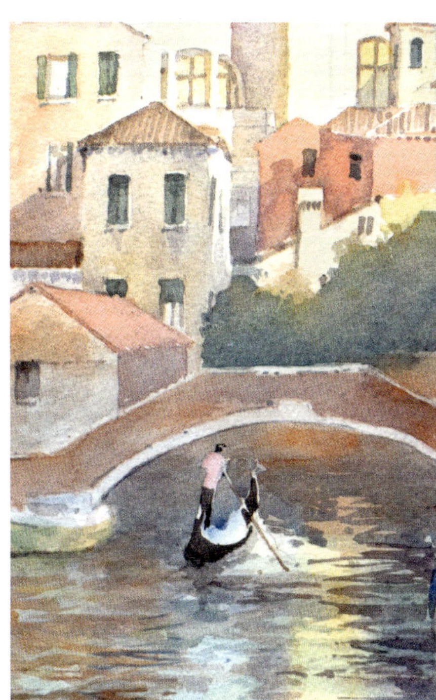

8 Últimos detalles y veladuras

Usa distintos colores para las ventanas, y observa las formas para dar personalidad y escala a los edificios. Añade los bordes más finos a las cornisas y las tejas. Equilibra la composición con veladuras adicionales sobre los edificios, para que enriquezcan la sensación de espacio. Por último, pinta al gondolero para transmitir movimiento.

Ajusta veladuras finas para modular y unificar la composición durante todo el proceso de pintura

Olas

CAPTAR MOVIMIENTO Y ESPECTACULARIDAD

Las olas que rompen sobre las rocas solo duran unos segundos, y son tan emocionantes y dinámicas como difíciles de pintar. Usa esbozos y fotografías como referencias que «congelen» la acción, y manipula la composición para centrarte en la ola manteniéndola en contexto, pero suavizando el resto de la escena.

■ Pintar olas

Trabaja con fotografías de referencia para editar la composición y centrarte en la ola. Decide qué tonos aclararás y oscurecerás; qué bordes suavizarás o endurecerás; y qué colores suavizarás o saturarás. Deja blancos y planifica los contrastes oscuros para plasmar la acción en la imagen. Da cuerpo a la espuma con claros opacos.

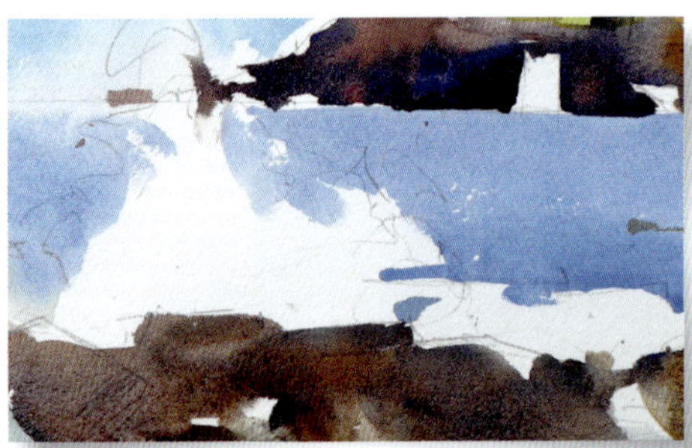

Deja blancos
Describe con aguadas de base la forma de la ola como un espacio negativo (pp. 114–115), y pinta alrededor para dejar zonas de papel blanco. Piensa en la altura de la espuma al romper, y lleva el blanco hasta la parte superior del plano de la imagen.

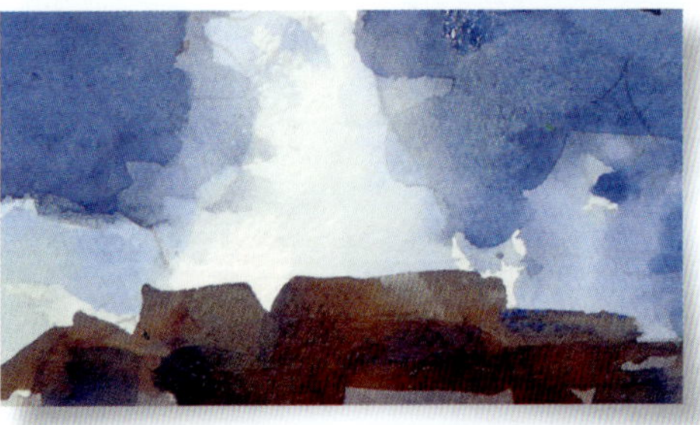

Suaviza los bordes
Si la aguada se ha secado con bordes duros alrededor de la ola, aplica agua con un pincel limpio para mezclarlos y suavizarlos con cuidado (pp. 94–97).

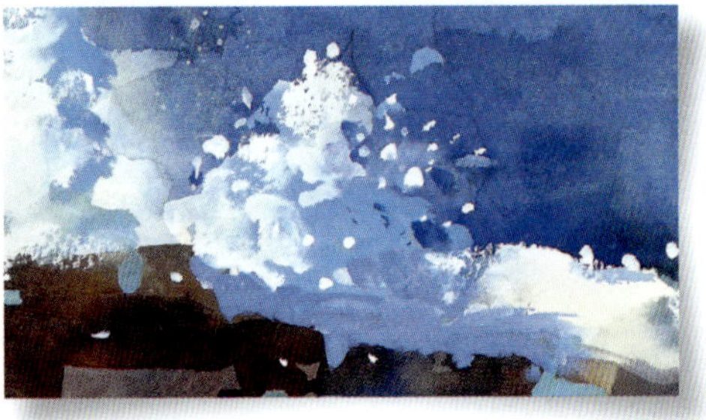

Colores y detalles opacos
Como contraste con las aguadas transparentes, usa *gouache* para añadir claros opacos (pp. 150–151) y salpicaduras que den movimiento (pp. 98–99).

PONLO EN PRÁCTICA

La ola de la fotografía de referencia es más alta en el cuadro, para que caiga en el centro de la imagen. Los contrastes tonales y de color ayudan a centrar la acción.

Necesitarás

- Pinceles redondos de pelo suave n.º 16 y n.º 8
- Papel para acuarela prensado en frío (NO) de 300 g/m² de 25 × 35 cm

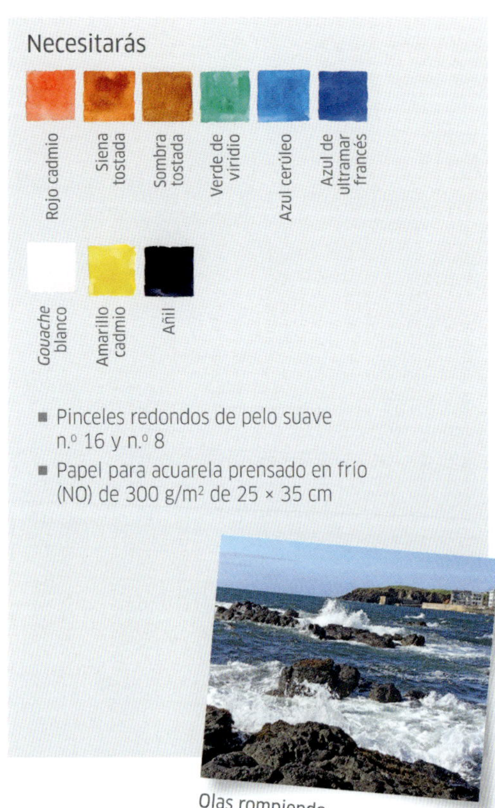

Olas rompiendo

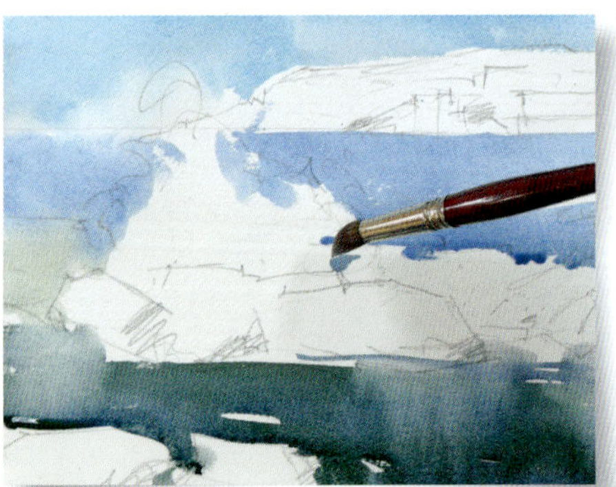

1 Define las áreas principales
Divide la composición en tercios y define un cielo frío con azul cerúleo y un mar cálido con azul de ultramar. Define el horizonte con bordes duros. Deja papel blanco para las rocas y la ola rompiendo sobre ellas.

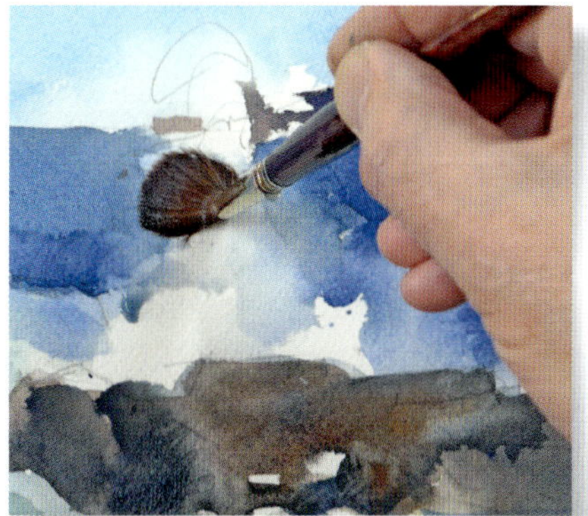

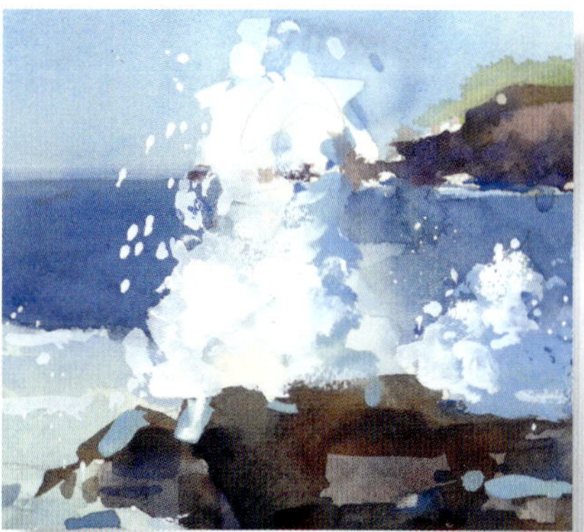

2 Realza los contrastes oscuros

La ola blanca debe destacar: aplica una mezcla más fuerte que defina la sombra de la ola en el mar. Las rocas garantizan una sombra oscura adyacente al tono más claro de las olas.

3 Mezcla los bordes

Para fusionar el papel blanco con el color del mar, usa agua limpia para suavizar el borde duro del azul adyacente, moviendo la aguada para mezclar tonos claros donde rompe la ola.

4 Efectos opacos

Con la acuarela seca, salpica *gouache* blanco para plasmar las gotas de espuma, y mezcla las sombras opacas de las olas con un azul cobalto que complemente las aguadas transparentes.

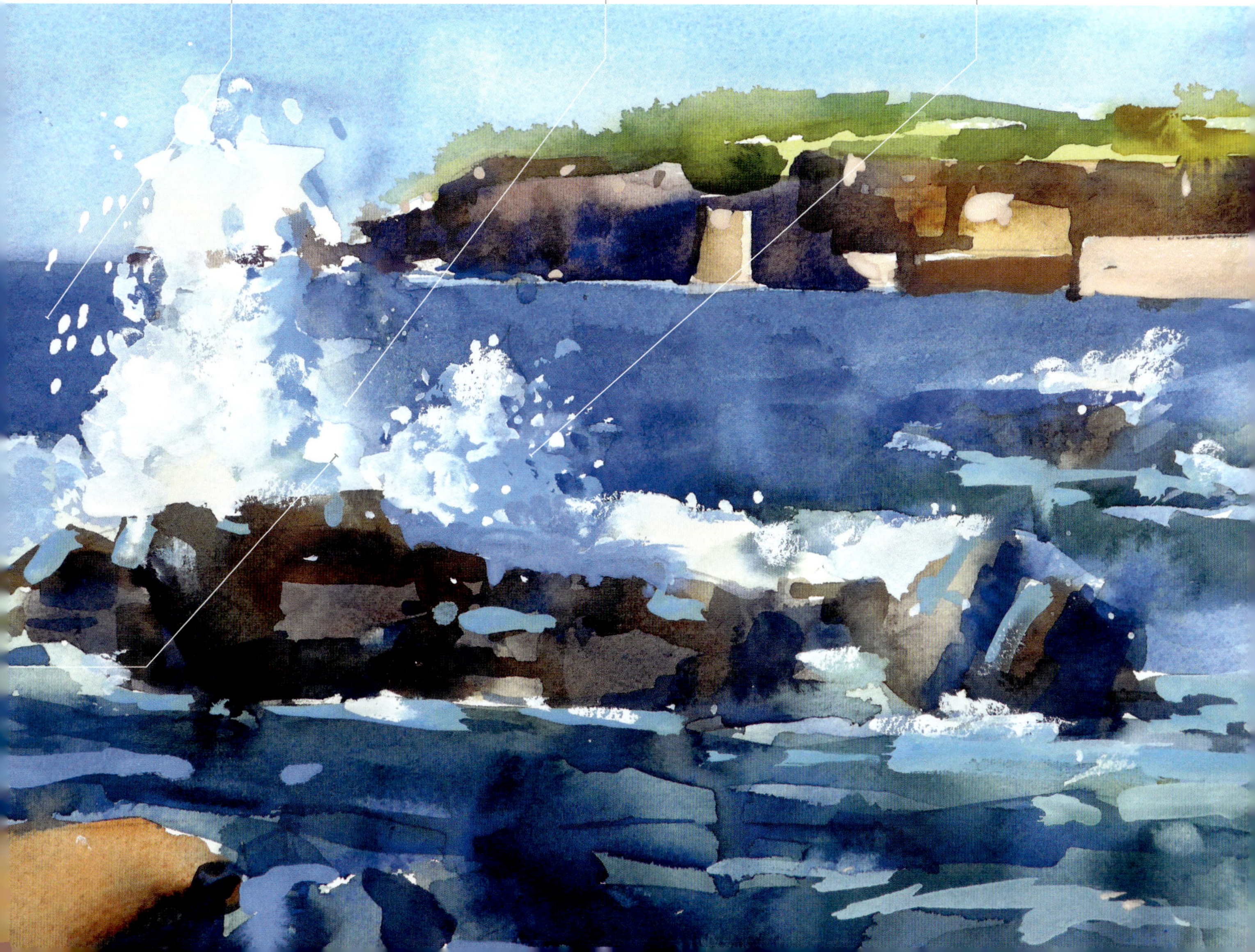

Escena portuaria

PLASMAR UN PAISAJE NÁUTICO

Las escenas portuarias contienen muchísimo material con el que trabajar. Los colores y las formas de los barcos, las jarcias, los reflejos del agua, la atmósfera climatológica y toda la estructura del puerto son una fuente de eterna fascinación para el artista. Emplea técnicas diversas para captar las capas de color cambiante en el agua contra la solidez del muelle y de los barcos, y crea contrastes visuales usando valores claros y oscuros.

PONLO EN PRÁCTICA

Los barcos y el puerto atraen la mirada a la escena y la llevan por el camino que la luz traza sobre el agua, donde los reflejos conectan con el mar. Fíjate en los contrastes entre los tonos claros y oscuros.

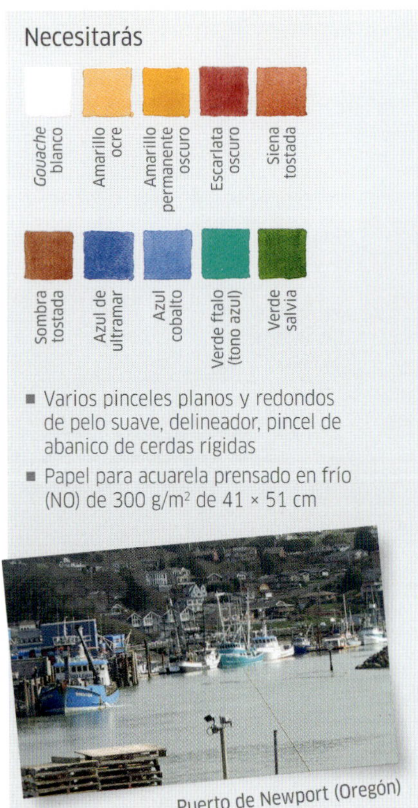

Necesitarás

- Varios pinceles planos y redondos de pelo suave, delineador, pincel de abanico de cerdas rígidas
- Papel para acuarela prensado en frío (NO) de 300 g/m² de 41 × 51 cm

Puerto de Newport (Oregón)

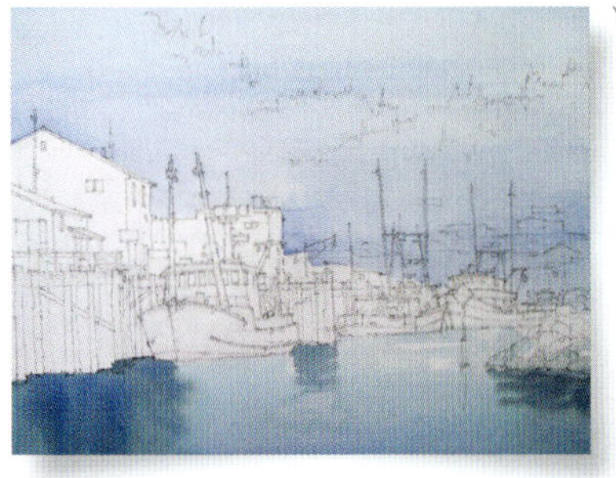

1 Primeras aguadas

Esboza la imagen suavemente a lápiz y asegúrate de haber resuelto todos los elementos antes de empezar a pintar. Con un pincel plano, haz una aguada uniforme y suave de azul de ultramar mezclado con un poco de siena tostada, y aplica cobalto azul encima. Usa una mezcla algo más intensa en las zonas con más reflejos.

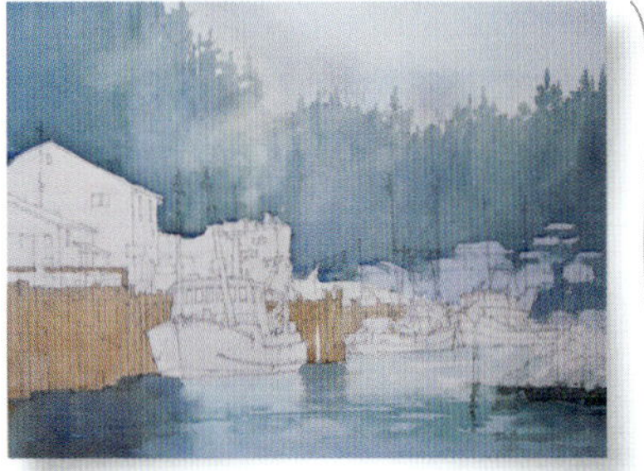

2 Añade el fondo

Trabaja rápido con una brocha grande que tenga una buena punta, y plasma las colinas del fondo. Usa abundante agua para aplicar capas de ultramar con amarillo ocre. Suaviza los árboles a medida que trabajes, y mezcla con el pincel de abanico.

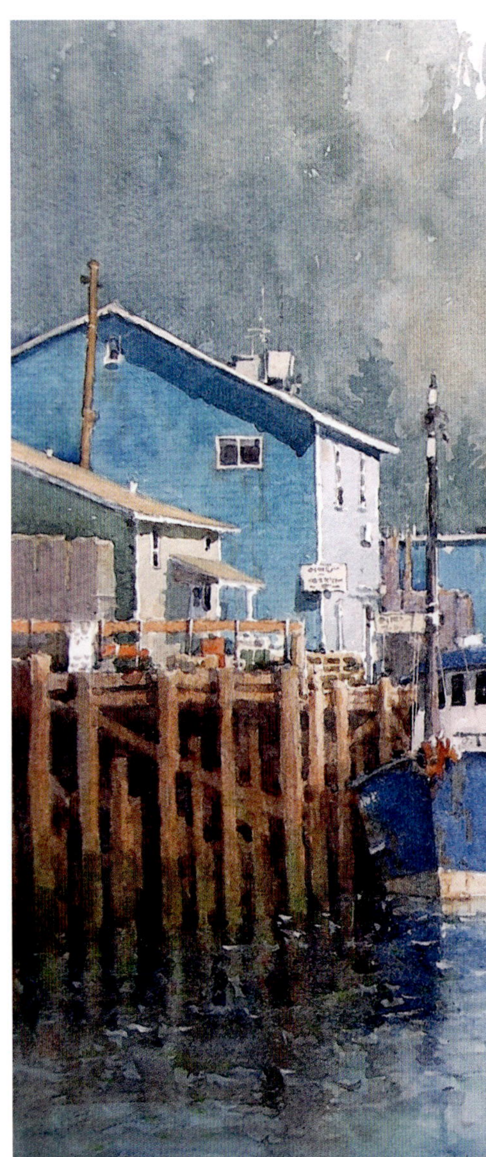

■ Unifícalo

Busca distintas maneras de unificar la escena para que sea una composición que contiene barcos, y no el retrato de uno o más barcos. Asegúrate de que los barcos, el muelle y las estructuras se conecten y se amalgamen unos con otros siempre que sea posible. Piensa en el entorno, y usa el fondo para contener los distintos elementos; y combina cada área con la contigua para mantener el flujo en la composición.

Silueta en el fondo

Eliminar algunos de los edificios del fondo simplifica la zona, que se convierte en una silueta que añade ambiente y profundidad.

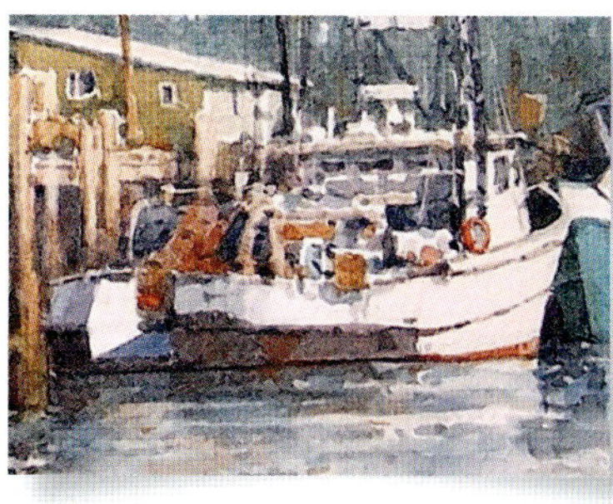

Formas realistas

Pintar las estructuras del puerto y los barcos con detalle atrae la mirada hacia el cuadro. Arrastra los colores y funde los bordes para conectar los elementos.

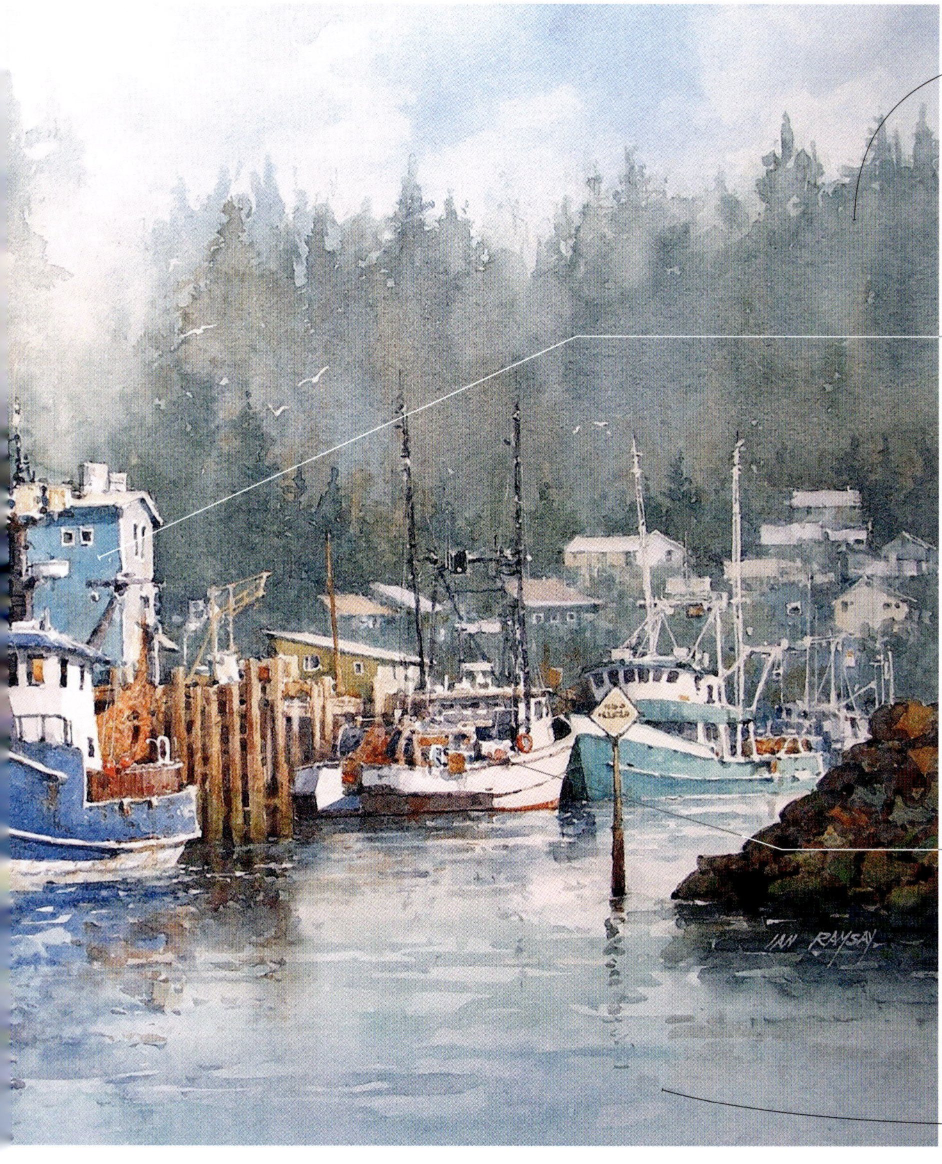

Las capas de azul y verde añadidas con un pincel de abanico suman textura a las colinas boscosas

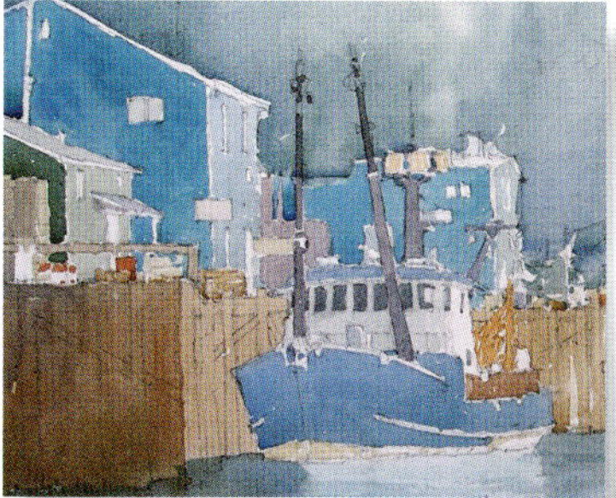

3 Introduce color

Comienza a rellenar de color los barcos y la escena del puerto. Emplea pinceles redondos grandes para evitar un exceso de detalle. Retira (pp. 82-83) y suaviza algunas áreas para sugerir neblina.

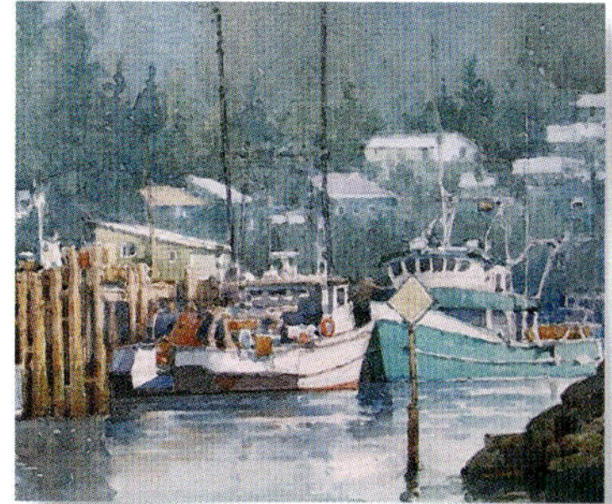

4 Define las formas

Solidifica los objetos tridimensionales y crea áreas de contraste. Añade el detalle, acentos de color y pizcas de *gouache* para los reflejos.

Añade capas de movimiento al agua con un toque ligero y un pincel redondo grande de punta afilada

Los colores de la nieve

PINTAR BLANCO USANDO COLOR

Al igual que otros temas blancos, la nieve refleja los colores que la rodean. La clave reside en identificar los patrones de luces y sombras, en dividir la escena en valores tonales claros, medios y oscuros y en buscar colores que transmitan la gélida atmósfera.

▦ Usar el color y el tono

El aspecto de la nieve depende de los colores de los objetos próximos a ella y de las fuentes de luz. Busca cambios de color tonales en las sombras para describir las formas nevadas, y observa los efectos de la temperatura percibida donde las sombras frías contrastan con zonas de luz cálida.

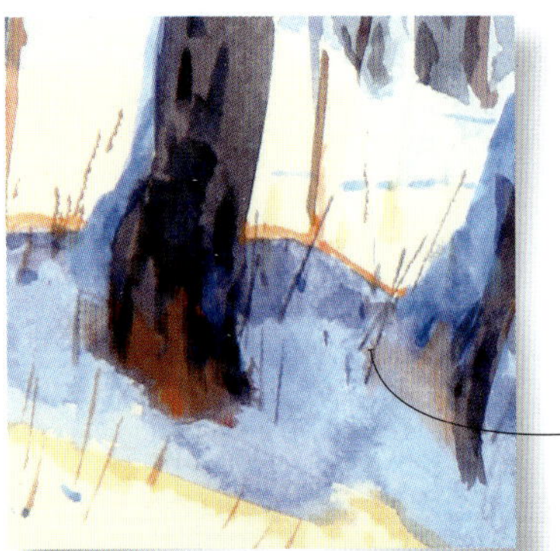

Colores en la sombra

Las sombras en la nieve reflejan el cielo. Un cielo despejado producirá sombras azules, en comparación con los tonos apagados de una escena nublada.

Usa variaciones tonales de azul para las sombras en la nieve iluminada por el sol

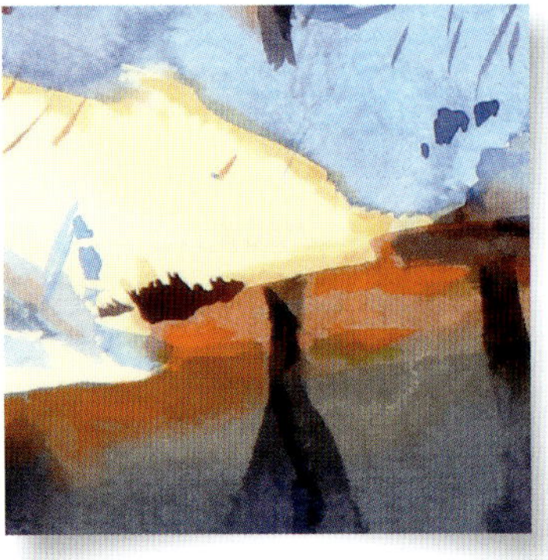

Contrastes de temperatura

Transmite el frío literal de la sombras con contrastes en la temperatura de color (pp. 34-35): las zonas grandes de azul frío se yuxtaponen a franjas cálidas de naranja o amarillo.

PONLO EN PRÁCTICA

El intenso contraste entre el arroyo oscuro y la nieve blanca transmite la sensación de luz en este paisaje nevado. La cálida luz del atardecer y las sombras frías intensifican la escena.

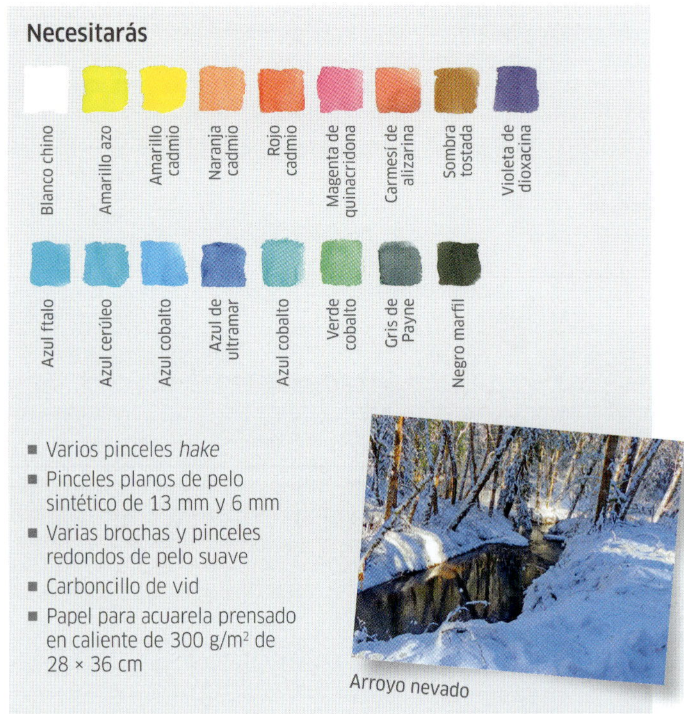

- Varios pinceles *hake*
- Pinceles planos de pelo sintético de 13 mm y 6 mm
- Varias brochas y pinceles redondos de pelo suave
- Carboncillo de vid
- Papel para acuarela prensado en caliente de 300 g/m² de 28 × 36 cm

Arroyo nevado

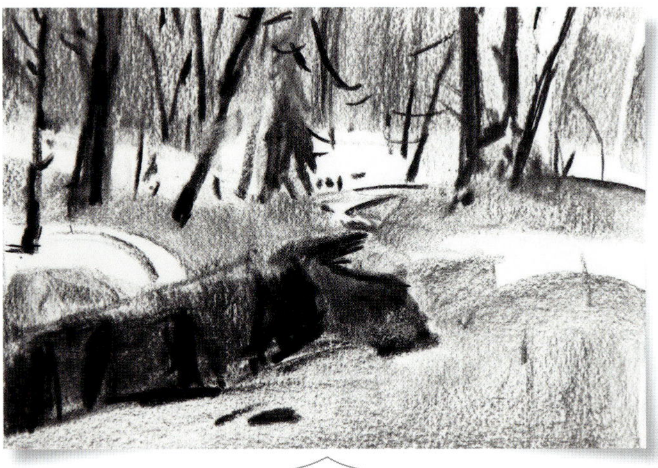

1 Estudio tonal

Simplifica la escena con un estudio tonal a carboncillo. Fíjate en las formas que crean las áreas de tono claro, medio y oscuro. Transfiere estas áreas al papel en un esbozo a lápiz que guíe tus aguadas.

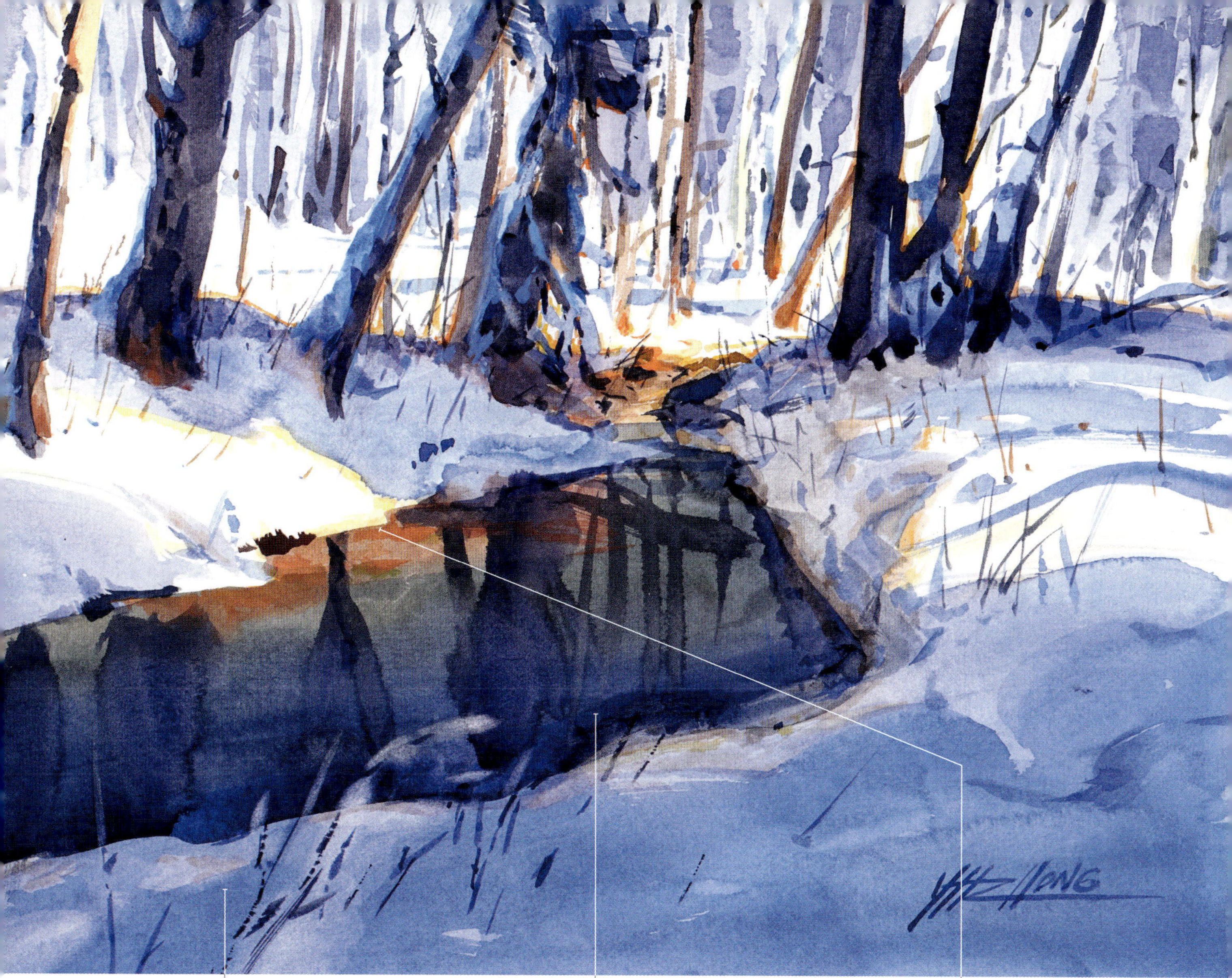

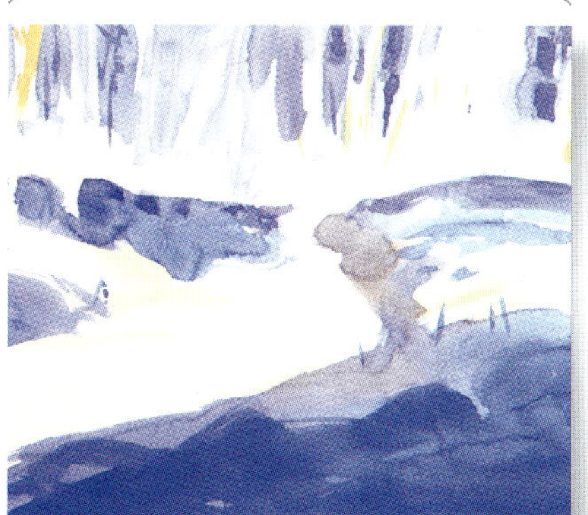

2 Tonos claros y medios

Empieza por los claros, y añade el amarillo de la nieve sobre el papel húmedo para obtener bordes suaves. Bloquea los valores medios de las sombras y del fondo con varios tonos.

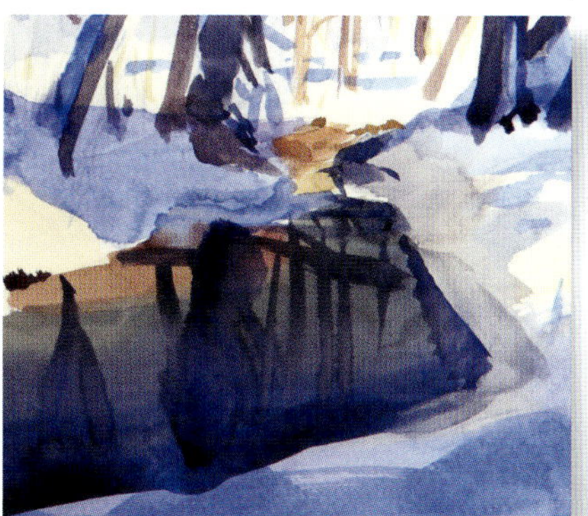

3 Tonos oscuros

Rellena las áreas de tonos más oscuros en el arroyo y en los troncos más lejanos. El gran contraste entre los bordes oscuros y claros ayuda a adelantar la orilla nevada.

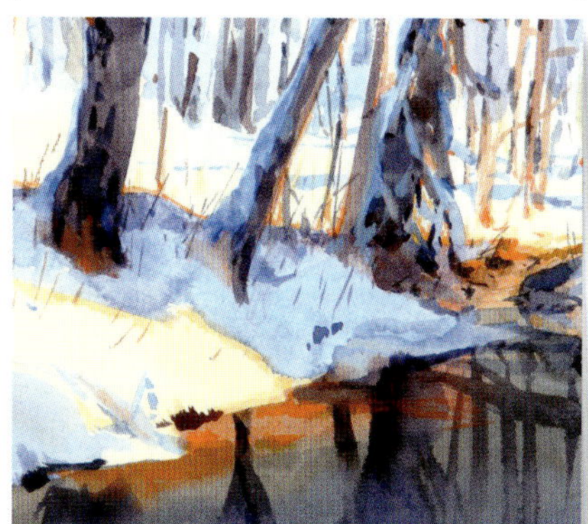

4 Contrastes cálidos y fríos

Añade amarillos y naranjas cálidos donde el sol toca la nieve. Define los bordes de las sombras azules con amarillo. El contraste hará que las sombras parezcan aún más frías.

Nieve cegadora

TRABAJAR CON EL BLANCO

Usar blanco puro para plasmar la nieve puede dar un estilo ilustrativo y gráfico al cuadro. El blanco más puro posible en la acuarela es el del papel sin pintar, pero también tienes la opción de usar *gouache* opaco. Pintar blanco con una combinación de técnicas crea capas y texturas que aumentan el interés de este color.

■ Crear efectos en un paisaje nevado

Una paleta de colores mínima y adecuada para una escena invernal puede producir una imagen de profundidad considerable y texturas interesantes. Combinar técnicas y herramientas ofrece múltiples opciones.

PONLO EN PRÁCTICA

Los espacios negativos entre los árboles dan una sensación de profundidad realzada por las ramas finas que se superponen. La nieve bailando en el aire crea un efecto más natural.

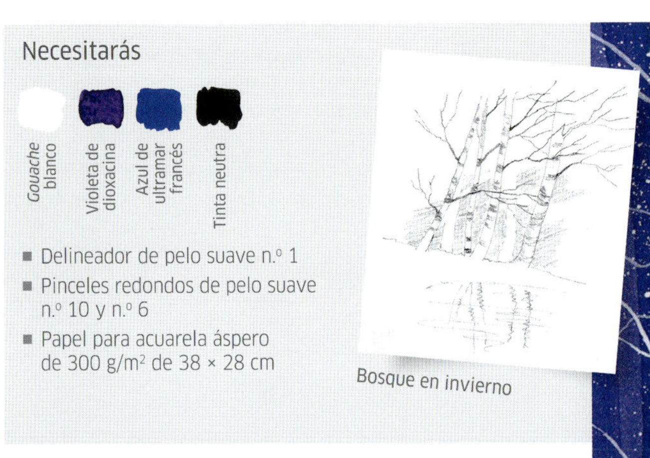

Necesitarás

- Delineador de pelo suave n.º 1
- Pinceles redondos de pelo suave n.º 10 y n.º 6
- Papel para acuarela áspero de 300 g/m² de 38 × 28 cm

Bosque en invierno

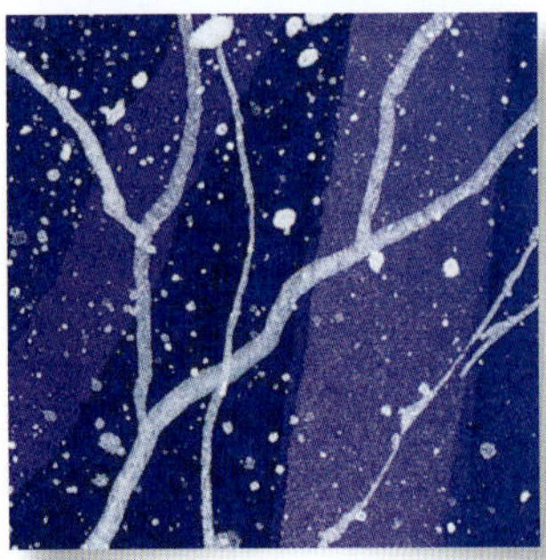

La textura de la nieve
Con un cepillo de dientes y *gouache* blanco, salpica nieve para crear copos naturales de formas y tamaños aleatorios y espontáneos. Prepara una disolución fuerte para que se vean bien.

Detalles blancos
Los delineadores son muy finos y expresivos, por lo que son ideales para sugerir ramitas acabadas en puntas elegantes.

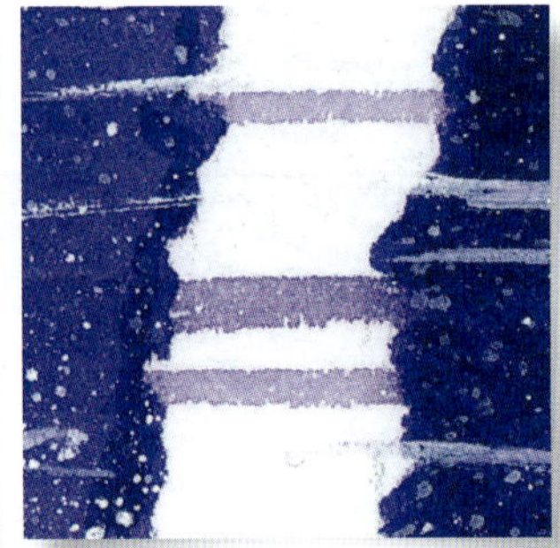

Reflejos negativos
A no ser que el agua esté inmóvil, los bordes de los objetos no encajarán exactamente con la realidad. Pinta ondas para dar realismo al agua.

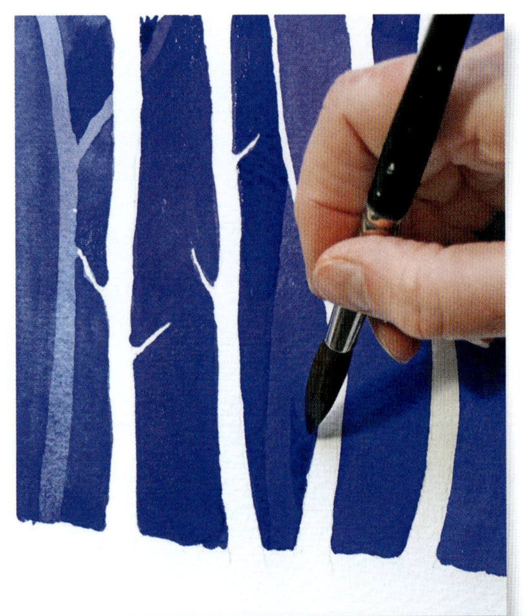

1 El fondo

Dibuja un esbozo. Aplica una aguada con una mezcla de azul y violeta; reserva papel blanco para cuatro árboles y el suelo. Una vez seca, aplica una segunda aguada, haciendo que la primera quede visible en la forma de más troncos de árbol. Repite esta aguada para oscurecerla más.

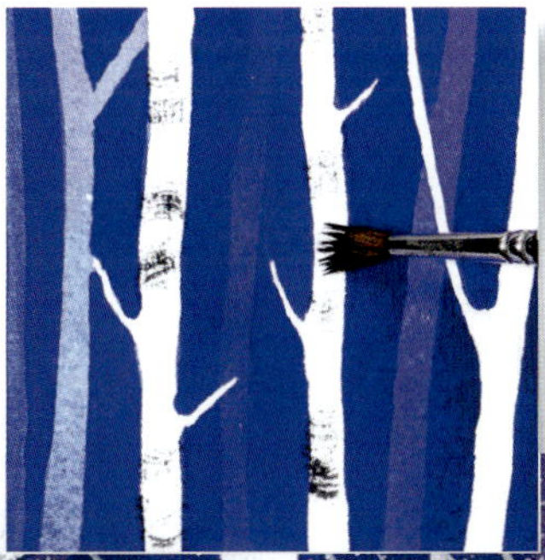

2 Efectos de corteza de árbol

Prepara una mezcla espesa de tinta neutra. Extrae casi toda el agua de un pincel redondo n.º 6 y abre el pelo. Úntalo en una pizca de esa tinta neutra y arrástralo en horizontal sobre los troncos en una pincelada ligeramente curvada.

> «Combinar varios blancos aumenta el dinamismo de la escena nevada.»

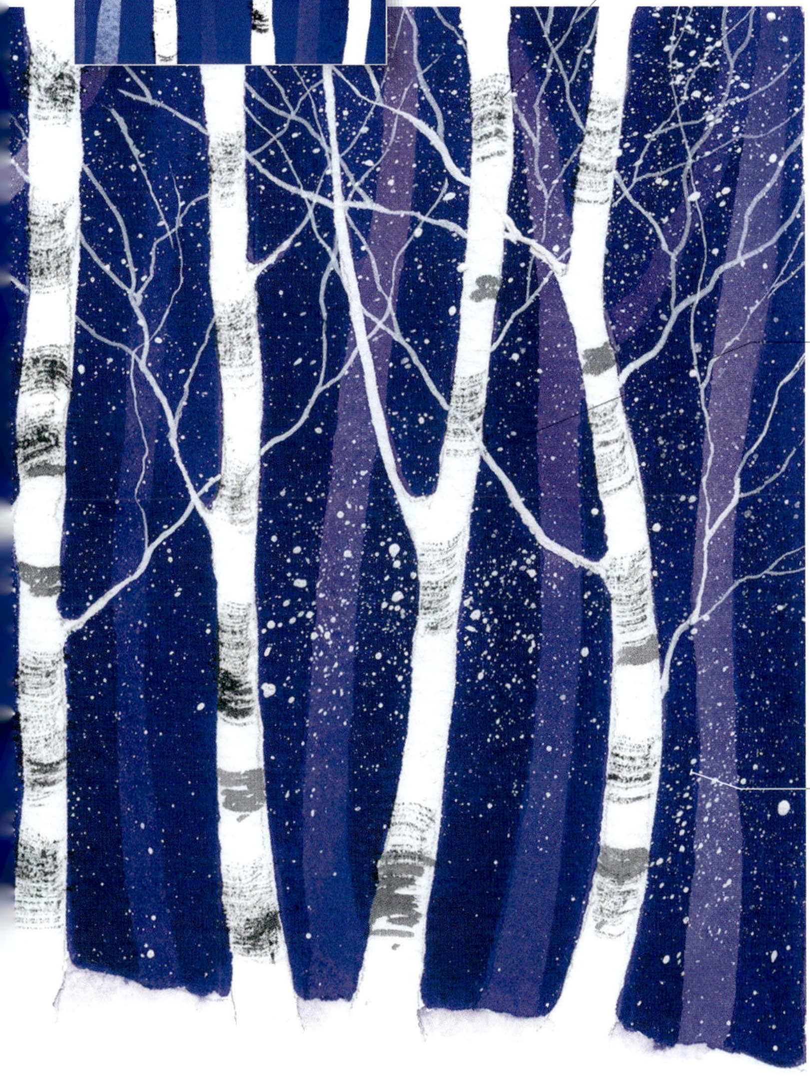

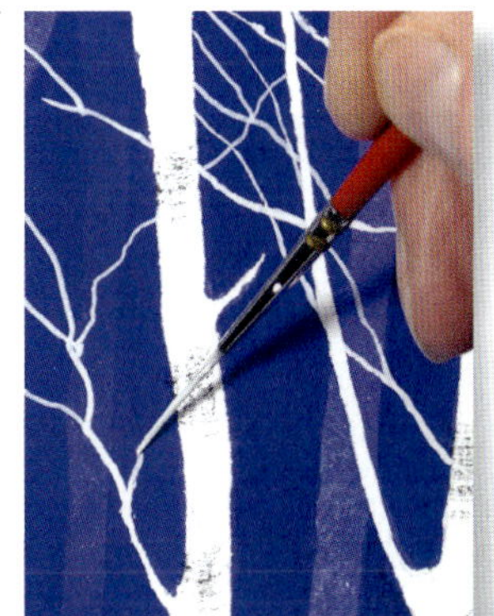

3 Ramas finas

Comprueba que toda la pintura esté seca, y después pinta finas ramas blancas con *gouache* blanco y un delineador. Tira del pincel, más que empujarlo, y sostenlo con suavidad y lejos de la virola. Deja que las ramas se superpongan.

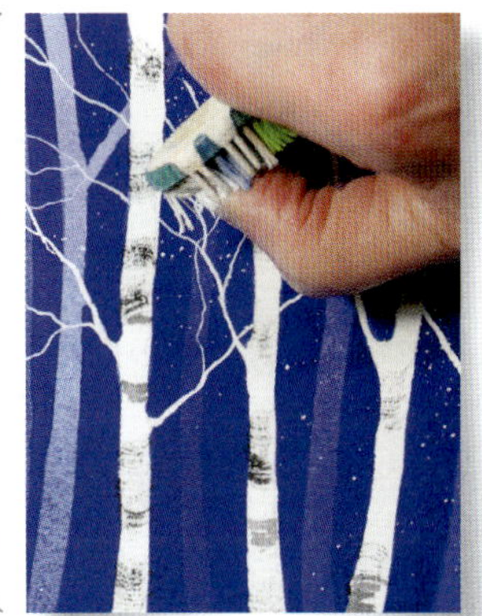

4 Nieve cayendo

Con un cepillo de dientes viejo untado en *gouache* blanco, salpica fina nieve cayendo. Apunta con las cerdas hacia abajo y desliza el pulgar sobre el cepillo.

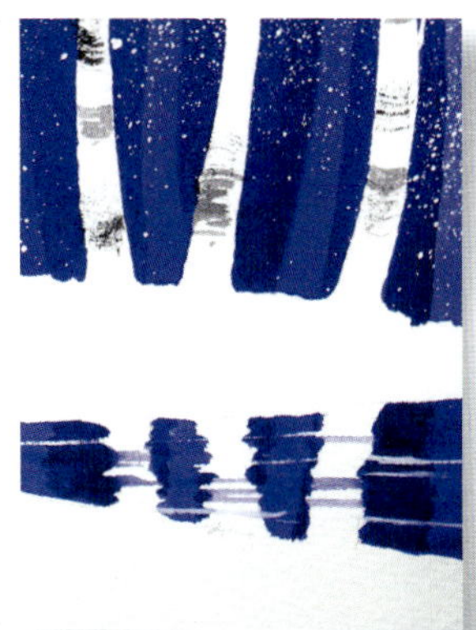

5 Agua

Repite el método del paso 1 para pintar el agua y el reflejo de los árboles. Con la punta del pincel, pinta ondas azules en horizontal sobre el agua y los árboles reflejados.

Paisajes urbanos

CAPTURAR ESCENAS CALLEJERAS

Las escenas urbanas ofrecen una gran variedad de formas, actividad, movimiento y color, por lo que has de planificar el cuadro de modo que incluya un solo foco de atención. Capta la atmósfera urbana plasmando edificios reconocibles y usa el ajetreo de las personas y los automóviles a pie de calle para atraer al observador a la escena.

■ Equilibrar los elementos de la escena urbana

La calle incluye muchos elementos: personas, vehículos, mobiliario urbano, ventanas, edificios… Los puedes utilizar para dar interés y forma a la composición, en la que las figuras humanas añadirán foco, mientras que los edificios y los carteles guiarán la mirada hacia la actividad a pie de calle. Haz que la escena quede lo más natural posible cuando decidas qué incluir.

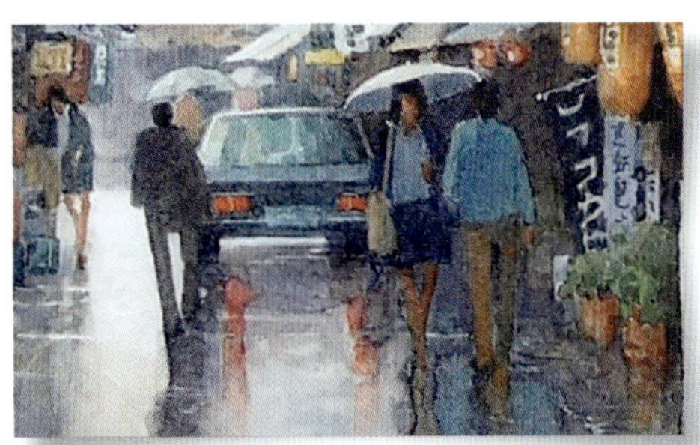

Personas

Incluir figuras humanas dará vida al cuadro. Asegúrate de que haya variedad de ropa y de posturas, con hombres y mujeres que se mueven en distintas direcciones. Si combinas referencias, superpón las figuras, en lugar de aislarlas, para conectar la escena.

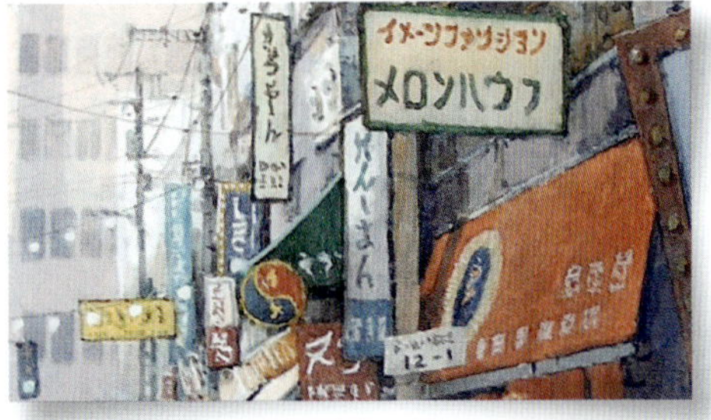

Mobiliario urbano

Utiliza la variedad visual del mobiliario urbano para facilitar la composición y guiar la mirada a lo largo de la calle y a pie de esta. Elimina los carteles detallados de la parte superior de la imagen, los cuales podrían desviar la atención del fondo.

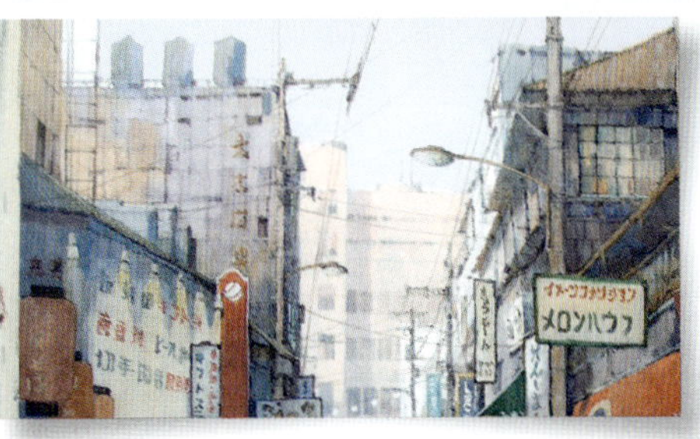

Edificios

Los edificios ofrecen un marco tranquilo a los protagonistas del cuadro: las personas, los carteles y los escaparates. Píntalos como formas generales, con las proporciones y la perspectiva correctas, y ubícalos de forma lógica a lo largo de la calle.

PONLO EN PRÁCTICA

La composición de este cuadro parte de varias referencias. Los valores oscuros atraen la mirada, los carteles y las figuras añaden interés al primer plano, y el asfalto húmedo conecta ambos lados de la calle.

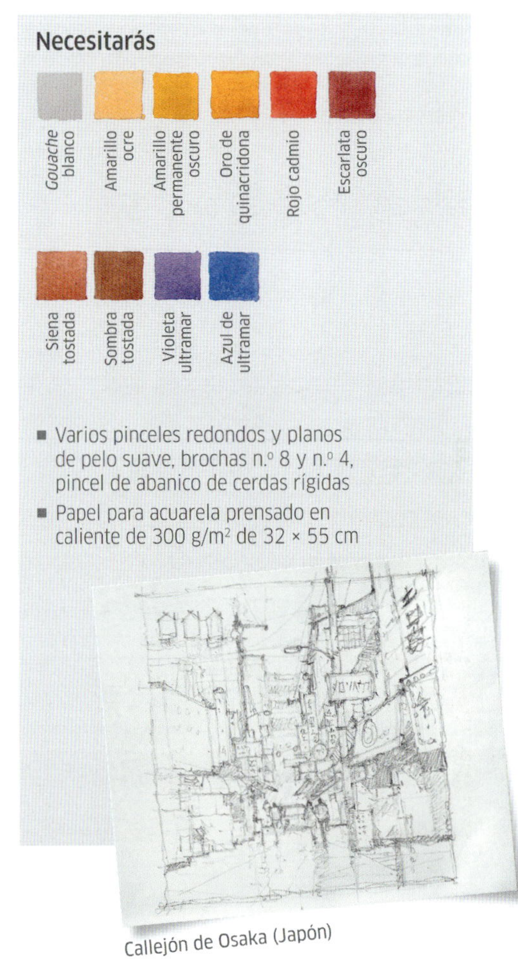

- Varios pinceles redondos y planos de pelo suave, brochas n.º 8 y n.º 4, pincel de abanico de cerdas rígidas
- Papel para acuarela prensado en caliente de 300 g/m² de 32 × 55 cm

Callejón de Osaka (Japón)

> «En las escenas urbanas hay **pocas superficies paralelas**, pero el horizonte es una **constante**.»

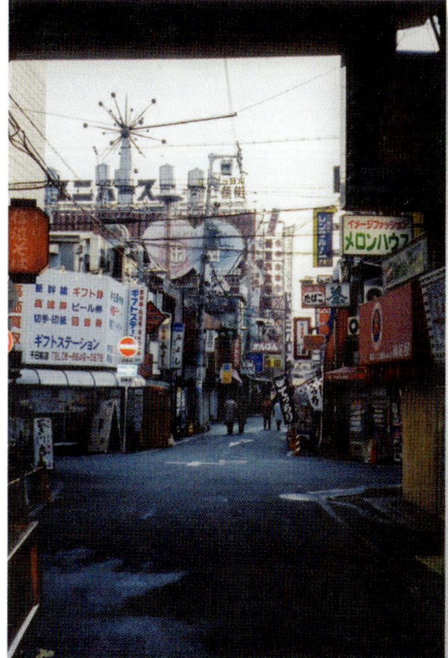

Fotografía de referencia 1

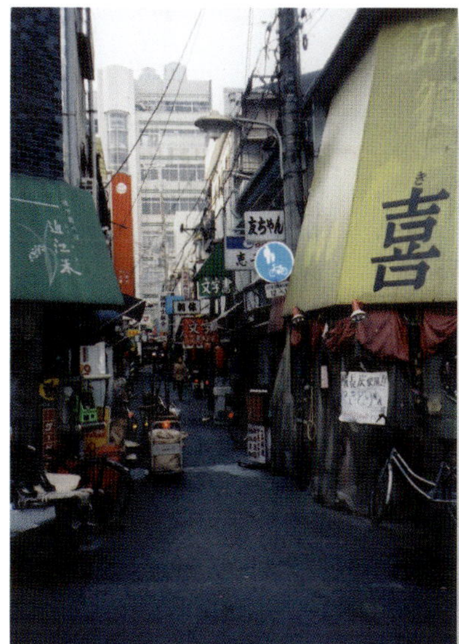

Fotografía de referencia 2

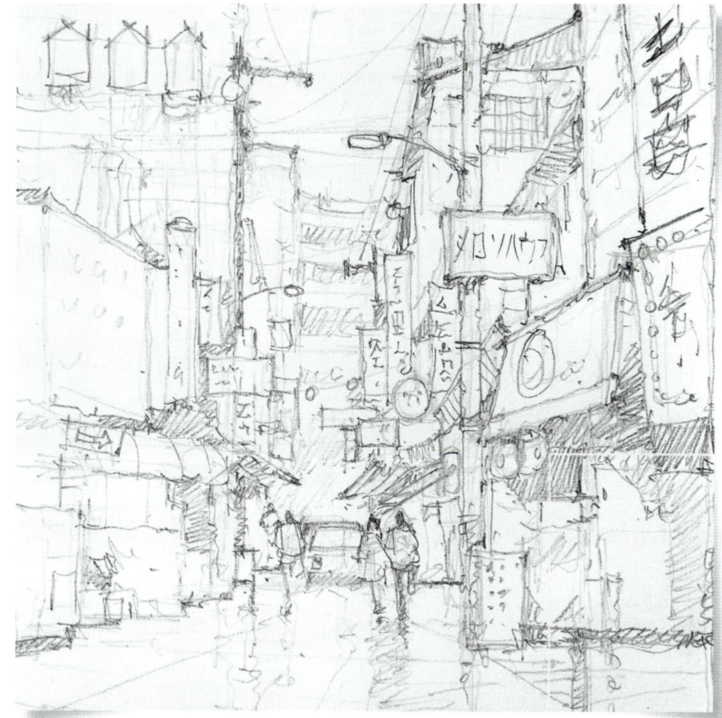

Ubicación y perspectiva aproximadas

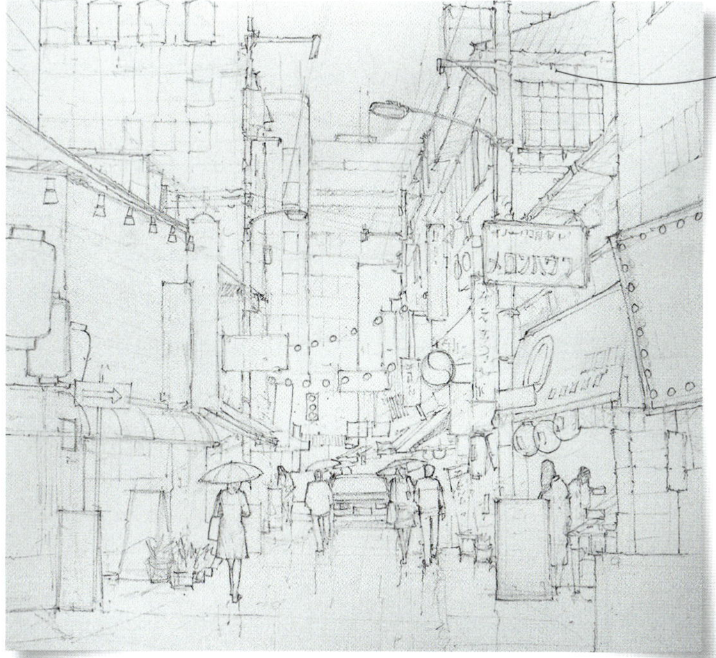

Los edificios proporcionan la escala

Detalles adicionales, figuras y perspectiva corregida

1 Elige los elementos que incluirás

Usar más de una imagen de referencia te permite elegir y combinar diferentes elementos. Ambas escenas son oscuras e interesantes, pero el toldo amarillo de la fotografía 2 domina demasiado. Los carteles y el mobiliario urbano de ambas imágenes añaden interés, y el primer plano de la fotografía 1 muestra el contraste de claros y oscuros.

2 Desarrolla una composición

Con las fotografías como punto de partida, trabaja la composición en esbozos y combina distintos elementos para crear una escena de perspectiva y proporciones convincentes. Presta atención a la interacción entre las personas y comprueba que todos los objetos sean del tamaño correcto en relación con la estatura de las personas en la calle.

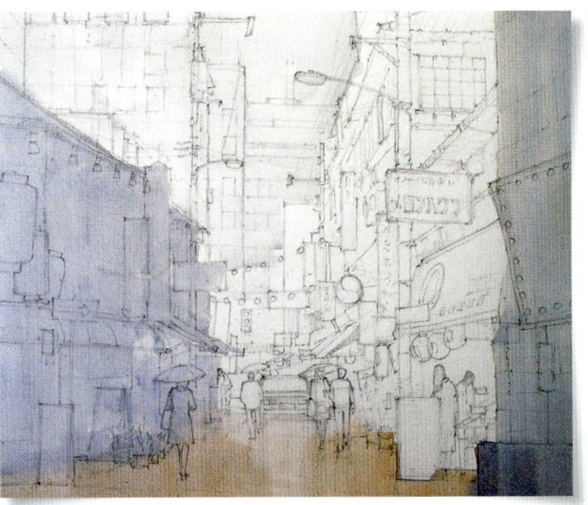

3 Primeras aguadas

Trabajando con rapidez y con un pincel plano, aplica sobre el cielo una aguada de amarillo ocre. Añade azul de ultramar a las sombras para definir las áreas claras y oscuras del cuadro. Pinta el asfalto en dos capas, de oro de quinacridona y siena tostada, con brochas n.º 4 y n.º 8.

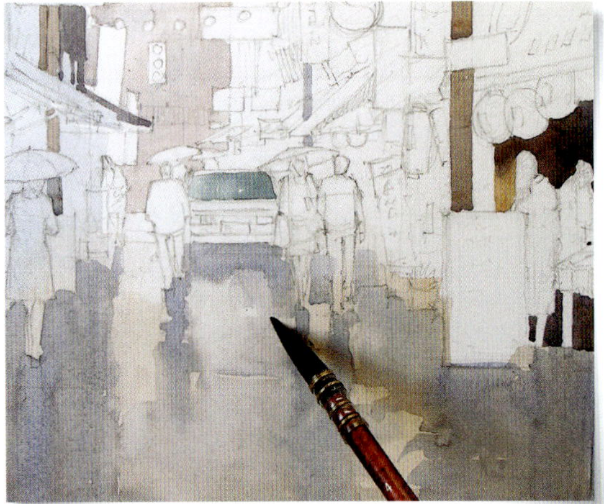

4 Reflejos iniciales

Trabajando húmedo sobre húmedo y con una brocha, pinta rápidamente el asfalto mojado por la lluvia y deja en la calle claros luminosos que contrasten con el comienzo de los reflejos en el pavimento oscuro.

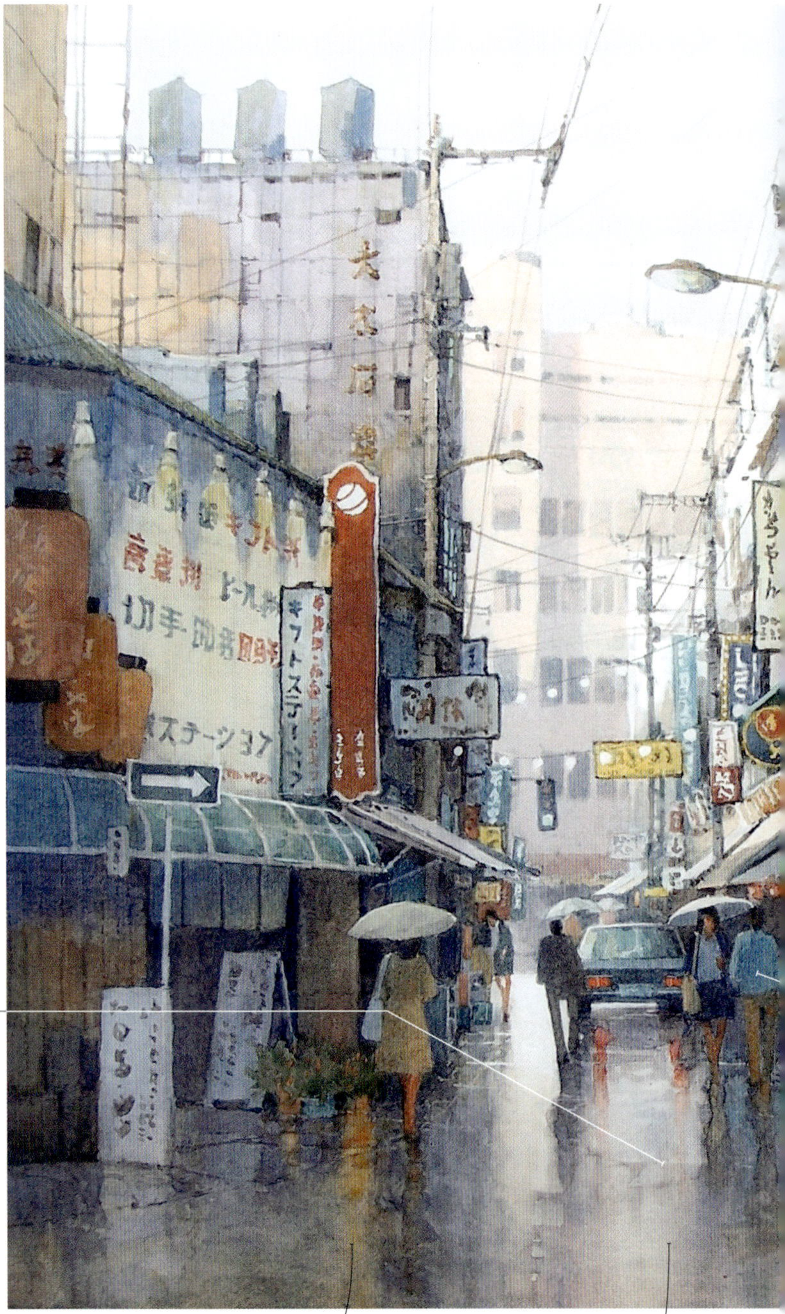

Se ha añadido amarillo ocre a la aguada inicial para sugerir reflejos

Valores fríos en el primer plano

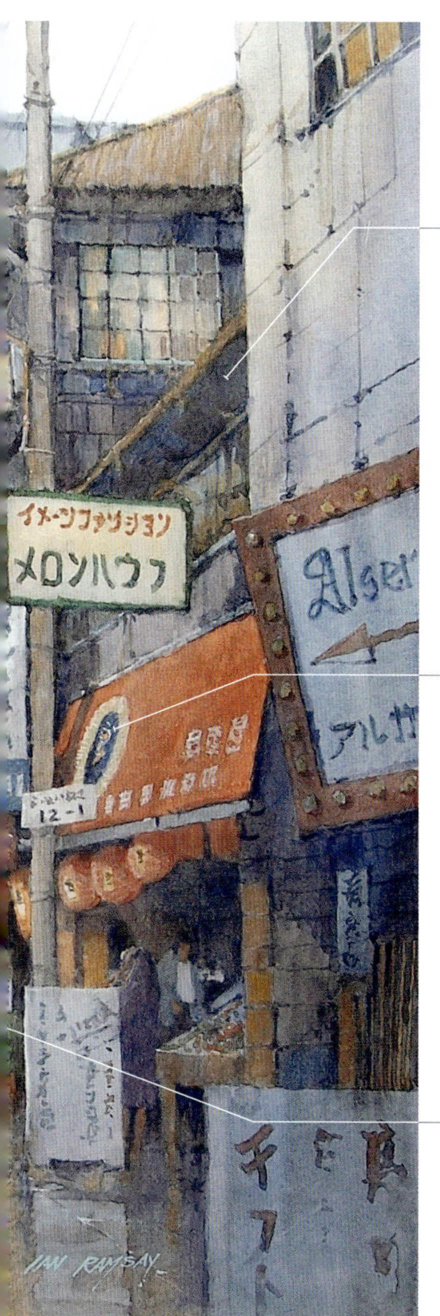

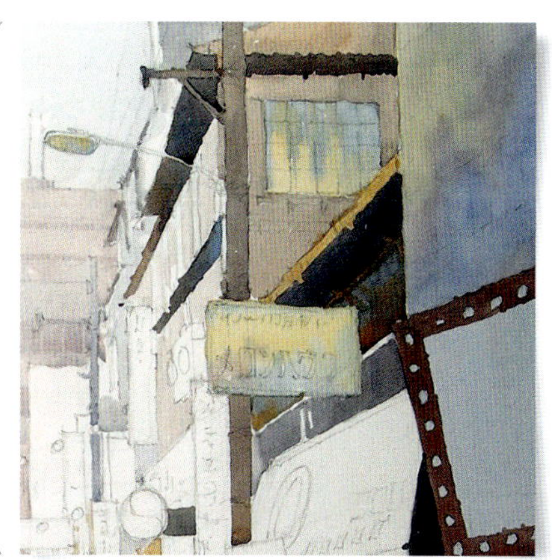

5 Añade valores oscuros

Añade color a algunas formas. Desarrolla un esquema de color cálido, con rojo cadmio y escarlata oscuro en los edificios del fondo, en contraste con los tonos más fríos mezclados con azul de ultramar del primer plano. Incluye valores más oscuros que den profundidad y perspectiva, y define los edificios y parte del mobiliario urbano y de las figuras del primer plano.

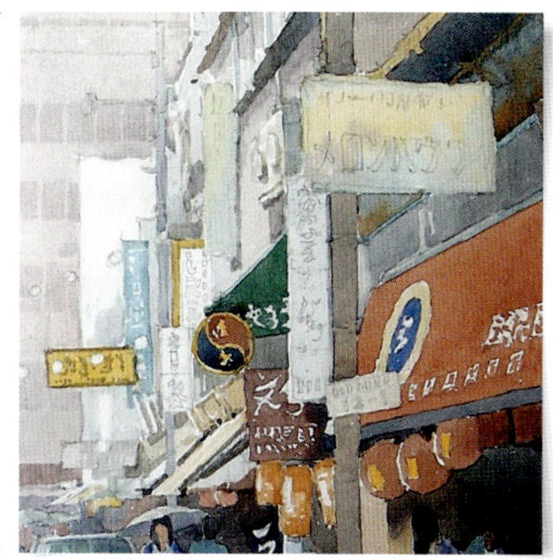

6 Define distintos elementos

Carteles, toldos, personas, postes de teléfono y automóviles, estos son los elementos que dan interés a una escena urbana. Comienza a definirlos y asegúrate de que encajen como un todo en lugar de ser elementos separados. Emplea colores similares, como los tonos cálidos de los farolillos, en todo el cuadro, empleando pinceles redondos de pelo suave para mezclar los colores y unificar el cuadro.

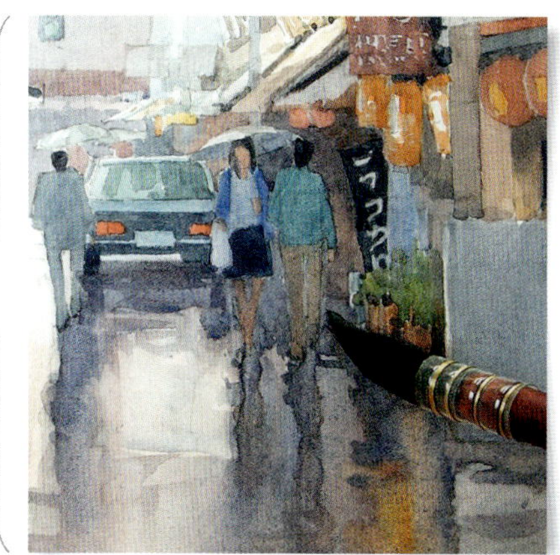

7 Detalles finales

Añade color a todas las superficies y funde los bordes con una brocha cargada para evitar bordes duros entre los elementos. Remata con detalles lineales que definan elementos como los carteles; usa valores oscuros para la profundidad y un delineador para las líneas finas, como las de los cables. Añade un poco de *gouache* blanco mezclado con acuarela transparente para añadir acentos y brillo.

«Los contrastes de forma y de valor atraen la mirada a la escena. Aprovecha las sombras que proyectan los edificios en los días soleados o los reflejos sobre el asfalto mojado.»

Edificios

PLASMAR PUNTOS DE REFERENCIA Y VISTAS

Usar un estilo minimalista para plasmar escenas urbanas te ayuda a simplificar la imagen y a dar protagonismo al edificio que te haya llamado la atención. Incluye los detalles del entorno que encuadran la imagen y usa un estilo simplificado lleno de colores fuertes y siluetas delineadas e impactantes.

▣ Esboza las líneas maestras

Simplifica los elementos de la escena a la mínima expresión utilizando elementos locales dibujados y coloreados con soltura que proporcionen un marco. Sugiere perspectiva con líneas sencillas, y esboza los detalles y los elementos a lápiz para añadir foco al final.

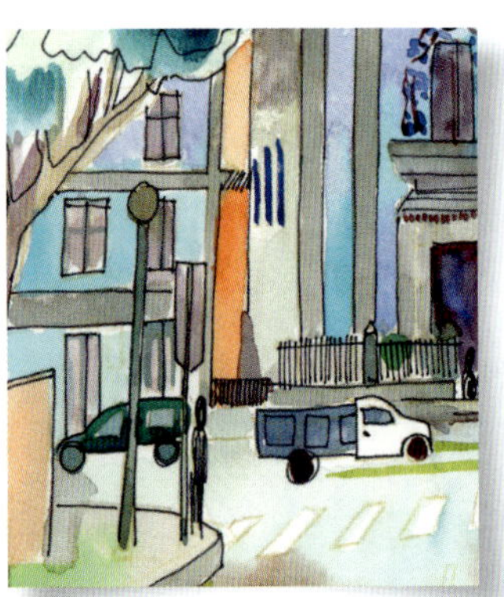

Elementos locales
Figuras, automóviles, árboles y mobiliario urbano dibujados con sencillez son puntos de referencia rápidos para la proporción y la escala.

Líneas de perspectiva
Plasma la perspectiva lineal de los edificios con líneas simples y no muy precisas. Lo justo para dar sensación de profundidad.

Detalles dibujados
Para centrar las áreas de interés clave, plasma con algo más de detalle las características físicas sobre aguadas uniformes definiéndolas o dibujándolas con un pincel fino o una pluma.

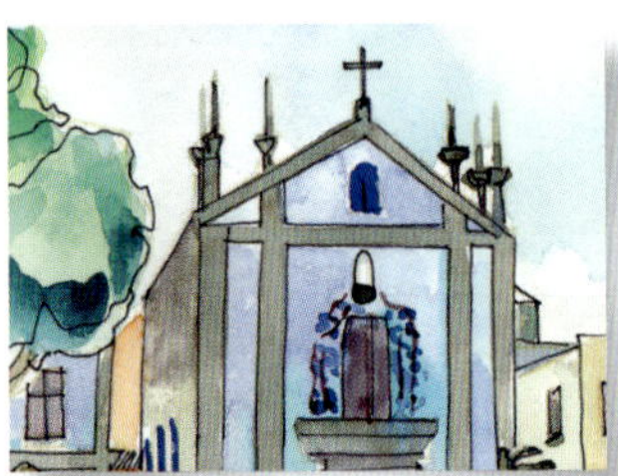

PONLO EN PRÁCTICA

Las aguadas ofrecen un fondo neutro sobre el que añadir tonos intensos que guían la mirada al edificio del centro, donde las líneas en tinta definen los detalles. Los detalles del lugar apenas esbozados fraguan la escena.

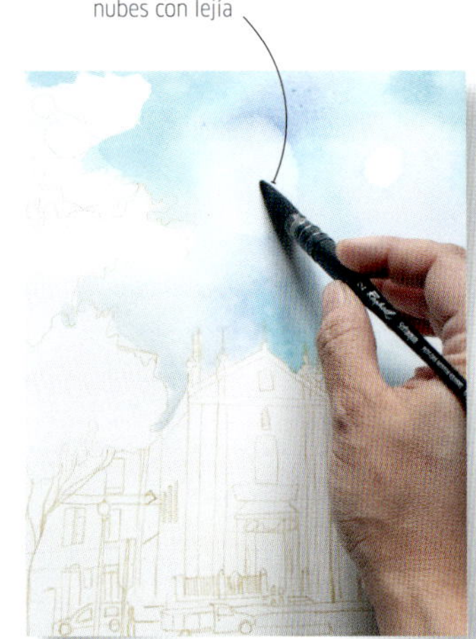

1 Fondo neutro
Esboza rápidamente los elementos principales y plasma las formas sólidas, con el árbol del primer plano definiendo el borde. Luego aplica aguadas degradadas en el cielo para crear un fondo neutro.

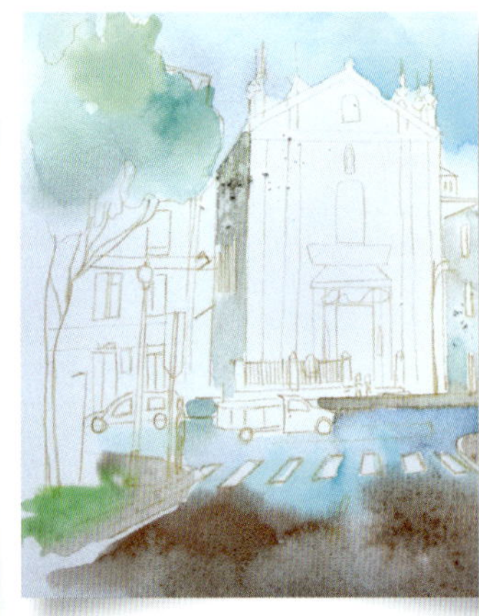

2 Tonos iniciales
Sigue añadiendo tonos más claros, manteniendo los mismos colores pero ajustando el tono de cada uno mientras la pintura sigue húmeda. Un primer plano cálido ayuda a guiar la mirada por la carretera hacia el azul más frío.

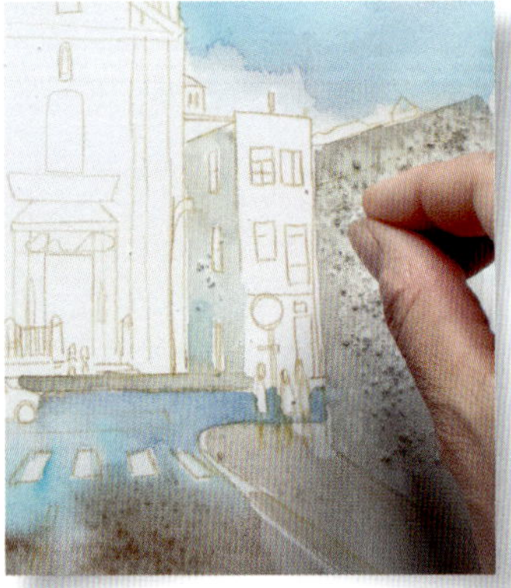

3 Texturas urbanas
Aplica granos de sal a la aguada uniforme aún húmeda del muro lateral y de la calle, para crear efectos de texturas urbanas, como hormigón y piedra. Espera a que se seque del todo antes de retirar la sal.

Necesitarás

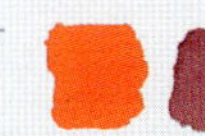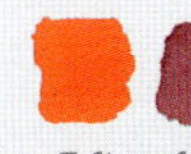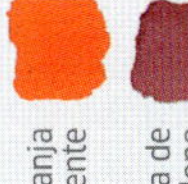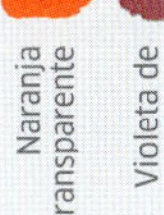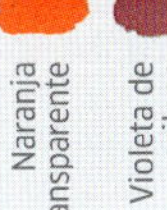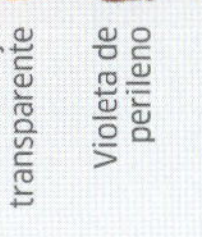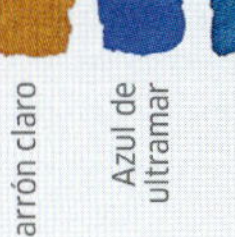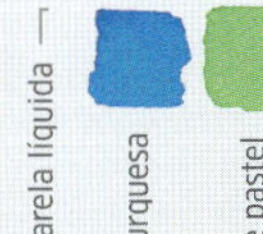

Acuarela
- Naranja transparente
- Violeta de perileno
- Marrón claro
- Azul de ultramar
- Verde agua

Acuarela líquida
- Azul turquesa
- Verde pastel

- Brocha de pelo suave n.º 2
- Pinceles redondos de pelo suave n.º 1 y n.º 0
- Estilógrafo

- Lejía
- Sal de mesa
- Papel para acuarela prensado en frío (NO) de 300 g/m² de 30 × 20 cm

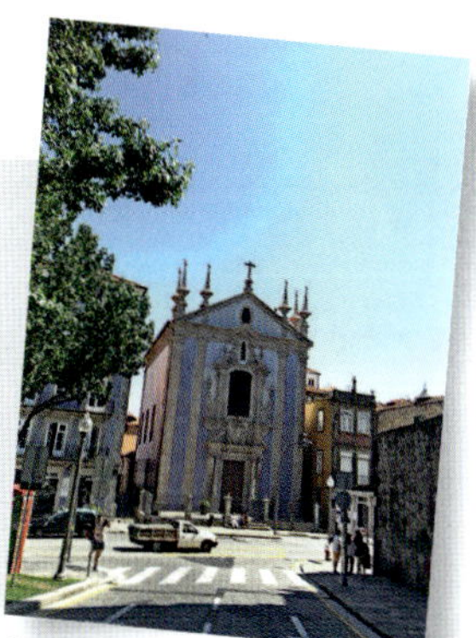

Oporto (Portugal)

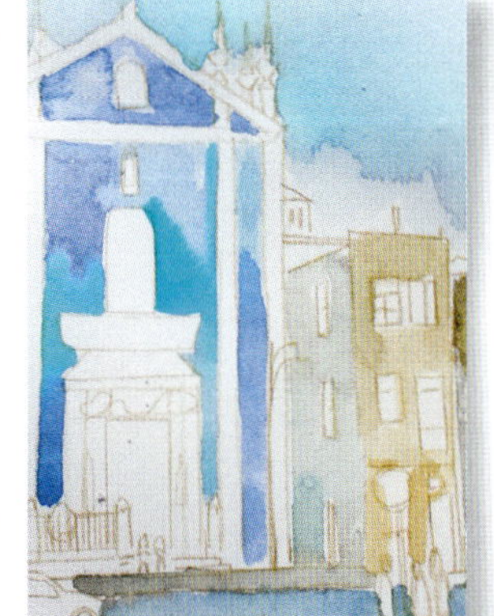

4 Fachadas planas

Rellena las fachadas planas de los edificios y utiliza tonos distintos para las áreas sombreadas. Superpón algunas aguadas intensas azul turquesa y azul de ultramar para sumar interés a los elementos principales.

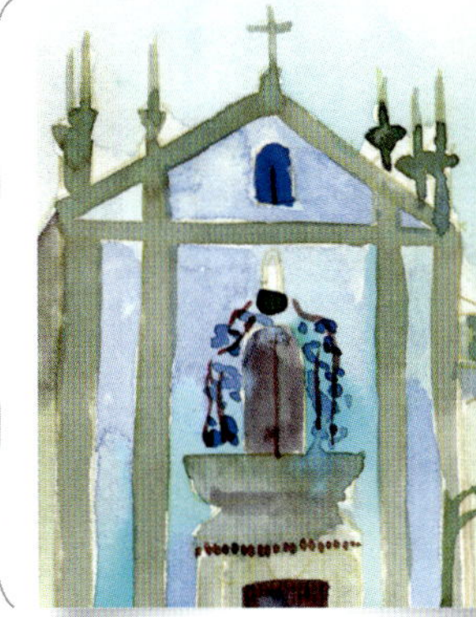

5 Elementos principales

Mezcla tonos oscuros y añade detalles sobre las aguadas uniformes. Usa un gris natural para la mampostería, y emplea mezclas intensas para las sombras de puertas y ventanas. Insinúa el arco decorado de la iglesia.

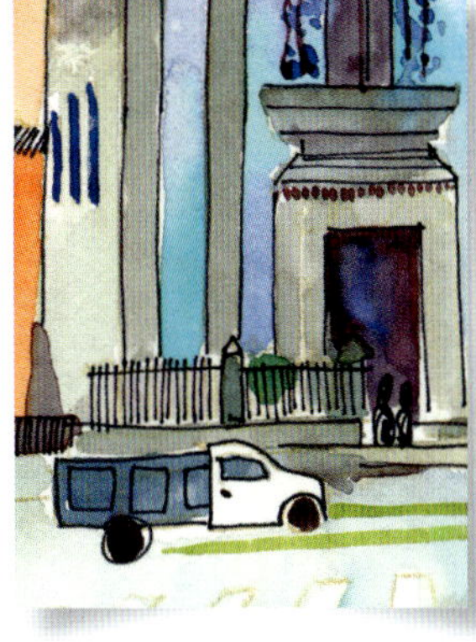

6 Últimos detalles

Con un estilógrafo, define los detalles arquitectónicos y el mobiliario urbano. Incluye detalles del lugar, como los vehículos y las figuras. Añade líneas sueltas para enfocar el árbol.

Abstracción urbana

EVOCAR LUGARES Y AMBIENTES

Si bien las escenas urbanas pueden ser complicadas y resultar abrumadoras para los artistas sin experiencia, simplificarlas hasta la abstracción puede ser una estrategia accesible y emocionante. Trabajar con rapidez y no entrar en demasiados detalles hará que la escena resulte impactante. El objetivo es producir una sensación de espacio que atraiga al observador, pero sin tener que pintar un cuadro figurativo.

PONLO EN PRÁCTICA

Capta con rapidez la impactante esencia de un paisaje urbano imaginado pintando con soltura formas de bordes duros, colores oscuros y potentes, pinceladas fuertes y contrastes intensos.

Necesitarás

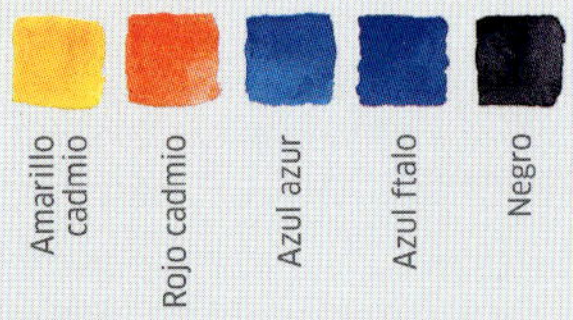

- Amarillo cadmio
- Rojo cadmio
- Azul azur
- Azul ftalo
- Negro

- Brocha de pelo suave n.º 20
- Pincel espada mediano
- Pulverizador
- Papel para acuarela áspero de 640 g/m² de 30 × 42 cm

«Los **colores oscuros** y las formas angulosas sugieren **áreas industriales**.»

1 Rellena los elementos básicos

Humedece el papel con el pulverizador. Decide dónde colocarás la línea del horizonte y rellénala con fuertes marcas composicionales de brocha. Confía en tu instinto y aplica marcas expresivas. Usa una mezcla de azul concentrada, porque quedará más clara una vez seca.

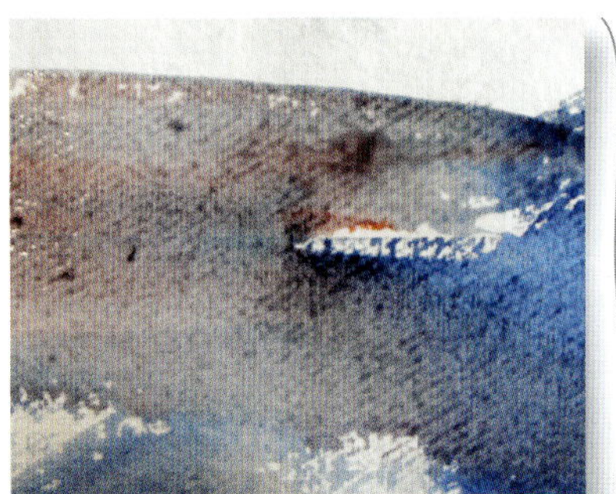

2 Deja que los colores se corran y se mezclen

Añade un poco de rojo diluido a las zonas azules y aplícalo con soltura y haciendo marcas sencillas. Deja que los colores se corran, pero que queden zonas blancas.

Minimizar los detalles

Si quieres transformar un entorno urbano
en un cuadro abstracto, reduce la cantidad
de detalles que dan información definida al
observador. Busca la ambigüedad y permite
que el observador interprete la escena a su
gusto. Combina los elementos básicos de
una composición fuerte con bordes difusos
y formas angulosas que indiquen edificios, y
juega con los claros y los oscuros. Insiste en
los segundos para evocar áreas industriales.

Formas ambiguas

Estas formas podrían ser postes de madera,
juncos, rocas o reflejos distorsionados de
edificios. Las manchas podrían ser aves,
guijarros o salpicaduras de agua.

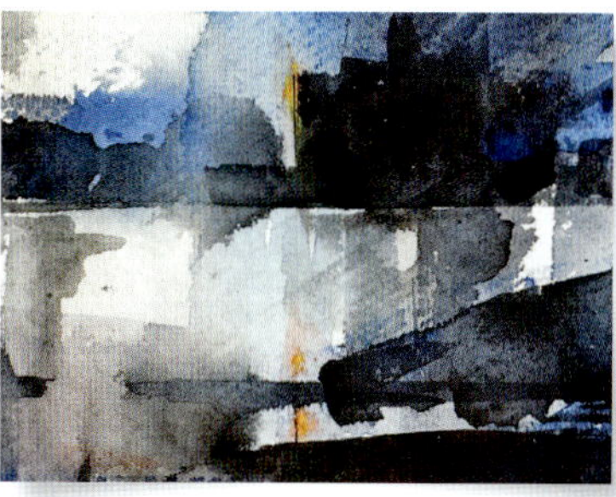

Guiar la mirada

Las potentes diagonales en el cielo y
los edificios crean formas lineales en el
primer plano y guían la mirada a la zona
clara en el agua, que es el punto focal.

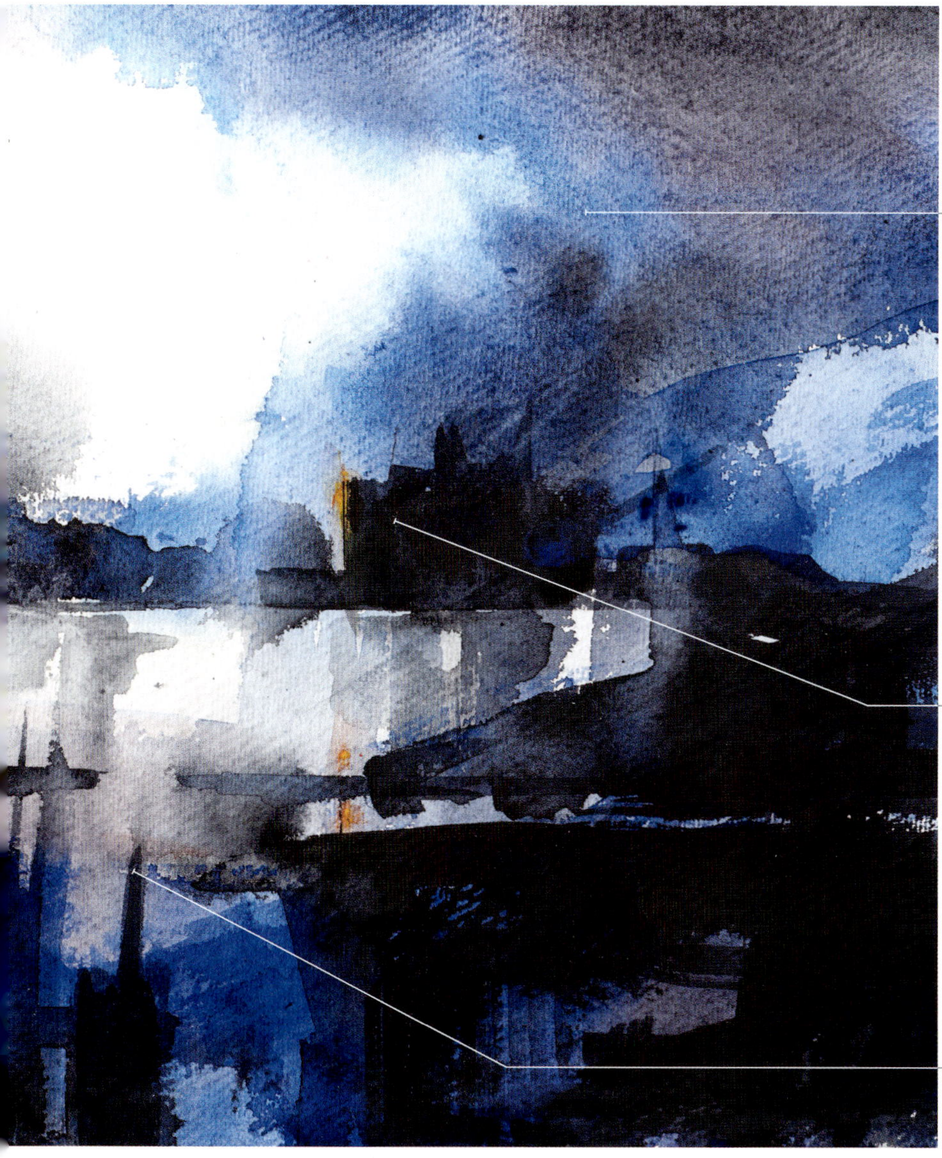

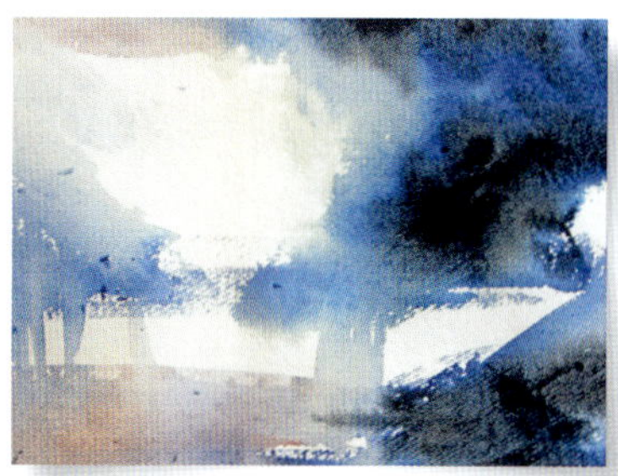

3 Añade el cielo

Inclina la tabla y pulveriza agua sobre
la parte superior. Los colores se correrán, y
el negro mezclándose con el azul sugerirá
un cielo tormentoso o contaminado.

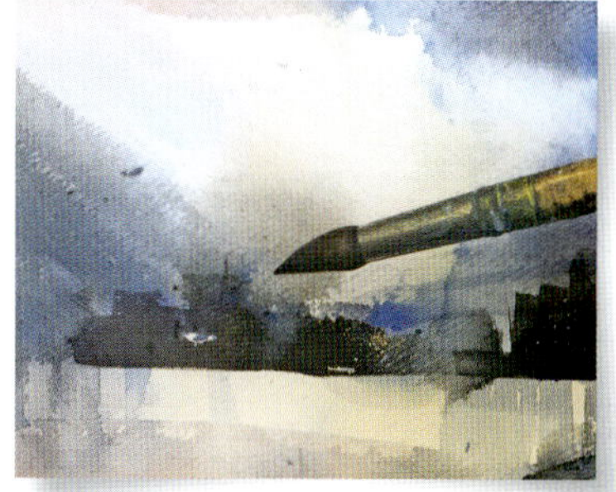

4 Insinúa los edificios

Una vez seca la pintura, insinúa
edificios con fuertes marcas negras
que denoten almacenes y muelles.

5 Añade interés al primer plano

Cuando la pintura se haya secado,
aplica en el primer plano algunas
pinceladas azules fuertes para formar
un área más sólida. Finalmente, añade
un par de puntitos de luz naranjas.

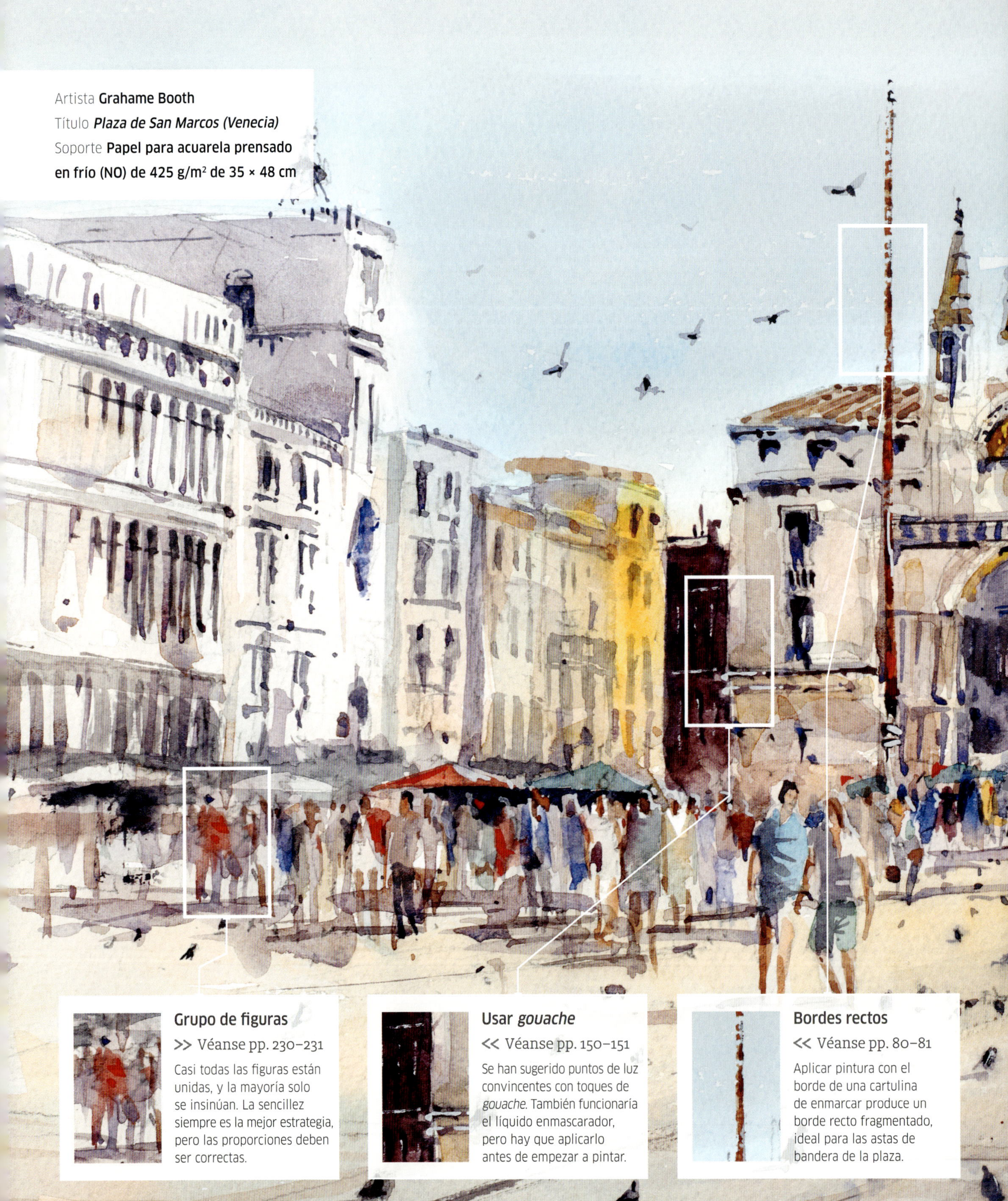

Grupo de figuras

>> Véanse pp. 230–231

Casi todas las figuras están
unidas, y la mayoría solo
se insinúan. La sencillez
siempre es la mejor estrategia,
pero las proporciones deben
ser correctas.

Usar *gouache*

<< Véanse pp. 150–151

Se han sugerido puntos de luz
convincentes con toques de
gouache. También funcionaría
el líquido enmascarador,
pero hay que aplicarlo
antes de empezar a pintar.

Bordes rectos

<< Véanse pp. 80–81

Aplicar pintura con el
borde de una cartulina
de enmarcar produce un
borde recto fragmentado,
ideal para las astas de
bandera de la plaza.

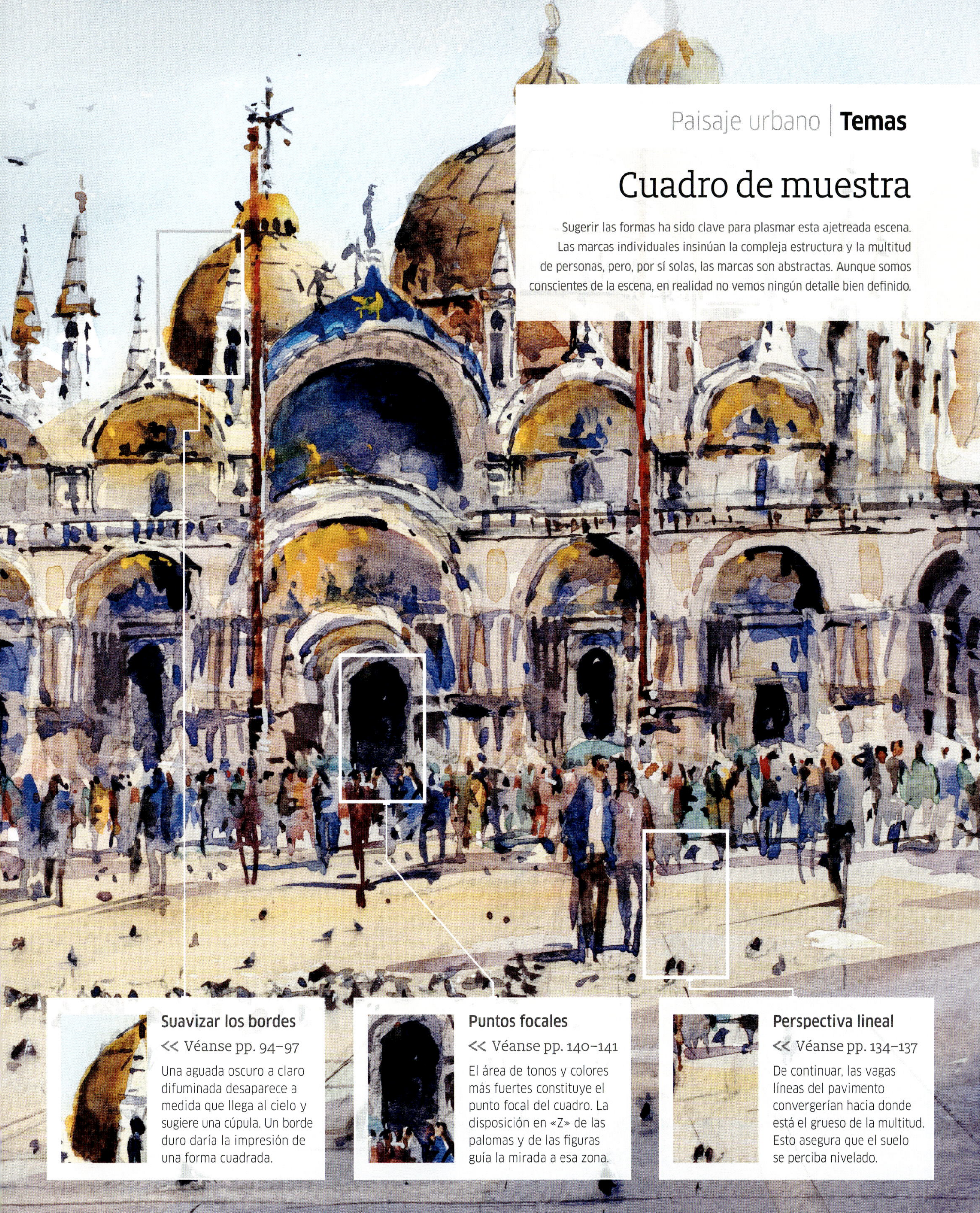

Cuadro de muestra

Sugerir las formas ha sido clave para plasmar esta ajetreada escena. Las marcas individuales insinúan la compleja estructura y la multitud de personas, pero, por sí solas, las marcas son abstractas. Aunque somos conscientes de la escena, en realidad no vemos ningún detalle bien definido.

Suavizar los bordes

≪ Véanse pp. 94–97

Una aguada oscuro a claro difuminada desaparece a medida que llega al cielo y sugiere una cúpula. Un borde duro daría la impresión de una forma cuadrada.

Puntos focales

≪ Véanse pp. 140–141

El área de tonos y colores más fuertes constituye el punto focal del cuadro. La disposición en «Z» de las palomas y de las figuras guía la mirada a esa zona.

Perspectiva lineal

≪ Véanse pp. 134–137

De continuar, las vagas líneas del pavimento convergerían hacia donde está el grueso de la multitud. Esto asegura que el suelo se perciba nivelado.

Crear patrones

DESARROLLAR UN DISEÑO FLORAL

Un patrón logrado consiste en una repetición continuada y sin interrupciones que fluye y se extiende sin fin y sin variaciones obvias. Usa formas y colores similares para crear conexiones fluidas en la viñeta de base, que se convertirá en la guía sobre la que crear las repeticiones.

Repetir diseños

Para repetir el patrón de tu viñeta de acuarela, escanéala o cópiala tantas veces como necesites, y recorta los bordes tan cerca como puedas, para eliminar marcas de límites y espacios vacíos. Cómo coloques las copias afectará a la repetición. Oriéntalas todas del mismo modo para una repetición sencilla, o bien prueba a colocar alguna a media altura o a orientarlas para crear un efecto de espejo.

PONLO EN PRÁCTICA

Esta viñeta de base se compone de capas superpuestas y recurre a elementos orgánicos que se unen con formas y colores repetidos para crear un patrón equilibrado que se puede usar en diseños repetidos.

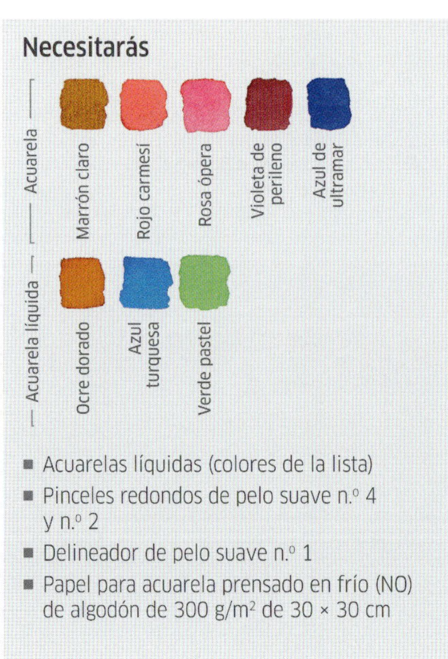

Necesitarás

Acuarela					
Marrón claro	Rojo carmesí	Rosa ópera	Violeta de perileno	Azul de ultramar

Acuarela líquida		
Ocre dorado	Azul turquesa	Verde pastel

- Acuarelas líquidas (colores de la lista)
- Pinceles redondos de pelo suave n.º 4 y n.º 2
- Delineador de pelo suave n.º 1
- Papel para acuarela prensado en frío (NO) de algodón de 300 g/m² de 30 × 30 cm

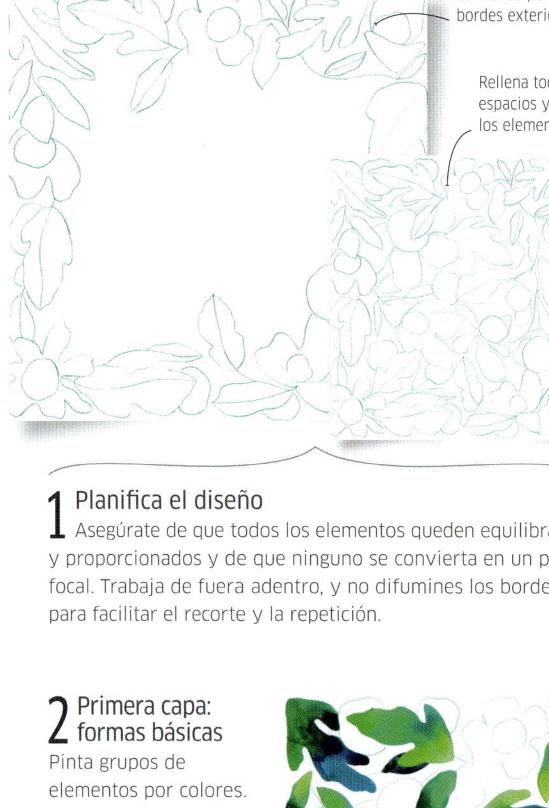

1 Planifica el diseño

Asegúrate de que todos los elementos queden equilibrados y proporcionados y de que ninguno se convierta en un punto focal. Trabaja de fuera adentro, y no difumines los bordes, para facilitar el recorte y la repetición.

2 Primera capa: formas básicas

Pinta grupos de elementos por colores. Aquí, para la primera capa de las hojas se han usado tres verdes, que se han mezclado húmedo sobre húmedo en la superficie. Asegúrate de distribuir uniformemente los colores y las formas en toda la viñeta.

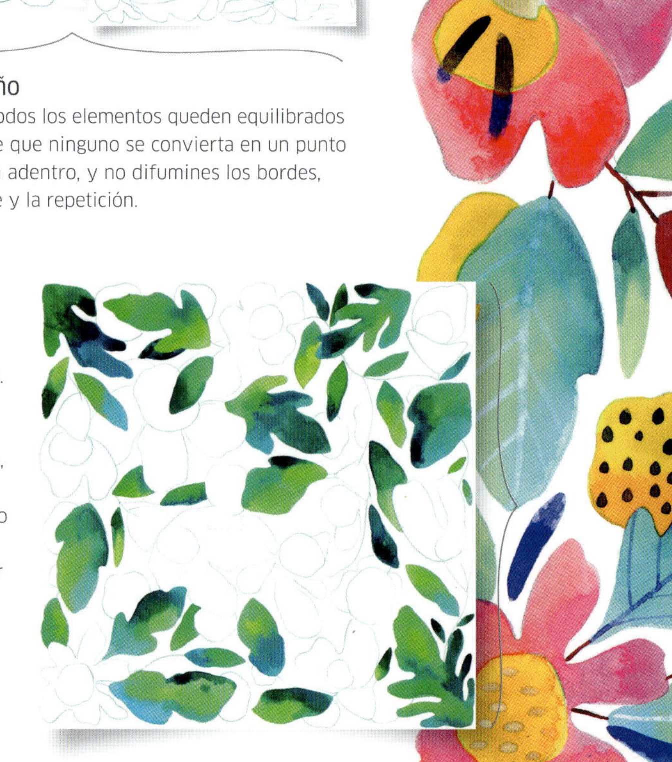

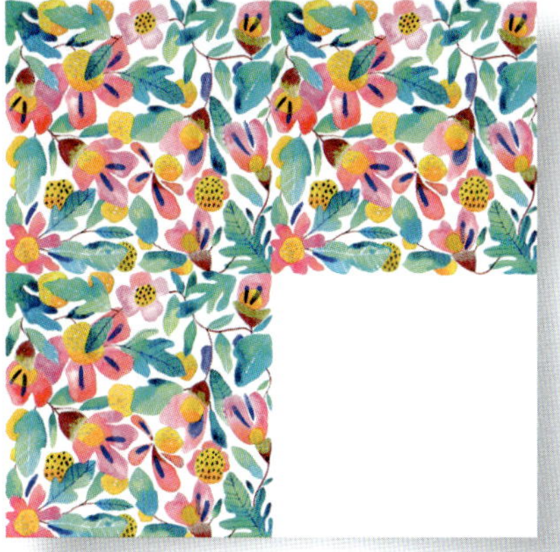

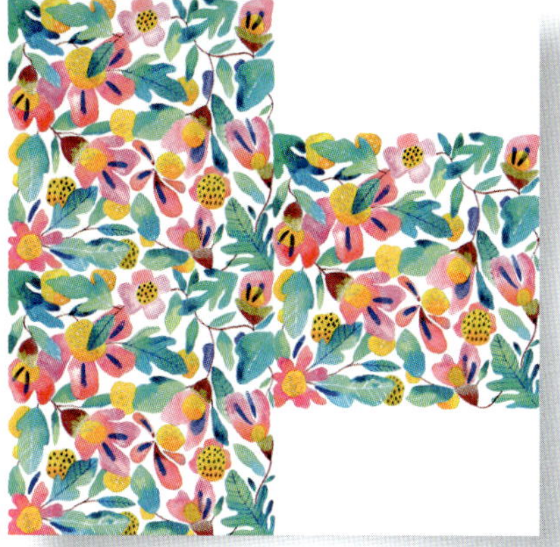

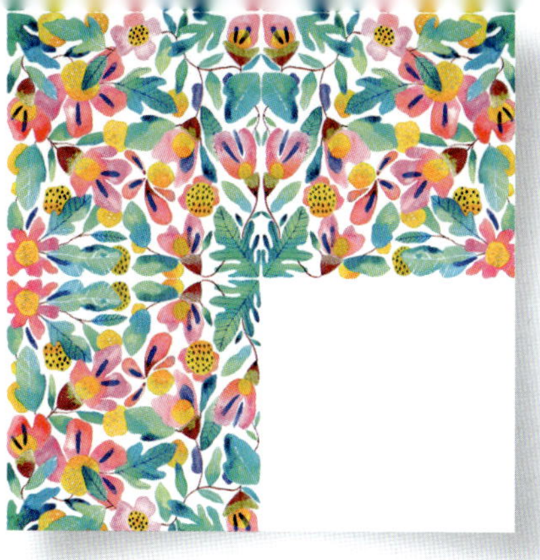

Repetición sencilla

Coloca las copias en pares con la misma orientación y sin dejar espacios. Trabaja en filas y asegúrate de que las esquinas encajen bien.

Repetición a media altura

Yuxtapón dos copias en vertical y alinea la línea media de una tercera con la unión horizontal de aquellas. Añade copias por encima y por debajo.

Repetición en espejo

Es como una repetición sencilla, pero girando las copias de modo que la misma esquina se una en el centro y revele un diseño simétrico o caleidoscópico.

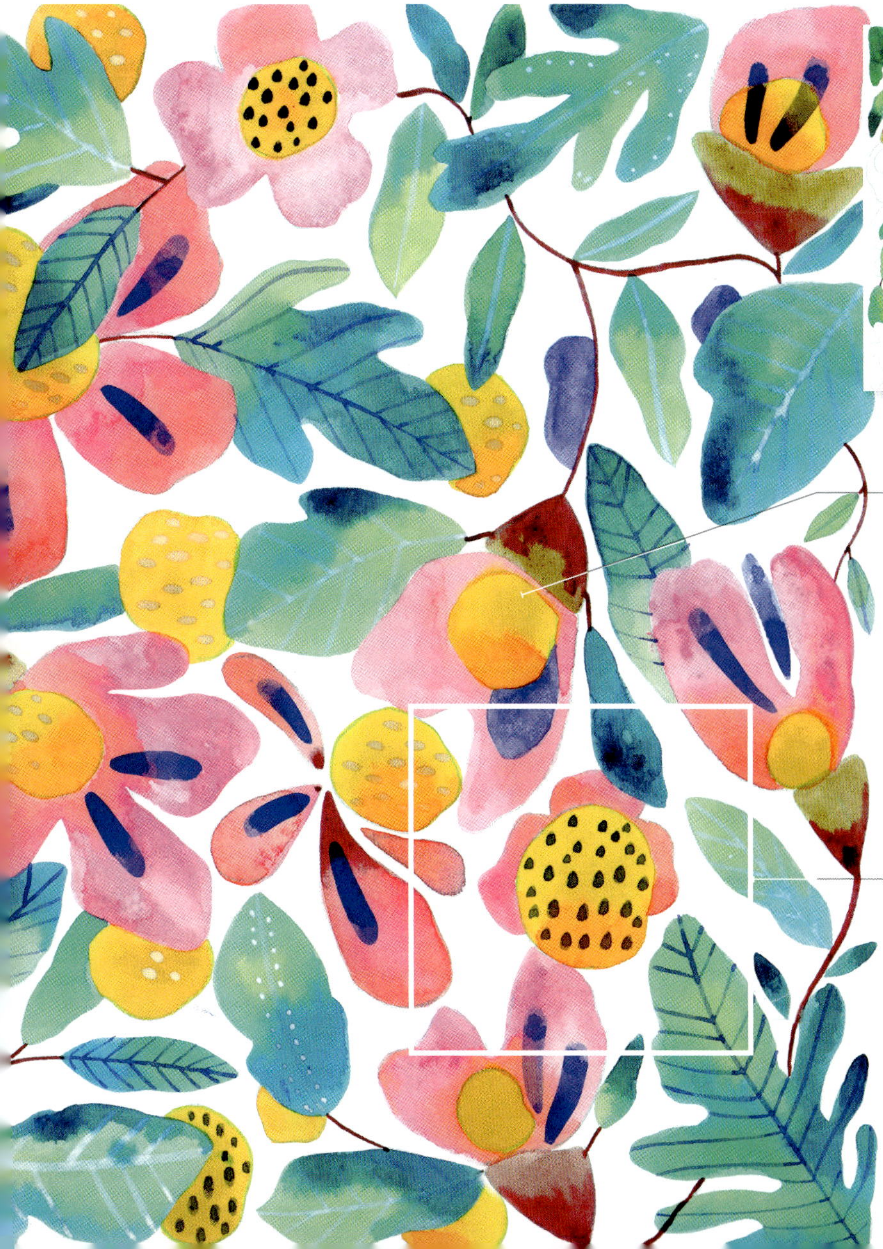

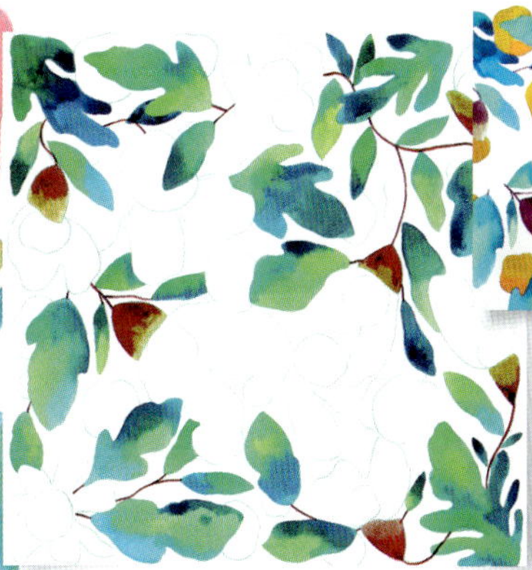

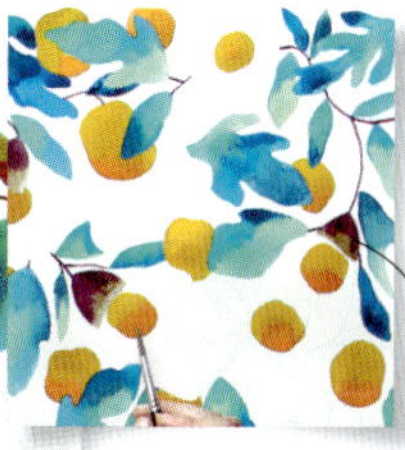

Repite círculos de ocre dorado intenso y de tamaño similar

3 Segunda capa: conexiones

Prepara dos tonos de marrón mezclando marrón claro y violeta de perileno para los zarcillos que conectan las flores y crear armonía entre los elementos. No varíes demasiado las formas. La repetición es clave en los patrones.

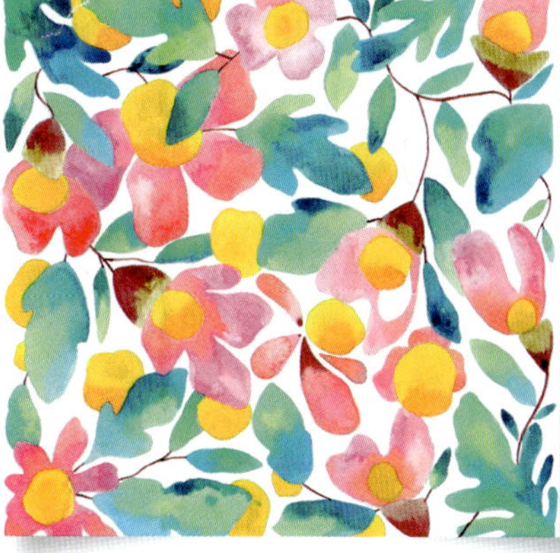

4 Tercera capa: equilibra el color

Usa mezclas intensas de rosa y rojo en los pétalos, y repite los colores en todo el patrón, para mantener el equilibrio. Añade detalles con líneas y puntos, y superpón algún elemento nuevo.

Sombras en los bodegones

USAR LA LUZ Y LA TRANSPARENCIA

Ten en cuenta el efecto de la luz al componer un bodegón: la fuerza, la dirección y la luminosidad de la fuente de luz crearán sombras que contribuirán a transmitir realismo y sensación de espacio. La transparencia de la acuarela se presta a sombras delicadas y a mezclar los bordes efímeros de la luz con los colores y tonos de los objetos sólidos.

■ Trabajar con efectos de sombra

En la mayoría de los bodegones, no solo tendrás que pensar en cómo equilibrar los objetos sólidos, sino también en el efecto de las sombras sobre la composición general. Las sombras añaden profundidad y anclan los objetos a la superficie. Obsérvalas cuidadosamente, y piensa en su ubicación, forma y color.

PONLO EN PRÁCTICA

Las sombras congruentes permiten crear bodegones realistas a partir de una composición inventada. En este bodegón, el vidrio de colores crea sombras de tonos apagados que se proyectan sobre un fondo plano y blanco, evocando las diversas formas de los jarrones.

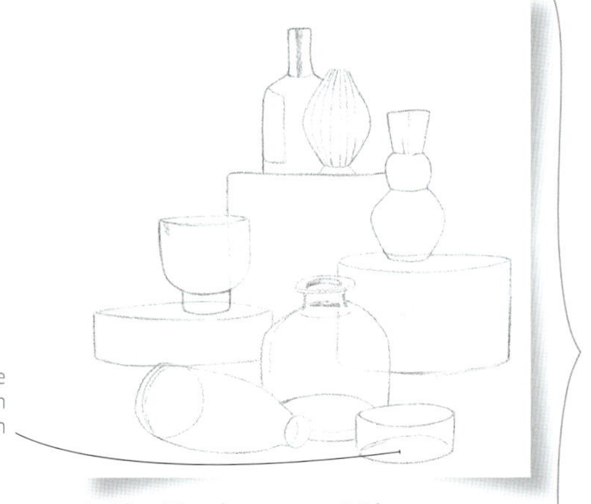

Distintos objetos de vidrio combinados en una misma composición

1 Planifica la composición
Puedes crear la composición del bodegón con imágenes encontradas. Aquí, dos jarrones rosas inspiraron un bodegón que se organizó a partir de un fotomontaje de objetos de vidrio. Traslada la silueta de la composición al papel para acuarela.

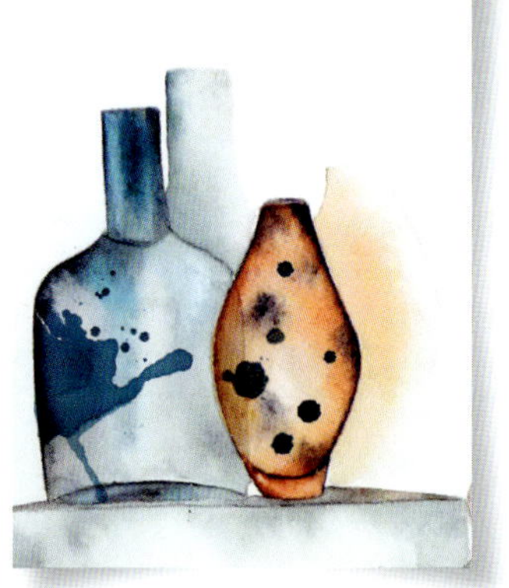

Planifica
Determina áreas de tonos más oscuros o sombras que den forma a los objetos sólidos. Asegúrate de que conservas puntos de luz. Esboza las siluetas de las sombras proyectadas. Refleja el objeto y comprueba que el ángulo de la sombra sea congruente.

Color y forma de las sombras
Observa los colores de las sombras, que suelen contener tonos apagados del objeto. Usa una aguada diluida para plasmar la forma del objeto en la sombra proyectada, y observa la dirección y la fuente de luz. Si es lateral, las sombras se proyectarán en ángulos oblicuos; si es cenital, las sombras serán cortas. Las sombras verticales de este ejemplo evocan un fondo plano.

Deja papel en blanco como puntos de luz allá donde la luz incida sobre la superficie

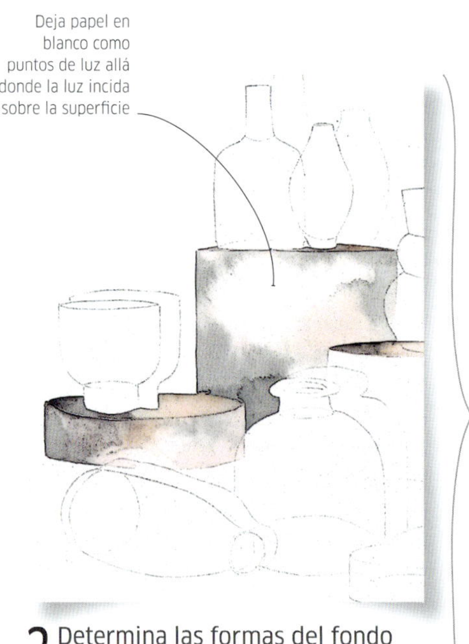

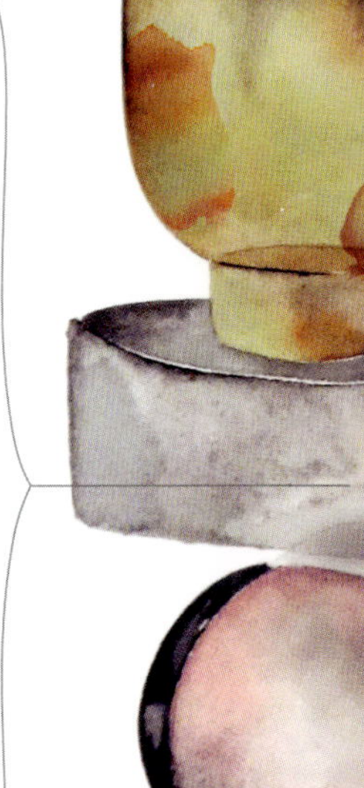

2 Determina las formas del fondo
Define las formas sólidas que constituyen el fondo de los objetos de vidrio. Humedece las áreas de los pedestales y, con un pincel n.º 6, rellénalas con un gris medio claro.

Necesitarás

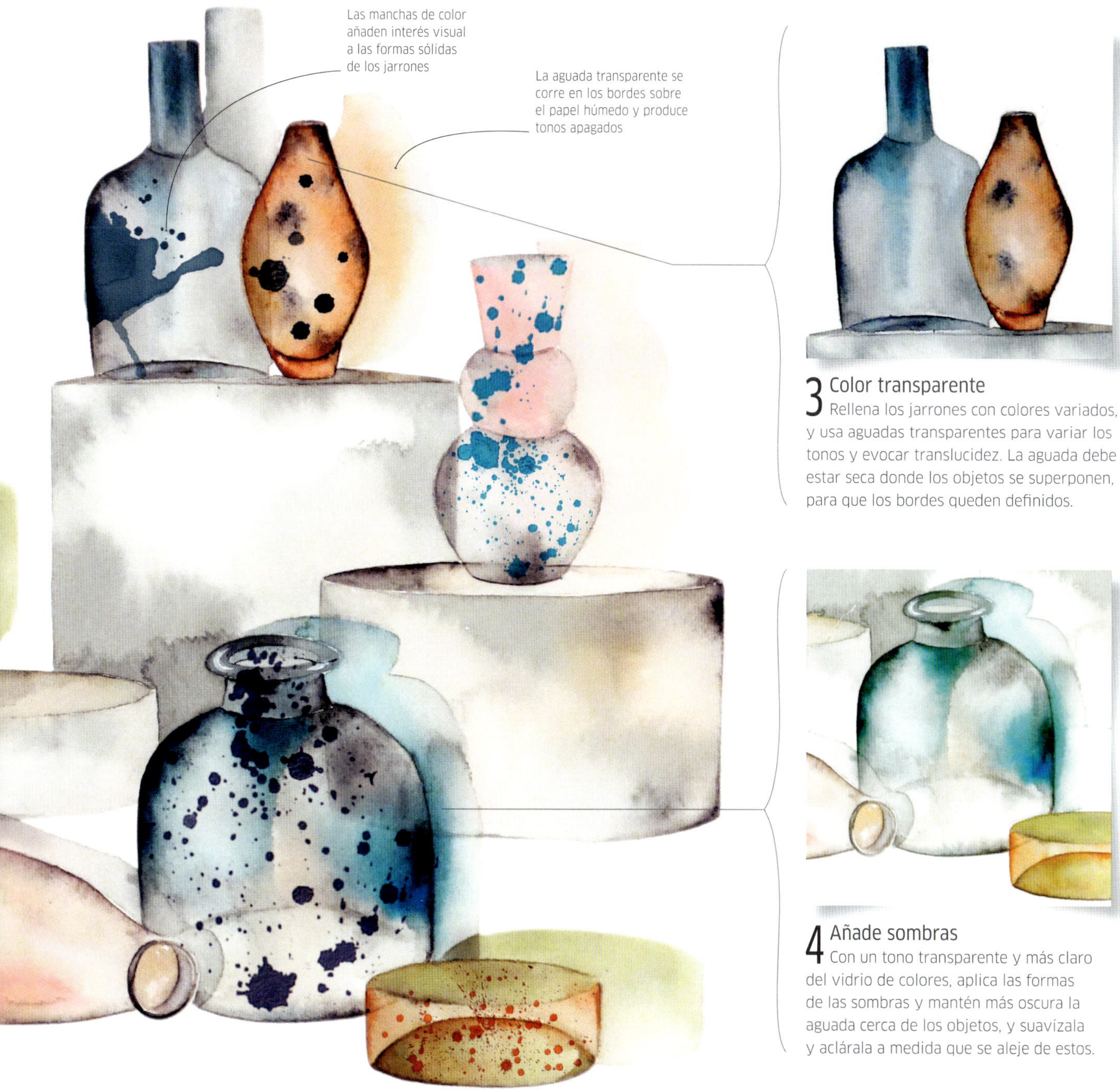

- Varios pinceles redondos de pelo suave
- Papel para acuarela prensado en frío (NO) de 300 g/m² de 29 × 42 cm

Las manchas de color añaden interés visual a las formas sólidas de los jarrones

La aguada transparente se corre en los bordes sobre el papel húmedo y produce tonos apagados

3 Color transparente

Rellena los jarrones con colores variados, y usa aguadas transparentes para variar los tonos y evocar translucidez. La aguada debe estar seca donde los objetos se superponen, para que los bordes queden definidos.

4 Añade sombras

Con un tono transparente y más claro del vidrio de colores, aplica las formas de las sombras y mantén más oscura la aguada cerca de los objetos, y suavízala y aclárala a medida que se aleje de estos.

Superficies envejecidas

PRESTAR ATENCIÓN A LA TEXTURA

Parte del atractivo de pintar un bodegón reside en que permite elegir el tema y reunir distintos objetos que lo compongan. Cuando te centres en la textura, recurre a distintas técnicas para producir un cuadro visualmente interesante, como pigmentos sedimentarios, medios de granulación o sal, y con ello captarás el tema sin necesidad de pintar hasta el último detalle. Puedes usar estos métodos en multitud de temas, desde metal hasta pelo.

PONLO EN PRÁCTICA

En este bodegón de objetos oxidados y con verdín, el pigmento granuloso representa la superficie vieja, a la que la sal saturada añade textura real. Las marcas de pincel seco contrastan con las mezclas suaves.

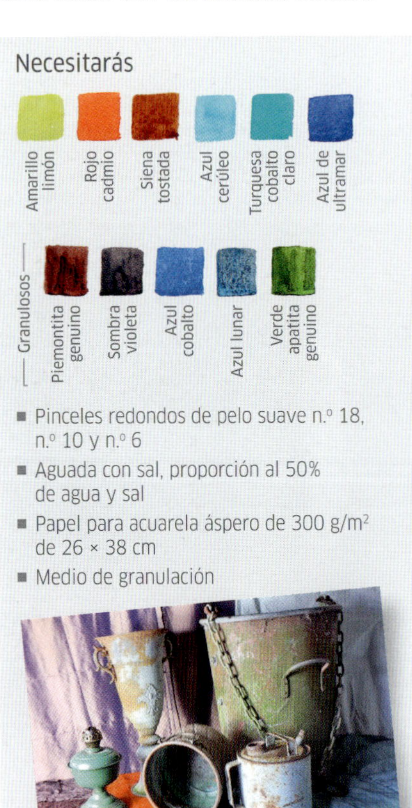

Necesitarás

- Pinceles redondos de pelo suave n.º 18, n.º 10 y n.º 6
- Aguada con sal, proporción al 50% de agua y sal
- Papel para acuarela áspero de 300 g/m² de 26 × 38 cm
- Medio de granulación

Texturas con pátina

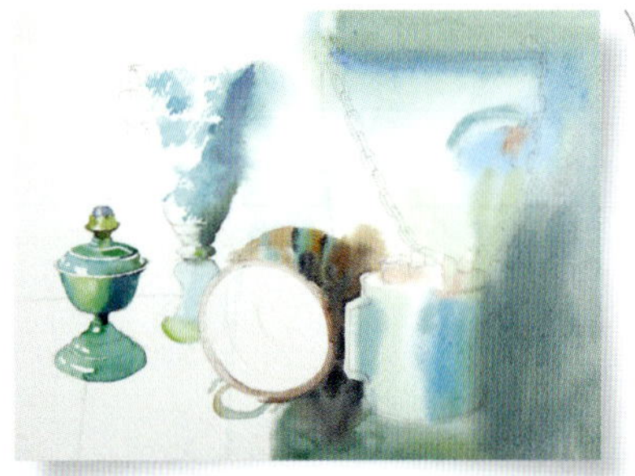

1 Puntos de luz sobre la primera capa

Pinta los puntos de luz que quieras conservar superponiendo aguadas transparentes en las superficies más iluminadas. Aplica marcas de pincel seco (pp. 56–57) en los bordes oxidados, y usa pigmentos granulosos, como el cobalto, para añadir textura. Mezcla pigmentos granulosos verde y violeta para el verdín. Deja que se seque la primera capa.

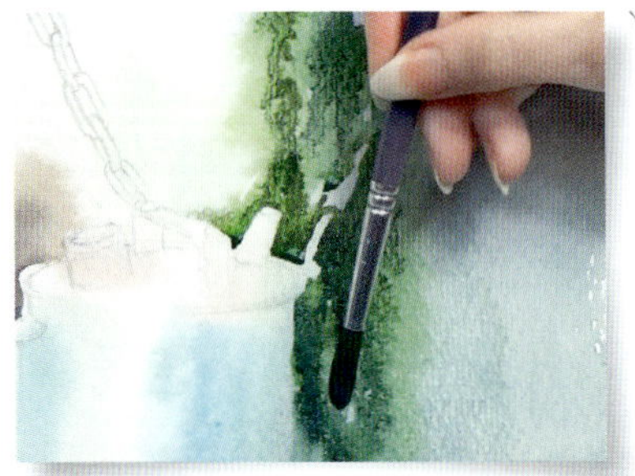

2 Promueve la granulación

Aplica sobre las áreas de verdín una aguada de un medio de granulación transparente. Mientras continúe húmeda, aplica pigmentos de granulación y más medio con un pincel cargado en un ángulo vertical. Deja que los chorretones fluyan.

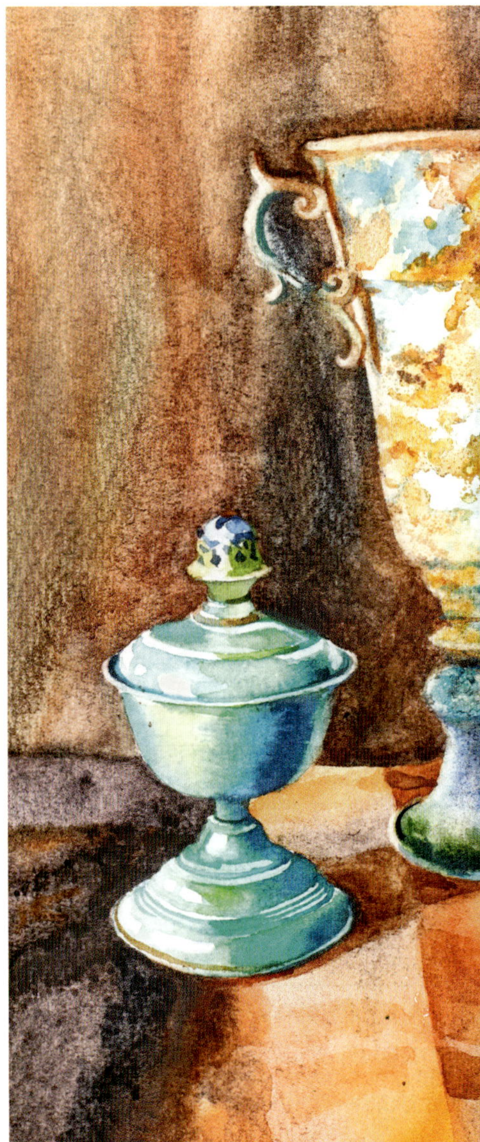

■ Controlar las texturas

Combinar pigmentos que se granulan (pp. 90–91) con medios de granulación o con sal permite intensificar o manipular los efectos y crear así patrones únicos, como chorretones libres. Planifica la paleta e incluye pigmentos que se separan y que encajen con el tema y con las texturas que quieras reflejar. Las aguadas con sal atraen el pigmento, que queda granuloso a diferencia de los efectos suaves y moteados que consigue la sal seca (p. 148).

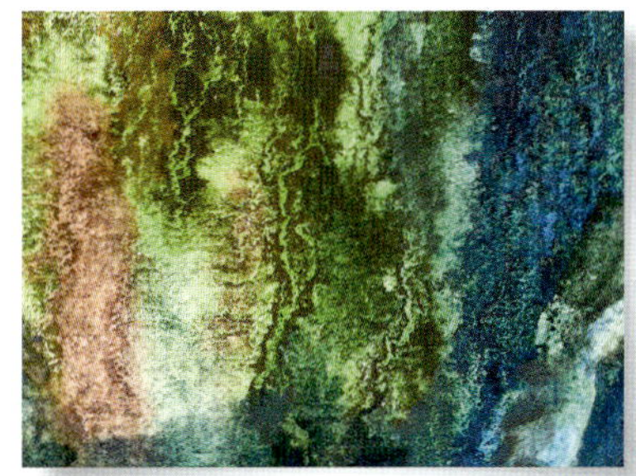

Corridos y chorretones

Aplica un medio de granulación sobre las primeras capas. Luego, deja caer un hilillo de un medio de granulación y pigmentos granulosos, para que formen chorretones.

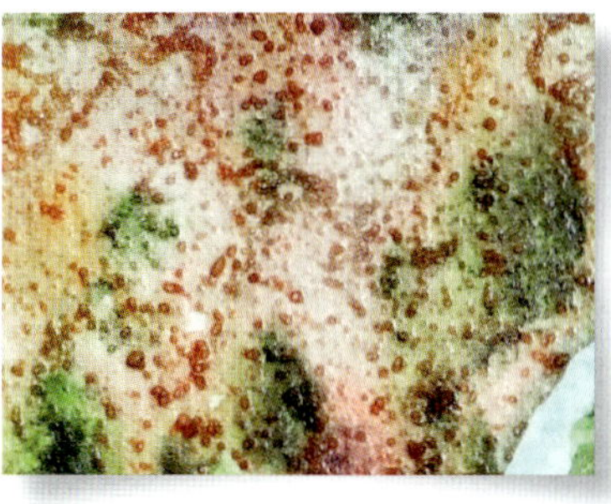

Aguada con sal

Mezcla agua y sal en la misma proporción y aplícala como una aguada. Aún húmeda, aplica encima pigmentos potentes. La sal y el pigmento se mezclarán y crearán textura.

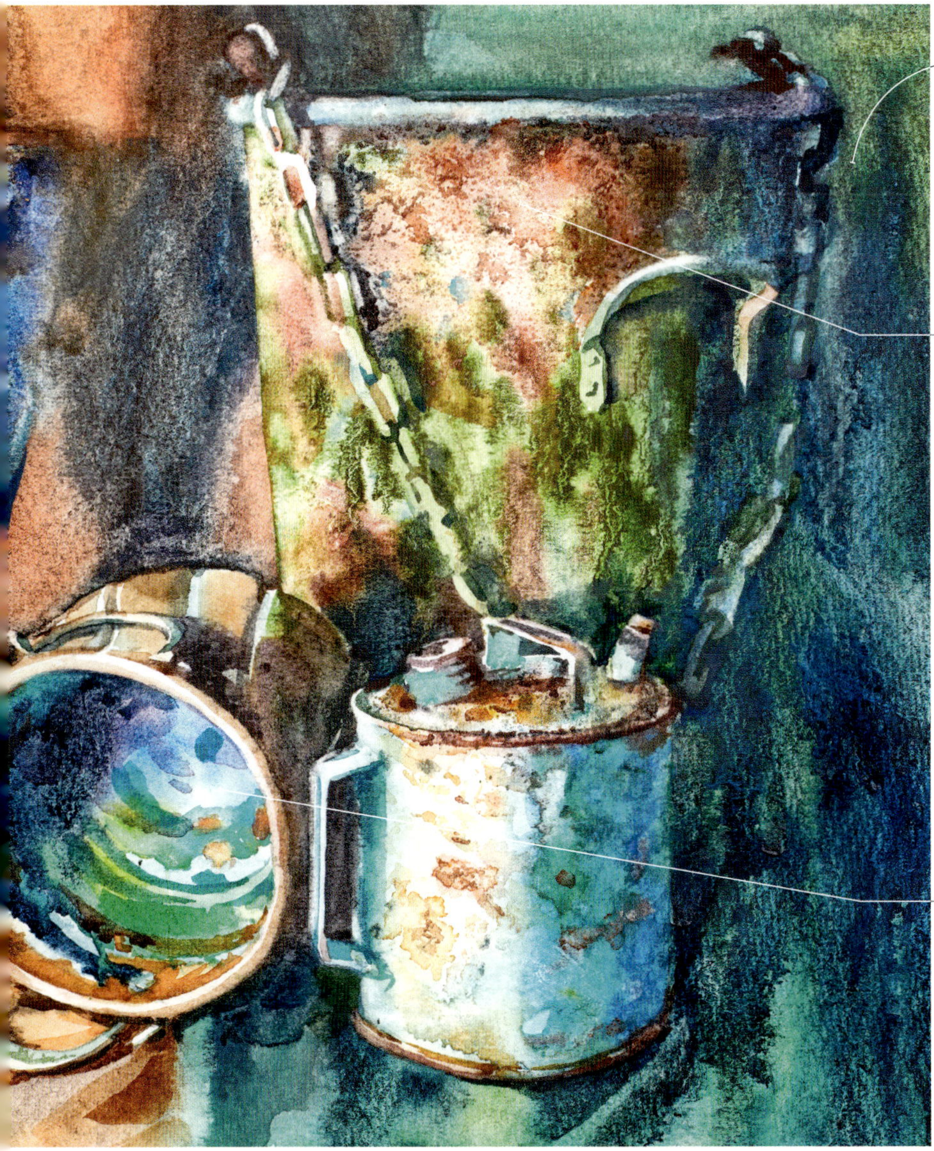

La textura del papel áspero retiene pigmento y contribuye al efecto global

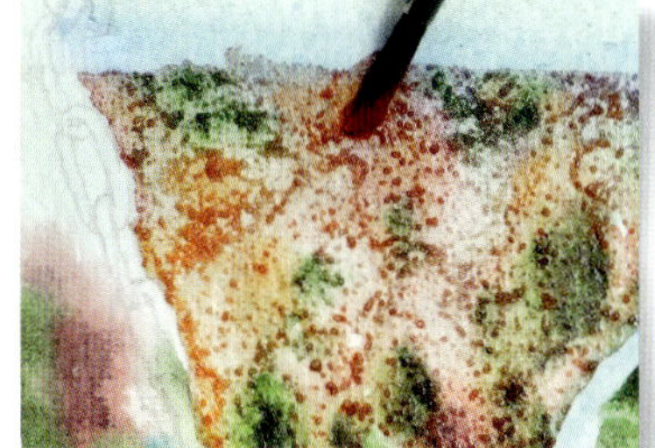

3 Aplica una aguada con sal

Cuando los chorretones se hayan secado, carga el pincel con abundante sal saturada y aplícala con el agua salada sobre las áreas oxidadas. Añade rápidamente abundante siena tostada en forma de manchas en esa misma área. Quedará más clara, porque el pigmento se pegará a los granos de sal.

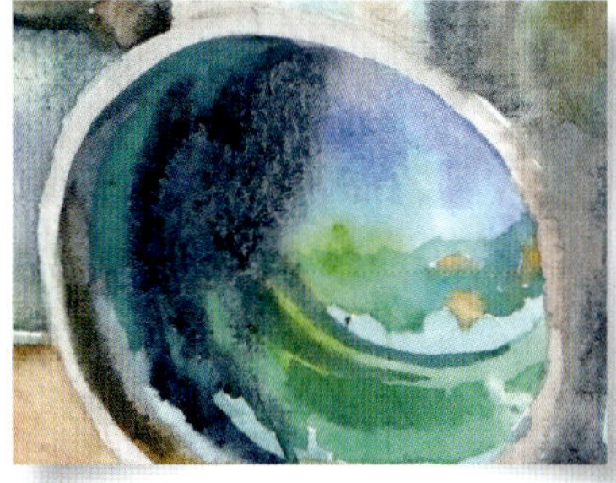

4 Suaviza los contrastes

Trabaja la textura oxidada, pero mantén lisas otras partes, para que contrasten. Trabaja húmedo sobre seco en la base de la lámpara. Añade el fondo, y mantén las texturas sencillas para que no distraigan de los puntos focales.

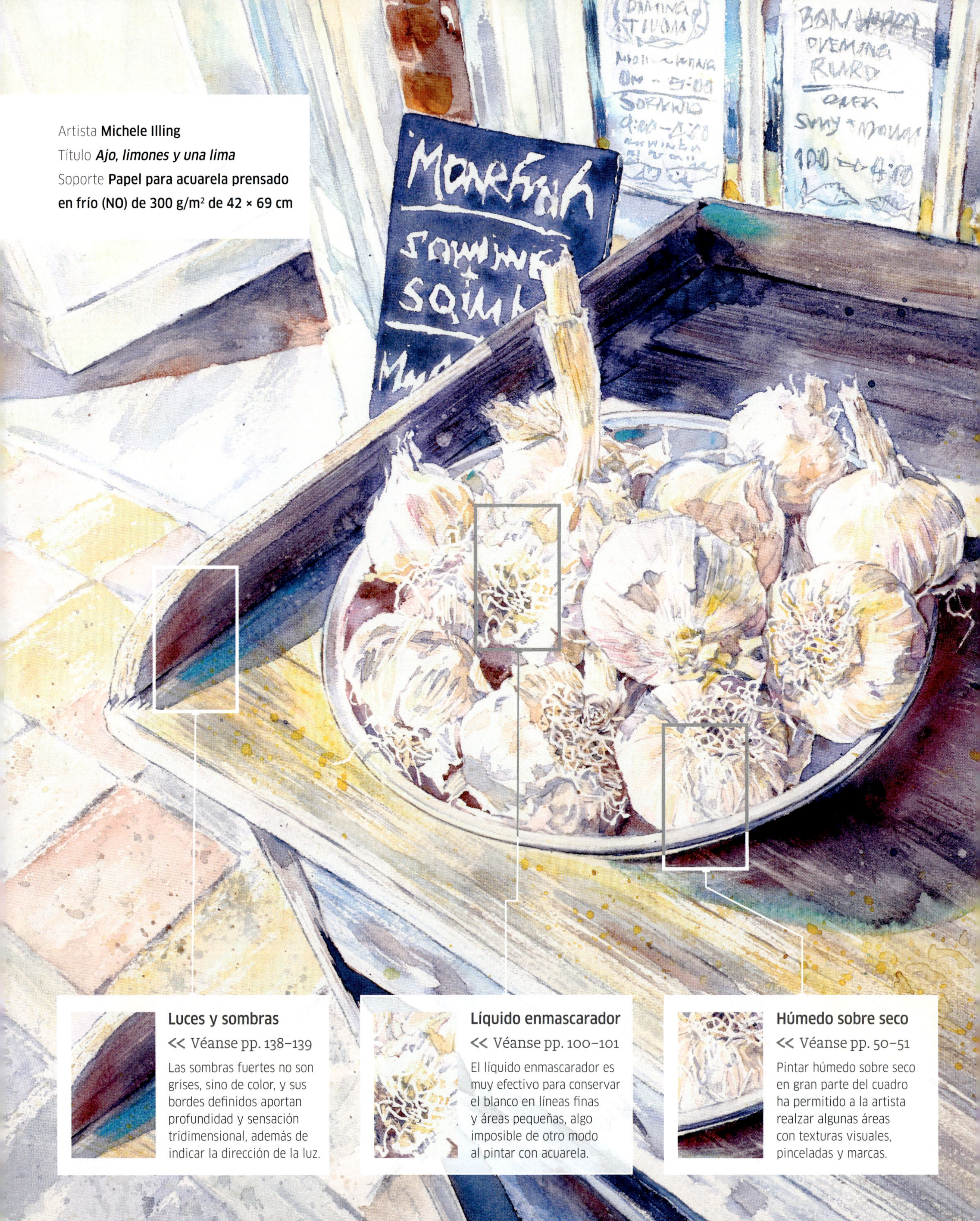

Artista **Michele Illing**
Título *Ajo, limones y una lima*
Soporte **Papel para acuarela prensado en frío (NO) de 300 g/m² de 42 × 69 cm**

Luces y sombras

<< Véanse pp. 138–139

Las sombras fuertes no son grises, sino de color, y sus bordes definidos aportan profundidad y sensación tridimensional, además de indicar la dirección de la luz.

Líquido enmascarador

<< Véanse pp. 100–101

El líquido enmascarador es muy efectivo para conservar el blanco en líneas finas y áreas pequeñas, algo imposible de otro modo al pintar con acuarela.

Húmedo sobre seco

<< Véanse pp. 50–51

Pintar húmedo sobre seco en gran parte del cuadro ha permitido a la artista realzar algunas áreas con texturas visuales, pinceladas y marcas.

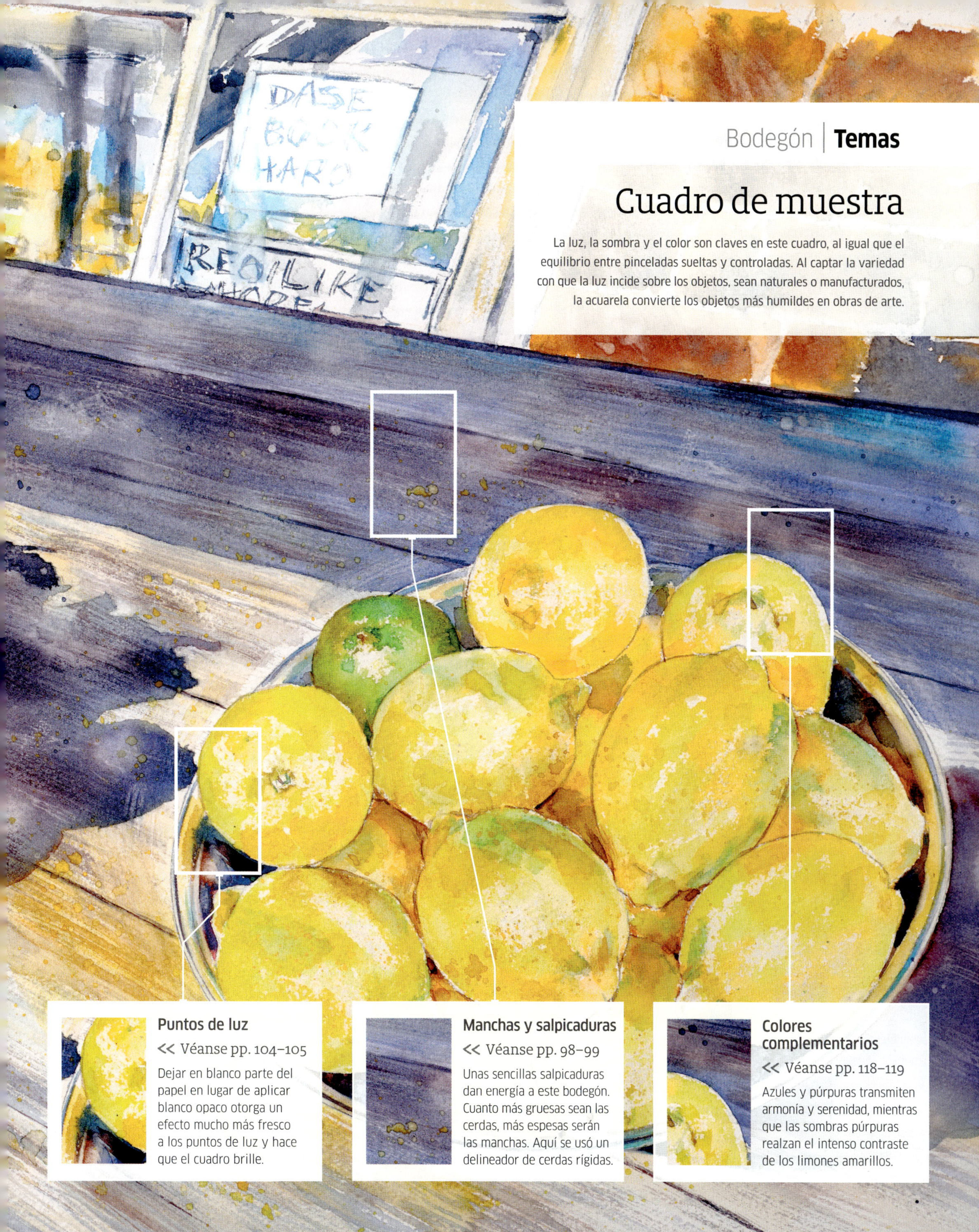

Cuadro de muestra

La luz, la sombra y el color son claves en este cuadro, al igual que el equilibrio entre pinceladas sueltas y controladas. Al captar la variedad con que la luz incide sobre los objetos, sean naturales o manufacturados, la acuarela convierte los objetos más humildes en obras de arte.

Puntos de luz

« Véanse pp. 104–105

Dejar en blanco parte del papel en lugar de aplicar blanco opaco otorga un efecto mucho más fresco a los puntos de luz y hace que el cuadro brille.

Manchas y salpicaduras

« Véanse pp. 98–99

Unas sencillas salpicaduras dan energía a este bodegón. Cuanto más gruesas sean las cerdas, más espesas serán las manchas. Aquí se usó un delineador de cerdas rígidas.

Colores complementarios

« Véanse pp. 118–119

Azules y púrpuras transmiten armonía y serenidad, mientras que las sombras púrpuras realzan el intenso contraste de los limones amarillos.

Pintura botánica

PINTAR PLANTAS CON EXACTITUD

La pintura botánica está entre el arte y la ciencia y sirve a ambas disciplinas. El ilustrador botánico no solo plasma la forma, el color y la estructura botánica de la planta con tanta precisión como le es posible, sino también con expresión artística.

■ La belleza de la precisión

Superpón las capas gradualmente, comenzando por los tonos más claros y avanzando hacia los más oscuros. Las aguadas sucesivas ayudan a crear la forma de la luz y otorgan luminosidad a la obra. Además de delicadas pinceladas húmedo sobre húmedo, el pincel seco (poca pintura, poca agua) es ideal para los detalles y las sombras oscuras.

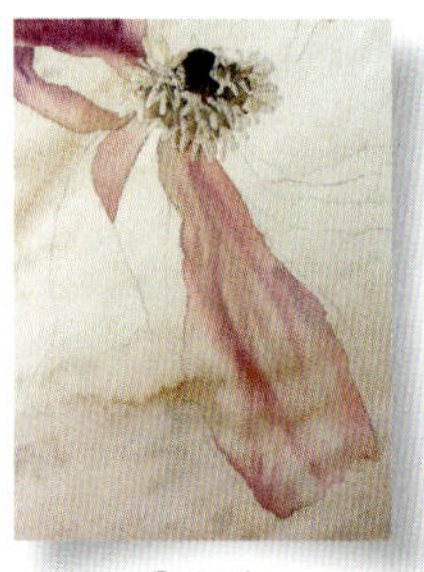
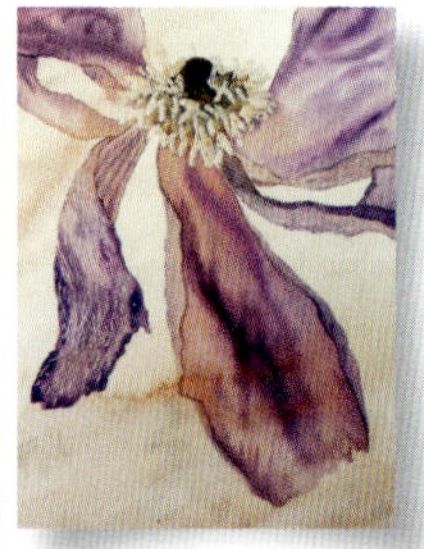
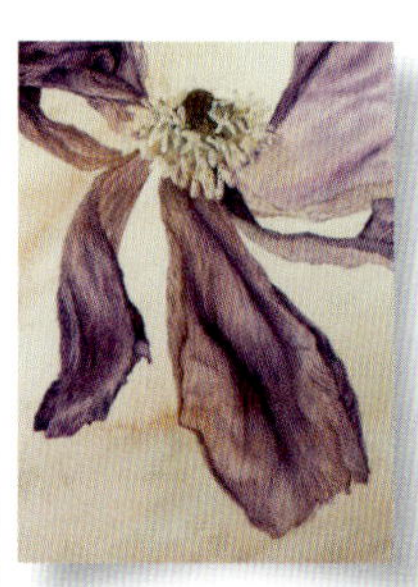

Capa 1   Capa 2   Capa 3

Capa sobre capa

Superpón colores intensos en varias capas de aguadas húmedo sobre húmedo cuidadosamente aplicadas. Espera a que se sequen del todo antes de aplicar la siguiente. Repetir la secuencia crea forma y refuerza el color.

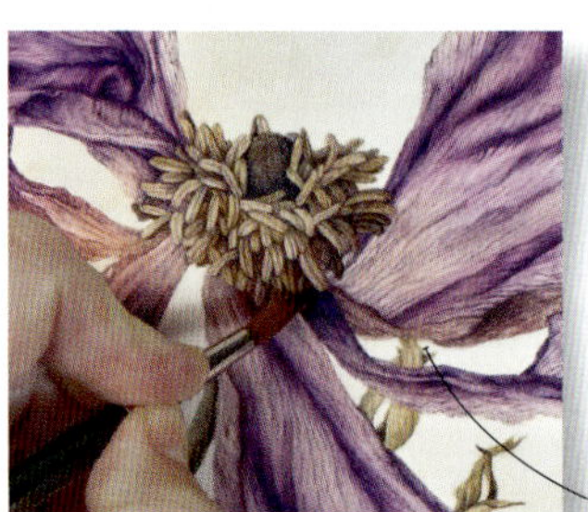

Detalles más oscuros

Realza detalles u oscurece las sombras con un pincel más seco. Recoge con la punta del pincel un poco de la pintura húmeda o usa un pincel más pequeño.

Un pincel más seco va mejor para los detalles

PONLO EN PRÁCTICA

Este estudio de una anémona marchitándose ha captado un instante en el tiempo. Un trabajo tan detallado exige una superficie lisa: el papel prensado en caliente funcionará mejor que un papel con textura.

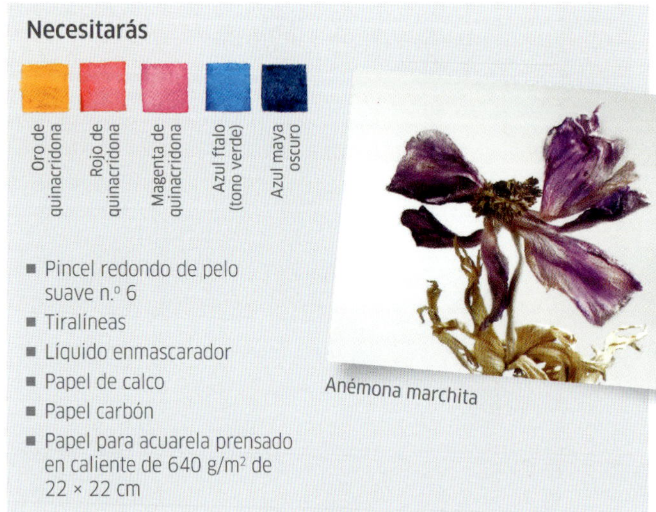

Necesitarás

- Pincel redondo de pelo suave n.º 6
- Tiralíneas
- Líquido enmascarador
- Papel de calco
- Papel carbón
- Papel para acuarela prensado en caliente de 640 g/m² de 22 × 22 cm

Anémona marchita

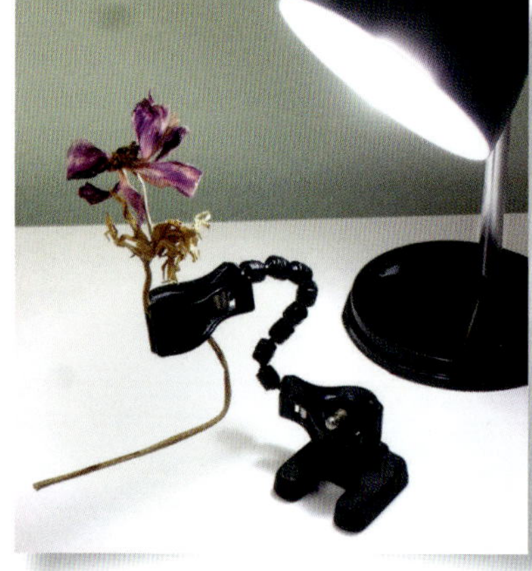

1 Coloca el tema
Ubica la fuente de luz principal delante del tema, pero a un lado. Una luz secundaria colocada al otro lado retroalimentará el tema y realzará la transparencia de los pétalos.

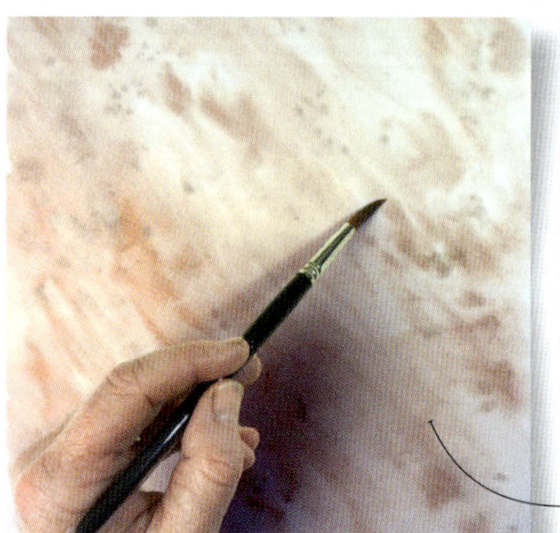

2 Crea el fondo
Humedece bien un papel más grande del que necesitarás y aplica marrones y cremas pálidos sobre las áreas húmedas. Una vez seco, recorta el papel y quédate con el área más lograda.

El aspecto moteado sugiere hojas de libro gastadas

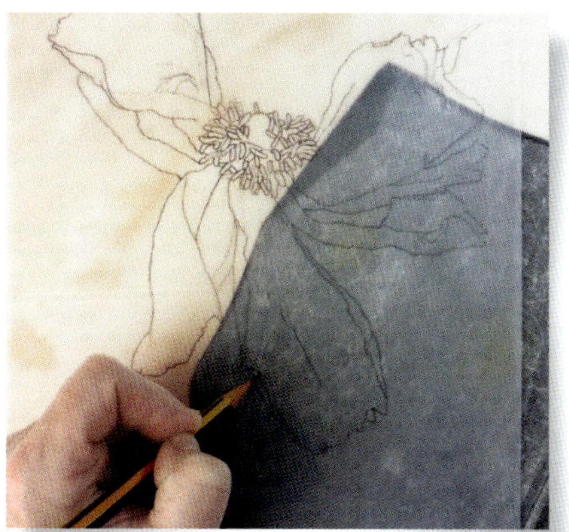

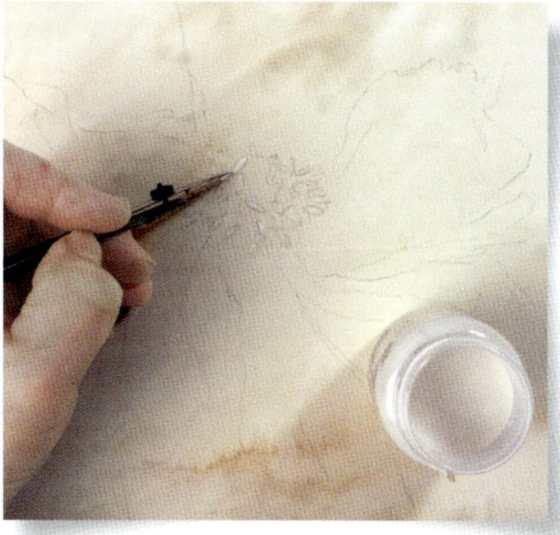

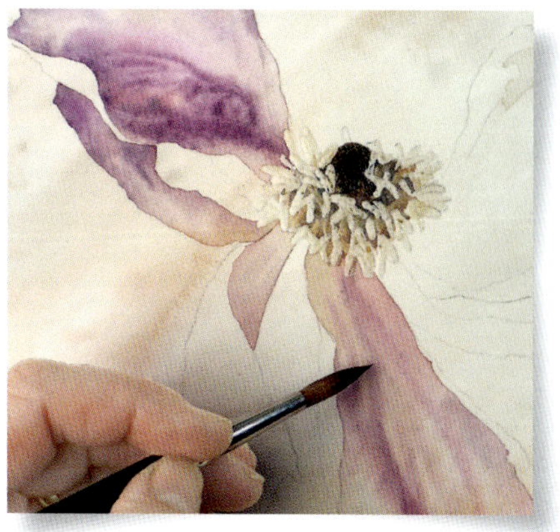

3 Transfiere el dibujo

Trabaja junto a la flor y dibújala más grande que en la vida real sobre papel de calco. Transfiere el dibujo con papel carbón.

4 Protege las áreas más claras

Aplica líquido enmascarador con tiralíneas sobre los estambres. Una vez esté seco, aplica aguadas sobre las formas enmascaradas y crea profundidad.

5 Aguadas húmedo sobre húmedo

Humedece toda la forma y aplica color con pinceladas cortas para crear las ondulaciones y las formas pétalo a pétalo. Mantén húmedo el papel.

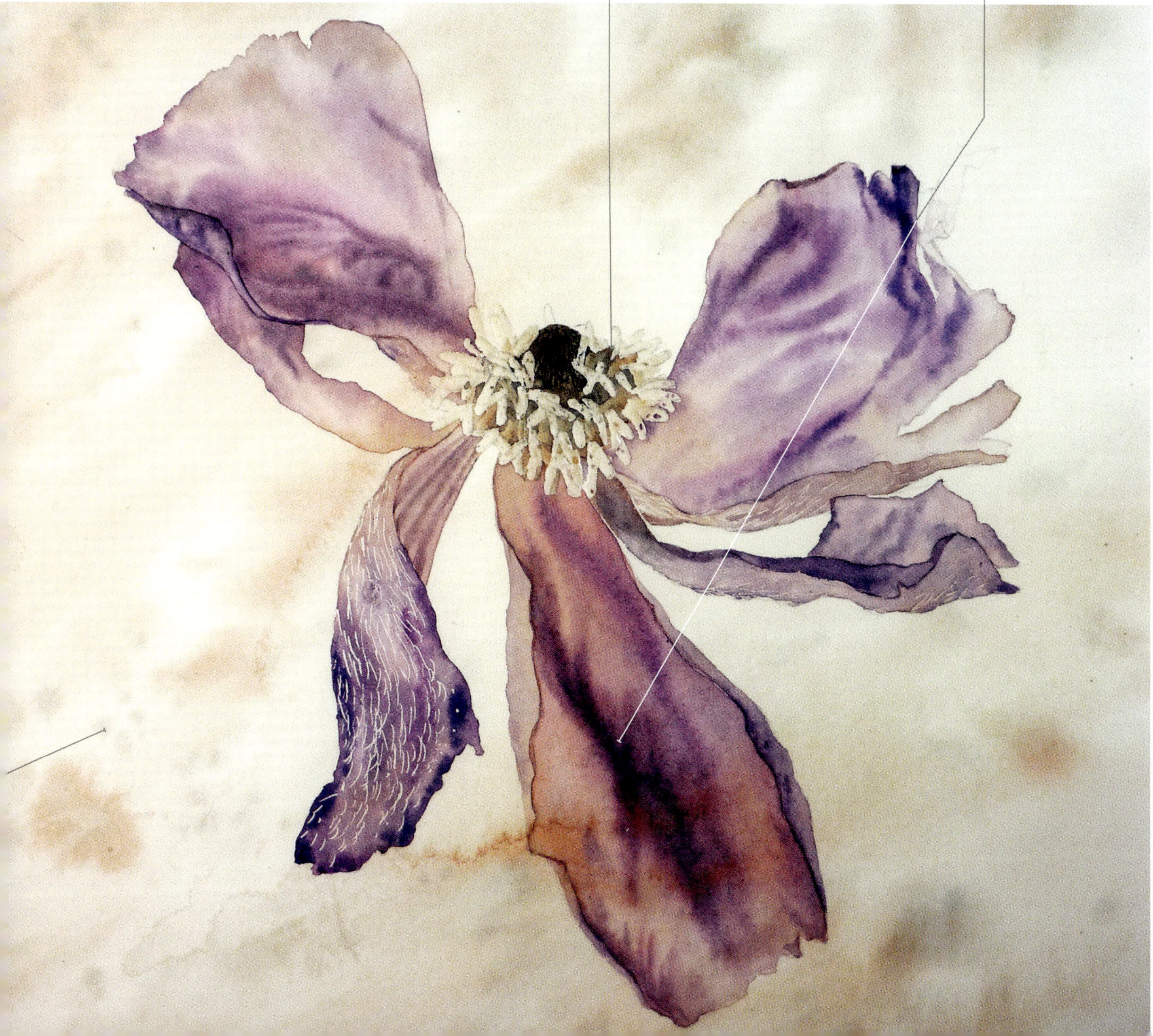

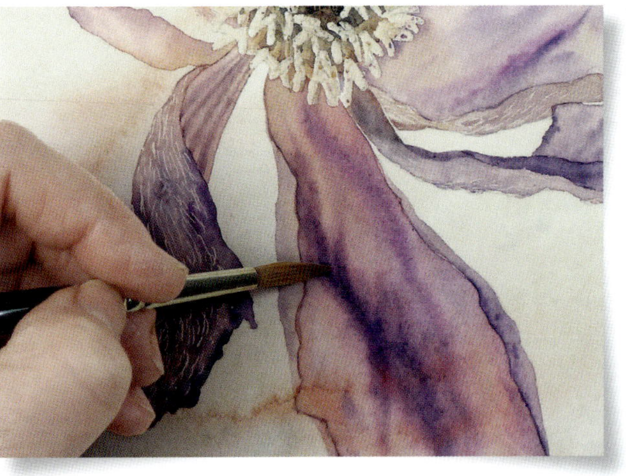

6 Capas sucesivas

Repite las veladuras húmedo sobre húmedo tantas veces como necesites para construir las formas. Tendrás que aplicar varias capas, porque el color tiende a quedar más pálido una vez seco que cuando está húmedo. La regla de oro es no manipular la pintura mientras se seca, sino esperar a que se seque del todo antes de aplicar más capas.

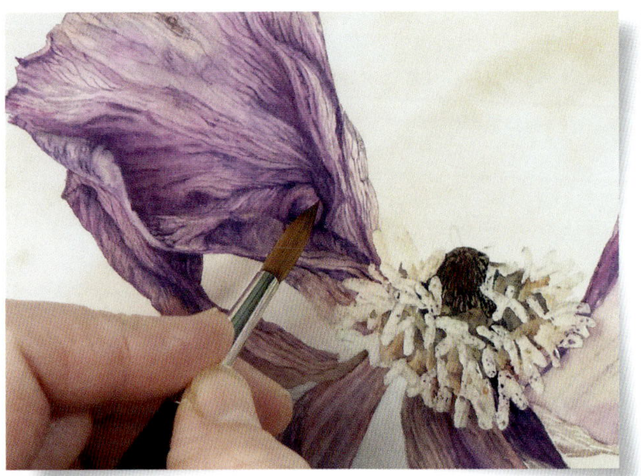

7 Detalles en los pétalos

Una vez los pétalos queden tridimensionales, aborda las venas y las sombras oscuras con una técnica de pincel más seco. «Dibuja» los detalles con pequeñas cantidades de color seco. Las venas han de ser irregulares y desiguales, para reflejar la sensación reseca, como de papel, de los pétalos.

«Las flores que se marchitan **se encogen a medida que se secan**, por lo que es más **fácil** pintarlas más grandes que en la vida real.»

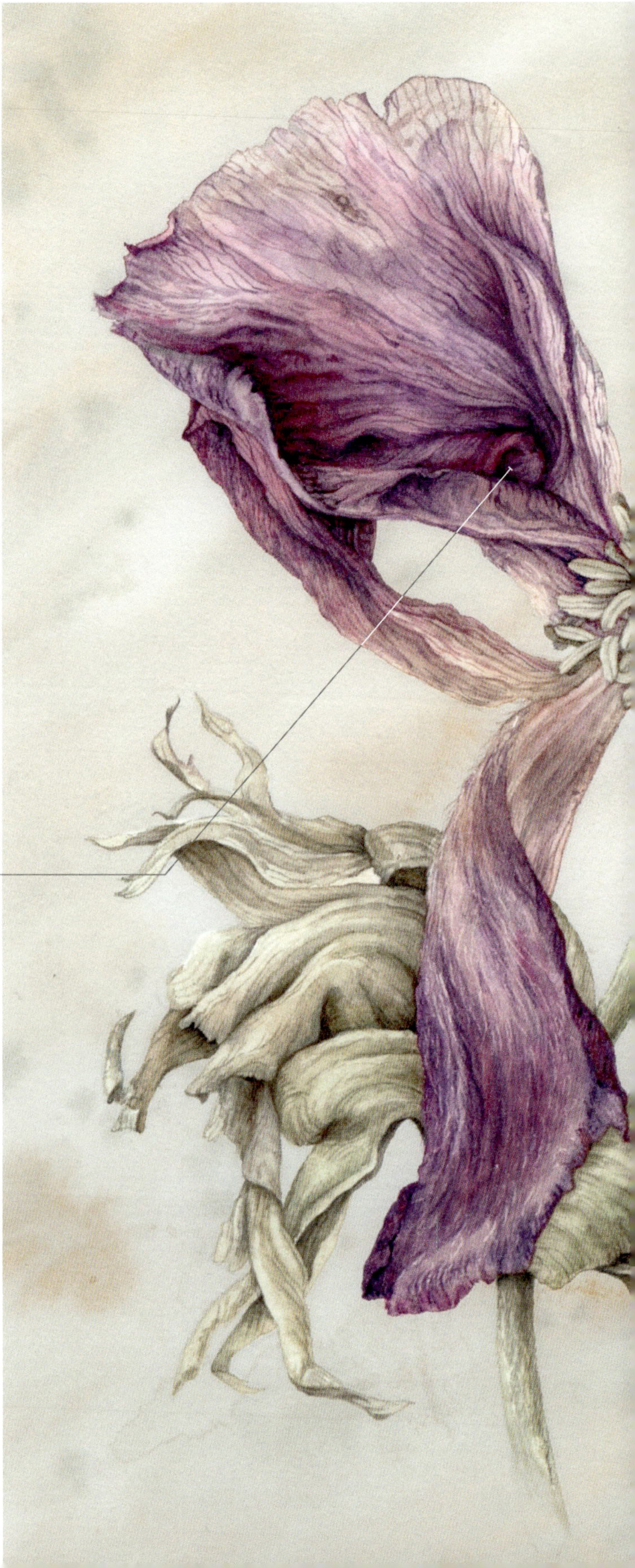

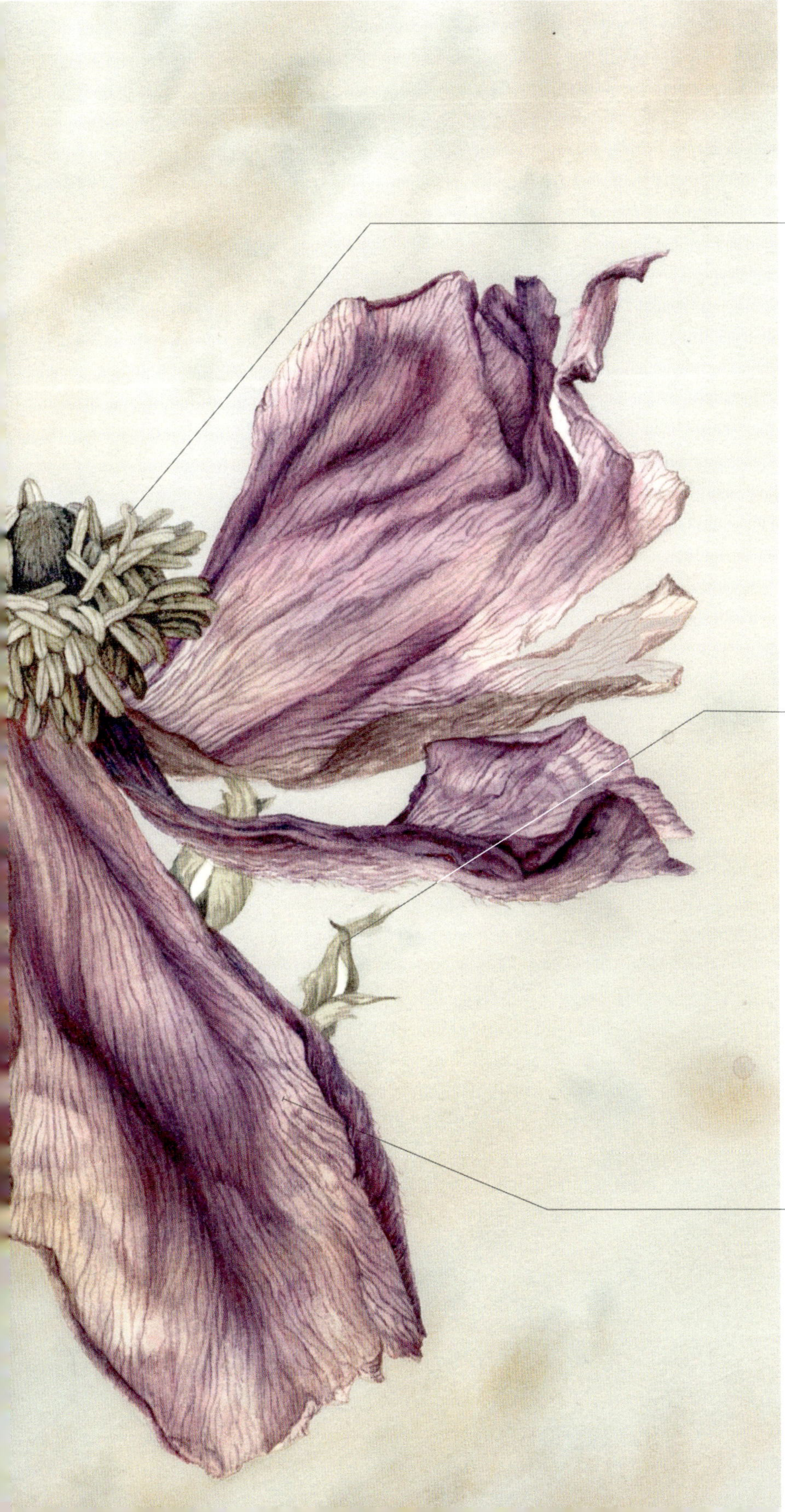

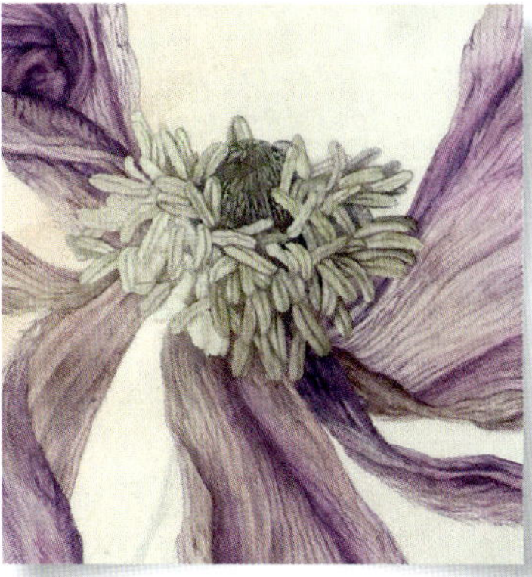

8 Vuelve al centro

Cuando la profundidad del color te satisfaga y la pintura se haya secado, retira el líquido enmascarador frotándolo con el dedo y pinta los estambres uno a uno.

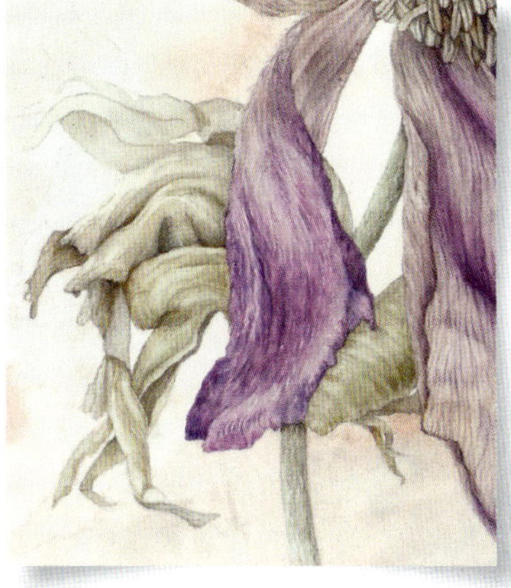

9 Las hojas

Experimenta con la disposición del collar de hojas sobre el dibujo en el papel de calco y, luego, transfiere el dibujo a la imagen pintada.

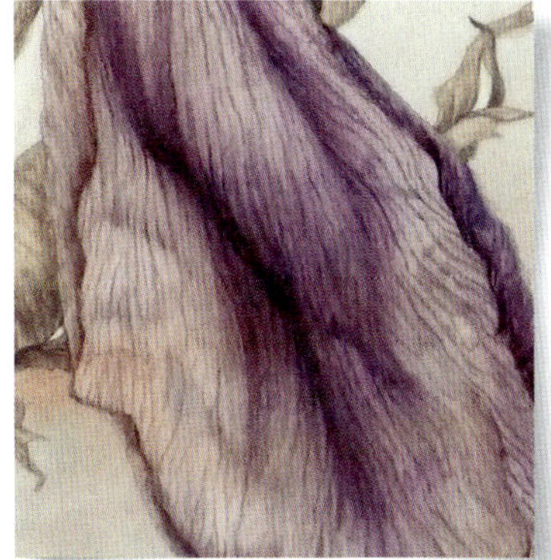

10 Toques finales

Evalúa los tonos, de oscuro a claro, y corrige lo que sea necesario. Por ejemplo, incluso diminutas áreas más oscuras donde un pétalo se dobla pueden dar vida a un cuadro.

Flores imprecisas

SUGERIR FLORES CON SENCILLEZ

Si quieres pintar flores poco definidas y con un estilo fluido, has de tener muy claro cuán húmedo quieres que esté el papel. Las aguadas de color amplias que fluyen sobre todo el papel ofrecen efectos dinámicos que permiten que la imaginación del observador acabe de rellenar los pétalos, pero, aun así, necesitarás detalles que aporten estructura y variedad.

◼ Sugerir profundidad y detalle

Combinar bordes duros y suaves transmite la tridimensionalidad de las flores, a la vez que estimula la mirada del observador con distintas líneas y texturas. Los colores fuertes y las líneas más duras avanzan en el cuadro, mientras que las aguadas difusas de colores similares que ocupan el primer plano insinúan más flores que no se disciernen con claridad.

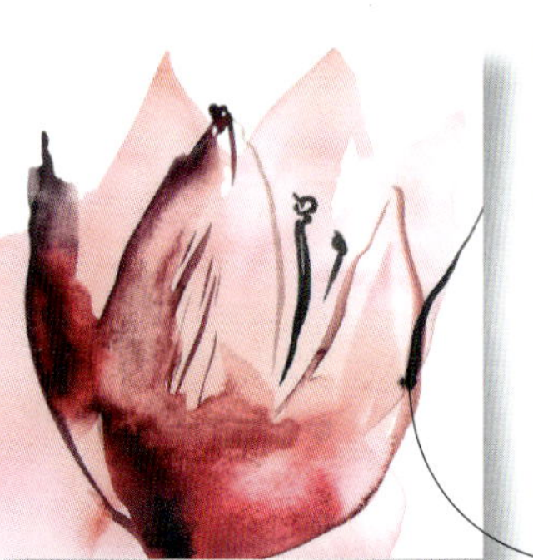

Bordes duros y suaves

La combinación de bordes duros y suaves describe las flores a la vez que invita al observador a usar la imaginación. Aquí no es necesario el nivel de detalle de un estudio botánico para explicar las flores. Basta con sugerir su esencia.

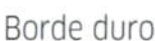
Borde duro

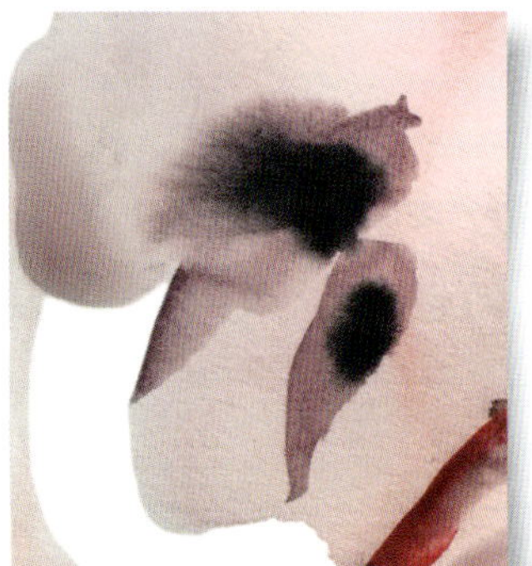

Fondo sugerente

No explicar el fondo con claridad sugiere profundidad al observador y crea la sensación de que hay más que revelar. Las formas difusas y los colores diluidos significan que el fondo realza la forma en lugar de competir con ella.

PONLO EN PRÁCTICA

La energía de las pinceladas de color saturado multiplica la vitalidad de este bodegón. El efecto espontáneo de un color que fluye hacia otro aporta dinamismo.

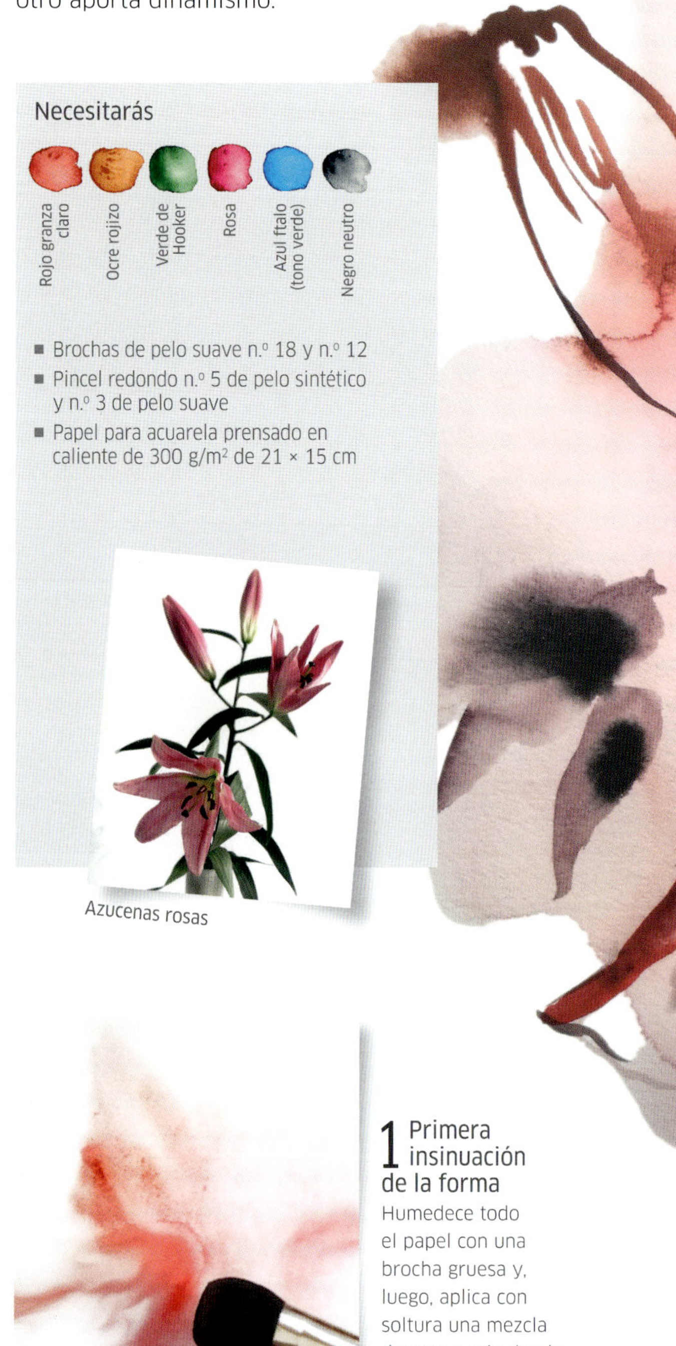

- Brochas de pelo suave n.º 18 y n.º 12
- Pincel redondo n.º 5 de pelo sintético y n.º 3 de pelo suave
- Papel para acuarela prensado en caliente de 300 g/m² de 21 × 15 cm

Azucenas rosas

1 Primera insinuación de la forma

Humedece todo el papel con una brocha gruesa y, luego, aplica con soltura una mezcla de ocre y rojo donde colocarás las flores. Si es necesario, inclina el papel para que la pintura fluya con libertad.

> «Las **aguadas fluidas** de color evocan el **frescor** de las flores vivas, mientras que las **marcas definidas** aportan **estructura.**»

Añade hojas donde quieras realzar la composición

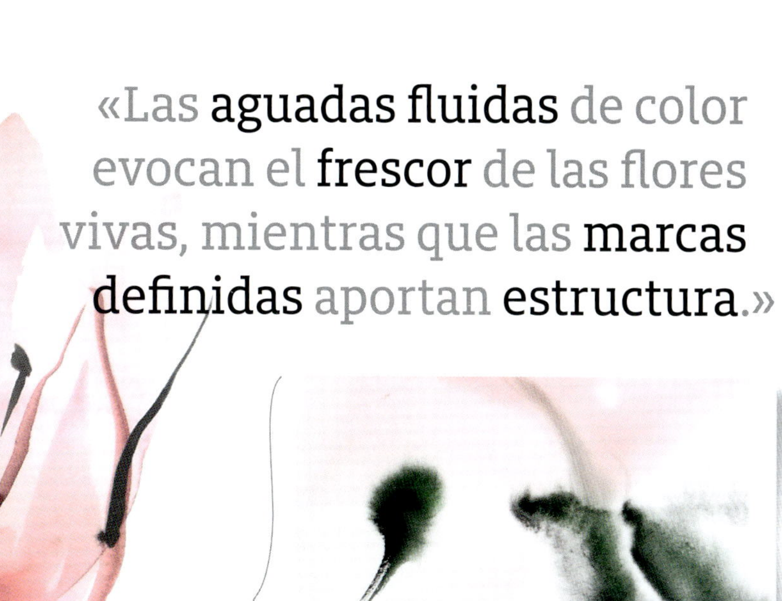

2 Estructura de las hojas y los estambres

Cuando el papel se haya secado algo, pero siga húmedo, mezcla verde, negro y rojo para las hojas y los estambres. Las pinceladas quedarán más claras donde el papel esté más seco y más borrosas donde siga más húmedo.

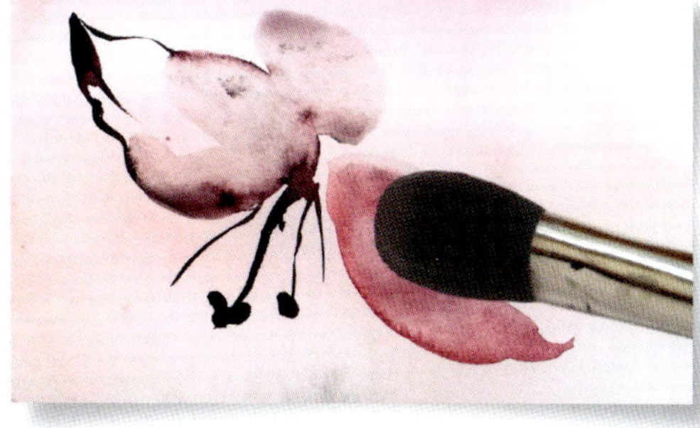

3 Flores y yemas

Con el papel un poco más seco, indica las flores y las yemas con pinceladas sueltas y mezcla los colores como prefieras: más intensos para las líneas y los detalles, y menos saturados para el color más general.

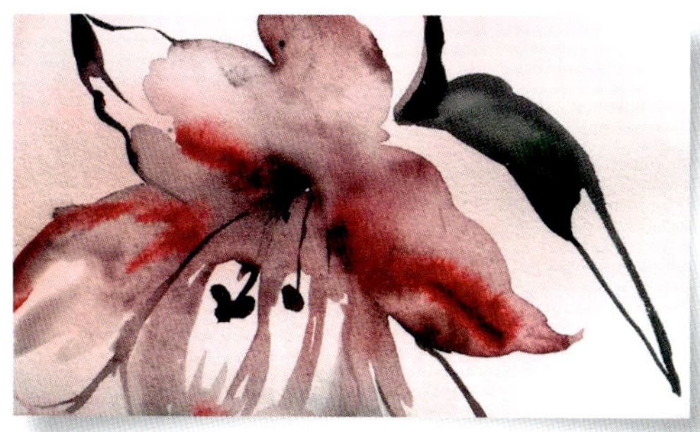

4 Toques finales

Añade detalles cuando el papel se haya secado del todo. Además de líneas, puedes aplicar agua y, luego, puntos de pintura para que se corran un poco.

Pintar rostros

CAPTAR EXPRESIONES

El primer paso es elegir una pose que resulte interesante y relativamente fácil de captar hasta que hayas adquirido algo de experiencia. Un perfil ligeramente ladeado es atractivo, y solo hay que pintar un ojo, en lugar de tener que intentar captar la mirada exacta en un retrato frontal. Una iluminación natural hará que el tono de piel sea más fiel a la realidad.

■ Pintar un retrato vívido

Lo que queda fuera del retrato es tan importante como lo que se incluye en él. Basta con insinuar el cabello y la ropa: los colores y la técnica añadirán más vitalidad al tema de lo que lograrás pintándolo todo. Reserva los detalles más finos para el punto focal, que suelen ser los ojos.

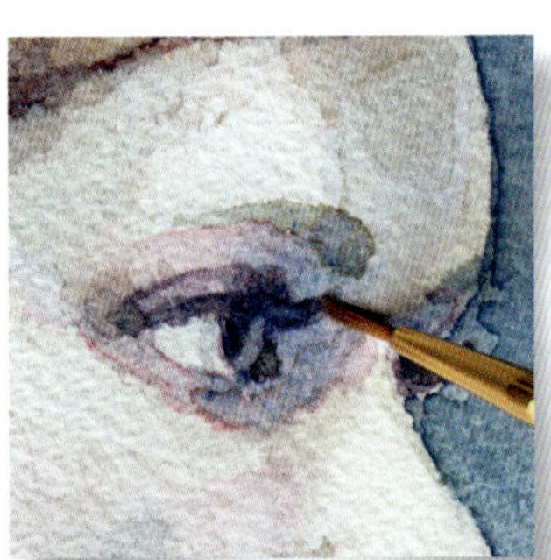

Los ojos

Pinta los ojos con marcas controladas de un pincel fino que permita acumular sombras en el párpado, añadir marcas finas para las pestañas y dejar bordes definidos húmedo sobre seco en la pupila.

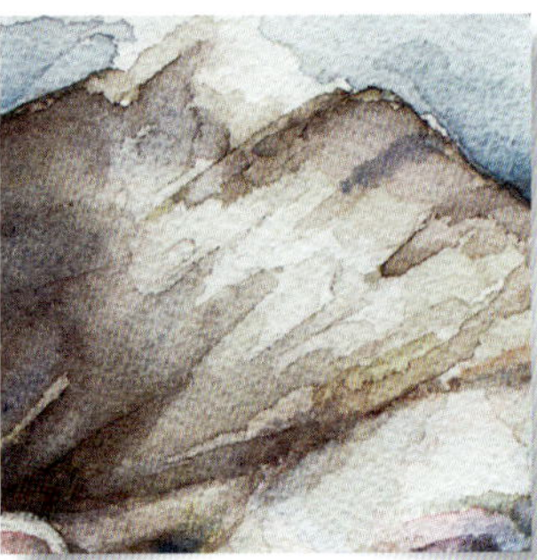

El cabello

En cualquier estilo, puedes sugerir el cabello con algunos bloques de color pintados con unas pocas pinceladas que describan la dirección general.

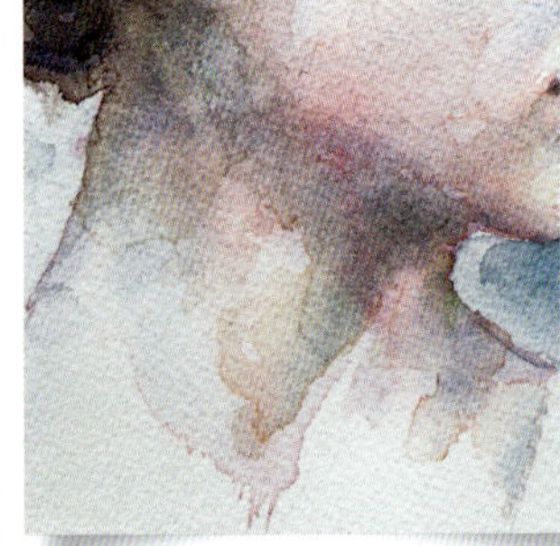

Sombrear con color

Lograr el tono de piel (pp. 220-223) es clave para conseguir un buen retrato. Prueba mezclas de color poco literales, como azul y rosa, para un efecto vibrante.

PONLO EN PRÁCTICA

Descomponer los tonos en formas facilita mucho la tarea de pintar el retrato, porque ubicar y colocar los rasgos resulta más sencillo. Eso sí, has de decidir muy pronto qué pintarás y qué omitirás.

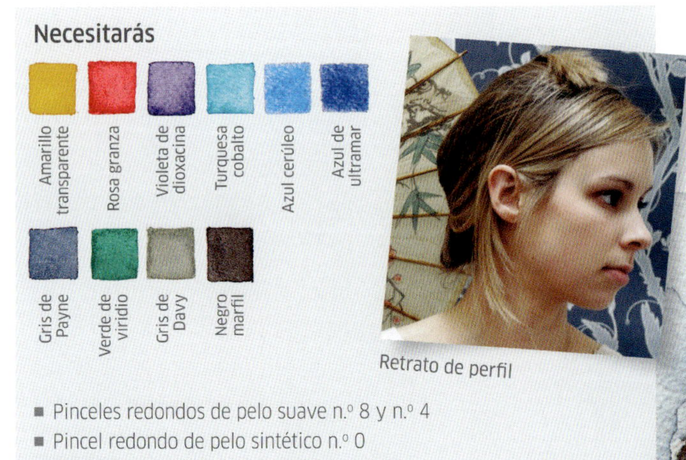

Necesitarás

Retrato de perfil

- Pinceles redondos de pelo suave n.º 8 y n.º 4
- Pincel redondo de pelo sintético n.º 0
- Papel para acuarela prensado en frío (NO) de 300 g/m² de 20 × 20 cm

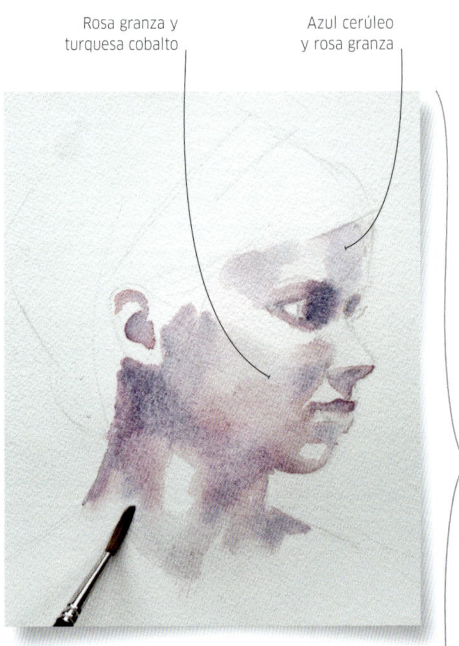

1 Definir las sombras

Con el pincel redondo n.º 8, aplica con suavidad charquitos de rosa y turquesa en las zonas del rostro que tienen sombras. Usa una mezcla un poco más fría de cerúleo y rosa en la frente, que está en un plano distinto al de la mejilla en relación con la luz.

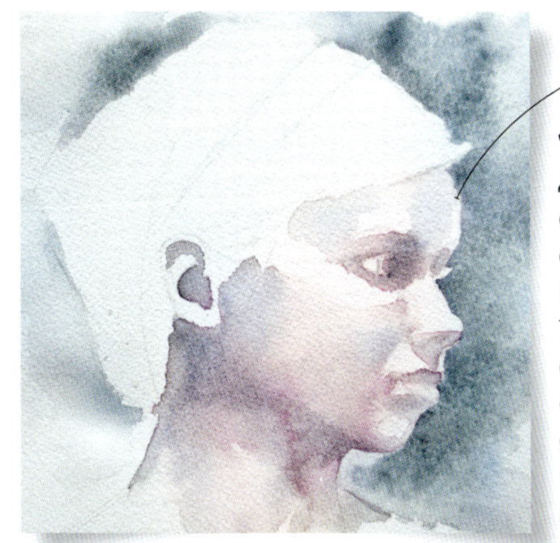

Pintar el espacio negativo realza la forma del rostro

2 Enmarcar el rostro

Con el pincel n.º 8, pinta el espacio negativo del rostro, el cuello y el cabello con gris de Payne y de Davy mezclados. Trabaja con cuidado alrededor de los bordes, para que emerja el rostro. Deja abundante espacio para el cabello, y recuerda que los ojos están a mitad de la cabeza.

«La **luz natural** te dará los **tonos de piel más fieles** para el retrato.»

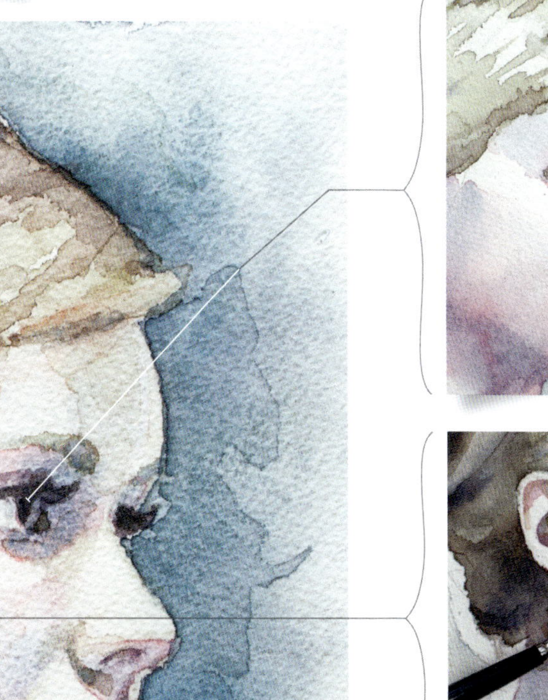

3 Definir los rasgos

Mezcla amarillo, violeta y azul de ultramar para el cabello, y píntalo con el pincel n.º 4. Mezcla viridio y rosa con el pincel n.º 0, y define las áreas más oscuras de los rasgos faciales. Utiliza un toque de negro para la pupila y de rosa para los labios.

4 Sombras y puntos de luz

Mezcla cerúleo, rosa y amarillo con el pincel n.º 4. Pinta las sombras sobre la piel para dar profundidad. Añade una aguada muy diluida de amarillo que aporte calidez a los puntos de luz.

5 Toques finales

Mezcla gris de Payne y cerúleo con el pincel n.º 4, y vuelve a pintar el fondo. Con el pincel n.º 0, refina el cabello y pinta mechones seleccionados con azul de ultramar, violeta y amarillo.

Tonos de piel

PINTAR EL COLOR DE LA PIEL

Conseguir tonos de piel realistas es más fácil con unos pocos colores básicos, porque así se logran tonos que armonizan entre ellos y ofrecen un aspecto natural. Todos los tonos de piel, del más claro al más oscuro, se pueden pintar con una paleta limitada de solo tres colores y con el papel blanco reservado para los blancos.

▨ Luz y sombra

Busca en la piel de tu modelo los tonos claros, medios y oscuros, que dependerán de la dirección y de la fuerza de la fuente de luz. Cuando la piel está cerca de la luz, puede parecer más pálida, fría o amarillenta. Utiliza una mezcla fría verde o púrpura para plasmar sombras efectivas que complementarán los cálidos rojos y amarillos de la piel.

▨ Colores carne

Una paleta básica es un buen punto de partida para mezclar tonos de piel. Los colores tierra, como el siena, la sombra o el ocre son una buena base sobre la que construir tonos de piel. Los puedes mezclar con colores primarios y crear tonos más cálidos o más fríos en función de los tonos claros, medios y oscuros que necesites.

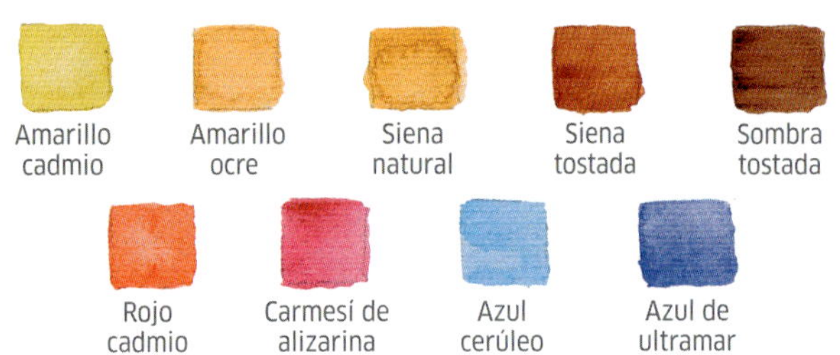

Una paleta limitada

Mezclar tonos de piel a partir de una paleta de colores limitada te ayudará a unificar el cuadro. Elegir una versión cálida y otra fría de cada primario te garantizará una amplia variedad de tonos de piel convincentes, independientemente de la complexión del modelo.

▨ Tonos de piel oscura

El siena tostada cimienta el tono claro de la piel oscura. Mezclarlo con carmesí frío evita que quede muy naranja. La sombra tostada del tono medio da un marrón cálido que se convierte en malva en los tonos medios más oscuros.

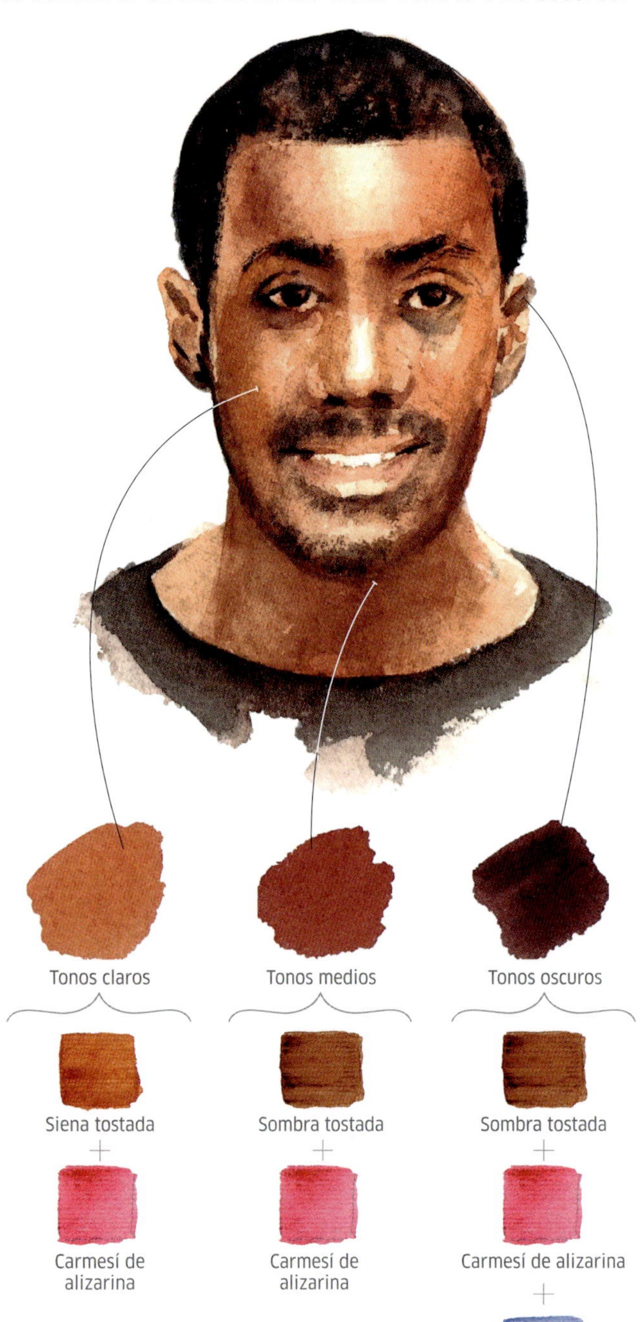

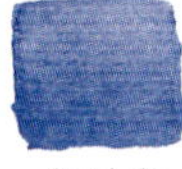

Paleta para piel oscura

Usa siena tostada con carmesí para los tonos claros, y sustituye el siena por sombra tostada para los tonos medios. Para piel muy oscura, haz mezclas fuertes y añade azul de ultramar para enfriar un poco el color, de modo que el carmesí no se imponga.

Tonos de piel oliva

La piel oliva tiene siena natural en lugar de tostada en la primera mezcla de tono claro. El siena natural es más amarillo y también se usa en el tono medio, para evitar que la piel oliva parezca demasiado marrón.

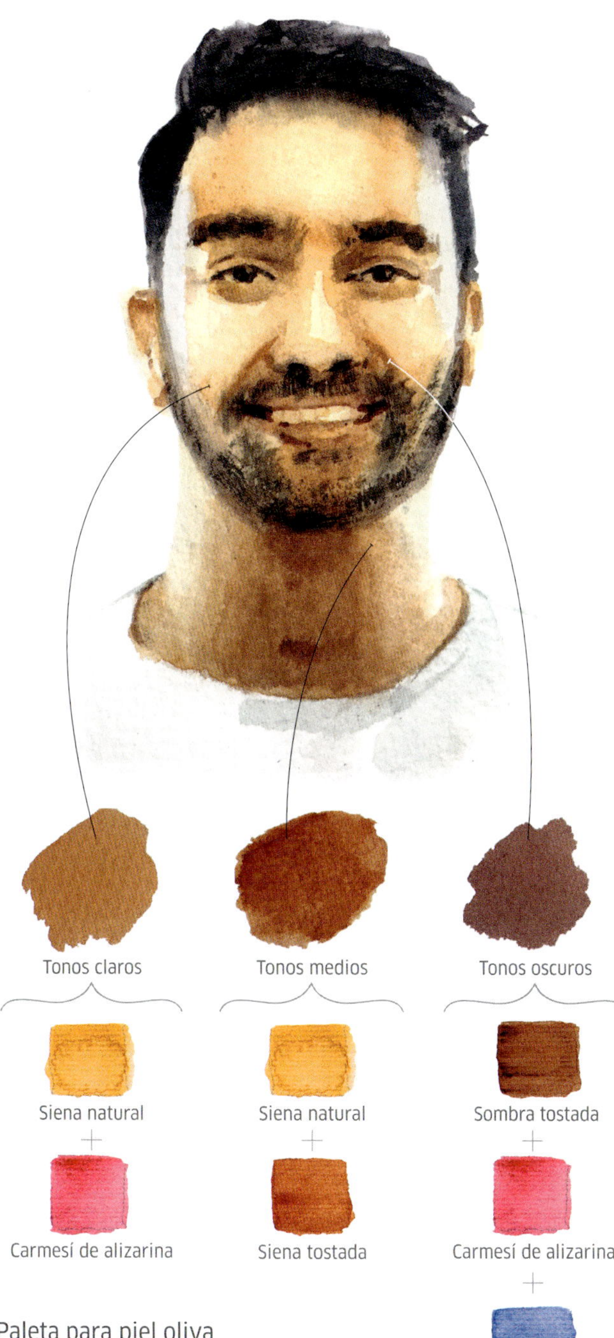

Tonos claros · Tonos medios · Tonos oscuros

Siena natural
+
Carmesí de alizarina

Siena natural
+
Siena tostada

Sombra tostada
+
Carmesí de alizarina
+
Azul de ultramar

Paleta para piel oliva

Aplica aguadas con el color y el tono de piel generales, y emplea tonos más oscuros en las sombras. Usa variaciones de color muy sutiles si quieres lograr un efecto convincente. Deja que las aguadas se sequen, y superponlas gradualmente.

Tonos de piel clara

La piel clara se puede pintar con tonos del rosa al amarillo variando el equilibrio entre el carmesí alizarina y el amarillo ocre en la primera mezcla del tono claro. Usa tonos más oscuros para las sombras.

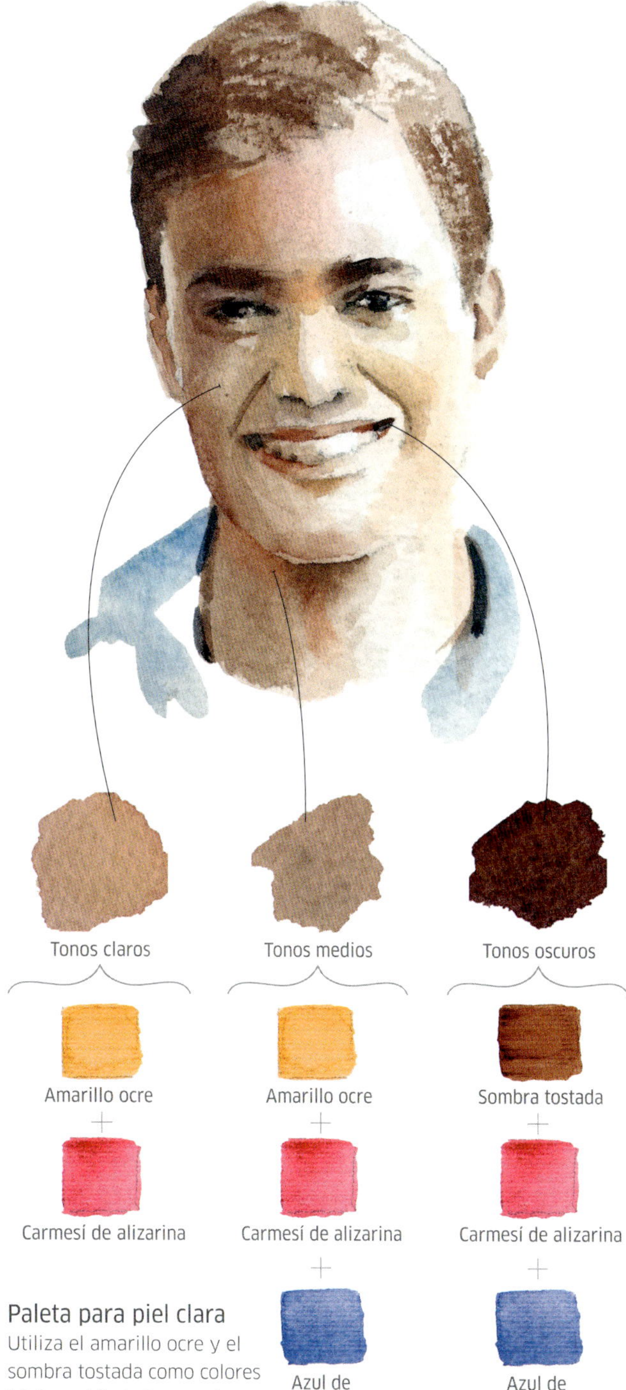

Tonos claros · Tonos medios · Tonos oscuros

Amarillo ocre
+
Carmesí de alizarina

Amarillo ocre
+
Carmesí de alizarina

Sombra tostada
+
Carmesí de alizarina
+
Azul de ultramar

Paleta para piel clara

Utiliza el amarillo ocre y el sombra tostada como colores básicos. Añade toques de carmesí o azul de ultramar para calentar o enfriar zonas.

PONLO EN PRÁCTICA

Los retratos requieren superponer aguadas poco a poco, porque añadir más pintura es fácil, mientras que no conviene retirar bordes y marcas no deseadas, porque la piel queda demasiado brillante. Mezcla tú los colores secundarios en lugar de comprarlos.

El azul cerúleo y el carmesí de alizarina producen una sombra lila fría

Necesitarás

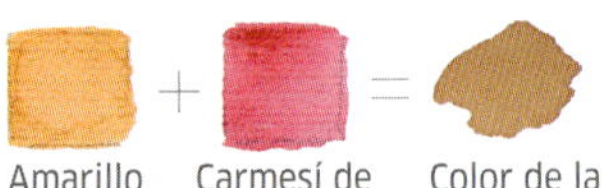

- Pinceles redondos de pelo suave n.º 12, n.º 8 y n.º 4
- Cúter o cuchilla
- Papel para acuarela prensado en frío (NO) de lino de 300 g/m² de 38 × 30 cm

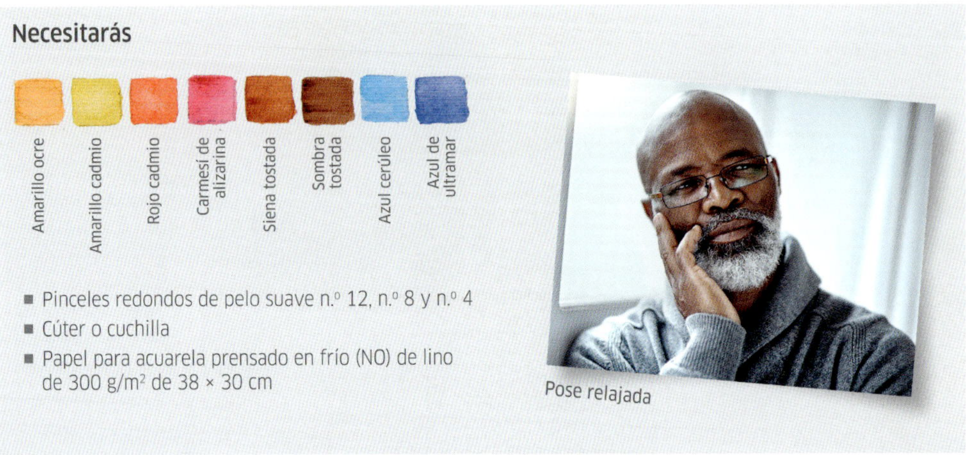
Pose relajada

1 Aplicar el color de base

Aplica una mezcla de carmesí y de ocre sobre el rostro y reserva puntos de luz en la parte superior y lateral de la cabeza y la barba. Cuando la aguada se haya secado, vuelve a usar el mismo color para oscurecer algunas áreas, sobre todo alrededor de las cuencas de los ojos, los lados de la nariz y debajo de la barbilla.

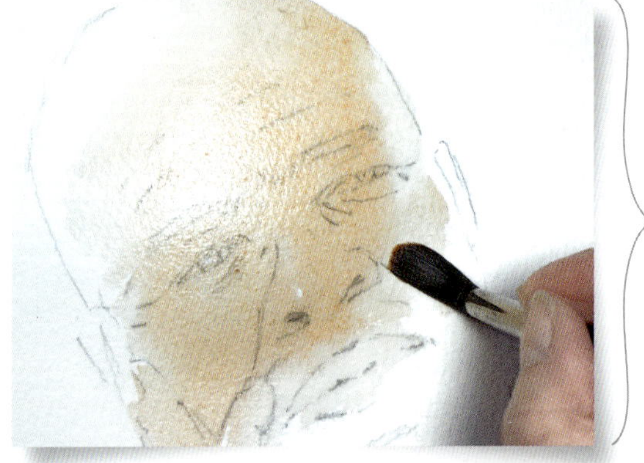

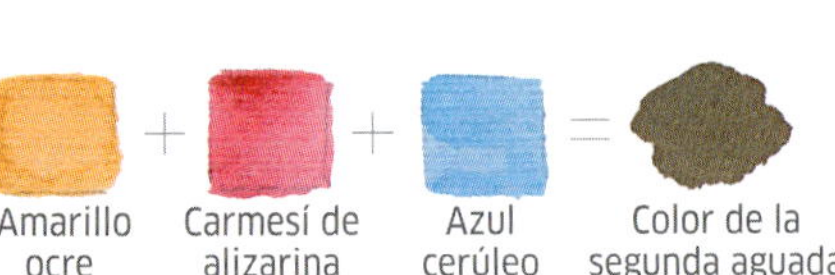

2 Moldear la cabeza

Mezcla una aguada de carmesí, ocre y azul cerúleo y crea una imagen tonal tridimensional que preste especial atención a la estructura ósea de la cabeza. Forma las cuencas oculares, define la nariz y moldea los pómulos. Cuando se haya secado, oscurece los rasgos aplicando la misma aguada una segunda vez.

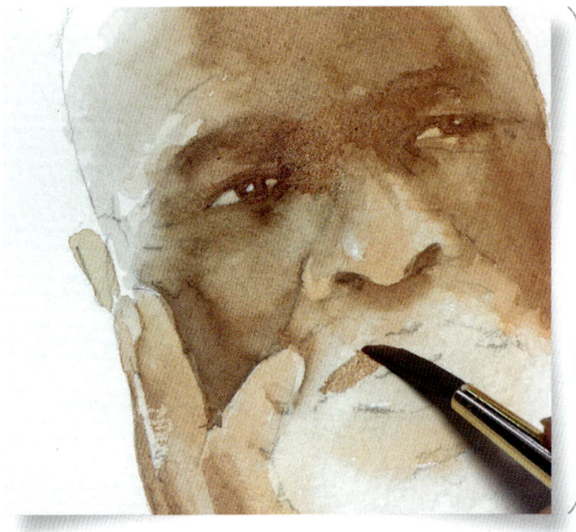

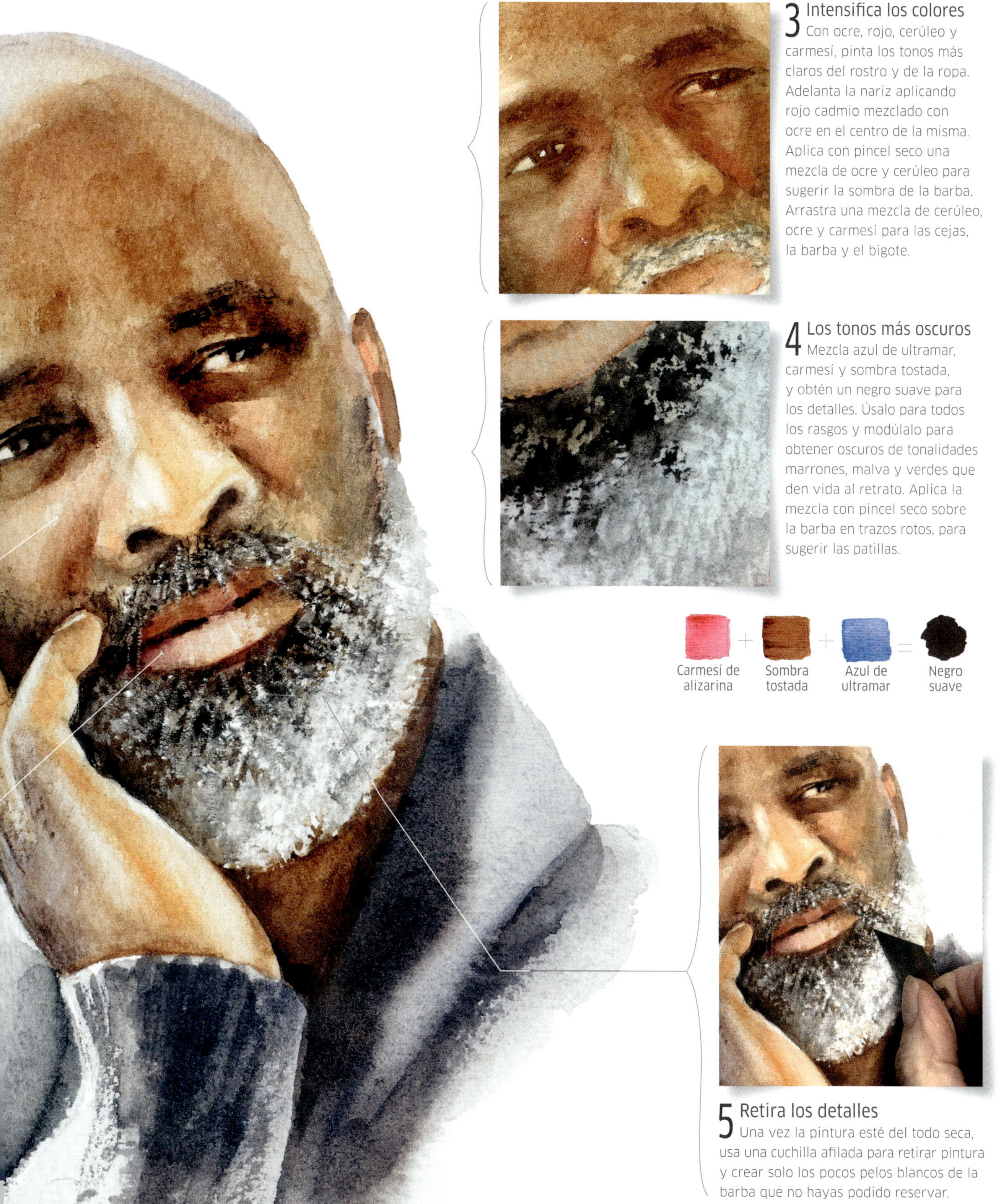

3 Intensifica los colores

Con ocre, rojo, cerúleo y carmesí, pinta los tonos más claros del rostro y de la ropa. Adelanta la nariz aplicando rojo cadmio mezclado con ocre en el centro de la misma. Aplica con pincel seco una mezcla de ocre y cerúleo para sugerir la sombra de la barba. Arrastra una mezcla de cerúleo, ocre y carmesí para las cejas, la barba y el bigote.

4 Los tonos más oscuros

Mezcla azul de ultramar, carmesí y sombra tostada, y obtén un negro suave para los detalles. Úsalo para todos los rasgos y modúlalo para obtener oscuros de tonalidades marrones, malva y verdes que den vida al retrato. Aplica la mezcla con pincel seco sobre la barba en trazos rotos, para sugerir las patillas.

5 Retira los detalles

Una vez la pintura esté del todo seca, usa una cuchilla afilada para retirar pintura y crear solo los pocos pelos blancos de la barba que no hayas podido reservar.

Retrato expresivo

CONTRASTE ENTRE COLORES FUERTES Y SUTILES

Bloques de colores vibrantes, pinceladas rápidas y capas sutiles. Todo se combina y crea un retrato expresivo. Los tonos de piel del rostro se obtienen a partir de capas de colores cálidos o fríos transparentes.

◾ Color creativo

Las múltiples capas de color en el rostro, los vibrantes bloques multicolores con colores que se mezclan en el cabello y las rápidas líneas sueltas de la ropa y del cabello crean un efecto expresivo y realista. Los colores pueden ir más allá de las líneas de pincel y dar un efecto de dinamismo adicional.

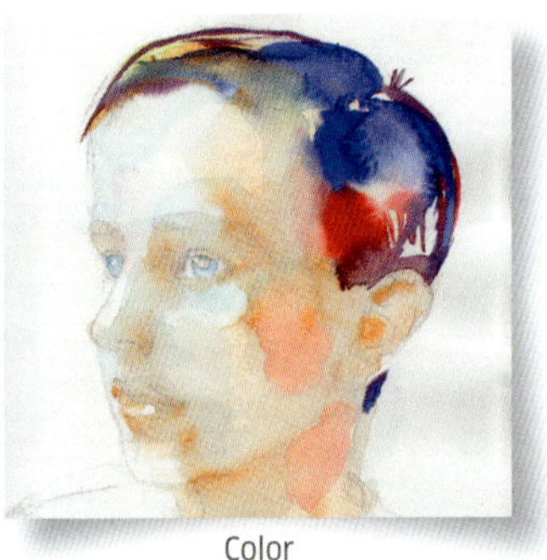

Color

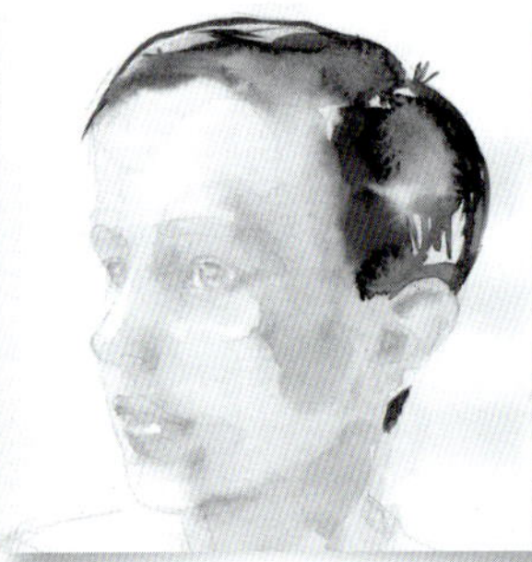

Escala de grises

Rango tonal multicolor
Los colores del cabello no son convencionales, pero, al pasarlos a una escala de grises, se ve que siguen un rango tonal: amarillo para los claros, rojo para los medios y azul para los más oscuros.

Piel velada
Varias capas de aguadas delicadas y transparentes producen un efecto tridimensional sobre la piel. Son especialmente adecuadas para transmitir la juventud y la sensibilidad del tema.

PONLO EN PRÁCTICA

Aquí, el efecto de los colores, las pinceladas y las líneas innovadoras es importante. Por el contrario, el rostro y los ojos se dibujan con claridad y ofrecen estructura y puntos focales, respectivamente.

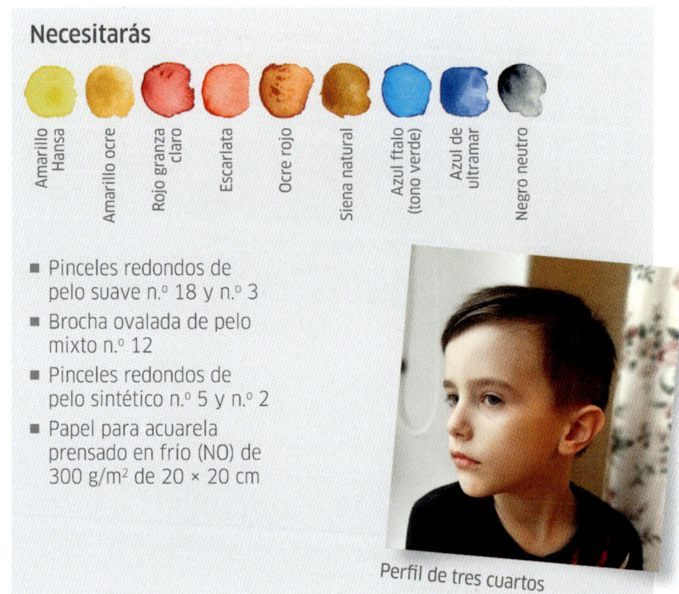

- Pinceles redondos de pelo suave n.º 18 y n.º 3
- Brocha ovalada de pelo mixto n.º 12
- Pinceles redondos de pelo sintético n.º 5 y n.º 2
- Papel para acuarela prensado en frío (NO) de 300 g/m² de 20 × 20 cm

Perfil de tres cuartos

1 Marca las luces y las sombras

Marca con círculos dónde habrá puntos de luz o tonos oscuros. Deja líneas finas; borra las más exageradas. Podrás borrar algunas una vez se seque la primera capa que apliques.

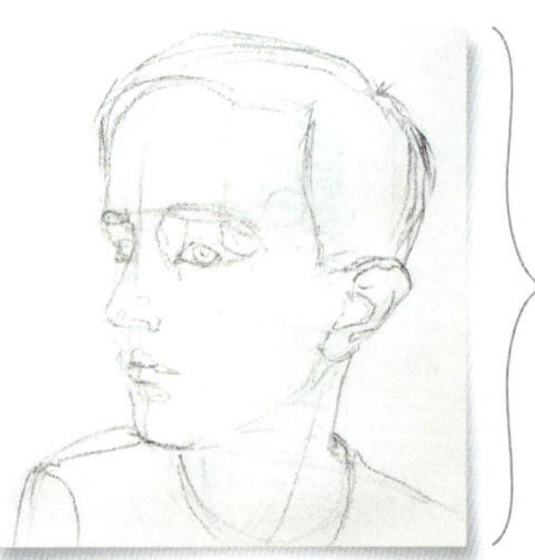

2 Aplica la primera aguada

Con un pincel grueso, aplica una aguada diluida de siena y deja papel blanco para los puntos de luz. Aplica con la brocha más pintura en los oscuros. Aplica agua a las áreas más claras, sécala a toquecitos y retira color con un pincel grueso limpio.

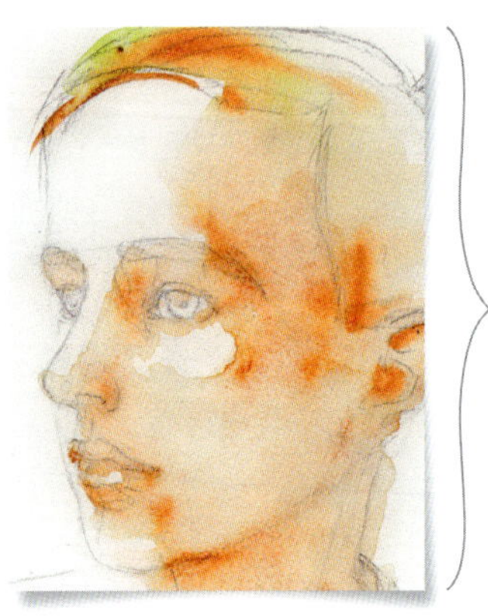

> «Un retrato expresivo te da libertad para experimentar con el color, en lugar de intentar describir la realidad.»

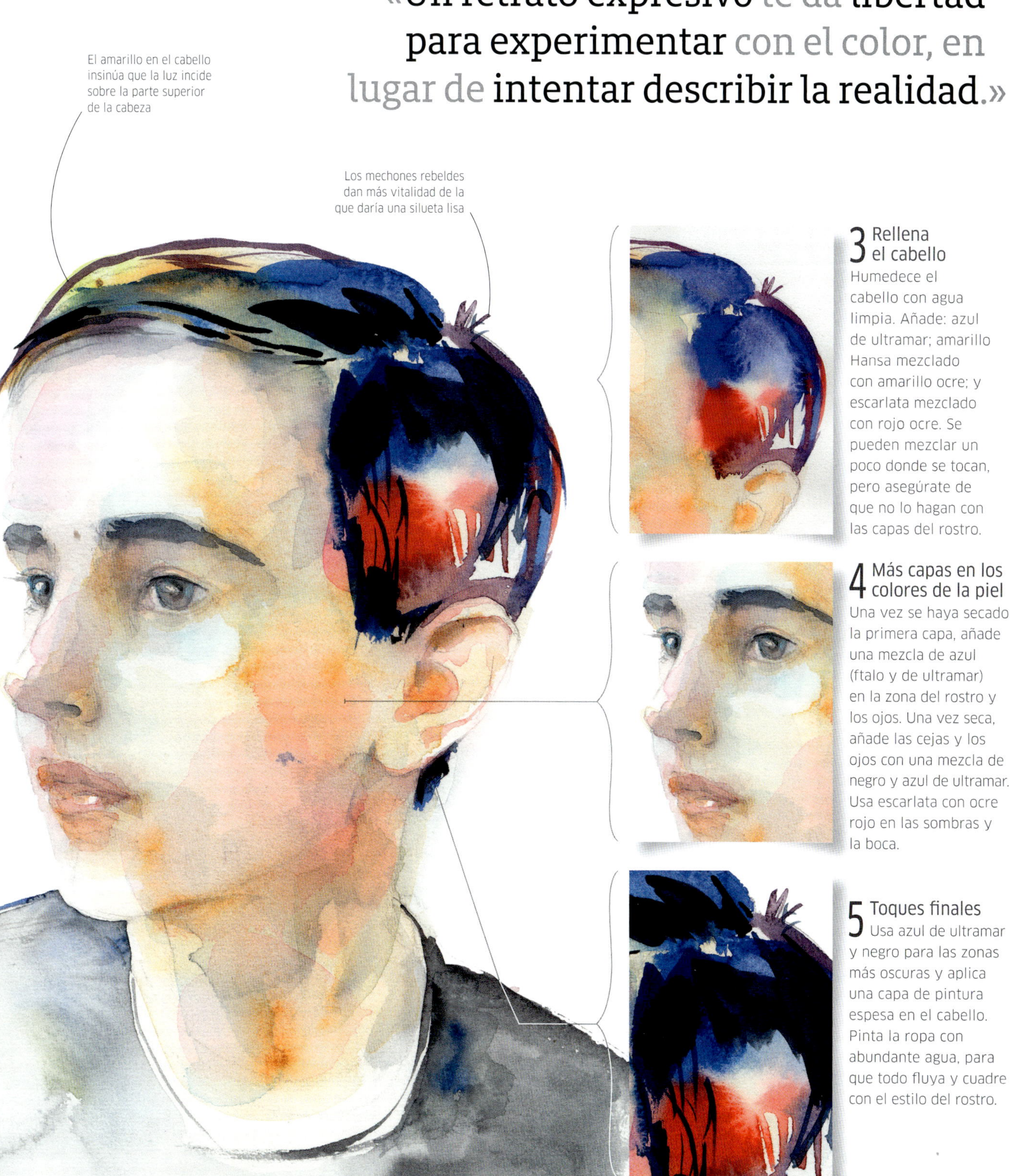

3 Rellena el cabello

Humedece el cabello con agua limpia. Añade: azul de ultramar; amarillo Hansa mezclado con amarillo ocre; y escarlata mezclado con rojo ocre. Se pueden mezclar un poco donde se tocan, pero asegúrate de que no lo hagan con las capas del rostro.

4 Más capas en los colores de la piel

Una vez se haya secado la primera capa, añade una mezcla de azul (ftalo y de ultramar) en la zona del rostro y los ojos. Una vez seca, añade las cejas y los ojos con una mezcla de negro y azul de ultramar. Usa escarlata con ocre rojo en las sombras y la boca.

5 Toques finales

Usa azul de ultramar y negro para las zonas más oscuras y aplica una capa de pintura espesa en el cabello. Pinta la ropa con abundante agua, para que todo fluya y cuadre con el estilo del rostro.

Artista **Denise Findlay**
Título *Equilibrio*
Soporte **Papel para acuarela prensado en frío (NO) de 300 g/m² de 28 × 45 cm**

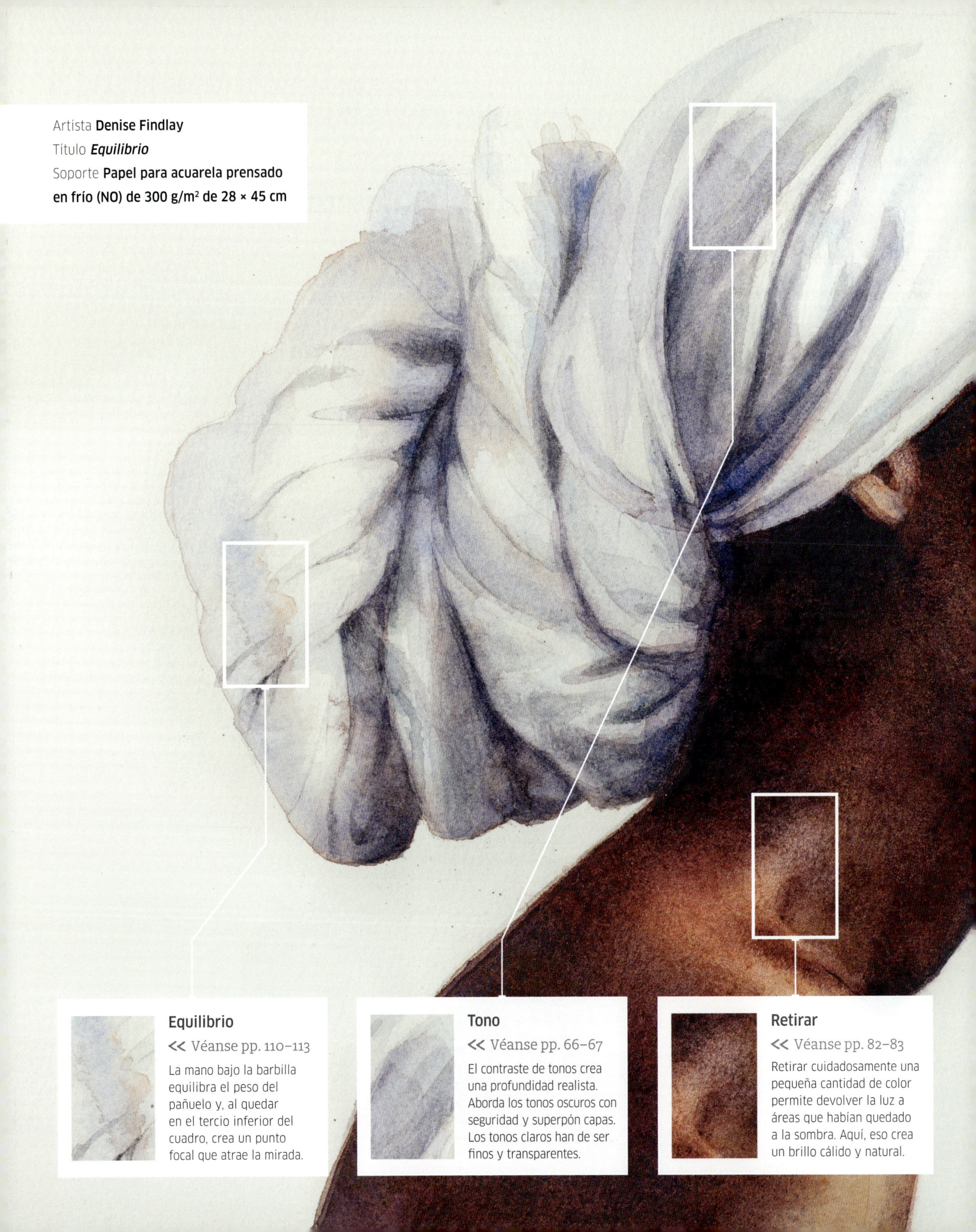

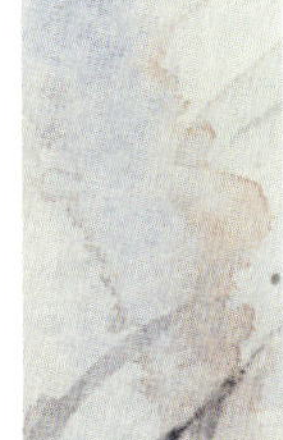

Equilibrio

« Véanse pp. 110–113

La mano bajo la barbilla equilibra el peso del pañuelo y, al quedar en el tercio inferior del cuadro, crea un punto focal que atrae la mirada.

Tono

« Véanse pp. 66–67

El contraste de tonos crea una profundidad realista. Aborda los tonos oscuros con seguridad y superpón capas. Los tonos claros han de ser finos y transparentes.

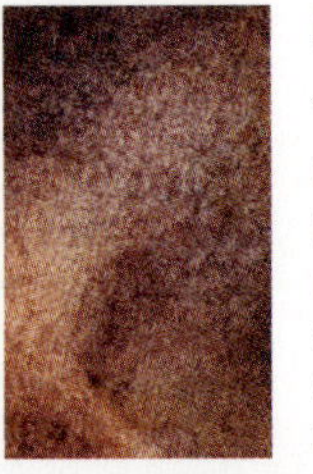

Retirar

« Véanse pp. 82–83

Retirar cuidadosamente una pequeña cantidad de color permite devolver la luz a áreas que habían quedado a la sombra. Aquí, eso crea un brillo cálido y natural.

Cuadro de muestra

Este retrato combina una composición llamativa con una técnica suave y delicada que transmite las sutilezas del tono de piel, la luz y la sombra. Pintar a una persona de perfil realza el contorno de la cara y resulta especialmente efectivo sobre el fondo minimalista que se ha usado aquí.

Espacios negativos

<< Véanse pp. 114–115

La silueta de la cabeza y de la mano de la modelo crea formas de fondo interesantes en el espacio entre y alrededor de la forma.

Suavizar los bordes

<< Véanse pp. 94–97

Añadir agua al borde de una aguada de color y mezclarla con un pincel seco ha facilitado una transición fluida entre las zonas claras y las oscuras.

Figuras individuales

POSE, ENTORNO Y COMPOSICIÓN

Los cuadros de figuras humanas logrados transmiten sensación de escala, proporción y perspectiva. La mejor manera de conseguirlo es pensar en la figura como en un elemento del entorno. Presta atención a la composición global y a las relaciones espaciales entre la figura y el resto de los elementos.

■ Escala y relaciones

Pintar la figura humana en relación con otro punto de interés la realza. Aquí, crear armonía entre el caballo y el herrero requiere calibrar el tamaño relativo de sus formas respectivas. El uso de colores cálidos y fríos entre ambas formas genera sensación de espacio.

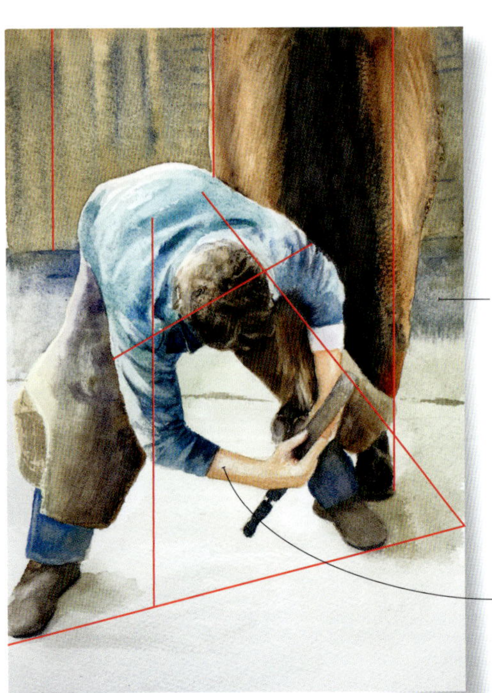

Los colores fríos alejan el fondo del observador

Los colores cálidos adelantan el primer plano y dan sensación de profundidad

Identificar las formas clave
La vertical del caballo estructura la parte superior del cuadro. La diagonal de los pies y los hombros del herrero crea impacto, mientras que las sombras de las mangas sugieren el estiramiento de los brazos.

PONLO EN PRÁCTICA

El contraste tonal es una de las claves de este cuadro, ya que el punto focal es el área en que se tocan los tonos más claros y más oscuros. El borde definido del flanco del caballo sobre el fondo difuminado da perspectiva a la escena.

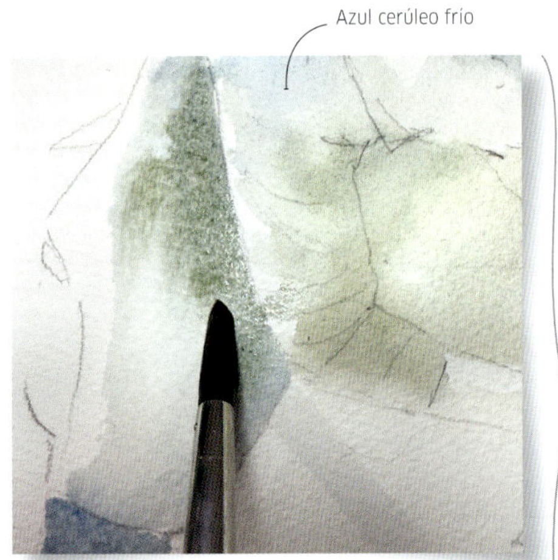

1 Tonos fríos en el fondo
Usar el frío azul cerúleo en la espalda de la sudadera y una mezcla de azul cerúleo y amarillo ocre detrás del antebrazo aleja estas áreas y crea distancia respeto al observador. El blanco del antebrazo se reserva, para adelantarlo.

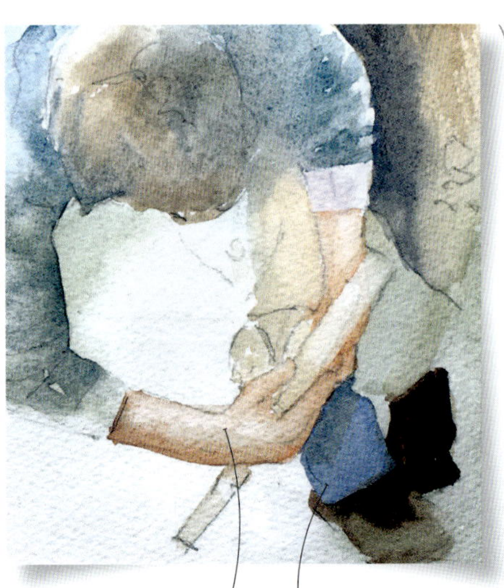

2 Tonos cálidos en el primer plano
En los vaqueros se ha usado azul de ultramar cálido, para adelantar la pierna. La granulación que la mezcla de cerúleo y ocre produce al entrar en el área sugiere tela vaquera.

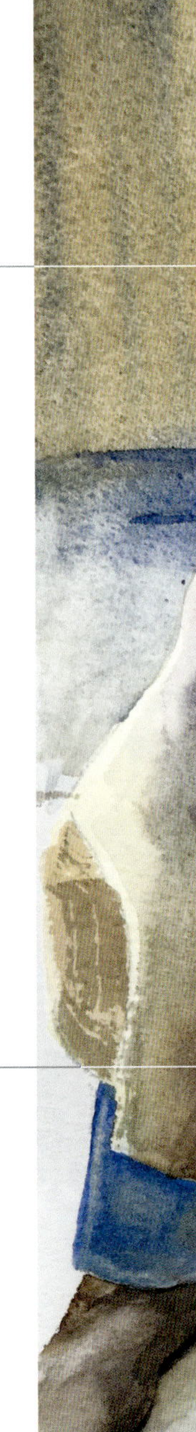

Necesitarás

Amarillo cadmio

Amarillo ocre

Rojo cadmio

Carmesí de alizarina

Siena tostada

Sombra tostada

Azul cerúleo

Azul de ultramar

- Pinceles redondos de pelo suave n.º 14 y n.º 8
- Papel para acuarela prensado en frío (NO) de lino de 300 g/m² de 38 × 28 cm

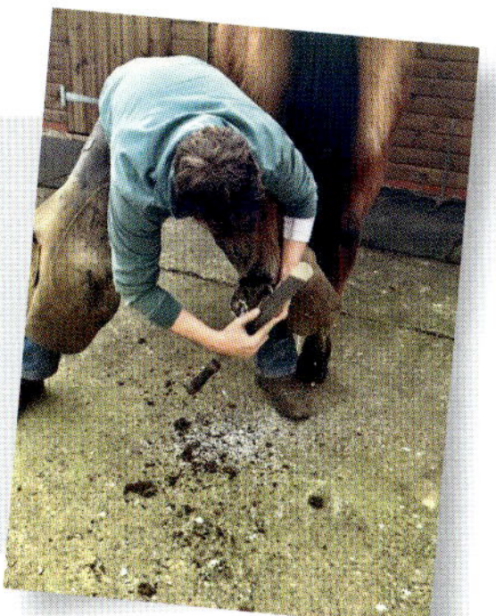

Herrando un caballo

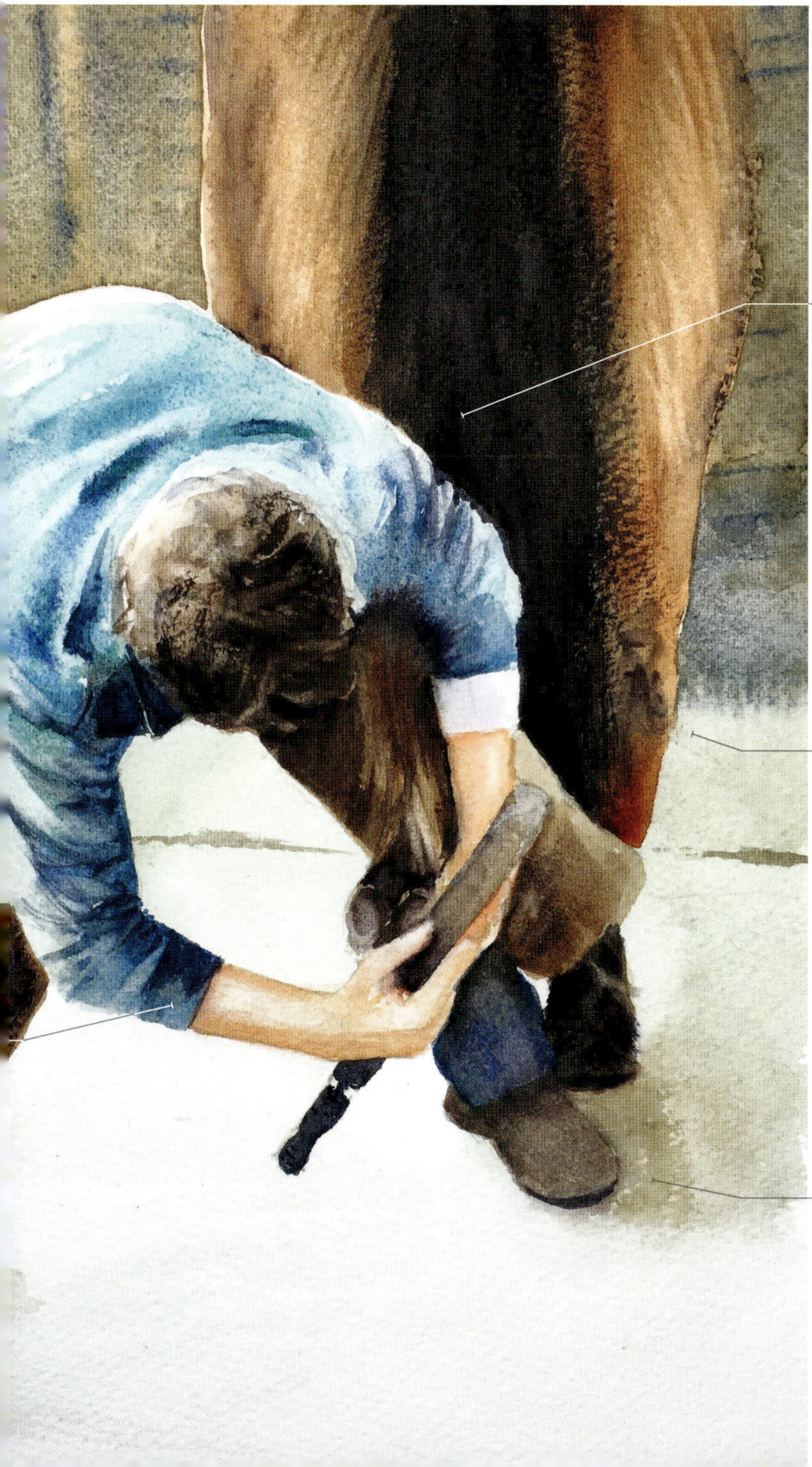

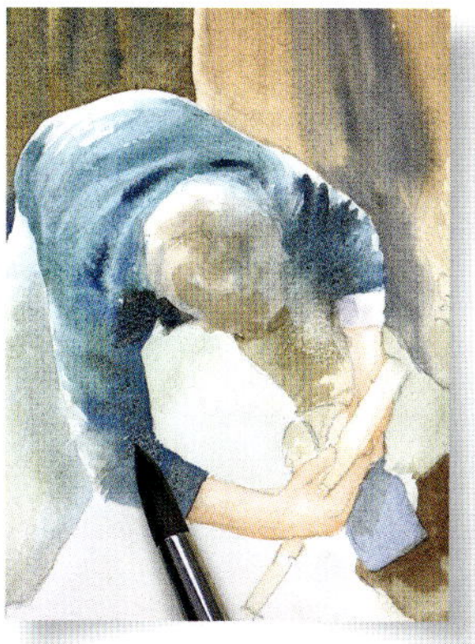

3 Marcas duras y suaves

Realza la escala y el equilibrio usando bordes duros en la parte anterior del herrero y reservando las marcas suaves para el caballo que tiene detrás.

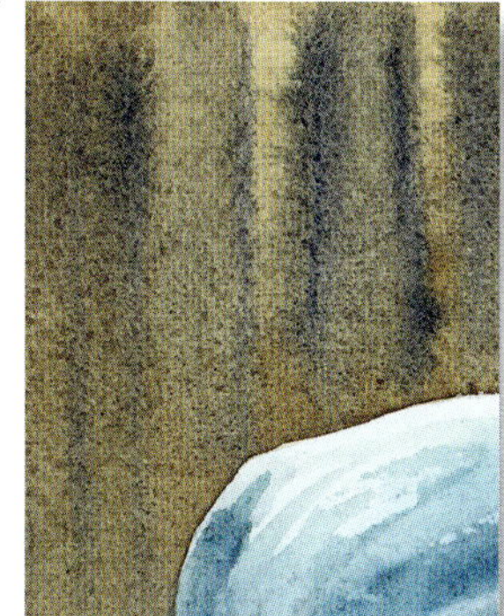

4 Fondo húmedo sobre húmedo

Pintar húmedo sobre húmedo usando tonos fríos da cierto interés al fondo, a la vez que lo mantiene visualmente suave para conservar la sensación de distancia.

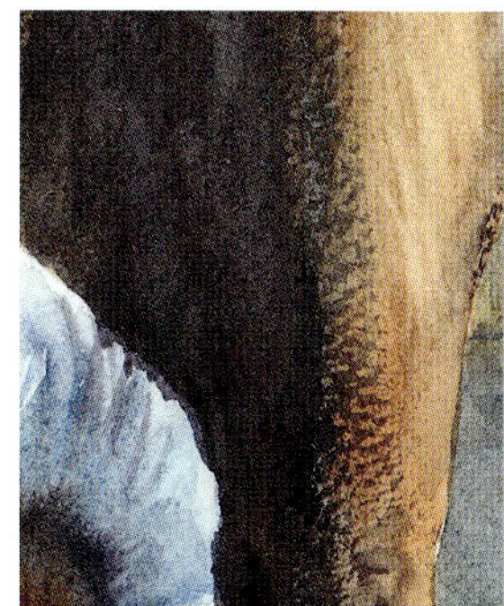

5 Textura de pincel seco

Usar un pincel seco para pintar la cola del caballo ha permitido crear la impresión de movimiento y de la textura del pelo.

Grupos de figuras

INCLUIR PERSONAS EN EL CUADRO

Aunque muchos artistas evitan incluir gente en sus obras, añadir unas cuantas personas puede dar vida al cuadro. No hace falta que las detalles; con frecuencia, basta con insinuar su presencia. La clave para unificar la obra reside en encajar las proporciones de las figuras en la perspectiva de la escena.

PONLO EN PRÁCTICA

Aquí, las figuras son más importantes que el paisaje. Si te concentras en acertar con las proporciones y los gestos, podrás usar pinceladas sorprendentemente sueltas para transmitir la sensación de multitud.

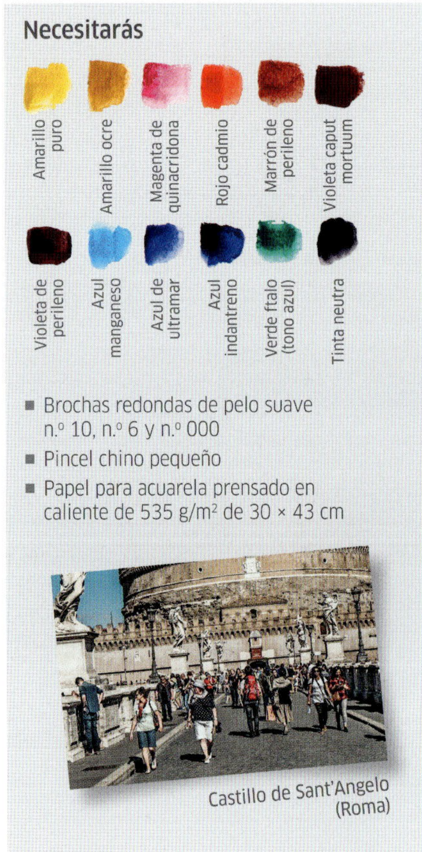

- Brochas redondas de pelo suave n.º 10, n.º 6 y n.º 000
- Pincel chino pequeño
- Papel para acuarela prensado en caliente de 535 g/m² de 30 × 43 cm

Castillo de Sant'Angelo (Roma)

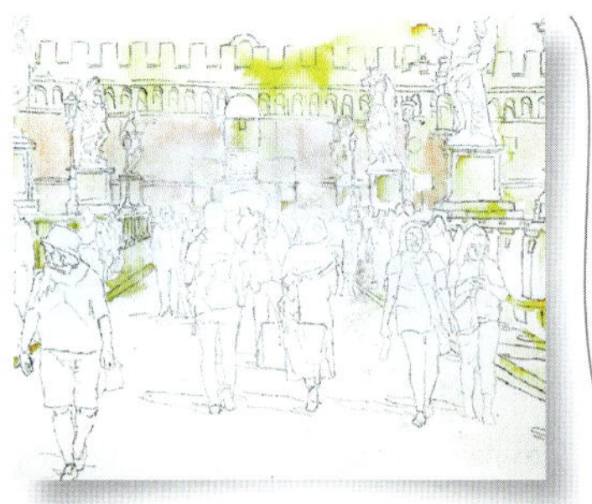

1 Prepara el papel

Humedece el papel alrededor de las figuras y las estatuas del primer plano con una brocha grande. Aplica aguadas húmedo sobre húmedo en el fondo y deja algo de luz en el primer plano. Piensa en el color, porque definirá la atmósfera del cuadro.

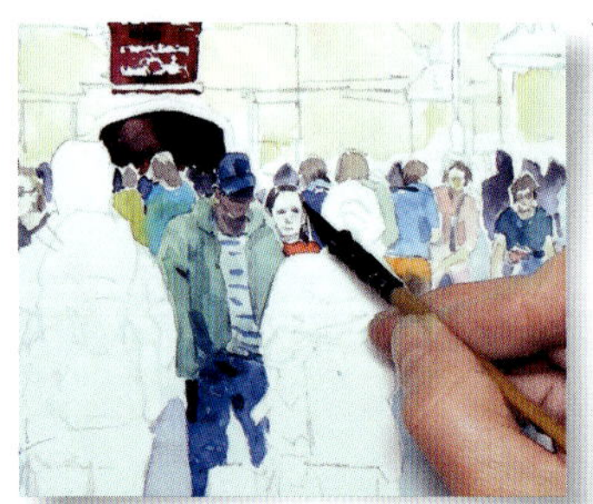

2 Figuras en el fondo

Añade húmedo sobre seco las figuras del fondo y deja que cada una de las capas se seque antes de seguir. Separa los tonos claros y oscuros a medida que las figuras retrocedan. Deja las más lejanas como siluetas.

■ Plasmar personas

Céntrate en las proporciones, gestos y poses de las figuras: cómo caminan, mueven los brazos y levantan las piernas. Observa la escala. Las figuras no pueden ser más altas que las puertas, por ejemplo. A no ser que la persona esté muy cerca, no te preocupes ni por los rasgos faciales ni por los detalles de manos y pies.

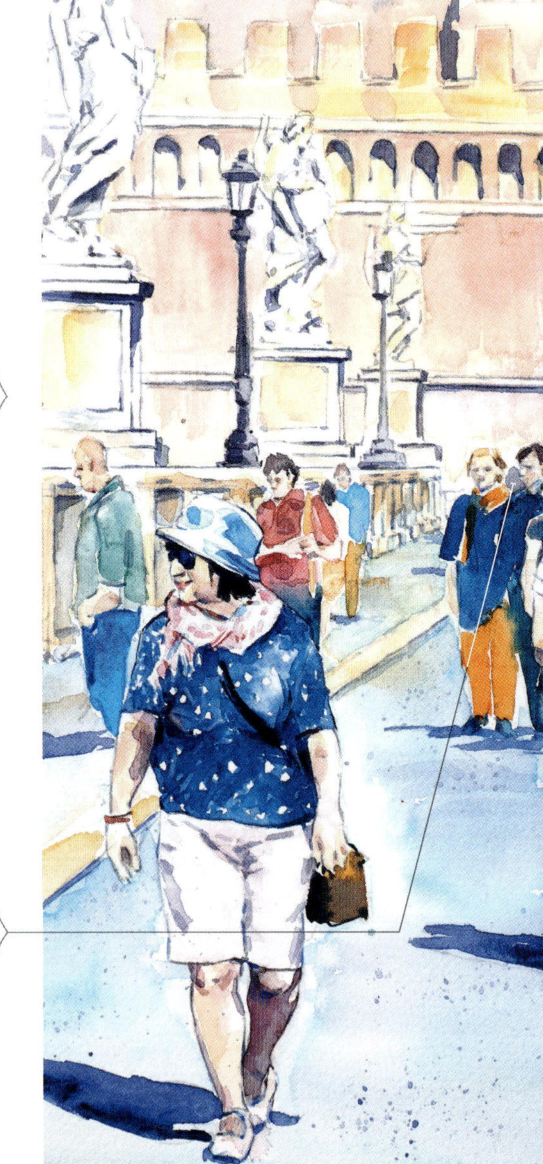

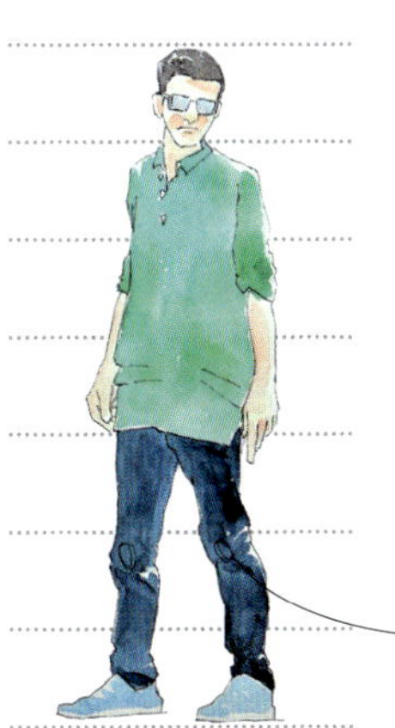

Proporciones

Las personas suelen medir 7–8 «cabezas». El ombligo está a tres cabezas de la coronilla; muñecas, ingle y cadera están a media altura; las yemas de los dedos, a cuatro cabezas; y las rodillas, a cinco. La cabeza ha de descansar, no flotar, sobre los hombros.

La parte inferior de la rodilla está a cinco «cabezas» de la coronilla

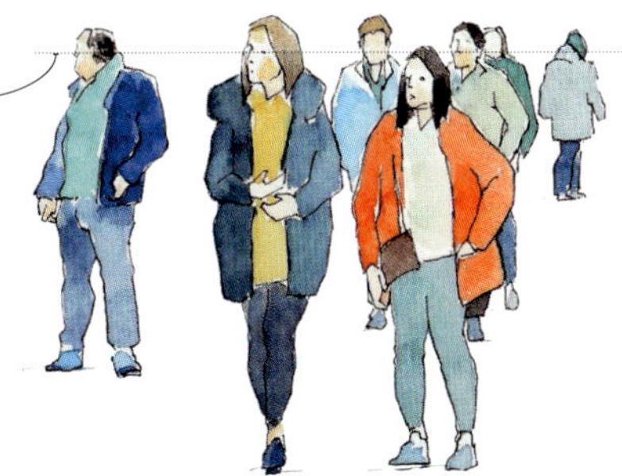

Perspectiva en pie

En un suelo llano, parece que las cabezas están a la misma altura, pero la longitud de las piernas se reduce con la distancia.

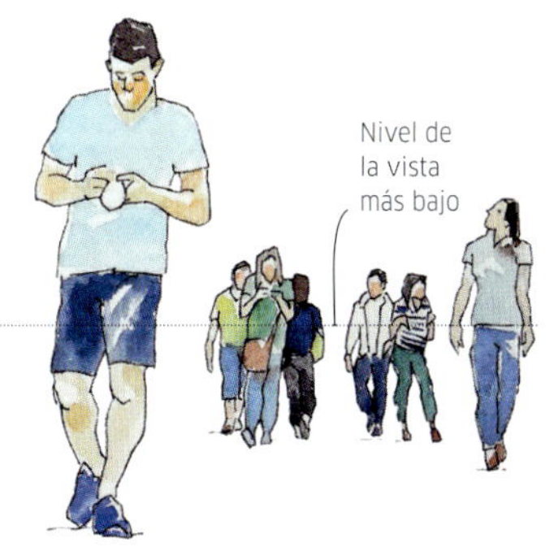

Perspectiva sentado

Si estás sentado, la línea de la vista quedará por debajo de lo normal y recaerá en otra parte del cuerpo, probablemente en el pecho.

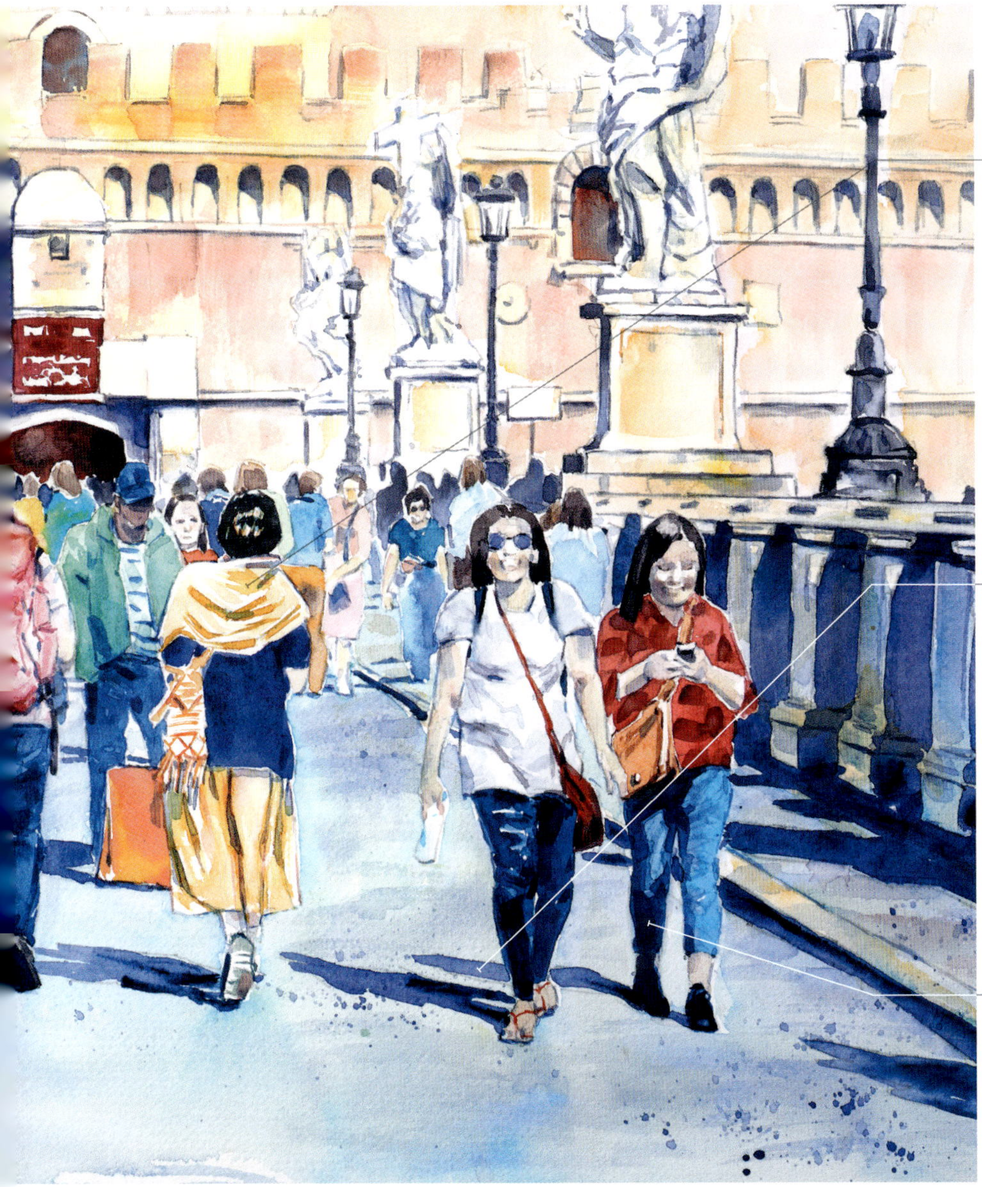

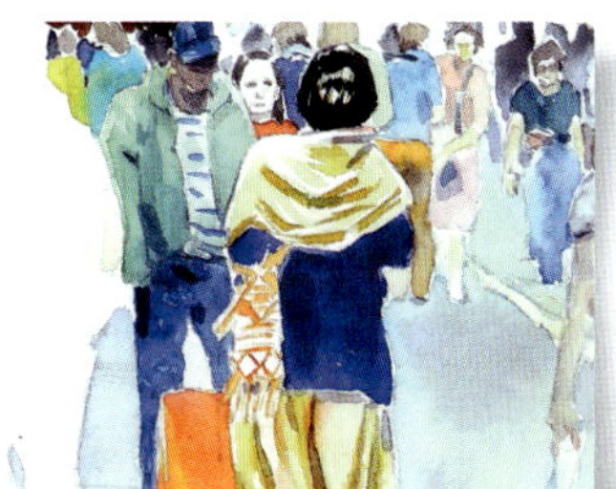

3 Figuras en el primer plano

Define con suavidad las figuras del primer plano a medida que construyas el tono. No añadas mucho detalle, basta con que lo insinúes.

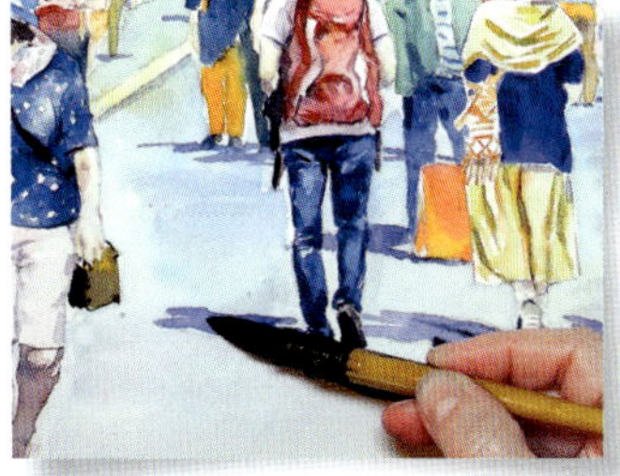

4 Añade sombras y detalles

Pinta sombras y detalles una vez secas todas las capas; aborda formas cada vez más pequeñas en cada capa.

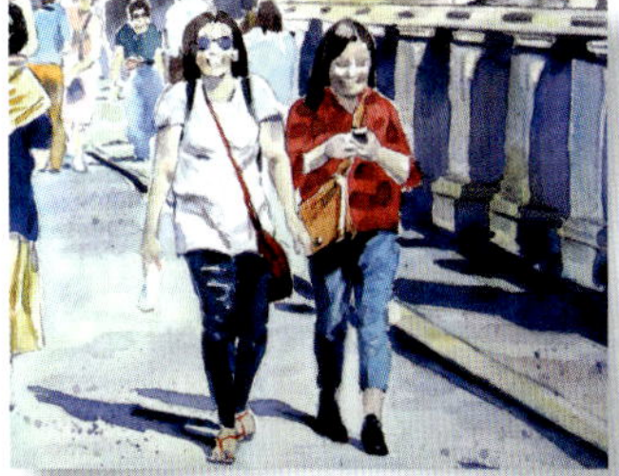

5 Toques finales

Añade color localizado y salpica para sumar interés. Da profundidad con acentos tonales oscuros.

Ilustración de moda

EXPRESAR IDEAS CREATIVAS

En comparación con la pintura de figuras tradicional, la ilustración de moda permite abordar las poses de un modo más abstracto y simple. Aunque todos los medios sirven, la acuarela es especialmente expresiva.

◼ Adoptar un enfoque gráfico

La variedad de materiales es infinita, lo cual es una oportunidad magnífica para combinar medios distintos y muchas técnicas de acuarela expresivas que reflejen la originalidad de tus diseños. Usa materiales gráficos, como la acuarela líquida, estilógrafos, portaminas, *gouache* y *collage* para que las prendas vibren.

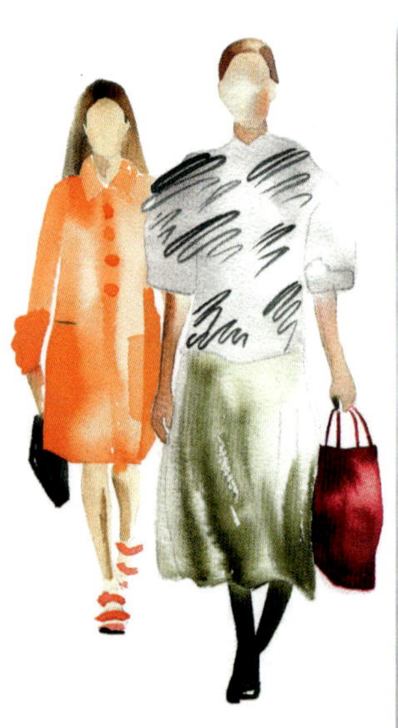

Pluma y tinta

Usa portaminas y estilógrafos tanto para trazar los contornos de las figuras como para añadir detalles a aguadas secas. Sugiere estampados o el brillo de los tejidos con garabatos, rayas y sombras.

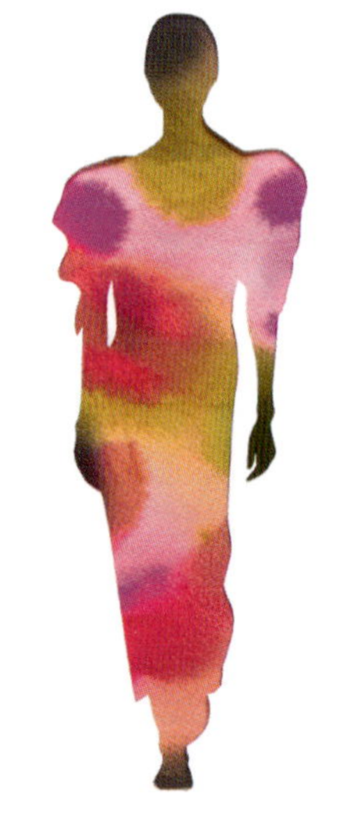

Efectos de acuarela

Las mezclas fluidas húmedo sobre húmedo sugieren movimiento y tejido estampado en una silueta sencilla. Manipula las mezclas para sugerir los elementos de las prendas, como las mangas.

PONLO EN PRÁCTICA

Esta ilustración inspirada en los desfiles de moda combina colores simples y potentes con patrones y detalles finos que realzan las prendas. La variedad de tonos y mezclas añade profundidad y textura.

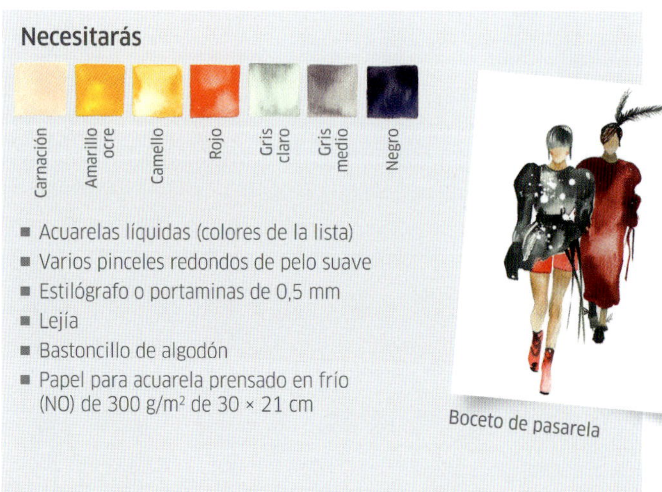

Necesitarás

- Acuarelas líquidas (colores de la lista)
- Varios pinceles redondos de pelo suave
- Estilógrafo o portaminas de 0,5 mm
- Lejía
- Bastoncillo de algodón
- Papel para acuarela prensado en frío (NO) de 300 g/m² de 30 × 21 cm

Boceto de pasarela

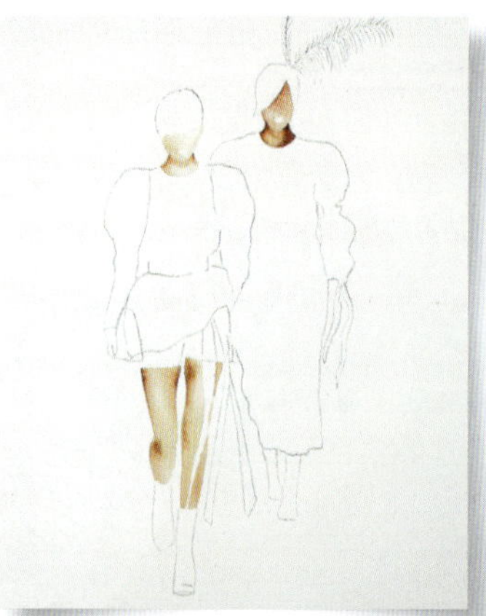

1 Dibuja y añade los tonos de piel
Usa un lápiz fino para desarrollar ideas, incluir detalles y definir las áreas de colores distintos. Los rasgos faciales se reducen al mínimo, pero añade la forma del cabello y los labios. Pinta la piel con dos o tres tonos naturales y pinceles n.º 2 y n.º 4. Mantente justo por dentro de la línea del lápiz.

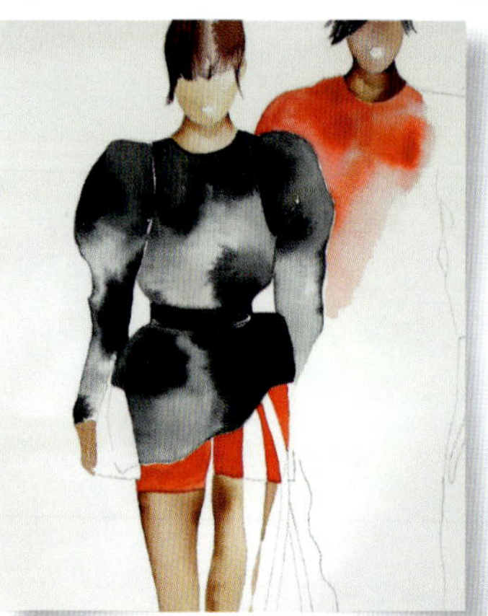

2 Aplica el color
Rellena las áreas de color y no lo diluyas para los elementos sólidos, como los pantalones. Espera a que un área esté seca antes de pintar la contigua. Rellena la camisa con diluciones de negro.

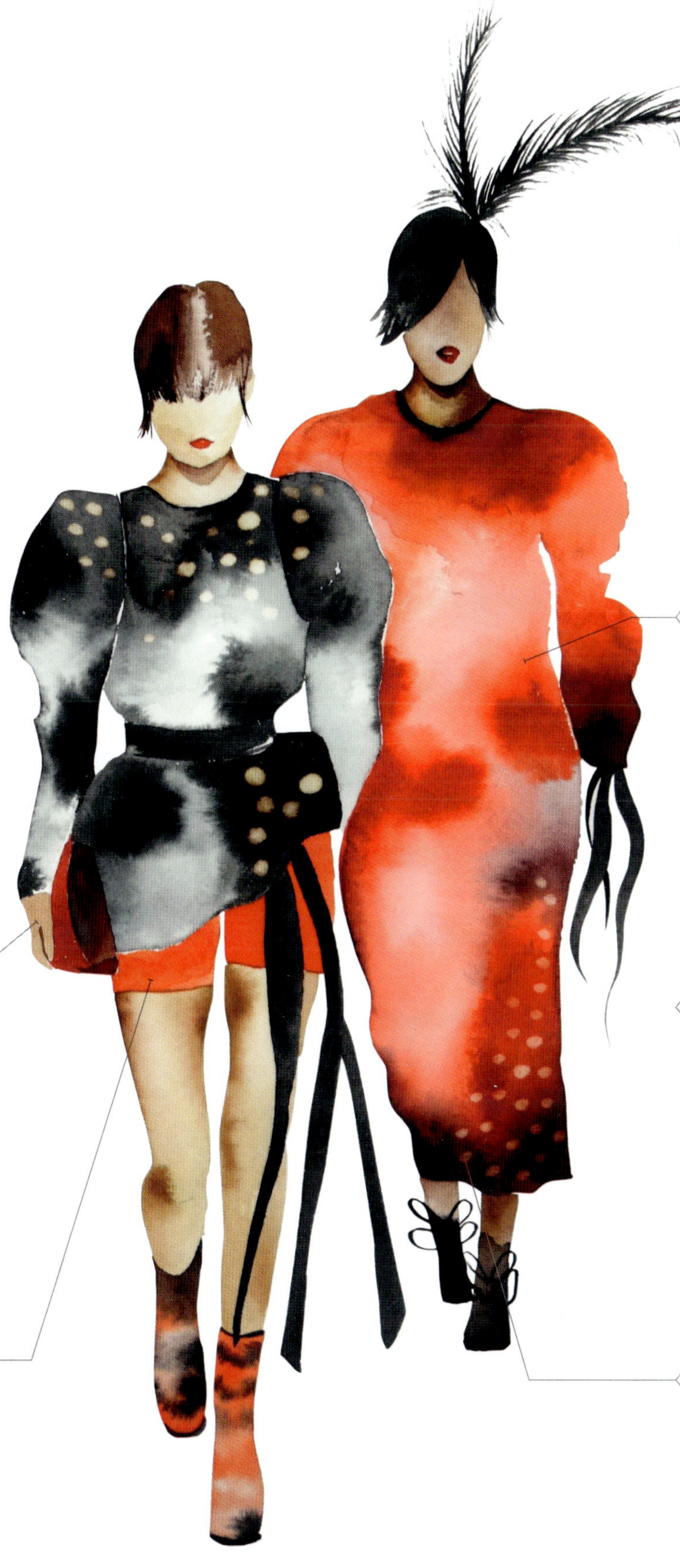

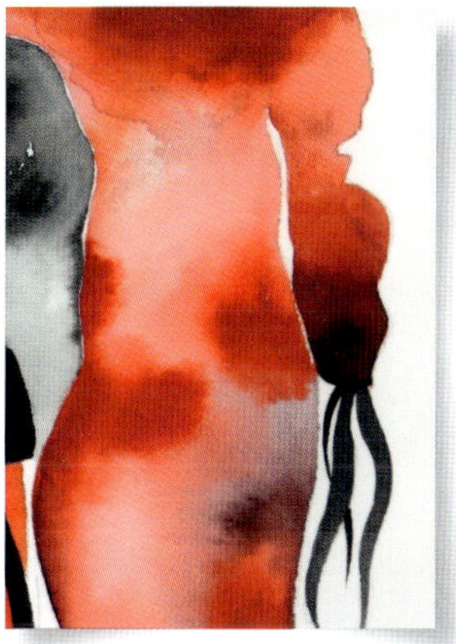

3 Mezclas húmedo sobre húmedo

Usa gotas de rojo para el vestido. Diluye la intensidad del color con agua y deja que el color se mezcle húmedo sobre húmedo en el papel. Usa mucha agua para diluir la aguada y crear puntos de luz.

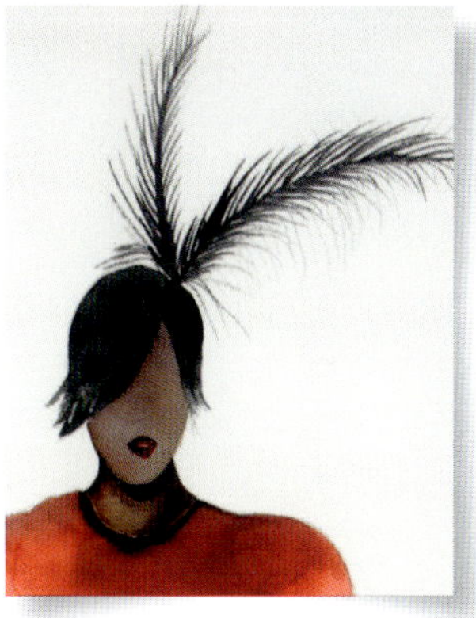

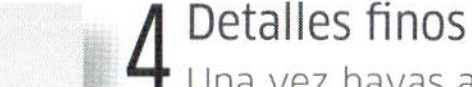

4 Detalles finos

Una vez hayas añadido todas las formas principales y estas se hayan secado, pinta los detalles más precisos y los accesorios con un pincel fino n.º 1. Pinta las plumas con negro sin diluir. También puedes usar un portaminas.

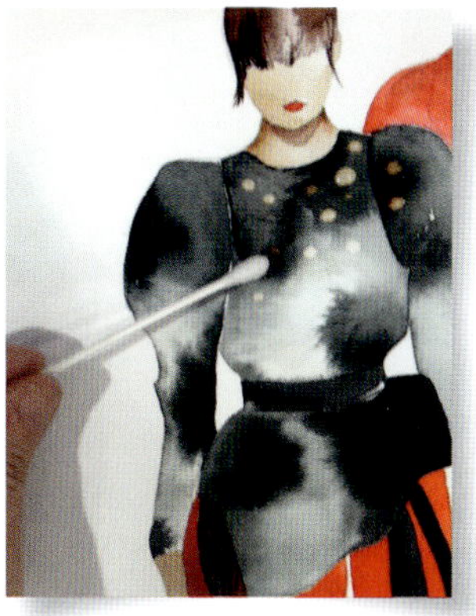

5 Estampados

Añade un estampado de lunares aplicando con cuidado y un bastoncillo de algodón gotitas de lejía sobre la acuarela. Vuelve a aplicar el algodón cada vez y usa la punta para variar el tamaño de los lunares. Algunos pigmentos dejarán un tono más claro, no un blanco intenso.

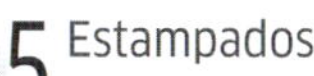

Figuras fortuitas

INCLUIR FIGURAS EN UN PAISAJE

Las figuras tienden a llamar la atención y a dominar la escena; pero, en los paisajes, todos los elementos deberían formar un todo armonioso. Planificar el cuadro y elegir los colores te ayudará a mitigar el impacto de las figuras de varias maneras y a lograr una composición equilibrada.

Integrar figuras

Las figuras de un paisaje tienden a acaparar la mirada. Recuerda que estás pintando un paisaje en el que hay gente, no un estudio de la figura humana en un paisaje. Las figuras se han de integrar con el resto de los elementos: intenta conectar y armonizar la figura con el paisaje difuminando los bordes y repitiendo colores.

PONLO EN PRÁCTICA

Aquí, las figuras forman parte del paisaje y añaden detalles fortuitos a la composición general. Usar en las figuras colores similares a los del mar y la tierra facilita que aquellas se integren con otros elementos y no distraigan.

Necesitarás

- Amarillo azo
- Amarillo cadmio
- Siena tostada
- Magenta de quinacridona
- Rojo cadmio
- Azul de ultramar francés
- Azul ftalo (tono verde)

- Pincel redondo de pelo suave n.º 14
- Brocha de pelo suave n.º 10
- Papel para acuarela prensado en frío (NO) de 300 g/m² de 25 × 35 cm

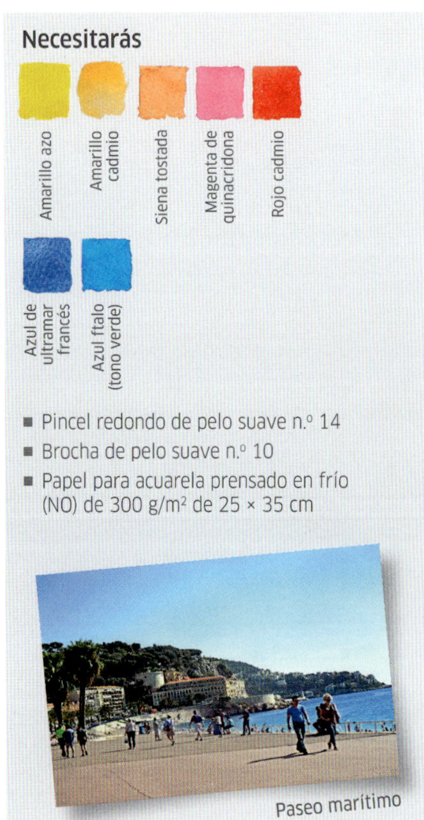
Paseo marítimo

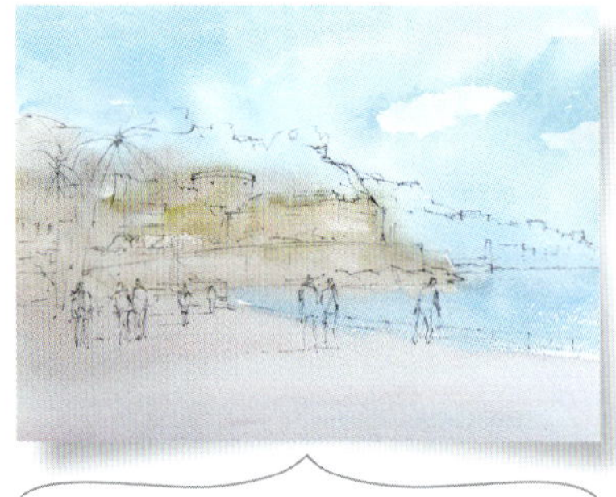

1 Aguada general

Aplica una aguada de fondo de arriba abajo. Usa una mezcla de azul ftalo con un toque de magenta de quinacridona para el cielo y el mar, y una mezcla cálida de magenta de quinacridona y amarillo azo para la tierra. No dejes espacio para las figuras porque nada las aislaría más que un borde duro.

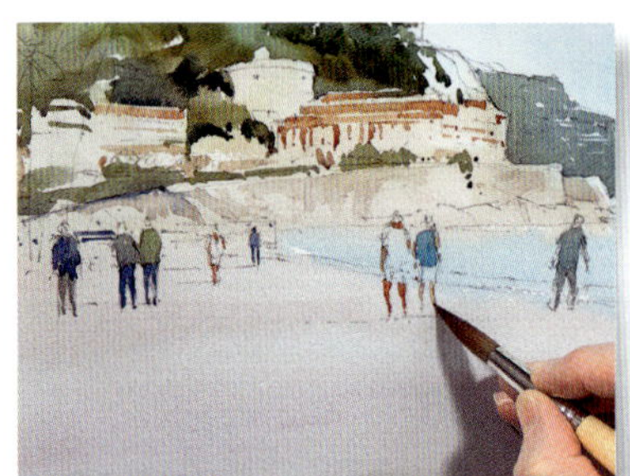

2 Difumina las figuras en el fondo

Comienza a definir gradualmente los elementos con una segunda aguada. Da calidez al segundo plano con amarillo cadmio. Usa valores tonales similares para las figuras, e incluye toques de siena tostada para crear conexiones visuales.

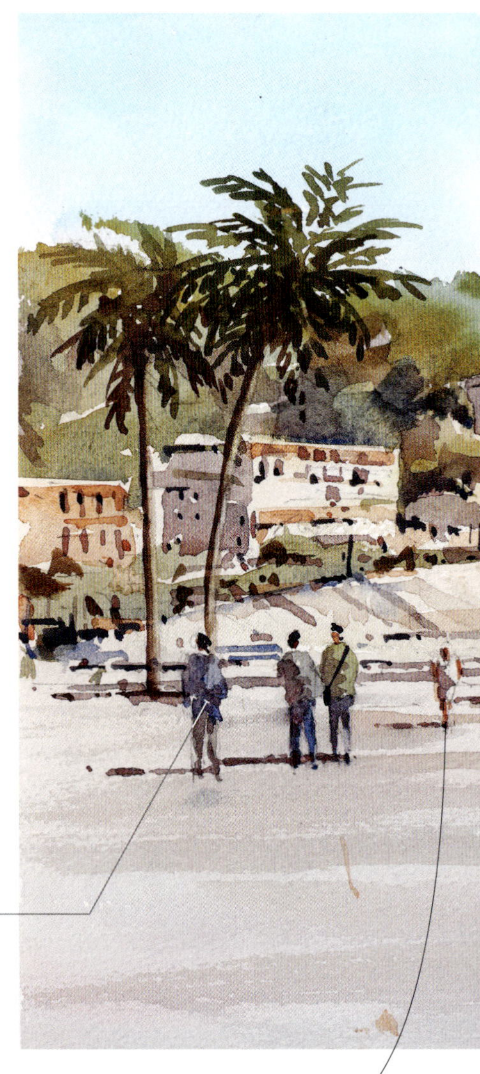

Deja que algunas de las figuras se difuminen parcialmente en el fondo

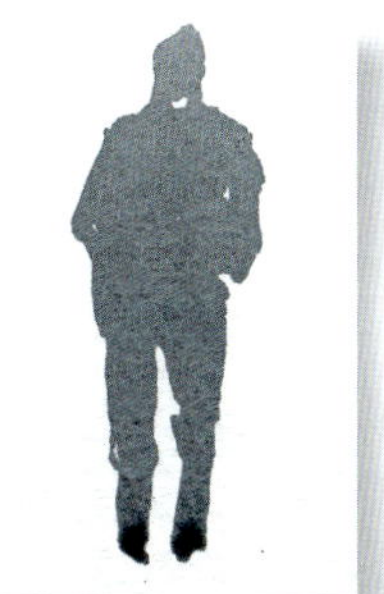
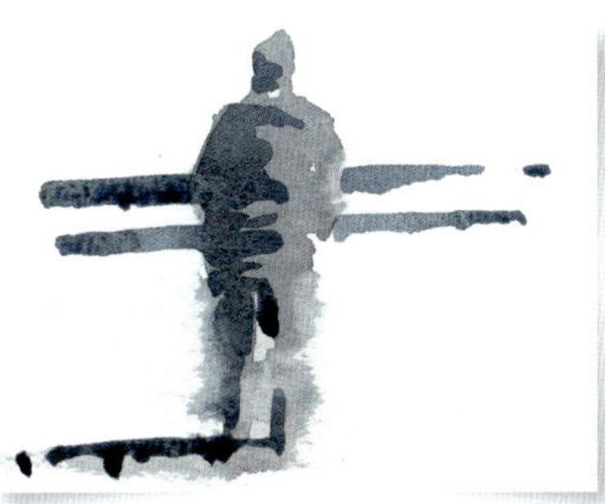
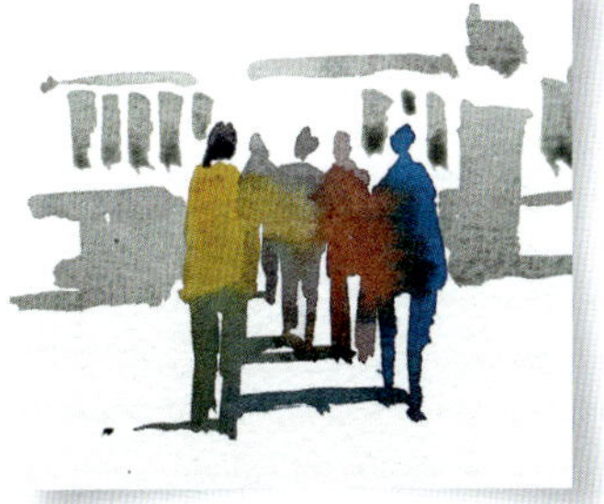
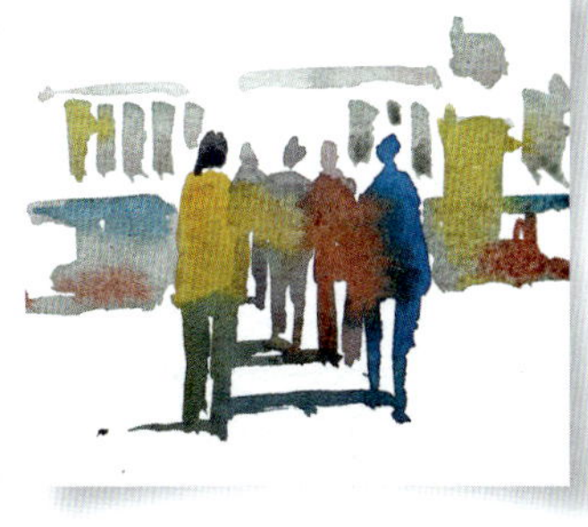

Difuminar

El espacio blanco o los bordes duros aíslan inmediatamente la figura, como si un foco la iluminara. Para evitarlo, suaviza los bordes y difumínala parcialmente en el fondo para unirla a otros elementos.

Repetir colores

Intenta integrar las figuras en el resto del paisaje usando color local en ambos elementos. Si has de usar un color fuerte en la figura, como el rojo, inclúyelo también en el paisaje; así suavizarás el impacto visual.

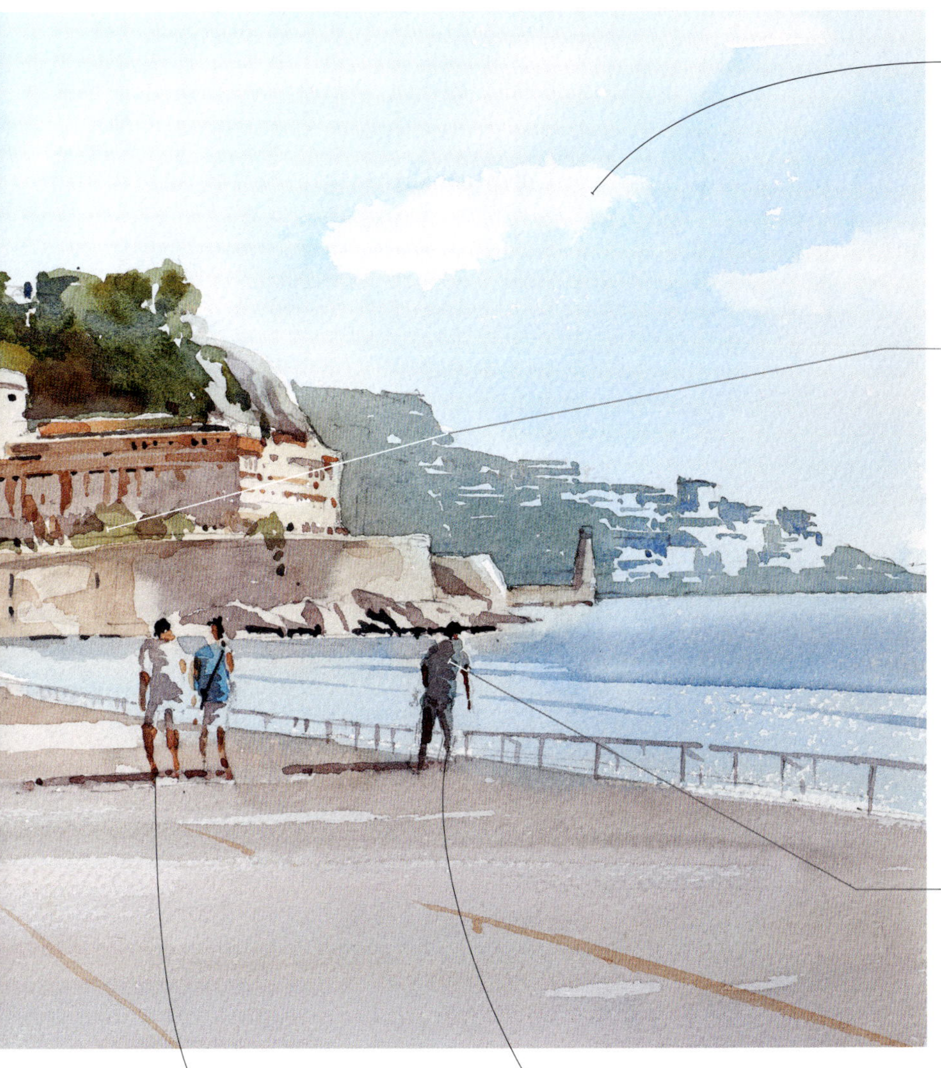

Algunas nubes claras interrumpen la aguada del cielo y equilibran la composición

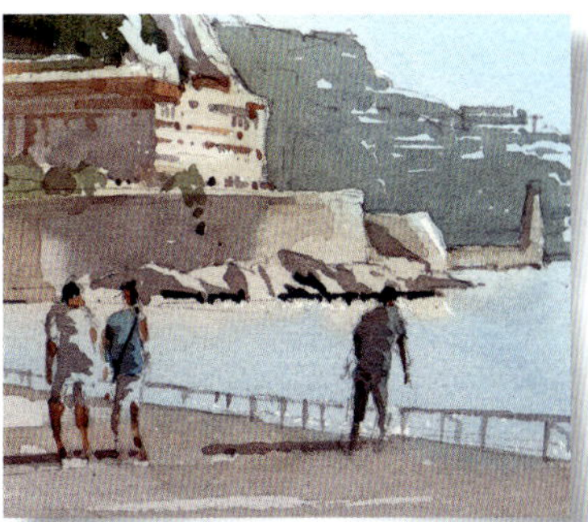

3 Conecta colores

Repite todos los colores del paisaje en las figuras (y viceversa) para crear armonía. Aquí, los verdes y marrones más fuertes de las palmeras se repiten en la ropa de las figuras al pie.

4 Equilibrio tonal

Sigue reforzando todos los colores y añade puntos y rayas oscuros para crear interés tonal. No des más importancia a las figuras que a los árboles o los edificios, y usa tonos y colores similares para todos los elementos.

Se ha usado la misma mezcla de azul ftalo y rojo cadmio para vincular todas las sombras del primer y del segundo planos

Difumina las pantorrillas en las sombras para anclar la figura al suelo

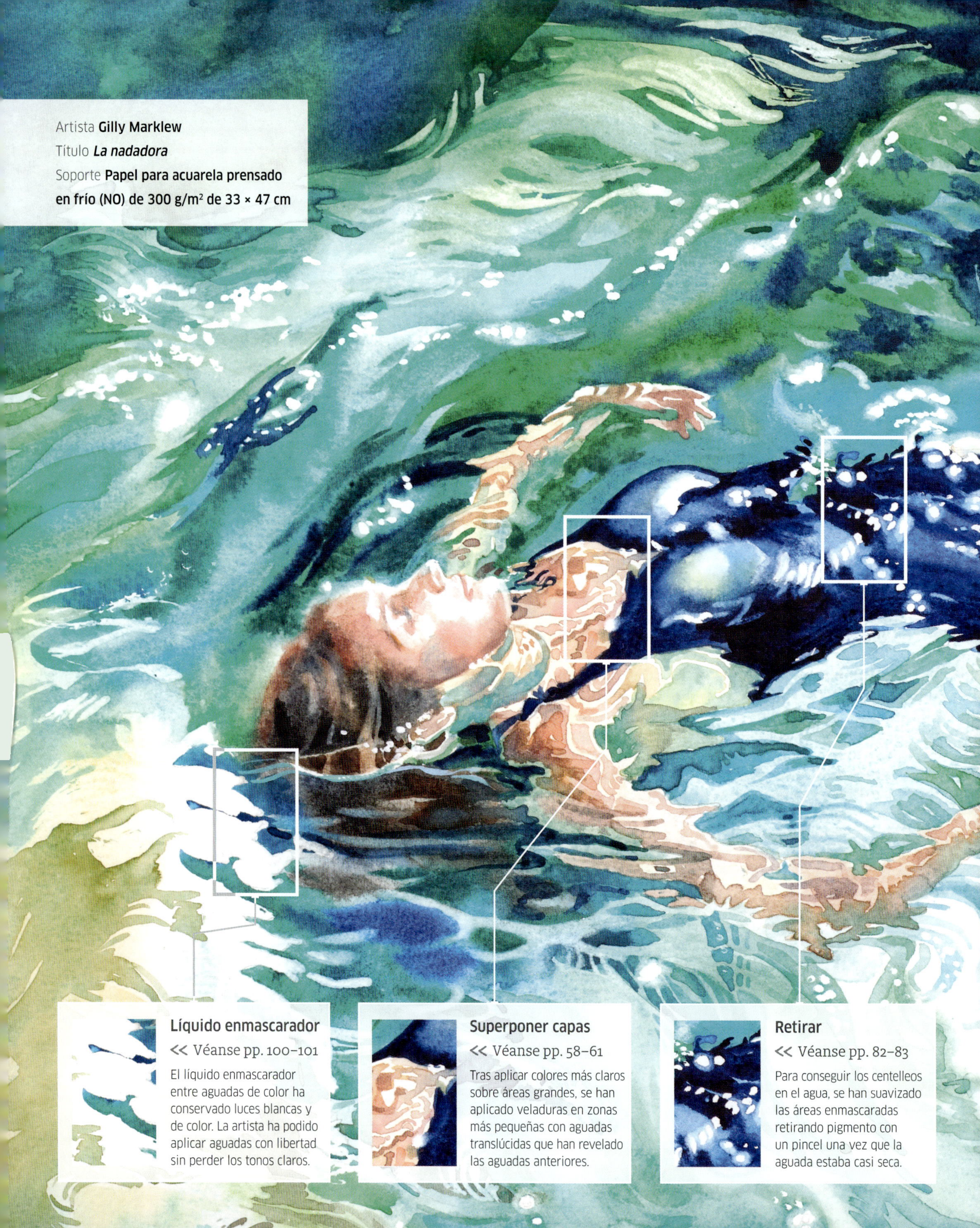

Líquido enmascarador

<< Véanse pp. 100–101

El líquido enmascarador entre aguadas de color ha conservado luces blancas y de color. La artista ha podido aplicar aguadas con libertad sin perder los tonos claros.

Superponer capas

<< Véanse pp. 58–61

Tras aplicar colores más claros sobre áreas grandes, se han aplicado veladuras en zonas más pequeñas con aguadas translúcidas que han revelado las aguadas anteriores.

Retirar

<< Véanse pp. 82–83

Para conseguir los centelleos en el agua, se han suavizado las áreas enmascaradas retirando pigmento con un pincel una vez que la aguada estaba casi seca.

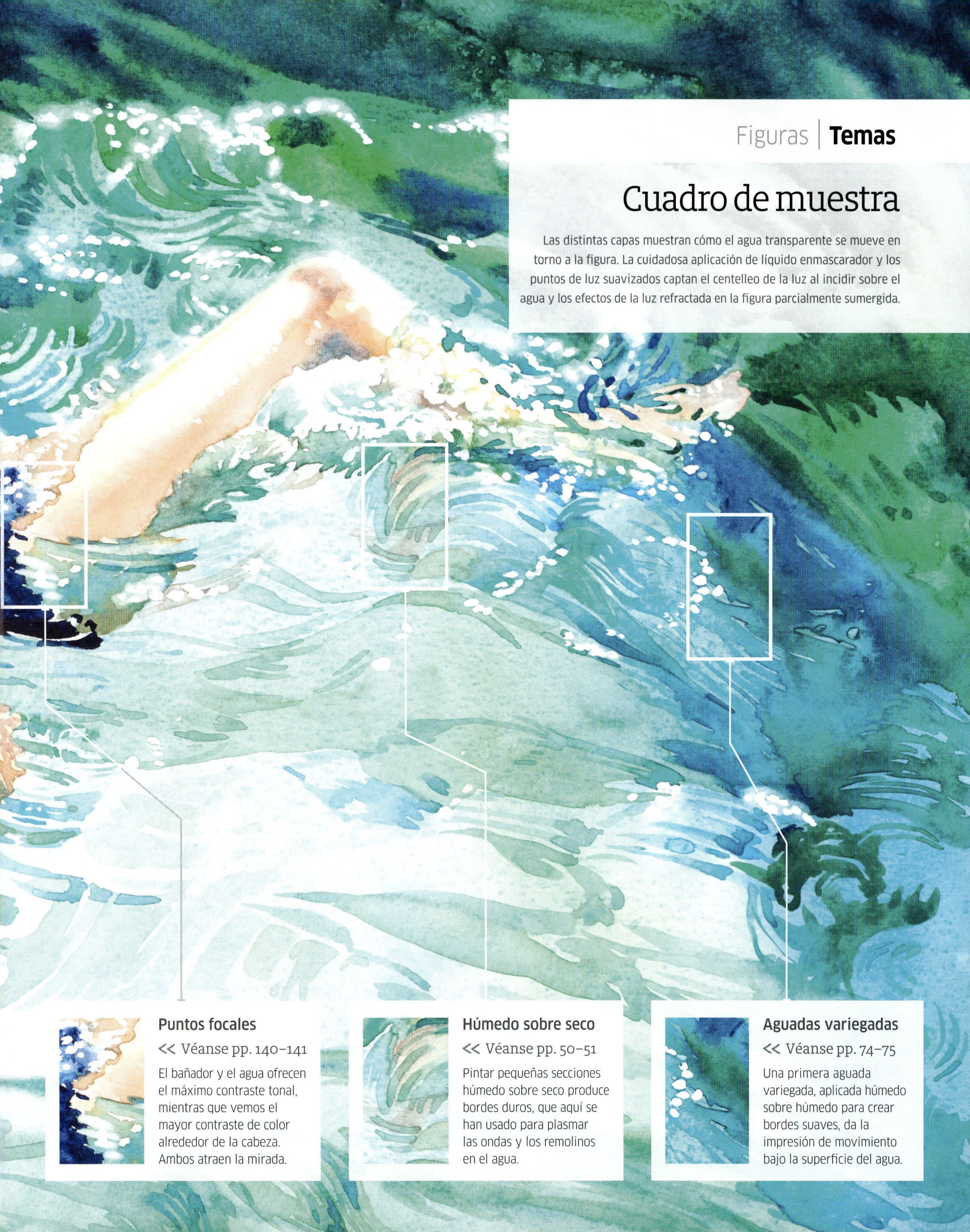

Cuadro de muestra

Las distintas capas muestran cómo el agua transparente se mueve en torno a la figura. La cuidadosa aplicación de líquido enmascarador y los puntos de luz suavizados captan el centelleo de la luz al incidir sobre el agua y los efectos de la luz refractada en la figura parcialmente sumergida.

Puntos focales

≪ Véanse pp. 140–141

El bañador y el agua ofrecen el máximo contraste tonal, mientras que vemos el mayor contraste de color alrededor de la cabeza. Ambos atraen la mirada.

Húmedo sobre seco

≪ Véanse pp. 50–51

Pintar pequeñas secciones húmedo sobre seco produce bordes duros, que aquí se han usado para plasmar las ondas y los remolinos en el agua.

Aguadas variegadas

≪ Véanse pp. 74–75

Una primera aguada variegada, aplicada húmedo sobre húmedo para crear bordes suaves, da la impresión de movimiento bajo la superficie del agua.

Retratos de mascotas

PINTAR ANIMALES DE COMPAÑÍA

Captar la personalidad única de tu mascota en acuarela es un reto, pero con un tema tan conocido y un medio que se presta especialmente a la suavidad del pelo y los bigotes, pronto serás un experto retratista de mascotas. Esboza en vivo y haz fotografías de referencia, que te ayudarán a elegir la pose.

■ Plasmar puntos de luz y texturas

El pelo es una característica habitual en la mayoría de las mascotas. Usa pinceladas variadas para la textura y superpón pinceladas húmedo sobre seco para transmitir dirección y densidad y dar forma al animal. Puedes incluir los puntos del luz de los ojos, de los morros húmedos y del pelaje brillante con técnicas de enmascarar (pp. 100–103).

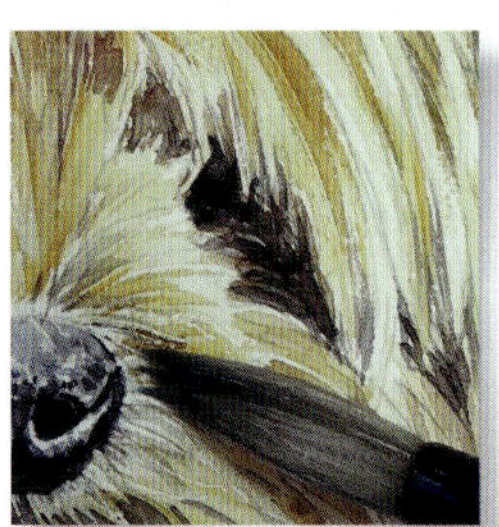

Puntos de luz blancos

Si quieres marcas que contrasten, deja entrever el blanco del papel o usa líquido de enmascarar en las primeras etapas para proteger los puntos de luz. Una vez lo retires, el área enmascarada tendrá bordes definidos que podrás suavizar, si es necesario.

La textura del pelo

Los pinceles chinos son ideales para pintar pelo, porque conservan la forma cuando se abren y permiten pintar varios pelos al mismo tiempo. Son muy absorbentes y retienen mucha pintura, por lo que producen pinceladas muy fluidas.

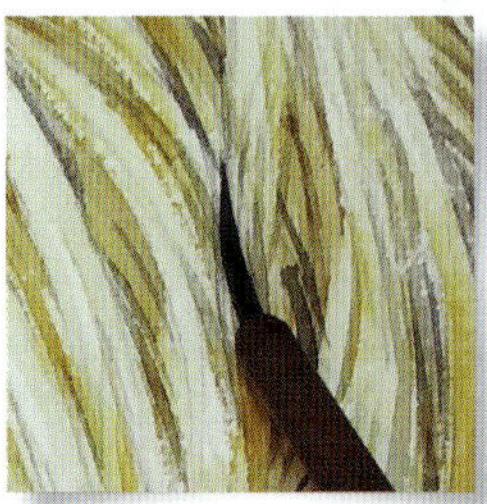

Mechones húmedo sobre seco

Carga un pincel pequeño con pintura húmeda y pinta sobre seco para dejar pinceladas de bordes duros, ideales para definir mechones de pelo. Esta técnica húmedo sobre seco tiende a ofrecer más control cuando se trabaja en áreas pequeñas.

PONLO EN PRÁCTICA

En esta pose, la cara se pinta con detalle, y la melancólica mirada del spaniel se convierte en el punto focal del cuadro. La forma del cuerpo se ha plasmado con distintos pinceles sobre un fondo poco definido.

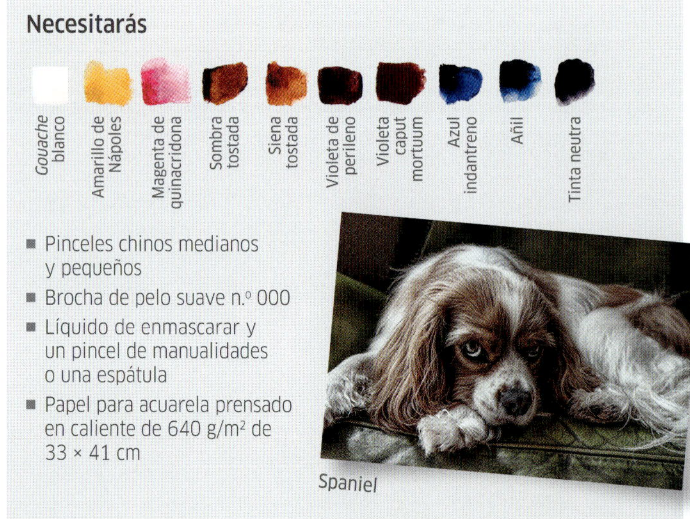

Necesitarás

- Pinceles chinos medianos y pequeños
- Brocha de pelo suave n.º 000
- Líquido de enmascarar y un pincel de manualidades o una espátula
- Papel para acuarela prensado en caliente de 640 g/m² de 33 × 41 cm

Spaniel

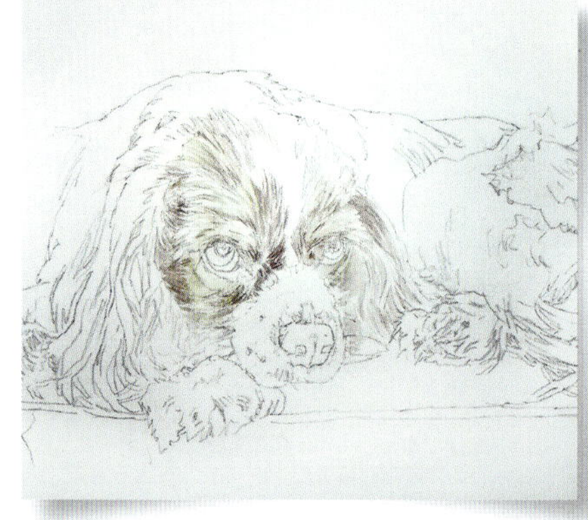

1 Define las proporciones básicas

Comprueba la relación entre los ojos, la nariz y las orejas para que el dibujo sea correcto. Enmascara los puntos de luz, como los bigotes y los ojos, y aplica las áreas de color más claro con un pincel chino abierto.

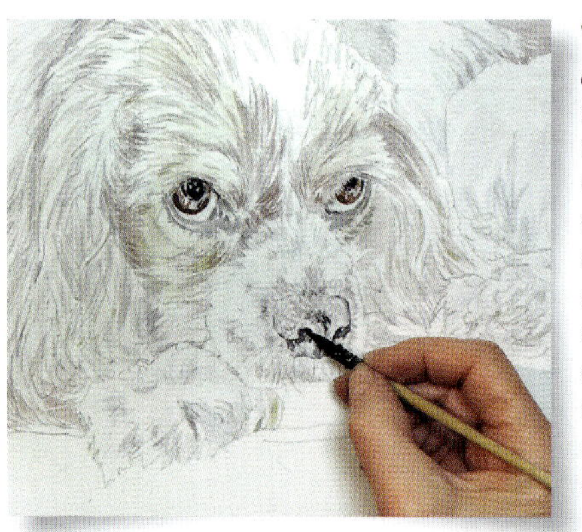

2 Forma subyacente

Fíjate en cómo el pelo sigue la forma subyacente y, por ejemplo, se separa sobre el morro. Enmascara las áreas más claras. Trata el líquido enmascarador como pintura, y piensa en las marcas que dejas con él. Comienza a aplicar veladuras en los ojos y la nariz.

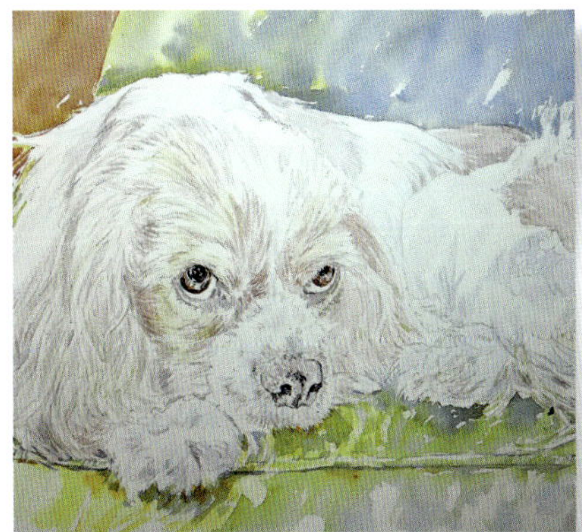

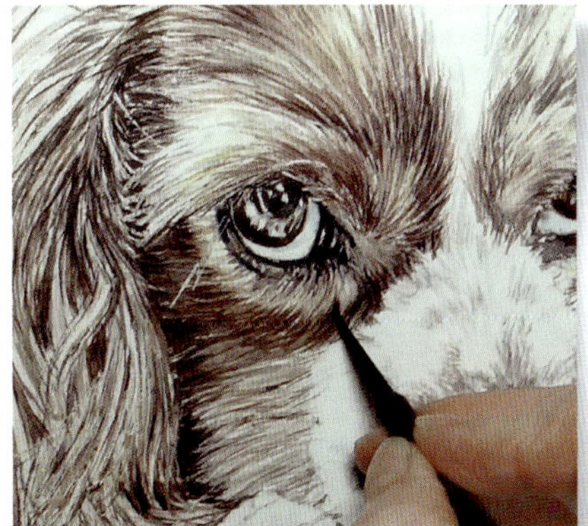

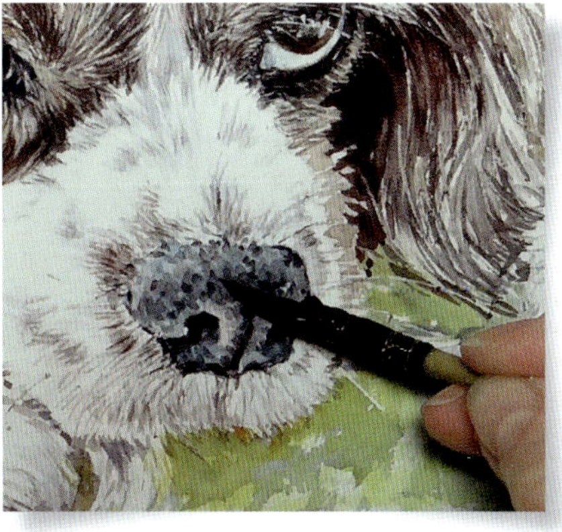

3 Aguadas de fondo

Pinta un fondo suelto con grandes aguadas variegadas. Mezcla los colores en el papel, no en la paleta, porque así quedarán mucho más frescos. Usa el lateral y la punta de un pincel chino medio para aplicar marcas sueltas variadas.

4 Superpón capas

Añade el color del pelo y, una vez seco, define el área siguiendo la dirección del pelo con el pincel. Húmedo sobre seco (izda.), aplica los detalles con un pincel chino para dar la ilusión de capas de pelo, sin trabajarlo en exceso.

5 Suaviza bordes

Retira el líquido enmascarador cuando creas que has dado al cuadro la profundidad suficiente. Con una brocha húmeda, suaviza y mezcla los bordes duros donde sea necesario. Añade toques finales con pinceladas de *gouache* blanco.

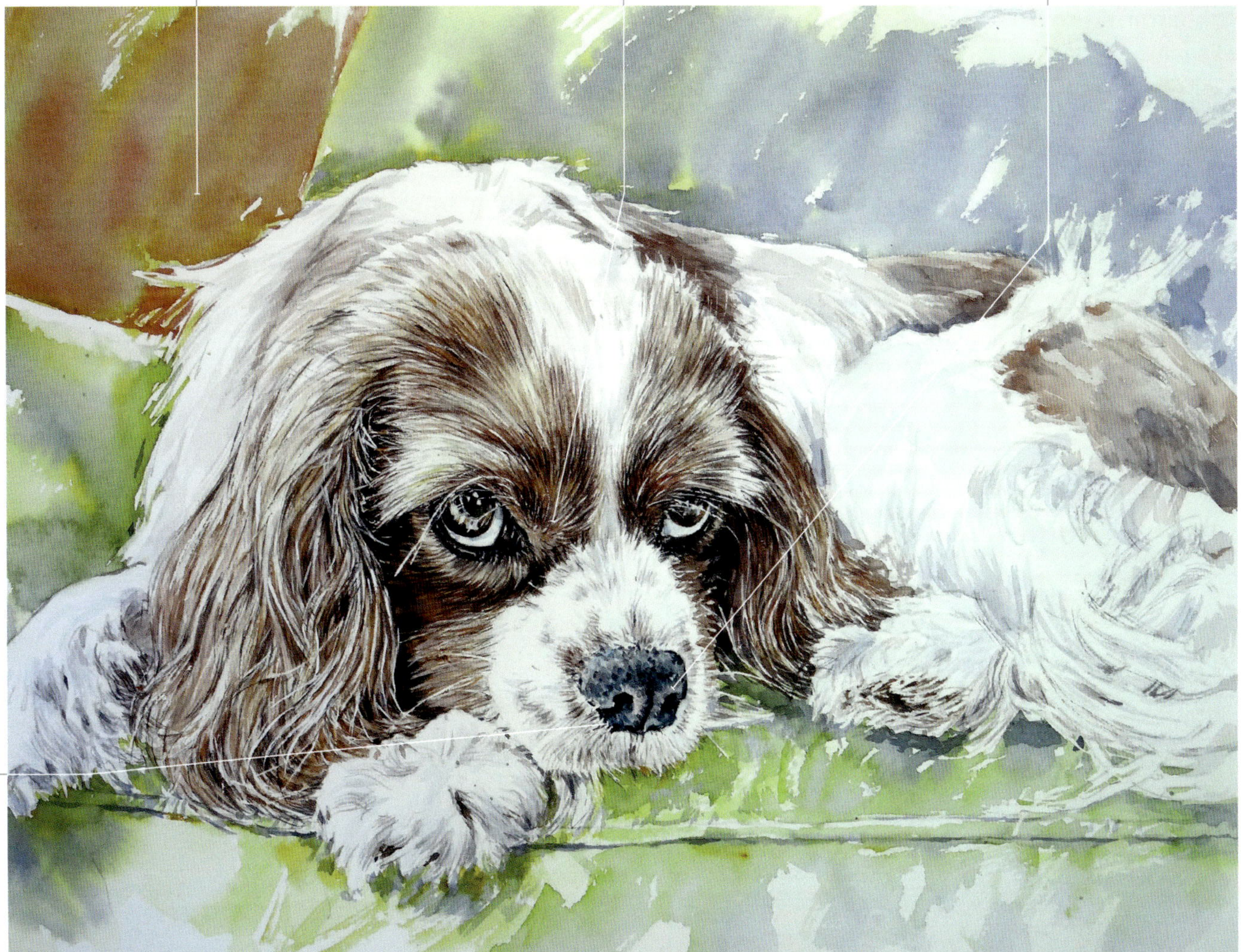

Animales en movimiento

CAPTAR LAS CARACTERÍSTICAS DE ANIMALES SALVAJES

La observación cuidadosa es esencial para pintar animales y capturar su esencia en plena naturaleza y con unas pocas pinceladas. Entender su anatomía también es útil, porque la proporción y el equilibrio son importantes para una representación realista.

◼ Definir los rasgos y la forma

Experimenta con las mejores técnicas para expresar elementos clave, como los ojos, orejas, morro, boca o pico, plumas o pelo. Algunas técnicas son ideales para describir pelo, lo cual requiere plasmar textura y densidad. Las técnicas para trabajar en capas te ayudarán a construir colores que no solo describan el pelaje del animal, sino que también ayuden a sugerir la forma del cuerpo que cubre.

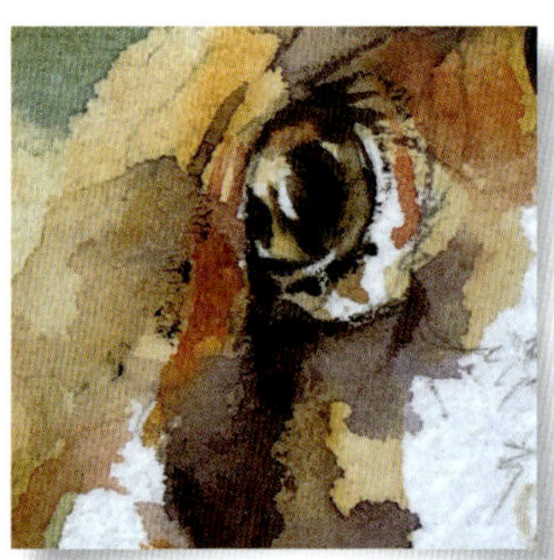

Seco sobre húmedo
Las pinceladas y marcas sueltas y rápidas de pintura seca sobre aguadas húmedas son muy efectivas para representar pelaje, pelo o marcas animales. Cuanto más seca esté la pintura, más conservará la forma en la capa húmeda: se mezclará lo justo para producir efectos de pelo realistas. Si no está lo bastante seca, se emborronará.

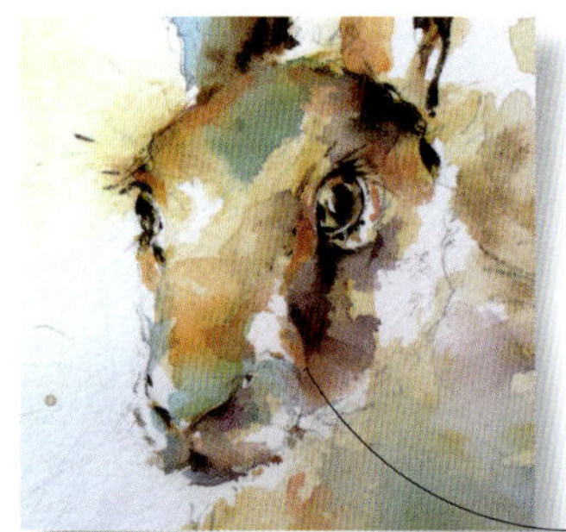

Estirar la pintura
Prepara una aguada suelta, y aplica una capa fina sobre la capa seca. Con un pincel apenas húmedo, arrastra y «estira» la pintura húmeda hacia las áreas donde quieras formas definidas de tono, sombra o pelo. Este «estirado» te permitirá controlar los bordes duros.

PONLO EN PRÁCTICA

En este cuadro, los tonos fríos contrastan con los cálidos e impulsan a la liebre hacia delante, lo que intensifica la sensación de urgencia y de velocidad. Las impresiones sueltas de pelaje añaden vitalidad.

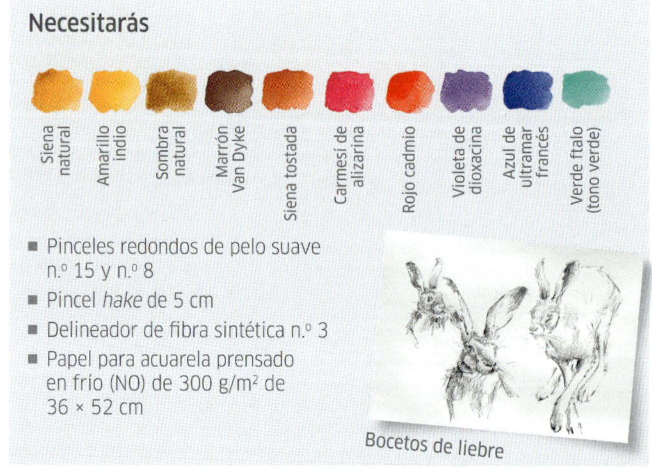

Necesitarás

Siena natural · Amarillo indio · Sombra natural · Marrón Van Dyke · Siena tostada · Carmesí de alizarina · Rojo cadmio · Violeta de dioxacina · Azul de ultramar francés · Verde ftalo (tono verde)

- Pinceles redondos de pelo suave n.º 15 y n.º 8
- Pincel *hake* de 5 cm
- Delineador de fibra sintética n.º 3
- Papel para acuarela prensado en frío (NO) de 300 g/m² de 36 × 52 cm

Bocetos de liebre

1 Boceto inicial
Esboza la postura atendiendo al ángulo y la longitud de las orejas (las de liebre son muy largas), cuya posición indicará la inclinación de la cabeza. Esmérate en lograr el equilibrio adecuado para que el cambio de peso en la pata que desciende propulse a la liebre con realismo. Las proporciones correctas son vitales.

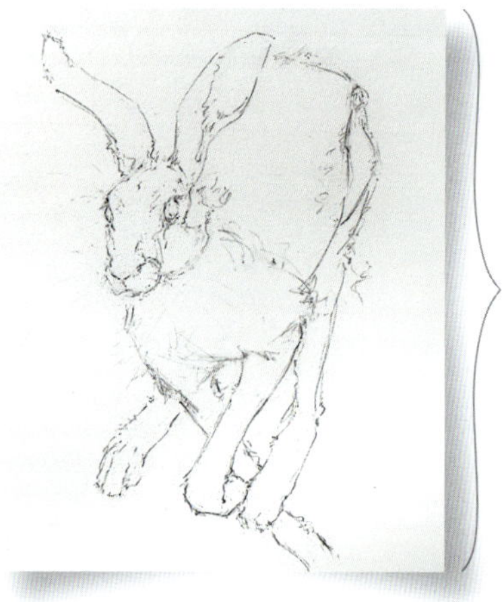

Los bordes duros añaden definición

«Usa pinceladas rápidas y mezclas sueltas húmedo sobre húmedo que reflejen la inmediatez del tema en movimiento.»

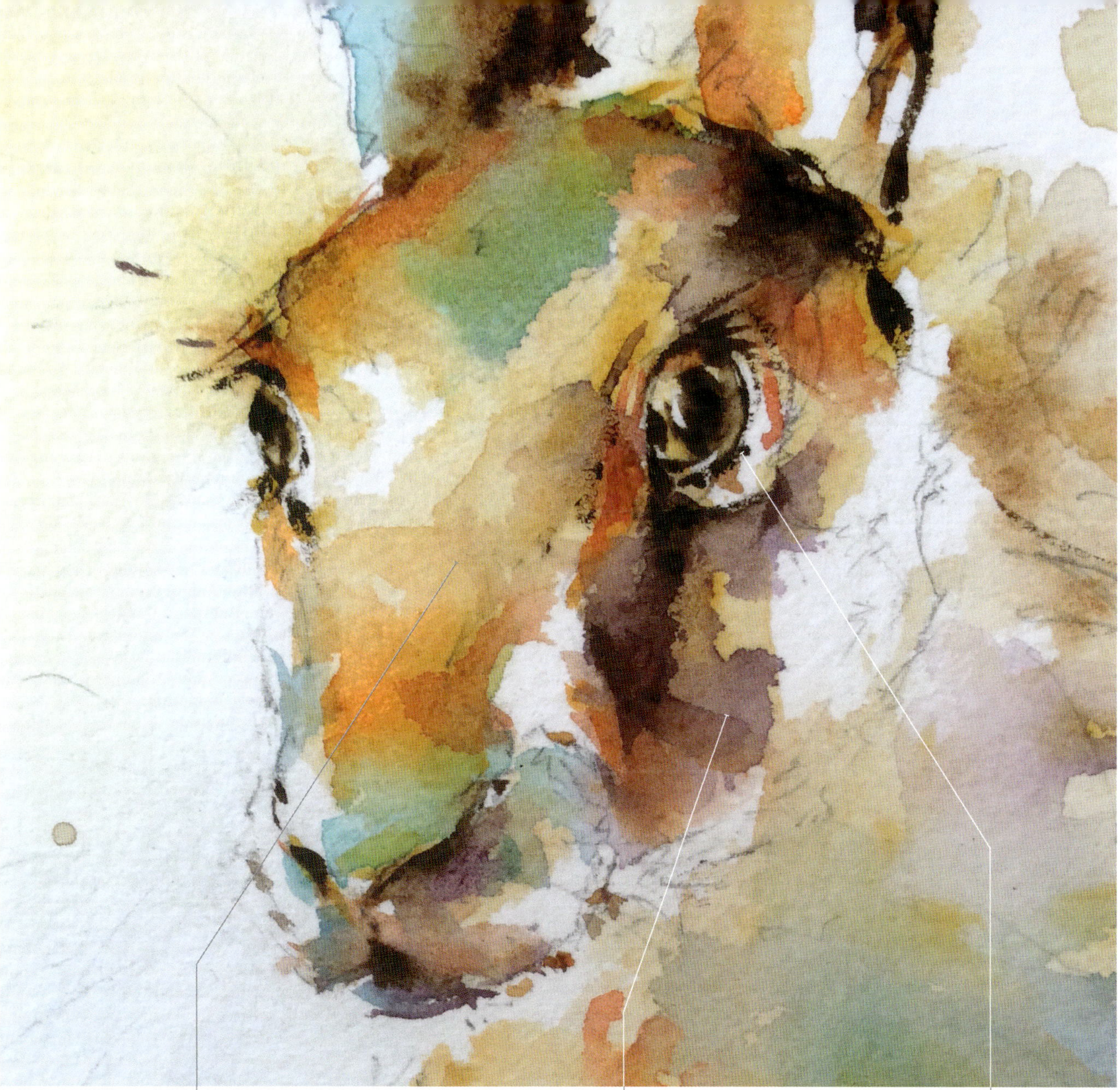

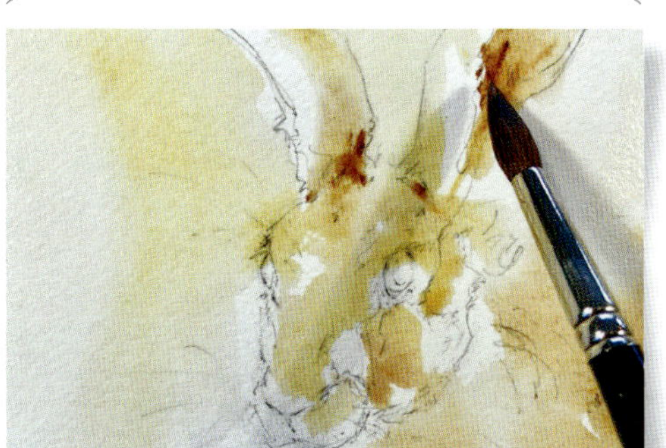

2 Aguada variegada húmedo sobre húmedo

Humedece bien el papel y deja algunas zonas blancas como puntos de luz. Añade siena natural, siena tostada y sombra natural, y alterna las cantidades y las potencias para establecer la forma y la profundidad.

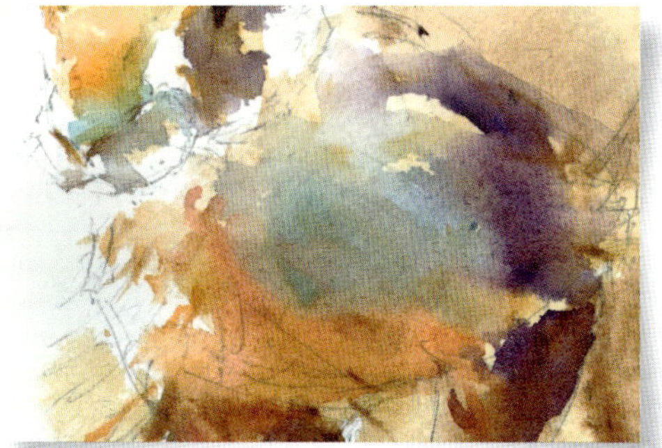

3 Tonos más oscuros

Ya seca la primera veladura o aguada, rehumedece las áreas donde aplicarás tonos oscuros fuertes con una aguada húmedo sobre húmedo de violeta de dioxacina y marrón Van Dyke para los oscuros, y naranjas cálidos para la luz.

4 Detalles seco sobre húmedo

Aplica una aguada húmedo sobre húmedo y añade una mezcla de siena natural con un toque de amarillo indio en los ojos. Deja una pizca sin pintar, para el punto de luz. Añade la pupila seco sobre húmedo (izda.) con marrón Van Dyke y un toque de azul de ultramar francés para oscurecer el tono.

5 Estirar

Cuando la segunda veladura o aguada se haya secado, usa la mezcla púrpura para estirar y formar el tono más oscuro de la mejilla debajo del ojo. Haz lo mismo en la sombra del interior de la oreja y sobre la cabeza, esta vez con un tono más frío del verde ftalo. Los bordes duros definen la anatomía.

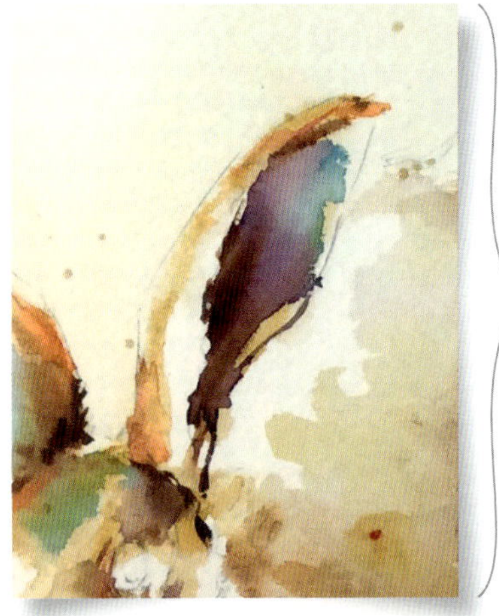

6 Crear detalles con un pincel seco

Indica la nariz con el marrón Van Dyke y un pincel seco. Asegúrate de no darle demasiada fuerza ni de alejar la atención del ojo.

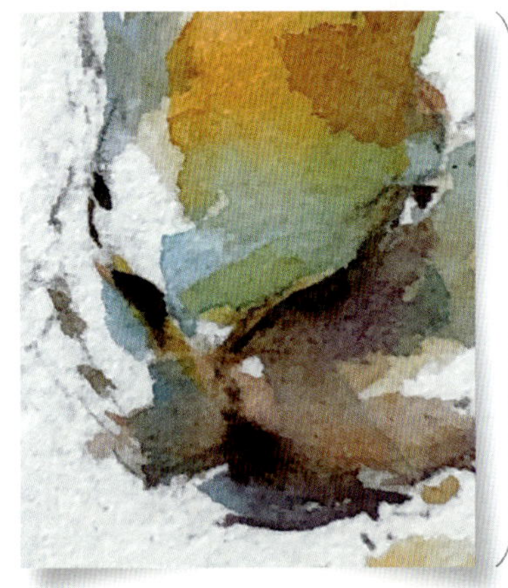

7 Pelaje

Sugiere la forma del cuerpo combinando técnicas de estirado y seco sobre húmedo que creen el efecto de pelaje y de forma. Aplica una veladura húmedo sobre seco en el cuerpo con pintura más espesa en las zonas húmedas, para sugerir un pelaje más denso.

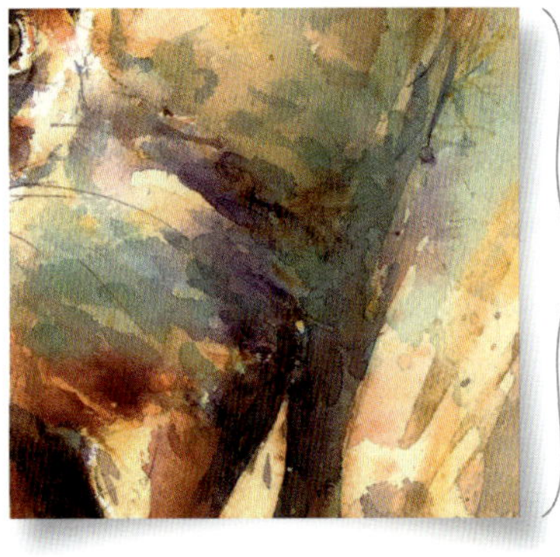

> «Cuando trabajes **seco sobre húmedo**, comprueba **lo seca que está la pintura** en el **pincel** antes de aplicarla sobre la pintura húmeda.»

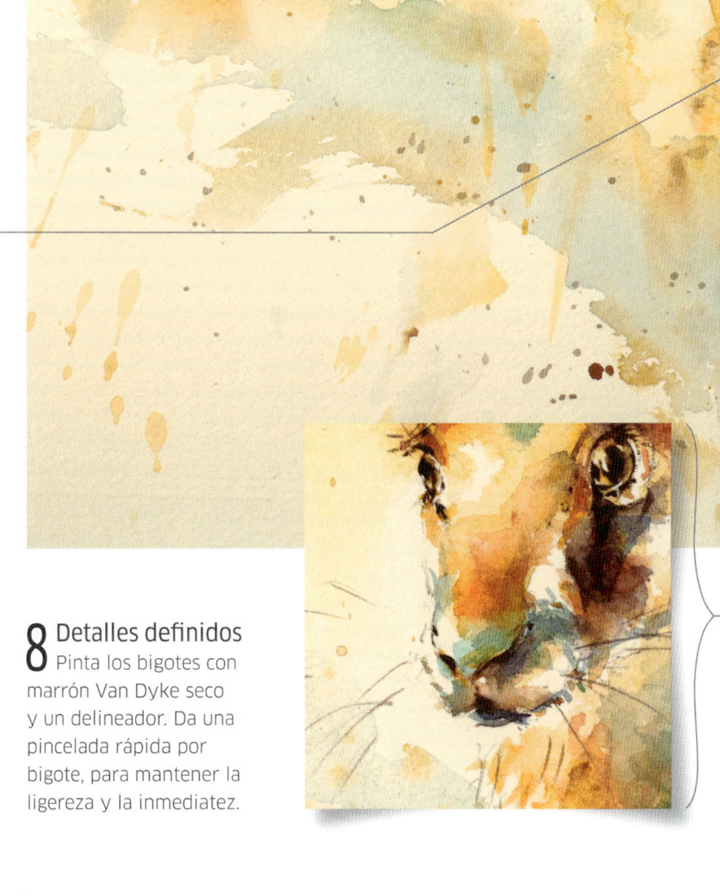

8 Detalles definidos

Pinta los bigotes con marrón Van Dyke seco y un delineador. Da una pincelada rápida por bigote, para mantener la ligereza y la inmediatez.

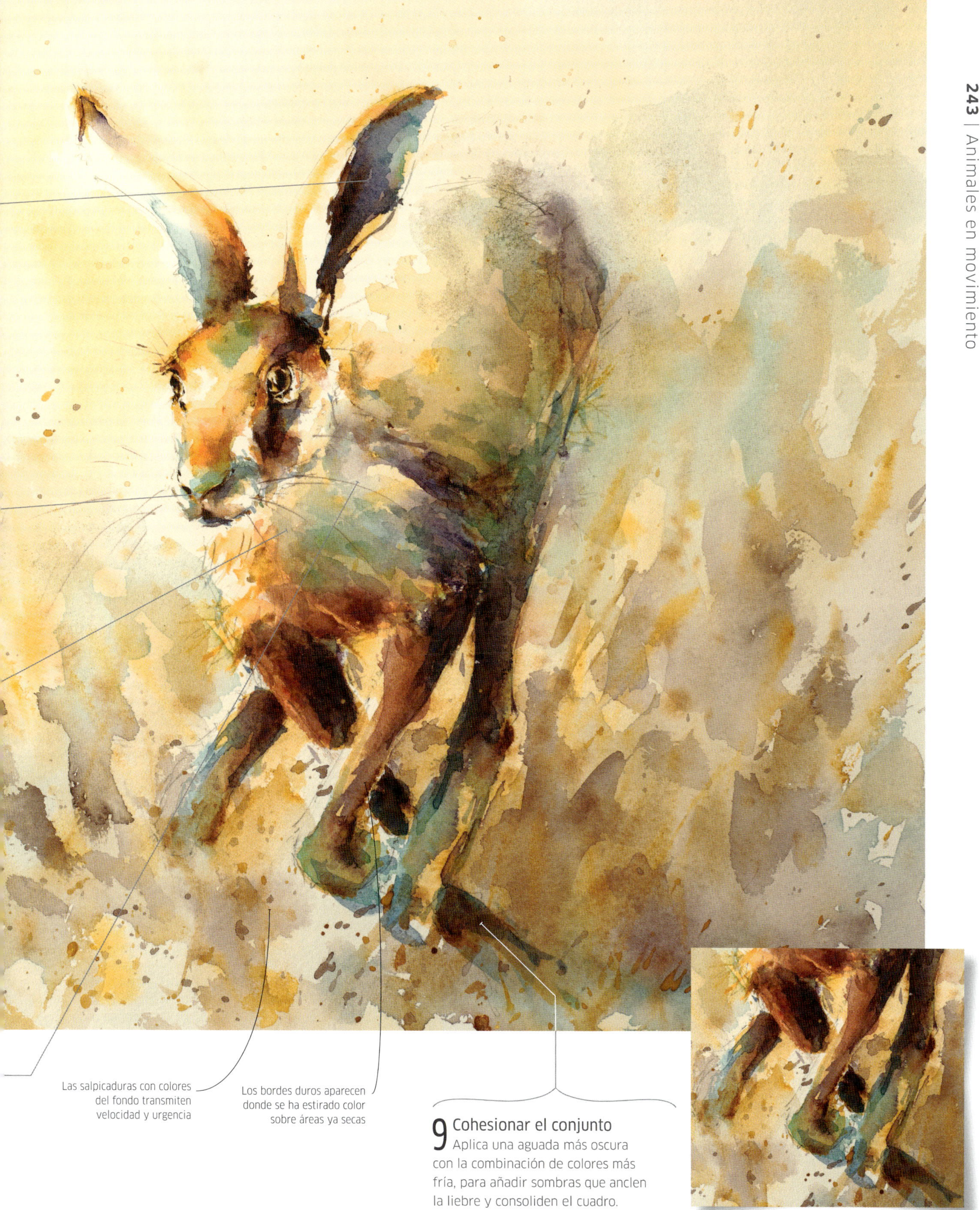

9 Cohesionar el conjunto
Aplica una aguada más oscura
con la combinación de colores más
fría, para añadir sombras que anclen
la liebre y consoliden el cuadro.

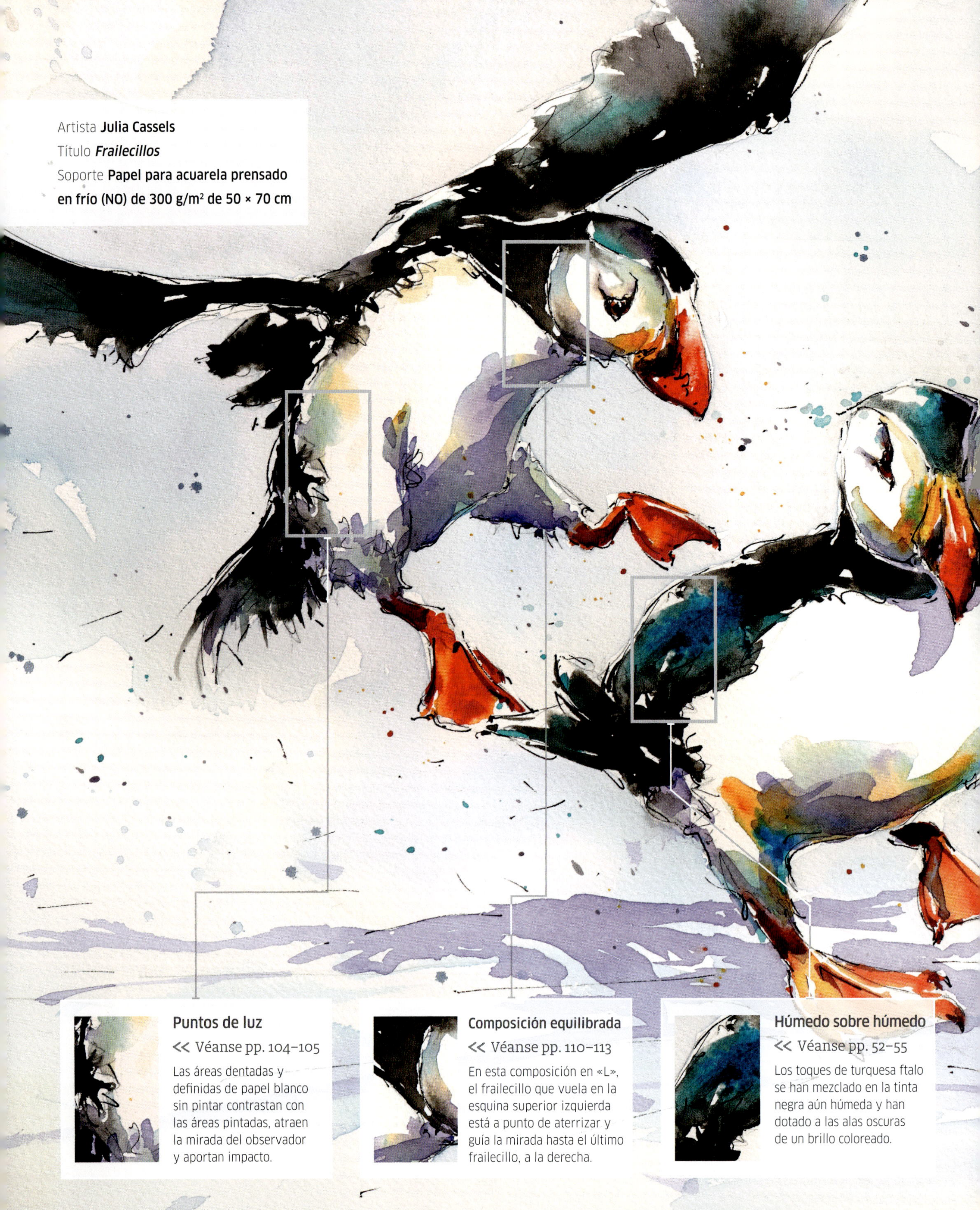

Puntos de luz

≪ Véanse pp. 104–105

Las áreas dentadas y definidas de papel blanco sin pintar contrastan con las áreas pintadas, atraen la mirada del observador y aportan impacto.

Composición equilibrada

≪ Véanse pp. 110–113

En esta composición en «L», el frailecillo que vuela en la esquina superior izquierda está a punto de aterrizar y guía la mirada hasta el último frailecillo, a la derecha.

Húmedo sobre húmedo

≪ Véanse pp. 52–55

Los toques de turquesa ftalo se han mezclado en la tinta negra aún húmeda y han dotado a las alas oscuras de un brillo coloreado.

Cuadro de muestra

Líneas fluidas, aguadas sueltas y colores intensos dan vitalidad a
este cuadro. El intenso contraste entre la tinta negra y los puntos de luz
definidos dan vida al tema, mientras que la composición guía suavemente
la mirada del frailecillo en el aire a los que están posados en el suelo.

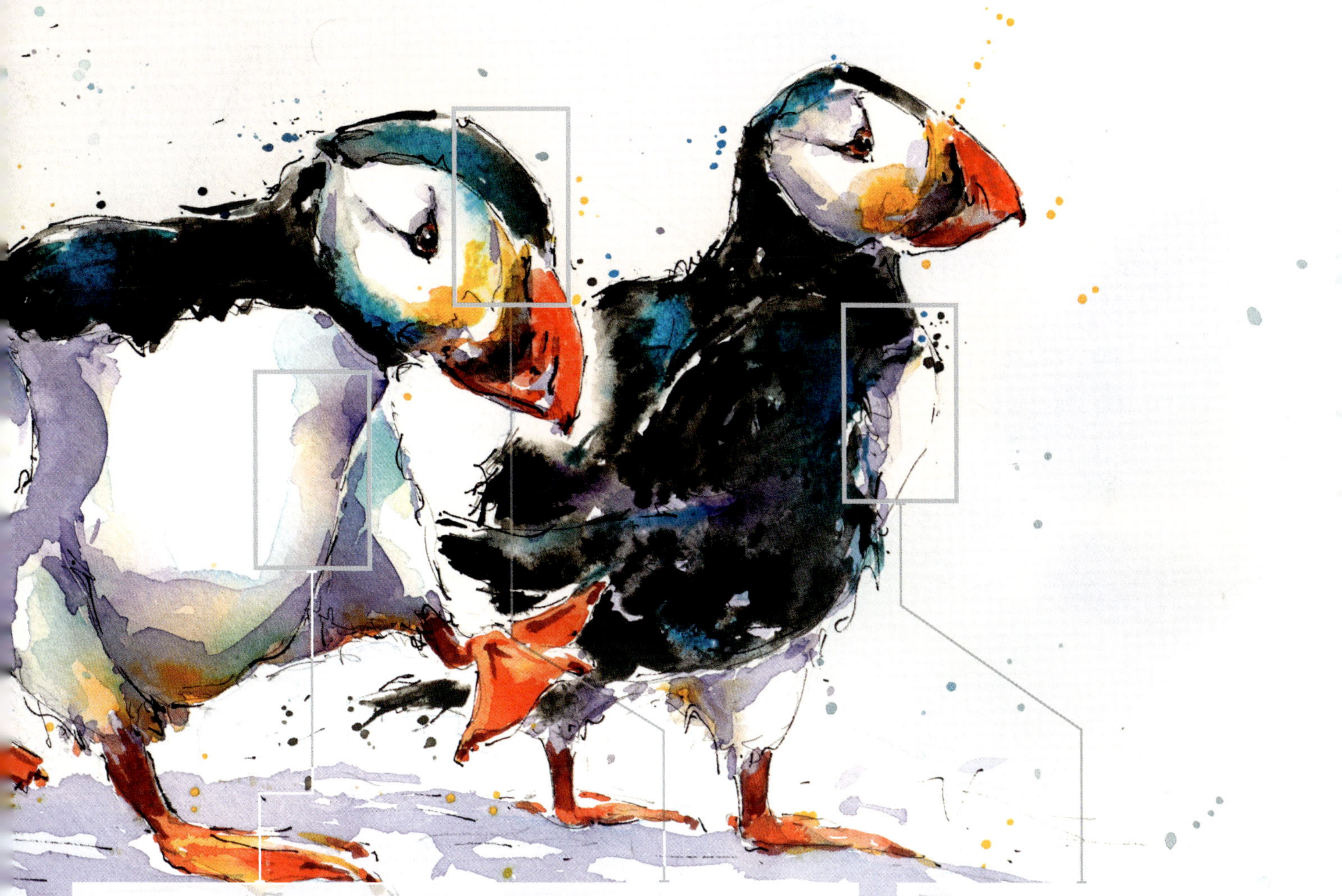

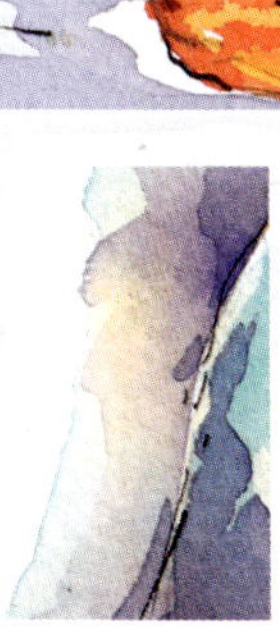

Veladuras

« Véanse pp. 124–125

Una veladura de pigmento
transparente, como la
sombra púrpura de la parte
anterior del ave, hace que
los tonos más ricos y cálidos
del cuerpo brillen.

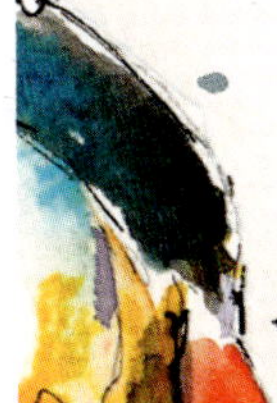

Línea y aguada

« Véanse pp. 76–79

Las aguadas de color no
llegan a las líneas del esbozo
de tinta que las rodean, lo
que sugiere vida y aporta
movimiento al cuadro.

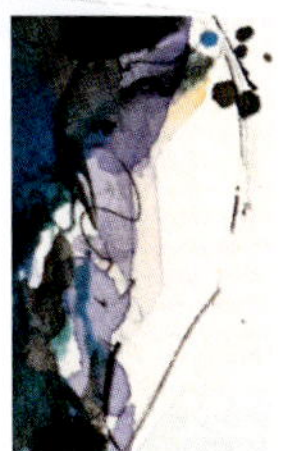

Usar tintas

« Véanse pp. 154–155

La tinta china es soluble en
agua y funciona bien con la
acuarela. Facilita aplicar tonos
intensos, como se ve en el
contraste entre las zonas negras
y blancas de los frailecillos.

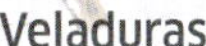

Glosario

Los términos con entrada propia aparecen en **negrita**.

aguada degradada
Veladura que se diluye de forma progresiva de oscuro a claro. Se crea aplicando bandas de pintura en diluciones progresivas. También se conoce como aguada gradual.

aguada granulosa
Aguada en la que los **pigmentos** se separan del aglutinante y el agua, produciendo así una textura granulosa cuando se secan.

aguada uniforme
Aguada de un solo color uniforme. Se aplica pintando bandas solapadas de un mismo tono en la misma dilución, para crear una capa de color uniforme.

aguada variegada
Aguada que cambia de un color a otro. Se puede aplicar en franjas de colores que cambian de forma progresiva, de manera que se **difuminen** con suavidad, o bien en puntos y manchas aleatorias, para que los colores se mezclen.

al aire libre
Se refiere a una pintura creada en el exterior. A veces su usa la expresión francesa «*plein air*».

alla prima
«A la primera» en italiano. Se refiere a un cuadro pintado de una tirada.

barrera de cera
Método en el que se usa cera de vela o pastel al óleo para evitar que la superficie del papel absorba pintura. Una vez aplicados, ni la cera ni el pastel se pueden retirar.

borrones
Formas irregulares, a veces denominadas «coliflores», que aparecen cuando una aguada débil (menos **pigmento**) se añade a una aguada fuerte (más pigmento).

capa
Estrato de pintura de un color sobre otro que se ha dejado secar.

capa de fondo
Capa inicial de pintura (por lo general monocroma) que actúa como base para la **composición**.

clave tonal
Tono global de un cuadro: de los cuadros predominantemente claros se dice que tienen una clave alta, mientras que un cuadro oscuro tiene una clave baja.

colores análogos
Grupos de colores contiguos en el **círculo cromático**, como el rojo, el naranja y el amarillo.

colores cálidos
Colores de tono rojizo o naranja. Da la impresión de que avanzan en el cuadro y se pueden usar para crear una **perspectiva aérea**.

colores complementarios
Colores situados en lados opuestos del **círculo cromático**: amarillo y violeta, rojo y verde, azul y naranja. Cuando se pintan juntos, brillan más.

colores con cuerpo
Pinturas opacas, como el *gouache*, que ocultan las áreas inferiores de pintura.

colores fríos
Colores de tono azulado. Parece que se alejen en la imagen, por lo que se pueden usar para crear una **perspectiva aérea**.

colores opacos
Colores impermeables a la luz y que tapan lo que tienen debajo; lo contrario de **transparentes**.

colores primarios
Los tres colores que no se pueden obtener mezclando otros: amarillo, rojo y azul. Mezclar dos primarios produce un **color secundario**.

colores secundarios
Colores obtenidos mezclando dos colores **primarios**. Son: verde (mezcla de azul y amarillo), naranja (mezcla de rojo y amarillo) y violeta (o púrpura, mezcla de azul y rojo).

colores terciarios
Colores situados entre los **colores primarios** y **secundarios** en el **círculo cromático**. Se forman al mezclar un color primario y un color secundario en iguales o distintas proporciones.

colores transparentes
Colores que dejan pasar la luz con facilidad. Cuando se aplican en **capas**, no tapan lo que hay debajo. Los pigmentos transparentes son ideales para las **veladuras**.

composición
Manera en que se ordenan los componentes de un cuadro, incluida la zona de foco principal, para crear un todo armonioso.

círculo cromático
Dispositivo visual para mostrar la relación entre los **colores primarios**, **secundarios**, **terciarios** y **complementarios**.

delineador
Pincel largo y fino para trabajos detallados.

difuminar
Técnica con la que dos colores se mezclan gradualmente en el dibujo.

espacio negativo
Espacio entre los objetos. Es tan importante como la **forma positiva** para crear una **composición** satisfactoria.

estirar
Método que consiste en humedecer un papel, fijarlo a una tabla con cinta de carrocero y dejarlo secar plano. Estirar el papel ayuda a evitar que se **ondule**.

forma
Aspecto sólido tridimensional de un objeto.

forma positiva
Silueta de un objeto.

húmedo sobre húmedo
Aplicar pintura sobre papel húmedo o sobre pintura aún húmeda.

húmedo sobre seco
Añadir capas de pintura sobre colores que ya se han secado. Pintar así produce colores vivos con bordes marcados.

líquido enmascarador
Líquido de látex que se aplica sobre el papel y que repele toda acuarela que se aplique encima. Se usa para crear efectos de **luz**.

luz
El **tono** (o valor) más claro de una **composición**, situado en las partes más luminosas del tema.

manchas
En ocasiones llamadas así las **salpicaduras** hechas con pincel o brocha.

marcas cruzadas
Técnica de dibujo en la que se usan líneas paralelas y cruzadas para crear tono. Cuanto más juntas están, más denso es el tono.

marta
Los pinceles de mejor calidad son los de pelo de marta. Los largos pelos marrón oscuro cargan mucha pintura y acaban en punta fina.

matiz
A veces referido simplemente como «color». En general, se utiliza para denotar la fuerza o luminosidad de un color concreto.

medio
Sustancia utilizada para modificar la fluidez, el espesor o el acabado

de la pintura. También designa los materiales de pintura utilizados, como acuarela, *gouache* o tinta.

modelado
Usar **tonos** claros y oscuros para crear la impresión tridimensional de un objeto.

ondulado
Arrugas o pliegues en papel ligero, que se deben a su expansión al humedecerse. Se puede evitar estirando el papel.

paleta
Cualquier superficie apta para mezclar pintura. También designa el conjunto de colores usados en un cuadro o los favoritos de un artista.

papel áspero
Papel con mucha textura en la superficie que se deja secar al natural, sin prensar.

papel prensado en caliente
Papel con una superficie lisa que se ha prensado con rodillos calientes.

papel prensado en frío (NO)
Papel con un poco de textura en la superficie que se ha prensado con rodillos fríos. También se le llama papel NO (o NOT, en inglés), apócope de «no **prensado en caliente**».

pastilla
Bloque pequeño de acuarela sólida que se puede encajar en una **paleta** o en una caja de pinturas.

perspectiva
Método para dar sensación de profundidad mediante el uso del **modelado**, de la **perspectiva lineal** y de la **perspectiva aérea**.

perspectiva aérea
Plasmar la ilusión de profundidad, sobre todo en paisajes, pintando los objetos distantes con tonos más suaves y fríos, y los objetos del primer plano más cálidos, claros y detallados.

perspectiva lineal
Representar las tres dimensiones mostrando cómo las líneas paralelas convergen a lo lejos.

pigmento
Partículas con color inherente que se pueden usar en pinturas.

pigmentos que manchan
Pigmentos que dejan algo de color sobre el papel al retirarlos y que no se pueden **retirar** del todo. Ejemplos son el azul ftalo, el azul de Prusia y el amarillo azo.

pigmentos que se granulan
Pigmentos con partículas pesadas que pueden formar una textura granulosa sobre el papel, como el azul de ultramar francés, el azul cerúleo o el negro de Marte. Se conocen también como pigmentos sedimentarios.

pigmentos que se separan
Combinaciones de pigmentos que no se mezclan del todo y que se separan sobre el papel, como el rojo cadmio y el azul ftalo. También alude a **pigmentos que se granulan** y que se pueden separar al secarse.

pigmentos repelentes
Pigmentos que pueden impedir el **difuminado** y la **mezcla**, a menudo debido a su opacidad. Ejemplos son el amarillo, el naranja y el rojo cadmio y el amarillo de Nápoles.

pincel de cerdas
Pincel hecho con fibras rígidas. Se puede usar húmedo en un cuadro para retirar pintura ya seca.

pincel de pelo suave
Pincel hecho de pelo animal suave, como el de **marta**, ardilla o cabra.

pincel seco
Aplicar pintura con un pincel apenas cargado. El pincel casi seco se arrastra sobre el papel para producir marcas con textura.

puntos
Aplicación de **manchas** pequeñas para formar un campo de color o crear sombras.

puntos focales
Puntos de interés que atraen inmediatamente la mirada, ya sea por la **perspectiva**, el color o una forma compleja.

raspar
Utilizar una hoja afilada u otra herramienta para retirar capas de pintura seca y revelar el papel blanco y crear efectos de **luz**.

recesión
Pasar de cerca a lejos. La recesión cromática es el uso de **colores cálidos** y **fríos** para crear sensación de profundidad.

regla de los tercios
Guía de **composición** que divide una imagen en tercios horizontal y verticalmente para crear una cuadrícula de nueve espacios. Los puntos de interés se sitúan en las líneas de los «tercios», y los **puntos focales**, en las intersecciones.

reservar blancos
Dejar áreas de papel sin pintar para que se vea el blanco. Esto permite que el papel aporte los **tonos** más claros y los efectos de **luz** del cuadro, en lugar de tener que pintarlos.

resistencia
Método para conservar **luces** aplicando algún material que repela la pintura, como el **líquido enmascarador**.

restregar
Aplicar una capa fina e irregular de pintura sobre una superficie pintada de manera que queden visibles fragmentos del color inferior.

retirar
Quitar pintura usando un pincel o papel de cocina húmedos, con frecuencia para crear **luces** suaves.

salpicar
Proyectar pintura con un cepillo dental, un pincel o una brocha cargados produciendo una lluvia de puntos. El cepillo crea puntos finos, y el pincel y la brocha, manchas más grandes.

sombra
Oscuridad que se proyecta cuando se bloquea la luz, ya sea sobre un objeto o cerca del mismo.

soporte
Cualquier superficie sobre la que se aplica pintura, como papel o lienzo.

suavizar
Difuminar los bordes de una pincelada con un pincel cargado de agua a fin de evitar que la pintura se seque con un borde duro.

tono
Luminosidad u oscuridad relativa de un color (monocromo). En la acuarela, el tono de una pintura se puede aclarar diluyéndolo en agua. También llamado «**valor**», sobre todo en pintura con varios colores.

tonos medios
Todas las variaciones de **tono** (o valor) entre el más oscuro y el más claro.

valor
Véase tono.

valor tonal
Posición **tonal** de los colores en una escala de oscuro a claro.

veladura
Aplicación de una capa de pigmento **transparente** sobre una capa de pintura que ya se ha secado del todo. Se usa para ajustar el **matiz** o el color de las capas inferiores.

Índice

Sobre los artistas

Grahame Booth ha ganado muchos premios en exposiciones a lo largo de su carrera como pintor de acuarelas. Ahora también se dedica a enseñar y a compartir sus más de 25 años de experiencia para ayudar a otros a superar los retos que plantea la acuarela. Ha producido dos DVD, ha escrito tres libros sobre acuarela y ha participado en muchos más. Colabora en la revista *Artists & Illustrators*, y su canal de YouTube dedicado a la pintura es muy popular. Ha sido el asesor artístico de este libro, ha escrito el capítulo «Lo básico» y su obra aparece en las páginas 80-81, 122-123, 128-129, 138-139, 172-173, 202-203 y 234-235. www.grahamebooth.com

Alisa Adamsone es pintora de acuarelas e ilustradora, y se diplomó en estampación en la Academia de Arte de Letonia. Se inspira en el fluir de la naturaleza, y algunos de sus temas favoritos son las flores y los animales. La obra de Alisa figura en colecciones privadas de todo el mundo y ha expuesto en Reino Unido y en Letonia. La obra de Alisa aparece en las páginas 74-75, 216-217 y 224-225. www.saatchiart.com/alisaadamsone

Veronica Ballart Lilja se dedica íntegramente a la ilustración desde 2007, y tiene muchos clientes importantes, sobre todo en el mundo de la moda, el diseño de embalajes, los libros, las revistas, la publicidad y los textiles. Es sueca, se diplomó en diseño gráfico en Barcelona y vivió 15 años en España antes de trasladarse a Nueva York. Sus obras han aparecido en revistas, libros, campañas publicitarias y sellos postales, y su aportación figura en las páginas 152-153, 156-157, 206-207 y 232-233. www.veronicaballart.com

Glynis Barnes-Mellish pinta desde que era niña, y se siente muy atraída por la emoción y la frescura que la acuarela puede aportar a los retratos. Experimentar con gramajes y tramas de papel, así como el estudio de la anatomía y de la fisiología, ha contribuido a que Glynis se convierta en una de las principales pintoras de retratos de Reino Unido. Ha ganado el Premio de Acuarela Daler Rowney, y su participación ha sido clave en muchos libros sobre acuarela. La obra de Glynis aparece en las páginas 58-61, 220-223 y 228-229. www.barnesmellish.co.uk

Julia Cassels es una reconocida pintora de vida silvestre, y su obra forma parte de colecciones en todo el mundo. Vivir durante una década en Zambia y Tanzania le permitió entender los temas de sus obras y le dio forma al estilo fluido que caracteriza su trabajo. Ha ilustrado, escrito y participado en varios libros, y ha sido finalista del premio David Shepherd al «Artista de Vida Silvestre del Año» durante cuatro años consecutivos. Julia también dirige cursos y talleres desde su estudio en Hampshire y organiza vacaciones de pintura en Zambia, España y La Camarga. Su obra aparece en las páginas 52-55, 92-93, 240-243 y 244-245. www.juliacassels.com

Rod Craig se formó en el West of England College of Art, y dirigió una consultora de diseño gráfico durante más de 30 años. Ahora, dedicado íntegramente a la pintura, la acuarela es el medio que prefiere para crear los paisajes abstractos fluidos y enérgicos que lo caracterizan. Expone en todo Reino Unido, y también organizó una exposición individual en Nueva York. Además, es músico y disfruta combinando sus dos pasiones, la pintura y la música: nombra la mayoría de sus obras en honor a la música que las inspira. La obra de Rod aparece en las páginas 64-65, 104-105, 162-165, 178-179 y 200-201. www.rodcraig.com

Denise Findlay se graduó en la Glasgow School of Art en 1996, y ha protagonizado exposiciones individuales en toda Escocia e Inglaterra. Ha ganado múltiples premios, como el Premio Elizabeth Greenshields, que ha obtenido en tres ocasiones. La obra de Denise figura en muchas colecciones privadas y ha aparecido en el programa «Portrait Artist of the Year», de Sky TV. Según dice: «La pintura es una experiencia puramente visual, y el espectador no debería quedar con dudas sobre su significado». Su obra aparece en las páginas 66-67, 94-95, 218-219 y 226-227. www.denisefindlay.com

Eleanor Hardiman trabaja en proyectos de todo el mundo, y sus ilustraciones aparecen en libros infantiles, portadas de revistas, embalajes y artículos de papelería. Combina técnicas tradicionales y no convencionales en un estilo característico y se inspira en los patrones y estampados de William Morris, los dibujos de especímenes y los grabados japoneses en madera. Su obra aparece en las páginas 112-113, 126-127 y 130-131. www.eleanorhardiman.co.uk

Michele Illing es una artista galardonada y experta en la ilustración para publicidad y editoriales. Comparte su pasión por el arte en sus clases y talleres desde hace más de 17 años y ahora lidera grupos de pintura en Francia y en Italia. Ha creado varios cursos de video de arte en línea en colaboración con ArtTutor.com y ha aparecido en varias revistas de arte. La obra de Michele aparece en las páginas 50-51, 84-85, 86-87, 144-145, 210-211, 230-231 y 238-239. www.micheleilling.co.uk

Gilly Marklew estudió diseño gráfico e ilustración y trabajó en publicidad y para todas las grandes editoriales de Londres, además de para el Museo Arkwright, en Derbyshire (Inglaterra), antes de lanzarse a una carrera como ilustradora de libros infantiles. Expone pinturas en acuarela desde 2003, y da clases de acuarela en su estudio en Norfolk (Inglaterra). Su obra aparece en las páginas 56-57, 68-69, 82-83, 102-103, 208-209 y 236-237. www.goodworks. myzen.co.uk/GillyMarklew/Site/Home.html

Rachel McNaughton disfruta de la pintura y del dibujo desde niña; su interés acabó cobrando vida propia, y ahora pasa gran parte de su tiempo en su estudio pintando acuarelas de flores, paisajes y animales. La acuarela es su medio favorito, y le gusta dejar que la pintura fluya y se mezcle en el papel para lograr los efectos impredecibles que caracterizan su estilo suelto y expresivo. La obra de Rachel aparece en las páginas 98-99, 116-117, 146-47, 174-175 y 192-193. www.artbyrachel.co.uk

Maria Montiel es una ilustradora y diseñadora gráfica venezolana titulada en el Instituto Europeo de Diseño, en Madrid. Su familia, su infancia en el Caribe y sus viajes inspiran su pasión por el arte. Vive en Barcelona y usa la acuarela para crear mundos imaginativos y llenos de calidez y magia; en particular, plasma sus recuerdos de la selva latinoamericana, cuyos colores vivos y ricas texturas florecen en sus vibrantes ilustraciones. Su obra aparece en las páginas 76, 78-79, 120-121, 148-149, 166-167, 198-199 y 204-205. www.mariamontielstudio.com

Paul O'Kane es un arquitecto jubilado convertido en pintor al aire libre. Pasa el verano participando en vacaciones de pintura por Europa, donde da clases y dirige talleres. También ha obtenido múltiples galardones como articulista, y es un apasionado dibujante urbano, además de tutor de acuarela habitual en la feria internacional de arte al aire libre Art in the Open, en Wexford (Irlanda). La obra de Paul aparece en las páginas 62-63, 76-77, 150-151, 158-161 y 186-187. www.paulokane.co.uk

Ian Ramsay es un artista de acuarela e instructor de talleres de talla internacional. Su obra es figurativa y selectivamente detallada, en un reflejo de su formación y vocación iniciales como arquitecto. La obra de Ian figura en colecciones de todo el mundo y ha sido expuesta en galerías en Estados Unidos, Reino Unido y Japón. Muchas de sus acuarelas han aparecido en libros y artículos de revistas sobre este tema. La obra de Ian aparece en las páginas 134-137, 142-143, 188-189 y 194-197. www.ianramsay.blogspot.com

Chris Robinson es arquitecto y pintor. Disfruta de la espontaneidad que ofrece la pintura al aire libre, y su obra es una expresión de su amor por la luz y la atmósfera. Ha aparecido en revistas de arte internacionales, ha expuesto en la Royal Academy Summer

Exhibition y en la Royal West of England Academy, y ha recibido el premio al «Uso más innovador de la acuarela», del Royal Institute of Painters in Watercolour. La obra de Chris aparece en las páginas 72-73, 96-97, 106-107, 110-111, 132-133, 140-141 y 176-177. www.chrisrobinsonwatercolours.com

Ingrid Sanchez es una artista y diseñadora mexicano-británica, conocida por sus vibrantes acuarelas inspiradas en la naturaleza. Trabajó en la industria gráfica, y después fundó CreativeIngrid con el objetivo de desarrollar su estilo característico para el diseño de productos y de superficies, lo que le ha posibilitado numerosas colaboraciones con marcas. Ingrid organiza talleres creativos en todo el mundo y enseña su estilo único de acuarela y técnicas mixtas; también ofrece clases personalizadas en entornos corporativos para diversos clientes, como Target, Harrods y Cass Art. La obra de Ingrid aparece en las páginas 100-101, 108-109 y 154-155. www.ingridsanchez.com

Julia Trickey adora captar la belleza y el detalle de la naturaleza con acuarelas, y se siente particularmente atraída por las imperfecciones de temas como hojas otoñales, inflorescencias y flores marchitas. Expone con regularidad y ha logrado cuatro medallas de oro de la Royal Horticultural Society (RHS), entre otros premios. Da clases de arte y dirige talleres de arte botánico en Reino Unido y otros lugares, como Transilvania (Rumanía) o Nueva York. Ha escrito artículos para revistas de arte británicas y ha producido muchos recursos para aspirantes a artistas botánicos. La obra de Julia aparece en las páginas 88-89 y 212-215. www.juliatrickey.co.uk

James Willis es conocido sobre todo por sus cuadros de arquitectura y paisajes urbanos. El juego de colores y luces en los edificios y paisajes es uno de los elementos esenciales de su obra. James realiza bocetos y pinturas para inspirar su trabajo durante sus viajes por Europa. Ha expuesto en todo Reino Unido, y su obra forma parte de colecciones públicas y privadas de todo el país. La obra de James aparece en las páginas 70-71, 90-91, 114-115, 118-119 y 182-185. www.jameswillisart.co.uk

Yong Hong Zhong nació en Cantón (China) y emigró a Estados Unidos cuando tenía 12 años. El dibujo lo fascinó desde muy joven, y asistió a la LaGuardia High School of Music and Arts, en Nueva York, y después se graduó en ilustración e historia del arte en el Pratt Institute. Trabajó para Disney Animation Studios entre 1995 y 2008; después cambió de rumbo para centrarse en su pasión por las bellas artes y la pintura tradicional. La obra de Yong aparece en las páginas 124-125, 152, 180-181 y 190-191. www.yonghongzhong.com

---

Agradecimientos

El editor desea expresar su agradecimiento a Nigel Wright, de XAB, por las fotografías adicionales; a William Collins, del fondo de imágenes de DK; a Geetika Bhandari, ayudante de búsqueda de imágenes; a John Friend y Katie Hewett, por la revisión; y a Vanessa Bird por la elaboración del índice analítico.

También damos las gracias a las siguientes personas por su permiso para reproducir sus fotografías (Clave: a-arriba; b-abajo; c-centro; d-derecha; e-extremo; i-izquierda; s-superior)

Créditos fotográficos: 4 123RF.com: Andrey Guryanov (bd/Referencia). 5 iStockphoto.com: PeopleImages / E+ (sd/Referencia). 25 iStockphoto.com: PeopleImages / E+ (bc, bd/ Referencia). 98 Dreamstime.com: Nuli (cda). 99 Dreamstime.com: Nuli (Referencia para las 3). 102 123RF.com: Andrey Guryanov (cda). 103 123RF.com: Andrey Guryanov (i/Referencia). 170 iStockphoto.com: PeopleImages / E+ (bd/Referencia). 220 123RF.com: Volodymyr Melnyk (cd/Referencia). 221 123RF.com: dolgachov (ci/Referencia). Dreamstime.com: Gstockstudio1 (cd/Referencia). 222 iStockphoto.com: PeopleImages / E+ (cda). 222-223 iStockphoto.com: PeopleImages / E+ (Referencia para las 6). 226-227 iStockphoto. com: PeopleImages / E+ (Referencia para las 6). 238 Pixabay: Fran__ (cda). 238-239 Pixabay: Fran__ (Referencia para las 9)

Las demás imágenes © Dorling Kindersley www.dkimages.com

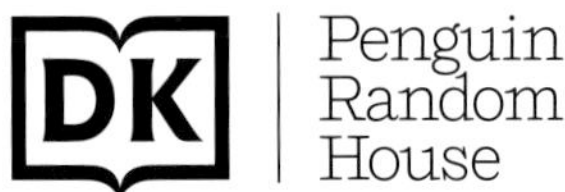

Penguin
Random
House

SEGUNDA EDICIÓN

DK LONDON
Coordinación editorial Clare Double
Diseño Glenda Fisher
Edición Jasmin Lennie
Coordinación de producción Celine MacLeod
Coordinación de cubiertas y material de venta Emily Cannings
Dirección de arte Maxine Pedliham
Dirección editorial Katie Cowan

Diseño de cubiertas y estilismo Eleanor Ridsdale

DK DELHI
Coordinación editorial Saloni Singh
Edición Ankita Gupta
Coordinación de arte Neha Ahuja Chowdhry
Maquetación Satish Chandra Gaur y Raman Panwar
Coordinación de maquetación Pushpak Tyagi
Dirección de preproducción Balwant Singh
Dirección creativa Malavika Talukder

PRIMERA EDICIÓN

Coordinación editorial Dawn Henderson
Coordinación de arte Marianne Markham
Asesoría Grahame Booth
Edición sénior Alastair Laing
Coordinación de arte Emma Forge
Edición de proyecto Shashwati Tia Sarkar
Edición Katie Hardwicke, Megan Lea, Nikki Sims y Diana Vowles
Diseño Tom Forge y Karen Constanti
Maquetación Rajdeep Singh, Satish Gaur y Anurag Trivedi
Asistencia editorial Kiron Gill
Diseño de cubierta Nicola Powling
Coordinación de producción Tony Phipps
Producción Rebecca Parton
Dirección de preproducción Sunil Sharma
Dirección de arte Maxine Pedliham
Dirección de publicaciones Mary-Clare Jerram

DE LA EDICIÓN EN ESPAÑOL
Servicios editoriales deleatur, s.l.
Traducción Montserrat Asensio
Coordinación de proyecto Sara García Pérez
Dirección editorial Elsa Vicente

Publicado originalmente en Gran Bretaña
en 2020 por Dorling Kindersley Limited
DK, One Embassy Gardens, 8 Viaduct
Gardens, London, SW11 7BW

Parte de Penguin Random House

Título original: *Artist's Watercolour Techniques*
Primera edición 2024

ISBN: 978-0-5938-4805-0

Impreso en Eslovaquia

www.dkespañol.com

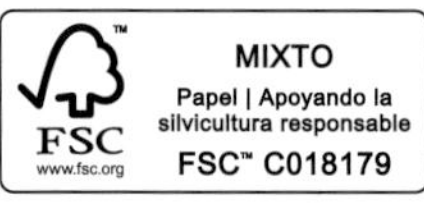

Este libro se ha impreso con papel certificado
por el Forest Stewardship Council™ como parte
del compromiso de DK por un futuro sostenible.
Para más información, visita
www.dk.com/uk/information/sustainability.